中国历史未解之谜

全集

宿春礼　邢群麟◎著

華文出版社
SINO-CULTURE PRESS

图书在版编目（CIP）数据

中国历史未解之谜全集 / 宿春礼, 邢群麟著. -- 北京 : 华文出版社, 2021.10

ISBN 978-7-5075-5310-9

Ⅰ. ①中… Ⅱ. ①宿… ②邢… Ⅲ. ①中国历史—通俗读物 Ⅳ. ①K209

中国版本图书馆CIP数据核字(2020)第090764号

中国历史未解之谜全集

ZHONGGUO LISHI WEIJIEZHIMI QUANJI

著　　者：宿春礼　邢群麟

责任编辑：曹昌虹

出版发行：华文出版社

社　　址：北京市西城区广安门外大街305号8区2号楼

邮政编码：100055

网　　址：http://www.hwcbs.com.cn

电　　话：总 编 室 010-58336239　　发 行 部 010-58336267　58336230

责任编辑 010-58336195

经　　销：新华书店

印　　刷：北京柯蓝博泰印务有限公司

开　　本：710 × 960　1/16

印　　张：32.75

字　　数：565千字

版　　次：2021年10月第1版

印　　次：2021年10月第1次印刷

书　　号：ISBN 978-7-5075-5310-9

定　　价：78.00元

前言

中国历史自黄帝时代起，至今已有4700多年。在漫长的历史长河之中，饱经风霜的华夏民族，以其坚毅睿智的精神、聪敏广博的智慧、勤劳实干的双手，绘成了一幅幅风华绝代的画面，描写了一卷卷精彩纷呈的篇章。

纵向览阅，可览商周的庄严神秘、秦汉的大国气概、隋唐的雍容宏博、宋元的繁荣不羁、明清的承古萌新。从风云骤起的长安古城到潋滟波光的杭州湖畔，从庄严威武的紫禁之巅到容纳海外的广州海湾，无一处不留下了中华历史的印痕，令世人领略东方中土的魅力。横向探索，可观无数帝王将相纵横捭阖，建立不朽功勋；无数盖世豪杰横空出世，留下千古传奇；无数奇人异士、才子佳人潜行于世，演绎世态繁华、悲欢人生。

在这里，无论是一个时代、一段奇缘，还是一处断壁残垣、一处古墓深山，他们都是中华五千年瑰丽诗篇的组成部分，在为世人呈现奇趣剧目的同时，也留下了无数难以道清说明的历史谜题。世人皆知，越是久远的历史脉络，越是广大的土地山河，才越发显得像谜一样，令人心生乐趣，想要解答其中疑惑。中国的历史就是如此害羞，不会轻易揭开自己的层层面纱，让人探个究竟。

秦始皇离奇的身世、项羽火烧阿房宫的真相、西施玉环下落的疑点、嵇康被杀的原因、武则天立无字碑的目的、“烛影斧声”与宋太祖死因、和亲政策背后的政治目的、外戚乱政的实质、楼兰古国沉没原由、桃花源仙境在何地……一个个未解悬案、一串串历史怪圈，伴随着华夏千年的演变，牵涉上下内外，激发着后人强烈的求知欲。

中国上下五千年的历史中，沉淀了太多难解的历史谜团，为了满足人们对历史的好奇，增进世人对华夏史实的了解，本书综合了大量历史、地理、科研文献资料，以全面、全新、探索的视角，从君王、文臣、武将、文人、红颜、政治、经济、文化、地理、考古、古俗、悬疑等近二十个方面，甄选了600多个重大的历史事件，经过深刻精确的分析，去伪存真，努力探寻岁月印记，还原历史真相。

全书涉猎范围广泛，内容详略得当，情节引人入胜，语言生动活泼，可以帮助读者掌握研究历史和探求真相的方法，掌握探索发现的规律，引发深层次的思考，扩大历史视野。让读者在悬疑丛生的史海中，感叹世间的玄妙，真正体验阅读的快感，享受灵魂深处的酣畅。由于时间仓促，书中恐有疏漏之处，恳请读者朋友批评指正。现在，就让我们一起跟随历史的车轮，向前迈进，开始一场千年之旅吧。

目 录

君王篇 | 最是无情帝王家

文臣篇 | 谈笑间玩转天下

武将篇 | 挥刀立马忠国魂

文人篇 | 孤傲书生黯然销魂

红颜篇 | 沉鱼落雁江山醉

政治篇丨勘破历史潜规则

军事篇 | 金戈铁马，气吞山河

悬疑案 | 疑窦重重史海深

绯闻篇 | 耐人寻味是花边

解密篇 | 历史总有些怪圈

考古篇 | 千年疑云物中藏

文化篇 | 史海一样需钩沉

误解篇 | 此物常常非彼物

古俗篇 | 凡尘俗世乃生活

古代地理疑窦篇 | 不畏迷雾遮望眼

君王篇　最是无情帝王家

商纣王真的是无能之辈吗

电视剧《封神演义》可谓家喻户晓，它以武王伐纣为背景，结合历史传说，讲述了一个正邪斗法、神妖混战的神话故事。剧中的主要人物商纣王是令百姓恨之入骨的残暴君王，他好酒淫乐，生活奢靡腐化，性情残忍暴虐，亲奸佞远贤臣......种种罪行罄竹难书，导致整个社会动荡不安。此时，周朝如日中天，积极开展伐纣灭商的宏伟大业，于是周武王率领军队奋起反抗，使数十万商军顷刻瓦解。最终，失去民心、军心的暴君商纣王被周武王打败，一把火将自己烧死在宫殿之中。

然而，历史上真实的商纣王却和传说中的商纣王大相径庭。

纣王名字中的“纣”其实是“残义损善”的意思，这也是后人对他的贬损评价。据《史记·殷本纪》记载：“帝纣资辨捷疾，闻见甚敏，材力过人，手格猛兽，知足以距谏，言足以饰非，矜人臣以能，高天下以声，以为皆出己之下……”由此可见，商纣王是个有文武才能的人，不仅才思敏捷、勇力过人，而且颇有辩才。

郭沫若主编的《中国史稿》（以下简称“《史稿》”）说：“……对东夷用兵，费了很大的力量，打退了东夷的扩张，俘虏了‘亿兆夷人’，作为自己的军队，纣对东夷的经营，使以后的中原文化逐渐发展到东南，对我国历史有一定的贡献。”从《史稿》这段话中，我们可以看出纣王并非是只知吃喝玩乐的无能之辈，纣征东夷，使商朝的疆域扩张到东南，中原和东南一带的交通得到了开发，中原先进的文化逐渐传播到东南地区，让当地人民利用优越的自然地理条件发展了生产。然而，后世几乎只谈论商纣王的残暴与荒淫，大大抹杀了他的历史功绩。

孔子的学生子贡曾对商纣王是否真的残暴提出过质疑，在他看来是有人故意将罪行安在纣王头上的。近代一位著名的历史学家在考察这一问题的时候发现，纣王的罪行随着时间的推移越来越多。也就是说，这些罪行是后人编造的，真实性和可信度都大打折扣。

那么，为什么要刻意丑化商纣王呢？质疑的学者们认为主要有三个原因：

一是他的政敌别有用心的宣传。如奢靡腐化、残暴荒淫、镇压反叛、铲除异己等，这些是很多帝王的共性，并非纣王独有。但是这些劣行表现在商纣王身上，却是如此地骇人听闻、令人发指。

二是将罪恶的源头引到女人身上。妲己本是纣王剿灭苏部落的战利品，但后世却认为是“女祸亡国”。其实在男尊女卑的封建社会里，本性凶残的帝王我行我素、独断专权，不太可能受女子左右。

三是为了抹杀纣王的历史功绩。这在上文中已经给予阐述，我们不难看出，纣王是文武双全、功勋卓著的。历史上真实的纣王究竟是什么样的，目前还没有明确的定论，有待后世之人进一步研究和发现。

越王勾践是否真的卧薪尝胆

“有志者、事竟成，破釜沉舟，百二秦关终属楚；苦心人、天不负，卧薪尝胆，三千越甲可吞吴。”相信大多数人对蒲松龄的这副自勉联都不陌生，而对联中“卧薪尝胆”这一成语更是家喻户晓。

春秋时期，越王勾践在一次战争中被吴国夫差打败，带领所剩的五千兵马逃到会稽，却被吴军围得水泄不通。于是，越王向吴国求和。在吴王的威逼之下，勾践到吴国宫廷中服了三年的苦役，过着牛马不如的生活。勾践被释放回国后，为了一雪前耻，他奋发图强，睡觉要躺在硬柴上，坐卧饮食都要尝一下苦胆，告诉自己不能忘记国家破亡的痛楚，以激励自己的斗志。经过几十年的休养生息和不懈地努力，他最终战胜了吴国。这就是我们今天熟知的典故“卧薪尝胆”的来历。现在人们常用这个成语表达刻苦自励、奋发向上的决心。

然而关于越王勾践是否曾经真的卧薪尝胆，却是众说纷纭。有人说他从来没有“卧薪尝胆”；有人说他“卧薪”但没有“尝胆”，那么事实到底是怎样的呢？难道这个流传千古的帝王发愤图强的典故是个谎言？

《左传》和《国语》是现存最早记载吴越争霸和勾践事迹的历史典籍，但这两本史籍都没有讲到越王勾践卧薪尝胆的事迹。

到了西汉，史学家司马迁在《史记·越王勾践世家》中说：“吴既赦越，越王勾践返国，乃苦身焦思，置胆于坐，坐卧皆尝胆，饮食亦尝胆也。”这段话也只提到“尝胆”，并未提到“卧薪”二字。那么“卧薪”出处为何呢？司马迁笔下的“苦身”是不是就是指的“卧薪”呢？可惜，司马迁并未做详细的记载。之后的一些著作皆以先秦史料为基础，对此也没有细致的描述。

最先将“卧薪”“尝胆”两个词连在一起使用的人是北宋的苏轼。他在《拟孙权答曹操书》这一带有游戏色彩的书信中说：“仆受遗以来，卧薪尝胆。”苏轼在信中指的是孙权，与越王勾践完全无关。

真正将“卧薪尝胆”用在勾践身上并使之广为流传的是众多的文学作品。明朝末年，梁辰鱼在《浣纱记》中对越王勾践“卧薪”“尝胆”的事情进行了大量的描写。后来冯梦龙在其刊刻的历史小说《东周列国志》中多次提到勾践“卧薪尝胆”的故事。清初的吴乘权也在《纲鉴易知录》中写道：“勾践叛国，乃劳其凝思，卧薪尝胆。”这些描述使越王勾践“卧薪尝胆”的故事广为流传，但其真实性还需进一步考证。

“卧薪”的记载最早出现在宋代，有些学者表示不能认同。他们认为东汉《吴越春秋》中记载越王勾践“目卧则攻之以蓼”就是“卧薪”的意思。所谓“蓼”，清代马瑞辰解释为“辛苦之菜”。这种蓼菜积聚得多了，就成为“蓼薪”。勾践那时日夜操劳，眼睛疲倦得想睡觉（目卧），就用苦菜来刺激。“卧薪”“尝胆”本意分别是让视觉和味觉感到苦。后人把“卧薪”说成是在硬柴上睡觉，其实是一种曲解。

卧薪尝胆故事的真假，让人困惑不已。虽然弄清楚“卧薪尝胆”的真相可能会颇费周折，但谜团总有真相大白的一天。

秦始皇死亡之谜

公元前210年，秦始皇死于第五次东巡的途中。关于其死因，历史上争议颇多。目前在史学界有两种截然不同的观点：一种说法是秦始皇死于疾病，另一种说法是秦始皇死于谋杀。

持第一种观点的人认为：《史记》中关于秦始皇死因的记述很多，死因很明确，无可置疑。据《史记》记载，秦始皇从小就患有疾病，体质较为羸弱。可是他为人又刚愎自用，凡事都要亲自裁决，所以工作极度劳累。另外，巡游时正值七月，天气高温身体吃不消。以上诸多因素促使他在途中病发身亡。

至于秦始皇死于何种疾病？有人认为是死于癫痫。郭沫若先生根据《史记·秦始皇本纪》记载：“秦王为人，蜂准，长目，鸷鸟膺，豺声，少恩而虎狼心……”

推测秦始皇幼时患有软骨症，还患有支气管炎，所以秦始皇长大后胸部和鸷鸟一样，声音好似豺狼。后来，由于政务繁重，引发脑膜炎和癫痫等病症。秦始皇在渡黄河时，癫痫病发作，后脑壳撞在青铜冰鉴上，加重了脑膜炎的病情，整个人处于昏迷状态。等赶到沙丘后第二天，赵高、李斯发觉秦始皇已死去多时。

持第二种观点的人对几篇有关秦始皇死亡的史书资料加以推敲，发现了可疑之处，认为从宦官赵高在秦始皇病重和死后的种种表现来看，秦始皇的死可能与他有莫大的关系。此次秦始皇出巡，随从人员主要有赵高、李斯、胡亥等人，将军蒙恬（又叫蒙毅）也在随行之列。可是秦始皇在途中病重时，蒙恬却被遣返边关，从突然的人事变动来看，这似乎是赵高等人的计谋。大将军蒙恬是公子扶苏的亲信，赵高突然间将其从秦始皇的身边遣走，不仅去掉了扶苏的耳目，也为自己后来一系列计谋的实施清除了一块绊脚石。

秦始皇死后，赵高假传秦始皇的旨意，指责扶苏为子不孝、蒙恬为臣不忠，让他们自杀，不得违抗。在得到扶苏自杀的确切消息后，胡亥、赵高、李斯等人才命令车队日夜兼程，迅速返回咸阳。为了继续欺骗臣民，车队不敢走捷径回咸阳，而是摆出继续出巡的架势，绕道回咸阳。当时正值七月，气温较高，秦始皇的尸体在途中开始发出阵阵恶臭，为了掩饰尸体的味道，赵高竟然将咸鱼放在秦始皇的车上。回到咸阳后，赵高便开始对李斯下毒手，将李斯给逼死了。

赵高为什么要谋害秦始皇呢？主要原因是赵高唯恐扶苏继承王位。赵高曾对李斯讲："长子（即扶苏）刚毅而武勇，信人而奋士，即全必用蒙恬为丞相。"赵高曾被蒙恬治罪而判死刑，后被秦始皇赦免。而蒙恬是扶苏的亲信，赵高对蒙恬、扶苏恨之入骨，所以必须阻止扶苏即帝位。但是秦始皇宠爱长子扶苏，只有伺机杀掉秦始皇，才可诏立十八子胡亥。秦始皇平时深居宫中，戒备森严，赵高根本无法下手，现在他在旅途中病倒，可谓是天赐良机。正如赵高劝胡亥时所说："狐疑犹豫，后必有悔，断而敢行，鬼神避之，后有成功。"所以他果断地对重病中的秦始皇下毒手，提前结束其生命，这完全是有可能的。

秦始皇到底是病故还是被人杀害？至今尚无定论。不过，根据考古研究和调查，秦始皇陵没有被盗掘和破坏，再加之检测出地宫中可能存在水银，水银形成的水银蒸气对遗体有冷凝和防腐的作用，所以秦始皇的遗体可能还存在。等到秦始皇陵发掘的时候，秦始皇死亡的原因就可能被世人知晓了。

光武帝刘秀蒙受“不白之冤”

汉光武帝刘秀建立了东汉王朝，开创了“光武中兴”的盛世局面，使东汉的政治、经济、文化等均获得一定程度的发展，其在历史上也称得上是一位有作为的皇帝。然而，如此雄才伟略、贤良仁厚、为世人所称赞的皇帝，形象也不完美，竟然被认为是贪图酒色、滥杀功臣之人。那么，真实的历史究竟如何呢？

关于光武帝的“不白之冤”，还要从与他有关的两部戏剧《上天台》和《打金砖》说起。《上天台》中说道，开国元勋、云台二十八将之一的姚期的儿子姚刚，打死了仗势欺人的国丈、光武帝宠妃郭氏的父亲郭太师。光武帝念在姚氏父子对朝廷有功，便从轻发落，将姚刚发配湖广，姚期仍然在京城任职。但郭妃哪肯善罢甘休，为了替父亲报仇，她设计将光武帝灌醉，并趁机进谗言，让光武帝错斩了姚期。这便是“贪图酒色、滥杀功臣”罪名的由来。

而《打金砖》中说道，姚刚将国丈郭太师打死后，姚期就亲自绑着儿子姚刚来光武帝面前请罪。可不巧的是，当时光武帝喝醉了酒，便传旨立即将姚期满门抄斩，许多文武百官听闻后都很惊恐，便纷纷上殿为他说话，结果也被喝醉的光武帝下令一并处死。后来，开国功臣马武手持金砖闯入后宫，威胁如不改旨意就要拍死光武帝，光武帝这才被迫答应赦免姚期。然而，这时为时已晚，马武当即用金砖击顶，自杀身亡。光武帝酒醒之后愧疚难当，再加上害怕姚期、马武等阴魂索命，很快也一命呜呼了。

这两部戏剧里面的主要人物，如姚期、马武都是历史上真实存在的。但戏中所演的故事和人物的性格，都和真正的历史不符。

首先，戏中说光武帝宠爱郭妃，研究历史的人都知道这并非事实。光武帝一辈子只有三个女人，即阴丽华、郭圣通和“无宠”的许美人，而他一生只爱阴丽华一个女人。光武帝长期征战，身边没有一个女人，与阴丽华初次见面时，他发出感叹“娶妻当得阴丽华”。几年之后，光武帝终于如愿以偿，在28岁时娶阴丽华为妻。可后来，因政治上的一些原因，光武帝不得不迎娶郭圣通。刘秀称帝后，本想立阴丽华为后，但是阴丽华坚决推辞：“困厄之情不可忘，而况郭贵人已经生子。”他不得已才立郭圣通为皇后。此后，光武帝每次出征时都将阴丽华带在身边，尽可能减少阴丽华独自在宫中的机会，避免被皇后欺负。最终，光武帝还是废除了郭圣通，立已经40岁的阴丽华为皇后。阴丽华死后，与光武帝合葬在他的陵寝之中。不得不说，光武帝是个痴情的帝王，怎会因贪图美色而枉杀忠臣呢？

其次，光武帝刘秀是东汉“中兴明主”。他与臣子之间的关系是非常和谐的，他对功臣是从不猜疑的。《后汉书》中曾称赞他“明慎政体，总揽权纲，量时度力，举无过事”。

当时的大将冯异，手握重兵，专守关中，独当半壁江山。因此有人上奏说他：“专制关中，斩长安令，威权至重，百姓归心，号为‘咸阳王’。”当时冯异感到十分恐慌，于是上书谢罪，而光武帝却对他说：“将军之于国家，义为君臣，恩犹父子，何嫌何疑，而有惧意？”还有大将朱鲔，曾对抗过刘秀的军队，而且参与过谋杀刘秀哥哥的活动。光武帝称帝后派人说降：“举大事者不忌小怨，鲔今若降，官爵可保。”朱鲔降服于刘秀后，光武帝任命他为平狄将军，封为侯爵，传封累世。可见光武帝是明事理之君，同时也是爱才之人，并不会因为奸佞之人的挑拨而诛杀忠臣。

那么，光武帝刘秀为何会蒙受“不白之冤”呢？其实这与那些戏剧产生的历史背景有一定的关系。《打金砖》取材于《东汉演义传》，是明朝万历年间学者谢诏所作。明朝初年，朱元璋大肆诛杀有功之臣，导致很多士人不满，可是碍于法律森严，人们只能敢怒而不敢言。到了明朝中后期，法禁稍微有所松弛，于是一些文人志士便采取移花接木的手法，将前朝皇帝作为主人公，编成小说，借古讽今。这样既可避免当时朝廷的追究，又可抒发心中郁结之气。于是，文人们就根据演义故事，发挥想象，扭曲了刘秀的真实历史，编造出这两出戏剧。

就这样，光武帝刘秀无辜躺枪，被一些不懂历史的、将文学和戏剧作品当真的老百姓扣上了“昏君”的帽子。

刘禅并非“扶不起来的阿斗”

刘禅，小名阿斗，是三国时期刘备的长子。建兴元年（223）刘备病故，刘禅继位，史称刘后主，刘禅在位41年，后被魏国灭亡。在后世人眼中，刘禅就是一个是碌碌无为的庸主，更有甚者称之为“亡国之昏君，丧邦之庸人”。现在人们口中所说的“乐不思蜀”“扶不起的阿斗”都是从刘禅身上来的。

然而，刘禅真的是“扶不起来的阿斗”吗？近些年来，一些学者们对此提出了质疑。假若刘禅真是扶不起的阿斗，何以在位41年？学者认为刘禅虽没有雄才大略，但也谈不上是十足的昏君。

刘禅能领导蜀国41年，还是有其过人之处的。在漫长的政治生涯中，刘禅曾有诸葛亮、蒋琬、费祎、姜维等大智大勇之人相继辅佐，生活在刘备、诸葛亮这样贤臣辈出的环境里，刘禅即使有优点也被埋没了。据《三国志》记载，刘备临终前曾嘱咐刘禅：“汝与丞相从事，事之如父。”所以诸葛亮在世时，刘禅对他十分敬重，视孔明如父，委以诸事，不加干涉，基本上都是“就按丞相说的办吧”。后来诸葛亮要北伐出征，刘禅即使心中对诸葛亮穷兵黩武的一味北伐有成见，但也都憋在心里不说，充分体现了他严格执行刘备的教导以及对长辈的尊重。从这件事，我们可以看出，刘禅不和诸葛亮争执，其实一直都是在保持统治阶级的内部稳定，最终受益的是平民百姓。诸葛亮去世后，刘禅仍能继续领导蜀国30年，休养生息，无为而治。就凭刘禅能让皇权维持这么长时间，而且没有造成社会动荡这一点来看，刘禅并非如传说中的昏庸无道。

再看中国历史，人们都知道中国历代末代帝王，几乎都是横征暴敛、政治腐化、宦官专权、战争不断、民不聊生。可是刘禅和他们不一样，至少在他的统治下没有民不聊生的现象。南唐后主李煜同刘禅相比较，除了会写诗词之外，估计连他的一半都不如。

当刘禅生活腐化时，学者周谯和老臣董允上书劝谏，刘禅也是任之听之，而不是一怒之下大开杀戒。后主刘禅估计是历代帝王里对大臣动刀最少的一个了，这点非常难得。

易中天在他的著作《易中天品三国》中也认为，“扶不起的阿斗”其实很聪明。“诸葛亮去世以后，刘禅立马废除丞相制度，命蒋琬主管行政，命费祎主管军事，将原本集权于诸葛亮的权力一分为二，使二人相互制衡。蒋琬去世后，刘禅干脆自摄国政”。在易中天看来，刘禅分权制衡的方法是十分明智的，而且这也不是一般人可以想出来的。

景耀六年（263），当魏国三路大军兵临城下时，刘禅选择了投降。虽然大多数人觉得刘禅懦弱，愧对列祖列宗，但从另一个角度看，刘禅此举是为了让百姓免受战火之苦。刘禅向魏国投降之后便被世人嘲笑为“乐不思蜀”。作为一代君王，即使再昏庸也不该愚蠢到这个地步。其实，刘禅是通过超高水平的伪装让晋公司马昭放松警惕，明哲保身，躲开杀身之祸，毕竟留得青山在，不怕没柴烧。然而，在这样的伪装背后，每当想起西蜀的那片土地，想起父亲的亡灵，刘禅又为此流下了多少眼泪？他的伤感又有谁知晓呢？

刘禅领导的蜀国一直处于弱势，却能在乱世中存在41年，这又难道是“扶不起”的阿斗所能做到的吗？

萧衍为何饿死宫中

南北朝时期，天下战乱频发，民不聊生。而佛教恰恰在这一时期传入中国，并迅速传播开来。佛教不仅在民间传播，更是被当时的帝王所推崇，梁武帝萧衍就是一个典型。

萧衍，曾任齐国雍州刺史，镇守襄阳，趁内乱起兵，夺取帝位，建立梁朝。萧衍夺取帝位后，励精图治，南梁初期获得了比较好的发展。但是这种局势并没有维持下去，梁武帝安顿好江山社稷、消除种种后患之后，便沉溺于佛教不能自拔。他下令广建寺庙，全民奉佛，并亲自主持修建了大爱敬寺、大智度寺、同泰寺等，每座寺庙都规模宏大，极尽华丽，耗费无数钱财。而且在他的带动下，举国上下争相修造寺院。他还下诏优待僧尼，出巨资资助各地僧尼研习佛法、聚众讲经。不仅如此，梁武帝还身体力行、率先垂范。普通八年（527），萧衍舍身进入同泰寺，当了三天和尚，回宫后，下令大赦天下，并改元大通。大通三年（529），萧衍第二次进入同泰寺，这一次他脱下御衣衮服，在寺中沐浴洗去凡尘后，穿上法衣袈裟，长住于寺中，自号三宝奴，并亲自主持法会，向五万善男信女讲解《涅槃经》。

后来，萧衍执意要出家，朝中大臣感到十分惶恐，便一起跪在同泰寺外反复磕头，叩请皇帝回宫理政。在寺中和尚的劝请下，他才极不情愿地回到朝廷。然而萧衍还是极度迷恋佛教，反复四次舍身寺院。可是就是这么一个崇信佛教的皇帝，最后却饿死在内宫，不禁让人惊诧万分。

梁武帝早年无子，便过继侄儿萧正德为嗣子做太子。后来梁武帝有了儿子，取名萧统，随即被立为太子，而侄子萧正德被改封为西丰侯。这让萧正德心里愤愤不满，加上梁武帝一心崇佛，荒废朝政，于是萧正德便勾结侯景发动政变，这就是所谓的“侯景之乱”。

侯景原来是东魏大将，因与政敌高欢不合从而转投梁朝。侯景本是奸诈小人，众人劝阻梁武帝此人不可用，而武帝执意接受侯景来投，并封他为大将军，封河南王，督办河南诸军事。侯景看到皇族矛盾重重，认为有机可乘，于是同萧正德勾结起兵发动政变，答应事成之后让萧正德做皇帝。

最后叛军攻进建康城，困住宫城，又引武湖水去漫宫城，于是梁武帝被困在宫里成了瓮中之鳖，他被侯景囚禁于台城净居殿，不许人接近。刚开始的时候，侯景还派人送一些粗茶淡饭给萧衍吃，后来连粗食也不给他送了。这时萧衍已经86岁高龄了，被囚困的时候仍然诵经念佛、斋戒不辍，由于没有足够的食物营养，便被活活饿死了。一朝君王，竟然被活活饿死，下场可谓凄惨。

隋炀帝真是十恶不赦的暴君吗

隋炀帝杨广是隋朝的第二代皇帝，也是隋朝的最后一个皇帝，年号“大业”。隋炀帝在位14年，最后死在部将手中，隋朝也被李渊所灭。炀是唐朝给予杨广的谥号，《谥法》说：去礼远众曰炀，好内远礼曰炀。所以，千百年来，在世人眼中，隋炀帝已经成为商纣般的暴君人物。

在很多人看来，隋炀帝是一个几乎集中了人类所有邪恶品质的大恶人：淫荡、贪婪、狡诈、阴险、自私、冷血、残暴、血腥、昏乱……他犯下了几乎人类所有能犯下的罪行：谋兄、淫母、弑父、幽弟、逆天、虐民……简直可以说“罄南山之竹，书罪无穷；决东海之波，流恶难尽”。然而，事实果真如此吗？隋炀帝真的是一个十恶不赦的大暴君吗？让我们拨开历史的重重迷雾，重新认识一下隋炀帝杨广的真实面貌吧。

从唐朝开始，就有历史学家指出，隋炀帝所谓的好色、淫逸、淫母、弑父这些罪名，绝大多数都是由野史作者们强加在他头上的，在正史中并没有任何证据证明。若是仔细阅读并且推敲史料，我们不难发现，其实杨广不仅是一个文武双全、才华横溢、战功卓著的统帅，而且还是一个拥有雄才大略、勤奋敬业的君主。

杨广14岁时，同江南的大贵族之女萧氏结婚。一直到他去世，两人始终相敬如宾、举案齐眉。而且杨广只有三个儿子，像这样感情专一的君主，估计连历史上有名的贤君都比不上。

杨广还亲自指挥完成祖国统一，“天下皆称广以为贤”，从而结束了上百年来社会分裂的局面，进入和平、强盛的时代。

杨广登基之后，一生勤于政事，可谓是宵衣旰食的工作狂。在杨广看来，南朝灭亡主要的原因是“江东诸帝多傅脂粉，坐深宫，不与百姓相见”。因此在他统治的14年里，除了待在宫里的4年时间之外，其余大部分时间都在巡游的路上。

隋炀帝在位期间修建了南北大运河，将钱塘江、长江、淮河、黄河、海河连接起来，当时运河上“商船旅往返，船乘不绝”。大运河不仅使南方的物资能够顺利地到达当时的洛阳和长安；还加强了隋王朝对南方的军事与政治的统治，同时极大地促进了南北方的文化交流。如此浩大的工程，虽利于千秋万代，但实在是太劳民伤财了，隋炀帝也为此付出巨大的代价，导致身死国灭。

隋炀帝还创立了科举制，开设进士科，以考核诗赋为主，选择“文才秀美”的人才。这种制度削弱了门阀大族世袭的特权，为选拔下层优秀知识分子提供了极好的机会，对后世产生了深远的影响。

除此之外，隋炀帝还掘长堑，置关防，开驰道，筑长城，置粮仓，大修文治、制定新制度，方勤远略威震八方，这都是功在当代、利在千秋的大事业。在其统治的前期，曾多次普免钱粮，连续四次大赦天下，可是国家的财富却越来越多，人口也不断增长。《资治通鉴》也说：“隋氏之盛，极于此矣。”

以此看来，那些关于隋炀帝是十恶不赦的暴君的野史传说，就显得荒诞而不可信了。当然，隋炀帝也有不足之处，可就他在中国封建社会历史上的建树而言，也可以堪称一位伟大的帝王了。

因此，我们在评论历史人物时，不能只看其一，要正视历史，功就是功，过就是过，功不折罪，瑕不掩瑜，最终我们要看他有没有推动历史的进步。

唐太宗为何要篡改国史

唐太宗李世民是我国历史上一位伟大的皇帝。他勤于政事，改革经济，举贤任能，体恤百姓，减轻刑罚，开创了“贞观之治”的盛世局面。在后人眼中，唐太宗李世民是历代帝王的表率。但即使是这样一位英明圣主，他的一生仍有很多不足，“玄武门兵变”的实情一直让后人迷惑，而他后来修改国史的行为也让人议论纷纷。

贞观三年（629），太宗下令在中书省设置秘书内省，负责修撰前五代史。但是同年闰十二月，太宗又下令将史馆移入禁中，设于门下内省北面，由宰相监修。从此之后，史馆成为皇帝直接控制的门下省的一个常设机构，不再具有修史职责而是专门负责修撰当朝国史。唐太宗究竟出于何种目的要重置史馆，修改国史呢？这个问题迄今为止仍未有确定的答案，而后人对此也有自己的看法。

有一种说法认为李世民的皇位并非合法继承，修改国史是为自己杀兄逼父篡位做辩护。这些行为不仅不合乎封建法统和封建伦理，而且在李世民看来，也是不能贻示子孙、垂为法诫的。因此，为掩盖这种残暴的行为，确立自己登基的合法性，李世民决定撰修国史，下令创立了宰相监修国史的制度，这就使史官很难做到秉笔直书，只能按统治者的意图撰写历史。

在古代，每位帝王的日常活动都会由史官记入起居注中，帝王是不可以随便翻看的。国史也不例外。然而，据史料记载，李世民曾不止一次违例，要求查看国史和自己的起居注，并称是“使得自修改耳”。在李世民授意下，史官们把李世民发动“玄武门之变”的动因写成“安社稷，利万民”的大义行为，从而严重歪曲了历史事实；在撰写《高祖实录》和《太宗实录》时，费尽笔墨铺陈李世民在武德年间的功劳，竭力抹杀太子李建成的事迹，降低高祖李渊的影响；把太原起兵的密谋描绘为唐太宗的精心策划，营造一种“皇位本来就应该是他的”的错觉，李渊退位后也就理所应当地由他继承皇位。这样，李世民登上皇位便显得合理多了。

还有一种说法，认为李世民之所以要修改国史，提高自己在太原起兵中的地位，贬低李渊的功劳，乃是出于当时的政治统治的需要。他要求贞观史臣把太原起兵中李渊由主动起兵变为被动起兵，目的是把李渊描绘成一个忠臣的形象，从而符合儒家的道德要求。李世民将李渊描绘成是在隋炀帝要下令逮捕他，李世民和刘文静等又设下圈套逼得他走投无路的时候才不得不反的形象，而且在起兵时李渊还曾号称“欲大举义兵，远迎主上”。这样一来，李渊就成了大忠臣了。很明显，这种刻画有利于维护李世民的统治，防止他人以此为例，起兵谋反。

以上说法只是各家的推测，并没有明确的史料依据。但是李世民继位后修改国史是毫无疑问的事实。至于他为何要修改国史，其真正的目的究竟是什么，我们今天已经很难判断了。

武则天无字碑之谜

树碑立传是自古就有的惯例，历代帝王更是不乏于此，然而武则天却是例外。作为历史上第一位且唯一一位女皇帝，武则天在死后所树立的碑上“一字不铭”，给世人留下了“无字碑”之谜，千百年来引得人们纷纷猜测。

武则天和唐高宗李治的合葬墓在陕西省咸阳市乾县县城北部的梁山上。墓前有两块高大的石碑，西面的石碑是“述圣记碑”，碑文由武则天撰文、唐中宗所书写，主要是歌颂唐高宗在世时的功绩。东面的石碑是由一块巨大的整石雕刻而成，碑首雕有8条互相缠绕的螭首，并以云龙纹装饰，碑座则线刻骏马饮水、雄狮、云纹等纹饰。令人奇怪的是，如此精致的墓碑却没有碑文。这就是武则天的“无字碑”。世人对此百思不得其解，人们纷纷猜测武则天立无字碑的原因，最主要的说法有三种：

一是“功德无量说”，即武则天认为自己功高德大，无法用文字来表达。在武则天看来，自己虽是女人，但才能绝对高于唐高宗，她扶植寒弱，打击豪门，发展科举，奖励农桑，在她的统治下社会安定、人民安居乐业。所以她认为自己政绩斐然，应该流传千秋万代，功绩远非一块碑文所能容纳。因而，武则天留下一座空碑，以示自己功盖过世。

二是“左右为难说”，即武则天想到自己死后和唐高宗合葬，究竟是称呼武周皇帝，还是李唐皇后？都很难落笔。若碑文上刻“大周天册金轮圣神皇帝”，这让高宗情何以堪，而且李唐子孙肯定也不能接受；若刻“则天大圣皇后”，那是对自己的贬低，而且武则天也确实做了16年“大周”皇帝。所以她思前想后，最后决定“一字不铭”，任凭后人评说。还有人说武则天改朝后内心愧疚不安，一心想在自己死后将江山归还李氏。但由于自己称帝的这段经历，使她对自己死后的境遇没有信心，更害怕世人责骂其篡位之罪，因而留下无字碑借以自赎。

三是“自知之明说”，即武则天一生聪明机警，常做惊人之举，立无字碑，意在千秋功罪让后人评说。这种说法与前一种说法恰恰相反。武则天忙碌一生，有值得肯定的一面，面对错综复杂的政治局面，她力挽狂澜，显示出了非凡的政治天赋。但是在其统治后期，政治却日益腐败，加之“篡夺王位”和民间所谓的“荒淫无度”，或许武则天也知道自己“罪孽深重”，碑文的褒贬对她来说都是难事，因此“立无字碑”是非常聪明的举动，是非功过待后人评说。

这三种说法似乎每一种都很有道理，至于哪一种说法是她的本意，现已无从考证了。武则天立“无字碑”为后世留下了难解之谜，让世人为之猜测揣摩，却不得其解。

然而，值得一提的是，宋金以后，人们开始在无字碑上面添写题刻，如今上面共有文字13段。令人诧异的是，这些文字当中居然还有一种少数民族文字，而且长期以来一直没有人能识别。后由金石学家、考古学家等发现其为早就灭亡的“死文字”——早期契丹文字。这一失传的文字作为极为珍贵的文字史料被保留下来，不可否认这是武则天无字碑的一大贡献。

唐玄宗为何被奉为“梨园领袖”

唐玄宗李隆基是唐朝第七个皇帝，因其谥号为“至道大圣大明孝皇帝”，故也称为唐明皇。唐玄宗在位初年，社会安定，政治清明，经济空前繁荣，呈现出“开元盛世”的繁荣景象。

然而许多人都不知道，唐玄宗和现在的戏班、剧团有着密切的关系。人们习惯上称呼戏班、剧团为“梨园”，戏曲演员为“梨园弟子”，而唐玄宗却被称为“梨园领袖”。人们不禁要问，“梨园”是怎么和戏曲艺术联系在一起？唐玄宗又是怎么成为“梨园领袖”的？

其实这与唐玄宗自身对音乐的喜爱有关。他6岁的时候就能歌善舞，显露出音乐资质。他精通多种乐器演奏，如琵琶、横笛等，羯鼓的演奏技艺尤为高超。唐玄宗还是少有的作曲大师，他一生中参与创作的音乐作品很多，其中大部分是器乐独奏曲、合奏曲和大型歌舞曲。

唐玄宗前期，许多亚非国家的使臣、学者、商人纷纷齐集长安，在中外文化交流的影响下，唐朝的音乐得到空前的发展。这时，唐玄宗又对唐代的音乐制度做出多次重大改革，调整了原九部乐、十部乐为坐、立部伎，促进了音乐艺术的发展与提高。

据史料记载，唐玄宗后来又设立了梨园，扩充教坊，培养了许多优秀的音乐艺人，同时也吸收和容纳外来音乐。因此，在唐玄宗的带领下，“梨园”成了唐代一个重要的艺术活动中心。于是，后来人们习惯上就称呼戏班、剧团为“梨园”，戏曲演员为“梨园弟子”，而唐玄宗也因此被称为“梨园领袖”。

对于梨园的性质，《辞海》中认为是“唐玄宗时期，教练宫廷歌舞艺人的地方”；《中国大百科全书·戏曲曲艺》中则说是“唐玄宗时期，宫廷内专门训练乐工的机构，主要职责是训练器乐演奏人员”。而李尤白提出“梨园”不但训练演员，而且肩负演出的“皇家音乐、舞蹈、戏剧学院”于一体，为我国第一所综合性“艺术学院”，李隆基则是崔公，相当于现在的院长，在他下面有编辑和乐营将两班人马。前者类似现在的创作人员，后者是乐工或官妓领班，其职能相当于现在的导演和教师。

大历十四年（767），为统一朝廷的礼乐建制，唐德宗下诏取消梨园。至此，梨园退出了历史舞台。

宋高宗为何不愿迎回徽钦二帝

宋高宗赵构是宋徽宗第九个儿子，宋朝的第十位皇帝。靖康二年（1127），金兵大举南侵攻陷北宋都城汴京，北宋灭亡，宋徽宗、宋钦宗（宋高宗的父亲和兄长）被掠。于是，赵构南迁临安建立南宋，却偏安一隅，成为历史上乞和苟安的投降主义君王。

为什么宋高宗愿意苟且偷生，却不愿意北伐迎回徽钦二帝呢？其实宋高宗在位初期，原是起用抗战派李纲为相，以宗泽为东京留守，发动军民抗金。可不久后，他罢免了李纲，启用投降派黄潜善、汪伯彦与金议和，把宋军防线由黄河一线南移至淮、汉、长江一线，从而使抗战形势逆转。

无论是过去还是现在，历史学界普遍认为宋高宗赵构与金议和，不愿北伐迎回徽、钦二帝雪洗靖康之耻，主要是因为宋高宗赵构担心自己皇位的正统性，害怕徽、钦二帝回朝与他争夺皇位。

对这样的说法，有些学者提出了疑问。赵构担心自己皇位的正统性的确不假，但作为一个建立新政权（南宋）的皇帝来说，保住皇位会很难吗？在中国历史上，遇上这样的问题，最好的解决方法就是禅让，唐太宗李世民就是最好的例子。

篡位的乱臣贼子都可以搞一个虚伪的禅让仪式来使自己的篡位合法化，宋高宗为什么不把二帝先迎回来控制在自己手中，搞一个皇权的禅让仪式，这一切不就都完全正统合法了吗？更何况宋高宗比那些贼子的合法性强多了。所以赵构不愿北伐，迎回徽钦二帝，可能不是我们想象的那样简单。

南宋政权实际上是在南方士族支持下建立起来的新政权，而赵构的皇权权威是有限的，这与马上打江山或者坐稳天下、官僚系统齐备的皇帝相比有本质区别。这样一个皇帝对于地方豪强来说，只是形同虚设而已，象征意义多于实际的权力。所以赵构虽然是皇帝，但他的权力与以往的君王相比是大不同的。因此，对于他的行为，我们要深刻地体会他实际身处的权力环境。

赵构之所以能够在南方建立政权，除了他血统上的优势外，更主要的是因为他能维持当时各个豪强之间的平衡。在此背景下，徽、钦二帝如果被迎回，这种权力制约关系一定会被打破，内乱则会不可避免。

在这样的情况下，二帝的回归已不再是赵构当不当皇帝的问题，而是妄想控制二帝的集团与其他拥立赵构的集团之间的内部矛盾了。即使是赵构自己不想当皇帝，那些拥护他的集团也不允许。宋高宗赵构到底是怎么想的？无论后世之人如何猜测，最终的原因也就只有他自己知道。

成吉思汗猝死六盘山之谜

一代枭雄成吉思汗带领蒙古族人四处征战，是一个拥有雄图霸业的征服者。领袖毛泽东也称赞其为“一代天骄”。然而如此伟大的征服者，在他死后也给后世留下了许多未解之谜。其中，最吸引人的悬念就是成吉思汗到底是怎么死的。

成吉思汗二十一年（1226），成吉思汗亲自率十万大军进攻西夏。成吉思汗二十二年（1227）年初，蒙古军队包围了西夏都城中兴府。同年六月，成吉思汗到六盘山去避暑，而西夏首都中兴府发生了强烈地震，损失惨重，房屋倒塌、瘟疫流行、粮食断绝，西夏国不得不向成吉思汗投降。然而，就在西夏投降后，成吉思汗猝死在六盘山。

据明太祖朱元璋称帝后下诏修改的《元史》记载：“秋七月壬午，不豫。己丑，崩于萨里川哈老徒之行宫。”这些文字看似言简意赅，实则语焉不详，因此后世一直不知成吉思汗到底是怎么死的，世人对此纷纷猜测。关于成吉思汗的死因，后世大概有四种说法，且多与西夏有关。

一是“坠马说”。这一说法记载于《元史》中，是几种说法中最正统、被多数人所知晓的死因。成吉思汗二十一年秋天，成吉思汗带着夫人征讨西夏国。冬季时，在一个叫阿儿不合的地方打猎，不料，红沙马被一匹野马惊着了，导致没有防备的成吉思汗坠马受伤，当夜就发起了高烧。于是，成吉思汗便询问随从的将领如何是好，有人建议反正西夏城池是囊中之物，一时半会儿也逃不了，干脆回去养伤，等伤好了再来攻打。但是成吉思汗却十分要强，害怕被西夏人笑话，加之西夏有一位叫阿沙敢不的大臣讥笑他，成吉思汗更加不愿退兵，于是攻进贺兰山，将阿沙敢不灭了。但此后，成吉思汗的伤病时常反复，直到成吉思汗二十二年七月病死。

二是“中毒说”。这种说法来源于《马可·波罗游记》。马可·波罗是13世纪意大利商人，于1275年到达中国，和元朝有过17年的友好交往。在其游记中这样记叙：成吉思汗在围攻西夏的太津（吉州，古要塞）时，腿部不幸中了西夏兵士射来的毒箭。顿时毒箭攻心，伤势严重，一病不起。但是民间对“中毒”却有另一种说法，即成吉思汗是让被俘虏的西夏王妃古尔伯勒津郭斡哈屯陪寝时下毒致死的。

三是“被刺说”。这种说法与上面被俘西夏王妃有关。相传这位王妃在陪寝的时候，趁成吉思汗放松警惕，刺死了他。这一说法源于清朝康熙元年的《蒙古源流》。

四是“雷击说”。出使蒙古的罗马教廷使节约翰·普兰诺·加宾尼在其文章透露，成吉思汗可能是被雷电击中身亡。南宋彭大雅所著《黑鞑事略》记载：鞑人每闻雷霆，必掩耳屈身至地，若躲避状。但是这种说法没有直接证据，比之上者较为离谱。

朱元璋为何除去“小明王”

“小明王”韩林儿是元末大宋红巾军领袖，当后人论及韩林儿的死因时，大多数人认定是被朱元璋设计所陷害。

元至正二十六年（1366），韩林儿应朱元璋的邀请，南下去往朱元璋的军中，途中却因为船翻而淹死江中。据《明史·廖永忠传》记载：“初，韩林儿在滁州，太祖遣永忠迎归应天，至瓜步覆其舟死，帝以咎永忠。及大封功臣，谕诸将曰：‘永忠战鄱阳时，忘躯拒敌，可谓奇男子。然使所善儒生窥朕意，徼封爵，故止封侯而不公。’”此举真如朱元璋所言，是廖永忠为邀功而擅自行动吗？后人根据朱元璋晚期极其毒辣和残忍地大肆屠戮功臣推测，“小明王”韩林儿是朱元璋命人害死的。如此看来，这样的推论也顺理成章。如果真的是朱元璋命人害死了韩林儿，这其中又有什么缘由？但有学者指出“小明王”的死并不是朱元璋指使陷害的。

据相关记载，元朝末年，政治腐败，民生哀怨，明教于是利用这一点在广大穷困农民间进行传教，发动武装起义。河北韩山童也是重要的秘密宗教领袖，广招信徒，酝酿起义。然而起义计划却被泄露，韩山童被杀，他的妻子杨氏带着儿子韩林儿逃脱。

后来，韩林儿在刘福通的拥护下立为“小明王”，国号宋，建立龙凤政权。朱元璋出自郭子兴麾下，自属红巾一系，名义上确实算韩林儿部下。不过在天下大乱之际，群雄并起，这种名分上的归属并没有太大的意义。事实上朱元璋也根本没有对韩林儿称臣，只不过出于战略上的考虑，共用一个“龙凤”年号而已。《明史·太祖本纪》中有记载：“檄子兴子天叙为都元帅，张天祐、太祖为左右副元帅。太祖慨然曰：‘大丈夫宁能受制于人耶’遂不受。然念林儿势盛。可倚藉，乃用其年号以令军中。”

正当朱元璋事业蒸蒸日上的时候，曾经风光一时的韩宋却是江河日下。元至正二十三年（1363），张士诚遣部将吕珍围攻安丰，刘福通只得向朱元璋求援。待援军到达，刘福通已被杀。于是，朱元璋在赶走吕珍后，“以林儿归，居之滁州”。

这段历史有很多疑点：

第一，若朱元璋授意杀韩林儿，那么他早就应该杀掉灭口，而暗杀这样的做法实不合情理。

第二，刘福通已亡，而韩林儿只是一个普通人，对于朱元璋的妨碍，仅仅就是一个名分和“龙凤”年号而已，在乱世构不成登基的阻力。

第三，韩林儿既无政治上的影响力，更谈不上军事上的号召力，战乱之后，其教众各奔东西，或各自有所归属，早已丧失了宗教上的凝聚力。朱元璋只要威逼利诱一下，就可让韩林儿屈服，或不予理睬，直接将其撇到一边，随便起个封号养起来也无不可，毕竟韩林儿连方国珍都不如，根本没有翻身之地。

第四，若朱元璋真的要除去他，也是很简单的事情，完全可以做到不露痕迹，制造如此张扬的翻船“事故”实为画蛇添足。

事情的真相到底是怎样的呢？在没有新的证据的情况下，恐怕将会永远是个谜吧。

建文帝生死下落之谜

明朝时期，由于皇太子朱标在洪武二十五年（1392）先于开国皇帝朱元璋去世，于是朱元璋死后，由其皇太孙朱允炆即位，即建文帝。

由于明太祖在世时实行分封制，各地藩王都强权在握，拥兵自重，这让建文帝深感不安，于是“削藩”，以巩固皇权。诸王中燕王朱棣势力最大，他担心自己被废，于是以讨伐齐泰、黄子澄为名，起兵谋反，发动了历史上有名的“靖难之役”。这场战争持续了四年，后来朱棣攻陷了京师，即位为王，成了明成祖。就在朱棣攻入南京时，皇宫已是一片大火，建文帝下落不明，生死未知。明成祖朱棣对此总是放不下心，这事也成为他的一块心病。

数百年来，建文帝的下落也是一桩争讼不决的历史悬案。有人说建文帝的一个太监穿了他的衣服投身火海，做了他的替死鬼，而他趁机逃走了；有人说建文帝削发出家，藏进了某个寺院；还有人说他是从地道中逃走的，而且出走后故意放的大火。更有人根据这些说法发挥想象：建文帝流落民间后，去了云南，住在山中。建文帝出逃的协助者史仲彬后来还多次南下与他会面。而在明英宗时期，建文帝还曾回到京师，住在宫内，寿终正寝。这些传说是真是假，难以断定，或许只是人们的附会之言，然而综合各家说法，主要有“焚死”和“逃亡”两种猜测。

“焚死”说认为，建文帝是自焚而死的。据永乐年间修撰的《明太祖实录》中记载，建文帝死于宫中大火。当时燕王军队兵临城下，将宫城团团围住，建文帝想逃也来不及了。建文帝深知他的四叔是个贪权尚武、残暴无情的武夫，落到他手上就绝没好下场，于是放火葬身火海。而朱棣也决不能让建文帝继续活下去，否则，他就不能登上帝位。当燕王军队开进皇宫时，宫中已是一片火海，建文帝也没了踪影。但是为了不留下“杀侄夺位”的骂名，朱棣在发现烧焦的尸体时假装痛哭流涕，声称自己出兵只是为了“清君侧”，辅佐建文帝。仁宗朱高炽御制长陵碑也说，建文帝殁后，成祖备以天子礼仪殓葬。后来，明成祖朱棣在给朝鲜国王的诏书中说：“没想到建文帝在奸臣的威逼下纵火自杀。”

但是，太监在灰烬中多次查找，只找到马皇后与太子朱文奎的遗骸，而建文帝是死是活则无从得知。燕王为让天下知建文帝已自焚，曾写有祭文，但其坟墓处于何处，无人知晓。明末崇祯帝就曾说过：“想给建文帝上坟，却不知在何处。”可见朱棣即位之后，曾下令搜寻建文帝的下落，也是无果。

“逃亡”说认为建文帝出逃为僧，流落民间。在南京攻破之时，建文帝曾经想过要自杀，但是在亲信的劝说之下，从地道逃出了皇宫，从此削发为僧，隐姓埋名浪迹江湖。在明成祖死后，他又回到京城，住进西内，死后葬于京郊西山。其实朱棣登位后，一直不相信建文帝已经死了，曾多次派心腹大臣到处访问。有人说永乐年间郑和下西洋，其实就是明成祖暗中察访建文帝下落的一种表现。而且明成祖还曾向天下寺院颁布《僧道度牒疏》，借机重新整理僧人的名册，对当时所有的僧人进行了一次全方位的调查。从永乐五年（1407）起，还派人以寻访仙人张邋遢为名到处搜寻，涉及大江南北，前后共二十余年。在民间流言中，许多地方都有建文帝的踪迹与传说。有的说建文帝逃到云贵地区，而且辗转到了南洋地区，直到现在，云南大理仍有人以惠帝（建文帝）为鼻祖。也有现代学者认为，当年建文帝潜逃后，曾藏于江苏吴县鼋山普济寺内，接着隐匿于穹窿山皇驾庵，于永乐二十一年（1423）在此病亡，埋于庵后小山坡上。

至于建文帝的下落，或许早已随着滚滚年轮和曾经辉煌无比的王朝一起被埋入历史的尘埃之中了。

明万历皇帝为何三十年不理朝政

明神宗万历皇帝朱翊钧在位48年，是明代皇帝中在位时间最长的一位。可是万历皇帝刚主持朝政14年后，就开始不上朝，之后的30多年里不理朝政，不郊、不庙、不朝、不见、不批、不讲。

作为一个帝王，上朝理政是分内之事，可是为什么万历皇帝30多年不理朝政呢？有人说是朱翊钧沉湎于酒色之中，也有人说他是染上鸦片烟瘾。但更多的人认为，万历是因为立太子之事与内阁争执，才不出宫门、不理朝政的。

万历皇帝16岁的时候，太后便让他迎娶王氏和刘氏作为皇后和昭妃，然而叛逆的万历根本不喜欢这样强加的婚姻，更不喜欢皇后和昭妃，于是对这两个妻子十分冷淡。

万历20岁时，偶然临幸一名宫女，后得长子朱常洛。在当时，正宫皇后没有生出嫡长子的情况下，按惯例应该立朱常洛为太子。可是后来，万历遇到了自己心中的红颜知己、一生最爱的女人——郑贵妃。郑氏本是一个宫女，因容貌秀美、机智聪明得皇帝的喜爱，很快被封为贵妃。两人互为知己，朝夕相伴，简直一刻也不能分离。4年后，郑贵妃生下皇三子朱常洵。万历皇帝爱屋及乌，对刚出生的孩子极其宠爱，直接将郑贵妃晋封为皇贵妃，地位仅次于皇后。与此同时，万历想将朱常洵立为太子。

这一想法遭到群臣的反对，大家认为废长立幼不合宗法礼制，为了社稷，应立皇长子为太子。群臣的反对令万历招架不迭，只好极力镇压，把户科给事姜应麟等强烈反对的大臣都贬了官、问了罪。后来慈圣太后知道了此事，便对其进行质问。于是万历就将册立太子的事推迟，采取“拖”的方法。

为封朱常洵为太子，万历和他的全体朝臣相对抗，谁也说服不了谁。这让万历大伤脑筋，也万分恼火。后来，万历采取不上朝的方法，同他的大臣们消极对抗。幸亏官僚体制起作用，哪怕没有皇帝，内阁及部府仍然可以照常工作。有事陈奏上去，皇帝不批，就等于默认，便照章办理。谁再说立太子的事，他就“留中”，让疏文自动作废，外面自然就无法知道真相了。

直到万历二十九年（1601），万历怕自己一旦归西，朝纲大乱，再加上一些其他原因，无奈之下册立朱常洛为太子，这场旷日持久的“国本”之争终于结束了。

其实从深层次的原因来讲，万历不上朝的主要原因是皇权与文官制度发生了剧烈冲突，皇权受到了压抑，万历就是用消极的方式来对抗。但是万历有两点仍然值得肯定：其一，万历皇帝并没有因大臣与之作对，甚至漫骂皇帝贵妃而杀掉一人，是相当宽仁的；其二，不上朝并不是不办公，万历年间的国家大小事情都是万历处理的，大的比如万历三大征，特别是明、日的壬辰战争，一直在万历指导下进行。

崇祯帝死亡之谜

明末农民起义，李自成率领农民军攻入北京后，崇祯皇帝朱由检仓皇出逃，在煤山（今景山）东麓的一棵槐树上自缢身亡。这或许是大多数人在历史教科书上了解到的，但是崇祯皇帝真是缢死于煤山吗？关于崇祯的死，历来众说纷纭，疑团不少，未取得一致看法。

有人认为崇祯自缢于巾帽局。《甲申传信录》中有其自缢的记载。这一记载很符合崇祯在农民起义的浪潮中走上自戕之路的心理变化过程。崇祯刚愎自用，他的性格决定了他不会轻易投降，也不会轻易去死。在京城危在旦夕的情况下，他取太监衣帽化妆后，企图逃跑，守门士兵不知他是皇帝于是进行阻拦。逃跑不成，崇祯在太监的陪同下来到了巾帽局。李自成攻城之后，崇祯眼看大势已去，这才自缢而死。

有人认为他自缢于今北海白塔山。《明季北略》卷二十记载道："手携王承恩入内苑，人皆莫知，上登万岁山之寿皇亭……太监王承恩对面缢死。"万岁山，金人名琼花岛，元至元四年筑宫城。显然，这是认为崇祯自缢于今北海的白塔山。

还有人认为崇祯自缢于西山。《明亡述略》中有相关记载。从史料上看，大多数学者认为崇祯是自缢于煤山的，但是到底是吊死在海棠树下、松树下、槐树下，还是亭子里，目前还不好下定论。

有人指出崇祯死于煤山槐树上不太可能。李自成率军进入奉天门、占据皇宫后，首要之事就是找崇祯。然而农民军在"大搜宫中不得"之后，乃悬重赏、申严诛："献先帝者万金、封伯爵。匿者，夷其族。"三日之后才得到崇祯的遗体。景山本是皇室内苑，倘若崇祯就死在景山如此明显的地方，总不至于让农民军大张旗鼓地搜了三天才发现吧。

红学家俞平伯则认为，崇祯死在管园人居住的小屋里的椽子下。崇祯"爬上煤山查看了外国来的大炮。他又给李自成写了血书，要求他不要压迫老百姓，不要再任用那些不忠的官僚，然后就在管园人住的小屋里的椽子上吊自缢了"。

《明季北略》记载，崇祯是自缢在海棠树上。当时皇城内，海棠在巾帽局附近的回龙观最盛。"回龙观旧多海棠，旁有六角亭，每花发时，上临幸焉"，可见明代皇帝对这一带很熟悉，崇祯逃至此地自缢也较为可信。

所以，认为崇祯皇帝吊死于煤山是较为合理可信的，但是具体自缢于何处，目前尚无定论，只能有待于史学工作者今后更严密的研究了。

明朝是因崇祯辜负了一帮“忠臣良将”而灭亡吗

崇祯十七年（1644）三月十八日，李自成率领农民起义军攻陷北京，明崇祯皇帝无路可逃，自缢而亡，屹立了200多年的明朝灭亡了。

明朝灭亡的原因究竟是什么？众说纷纭。有人说是崇祯无能，刚愎自用，把大明朝给折腾完了，也有人说是天道亡明、大明气数已尽。总之，在多数人看来是崇祯辜负了“忠臣良将”，带领明朝走向了灭亡。然而，历史的真相真的如此吗？崇祯真的辜负了一帮“忠臣良将”吗？

一些学者提出了质疑，他们认为明朝灭亡固然有天灾瘟疫和崇祯多疑等方面的原因，但是那些所谓的“忠臣良将”也有不可推卸的责任。崇祯皇帝在位期间，励精图治，希望重振朝纲，中兴大明。可是他却生不逢时，万历、天启留给他的是一个千疮百孔的烂摊子，明朝到崇祯时已经是岌岌可危了。

当李自成的起义军快要攻入京城时，那些所谓的“忠臣良将”在做什么？大顺军占领北京时，明朝廷在京的两三千名官员只有20人选择以身殉国，而其他的官员则是争先恐后地前往大顺政权政府报名请求录用，真所谓“衣冠介胄，叛降如云”。国子监生陈方策塘报中说：“我之文武诸僚及士庶人，恬于降附者，谓贼为王者之师，且旦晚一统也。”

文人如此，军官也不例外。大顺军在短短三个月时间里就占领了包括京师在内的整个黄河流域，除了在宁武和保定两地稍遇抵抗以外（其实在保定城里“代帝亲征”的大学士李建泰也是主张投降的），到处是一派望风归附的景象。明朝辽东军队和官员奉命撤入关内勤王，由平西伯吴三桂、辽东巡抚黎玉田带领于3月13日全部进关，驻扎于昌黎、滦州、乐亭、开平一带。当他们得知大顺军已经占领北京，明朝廷已经覆亡时，就同山海关总兵高第一道接受了李自成的招降，归附了大顺政权。黎玉田被委任为大顺政权四川节度使，奉李自成之命与明朝投降总兵马科领军西行收取四川。至此，秦岭、淮河以北的明朝军队已全部收入大顺政权的编制中，地方除辽东外均被大顺政权所接管。

看到这样的文臣武将，我们又怎能说明朝灭亡是因崇祯辜负了一帮“忠臣良将”所造成的？崇祯在自缢之前，身边仅有提督太监王承恩陪同，没有一个臣子。崇祯死前曾斥责士大夫：“吾非亡国之君，汝皆亡国之臣。吾待士亦不薄，今日至此，群臣何无一人相从？”就连起义造反的李自成也曾说过崇祯“君非甚暗”，只是“臣尽行私，比党而公忠绝少”。

由此看来，明朝的灭亡，崇祯或许有着不可推卸的责任，但是他的那些“忠臣良将”就可以不承担亡国之臣的责任吗？

努尔哈赤为何能从后金部落脱颖而出

一代英杰努尔哈赤是明朝末期建州女真族的首领。他凭借父辈遗留的13副铠甲闯天下，在马背上征战40多年，于万历四十四年（1616）建立后金，继汗位。努尔哈赤是如何从女真各部落脱颖而出，建立后金政权的呢？

努尔哈赤出生在建州女真部落一个贵族家庭里，祖父和父亲都是明朝的建州左卫官员。努尔哈赤从小练习骑马、射箭，习得一身好武艺。10岁那年，他的母亲去世，继母待他不好，因此努尔哈赤离开家，独自在外生活。正因如此，他学会了在外生存的本领。他和小伙伴一起在茫茫林海里打猎、挖人参、采松子、拾蘑菇，并将这些山货带到抚顺卖掉，以此挣钱过活。也正因为如此，努尔哈赤接触到了汉人，并且学会了汉文。

建州女真族分为几个部落，总是互相残杀，因此明朝驻军将领利用各部的矛盾来加强对这一地区的统治。其族内有一位土伦城的城主尼堪外兰，他带领明军攻打古勒寨，而古勒寨的城主阿台的妻子是努尔哈赤的妹妹，于是努尔哈赤的祖父和父亲前去古勒寨打探情况，不巧正碰上明军攻打古勒寨，在混战中祖父和父亲被明军杀害，此时努尔哈赤才25岁。

努尔哈赤悲痛不已，他对明朝官吏说：“我知道杀我祖父和父亲的是尼堪外兰，你们把尼堪外兰交给我，任我处置，否则我是不会善罢甘休的。”然而，明朝官吏只把祖父、父亲的遗体交还与他，不肯交出尼堪外兰。当时努尔哈赤的军事力量太薄弱，不敢得罪明军，于是他满怀悲愤回到家里，找出了父亲留下的13副铠甲，分发给手下的士兵，向土伦城进攻。努尔哈赤英勇善战，尼堪外兰根本不是他的对手，狼狈地逃走了。努尔哈赤攻占了土伦城后，继续追击，趁机征服了一些女真族的其他部落。尼堪外兰东奔西窜，最后逃到了鄂勒珲（今齐齐哈尔附近），请求明军保护。努尔哈赤也追到那里，明军看他不肯罢休，又怕因此引起战争，就让努尔哈赤杀了尼堪外兰。

自从努尔哈赤消灭了尼堪外兰后，声名大噪。又过了几年，努尔哈赤统一了建州女真，引起女真族其他部落的恐慌。当时的女真族，共有三个部落，除了建州女真之外，还有海西女真和“野人”女真。海西女真中有个叶赫部落最强。万历二十一年（1593），叶赫部联合了女真、蒙古等九个部落，结成联盟，率领三万士兵，分三路进攻努尔哈赤。

努尔哈赤听说九部联军来攻，做好了迎战的准备。他在敌军来路上，埋伏了精兵；在路旁山岭边，安放了滚木石块。一切安排妥当，他就安安稳稳地睡起觉来。他的妻子看了很着急，便把他叫醒，问：“九部联合来攻打，你怎么睡起觉来了，难道你真的给吓糊涂了？”努尔哈赤笑着说：“如果我害怕，就是想睡也睡不着。”

第二天，建州派出的探子回报敌兵人数众多，将士们听了也有点害怕。努尔哈赤就告诉将士们：“别害怕，现在我们占据险要地形，敌兵虽然多，不过是乌合之众，一定互相观望。如有哪一个领兵先攻，我们就杀他们的头目，不怕他们不撤退。”

九部联军到了古勒山下，建州兵在山上严阵以待，先派出一百骑兵挑战。叶赫部的一个头目冲上前，马被木桩绊倒，建州士兵见状立即把他杀了，另一个头目看到这情景也吓得昏了过去。如此一来，九部联军便没有了统一指挥，四散逃窜，努尔哈赤乘胜追击，击败了叶赫部。又过了几年，基本统一了女真族各部。

万历四十四年（1616）正月除夕，努尔哈赤在赫图阿拉举行开国登基大典，定国号为后金。一个辖地千里、统兵民数十万的叛乱政权出现在大明的东北地区。

就这样，努尔哈赤用了短短30多年时间，统一女真各部。

顺治帝出家之谜

历史上喜爱佛教、宣扬佛教的皇帝有很多，可真正愿意抛弃皇位而皈依佛门的恐怕就凤毛麟角了。相传，清代顺治皇帝就是真正皈依佛门之人。但这件事究竟有几分真实？

据民间传说，顺治是因为受到精神打击，看破红尘，才抛弃帝位，遁入五台山削发为僧的。在顺治短短的一生中，他一共娶了19个妻妾，基本上每年娶一个，但是最讨他欢心的，只有董鄂妃一人。虽然两人不曾有过任何誓言，但是，那种难舍难分的感情惊天地、泣鬼神。

顺治出于对董鄂氏的偏爱，打算将皇位传给董鄂氏之子，可不幸此儿出生数月就夭折了。董鄂氏大受打击，加上皇太后雪上加霜的折磨，所以于顺治十七年（1660）抑郁而死。顺治痛不欲生，为哀悼董鄂妃，五天不理朝政。没过多久，他又亲自给礼部下了一道圣旨，特意给董鄂妃加封谥号——孝献庄和至德宣仁温惠端敬皇后。

董鄂妃死后，顺治的心也随之而去，于是抛弃帝位，削发为僧。《清史演义》《清代野史大观》等书中均有顺治帝因董鄂妃去世而削发出家的故事，诗人吴梅村也有暗示顺治帝出家的诗句。传说康熙亲政后，曾以进香为由，多次到五台山看望顺治，希望顺治回到宫中治理朝政，但是顺治不为所动。

传说在康熙年间，两宫西狩，经过晋北地区，在五台山上找到了宫廷器物，这似乎又增添了一个顺治出家的证据。顺治一向好佛，宫中奉有木降、玉琳二禅师，印章有“尘隐道人”“痴道人”等称号。他对木降曾说：“愿老和尚勿以天子视朕，当如门弟子旋庵相待。”他早有削发为僧的念头。临去世前几天，他还叫最宠信的内监吴良辅去悯忠寺削发为僧，因此一些人认为顺治出家的原因是与孝惠皇后不合，所以董鄂妃死后，他就以此为由皈依了净土。

顺治帝离家出走，令宫内上下惊慌失措。他们为了不引起世人的非议，只得向外宣布：顺治皇帝驾崩。但是，这种谎言也瞒不了多久。很快，大清皇帝为了一个女人而削发为僧的事就在民间广为流传了。

但很多研究者认为，顺治帝并未出家，而是病死宫中。明清史专家孟森的

《世祖出家考实》列举多部史书的记载，认为清世祖死于痘疹，没有出家。顺治十八年（1661）正月初四，朝廷曾正式向文武群臣宣布皇帝患了天花病。当时王熙在《王文靖公集》记载，奉诏入养心殿，谕："朕患痘症势将不起。"命王熙赶写遗诏。初五，朝廷大赦天下并传令民间不许炒豆、点灯及泼水。但到初七深夜，顺治帝还是驾崩了。

顺治从宣布生病到死亡，不过三四天，且只有24岁。又因以上种种疑点，使得顺治出家的故事愈传愈广，成为千古奇闻。

康熙为什么六下江南

康熙皇帝爱新觉罗·玄烨是清王朝定都北京以后的第二任皇帝。康熙8岁登基，14岁亲政，熟谙文韬武略，具有远见卓识，擒鳌拜、平三藩、定噶尔丹叛乱，政绩斐然。在其统治时期，六下江南，这一举动给世人留下了颇为神秘的故事。

在金庸小说《鹿鼎记》中就讲到了一代帝王康熙与青楼小子韦小宝之间的惺惺相惜、相互扶持的故事。然而生性不安的韦小宝终究过不了官场生活，辞官后就到江南生活去了。于是人们就开始想象，康熙六下江南是不是去找韦小宝？不得不说，这样的猜测是没有历史依据的。韦小宝是小说中塑造出来的人物，在现实生活中根本找不到原型。那么人们不禁好奇，康熙六下江南到底是为了什么？

其实，康熙六下江南是为了治河、导淮、济运。然而，现在的一些小说、影视剧，为了增加娱乐性，铺陈渲染，将史实修改得似是而非。

康熙早在执政初年就对河务很关注，并且相当有研究。康熙初年，黄河下游到处决口，水祸连连，引起了康熙的高度重视。康熙曾在太和殿以治河为策论试题，测试天下贡士。在平定"三藩"时，国家财政仍然比较困难，康熙帝还是下决心对黄河、淮河进行全面治理。

康熙在三藩平定、统一台湾后，治理河道便被视为首要任务，但是淮、扬水灾并未明显好转。康熙担心官员们没有认真行事，于是在康熙二十三年（1684），不远万里，第一次下江南，亲阅河工，到达清江府、淮安府、江宁等地。康熙二十八年（1689），康熙第二次南下，到过清河县，在回京途中率领随行的大臣一起视察了高家堰一带的堤岸闸坝。

康熙二十九年（1690）至三十六年（1697）间，由于平定噶尔丹的叛乱之事，河工人事变更频繁，河工也日趋败坏。于是康熙三十八年（1699），康熙帝第三次南巡，到过扬州、苏州、杭州、江宁等地方。康熙视察黄河南岸归仁堤、高家堰等处堤工，颁布了《修浚清口诏》《巡视河湖酌定应办工程诏》，制订了一系列具体的治河方案——深浚河身、筑挑水坝、开陶庄引河、浚直河道和拆除拦黄坝。这一新的治河方略，在第二年由新任河道总督张鹏翮开始贯彻实施。到康熙四十年（1701）年底，其他各项工程也陆续完成。第二年夏天，黄河又发生了特大洪涝灾害，各项工程都经受住了洪水的考验。

康熙四十二年（1703），河工即将完成，康熙进行了第四次南巡，到过扬州、镇江、苏杭、杭州、江宁等地。他乘船到达清口，检阅天妃闸、御坝的状况，还亲自观看陶庄引河，视查减水坝、鲍家营、中河口等地方，对河道总督张鹏翮及在河各官亲加以奖励。

康熙四十四年（1705）年初，康熙认为，虽然河工已经告成，但是仍然需要察验形势，筹划善后之规，于是第五次南巡又开始了。康熙帝乘船到扬州城北高桥，对河道总督张鹏翮说道："河工已经告成，善后方略更为要紧。朕今亲临阅视，修建天妃闸，甚当。"可见，康熙对于河工是非常上心的。

然而，几个月后，河工又出了问题。黄淮地区再次发生多年未见的暴涨，造成古沟塘、韩家庄、清水沟几处堤岸冲决，发生水灾。康熙听闻十分生气，立即下旨"今春朕欲亲视高家堰"。于是康熙与臣子商议新的治河方案——溜淮套方案。康熙帝对溜淮套工程十分不放心，这么大的工程若是有什么闪失，不仅劳民伤财，而且后果不堪设想。于是康熙四十六年（1707），康熙第六次南巡。

康熙六下江南，主要是巡查堤防和了解东南地区社会和民生的疾苦，每次都很俭朴，且多数情况下是微服私访，没有惊动地方百姓。康熙帝以民为本，实心求治，他亲临河工，指授方略，经过几十年的治理，两河安宁，漕运无阻，人民安居乐业，这对当时社会的安定和繁荣起到了促进作用。

雍正帝嗣位之谜

康熙驾崩以后，经过激烈的皇位争夺，四皇子胤禛登上了皇帝的宝座，这就是历史上有名的雍正帝。但雍正究竟是如何继位的，长期以来在民间有种种传说，史学界对这一问题也有几种截然不同的看法，至今还是一个谜题。

在民间传说中，大多认为雍正是非法篡位夺权。一种说法是“矫诏篡立说”。早在雍正帝在世时，社会上就盛传康熙帝要将皇位传给胤禵，在康熙患病的最后几日，曾经下旨要召胤禵回京，但是胤禛的死党隆科多却隐瞒了谕旨，使得康熙去世当日，胤禵也没有赶到。于是隆科多假传圣旨，拥立胤禛为皇帝。另一种说法为“盗改遗诏说”。康熙原来就有手书，要把皇位传给十四阿哥胤禵，却被人将“十”改成了“于”字，遗旨变成了传位于胤禛。那么，到底是谁改了遗诏呢？有传说是雍正本人；有的说是隆科多；也有人说是雍正府中收养的武林高手……

然而，这些观点遭到了部分学者的质疑，原因如下：一是，康熙遗诏是用满文写的，用满文宣读，不可能篡改。二是，隆科多与雍正非深交，何苦冒险矫诏拥立，关于矫诏夺位的种种传闻，无非是政敌的中伤。三是，十四皇子胤禵若是康熙选定的王储，为何长期滞留边陲？四是，康熙临死前曾命雍正代行郊祀大典，病危时又将几位皇子和大臣召至塌前，说：“皇四子胤禛，人品贵重，深肖朕躬，必能克承大统，著继朕登基，继皇帝位。”可见康熙想传位的就是雍正。五是，胤禛在康熙四十八年（1709）晋封为亲王，在皇子中的地位日益提高，先后22次参与祭祀活动，比其他皇子都多。此外，康熙对胤禛之子弘历宠爱有加，称赞其母是“有福之人”。由此可见，雍正是后来居上的皇太子候选人。

后世有人根据雍正在品格、才干、年龄和气质上的众多特点，以及雍正在皇宫中深藏不露、暗自修炼多年的特征，康熙对雍正的认识和父子感情基础，当时诸子争储互斗的背景，还有康熙留下遗诏时在场人物、地点、时间以及情节等来综合分析，认为雍正根据皇父“仓促之间一言而定大计”合法继位，是可信的。

官书中记载如下，康熙六十一年（1722）冬至前，康熙患病住在畅春园疗养。胤禛请求侍奉左右，但康熙却让胤禛代替自己到南郊祀天，并且命他待在斋所虔诚斋戒，不得离开。到了11月13日，康熙的病情突然恶化，这时才不得不破例把胤禛召到畅春园来。而胤禛没到之前，胤祉、胤祐、胤禩、胤禟、胤䄉、胤祹、胤祥和理藩院尚书隆科多已经在康熙的命令下来到御榻前。康熙对他们说：“四皇子胤禛，人品贵重，深肖朕躬，必能克承大统，著继朕登基，即皇帝位。”此时，恒亲王胤祺因冬至奉命在东陵行祭典，胤禄、胤礼、胤禑、胤祎等小皇子都在寝宫外候旨。当胤禛来到康熙面前时，康熙还能够说话，告诉胤禛他的病情日益恶化的原因，到了夜里戌时，康熙就归天了。随后，隆科多宣布“遗诏”，胤禛听后昏倒在地，痛不欲生，而胤祉等其他兄弟则向胤禛叩头，并劝他节哀顺变。雍正开始履行新皇帝的职权，主持康熙的丧葬之事。雍正曾特别强调当日情形，“朕之诸兄弟及宫人内侍与内廷行走之大小臣工所共知共见者”。

雍正继位是从康熙寿终正寝后才开始的，是属于正常并且合乎法理的。对此，清代官书众口一词，统一口径。但是雍正继承皇位后仍然存在许多令人费解的问题，尤其与其大肆诛戮贬斥功臣、兄弟、文人等事连在一起，更令人感到扑朔迷离。

这些问题使一些清史专家耗费了很多的精力，直到现在也没有能够得到很好的解释。

雍正帝暴死之谜

雍正十三年（1735）的一个清冷早晨，清世宗雍正突然在圆明园的宫苑去世。

关于他的死因，始终笼罩着一层神秘的色彩。雍正刚驾崩时，京城中谣言迭起，猜测纷纷，后世对其死因说法也各异，终成一大奇案。综合各家观点，对雍正之死有三种解释。

一是，正常死亡。官方记载雍正是忽然发病身亡。作为第一手资料的《起居注册》记载，雍正的病应当是一种急症。有人推测可能是中风而亡。

二是，被刺身亡。这也是民间最广为流传的一种说法。例如，《满清外史》《清宫十三朝演义》等书记载，吕留良的孙女吕四娘刺杀了皇帝。由于清朝政府采取民族高压政策，镇压了好几起汉人的反抗，为达到杀鸡儆猴的效果，雍正还杀死了很多汉人，以警世人。吕留良文字狱发生于雍正六年（1726），雍正十年（1732）十二月，吕留良、吕葆中父子被处死，其亲人也被严加处置。传说吕留良的孙女四娘假扮宫女混入皇宫侍奉皇上，伺机行刺；还有传说四娘在吕案发生后逃亡外地，练就一身功夫潜入宫内，以飞剑砍去清帝脑袋；还有传说除四娘外，还有一位名为鱼娘的女子做帮手，两人策划杀了雍正。

虽然这些仅为传说，但即使下笔谨严的学者在提到世宗死时，也会提及这些传闻。但有人认为行刺之说纯属谣言，并举出例证。一是，吕留良文字狱案发生后，其家人皆受罚，无漏网之鱼。二是，吕四娘根本不可能混进宫。吕氏的孙辈在宁古土基成为奴隶，犯大罪的人犯多是这样下场，所以吕四娘不可能混入宫内。三是，圆明园内戒备森严，设护军营，一个女子根本不可能飞檐走壁，穿过昼夜的巡逻和森严的戒备，轻易地就进入寝宫，刺杀皇帝。因而，雍正遇刺身亡的说法便受到了一定的质疑。

于是就有了第三种说法，即雍正是服丹药中毒而亡。这是从宫中档案等资料中推出的结论。雍正生前崇佛信道，迷信鬼神，“所交多剑客力士”，在宫中也曾蓄养了一些能人异士，甚至与他们结交为兄弟。从雍正四年（1728）开始，雍正服用道士炼制的丹药，雍正八年（1730）得大病后，又命道士为他炼制丹药疗疾，雍正十三年（1735）八月，他传旨在圆明园用二百斤牛舌头和黑铅炼煮。黑铅是炼丹常用原料，也是一种有毒金属，过量服食可致死。根据这种情况看，很有可能是由于丹药中有毒成分在体内长期积聚，使雍正中毒死亡。

这些都是可以找到佐证的。首先，雍正死后第三天，乾隆登基后忽然下谕旨将炼丹道士驱逐出宫。让人疑惑的就在这里，新君刚登基，尚有众多事务待理，为什么急于驱逐数名道士呢？乾隆还说其父视僧道如俳优，未听一言、未服一药，这显然在为父亲辩解。如果雍正不信道、不服药，宫里的道士和丹药又如何解释？他又说这几个道士早就该被驱逐，但为何世宗容忍他们待在宫中？乾隆如果为了崇正道、黜异端，就应该加以排斥，然而他却沾沾自喜地称：“朕崇敬佛法……仰蒙皇考嘉奖，许以当金法会中契超无上者，朕为第一。”而且还善待超盛、元日二僧，让他们来京瞻仰梓宫。

其次，乾隆在同日另下谕旨谕告诫内监、宫女不许妄行传说国事，“恐皇太后闻之心烦”“凡外间闲话，无故向内廷传说者，即为背法之人”“定行正法”。这些让人不禁怀疑此事必与雍正突然暴死有关，否则为何皇太后所见外间闲话会心烦？

雍正帝的死因扑朔迷离，各种传说让人难辨真假。悬案尚未解开前，还会继续引起人们探讨的兴趣。

同治帝死因之谜

同治皇帝是叶赫那拉氏（慈禧）于咸丰六年（1856）所生。同治6岁时登基称帝，同治十二年（1873）亲政，于同治十三年（1874）十二月初五日病逝，在位13年。对于同治的死因，朝野上下说法各异，至今仍然是个谜。

有人说同治死于天花。因为就在同治病逝当月，慈安太后之女也因患天花而死在宫中，说明当时宫内的确流行天花病毒，同治不幸感染，不治身亡。近年来，学者在清代档案中发现了属于清代皇帝脉案档簿的《万岁爷天华喜进药用药底簿》，查阅了自同治发病以来，召御医李德立、庄守和入宫请脉的记录，以及服用的药方记载，确定同治帝死于天花。

但这些只是宫廷里的说法，而民间的大多传闻是同治是死于梅毒。在一些正规学术著作里都记载着同治微服出宫、嬉戏游乐，甚至出入烟馆妓院的故事，如萧一山所著《清代通史》中就有同治因出游而患梅毒终致死亡的记载。

据记载，同治十分敬爱端庄、娴静的阿鲁特氏皇后，但慈禧太后不喜欢阿鲁特氏。又加上皇后文静、不爱热闹，每次看到男女私情，就面壁而坐。慈禧就更加不喜欢她了。皇后多次受责怪，依旧我行我素，慈禧便觉皇后故意不给她面子。而皇后对同治帝总是笑脸相迎，慈禧更认为她狐媚惑主，于是限制同治宠爱皇后，加之慈禧特别喜欢侍郎凤秀的女儿，强迫同治宠爱她，想册立其为皇后。可是凤秀的女儿人虽漂亮，却举止轻佻，因此同治帝不喜欢她。在慈禧的干预下，感情不顺的同治与太监佞臣常常微服外出寻花问柳。但同治怕臣子看见，不敢去京中较大的妓院名楼，专门找隐蔽的小妓院、暗娼等处。起初，人们对他的身份毫无所知，后来知道了也佯装不知。一些王公大臣注意到同治的这种行为，屡次劝谏却毫无成效。

同治刚染上梅毒时毫无察觉，后来脸部、背部显出斑点，才召太医诊治。御医一见大惊，不知如何是好。慈禧却传旨，向外界宣称皇上只是染上天花。因御医畏惧慈禧，只能按照治疗天花的病情开药，同治知道后龙颜大怒，问道：“为何不按我的病情医治我？”太医回奏：“太后命之。”另外，《翁同龢日记》中记载：“恐风声过大，且非两宫圣意。”同治愤恨不已。梅毒在当时是绝症，以天花治之，显然是为了掩盖丑闻，以免丢皇家脸面。后来，同治日益病重，下部溃烂而死。

虽然这些传闻的真实性还有待考证，但这些传闻传播甚广，而同治又死得蹊跷，因此许多人怀疑他死于梅毒也就不奇怪了。

同治究竟是死于天花还是死于梅毒，上文的两种说法各有各的来源，各有各的道理，让人难以辨别，成了清宫的一大疑案。

袁世凯猝死之谜

1916年6月6日，窃国大盗袁世凯在亿万民众的声讨中魂归西天。

人们在互相庆贺的同时，不免心生疑惑，这个窃国大盗是因什么猝死的呢？有人认为他是病死的，有人认为他是被气死的，而在这两种说法中又衍生出多种猜测。这些说法大都没有十分确凿的依据，不能得出令人信服的结论。对于他的死因，众说纷纭。

“病死之说”主要有两种分歧，一种认为袁世凯是患尿毒症而亡。《袁氏盗国记》中对此有详细说明；《袁世凯全传》也称袁世凯患病，相传为尿毒症。由于在医疗方案上，袁世凯的两个儿子意见产生分歧，大儿子袁克定相信西医，主张动手术；二儿子袁克文则竭力反对。两人相持不下，终贻误时机，导致袁世凯不治身亡。

另一种则认为袁世凯患病后不肯服药而死。当年袁世凯在彰德修养时，有道士给他算命，称“袁不得过五十八岁”。袁世凯问：“有何禳解否？”道士说：“此事甚难，非得龙袍加身不可。”袁世凯听后没说什么，赐酒给道士，道士出门后就死了，大家都猜测是袁世凯害死了道士，从此，袁世凯便有了称帝之心。1915年，袁世凯称帝后事事不顺，众叛亲离，积忧成疾。并且他总是不吃药，认为药汤很像当年他给道士喝的毒药。周围亲近的人都知道袁世凯此行为的原因，却不敢明说，最后改用针灸治疗，但也没能保住他的性命。

“气死之说”则认为袁世凯因帝制失败、众叛亲离，从而气愤致死。有人说：“袁世凯以称帝不成，中外环迫，羞愧、愤怒、怨恨、忧虑之心理循生迭起，不能自持。”“盗国殃民，丧权乱法，在中国为第一元凶，在人类为特别祸首，其致死固宜，益以年老神昏、兵亡将变、人心怨怼、体面无存，袁氏心非木石，顾后思前，能不自疚，此即袁氏死之真相也。”通常的一种说法是四川督军陈宧背叛袁，宣布“代表川人和项城告绝：自今日始，四川省和袁氏个人断绝关系”，此事对袁世凯打击甚大。但袁世凯本人却始终没有向后人交代他被何人所气而难以治愈。

人之将死其言也善，临终前，袁世凯喃喃道：“他害了我！”“他”指的是谁？有人说是袁世凯的老部下冯国璋和段祺瑞，他们希望继续任总统，所以对帝制存有野心；或者是陈宧等始从终弃，对他倒打一耙；也有说是“太子”袁克定，也有说是杨度等“筹安会”成员。但这句话的“他”到底指谁，语焉不详，其用意和含义更是令人费解，也给后世留下了千古之谜。

文臣篇　谈笑间玩转天下

商鞅缘何结局悲惨

商鞅本姓公孙，战国时期卫国的庶出公子。他不甘平庸，不愿坐享荣华富贵，执意选择了一条千古留名的不归路。

商鞅本打算在当时已具备实力争雄天下的魏国大展拳脚，可虽得主公赏识，却得不到魏惠王的重用。之后，商鞅听闻秦孝公欲召集天下谋士赴秦共商国策，就去了秦国。商鞅靠着急功近利的王霸之术，终得秦孝公赏识，被委以重任，革新变法。严苛的变法严重冲击了权贵们的特权利益，一时间反对之声四起。然而，在秦孝公的大力支持和商鞅的努力下，新法得以实行，执行十余载，使得秦国的实力日益壮大。

变法对秦国来说，无疑是成功的。但力推行变法的商鞅，却为此付出了惨重的代价，落得五马分尸的下场。一个为国立功的宰相，为何死得如此凄惨?

其实在商鞅变法的过程中，就已注定了他的悲惨结局。变法难免得罪权贵，加之商鞅刚直不阿，严苛执法，甚至到了刻薄寡恩的地步。对商鞅而言，不管任何人、任何事稍有违背法律，就绝不留情，就连太子犯法也不可饶恕。虽然因为孝公的干预不能惩处太子，但商鞅仍坚持将太子的老师与管家治罪。因此，商鞅与一干受惩处之人积下宿怨，恨之入骨之人多不胜数。此时的商鞅可敬可佩，一心只为推行新法、强国安民，从没有想过新君继位后，自己将如何在秦国立足，他也不会想到，新君继位之日，便是大难临头之时。

据史料记载，商鞅成为宰相后，恃功而骄，甚至排场不够就不出行。隐者赵良劝其行事收敛，切忌急功近利。但商鞅根本不将赵良的规劝放在眼里，还将自己与当年辅助秦穆公称霸的五羖大夫（百里奚）相比，认为自己的功劳有过之而无不及。

商鞅自大到如此地步，加之变法期间四面树敌，实在难逃一死。商鞅看不透官场黑暗，始终认为自己对秦国有功，功臣良相的地位无人能及。当秦孝公离世后，商鞅就失去了安身立命的保障，而国家日益强大，使商鞅失去了利用价值，等待他的，似乎只有缓和矛盾、清偿宿怨的五马分尸之刑了。

屈原为何于“鬼节”投江自尽

综观屈原一生，不得不感叹他作为政治家与改革家的失败，也不得不惋惜他崇高的理想与伟大的事业。但不能忘记的是，他忧国忧民、行廉志洁的人品被誉为后世楷模，而气魄宏伟、辞章瑰丽的诗词堪称世界文学殿堂的瑰宝。

屈原早年深受楚怀王信任，任左徒，常与怀王商议国事，参与制定法律，主持外交事务。屈原主张与齐国联合，共同抗衡秦国。在他的努力下，楚国国力有所增强。但由于自身性格耿直，加之他人向楚怀王进谗言、诽谤，导致屈原逐渐被楚怀王疏远了。周赧延十年（前305），屈原竭力反对楚怀王与秦国订立黄棘之盟，楚怀王没有听从他的建议，反而将他逐出郢都，流放汉北。后来，屈原又被楚顷襄王（楚怀王之子）逐出郢都，发配江南。

奸佞小人的中伤、昏庸帝王的放逐让屈原有志难舒。面对楚国的危难、民不聊生，屈原无可奈何，唯有带着满腔愤懑，投身汨罗江。

屈原投江之日，正是楚郢都被秦攻破的日子，即楚顷襄王二十一年（前278）五月五日。而据国内专家考证，屈原在世时，农历五月是楚国的凶月，五月初五是凶日和鬼节。为何屈原会选择这么不吉利的一天了结性命呢?

溆浦屈原学会的副会长舒新宇认为，屈原早已萌生了“忽乎吾将远行”的离世思想。在《离骚》中屈原两次说到要像彭咸一样投水而死。彭咸为殷朝贤臣，当年因进谏不成而投水自尽。此后，屈原在《思美人》《悲回风》中多次提到“彭咸”。舒新宇认为屈原的投江自尽，是经过十多年的深思熟虑，是“精心安排的”。

舒新宇所说的“精心安排”，便是屈原追随舜帝而去。屈原在《离骚》开篇便以“帝高阳之苗裔兮，朕皇考曰伯庸”来表明自己是古帝高阳氏的后裔。而舜帝是楚人的太阳之神和光明之神，并且楚国人是在五月五日祭拜舜帝。舒新宇认为，屈原在创作《涉江》时，想象自己跟随舜帝畅游昆仑瑶圃，“与天地兮同寿，与日月兮齐光”。屈原有意在舜帝的祭日这一天投江，与心仪已久的先帝尧、舜以及彭咸等忠臣共聚首。

此说法不过是后人研究所得。也有人认为屈原听闻郢都被秦国攻破，一时悲愤交加，感慨万千，空有救国之志却回天乏术，唯有以己之死祭奠国之亡魂。

然而事实究竟如何，除了在汨罗江底沉睡千年的屈原外，又有谁能说清楚呢？

赵高真的是宦官吗

赵高从秦朝的一名小官吏起家，在秦始皇死后篡改诏书逼死长子扶苏，并且拥立幼子胡亥称帝，由中车府令一路升迁至当朝丞相。赵高为官数十载，操纵傀儡皇帝、玩弄皇权、处心积虑陷害忠良、陷百姓于严刑酷法、赋税徭役的水深火热之中。其结果是，在距离王位一步之遥时，死于非命。

就是这样一个坏事做尽的奸佞小人，居然也有被人冤枉的时候。世人的误读给赵高扣上了“宦官”的帽子，使他成为中国历史上宦官亡国的第一人。然而，在司马迁的《史记》中，并没有赵高列传，而是在《史记·秦始皇本纪》《史记·蒙恬列传》《史记·李斯列传》中零散地记述了一些赵高的生平行事。即便如此，也没有提及“赵高是宦官”等类似的说法。遍寻东汉以前的史籍文献，也没有明确指明“赵高是宦官”。那么，赵高究竟是如何被传为“宦官”的呢？

说赵高是宦官，一是出于对“隐宫”一词的曲解，二是出于对“宦”字的误解。

《史记·蒙恬列传》中记载：“赵高昆弟数人，皆生隐宫。”“隐宫”一词，语义并不明确。东汉以后，一位为《史记》作注的刘姓人士不知从何得知此词的含义，竟将“隐宫”的“宫”解释为宫刑，说赵高的父亲受了宫刑，母亲与他人苟合生下了赵高兄弟。后来，相传赵高兄弟也受宫刑成了宦官。如此以讹传讹，“赵高一家都是宦官”逐渐成为“事实”，唐代以后几乎成了一种固定的说法。

秦史专家马非百先生曾根据《睡虎地秦墓竹简》指出：“赵高兄弟皆生隐宫。”《张家山汉墓竹简》出土后，“隐宫”的意义清楚明了，即刑满人员工作的地方，同时也用来指刑期已满的人。这个词与宫刑毫不相干。除此之外，从句意上看，倘若将“隐宫”注释为“宫刑”，那“皆生隐宫”的解释将牵强拗口。相比之下，若注释为刑满人员工作的地方，则句意清晰、一目了然。由此可见，此说法有合理性，并非标新立异的突兀之说。

除“隐宫”一词使赵高蒙冤外，最致命的要数后人对“宦”字的误解了。《史记·李斯列传》有记载，说赵高是“宦人”，有“宦籍”。根据《张家山汉墓竹简》可知，“宦”意为在宫中内廷任职；“宦人”就是任职于宫内之人，相当于皇帝的亲近侍卫；“宦籍”是用来登记出入于宫门者的登记册。秦汉时代，被施以宫刑去势的男人称为“奄（阉）人”，在宫中任职的阉人被称为“宦奄（阉）”。由此可见，赵高是任职于宫中的宦人，即皇帝的近臣，而不是后人所理解的“太监”。

字词上的误解，是赵高蒙冤的原因，而源远流长的骂名，则依附于历朝历代接连不断的由宦官专权、扰乱朝纲引起的改朝换代、亡国灭祖的祸患。无论是朝臣还是百姓，都对宦官的恶劣行径痛恨不已。关于“赵高是宦官”的流言经久不衰，也算得上“情理之中，意料之内”了。

画丑昭君是毛延寿所为吗

昭君出塞的故事不仅被载入历史课本，更在影视剧中多次重现，她对汉匈之间的和平局势所做的贡献为世人称颂。然而出塞的壮举背后，又有多少鲜为人知的无奈与冤屈？毛延寿因画丑昭君被杀，恐怕是争议最多的一件事。

《西京杂记》中记载了昭君出塞的故事，众人皆知汉元帝后宫美女众多，汉元帝根本认识不过来，因此需要画师为其画肖像画，以便汉元帝能从中挑选相貌出众之人。为早日得宠，后宫众美女争相贿赂画师，希望画师能把自己画得更美一些，唯独昭君不愿贿赂画师，于是被画师丑化，无缘见汉元帝。后来匈奴单于入朝，请求和亲，皇帝便根据画像选中了样貌不佳的昭君。等到皇帝召见她时，才发现她样貌出众，知书识礼。皇帝顿时懊悔不已，但又不能失信于匈奴，于是便下令把画师杀了。

《西京杂记》中提到的画师除毛延寿外，还有陈敞、刘白、龚宽、阳望、樊育等人，均在同一天被杀。至于画丑昭君的画师是谁，书中并未交代。不知经历了怎样一番人云亦云、以讹传讹，但自此之后，画丑昭君的罪名就落到了毛延寿的头上。

历史上不乏为毛延寿喊冤之人，如宋代著名诗人王安石。他在《明妃曲》中云：“意态由来画不成，当时枉杀毛延寿。”在他看来，毛延寿并不是故意将昭君画丑，而是因为人的神韵仪态本来就很难用画像的形式准确地表现出来，毛延寿笔下的昭君难免与真人不符。

范晔的《后汉书·南匈奴传》中关于昭君出塞的详尽记载，更显“毛延寿画丑昭君”为无稽之谈。记载曰：“昭君字嫱，南郡人也。初，元帝时，以良家子选入掖庭。时呼韩邪来朝，帝敕以宫女五人赐之。昭君入宫数岁，不得见御，积悲怨，乃请掖庭令求行。呼韩邪临辞大会，帝召五女以示之。昭君丰容靓饰，光明汉宫，顾影裴回，竦动左右。帝见大惊。意欲留之，而难于失信，遂与匈奴。”由此可见，昭君是自愿请求在先，奉召示众在后，并无皇帝选画之说，更无毛延寿丑化昭君之言。

究竟是因为昭君不愿贿赂画师毛延寿而被画丑，还是王安石所说的人的神韵仪态本来就很难画，抑或其他原因都不得而知了，给世人留下了一道难解之谜。

为什么曹操欲除孔融而后快

“孔融让梨”的故事几乎成为现代教育中的经典，孔融也因此给世人留下了自幼品性善良、尊敬兄长的美好形象。然而，当年的让梨之举，仅是他人生中一个稍纵即逝的片段。成年后的孔融，在乱世之中从政失败，以不孝、谋反之罪被处死。使人不禁好奇：为何曹操一定要将孔融处死？

事出必有因，其中最致命的原因莫过于孔融盛名之下恃才傲物、不识时务地莽撞谏言。

孔融的确是个博闻强记、才华横溢的学者文人，但绝不是个精通实务、善于用人的政治家，不具备政治才能仍想混迹官场。稍有自知之明者就该收敛行事，虚心做人。可才气颇高的孔融，仗着犀牙利笔，目空一切。虽说他对古之治国方略、教化方针相当熟悉，与人辩论援引古今，达到了“玩而诵”的程度，但他处处与人针锋相对，言辞犀利地讽刺挖苦，久而久之，终于祸从口出。

建安二年（197），袁术在寿春称帝。曹操一时无法将其歼灭，满腔怒火无处发泄，便迁怒于与袁术联姻的太尉杨彪，诬陷杨彪企图废黜天子，上奏请求收捕下狱，判处杨彪大逆不道之罪。孔融听说后，立刻找曹操理论。孔融以“周公摄政，成王杀召公，周公岂能不知”做对比，字字铿锵，句句在理，逼得曹操无言以对，无奈之下只能放过杨彪。

孔融凭借一己之力阻止了曹操陷害杨彪，不知自省以安身，反而得意忘形，一有机会便和曹操唱反调。时值战乱之年，灾荒频发，为了战事的需要和百姓的生机，魏蜀吴三国都曾多次下达禁酒令。可曹操一颁布禁酒令，就遭到了孔融的反对，更公然狂言道："若因酒能乱世而禁酒，那么桀、纣因色亡国，为何现在只禁酒而不禁婚姻？"以孔融当时的盛名，如此做法对禁酒令的实施极为不利。曹操考虑到孔融只不过是为了出风头，勉强忍之。

平定北方之后，曹操下令南征，讨伐刘备、刘表和孙权等人。孔融极力劝阻，逞言强辩。先说刘备、刘表是汉室宗亲，不可讨伐；又说孙权虎踞江东，不易攻取；甚至直言如果攻之就是兴无义之师，有失民望。曹操终于忍无可忍斥退孔融，并下令再有谏阻者一律处死。孔融走出曹府后，仰天长叹："以无义之师讨伐仁义之师，岂有不败之理？"

曹操听闻如此狂言，加之此前被孔融再三讽刺挖苦，盛怒之下，派人秘密搜罗孔融的不合礼法之言，终于以不孝、谋反等罪名，将其置之死地。

孔融的声望再高，也不过是个书生。生逢乱世却无治世之才，名高于实却不知自省，难怪曹操在公诸天下的布告上写道："融违天反道，败伦乱礼，虽肆市朝，犹恨其晚。"

曹操不要皇帝名号的秘密

一代枭雄曹操出身卑微却胸怀大志，极具智慧善用权谋，在东汉末年的董卓之乱中突出重围。建安元年（196），曹操迎献帝至许昌，挟天子以令诸侯，统一黄河流域，官拜丞相，封魏王，成就宏图霸业，开创了三国鼎立的局面。

曾被认为是"治世之能臣，乱世之奸雄"的曹操，在其"知天命"之年达到了权力的巅峰。然而，他最终却没有承接"天命"称帝，但是他对于皇位的渴望，世间所有人都知道，他最终为什么没有篡权呢？给世人留下了一个千古之谜。

自古以来，有很多人尝试解开这个谜题，百试不殆，述其原因如下：

1. 背不起乱臣贼子的骂名

东汉末年，汉室衰落而天下大乱，但纲常伦理、忠孝礼义仍在。曹操即使有雄才大略，也摆脱不了儒家文化的影响。在争权夺利、内征外战的血雨腥风中，一直以天子之名出师，以捍卫朝廷的名义进行。曹操深知，如果自己废除献帝，登上帝位，那他将沦为千夫所指的罪人，难逃历朝万代的唾弃与责骂。这是一代枭雄背负不起的重担，曹操也不例外。他一再表明自己绝无称帝之心，绝不是篡权夺位的“奸佞小人”，而是忠心辅政的“贤能将相”。足见其受儒家正统文化影响之深，断不敢冒天下之大不韪而背负乱臣贼子的骂名。

2. 经不住群起而攻之的激战

虽然曹操已取得了对汉室的绝对控制权，但他的势力仍局限于北方，东南、西南的孙权、刘备亦非等闲之辈。曹操如果贸然称帝，必将成为众矢之的，同时也让孙权、刘备等人有了讨伐乱臣贼子的幌子，继而带领天下英雄群起而攻之。如此一来，他苦心经营的“挟天子以令诸侯”的绝对优势会付诸东流，难挽狂澜。他不仅会陷入政治和道德上的被动，更有可能引发一场空前惨烈的激战。无论曹操有多少精兵骁将，一旦以乱臣贼子的身份与天下豪杰对抗，难逃“偷鸡不成蚀把米”的下场。面对如此不利的形势，心思缜密的曹操又岂会为了一时的痛快而陷自己于万劫不复之地。

3. 看不上虚名而重实权

曹操为人讲求实际，实权与虚名孰重孰轻他再清楚不过。曹操能够从乱世中一路走来，靠的不只是雄心壮志，更是为达目的不择手段的务实作风。称帝不过是多得了个名号，而天子诏令由他口授、朝廷政策由他制定、官员任命由他授意，这一切足以证明他名为丞相，权力则等同皇帝。皇帝名号，此时不仅不能锦上添花，反而可能会因此遭落井下石之罪，要它何用？

一句“若天命在吾，吾当为周文王矣”，似乎道出了枭雄的心愿，点破了曹操宁为儿子铺路也不愿自己称帝的决心。然其心中真实的想法，历千年涤荡仍扑朔迷离，但凭后人评述。

华歆是助纣为虐的奸臣吗

说到华歆，因为一则“管宁割席”的故事，再加上京剧《受禅台》（又名《献帝让位》）中的精彩片段，给世人留下了贪慕虚荣、为虎作伥的奸臣形象。然而，这是真实的华歆吗？

《世说新语·德行》中记载："管宁、华歆共园中锄菜，见地有片金，管挥锄与瓦石不异，华捉而掷去之。有乘轩冕过门者，宁割席分坐，曰：'子非吾友也！'"然而人活于世，德行高低的标准不一，见到片金拾起，在现在看来可谓人之常情，实难因此说华歆贪慕虚荣。

京剧《受禅台》中，献帝刘协，挂白须，着素衣，手捧玉玺，满怀亡国之痛，唱腔凄惨；太尉华歆，金冠玉带，翎羽高挑，按剑逼帝，挥来使去，一副奸臣模样。正是这副"盛气凌人、气焰嚣张"的奸邪模样，使得华歆被世人认定为助魏篡汉、助纣为虐的千古罪人。翻查正史，并未找到关于华歆如何逼献帝让位的记载，而是在《三国演义》中有"华歆谄事魏，故草次诏，威逼献帝降之"的描述。舞台形象取材于此，岂不冤哉？

事实上，《三国志》注引华桥《谱叙》时说，华歆在曹丕受献帝禅位时，并非气焰嚣张，而是面露忧色。曹丕对此不满，问尚书陈群："我应天受禅，百辟群后，莫不人人喜悦，形于声色，而相国（华歆）及公独有不怡者，何也？"陈群回答："臣与相国曾臣服汉朝，心虽悦喜，义形其色上，亦惧陛下实应且憎。"

华歆归附曹操后，曾任议郎、尚书、侍中、尚书令，赤壁之战时任军师，曹丕继位后拜相国，一路官运亨通，是乱世之中不可多得的治世之才。他主张重农抑战，重视文教德化。太和初年（227），魏明帝派兵攻打蜀汉，华歆上奏坚决反对，并指出"为国者以民为基，民以衣食为本"，因此应先治理好本国事务，"以征伐为后事，兵不得已而用之，切不能舍本逐末"。时值秋雨连绵，不利于战，明帝采纳了他的建议。

华歆位极人臣，却始终廉洁自奉。当年他受曹操征召将行，"宾客旧人送之者千余人，赠遗数百金"。华歆推辞不过，就暗自在礼品上做记号，事后一一送还。魏文帝时，华歆官拜相国，但"歆素清贫，禄赐以振施亲戚故人，家无担石之储"。

华歆无论是做人还是做官，都并非大奸大恶，一切骂名皆因参与了汉禅位于魏的改朝换代而易其主。史书《三国志·武帝传》中记载，皇后伏氏曾写信给父亲伏完，言及曹操"残逼之状"，并"令密图之"。此事一经泄露，曹操大怒，派华歆"勒兵入宫"。华歆"坏户发壁，牵后出"。华歆因此遭世人非议。

身逢乱世，帝王之位能者居之，治世之才如良禽择木而栖。若有才不为国家所用，有力不救民于水火，只顾清高，明哲保身，又岂能为世人敬仰、流芳万代？

华歆本是一代名相，结果却落下一世骂名，实在是受文人杜撰所累，不可轻易相信。

“孔明”原来有两个

千百年来，蜀国丞相诸葛亮以其过人的智慧、高尚的德行，备受世人的尊敬与推崇。众人皆知诸葛亮字孔明。殊不知在那个群雄并起烽烟弥漫的三国时代，还有一位才德兼备的孔明——胡昭。

胡昭，字孔明，魏国颍川（今河南禹县）人，生于东汉·延熹四年（161），卒于嘉平二年（250）。胡昭幼读经史，学识渊博，尤其精通典史，善于书法。他师承大书法家刘德升，与钟繇齐名，不相伯仲，素有“尺牍之迹，动见模楷”的美誉，更因绝世之才而被世人称颂。

胡昭生逢乱世，却厌恶出仕为官，宁可隐居陆浑山中（今河南洛阳），在当地开馆办学，教授贫苦百姓读书识字，明辨是非。胡昭不仅使当地的教化之风得以改善，还以理相劝，帮百姓解决械斗之争，使社会风气日渐好转。

胡昭的办学颇有成效，很多世家子弟都前来求学，其中包括河南温县的世家大族子弟司马懿。胡昭看出司马懿聪慧过人，机智敏达，料定此人必成大器，于是竭尽所能，倾囊相授。胡昭对司马懿，除了传道授业之义，还有舍命相救之情。司马懿虽敏于学却傲为人，与他人结怨，遭人追杀。幸得胡昭历尽艰辛赶往劝说，司马懿才得以死里逃生。

胡昭满腹经纶，可以大有所为，但他志不在朝野。时值东汉末年，权臣涉政，群雄并起。各路诸侯为了增强实力，争夺地盘，纷纷广发英雄帖，招揽人才。

求贤若渴的曹操得知胡昭德才兼备，且在当地颇负盛名，于是多次派人请胡昭入仕为官。胡昭不为所动，然而曹操不厌其烦，屡次相邀，逼得胡昭无奈之下亲自前往拜见。即使面对当朝丞相，胡昭仍态度坚决，自言“一介村野民夫，无军国之用，早已习惯于躬耕樵读的田园生涯，做官入仕，非我辈所为，断不能从命，还望丞相见谅，准许息隐山林”。曹操深知人各有志不能强求，虽求贤若渴，也留不住拒他于千里之外的胡昭。

袁绍亦听闻胡昭才华盖世，韬略过人，不惜纡尊降贵，多次登门拜访，请胡昭出山，辅佐自己争霸天下。胡昭本就不屑于在官场争名逐利，更看透袁绍嫉贤妒能之心，对袁绍的邀请“坚辞不就”。为防袁绍加害，胡昭悄悄逃离冀州。几日之后，袁绍果然颁下缉拿令，但胡昭已遁入山林，得以逃过一劫。

胡昭对各路诸侯接连不断地请召避之不及，才不得不迁居陆浑山中。其后迁至宜阳（今河南省宜阳县境内）居住，仍难免魏帝曹芳的“公车特招”。而胡昭在这一年病逝，终究没有入仕为官。

于是，历史上只留下了诸葛孔明的“鞠躬尽瘁，死而后已”，隐没了胡昭的“尺牍之迹，动见模楷”。

诸葛亮为何难以入围千古名相之列

三国争雄的烽烟已消散在历史的长河之中，脍炙人口的《三国演义》将诸葛亮描绘成千古名相。然而，诸葛亮因其用人不善与谋略上的失败，无缘成为千古名相之列。

诸葛亮身为蜀汉丞相，才智过人，工作勤恳，处事谨慎，“自校簿书”“罚二十以上皆亲览”；每次出征必亲自领兵，对于军中、朝中一切事务都亲自打理，以致积劳成疾。这不仅反映出其用人无方，更反映出其不善权谋。

凡事亲力亲为，并非为官之道。为官重在善用贤能，官阶越高，就越要学会宏观掌控全局，任用贤才，扬其长补其短。诸葛亮成了一代忠臣鞠躬尽瘁的典范，却忘了为各方将领留下一展所长的空间与机会，忽略了将国运寄于一人之努力的危机，从而导致了蜀国的整体实力得不到充分发挥，危难关头有才之士湮没于草莽的惨状。这便是诸葛亮不注重培养人才的后果，任其生前雄才大略，一旦英灵入土，曾经耗尽其心力的蜀国也难免陷入人才匮乏的危机。

1. 用人不善，痛失荆州、街亭

当年刘备打算调诸葛亮入川，诸葛亮便留下关羽守荆州。可关羽为人骄傲，拒绝执行诸葛亮联吴抗曹的谋略，结果大意失荆州。为此，诸葛亮付出了惨重的代价，对蜀汉几乎是毁灭性的打击。

马谡“失街亭”，令人扼腕叹息的不只是街亭之失带给蜀汉的惨败，更是诸葛亮再一次用人不善的悲剧。刘备在世时就已看出马谡为人不踏实，也曾叮嘱诸葛亮“此人言过其实，不能派他干大事，仍须好好观察”。刘备认识到马谡作为一个高级参谋很合适，但并不适合做一个将领。诸葛亮却意识不到这一点，也没有把刘备的叮嘱放在心上。街亭一役，派马谡当先锋，王平做副将，最终“街亭失而几使孔明无退足之处矣”。

2. 谋略不当，耗尽心力泪满襟

诸葛亮在《隆中对》中提到：“待天下有变，则命一上将将荆州之兵以向宛、洛，将军身率益州之众以出秦川，百姓有不箪食壶浆以迎将军者乎？”荆州、益州，相距千里之遥，两地分兵的做法必然让刘备军团难以集中兵力上的优势。其结果，关羽镇守的荆州被孙权军团偷袭成功，关羽父子亦命丧孙权手中。因此，“出师未捷身先死，长使英雄泪满襟。”

诸葛亮不愧为忠臣的表率，以其“鞠躬尽瘁，死而后已”的铿锵誓言立下了英魂的丰碑。但他是否堪称“千古名相”，仍为历史与后人留下了不解的疑思……

房玄龄稳居相位的玄机

房玄龄，大唐开国名相，对唐朝初年“贞观之治”局面的形成可以说是居功至伟，无人能及。房玄龄虽经历宦海浮沉，三起三落，仍能稳居相位，流芳后世。其中的玄机，耐人寻味。

自幼聪敏好学的房玄龄有天生敏锐的政治触觉，在李世民还只是个年近弱冠的血气男儿时，房玄龄就察觉到其天命所在。当时，李渊父子起兵不过短短两个月，一切都还是未知之数，而房玄龄就认定了隋朝将亡、李家将取而代之，于是毅然“杖策谒于军门”，投奔李世民。

房玄龄老成持重，目光长远。每次出征得胜，其他将领争先恐后地抢夺珍玩宝物，唯房玄龄忧心于为李世民招揽人才，收集各地民情民风、图书典籍，以备有朝一日治国之用。房玄龄的做法间接为李世民树立了求贤若渴的高大形象，在争取民心的斗争中把握先机。他的远见卓识，令李世民叹服。

房玄龄在“玄武门之变”的皇位斗争中，充当了重要的谋士角色。当时李世民虽为次子，但因战功显赫，加号“天策上将”，位于一切王公之上。太子李建成对此心生猜忌，认定李世民会威胁到他继承皇位，便与四弟李元吉联合想置李世民于死地。房玄龄力荐李世民效法周公，除掉李建成及其同党，这样才能巩固王朝的统治，确保国家社稷的安定与昌盛。房玄龄的想法与李世民一拍即合，因此他也成为推动李世民发动宫廷政变的重要人物，从而也奠定了他在李世民登基之后的特殊地位。

李世民继位后，任命房玄龄为尚书左仆射，行宰相之职。在22年的宰相生涯中，房玄龄忠心耿耿，为“贞观之治”呕心沥血，竭尽全力。他夜以继日地工作，事无巨细、事必躬亲，甚至肯屈尊兼做“度支郎中”。李世民曾当面劝他不要总把自己弄得太疲累。可房玄龄依旧如故。

房玄龄深知“满招损、谦受益”的道理。在李世民授予他“太子少师”的职衔时，上奏请求解除机要职务，退出权力中枢。李世民不仅不批准，还下诏命令他不得就同一问题继续上奏。当太子准备仪仗队要正式拜见老师的时候，房玄龄始终没敢接受如此礼遇。纵使身居相位，仍谦恭礼让，谨慎维持君臣之道。

房玄龄宽大的胸襟是名副其实的“宰相肚里能撑船”，足以令同朝为官者拜服。有一次他重病在床，奄奄一息。一个特别尖酸刻薄的官员居然说：“一个人应该分得清轻重缓急，譬如宰相生病这件事，在我看来就很有区别对待的必要。一般情况下，如果房玄龄生的是小病，我们应该前去看望，因为这样可以加深与宰相的感情，宰相也会给我们点恩惠。如果宰相病得严重了，那就另当别论。因为一旦宰相病死了，你去看望他所付出的东西就永远没有收回来的可能了。”房玄龄知道后，不但没有大发雷霆，还在那人来探望之时面带笑容地对他说：“谢天谢地，我知道自己不会有什么大的问题了，因为你都来看我了！”

“孜孜为国，知无不为”，道出了房玄龄的为官之道；“虚怀若谷，德才兼备”，更彰显一朝盛世的名相风范。

冯道为何能经四朝、相六帝

纵观中国千年历史，正如《三国演义》开篇所言：“话说天下大势，分久必合，合久必分。”历史的车轮滚动到最后一个分裂割据时代——五代十国时期政权并立，纷争依旧，却少了些许英雄气概。虽然王朝更迭频繁，但是出现了一个“乱世不倒翁”——冯道。

冯道自号“长乐老”，瀛洲景城（今河北沧州西北）人。观其一生，处乱世而历巨变，历仕四朝，侍奉过十位皇帝，皇帝走马灯似地轮换，而冯道都能稳居高位，死后更被追封瀛王。这样的经历本身就是一个奇迹！冯道究竟有何过人之处，能够经四朝、相六帝？

1. 为官不作为，圆滑应对

冯道为官，“临难不赴，遇事依违两可，无所操决，唯以圆滑应付为能事”。在俸事后晋石敬瑭时，石敬瑭曾以用兵之事询问冯道，冯道将皇帝夸得龙颜大悦，并表明自己行宰相之职，忠心耿耿。对于用兵之事，并没有提出良方妙计。石敬瑭不仅不被怪罪，反而深得欢心。

2. 处事不执着，见风使舵

冯道不执着于大德大义，在朝权更迭的关键时刻，恰如其分地见风转舵，依附于最有实力的当权者，尽己所能表现出对新主的“赤胆忠心”。后唐明宗死后，愍帝继位，冯道仍为宰相。其时潞王李从珂在凤翔起兵造反，愍帝闻之遂逃往卫州。冯道一看愍帝大势已去，“视其君如路人”，亲率百官迎接潞王李从珂入城，拥立李从珂为后唐末帝，自己继续担任宰相一职。

3. 做人不败德，洁身自好

冯道不仅为人宽厚、不拘小节，从不结党营私、不与人争权夺利，而且为官清廉、生活俭朴。后唐庄宗时，冯道任翰林学士，其父去世后，冯道回乡丁忧。当年庄稼歉收，冯道便把自己的俸禄拿来赈灾，地方官赠送的粮食、布匹一概不受。

冯道不好女色，济世为怀。辽灭后晋时，冯道随耶律德光北归至常山，见到被契丹所掳掠的中原女子，便私下出资将她们赎回，安置在尼姑庵中，之后再为她们寻找家人领回。

忆起《临江仙》：

滚滚长江东逝水，浪花淘尽英雄。
是非成败转头空。青山依旧在，几度夕阳红。
白发渔樵江渚上，惯看秋月春风。
一壶浊酒喜相逢。古今多少事，都付笑谈中。

纵使冯道不算英雄，然历经四朝淘洗，相位依旧，古今多少德义之争，皆付谈笑中。

为何君子和小人都不喜欢寇准

北宋景德元年（1004），辽军大举侵宋，寇准全力抵抗，从而促成了“澶渊之盟”，暂时稳定了局面，也为北宋之后100多年的和平发展提供保障。此后，寇准受到了宋真宗的高度礼遇与信任，一路升任丞相。

寇准的仕途跌宕坎坷，四起四落，最终难逃被贬至雷州（今广东雷州市）司户参军的厄运。究其原因，六字记之曰：偏离“正”，过于“直”。《宋史》中描述寇准最多的词就是“正直”二字。寇准的确“直”得令人佩服，但要说“正”，就见仁见智了。

“澶渊之盟”的功绩让寇准的权力欲望达到巅峰，使他能够毫无顾忌地独揽大权，插手丞相本无权过问的人事任免，更时常左右皇帝的决定。不仅如此，他对朝中同僚也是气焰凌人。寇准被贬后得以重回权力之巅，出任西府枢密正使，宰相王旦的力荐功不可没。然而寇准根本不把这位同僚放在眼里，还处处针锋相对，一有机会就想方设法挑其毛病，上报皇帝。然而，王旦“宰相肚里能撑船”，他认定寇准是难得的人才，不仅没有报复，反而多次在皇帝面前极力推荐，劝皇帝对其委以重任。相比之下，孰小人孰君子，一目了然。

寇准毕竟不是圣人，偏离正道亦不足为奇。但是他为人太过“正直”，在官场行走难免处处树敌。无论是对同僚，还是对皇帝，寇准较真起来丝毫不让，非要论出个是非对错不可。

有一次寇准和宋太宗在朝堂议事，寇准言辞过于激烈，宋太宗几次打断都无法阻止寇准的放肆言论，一气之下，猛然起身离去。寇准见状，一步上前拉住宋太宗的衣角，硬是将其拉回坐下。幸好寇准争得在理，免了一次杀身之祸。但他并不是每次都走运的。

寇准第一次被贬，就是因为他与政敌的无理争吵，互揭其短。一日，寇准和温仲舒骑马并行，突然冲出个人挡住去路，向寇准叩头，直呼万岁。此事被寇准的政敌张逊得知后，派人向皇帝密告，揭发寇准有异心。寇准以温仲舒为证人，为自己辩护。由此在太宗面前引发了一场激烈争吵，使得太宗龙颜大怒，当下撤了张逊的官职，同时也把寇准贬到青州。

寇准最终被佞臣丁谓陷害，惨淡收场。这些事情溯其源头便是他那句直白的讽刺：“参政，国之大臣，乃为官长拂须耶？”当年，寇准与丁谓关系亲密，在一次宴会上，丁谓见寇准的胡须上粘了些饭粒，便起身替他拂去。结果好心没好报，反而遭来寇准一句冷言，丁谓失了面子，便由此记恨心中，最终“大仇得报”，将寇准赶到了雷州，后来寇准客死于此，终结了他跌宕起伏的坎坷仕途。

包拯有没有当过宰相

中国历史上为官公正严明、判案铁面无私的“包相爷”，在世人的心目中堪比“青天”。然而，这位以为民申冤、造福百姓为己任的青天相爷，却未曾获得丞相之名，“相爷”之称乃误传。

秦腔《铡美案》中把包拯称为“相爷”，秦香莲唱道：“相爷替民伸屈冤……”然而，综观北宋的官制和包拯一生的仕途，不难发现，包拯并未为相。

在宋朝的政治体制中，宰相制度仍居于核心地位，处于所谓的“调整期”，正副宰相同设，多相并行，编制并不固定。这明显是在集中皇权、分散相权，以缓和皇权与相权间的矛盾。

北宋前期，中书门下的长官为正宰相，亦称“同中书门下平章事”，副宰相称“参知政事”。后来参知政事与正宰相基本无异，更加分散了正宰相的权力。宋太宗后，一相四参或二相二参是常有之事。但无论怎样调整宰相制度，皇权与相权之间的矛盾都无法彻底解决。

包拯是北宋天圣五年（1027）的进士。中进士后，包拯因父母年迈，不忍远去为官，直到双亲相继去世，守孝完毕，才在亲友的劝说下步入仕途。

宋景祐四年（1037），包拯任天长知县，颇有政绩，后调任端州知州。回京后，任监察御史里行，又改监察御史，为“言事官”，对处事不当、行事不法的官僚进行弹劾。包拯曾七次上书弹劾江西转运使王逵，并严厉批评宋廷的任官制度，朝野为之震动。

宋嘉祐元年（1056），朝廷任包拯权知开封府。在短短一年多的时间里，包拯把开封府治理得井井有条，赢得了百姓的爱戴和敬仰。

宋嘉祐六年（1061），包拯任职枢密副使，次年五月病逝，“京师吏民，莫不感伤”，叹息之声，大街小巷皆可闻之。

包拯为官二十余年，最高任职枢密副使。而枢密院是管理军国大事的最高国务机构之一，枢密使的权力与宰相相当。由此看来，包拯的职权与副宰相无异。然而宰相的名号，却始终没有落在这位铁面无私的判官头上，这是个不争的事实。

王安石与苏东坡的复杂关系

位列“唐宋八大家”的王安石、苏东坡，皆是当时才华横溢的诗人和散文家，也是年轻有为的朝臣栋梁。两人因缘际会，相逢于北宋王朝，那是个积贫积弱、内忧外患的年代，他们身不由己地陷入变法革新的党派之争中不能自拔。政见上的背道而驰，使王安石和苏东坡在官场中针锋相对。许多反对变法的保守派因此大做文章，把两人说成不共戴天的仇敌。

1. 党派之争，结下“不共戴天之仇”

当时，王安石是坚定不移的变法派领袖，而犹豫不定的苏东坡看到新法在实施过程中常被贪污腐败之人利用，成为盘剥百姓的工具，因此，对王安石激进的改革作风不能苟同，走上了反对变法的道路。

宋熙宁二年（1069），王安石准备变更科举制度，请求兴办学校，在科举考试中罢黜诗赋等科目，专以经义、论、策来考试。苏东坡随即向宋神宗上书《议学校贡举状》，论述贡举之法行之百年不可轻改。王安石对此极为不满。

之后，宋神宗想让苏东坡编修中书条例，王安石强烈反对道：“轼与臣所学及议论皆异，别试以事可也。”当王安石得知神宗打算任用苏东坡当谏官时，更是极力阻止，并举荐苏东坡去做府推杂事的小官。

苏东坡在任开封府推官期间，又呈上《上神宗皇帝书》，直言反对新法。而最令王安石忍无可忍的是苏东坡的《拟进士对御试策》，其中提到：“晋武平吴以独断而克；苻坚伐晋以独断而亡；齐桓专任管仲而霸，燕哙专任子之而败；事同功异。”苏东坡借此含沙射影地批判王安石在变法过程中不顾阻挠的“独断专行”。

王安石怒不可遏，向宋神宗谏言请求罢官。几天后，恰巧朝中有人告发苏东坡兄弟运父灵回乡的过程中偷运私盐，王安石立即下令彻查，并拘捕了相关人员审问。虽然之后查明此事实属诬陷，但经历了一次又一次的交锋，苏东坡自知已无法再在朝中待下去，于是请求外放，出任杭州太守。

2. 惺惺相惜，堪称“文人相亲”之范

苏东坡离开后，朝中反对变法的声音依旧不减。王安石在遭逢诬陷之冤与丧子之痛后，辞官回到江宁老家。两人一先一后离开了庙堂之高而处江湖之远，终有机会冰释前嫌。

元丰初年（1078），王安石的“朋党”李定、舒亶、何正臣等人向神宗皇帝上奏，说苏东坡“谤讪朝廷”。宋神宗震怒，传旨将苏东坡逮捕入狱。不久，苏东坡被定罪候斩。除其弟苏辙外，满朝文武无人敢为他求情。此时王安石身在江宁，待他得知这场轰动朝野的“乌台诗案”时，苏东坡罪名已定，性命危在旦夕。

想到国家正值多事之秋，而苏东坡的确是个难得的人才，王安石立即派人快马加鞭赶到京城，将自己的亲笔书信呈给宋神宗。信中说道，目前国家正值用人之际，切不能因为苏东坡写了一些不中听的小诗就错杀良才。神宗皇帝本就对王安石敬重有加，看完信后，亦觉得颇有道理，便下旨释放苏东坡，将他贬到黄州。

元丰三年（1080），苏东坡奉命从黄州移居汝州，途经江宁，想起隐居于此的王安石，以及为王安石不计前嫌冒死相救而感动不已，于是趁此机会专程拜访。王安石听说苏东坡来到江宁，马上披蓑衣戴斗笠，骑着瘦驴风尘仆仆地赶到渡口与苏东坡相见。两人在江边煮酒论诗，通宵达旦。此后两人同游数日，畅谈甚欢。

事实上，两位集文学底蕴与政治卓见于一身的风流人物，从未成为真正的敌人。政见上不可调和的矛盾，仅仅在于各自看问题的角度不同，而他们的初衷都是为国为民，不存在对错之分、忠奸之别。王安石与苏东坡，于文学中的相互钦佩，于政治上的彼此宽容，使多年的官场恩怨最终烟消云散，成为中国历史上“文人相亲”的典范。

秦桧是金人放回的奸细吗

三十功名尘与土，八千里路云和月。

莫等闲，白了少年头，空悲切！

抗金英雄岳飞的《满江红》，气势磅礴之音言犹在耳，精忠报国之人却已魂归西天，唯留下满腔热血的英雄气概，在历史长河中荡气回肠。后人对这位精忠报

国的赤子忠魂难以忘怀，同时也为他报仇雪恨，用历史骂名将当年那个用“莫须有”的罪名害死他的奸佞小人秦桧，牢牢地钉在了耻辱柱上。

世人眼中的秦桧，一生作恶无数，窃权弄柄、里通外国、无耻求和、屠害忠良、贪污索贿，可谓是坏事干尽，天良无存。岳王庙的一副对联“青山有幸埋忠骨，白铁无辜铸佞臣”，表达了多少代人为岳飞抱憾，恨秦桧入骨的刚烈情怀。然而，无恶不作、陷害忠良的奸佞小人秦桧，真如世人所咒骂的那样，是金人放回的奸细吗？

不只是民间百姓认为秦桧是金人放回的奸细，这几乎在学术界也成了一个公认的事实。坚持此看法的学者们，主要以古籍文献中的记载为依据。朱胜非的《秀水闲居录》中记载，秦桧随敌北去，被大帅达资任用。

先说朱胜非，靖康之耻后，金人欲立张邦昌为傀儡皇帝，秦桧坚决反对，并“进状争之”，而朱胜非正是张邦昌的友婿，他与秦桧之间早有矛盾。秦桧执政时，朱胜非被废居八年。他写的《秀水闲居录》认定秦桧不是从金国逃归，很难排除是为了对秦桧打击报复而擅自做出的臆测。

再看《秀水闲居录》所言之事，疑问颇多。其中细节史书中均无记载，后人不详；而且当时朱胜非不在现场，又从何得知？可见一切皆属推断、臆测，难免夹杂主观情感，有失公允。

说秦桧是金人的奸细，也许是冤枉了他。但不得不说，这是他咎由自取，秦桧先是力主与金人议和，其后用“莫须有”的罪名置岳飞于死地。客观地说，以南宋当时的奄奄之势，议和的确比不自量力地死拼到底更有利于南宋王朝日后的发展；而陷害岳飞一事，若无高宗皇帝的默许与纵容，若无“岳家军”的名望使皇帝怕其功高震主，恐怕秦桧再奸邪，也难有这天大的本事吧。

岳飞的死，增加了世人对秦桧的恨，甚至可以说，岳飞因秦桧而死于一时，秦桧却因岳飞而遗臭万年。一句“人在世间羞名桧，我于坟前愧姓秦”可见，纵使秦桧能在史书典籍中得以平反，但在世人的心中，他要想从岳飞墓前站起身，恐怕难了。

牛皋有没有气死金兀术

牛皋气死金兀术的说法，因20世纪80年代风靡一时的《岳飞传》而为世人所知。岳飞冤死在风波亭，令人悲叹不已；牛皋气死金兀术，则大快人心。万没有想到，这不过是小说的精彩杜撰，并非历史真相。

清代长篇历史小说《说岳全传》的第七十九回说道："施岑收服乌灵圣母，牛皋气死完颜兀术。"描述了牛皋策马追杀兀术，两人厮杀之时跌下马，牛皋正好跌在兀术身上，即"跌了个头搭尾"。兀术回头看到牛皋，怒吼一声"气死我也"，口吐鲜血而亡。而牛皋大笑不止，一口气喘不上来，笑死在兀术身上。这便是"虎骑龙背，气死兀术，笑杀牛皋"的故事。

历史上，牛皋和兀术皆可谓战场上的猛将。牛皋初为射士，精练武功，于宋绍兴三年（1133）加入岳家军，深得岳飞器重，在与金的作战中屡立战功，被誉为抗金名将。而兀术是金太祖完颜阿骨打的四子完颜宗弼，善骑射，胆识过人，是宋金对峙时期杰出的军事家、政治家。

牛皋在岳飞麾下，骁勇善战，所向披靡。绍兴十年（1140），兀术率兵南侵，《宋史·牛皋传》记载："飞命皋出师战汴、许间，以功最大，除捧日天武四厢都指挥使、成德军承宣使，枢密行府以皋兼提举一行事务。"然而，牛皋是否直接迎战兀术，甚至是否与他短兵相接，却未曾明说。而《金史》中关于完颜宗弼的章节也未提及。

当年战场上的情形已无从得知，但牛皋与兀术的离世却在史书中有明确的记载。根据《宋史·牛皋传》记载，牛皋是在绍兴十七年（1147），被都统制田师中下毒害死的，也有可能是秦桧指使田师中所为。而《金史》中载兀术是"皇统八年薨"，即死于绍兴十八年（1148）。由此得以证实，"牛皋气死金兀术"纯属笑谈。

朱元璋为何要杀刘伯温

刘基，号伯温，心思缜密，足智多谋，帮助朱元璋夺天下，是明朝的第一谋士。在战场上，刘伯温运筹帷幄，决胜于千里之外；在许多重要的决策上，其凭借极自己准确的判断力，起到了制胜的关键作用。

然而，明朝建立后，刘伯温只被封了个次一等的伯爵封号，并且俸禄还是伯爵之中最低的。更令人匪夷所思的是，刘伯温最终命丧黄泉竟与朱元璋有着千丝万缕的联系。仔细品评个中因由，不难发现，在这一切的背后，像是有一只无形的手主宰他的命运，直至生命的终结。

朱元璋是个重乡土观念的人，而刘伯温是个外乡人，本已在地域上有失亲密。更重要的是，刘伯温对事情的判断往往比他准确。从龙湾之战到救援安丰，朱元璋能想到的，刘伯温也想到了，而朱元璋想不到的，刘伯温还是想到了。对此，朱元璋又怎么会有如此宽广的胸襟，让刘伯温长期留在身边呢？更何况，刘伯温的那些计策并非安民之计，而是权谋之策，若用在阴谋政变中必有一番作为。这更令朱元璋心存猜忌，不仅要防患于未然，更要除之而后快。

刘伯温最致命的失误就是“祸从口出”。朱元璋曾就谁更适合出任丞相一职的问题找刘伯温谈话，言语之中暗藏试探玄机。刘伯温并非等闲之辈，但最终难免“智者千虑，必有一失”。当朱元璋故作意味深长地说出只有刘伯温能担此大任的时候，刘伯温说道：“臣疾恶太甚，又不耐繁剧，为之且孤上恩。天下何患无才，唯明主悉心求之。”

此话究竟包含了怎样的深意，始终是个难解之谜，使得朱元璋自此彻底与刘伯温决裂。或许是朱元璋的偏见，或许是后人的误读，总之它被看成了刘伯温的催命符，为其后来的突然病故埋下了伏笔。

至于刘伯温的死因，同样也是个说不清道不明的谜。洪武八年（1375）正月，刘伯温生病在家，朱元璋派胡惟庸前往探视，还给他送了补药。刘伯温吃过补药，病情不见好转反而日益严重，不久之后病逝。刘伯温与胡惟庸，当时早已是死对头，朱元璋静观两虎相争而不动声色，尽显帝王权谋。虽然“下毒谋害刘伯温”也是后来胡惟庸的罪状之一，但以胡惟庸当时的权势和处境，实难如此嚣张跋扈，这不得不让人猜想，他是受了朱元璋的默许，还是这就是朱元璋的本意——借他人之手，除心头大患。

以上种种，也许不过是笼罩在阴霾之下的臆测。事实如何，恐怕再难考量，就留待有心之人的无限遐思吧。

抬棺上疏的海瑞为何没有被嘉靖所杀

“抬棺上疏”是后人对海瑞冒死进谏的叹服之词，虽有些许夸张，但也不算过分。历代王朝，多的是直言进谏的忠臣良将，为何只有海瑞上疏而名声大噪？这就不得不从嘉靖皇帝的独断专横说起。

嘉靖皇帝朱厚熜，本为藩王长子。正德十六年（1521），明武宗朱厚照染病身亡，膝下无子，也无兄弟，于是身为武宗堂弟的朱厚熜被群臣迎至京师，登基为帝。嘉靖皇帝想追封亲生父亲兴献王为皇帝，而众位大臣却坚持认为嘉靖皇帝应过继到明孝宗膝下，以保证嫡系继位的正统不被歪曲。一边是至高无上的皇帝，一边是维护正统的群臣，谁也不肯做出让步。嘉靖三年（1524），吏部侍郎何梦春、修撰杨慎为首的200余名朝臣冒死进谏，长跪左顺门前不起。嘉靖皇帝不为所动，还让侍卫将群臣逮捕，施以廷杖之刑，毫不留情，有18人因此死亡。

嘉靖在位期间，直谏敢言之臣不是被杀就是被贬，剩下的都是敢怒不敢言之辈。如此一来，海瑞的大胆进谏就非常值得称赞。

嘉靖四十三年（1564），海瑞任户部主事。他对嘉靖的“君道不正，臣职不明”的行为深感忧虑。当时的嘉靖已经20多年不上朝了，整天深居西苑不出，斋醮玄修，妄求长生不老。海瑞忧国忧民，眼看国力日衰，不得不冒死向皇帝呈上《治安疏》，直言不讳地批评嘉靖皇帝迷信道教，大兴土木，搜刮民脂民膏；不事朝政，以至法纪废弛；听信道士妖言，不与皇子们相见，以致父子之情淡薄；在西苑深居不回宫城，导致夫妇之情淡漠；正是这些荒唐的举止，导致“天下不直陛下久矣”。

海瑞果然胆识过人。面对如此蛮横的皇帝，其他臣子语气稍重都得提心吊胆，更何况句句铿锵，言之凿凿，直指皇帝的为政弊端？海瑞自己也预计到上疏之后难逃一死，所以事先安排好了后事。然而，结果却出人意料。

虽然嘉靖皇帝看后勃然大怒，命随侍的宦官“趣执之，无使得遁”，然而在得知“此人素有痴名。闻其上疏时，自知触忤当死，市一棺，诀妻子，待罪于朝，童仆亦奔散无留者，是不遁也”之后，嘉靖皇帝沉默良久，拿起奏疏反复阅读。最终只将海瑞关押入狱，并未执行死决。

对于嘉靖皇帝没有立马下令斩海瑞的原因，后人做出了不少推测。一说海瑞官职虽小，却有清正刚直之名；其居官清廉，刚直不阿，救济黎民，有“海青天”之称，深得百姓尊敬与爱戴，若杀海瑞，则天下震动。二说嘉靖皇帝欣赏海瑞，认为可以“以作治贪之利器”。三说嘉靖为向天下人展示其虚怀纳谏、宽宏大量的帝王气量，故放海瑞一条生路。

当然，也有人另辟蹊径，从《治安疏》中寻找答案。海瑞上疏，开篇将嘉靖皇帝比为汉文帝，更言“陛下天资英断，过汉文远甚”。在此前提下，才开始列举当今朝政的弊端，并将责任归于“陛下误举之，而诸侯误顺之，无一人肯为陛下正言者，谄之甚也”。尽显“皇帝英明”而罪在他人之意。尤其是奏疏的结尾，海瑞又将嘉靖皇帝与“尧、舜、禹、汤、文、武”并列，只要“陛下一振作间而已”，则“天下何忧不治”？如斯谏言，只要有机会让皇帝静心细读，便能体会其中的用心良苦，可免杀身之祸。这正是海瑞的过人之处。

上疏之事，让海瑞天下闻名，流芳千古，“上自九重，下及薄海内外，无不知有海主事也”。值得一提的是，海瑞入狱不到两个月，嘉靖皇帝驾崩，新君即位后便下诏释放海瑞。若非如此，恐怕海瑞难逃不见天日的牢狱之灾了。

权臣年羹尧不得不死的原因

年羹尧是清代康熙、雍正年间人，进士出身，官至四川总督、川陕总督、抚远大将军，还被追封为太保、一等公。年羹尧曾运筹帷幄，驰骋疆场，立下赫赫战功。雍正二年（1724）入京，深得雍正的宠信，位极人臣。但短短一年，官场惊涛骇浪迭起，92条罪名，一丈白绫，断送了这个曾集高官显爵于一身的大清功臣。究其原因，众说纷纭。

1. 恃功自傲，引火烧身

有人认为，年羹尧自恃功高盖世，不把天子和朝臣放在眼里。在一次庆功宴上，雍正出于爱将之心，多次要求将领卸下铠甲，却无人敢动。唯等年羹尧发话后，众人才敢有所行动，显然年羹尧把国之将领训练成了家之兵丁。

年羹尧还把朝廷派来的御前侍卫当奴仆使唤，对雍正的恩诏不行三跪九叩之礼，甚至在知道雍正打算亲笔为《陆宣公奏议》撰序的情况下，都敢以不愿烦扰圣驾为由，自拟序言，要求雍正公之于天下。如此飞扬跋扈的年羹尧，雍正岂能纵容？

对于雍正大力整顿吏治一事，年羹尧处处干预，其贪敛财富，结党营私，任人唯亲到了无以复加的地步。年羹尧即便是被贬职，仍大运财产，更带数千亲兵同往。此时的雍正，严惩贪官及违法乱纪者是势在必行，行之必厉。而年羹尧是雍正的宠臣，位高权重，以其开刀来彰显雍正彻底改革的决心，再合适不过了。年羹尧不知收敛地撞在刀口上，正好给了雍正杀一儆百的机会。

2. 高鸟尽而良弓藏，国已定而谋臣亡

有人认为，年羹尧参与了雍正夺位之事，他的死正是一代帝王为巩固帝位而上演的“鸟尽弓藏”的悲剧。据说康熙帝原本指定十四皇子胤禵继位，而雍正篡改诏书夺取帝位，并且当时任川督的年羹尧助其一臂之力，牵制了拥兵于四川的十四皇子允禵，使其无法兴兵争位。雍正既登帝位，又有雄才大略治世贤能，若留下年羹尧这个知其篡位阴谋的功臣，实乃一大掣肘。加之年羹尧得势之后不知收敛，功高盖主而不自知，迟早落个丢官丧命的下场。

3. 觊觎帝位，自取灭亡

更有甚者认为，年羹尧之死是因其自立为帝的计划败露。陈捷先在《年羹尧死因探微》中认为：羹尧妄想做皇帝，最难令人君忍受，所以难逃一死。《永宪录》中也提到年羹尧曾与静一道人、占象人邹鲁商谈做皇帝的事。《清代轶闻》一书更记载了羹尧失宠之后，“当时其幕客有劝其叛者，年默然久之，夜观天象，浩然长叹曰：不谐矣。始改就臣节”。由此可见年羹尧似乎真有称帝之心，只因为“事不谐”，不得不“就臣节”。

年羹尧堪称一代功臣，却难逃一死。转瞬间从权力的巅峰急转直下，跌至低谷，个中原因扑朔迷离，耐人寻味。

真实的李卫如何为官

当年电视剧《李卫当官》风靡一时，让大众都知道了这个雍正眼前的大红人。电视剧里那个出身卑微却才干过人、大字不识而幽默诙谐的李卫，赢得了观众的喜欢，同时也引起了众多的质疑：历史上真实的李卫是这样当官的吗？

据史料记载，李卫确有其人，祖籍江南铜山，即今日的江苏徐州，生于康熙

二十六年（1687），卒于乾隆三年（1738）。事实上李卫并非乞丐出身，反而家境殷实，正因此，得以花钱捐了监生资格，避开科举走进官场。李卫虽顶着大字不识的包袱闹出了不少笑话，但凭着机敏的头脑和缜密的心思，混迹官场，成为雍正的宠臣。

1．“暗度陈仓补亏空”

雍正继位不久，发现各省钱粮亏欠甚多，便下诏彻底清查，各省官员知道后，恐慌不已。当时李卫任浙江总督，听闻此事，主动上奏朝廷，以钦差大臣彭维新初到地方恐有诸多不便为由，希望能够让自己协助其处理清查事宜。雍正看过李卫的奏折后，同意了他的提议，批准他协助进行清查工作。

随后，李卫以生日为由，命各州县的官员速来拜贺，生日筵席时他将一干人等召进密室，让各人如实上报亏欠情况，示意他自有办法化解。众人早已被钦差大臣前来清查之事吓得乱了阵脚，听李卫这样一说，全部如实交代，并登记成册交给李卫。

而钦差大臣彭维新，时任户部尚书，做事认真仔细，此前已在江南各省揪出了一堆贪官污吏，气焰甚是嚣张，无人敢拦。岂料一到浙江，便被李卫所持的协助清查的批示镇住了，不得不与李卫商量如何处理清查之事。李卫谈及共同清查的过程中恐有争执，故作为难状，不知如何是好，逼得彭维新提出分县清查的方案，正中李卫下怀。

李卫当下便让随从把浙江各州县的名字写于纸上，揉成纸团，与彭维新抓阄分县。彭维新没料到纸团已被暗中做了手脚，那些存在亏欠问题的州县，几乎尽在李卫手中，而彭维新抓到的，都问题不大。

如此这般，彭维新不管再认真清查也无济于事。李卫这边，名为清查，实则督促各州县填补亏欠。待所有清查工作结束，李卫故作焦虑地问彭维新：“各地可有亏欠？”得到的当然是他早已肯定的答案：“没有。”李卫佯装意外，同时趁机表示自己负责的州县也没有。

此事一经上报，雍正大喜过望，加封李卫为太子太保，大加赏赐。浙中各级官吏也因此各升一级。经此一事，众人对他佩服得五体投地，对这个大字不识的纨绔子弟刮目相看。

2．“明刀明枪挑事端”

李卫为官期间，不乏耿直倔强的一面。对于官场中的不平事，如眼中沙粒，不除不快。不仅向雍正帝呈交弹劾奏章，更将奏章誊抄之后送至被他弹劾的官员面前，公开宣战，痛陈其恶行，直戳其痛处。那些被李卫弹劾的官员恨他恨得牙痒，却又不能报复。

与李卫同朝为官的田文镜，小肚鸡肠，见不得李卫受宠，经常妒火中烧，暗地里在雍正面前说李卫的不是。雍正深知李卫的为人，对田文镜的挑拨不以为然。田文镜使坏不成，转而讨好李卫，欲与之结交。时逢李卫母亲去世，田文镜备下重金厚礼，派人前去吊唁。李卫不但不领情，反而当众大骂："吾母虽馁不饮小人一勺水！"并将来者赶出门外，田文镜的名帖与厚礼也被李卫愤然丢入茅厕之中。

以上种种，不过是后人的评述，雍正年间真实的李卫究竟如何为官，恐怕很难完全明了吧。

刘墉非宰相，更非罗锅

20世纪90年代在中国大陆播出的电视连续剧《宰相刘罗锅》，轰动一时，不仅引起了全国关于反腐败的大讨论，而且剧中主人公刚正清廉、不畏权贵、幽默诙谐的"罗锅"形象，更给观众留下了极为深刻的印象，成为茶余饭后的热门话题。

电视剧的创作与演绎，丰富了人们的生活，却也掩盖了历史的真相。拨开层层迷雾，我们便会发现，这位声名显赫、清誉卓著的"宰相刘罗锅"，既非宰相，更非罗锅！

既然有"宰相刘罗锅"的说法，为何又说刘墉不是宰相呢？这就不得不提封建王朝的宰相制度了。明朝以前，历代王朝均有宰相辅佐皇帝处理军国大事，只是称谓稍有不同。朱元璋建立明朝后，由于疑心太重，为防止高官重臣夺权谋反，便下令废除宰相一职。其后，明朝设立了"内阁"，成员为"殿阁大学士"，由皇帝钦定，协助处理国家大事。到了清朝，清承明制。清雍正八年时取消"内阁"，建立军机处。而皇帝之下统管文武政事的最高行政官员，便是"大学士"。之后的"军机大臣"和"总理大臣"，都是跟大学士一样的权职。

虽说此时的大学士与前朝宰相相比，权力相差甚远，但仍旧享有一人之下万人之上的显赫地位。所以在世人看来，大学士与宰相无异。史籍中有记载，刘墉于乾隆五十年（1785）由吏部尚书授协办大学士，乾隆五十四年（1789）被降为侍郎阁学，到嘉庆二年被任为体仁阁大学士。于是，电视剧在需要突出主角的情况下，便以“宰相”称之。

至于说刘墉是“罗锅”，那更是笑谈。电视剧里弓腰驼背的刘墉，因一句戏言而来，增添了幽默诙谐的效果。然而，稍微留意一下清朝取士选官注重“身、言、书、判”的标准便可知，科甲出身的刘墉，不可能是“罗锅”。“身”为首，可见最重要的条件即形体，为官者必须五官端正，身无残疾，以示官威。毕竟在当时“有碍观瞻”也是件避之则吉的大事。

虽说是笑谈，然而“刘罗锅”的称号并不是没有根据。有史书记载，嘉庆皇帝曾称刘墉为“刘驼子”。但当时的刘墉已是八十岁，弓腰驼背可能是衰老的征兆，而非“罗锅”的恶疾。

刘墉一生，虽无宰相之名，却曾履宰相之职。清廉刚正之余，不乏圆滑机变之态，尽显封建王朝一代官家为人处世之道。而“罗锅”之名，在后人看来，钦佩的美誉更多于敌对的嘲讽，笑而言之，未为不可。

和珅并非因贪而亡

乾隆年代的显赫人物和坤在人们心中留下了刻板的印象，成为“因贪而亡”的蠢货。和珅以贪而闻名于世，但三尺白绫夺其性命，却不是因为他贪尽天下之财，而是他在权力转移的过程中顾此失彼，从而导致大半生的功名利禄随着乾隆大帝的驾崩而烟消云散。

和坤的命运跌宕起伏，其玄机绝非一句“因贪而亡”那么简单。

和珅的贪，不是在朝夕之间，更不是不可告人，而是长此以往且甚为猖狂的。以乾隆皇帝治世之英明，不可能觉察不到。然而乾隆对和珅的倚重有增无减，便可知和珅虽贪，但他也的确对皇帝尽忠、为国家出力，其才智与其同朝且多为后人称颂的纪晓岚不相上下。

和珅仗着乾隆的倚重，难掩飞扬跋扈之势。虽其善于察言观色，笼络人心，然排除异己亦不遗余力。在位高权重的和珅眼中，除了乾隆皇帝，其他人根本不足为惧，甚至连已位入储君之列的十五皇子颙琰，也备受他的压制。

乾隆五十九年（1794），为了不超过祖辈康熙执政61年，乾隆决定立太子。和珅深知一朝天子一朝臣，为免自己的权势受到打压，极力恭维乾隆定能长命百岁，不必急于立储让位。经过和珅的劝说，把乾隆那二十几位对皇位望眼欲穿的皇子们都得罪了，尤其是不久之后被乾隆指定为皇位继承人的十五皇子颙琰。

1796年既是嘉庆元年，又是乾隆六十一年，两个年号的并存，反映了嘉庆皇帝上位却有名无权的事实。此时已是太上皇的乾隆，虽说已退位，但他对权力的控制却从未放松，而帮他实施这一目的的人，便是他的得力宠臣和珅。就在这种嘉庆有名无权而乾隆有权却不便出面的情况下，和珅的权势更甚从前。嘉庆在位的前三年，处处受和珅的压制，有志难舒，因此嘉庆对和珅恨之入骨，不除不快。

一向机敏的和珅，被权势蒙蔽了双眼，忘记了即使他地位再显赫，也不过是皇帝的臣子。也许和珅已想到，迟早有一天乾隆会离他而去，嘉庆势必会大权在握，但那一天来得比他想象中要快得多。在他还未想好应对之策时，就从权势的巅峰跌落。嘉庆四年（1799）正月初三，乾隆驾崩。嘉庆对和珅的反击以异乎寻常的速度进行。两天后下旨逮捕，三天后抄家，十天后送去三尺白绫。乾隆驾崩不过短短十五天，和珅便随之而去了。

有人考证嘉庆帝对外公布的和珅的罪状，虽多达20余项，然最致命的并不是贪污受贿，而是对乾隆的大不敬之罪。以和珅在乾隆心目中的地位，对他的贪财都是睁一只眼闭一只眼，只要不谋反作乱，根本不致以死罪论处。嘉庆势要和珅彻底垮台，既然和珅没有谋反作乱之实，就定他大不敬之罪，毕竟和珅仗着乾隆的倚重，的确做过不守君臣之礼的事。在当时皇权至上，对皇帝稍有不敬都可能掉脑袋，更何况大不敬！嘉庆终于成功地发泄了抑郁在心中多年的怨气。

和珅死前曾赋诗一首：“五十年来梦幻真，今朝撒手谢红尘。他日睢口含龙日，留取香烟是后身。”看来他和嘉靖的恩怨，至死未休。

武将篇　挥刀立马忠国魂

“将相和”不过是假象

一直以来，人们都认为“将相和”是因为蔺相如为赵国着想，面对廉颇的挑衅，处处忍让。然而真相是这样吗？其实不然，“将相和”不仅关系到廉颇、蔺相如的个人仕途，还关系到整个赵国的外交路线。

首先，战国时期的赵国是国力强盛，文有蔺相如，武有廉颇。不管是廉颇还是蔺相如，他们在赵国都是权重之臣，却并不是位高之人。因为战国时期，一个人在政治上有成就的主要标志并不在于封将拜相、担任国家的重要军政职务，而是封君命侯、获得贵族爵位。廉颇战功卓著，但赵国边将难封君，他用了30年才得以实现自己的目的。但是，战功远不如廉颇的乐毅、赵奢、赵括都早早封君，而为赵国出生入死的廉颇，加官进爵却远不如这些人，这让廉颇的心里颇为难受。而蔺相如的政治生涯更为辛酸。因为他曾是赵国宦官缪贤的门客，通过缪贤才进入赵国朝政。即使蔺相如全力辅佐赵王，但是他还是受到赵国贵族的歧视，蔺相如要封君命侯，路途比廉颇更为艰难。一开始，廉颇也挺瞧不起蔺相如，所以处处挑衅，但是聪明的蔺相如发现，与己处境相同的廉颇极有可能成为自己政治上最大的盟友，“同是天涯沦落人”之感也油然而生。廉颇也意识到了这一点。出于共同的利益和政治需要，他们结为盟友，从而才能与赵国贵族竞争。

其次，“将相和”与赵国的外交路线有关。可以说这是一场由赵王主导的改革，是对赵国政治结构的一次全新布局，更深层次来说是对联秦和抗秦两种外交路线的融合。

廉颇是赵国军事的主要力量，曾经攻打过燕、齐、魏，都取得了巨大成功。但是，廉颇对秦国的战争只有长平一战，而且还消极应战。显然，廉颇并不想与秦国结怨，他属于联秦派。至于蔺相如，可以从他的众多行为之中看出他的态度是抗秦。著名的故事“完璧归赵”中，蔺相如戏弄了秦王一番，宁愿以赵国的大量土地和人民作为代价，也要把和氏璧偷运回赵。另外，蔺相如是宦官缪贤的门客，缪贤与燕王交好，燕国是最大的抗秦国，那么作为缪贤谋士的蔺相如无疑也是抗秦派。因此，廉颇和蔺相如起初不和，也极有可能是因为双方政治路线的不统一。

廉颇处处挑衅蔺相如，蔺相如处处忍让，他还把廉颇与秦王做比较，其实也别具深意。他的目的是告诉廉颇一个道理：我们的政治路线有异，并不代表我害怕你；但我们的目的一样，都是要让赵国强大起来，只有我们合作才能达到这一目的，这也是赵王的旨意。当廉颇明白之后，就有了“负荆请罪”的典故。

这就是赵王高明的地方。他清楚地意识到，如果想让自己统治下的能人既形成合力又互相制约，那么实现派系间的平衡布局就非常重要。不论是联秦还是抗秦，都必须相互制衡，不能让任何一方过于强大。联秦，与秦国走得太近，会引起其他各国的反感。抗秦，也会引起秦国的反击。只有综合这两种势力，才可能各方都不得罪。而且在必要的时候，赵国面对其他各国才能够有才可用。例如，在赵孝成王继位之后，秦国攻打赵国，赵王决定向齐国借兵。由谁出面借兵呢？最佳人选就是蔺相如。因为五年前，蔺相如带兵攻齐，赵国抗秦派的蔺相如主动向齐言和，这也成了此次借兵的基础。再比如说，长平之战，秦攻赵，秦赵之间实力悬殊，如果硬攻的话，赵国胜利的概率并不高。此时最佳的将领就应该是属于联秦派的廉颇。廉颇也的确是这么做的，消极应战。由此看来“将相和”的最终目的也得以实现，需要红脸就推出红脸，需要白脸就推出白脸。

时过境迁，当蔺相如病死之后，“将相和”的局面也被打破，老将廉颇已经不能再为赵国在七国之间寻得立足之地，赵国逐步走向灭亡。从反面论证了赵王主导的“将相和”的局面是出于赵国的生存发展而做的局。

“纸上谈兵”是冤枉了赵括吗

“纸上谈兵”一词出自战国时赵国名将赵括，这似乎也成了战争失败后的代名词。赵括因为长平之战的惨败而被钉在了历史的耻辱柱上，他一人背负了赵国衰败、50万将士失去生命的责任。也因此导致这位生前位高权重的将军，死后无人为之立传，甚至司马迁在《史记》中也略过了他。

首先，看看赵括纸上谈兵这一故事。赵括是战国时期赵国马服君赵奢之子。赵奢因受到平原君举荐而得到赵王的重用，主管全国赋税，后又解瘀与之围，大败秦军。因此，赵奢与蔺相如、廉颇成为赵国的三根顶梁之柱，可谓是举足轻重。

赵括出身名门，自幼熟读兵书，对军事方面也有自己的见解，少年时代即随父亲出战。当时赵括曾献计帮助父亲赵奢一个月之内攻下了赵军久攻不下的麦丘。

赧王四十五年（前270），赵括运用反间计，成功地解救了瘀与地区，一战成名。尽管如此，在赧王五十五年长平之战爆发之始，赵括没有任何实际带兵打仗的经验，在军队中他更多地扮演军师的角色。赧王五十五年，秦王命王龄进攻韩国上党地区，并且顺利地占领该地区，但是上党地区早在两年前已归属于赵国，此次秦进攻上党，赵孝成王就派名将廉颇出战，廉颇驻军长平，与秦军交战，采取了自己不擅长的消耗坚守战略，秦军不断吞食赵军，完全占领了上党地区，这对赵国都城邯郸十分不利。因此，赵国内部出现了混乱，不断有人建议换下廉颇。最终，赵王听取乐毅的建议，由赵括取代廉颇，对战秦军。赵括率领40万大军，改守为攻，主动全线出击，向秦进攻。秦将白起兵分两路，一路佯败，把赵军吸引到秦军壁垒周围；一路切断赵军后路，实行反包围，使赵军粮道断绝，困于长平。最终，赵括突围不成，战死长平，几十余万赵兵尽被杀害。

综上所述，有几点值得注意：

第一，赵括虽然曾跟随赵奢出征，但是从来没有独立为将、带兵打仗的经验。虽有谋略，但缺乏实际作战经验。在以前大大小小的战役之中，他都没有得到重用，大多数战功只是靠“军师”得来的。因此，在关键的时候，赵括上阵打仗，取得成功的可能性并不是很高。

第二，赵军在经过长久的持久战之后，早已疲惫不堪。赵国虽然强大，但已经不是赵武灵王执政时的赵国了，经过了赵惠文王策划的“沙丘之乱”后，赵国的国力也在逐渐地削弱，加上权臣和赵国公室的内斗，导致大量人才被埋没，这其中也包括赵括。因此赵国的实际情况，根本就支撑不了长久的消耗战，加上廉颇的消耗，让赵括上任之后，除了速战速决以外，再无其他选择。

第三，赵括上任后，大量修订军纪，废除廉颇规定的一套制度，这一番大刀阔斧的改革也是赵括经验不足的表现。临阵易帅给将士造成了极大的心理负担，双方要形成一种新的战斗力，需要一段相当长的磨合期，这样的临阵改革只会带来更多弊端。

第四，赵括所采用的战略战术，是最能直接证明赵括是否“纸上谈兵”的关键。当时秦军在西，赵军在东，秦军以西是河水很宽、很深的泌水，赵军以东是河水很宽但水浅的丹水，两军之南是太行、王屋山脉，北面也是太行山脉，整个战场由山脉和河水组成了一个矩形。但是，南面的山脉已由秦军所占，北面的山脉为秦赵共同占有。因此，无论是哪支军队要全身而退，都只能选择水路，要么渡过丹水，要么乘船渡过沁水。赵括决定派晋阳赵军南下支援沁水西岸的赵军，控制沁水西岸一带，再向西进攻秦军，配合自己的大军东西夹击秦军。但赵括没有想到，沁水西岸的赵军并没有完成自己的命令，未能控制沁水西岸，所以当赵括大军一路追随不断向西撤退的秦军至沁水河东岸时，不但没有消灭秦军，反而使自己陷入了秦军的包围圈。最后秦军骗降赵军，两军再战，死伤无数，赵军终因力竭而败，赵括自杀殉国。其实，赵括的部署可谓得当，只是赵皮牢、晋阳二军未能完成任务，实为可惜。秦国虽然胜了，却也因为赵括的殊死反击而损失惨重，不得不退兵回国。

赵括在战争中的确犯了一些错误，主要原因在于其经验不足。但是究根到底，与赵国国内权臣舞弊，人才得不到重用有关。赵括在长平之战中，并不是“纸上谈兵”，失败也是情有可原。

大将军韩信之死

汉高帝十一年（前196），西汉刚建立不久，根基犹如风中的浮萍，随风摇曳，处在这样一个新生政权内部，人人自危。刘邦杀死了大量建国功臣，这些曾经与刘邦共同奋斗、出生入死的人，却并没有享受到胜利的果实。这其中也包括了“连百万之军，战必胜、攻必取”的齐王韩信。

韩信是中国历史上杰出的军事家，为西汉建国立下了汗马功劳，与萧何、张良并称为“西汉三杰”。但这位大功臣最终的结局并不美好，他被吕后、萧何杀死在长乐宫中，三族被夷。那么，究竟是什么原因使得这位大功臣落得如此凄惨的下场呢?

一直以来，史学界对韩信的死因说法不一，主要有以下几个观点。

一是韩信被杀是因自请封王。汉高帝五年（前202），平定三齐之后，刘邦被楚军围困于荥阳，焦急地等待韩信率兵前来救援。然而刘邦等到的并不是韩信大军，而是韩信自请封为齐王的上书，这让刘邦震怒，但是有求于人的刘邦也只好遂了他的意。刘邦并非是心甘情愿，而是现实所逼，不得已而为之。韩信自请封王的做法，埋下了深深的隐患。因此，楚汉战争刚刚结束，刘邦就设计夺了韩信的兵权，徙封为楚王。入楚的韩信还没有意识到自己的危险处境，反而与项羽旧部钟离眛相交甚密，使得刘邦对韩信的怀疑更甚。

二是韩信的死因在于谋反。自请封王后，刘邦对韩信已是心存芥蒂，杀掉韩信只是“万事俱备，只欠东风”。所以当有人举报韩信要谋反的时候，刘邦没有丝毫犹豫，抓住这个时机，采用陈平的调虎离山之计，以出游云梦为借口，趁着韩信来朝会见之时逮捕了韩信。但刘邦仍惦念韩信的建国功勋，并未杀之，改封为淮阴侯，使居长安。危机四伏的韩信依然没有看清楚形势，反而在被刘邦降封为淮阴侯之后，常常称病不上朝。甚至还勾结握有兵权的陈豨，准备趁着刘邦伐陈之时，与陈里应外合，发动叛乱。韩信的阴谋被人告发之后，死在吕后、萧何手里。

三是刘邦为了消除割据势力，统一集权，而不得不杀韩信。刘邦为平定天下，在特定的历史条件下分封了七个异姓诸侯王，这些“异姓诸侯王”都曾为西汉王朝做出过重大贡献。他们都拥有强大的军事实力和广袤的封土，这些“王中之王，国中之国”成为西汉王朝统一集权的重大隐患。尤其是在刘邦基本上控制了六国旧贵族和关东豪杰的分裂活动之后，异姓诸侯王更成为刘氏家族的眼中钉、肉中刺。所以，无论韩信有没有谋反之心，刘邦必然会采取高压手段来消灭异姓诸侯王，以此来免除战祸，休养生息。“兔死狗烹，鸟尽弓藏”，这是无奈而为之。

四是近年来的研究认为，刘邦并未有杀韩信之意，韩信被吕后、萧何所杀，吕后为了自己以后篡权扫除障碍，而萧何作为韩信的举荐人，捕杀韩信是因为当时自己已受到刘邦猜疑，如不屈从于吕后的旨意，自己也会遭到株连，所谓人不为己，天诛地灭。所以韩信被杀，谋反只是莫须有的罪名，吕后揽权才是真正的主因。

一代战神霍去病的死亡之谜

霍去病是一代战神，曾多次出兵匈奴，以寡敌众，却能大胜而归。17岁随军出征，功冠全军；21岁纵横漠北，成为三军统帅，创造了作为武将的一个传奇。但是，这样一个勇猛战将、天之骄子，生命却在23岁那年画上了休止符，这样的美好年华实在令人惋惜。

关于霍去病的死因，《史记》中记载，霍去病是在出征匈奴之前突然死亡，朝廷公布的死因是病死。霍去病真的是病死的吗？

其实，病死的可能性不大。因为他17岁从军，后成为一代战神，作为一个勇猛的沙场武将，肯定拥有过硬的身体素质，而在23岁这样风华正茂的年纪，患病而死似乎不太可能。

不是病死，就是非正常死亡。那么霍去病的真正死因是什么？为什么器重霍去病的汉武帝没有深究其非正常死亡的原因呢？

霍去病从卫青的军队之中脱颖而出，在漠北大战之后，得到汉武帝的赏识，一心为国。后来，他逐渐脱离了卫青的军队，形成了以自己为中心的军事集团。这个集团中的重要人物也几乎都是霍去病一手选拔的大将，以及能骑善射的军官，他们个个英勇善战。更重要的是这些人的志向都在战场上，与皇亲国戚以及世家贵戚没有一点关系或牵连。

反观卫青，作为一代大将军却日渐衰落。他身上担负着太多人的利益，势力庞大。汉武帝为了扼制这股势力，采取的手段便是以霍制卫。于是，卫、霍集团之间就形成了一种尖锐的矛盾。当矛盾激化时，必然要以牺牲一方为代价，因此从不参与政治斗争，只看重战场的霍去病就成了卫氏保全自己利益的牺牲品。这也可以从一些史实当中窥其一二。

如果说卫氏利益集团最大的保护伞是卫青，那么他们实现利益的最重要的保障就是卫太子。虽然卫太子年幼，不太可能参与复杂的政治斗争，但是作为利益成员的卫氏家族以及相关人员却是在尽全力保全这种利益。卫、霍之间的较量，更多的是朝堂之上的地位和权力的竞争。

此时，朝廷有三股势力不容小觑：一是以卫青为核心的卫氏利益集团；二是以霍去病为核心的军事集团；三是以李广为核心的李氏家族，此外李广的从弟李蔡已身为丞相，也是整个家族利益集团的核心。

元狩四年（前119），漠北大战，李广自杀，李敢刺伤卫青。但是卫青为人谦恭有礼，温和大度，他把这件事隐瞒了下来。虽然这件事在当时并没有声张开来，但是为李氏家族埋下了祸根。元狩五年（前118），李蔡以侵占了先皇陵的罪名自杀。这简直就是一个莫须有的罪名！身为丞相的李蔡岂会冒着死亡的风险去侵占一块皇家陵地？也就是在这一年，霍去病突然因为李敢行刺卫青，在甘泉宫狩猎场当着汉武帝的面射杀了李敢。

值得注意的是：

第一，李蔡死后，太子太傅庄青翟继任了丞相之位，那么这其中的最大受益者莫过于卫氏集团。

第二，霍去病猎杀李敢的时间、地点值得深究。如此明目张胆地射杀李敢，难道霍去病就不担心无法对皇帝以及众家将士交代吗？而且李敢当时身为郎中令，也就是九卿之一，霍去病没有私自处决他的权力。从射杀李敢的时间而言，此时距离李敢刺伤卫青已经很久了，那么霍去病为什么要现在才杀李敢呢？因此，这不可能是霍去病蓄谋已久的杀害。也就是说这是一件突发事件，霍去病是在狩猎之前才临时得知李敢曾刺伤卫青。李蔡李敢叔侄死期相近，在相当短的一段时间内，李氏家族被连根拔起。霍去病与李氏家族结下仇怨，引起汉武帝不满。那么，从整个事件来看，受益最大的还是卫氏集团。

元狩六年（前117），霍去病一再上书请汉武帝分立三位皇子为王，可谓是朝廷之中的风云人物。霍去病为何这样做呢？他与这件事又有何关系呢？其实他只是这个事件的发起者，因为这对霍而言没有丝毫好处，然而当事件发展到满朝文武百官都加入进来的时候，他却没有参与其中。最终，汉武帝无奈册立三王，武帝宠姬王夫人病死。表面上，卫氏集团并没有参与到这件事情之中，但是细看之下，册封三王受益最大的是卫太子，他的危险得以解除，而王夫人病死，卫皇后地位得保。卫氏集团仍是最大的受益者。没过几个月，霍去病就去世了。

自此，与卫青有仇的李氏家族垮台，与太子争嫡的三王分封离开了，与卫皇后争宠的王夫人死了，威胁卫青地位的霍去病也不在了，整个朝廷之中的三股力量，已经消除两股，最大的受益者还是卫氏家族。

霍去病在这场政治斗争中失去甚多，但是他真正的死因很难知道。从霍去病的性格分析，他少年孤独，寡言少语，心高气傲，缺少朋友。亲情对他来说是十分重要的，可最后连曾经视如亲人的卫青也远离了他。性格倔强孤傲的少年最容易走入极端，他虽然少年显贵，但是未必快乐。人言不仅可畏，有时候还可以杀人，其高明处远胜刀剑毒药。

三国名将吕布死因新解

《三国演义》生动地说明了汉末三国争霸、风起云涌、变幻莫测的局势。整本书在诸葛亮未出场之前，刘备、曹操、关羽主导了整个形势，其中关羽的篇幅最多，但接下来戏份最多的不是刘备，也不是曹操，更不是袁绍，而是吕布。这与吕布一生的传奇经历和个人的神勇才能有很大关系。尽管《三国演义》带有强烈的历史因素，但是毕竟也只是演义，写得再好，也不能代表全部的史实。演义中的描述大大加强了吕布的传奇色彩，其中也有虚构的场面，如三英战吕布等，这些虚构的情节不仅加强了戏剧效果，也让读者对吕布留下了武勇神武的印象。

那真实的吕布是怎么样的人呢？他短暂的生命又因何而结束呢？

吕布的父亲吕良是留守边疆的将领，母亲是关中大财主之女，吕布有四个姐姐，吕布从小生活富裕，有钱有权，又是家中独子，所以非常受宠。吕布幼年聪颖好学，又处处比同龄人强，所以他逐渐开始以自我为中心。后来，他随父亲投靠并州刺史丁原，丁原惜才，对吕布极其亲厚和器重，并任命吕布为主薄。

汉灵帝去世之后，丁原与董卓开始争夺汉王朝的控制权。时局骤变，吕布也开始了他不断投靠与背叛的生涯。吕布先选择了董卓，然后不顾丁原对他的知遇之恩而杀死丁原。之后，吕布又投靠王允，杀死董卓。董卓死后，又因董卓旧部下李傕和郭汜等人杀回京城，吕布不敌，仓皇出逃，因而投靠袁术。后又投靠河内太守张杨，又因张杨部下的反对而改投袁绍。因袁绍准备杀死他而投靠了曹操，但是吕布背叛了曹操，自立为徐州刺史，又联合袁术攻打刘备，使得刘备投奔了曹操，最后吕布被曹操所俘。吕布六次易主，可谓是把汉末群雄争霸这一滩浑水搅得更浑了。

吕布的一生如此缺乏诚信，与其生长环境和个性有很大关系。从小父母的溺爱，优越的家境和出众的才华，造就了他以自我为中心的性格，根本不懂得诚信待人，凡事只为自身利益考虑。这种少信寡诚、急功近利，贪小利而忘大义的性格也是他最终身首异处的原因之一。例如，丁原、董卓两人之死，给了吕布相当大的好处，但是也使他背负极大的骂名。当吕布被曹操所俘之后，想联手曹操共打天下，但是曹操也不傻，丁原和董卓血淋淋的例子摆在眼前，他怎么会去步其后尘呢？更何况，吕布曾经得到兖州地方势力的支持，起兵对抗曹操，一度把曹操逼至险些无家可归的境地。所以，曹操最终下令缢杀吕布。

还有一个重要的原因是，吕布骄纵无礼，目中无人，纵容属下。吕布投靠袁术之时，袁术因其杀董卓有功，而对其礼遇有加，但是吕布却纵容属下惹得民怨沸腾，令袁术对他非常不满。之后吕布跟随袁绍之时，也犯了同样的错误。

不会用人也是吕布的致命问题。高顺是吕布的手下大将，为人忠诚善战，吕布也知其为人，却不重用高顺。吕布重用了魏续，魏续却背叛了吕布。郝萌之乱，郝萌部将曹性检举陈宫为赫萌同谋，吕布因为陈宫是手下重将，而不追查，但是临到重要关头，又疑心陈宫，不能用其计。

不可否认，吕布有才，但他却不懂得修身。吕布短暂的一生，可谓是跌宕起伏，极具传奇而有戏剧性。从丁原到董卓，再从袁术最后到刘备，他把汉末这么多风云人物（如曹操、刘备、袁绍、袁术）都得罪了，先不论其好坏，能做到这一点着实不易。

关羽为何由武将升为“万能之神”

不论是在正史还是演义中，关羽都可以被称作是一个盖世英雄。

关羽拥有作为武将的天赋，还是一个忠肝义胆的人，这些都可以从他日后的事迹中看出。

《三国演义》中曾写道：“美髯公千里走单骑，汉寿侯五关斩六将。”这是他“勇”的表现。《三国志》中记述：“及羽杀颜良，曹公知其必去，重加赏赐，羽尽封其所赐，拜书告辞，而奔先主于袁军。左右欲追之，曹公曰，‘彼各为其主，勿追也。’”意思是曹操曾下重金挽留关羽，但是关羽不为所动，曹操的部下想要趁机杀掉关羽，但是曹操放了关羽一马。而在华容道之时，面对“忠”与“义”的选择，关羽还是“义”字当先放了曹操，这是关羽“义”的表现。忠肝义胆固然值得敬佩，可是这与“万能之神”还是有差距的，而这个鸿沟的跨度还不小。那么，在史海中沉浮千年，关羽是如何由一个武将变为现代的“万能之神”？

我们首先应该了解一下“万能之神”所谓何意。万能之神就是指关羽是关圣帝君、伽蓝菩萨、武财神、“武圣”等，与“文圣”孔子齐名。从魏晋南北朝开始，人们开始信仰关公，到了明代，关羽成为武庙主神，与孔子“文庙”并祀之时，关羽从一名武将“飞升”为人们共同信仰的神，直到现在在许多地方还很盛行。人们信奉关公，认为他能够主宰人们的寿、禄，古代科举之前也要拜关公。此外，他还能“治病除灾、驱邪避恶”，这些全能的“法力”，也是人们对他顶礼膜拜的原因。

仔细分析一下关羽的这些封号。首先，关羽作为武将，后世人们给他“武王”或是“武圣人”的尊号，并不奇怪。其次，“驱邪避恶，治病除灾”，这可能也与关羽身为武将有关，因为他能带给别人安全感，而且关羽“丹凤眼，卧蚕眉，面如重枣，五绺长髯”的面相，也能给人一种威慑力。但是有关科举和寿禄，则相差太远。

关羽作为“万能之神”，他还有一个财神的称呼。中国古代的财神主要分为文财神和武财神。文财神是陶朱公范蠡，范蠡作为一个经商能手，代表财神并不奇怪，他的职司即保佑人们能够多赚钱财。而关羽是另外一个武财神。这不免让人好奇，关羽是武将，如何能与财富扯上关系？其实，这确实与关羽忠义的武将形象有关，因为人们都敬佩和害怕他的威名，商贾都敬佩关公的忠诚和信义，希望关公作为其发财致富的守护神，而人们也希望商贾坚守诚信进行交易。于是关公成为正义的维护者，他那把青龙偃月刀从不离手，时刻在警示世人：君子爱财，取之有道。

关羽从武将到“万能之神”的跨越，并不是一蹴而就的，而是经历不断的升迁。虽然历代都在不停地为他进封，但是他头衔依然只是“王”，这与孔子“文圣”还有很大一段距离。真正让关羽成为“武圣”是在明朝，万历十八年（1590）关羽被晋封为“协天护国忠义大帝”。万历四十二年（1614），又改封为“三界伏魔大帝神威远镇天尊关圣帝君”，此时他的封号是“帝”。明朝末年，才真正成为武圣，这时他已是万能的化身。

关羽在明代又为何能有如此大的跨越呢？元末明初，外族当政，文人备受欺压，社会需要一个正统道义的有力形象来维持皇权正统学说，而关羽智勇忠义的形象可塑性很强。于是关公在沉寂了百年后，被罗贯中以一部小说的形式重新推到了大众眼前。关羽俱备的全才形象忠、信、礼、义无形之中成为人们的精神支柱，人们把他神化也不足为奇。

正史中的周瑜为何遭后世贬斥

一声“既生瑜，何生亮”的叹息，几百年来一直回荡在民间。这是人们对《三国演义》中的周瑜产生的最大的感叹。这声叹息清楚地表现了人们对他才能未得以最大施展的遗憾，他雄才大略，但是在面对蜀汉集团的中心人物之时，又不得不退一射之地。在那些中心人物中，周瑜只能是陪衬。这样一个矛盾结合体，却与正史之中周瑜的形象大相径庭。

周瑜是一个完美的化身，不论是政治军事上，还是人品修养上，都可谓高人一等。“英隽异才、文武韬略，可谓万人之英”，说的就是外表俊美、风度翩翩的周瑜，他就是一个无可挑剔的文武之才。

同时，周瑜还具有良好的政治眼光。他少年时就送钱粮资助孙策，后来两人一起攻打江东，可谓是少年时就风光无限。随后他与孙策南征北战，为东吴政权的建立立下了汗马功劳。

在军事上，周瑜胆略过人，智勇双全。赤壁大战中，他力主抗曹，最终以少胜多，大败曹操。之后，又高瞻远瞩，准备攻打蜀汉政权，与曹操二分天下。

在个人修养上，性度恢廓，情趣高雅。孙策死后，面对比自己年幼的孙权极为恭敬。陈普曾与周瑜不合，职权为将军的周瑜折节下交，终令陈普折服，并说：“与周公瑾交，若饮醇醪，不觉自醉。”

周瑜精通音律，文学作品中还有一个“曲有误，周郎顾”的典故，就是说周瑜听人演奏时，即使喝醉了酒，如果音律有误，也瞒不过他的耳朵，并提醒演奏者。

可是，就是这样一个具有雄才大略的人物，后人对他的评价却越来越低。到最后居然成了一位心胸狭隘，毫无才华可言的庸才。周瑜的形象，一落千丈，面目全非。

东晋时期，蜀汉政权被视为封建皇权的正统，那么偏安江左和失去了半壁江山的东吴政权遭人诟病，首当其冲的就是大将周瑜。习凿齿的《汉晋春秋》就对周瑜进行了贬低，将周瑜从英雄变成了“小人”。唐朝诗词繁荣，自由的文化氛围使大量唐诗开始涉及正统之争。不论是杜甫还是杜牧，都在诗词中表现出了对蜀汉政权的偏好，在诗文中也开始不断地不加掩饰地调侃周瑜。此时，历史在文学之中也出现了偏差。到了宋代，文人政客间的朋党之争，使得人们在思想政治上的较量更为触目惊心。当然，关于三国之争也没有幸免。当朱熹理学占据上风时，尊刘贬曹已经开始成为风潮。为了达到尊敬刘备的目的，那么曹魏、东吴政权自然就成了贬低的对象，周瑜作为东吴最具代表性的人物，自然不可幸免。到了明代，出现了举世瞩目的《三国演义》，将周瑜的形象完全改变。作者为了美化诸葛亮，而贬低周瑜，把周瑜这个一代名将贬低为“小心眼”的代表。然而《三国演义》对人物进行了大量的艺术处理，不可当真，“三气周瑜”当然就更无历史根据，历史上的周瑜是病逝于出征途中的。

此外，不论是草船借箭，还是赔了夫人又折兵、智激周瑜、借东风等历史典故，从正史考查下来，其实都与周瑜本人无关。在《三国演义》中，周瑜作为一个配角出现，自己的人性光辉在面对主角的时候也被磨去棱角，这种演义小说的畅销也是使得周瑜遭到后世贬斥的主因。

岳飞尸体“越城”而走之谜

如果要为南宋建一座忠烈祠，那么著名爱国将领岳飞一定稳坐其中。岳飞19岁投军，20年戎马生涯，抗击金军，保家卫国。但是，这样一位无私奉献的将军，却被陷害冤死于开封狱中，死后尸体“越城”而走。岳飞蒙冤的21年间，埋葬于何处，人们众说纷纭。

岳飞生前一直致力于抗击金军，在军中也是身先士卒，纪律严明，多次打败金军的进攻。南宋绍兴十年（1140），岳飞打败了金军将领完颜兀术，大破其“拐子马”军，最后金军不得不退守燕京。因此金国贵族感叹道：“撼山易，撼岳家军难。”但是，在此大胜之时，宋高宗却害怕岳飞会接回被金国扣留的前皇帝，从而影响自己的帝位，就连下了十二道“金字牌”命令，要求岳家军撤退。最后，岳飞不得不撤军，十年抗击金军的成果毁于一旦。回到开封不久，因为岳飞对前朝皇帝的忠心，已经完全触犯了宋高宗的底线，宋高宗唆使秦桧设计陷害岳飞，致使岳飞冤死狱中。岳飞的儿子岳云和手下将领也在众安桥被处死。

岳飞死于狱中后，尸体应该是由官府处理，但是岳飞的遗骨却在狱中失踪。根据《朝野遗记》记载：“狱卒隗顺负其尸出，逾城，至九曲丛祠中。故至今九曲五显庙尚灵。顺葬之北山之湄。”人们由此得出结论，岳飞的遗体是被一个叫隗顺的狱卒偷偷运出来埋葬在九曲丛祠旁，隗顺还在岳飞墓前做了标记，以便岳飞平反后，能够找到其尸骨迁葬。但岳飞死后21年直至平冤昭雪期间，关于他所葬何处一直都有不同的说法。民间传说岳飞的遗体葬于杭州众安桥下。但这里在南宋时期是闹市区，掩埋在这里很难不引起官府的注意，所以这个说法是不成立的。

岳飞死后，许多人要求为其平反，终于，在宋孝宗年间得到平反，而宋孝宗也给宋高宗留足了面子，假称“仰承”宋高宗“圣意”，给岳飞恢复官爵与名誉。官府通过隗顺的后人找到了岳飞的遗骨，改迁至杭州西子湖畔栖霞。这才是岳飞遗体“越城”而走的真正原因。岳飞墓几经修葺，仍然保持南宋时期的建筑风格，让后世之人得以凭吊。除了岳飞墓，人们也在各地建立了岳王庙来纪念岳飞。

岳飞之死，使得南宋最杰出的将领就此陨落，这也是中国历史上最悲痛的冤狱之一。

吴三桂降清疑点颇多

吴三桂归降清朝，使清军不费一兵一卒占领山海关，从而改变了整个中国历史的进程。吴三桂忠明叛明，联李破李，降清叛清，因此吴三桂是大汉奸的定论，得到了大多数人的认同。但是，学术界对于吴三桂降清还有颇多争议。

崇祯十七年，李自成攻破北京，崇祯自杀，吴三桂放弃山海关，引清兵入关，击退李自成。清政府成立之后，吴三桂被封平西王，管理云南、贵州地区。同时吴三桂也被贴上了叛臣贼子的标签。

近年来，经史学家考证，当年李自成十万大军到达山海关下，吴三桂确有向清求援的举动，但是吴三桂是否降清，还有待商榷。

广为传颂的“冲冠一怒为红颜”的故事，历来被人们认为是吴三桂降清的主因。其实，吴三桂降清的疑点颇多。吴三桂作为明将，为何会被清政府封为平西王呢？大多数人认为这极有可能是因为吴三桂投降，献出山海关，让清军顺利通过，入主中原。吴三桂的投降对清朝统一天下的大业做出了重要的贡献，因此清政府以封王来奖励吴三桂。此外，明朝灭亡以后，南明政权曾多次要拉拢吴三桂反清复明，而吴三桂却追杀南明永历王，这无疑成为吴三桂背叛明朝的铁证。

但是，也有不少人持相反的观点，认为吴三桂并未降清，而是形势所迫。吴三桂的确向清政府借过兵马以攻打李自成。关键在于他所借兵马的人数—— 一万人。为何只借区区一万人呢？难道吴三桂多了这一万清兵就能打败李自成？这显然是不可能的。战场何等残酷，并不是区区一万人就能改变形势。况且，李自成十万大军兵临山海关下，虽然吴三桂只有五万兵马驻守山海关，但是这并不代表吴三桂害怕李自成。因为吴三桂这五万兵马都是长年南征北战而组成的精锐之师，李自成虽然在人数上占优势，可是他的大军战斗力并不强。所以，从战斗力上来说，吴三桂的大军并不输给李自成。

既然吴三桂并不害怕李自成，那么他为什么还要向清军借兵呢？他又是如何向清军借兵的呢？这就涉及与吴三桂和清朝都有密切关系的两个人，即降清明将洪承畴和祖大寿。洪承畴是吴三桂的老上司，祖大寿则是吴三桂的舅舅。当初洪承畴降清时，被俘明军有三千人，而祖大寿降清之时，被俘明军有七千多人，两组人数相加正好是一万人。与吴三桂借兵一万正好一致。在祖大寿与洪承畴的配合之下，吴三桂想要借得这一万人马也是极有可能。然而，吴三桂真正的目的并不是借兵，而是要收回这一万兵马，从而摆脱清军的威胁。吴三桂能想到的，多尔衮当然也能想到。即便如此，多尔衮还是需要拉拢吴三桂。吴三桂与多尔衮商定，清军由中协入关，与吴军配合，两面夹击李自成。当战役开始时，清军十四万支援大军却直扑山海关而来。形势对吴三桂极为不利，吴三桂不得不让出山海关。换一个角度，如果吴三桂一开始就有意降清，那么他也没有必要向清军借兵，甚至发动对李自成的战役，最后还让本来已经落入自己圈套的李自成逃走，害死了自己的亲人。

其次，吴三桂打退李自成的军队之后，南明朝廷曾经为了表彰吴三桂打退李自成的功绩，特封吴三桂为“蓟辽王”。如果吴三桂降清，南明朝廷不可能封赏叛将。这也说明吴三桂当年并未降清。

最后，从吴三桂刚直的性情来说，他也不可能降清。山海关之战，多尔衮背弃了与吴三桂的信约，让十四万大军直扑山海关，吴三桂与多尔衮之间已经失去信任。因此在多尔衮执政期间，吴三桂根本不可能降清。吴三桂如果真的降清也应该是在多尔衮去世之后。

施琅是不是忠臣

施琅，字尊候，号琢公，生于天启元年（1621），卒于康熙三十五年（1696），福建晋江衙口人，祖籍是今河南省固始县方集镇。对历史有一定的了解的人，就知道施琅是一个颇有争议的历史人物，人们对他的认识往往存在这样的分歧，他到底是收复宝岛台湾，促进祖国统一大业的爱国将领，还是背弃明朝、投靠清朝的叛臣。

施琅从小生长在海边，拥有一身技冠群雄的武功。顺治三年（1646），施琅加入郑成功的抗清队伍，不久就成了郑成功手下最为得力的骁将。

早年时的施琅，性格要强，脾气倔强，常与郑成功唱反调。顺治八年

（1651），施琅对郑成功“舍水就陆”、掠夺军饷的举动提出了异议，引发了彼此间强烈的不满。之后，施琅的部下曾德因犯罪而逃至郑成功处，并在郑军中得以重用。施琅不顾郑成功的意愿，杀了曾德，再次得罪了郑成功，两人形成了不可调和的矛盾。郑成功下令将施琅父子三人（施琅及父亲施大宣、弟弟施显）逮捕，投入大牢。施琅用计逃到大陆，可是其父和弟弟却惨遭杀害，施琅被迫降清，任福建水师提督，与郑成功为敌。

康熙二十二年（1682），施琅率领清军东征，攻克澎湖，打败台湾郑氏王朝。因此施琅是收复台湾的功臣，对完成清朝的统一起了重要的作用，也为奠定现代中国版图，巩固和发展多民族国家做出了贡献。

在清军入澎湖时，有人认为施琅可以借此机会为亲人报仇，施琅却以其宽广的胸襟待之，他认为作战是为国为民，而非私事。他还示意自己的手下，不能公报私仇。

收复台湾后，朝廷内部对是否留台的问题产生了争论，在施琅等少数大臣的力争下，康熙认识到台湾战略地位的重要性，转变了之前“弃台”的观点，采纳了施琅的意见，决定留守台湾，治理台湾。

而对辗转于明清的施琅，人们对此的看法可谓是仁者见仁，智者见智。有人视施琅为“叛徒”。他们认为，作为臣子，就必定要忠于其主，因此本是明朝将士的施琅，就得臣服于明朝，臣服于郑氏，乃至献出生命也在所不辞。台湾是他的故土，他却引狼入室，带领着清朝军队攻打台湾，这是对国家的不忠；明清之争乃满汉之争，施琅投身强大的清政府而欺凌弱小的台湾，是对民族的不仁；施琅进攻台湾时，打倒郑氏，背叛了曾经的君主，是对君王的不义。由此可见施琅是个十足的“汉奸”。

有人追捧施琅为“民族英雄”，认为郑成功杀害其父亲和弟弟，是不义在先，那么施琅的降清也就不算不忠。并且此时清朝的建立和强大已是不可逆转的趋势，郑氏坚守的台湾与清朝政府不再是两个民族、两个帝国之间的斗争，而是关乎国家统一和领土完整的问题。不管是满族还是汉族都是中华民族的一分子，他收复台湾，是从大局出发、从整体的利益出发，他维护了中国统一的版图，维护了整个中华民族的利益，所以说施琅是个忠国忠民的有功之士。

也有人认为，评价施琅，不能够因为他投靠清军，就给他背上“叛臣”的罪名，而否定其做出的贡献，也不可因为收复台湾而一味将其尊奉为“忠义”的圣贤，忽视他易主的事实。

历史已然逝去，对于施琅的评价，不同的人从不同的角度会得出不同的结论，而施琅到底是不是忠臣，也自有后世来评说。

多尔衮有无谋逆之心

多尔衮一生战功显赫，少年得志，而后带领清军攻入北京，帮助年幼的顺治帝一统中原，开启了清皇朝入主中原的历史。开国元勋多尔衮位高权重，一人之下，万人之上。然而多尔衮正值壮年却突然发病去世，死后不久更是被朝廷全面清算，削爵、撵宗室、籍家产、罢庙享、断其后嗣、掘墓、开棺、鞭尸，这些鲜血淋漓的残杀，都是政治舞台上权力争夺的结果。

多尔衮的一生跌宕起伏，他是个文武全才，但是为何又会在争夺后金汗位之时失败？他是否有意夺取大清帝位？多尔衮与孝庄皇太后到底有什么关系？相信人们的疑问有很多，但多尔衮只能给后世留下一个又一个的不解之谜。

至于多尔衮死后获罪的原因，史书归罪为他想当皇帝。但是乾隆帝却认为这是“诬为叛逆”。那么多尔衮真的有叛逆之心吗？

少年得志的多尔衮在努尔哈赤死后，与皇太极争夺后金汗位失败，其母阿巴亥成为政治斗争的牺牲品，因所谓的太祖遗命而自尽殉夫。本来受宠于努尔哈赤的多尔衮本是最有可能继承汗位之人，没想到最后是皇太极继位，多尔衮内心的不甘可想而知。因此，多尔衮采取了隐忍的战术，通过卓著的战功，逐渐获得了皇太极的信任，也正是通过这种信任，他开始逐渐削弱昔日曾打击他与他母亲的敌对势力，等待时机，觊觎权柄。

皇太极死后，多尔衮所做的几项决定就可以看出他是否对帝位有野心。

第一，多尔衮拥立了年仅6岁的福临继位。这是他权衡各方所做出的决定。因为皇太极死后，与多尔衮争夺帝位最大的对手就是皇太极长子豪格。综合各方面条件来说，豪格与多尔衮势均力敌，但是豪格却在争夺过程中取得了代善和济尔哈朗的支持，这给多尔衮造成了更大的威胁。但他选择福临继位，就可以有效地阻止豪格夺得帝位，而且年仅6岁的福临，只是一个乳臭未干的孩子，可以很容易地被掌控。这样的做法是不得已的选择，把皇位给一个孩子总要好过给一个强劲的对手，皇位给了豪格，自己想要拿回来，几乎没有可能，但给一个孩子，想要拿回来就容易多了。对多尔衮而言，福临也只是暂时替他保管皇位而已。他需要争取更多的时间来打击自己强劲的对手。

第二，福临继位之后，无法亲政，睿亲王多尔衮和郑亲王济尔哈朗辅政，多尔衮也开始培养自己的势力。一方面，多尔衮放任福临玩乐，不为他选择老师，也可以说是多尔衮并不希望其成材，以此来减少福临对自己的威胁。另一方面，多尔衮也不把福临放在眼里，顺治七年（1650），多尔衮还以自己的正妃（元妃）去世为由，强行要求福临到摄政王府向他请安，这显然就是在向福临示威。此时的多尔衮几乎已经成为名副其实的“傀儡皇帝”。

第三，多尔衮报复曾经的敌人豪格和舒尔哈齐。多尔衮对共同主政的舒尔哈齐怀恨在心，因为舒尔哈齐曾先主张立豪格为帝，而后又同意立福临为帝。于是多尔衮巧立各项罪名，最后把舒尔哈齐挤出了权力中心，由自己的胞弟多铎取代了舒尔哈齐。同时多尔衮也向着自己的主要政敌豪格开刀，将豪格贬为庶人。虽然福临为豪格求情，但是豪格终究没有逃出多尔衮的手心，冤死狱中。豪格死后，出于政治上的报复，多尔衮将豪格的正妃娶入王府之中。

多尔衮除去两位主要政敌之后，不久便称皇父摄政王。在此之前，顺治为了安抚多尔衮，已经赐封其为皇叔父摄政王。由皇叔父摄政王到皇父摄政王，虽然只有一字之差，意义却相差千里，现在就相当于两个皇帝，多尔衮的野心已经昭然若揭。

多尔衮死后下葬之时，其亲信还偷偷将生前准备的黄袍、大东珠、素珠、黑狐褂等放入棺内。而这些东西，也只有皇帝才拥有使用权。

多尔衮生前没有公开称帝，主要原因还是在于其实力不能与皇权相抗衡，但是种种迹象表明，他确实是有谋逆之心。

石达开在大渡河畔的信函之谜

石达开是太平天国农民起义的杰出领袖，年少时投身太平天国运动，英勇善战，足智多谋，功勋显著，被封为翼王。但太平天国运动后期，内部混乱，因此石达开在咸丰七年（1857）率20万兵马从天京出走，转战数年，却难觅一席之地，后来他毅然决定进军四川，但不幸丧师于大渡河畔。一代英豪，饮万古长恨。

石达开向四川进军，路过大渡河畔，遭到清军与地方土司围困，成为釜中之鱼。经过6个月的征战，仍未能摆脱困境。无奈之下，石达开决定用自己的头颅换取数万将士的生命，自投清营，却不幸牺牲。

据《太平天国文书汇编》记载，石达开在无可奈何的情况下，命军师曹伟人给清军写了一封信。信的大致内容是：石达开愿意以自己的生命为代价，请清军放过几万将士。这封信被送到了驻守在大渡河对岸的清朝四川重庆镇总兵唐友耕的军营中。因此，人们一直认为这封信是石达开写给唐友耕的。然而，史学界对这封信的收信人提出了新观点，众说纷纭。那么，这封信的收信人到底是谁？

最值得关注的说法有两种：一种说法认为收信人是重庆镇总兵唐友耕，另一种说法为是四川总督骆秉章。

收信人是唐友耕的说法源自1908年唐鸿学所编《唐公年谱》。此书中就提到了石达开在大渡河畔所写的信。据《唐公年谱》记载，信的内容是："惟是阁下为清大臣，当得巨任，志果推诚纳众，心实以信服人，不蓄诈虞，能依清约，即冀飞缄先复，拜望台驾近临，以便调停，庶免贻误，否则阁下迟行有待，我军久驻无粮……"

持此观点的人还有萧一山，他认为《唐公年谱》附录的石达开信函是可靠的，该信的确是石达开写给唐友耕的。

简又文先生也认为收信人应该是唐友耕。他提出，据《太平天国全史》记载："致唐函更见之《唐公年谱》，尤为可信。"

但是，罗尔纲先生却认为《唐公年谱》所收录的信件的确出自石达开，但收信人并非唐友耕，而是骆秉章。因为唐鸿学是唐友耕之子，唐鸿学著《唐公年谱》时收录了石达开的信，可能是为了给父亲脸上贴金，故意把收件人改为唐友耕。

那么，收信人是骆秉章的说法从何而来呢？主要来源于四川《农报》的一篇标题为《致四川总督骆秉章书》的文章，该篇文章表明收信人应是骆秉章，而不是唐友耕。因为四川的一位农民偶然发现了石达开的函稿三通，稿中内容说明石达开是要写信给骆秉章的。罗尔纲先生认为此稿为真实信函，没有经过篡改。

人们之所以赞成这种说法，另外一个依据主要是根据书信的内容来分析。《太平天国文书汇编》中的相关记载与《唐公年谱》大致相同，但还是有区别。罗尔纲先生认为，这是唐鸿学为了使人相信此信是石达开写给唐友耕的，而故意篡改的。因为从唐友耕和骆秉章的职位来看，唐友耕是重庆镇总兵唐，而骆秉章是四川总督。能担当“肩蜀巨任”的人只有可能是骆秉章。从当时两人所处的地方来看，唐友耕与石达开隔河相望，而骆秉章在四川，适合“賁驾遥临”的只有骆秉章。此外，唐友耕是降清太平军，而且作为重庆镇总兵，无生杀释放大权，石达开又怎么可能会写信乞求唐友耕放走自己的将士呢？显然，此封信的收信者最有可能的就是骆秉章。

石达开到底是给谁写的信呢，史学界一直也没有统一的定论。

李秀成投降书真假疑云

李秀成，出身贫寒，起初只是太平天国的一个普通士兵，但是他智勇过人，战功显著，曾攻破清军的江北、江南大营，三次进军上海，打败华尔洋枪队，逐渐成长为太平天国后期重要的领导人物。

太平天国这场浩浩荡荡的农民运动，将李秀成推上了历史的舞台。太平天国后期，由于内部存在的弊端，逐渐衰退。太平天国被清军攻破之后，李秀成也不幸被湘军俘虏。李秀成在湘军天牢里写下了一篇五六万字的《亲供》，即《忠王李秀成自述》（以下简称《自述》）。这篇《自述》成为李秀成戎马一生最大的污点，使他晚节不保。那么这封类似于投降书的《自述》是否真的出自李秀成之手？现代很多学者对投降书的真伪提出了质疑。

《自述》最先见于清政府宣布的投降书。这份投降书是由曾国藩从李秀成完成的《自述》中删改誊抄的一部分，再上交军机处，并由九如堂刊刻行世，即“九如堂本”。《自述》的原本被曾国藩保留下来，但从未公开示人。于是人们对曾国藩手中的《自述》的真伪也有所怀疑。

许多人认为，不论是清政府公布的投降书，还是曾国藩所保留的原本，都并非出自李秀成之手。在清代，作伪弄假之风盛行，清政府极有可能捏造了一篇所谓的《自述》，伪托是叛军领袖的供状，谎称他们俘获了这个领袖。

此外，这篇《自述》也极有可能是某个著名的俘虏或曾国藩的狡猾幕僚所伪造。但又有人提出，如果《自述》是伪本，那么曾国藩又何必把这么一份伪造的文书藏于家中呢？

《自述》一共分为九天写成，每天上交一部，那么全书中间应该有八个间隔。每天随写随交，正品应该是分为九个部分。但是现在所见的《自述》原稿的影印本文字相连，每天都写到最后一页纸的最后一行字，看不出间隔。因此，这份如此一气呵成的原稿极有可能是曾国藩派人将李秀成每天所写的真迹抄在一起得来的。

另外，从字数上看也存在疑问。据说原稿一共有五六万字，影印本却只有三万六千多字，剩下的一两万字去哪儿了呢？显然极有可能是被曾国藩删改掉了。从书写形式来看，曾国藩所呈的《自述》对于太平军与湘军的交战情况十分简略，很明显也是被人动过手脚。而且这份《自述》中出现“上帝”“天王”的词汇并不多，许多避讳也有问题。例如，该避讳的“清”没有避讳，而不该避讳的“青”却写成了“菁”，这并不符合太平天国的书写规范。李秀成被抓捕的时候正是酷暑难耐的夏天，严刑拷打、被关囚笼之中李秀成又如何写下这洋洋洒洒的数万字自述呢？

也有许多人认为《自述》的确是出自李秀成之手。广西通志馆的吕集义来到湖南湘乡曾国藩的老家，有幸见到了《自述》原稿，并据此而写成了《忠王李秀成自述教补本》。后来罗尔纲先生把《忠王李秀成自述教补本》与李秀成的其他书信进行比较，从笔迹、语汇、用词、语气、内容等多方面进行鉴定，他认为这份原稿是真品。

对于原稿首尾相连甚好、一气呵成的问题，陈麓先生认为，这与个人的书写习惯有关。而李秀成作为一个成年人，早已形成了通行书写的习惯。

对于字数缺失的问题，有人认为极有可能是李秀成夸大的说法，因为不论是曾国藩还是李秀成本人，都不可能去掉字数。所谓的五六万字是他们估计过高的结果。而曾国藩在誊抄过程中就发现了这个问题，所以在他给不同人的信件中对于这份《自述》的描述也各不相同。

对于曾国藩上交清廷的文件之中，鲜少提到湘军与太平军交战的问题，也可能是由于曾国藩为了炫耀自己镇压太平天国运动的功劳，而对原稿进行了删减。

钱远熔先生也认为这个“原稿”是李秀成的真迹，基至还是完整无缺的。曾国藩只对它进行了删改，并没有撕毁或是偷换。

对于《自述》的真假问题，目前也没有得出统一的定论。

兵权在握的曾国藩为何不反

太平天国运动掀起了中国农民运动的高潮，伴随着太平天国产生的还有曾国藩的湘军。曾国藩的湘军镇压太平军，维护清王朝的统治，在这个过程中不断发展壮大，成为清王朝最具实力的军事力量。而此时清政府的八旗军战斗力早已薄弱不堪，曾国藩顺理成章成为晚清支柱。曾国藩身为朝廷重臣，又手握兵权，政客门生满布天下，控制了清政府的半壁江山。

天京陷落之后，李秀成被俘，曾国藩的实力进一步增强。此时他就像三国的曹操、北宋的赵匡胤。赵匡胤在适当的时机黄袍加身，成为一代帝王，留名青史。有相同条件的曾国藩如果以实力强大的湘军为主力，联合李秀成的太平军，抗击清军，成功的机会很大，为何曾国藩会放弃如此好的契机呢？

一方面，早在安庆战役后，曾国藩部将胡林翼、左宗棠已经开始劝进；另一方面，攻克金陵、平定太平军以后，清朝统治者违背了自己“克复金陵者王”的诺言，使得曾国荃、彭玉麟、左宗棠、鲍超等劝进分子再次拥戴曾国藩出面，反抗清廷。随后名满天下的学者王闿运也力劝曾国藩造反。面对这么多人的提议，曾国藩依然拒绝。这其中也有他自己的思量。

第一，曾国藩深受儒家思想影响，忠君卫道的观念根深蒂固，造反的可能性不大。而且，曾国藩熟读史书，也深知造反会带来极大灾难。晚清时期的中国，西方列强步步紧逼，已经经不起一点内乱了，过大的动乱只会带来亡国的危险。而且当时洋务运动蓬勃发展，曾国藩还对实业救国抱有一丝希望，所以把大部分精力都投入国家的建设之中。另外，曾国藩不想做赵匡胤可能还与曾国荃有关，他也不想重演赵匡胤与赵光义的故事，曾国荃积极劝进，甚至比赵光义更有野心，曾国藩即使黄袍加身，也难保曾国荃螳螂捕蝉、黄雀在后。

第二，实力上，湘军虽名义上有30万人，实际上曾国藩能调动的仅有10万余人。李鸿章的淮军势力早在太平天国未灭之前就独树一帜了，左宗棠自立楚军。而且湘军内部并不团结，手下的几员大将都已自成一派，关键时刻也难保他们不投靠清政府转而对付自己。况且，湘军经过长年的征战，已不复当年朝气，战斗力也明显减弱。此外，曾氏集团的下属官宦都是恪守封建教义的地主阶级，怕有失声望，也并不愿意与李秀成的太平军合作。

第三，从当时的中国现状考虑，内忧外患，即使打败清政府，坐上了皇帝的宝座，曾国藩所接手的江山也早已残破不堪，更何况还要面对西方列强的侵扰。

第四，清政府对曾国藩早有防范。咸丰四年（1854），曾国藩自主招兵数万攻陷武昌，就引起了清政府的警觉。一介闲官就有如此大的号召力，对清政府来说并不是一件好事，反而有芒刺在背之感。所以天京陷落之后，清政府当即派了重兵把守天京，实际也在监视曾国藩。

正是由于以上原因，曾国藩才会放弃劝进，反而采取措施，自削兵权，以释清廷之疑。

谁谋害了冯玉祥

1948年7月31日，一艘名为“胜利号”的客轮载着322名乘客从美国纽约起航，开往苏联敖德萨。然而就在“胜利号”即将抵达终点敖德萨港，在途经黑海时，突然失火，导致大量乘客遇难。最让人震惊的是，遇难人员中有即将返回中国参加政治协商会议的冯玉祥将军和他的小女儿。一代爱国名将冯玉祥将军就这样离奇死亡。

这不禁让人好奇，“胜利号”失火的原因是什么？是人为还是意外？它的失火与冯玉祥将军又有何关系？

“胜利号”是大型的客货两用轮船，专门往返于纽约与敖德萨两地。这艘客船虽然配备齐全，但是设施并不是特别好。轮船发生火灾之后，经苏联调查结果显示，是由于电影胶片处置不慎而导致失火，火势蔓延，最终导致整条船被烧毁。

火灾发生后，冯玉祥将军身死“胜利号”的消息引起了西方世界的极大轰动，各家媒体纷纷报道，但苏联报纸却对这个“不幸事件”讳莫如深，只有一则简短报道，报道之中也完全忽略了火灾的起因。

不少人纷纷猜测，冯玉祥将军死于“胜利号”之上，并非偶然事件。冯玉祥11岁参军，一步步晋升到总司令的位置，是中国近代史上一位伟大的爱国主义者。而后，冯玉祥因对国民党政府深感失望，远去美国。他在美国期间曾无数次地公开讲演，谴责美国政府援助蒋介石打内战的错误政策。1948年，冯玉祥将军登上“胜利号”毅然返国，就是因为他接受了中国共产党的邀请，回国参加即将举行的政治协商会议。因此他的死亡给社会各界带来了无尽的猜测。

值得注意的是，“胜利号”从纽约起程之前，纽约当局曾强制对“胜利号”进行了消毒。“胜利号”上原有的200余位工作人员必须全部离船，在消毒的2天时间里，没有人知道“胜利号”发生了什么。

另外“胜利号”在返程途中突然接到黑海航运局的命令，要求“胜利号”绕道转去埃及亚历山大港，接收从埃及遣返回国的亚美尼亚人，把他们送回格鲁吉亚海港巴统，然后再返回敖德萨。当时苏联因为战争造成了大量劳动力流失，需要急召侨居国外的人回国参与建设，流亡海外的亚美尼亚人也包括其中。“胜利号”执行了此项命令，在亚历山大港接收了3000多名亚美尼亚人返航，到达巴统之后返回敖德萨。所以调查人员推测，有可能是破坏分子从亚历山大港混入其中，后来在船上蓄意引起火灾。而且在这批遣返人员上船后，人们在船上不同地方都发现了一种块状物体，像某种矿石。这种矿石在燃烧时可以发出蓝色火焰，能达到很高的温度。但是调查机关并没有按“人为破坏”继续追查下去。

此次事件最为蹊跷的地方还在于两个方面：一是“胜利号”着火之后不久，苏联政府突然下令停止了亚美尼亚人的返乡潮任务；二是在“胜利号”实际发生火灾之前，美国的广播电台就提前播报了火灾的消息。

后来，冯玉祥将军的儿媳余华心女士撰写出版的《传奇将军冯玉祥》一书中，也对冯玉祥将军的死进行了分析，她认为冯玉祥将军的死是一场经过精心谋划的谋杀行动，特务事先在油漆里混入了大量的烈性炸药，所以大火才能很快地燃烧起来。

迄今为止，“胜利号”失火的起因疑点重重，冯玉祥将军的死亡原因也没有定论。

文人篇　孤傲书生黯然销魂

古人为何喜欢论资排辈

说到论资排辈，不得不提它的由来。据《魏书》第六十六卷崔亮篇载："寻除殿中尚书，迁吏部尚书。时羽林新害张彝之后，灵太后令武官得依资入选。官员既少，应选者多，前尚书李韶循常擢人，百姓大为嗟怨。亮乃奏为格制，不问士之贤愚，专以停解日月为断。"

意思是说朝廷中武官较多，权势庞大。太后又下令选武官在中央和地方任职。官位名额有限，参选的人很多，前任吏部尚书按照原来的办法进行选拔遭到了世人的怨恨。而现任吏部尚书崔亮建议不论才气，只论年龄、辈分来任命官员。

顾炎武在《日知录》中也谈论到此事，写道："今之言停年格者，皆言起于后魏崔亮。今读亮本传，而知其亦有不得已也。"所谓"停年格"指的是北魏自孝明帝之后开始实行的选拔官吏的制度，这种选官方式不论是否有治理才能，而是以年龄资历来作为选拔对象的标准。

由上可知"论资排辈"始于崔亮，但崔亮当初也是有不得已的苦衷，才以论资排辈的方式选拔官员。那么他有什么难言之隐呢?

崔亮"论资排辈"的选官方式开始实施之时，他的外甥刘景安对这种做法非常不理解，于是写信给崔亮，想要劝说他。然而崔亮却回复自己另有苦衷。崔亮说："汝所言乃有深致。……今勋人甚多，又羽林入选，武夫崛起，不解书计，唯可彍弩前驱，指踪捕噬而已。忽令垂组乘轩，求其烹鲜之效，未曾操刀，而使专割。又武人至多，官员至少，不可周溥。设令十人共一官，犹无官可授，况一人望一官，何由可不怨哉？吾近面执，不宜使武人入选，请赐其爵，厚其禄。既不见从，是以权立此格，限以停年耳。昔子产铸刑书以救弊，叔向讥之以正法，何异汝以古礼难权宜哉！仲尼云：德我者亦春秋，罪我者亦春秋。吾之此指，其由是也。但令当来君子，知吾意焉。"

意思是，当今这个时代，有很多人的功绩都建立于战争之中，习武之人势力庞大。但是他们又不懂得文字，也不会写写算算，这样的人怎么能够打理好国家呢？由于官员名额有限，而朝廷又不同意给武官封爵加禄，我才只好出此下策，用年龄来限制他们进入官场把持朝政，其实也只是权宜之计。

崔亮为了限制武夫掌管国事才谋了“论资排辈”之策，可谓用心良苦。然而崔亮却不曾想到，他的权宜之计竟然会世代流传，久经摔打而不烂。“论资排辈”的方式不仅在古代层出不穷，即使到了现代社会，这种现象仍然没有得到很好的遏制。

由于“论资排辈”所选之人大多不具有卓越的才华，有的甚至是庸才，以至于现代人一提到“论资排辈”时，心中难免会有或多或少的厌恶感。尤其是那些被“论资排辈”的方式挤出去的有为之士，对此更是怒气冲天。如果让他们知道了此法出于崔亮，那这位老尚书恐怕又要蒙受不白之冤了。

孔子身世之谜

2008年北京奥运会开幕式文艺表演的主线就是“乐礼善学，尚中贵和”的儒学精髓，又一次把这位儒家学派的创始人推到了历史的巅峰，各个国家相继创设孔子学院更是其影响力的体现。

这位伟大的思想家和教育家，其出身一直以来都没有确切的定论，并且这也是大家较为关注的话题。

第一种说法：孔子是“私生子”。

《史记·孔子世家》中这样记载：“孔子生鲁昌平乡陬邑。其先宋人也，曰孔防叔。防叔生伯夏，伯夏生叔梁纥。纥与颜氏女野合而生孔子，祷于尼丘得孔子。鲁襄公二十二年而孔子生。生而首上圩顶，故因名曰丘云。字仲尼，姓孔氏。”蔡尚思主持编著的《孔子思想体系》一书中提到，孔子的母亲颜氏一直向孔子隐瞒其父的情况。孔子也曾对弟子们说“吾少贱也”，由此我们推出孔子是私生子是有根据的。

第二种说法：“不合规矩的结合：野合”。

孔子的父亲为叔梁纥（叔梁为字，纥为名），母亲为颜徵在。叔梁纥是当时鲁国有名的武士，人品出众，建过两次战功，因曾单臂托住悬门让冲进城池的部队撤出而闻名，曾任陬邑大夫。叔梁纥先娶施氏为妻，生九女，无子；又娶妾，生一子，取名伯尼，又称孟皮。孟皮的脚有毛病，依照当时的礼仪不宜继嗣，于是叔梁纥又与年轻女子颜氏生孔子。

从这个说法中我们可以得知，叔梁纥结了两次婚，生了九女一男（不包括孔子在内），他的年龄已经很大了，但为了传宗接代必须得生一个健康的儿子，因此他就找到了颜氏，然后生下了孔子。司马贞《史记索引》记载："今此云野合者，盖谓梁纥老而征年少，非当壮室初笄之礼，故云野合，谓不合礼仪。"

第三种说法："祈求赐子""梦孕而生"。

据《论语撰考谶》称，孔子是黑帝之后，"叔梁纥与徵在祷尼丘山，感黑龙之精以生仲尼"，另外在这本书里还提到有关颜氏在梦里怀孕生下孔子的说法。这些说法固然不靠谱，但是为了增加神秘色彩，在当时也有一定的作用。

世间到底有无鬼谷子

相传鬼谷子生活在战国时期的楚国，姓王，名诩，此人有深不可测的魅力。关于他的出身，民间传说很多，有人说他是村夫庆隆和东海龙女的儿子，又有人说他是道教的洞府真仙。传说并不足信，但鬼谷先生的神秘面纱至今仍未揭开。

很多人是从著作《鬼谷子》中认识他的，但是历史上人们最早了解《鬼谷子》是从《隋书·经籍志》中得来的，此书的历史真实性我们不得而知，这就产生了一个疑问：到底有没有鬼谷子此人？

我们没有在史料中发现直接记录鬼谷子的文献材料，但是间接提到他的史料却很多，其中《史记》的记载引起了我们的注意。《史记·张仪列传》中有记载，张仪"始尝与苏秦俱事鬼谷先生，学术，苏秦自以不及张仪"。也就是说苏秦、张仪这两位驰骋战国的纵横家都曾师承鬼谷子；而司马迁《史记·太史公自序》中也有提到："圣人不朽，时变是守。"此句引自鬼谷先生名作《鬼谷子》，《史记》探究历史的态度和真实性我们无须怀疑，从司马迁的话中我们可以知道他对鬼谷子的确有一定了解。

鬼谷先生的重要学说就是纵横之术，我们姑且从这条线上摸索一些关于鬼谷先生的事迹，据司马迁在《史记》中记载，汉武帝时期大臣主父偃曾学纵横术。博学奇儒王充也曾学习纵横之术，并称此术开山祖师就是鬼谷先生。这就说明在汉代人们对纵横之术的理解也来自鬼谷先生。

西汉刘向，汉魏蔡邕，魏晋皇甫谧，东晋郭璞，王嘉，南朝陶弘景，唐代李善等都在各自的著作中间接地提到过鬼谷先生。

美国外交家基辛格的老师施本格乐对鬼谷子的评价是，在当时的历史中，其外交才能和外交技巧的灵活运用，必然成为当时最为有影响力的外交家。

我们可以从苏秦、张仪的生活年代大致推算出鬼谷先生的生活年代，并通过其他各种相关的总结、分析，大致可以得出这样的结论：鬼谷子确实生活在战国时代，他是一位行踪不定的理论家、实践者。他的一生给我们最重要的影响就是，纵横之术和其鼎鼎大名的两个高徒。他肯定不是传说中的神仙，他只是一个把自己的智慧传递给别人的普通人。

或许大家会问，他为什么用鬼谷子这个名字？这是一种类似于笔名的称谓，他不愿意用自己的真实姓名，故以“鬼谷子”自称。

我们要了解一个真实的鬼谷子，千万不要把鬼谷子看成是多么神秘的人物，更有甚者把鬼谷子理解成一个神仙或者能通天入地的能士。只有揭开一些掩盖在外表的虚无的东西，我们才会真正了解一个人、一些事。

焚书坑儒是政治阴谋

“焚书坑儒”想要达到的目的不言而喻，就是维护秦始皇独一无二、至高无上的中央集权，排除异己。当然这些异己不是战争场上的对手，而是那些可以用语言、文字传播“反动思想”的文人。也许秦始皇和李斯都明白，防民之口胜于防川。

任何历史事件都不是随机发生的，背后都隐藏着其必然发生的历史规律，焚书坑儒其实是一场蓄谋已久的政治阴谋。我们姑且按历史事件发生的先后顺序来分析。

1. 焚书

嬴政十六年（前231），阳光明媚的早晨，大臣们早早地聚在了咸阳宫中，他们神色紧张，讨论的时候俨然站成两拨，很显然今天不光是打群架那么简单，他们要讨论的是关于国家体制的大问题。

一派为“保守派”，主张实行“分封制”，其重要政治基础就是一些守旧的儒士，其中最有资历的就是淳于越；另一派则主张实行“郡县制”，主要由新势力组成的政治集团，代表人物是李斯。

当两方辩论的不可开交时，嬴政给李斯一个眼神，李斯明白这个眼神包含的意思，李斯清了清嗓子说道："五帝不相复，三代不相袭，各以治，非其相反，时变异也。今陛下创大业，建万世之功，你们这些迂腐的人怎么能理解呢？今非昔比，诸侯并横时代，百家争鸣。但是今天天下一统，法令一出，莫不遵从。你们这些人就是在新的政令颁布后拉帮结派，妄议法令，蛊惑百姓，长此以往天下还是嬴氏的吗？"这句话说到皇帝心里去了。

嬴政说："以卿之见，汝之奈何？"

李斯只说了一个字："焚。"

秦王也只答了一个字："可。"（足见配合之默契，目的之突出。）

至于如何焚书，李斯说道："臣请史官非秦记皆烧之。非博士官所职，天下敢有藏诗、书、百家语者，悉诣守尉杂烧之；有敢偶语诗书者弃市，以古非今者族；吏见知不举者与同罪。令下三十日不烧，黥为城旦。所不去者，医药卜筮种树之书。若欲有学法令，以吏为师。"

从焚烧的规模和种类以及留有备份这些措施上看，这场政治运动是有预谋的，且准备充足。如果没有周密的计划，即李斯关于如何烧的论述，那一旦烧起来谁能控制得了局面，说不定那些负责烧书的士兵只要看见竹简就烧。这些问题李斯肯定料到了。但是大家要问既然留有备份，为什么这些珍贵的资料不见了呢，这就要问项羽了。

晚唐诗人章碣在其《焚书坑》一诗中写道："坑灰未冷山东乱，刘项原来不读书。"

2. 坑儒

关于"坑儒"其实是一个传说。秦始皇建立了卓世功勋，实现了自己的人生理想后，在迷茫中迷恋上了长生不老术。于是大肆招募术士，使得大秦帝国的那些术士的社会地位水涨船高，更有大量江湖谣传咸阳待遇好，而且钱多人傻。大批江湖术士奔赴咸阳。这些术士中侯生和卢生最得真人宠爱。这时候秦始皇已经不以"朕"自称了，而自称"真人"。但是这些东西毕竟是镜花水月，时间长了见不到效果，秦始皇当然着急，一着急就会杀人。这些术士们朝不保夕，都生活在集体恐惧中，其中最为恐惧的就是侯、卢二人。因此他们选择了逃跑，秦始皇勃然大怒，下令诛杀术士，然后就演变为大规模地屠杀了，后来儒士把这些人追为烈士，于是坑杀的人凭空从术士变成了儒士。"坑儒"由此而来。

司马迁在《史记·儒林列传》中也有记载："及至秦之季世，焚诗书，阬术士。"故秦始皇主要坑杀乃方士术士，并非儒生。

综上所述，我们可以大致得出这样的结论："焚书"根据史料记载确有其事，但是"坑儒"并不确切，真正坑的是术士。

许攸死因真相

本初豪气盖中华，官渡相持枉叹嗟。

若使许攸谋见用，山河争得属曹家？

这首诗是后人对许攸的评价，了解三国历史的人都知道，许攸的出场伴随着一场决定三国格局形成的重要战争——官渡之战。在官渡之战中，许攸俨然成了男主角，他一手缔造了曹氏的崛起。

因此要想了解一个全面的许攸，我们不得不提到他在官渡之战的表现，这就像一个演员在一部电视剧中的表现一样，也许在剧里有很多场景，但是只要你在最重要的场景好好地表现一回，观众就会记住你，而且印象深刻。许攸就是抓住了这样的一个机会。

官渡之战中，袁绍占尽了取得战争胜利的诸多因素。他们直接参战人数达九万余人，而曹操只有三万余人，袁绍大将有颜良、文丑坐镇。曹操不敢鲁莽行事，后来还是借助关羽之力才解决二人。

这时候，许攸出场了，他一出场便献出了一条令曹操胆战心惊的计策，即偷袭许昌、抢走汉献帝，进而使曹军没有后路。加之曹操出征在外粮草接济困难，相持过久必然如鸟兽散尽。这样的千古奇计，袁绍竟然不用。这使得许攸已经彻底地对袁绍丧失了信心。

许攸这个人有个毛病，就是贪，他不光自己贪，还纵容家人贪。但是大家都知道袁绍帐下有审配，不管对方是谁，即使是曹阿瞒，审配也敢治罪。就在这个节骨眼上，许攸的家人因贪赃被审配给抓起来了。许攸因此投靠了曹家。

曹操得知许攸投奔自己而来，紧锁的眉头一下子舒展开了，他知道许攸不来则已，既来必有救急之策。他深知许攸非常爱面子，于是给足了他面子，又说了许多感激涕零的话，使得许攸很开心，曹操的马屁没有白拍，许攸问："明公还有多少粮食？”曹操：“可供一月有余。”“阿瞒休要瞒我。”曹操心里知道这家伙对自己的情况肯定非常了解，就答：“军中已无粮草。”许攸把偷袭许昌之计告诉曹操，曹操听完后差点没吓晕。真是毒计！但是曹操也知道袁绍这个人刚愎自用，总觉得自己比任何人都聪明。许攸就献出了同一条计策的附加计：烧掉袁军的粮草。曹操大喜，随即命人改装成袁军，夜袭袁军储粮之地乌巢（今河南封丘西），数万石粮食在火海中被烧尽，结果彻底击溃了袁军，也是这一仗，奠定了曹操统一中国北方的基础。

官渡之战后许攸多次居功自傲，轻慢曹操，曹操虽然咬牙切齿，但还是没有起杀心。当曹操攻下冀州准备庆祝的时候，许攸过来，直呼曹操的小名：“阿瞒，没有我，你能打赢这场战争吗？”曹操看了许攸一眼，然后微微一笑，也就是在这里埋下了许攸必死的伏笔。

纵观许攸短暂的一生，我们大致可以断定他深谙仕道，但恃才放旷，从来不把主公放在眼里，最终导致被杀的厄运。难道他不懂“飞鸟尽、良弓藏，狡兔死走狗烹”的道理？但此人才智方面绝对出类拔萃，以及在关键的时候对形势的把握和对各方力量的估计还是值得我们赞赏的。

对于许攸，也许荀彧的评价最为贴切：“许攸贪而不智。”

嵇康为何被杀

嵇康为何被杀？两晋的史学家都有记载，却是偏颇一词，不足以全信。我们姑且从论证的角度给读者一个独立思考的空间，让历史带我们去了解嵇康的生前死后。

第一种说法：祸起吕安一案，后遭钟会陷害。

嵇康在魏晋时期非常有影响力，因此钟会欲借嵇康的名义提高自己在名士中的地位，但嵇康深恶此人，便对钟会不予理会，钟会便怀恨在心，伺机报复。偏不凑巧，嵇康的好友吕安有个漂亮的妻子，其兄吕巽垂涎弟妻美色已久，趁吕安外出，将弟妻灌醉进而奸污，并陷害其弟不孝、殴打母亲，吕安因此身陷囹圄，嵇康为了向官府说明真相，也被传召至官府。在庭审的时候，钟会告诉司马昭：“嵇康，卧龙也，不可起。公无忧天下，顾以康为虑耳。”又说，当时曹氏心腹将领毌丘俭起兵造反时，嵇康就极力支持，嵇康、吕安平时言论放荡，不拘礼法，有违孝道，皇帝切不可留这样的人，应尽早除之。帝听会言，杀了嵇康。

这个说法有很多逻辑不通的地方。第一，告吕安不孝，需要有足够的证据，魏晋以孝治天下，不孝是大罪，不可妄下结论，必须有吕安母亲的证词才可定罪。第二，就算吕安不孝，也罪不至死。此前阮籍在母亲服丧期间曾饮酒吃肉，司马昭并没有追究，此案为何一定要治吕安死罪呢？这就有失司法的公正性。

另外，钟会陷害嵇康之词也有不通之处。第一，毋丘俭反叛时，嵇康已移居山阳，也就是说嵇康有不在场的证据。第二，魏晋的名士大都蔑视礼法，狂放不羁，强调精神自由，展现个性的可爱。如若按此定罪，当诛者何止吕安一人？

第二种说法：政治斗争的牺牲品。

嵇康有个特殊的身份，他是曹操的孙女婿，并且曾在山阳住了十几年，司马氏对山阳这个地方比较敏感，因为汉献帝被贬后就曾在这里居住，嵇康的行为让人不免猜测，他难道是思故主？这个罪名可不轻，不是嵇康能够承受得起的。

嵇康从来不与司马氏往来，好友山涛举荐其出任吏部郎，他不仅拒绝了，还写了《与山巨源绝交书》。司马昭曾欲借嵇康的影响力为自己正名，但嵇康却以“非汤武而薄周孔”拒绝，这在名义上已经表达了对司马氏篡位的驳斥。而且，嵇康在当时影响力太大了，在吕安案被捕入狱以后，三千太学生请愿，若不释放嵇康，他们愿意和嵇康一起坐牢。这下把司马昭给镇住了，他没有想到嵇康在文士中有如此高的影响力，已经严重威胁到了他执政的基础，于是便下定决心必除嵇康而后快。也算是杀一儆百！

由上可以看出，嵇康的死有两条线，一明一暗。明线是吕安一案，暗线是嵇康不与司马氏合作，并且评判司马氏篡曹魏天下，两条线就注定嵇康必遭杀身之祸。诸多两晋的史学家掩耳盗铃，替司马氏掩饰罪行，把嵇康的死归罪于钟会的诬陷，这就导致许多迷信正史的人，对嵇康的死因不加怀疑，如此也就看不到事实的真相了。

王羲之魂归何处

中国的书法艺术享誉世界，历史上大书法家层出不穷，照亮了中华文明的前行之路，其中就不得不提一位极富传奇性的人物——王羲之。他文武双全，个性鲜明，作为中国书法发展史上一位承前启后的大家，集各家之所长，自创平和自然、笔势委婉含蓄、遒逸劲健的书法特色，以此有“书圣”之称，而他的传世之作《兰亭集序》，成为我国书法史上不可或缺的艺术瑰宝。但是兰亭一会两年之后，王羲之政治失意，遂称病辞官，从此杳无音讯。对于王羲之到底终老于什么地方，史学家各持一言，莫衷一是。

一种观点认为，王羲之称病离去后南徙至山阴（今浙江省绍兴市）。这是因为当时绍兴得益于发达的农田水利工程，山清水秀，王羲之深深地被这里所吸引，曾吟出“山阴道上行，如在镜中游”的千古名句。后来王羲之又在这里做官数年，所以人们认为王羲之终老于此甚合情理。

《绍兴县志》中有这样的记述，王羲之的后人，隋代高僧智永就在绍兴云门山为其先祖扫墓。但是反对这种说法的人认为，因王羲之向往绍兴的风土人情，所以终老于此，本身就是一个猜测。另外王羲之所赏叹的地域范围不只有山阴，还包括今日的嵊州市、新昌等地。智永所谓之“先祖”，可能是包括王羲之在内的智永父辈以上的祖父、曾祖等，但因未言明为谁，故不能确定是其先祖王羲之。

另一种观点认为，王羲之的终老之地在诸暨苎萝。据《嘉泰会稽志》记载，王羲之墓在（苎萝）山足，有碑。孙兴公为文，王子敬所书也。《晋书》卷五十六载：“温、王、郗、庾诸公之薨，必须绰为碑文，然后刊石焉。”孙绰是王羲之的好友，既然提到其为王羲之作碑文，又有“会稽志”的证实，这个说法应该比较可信。但是人们怀疑的是《晋书》中的“王”是否是指王羲之？还有待考证。

还有一种观点认为嵊县金庭是王羲之的终老之地。随着对王羲之终老之地的考究，支持这个观点的史料很多，赞成这一观点的学者日益增多。

《浙江通志》载：王羲之的好友许询在得知友人隐居金庭后，就搬来和王羲之做邻居，于是王羲之就葬在金陵的孝嘉乡济庆寺。李白有诗云：“此中久延伫，入剡（嵊县古称）寻王许。”（《送王屋山人魏万还王屋》）这里面的“王”“许”就应该是王羲之和许询。另外还有宋人高似孙撰《剡录》卷四载：“金庭洞天，晋右军王羲之居焉。”又云：“王右军墓，在县东孝嘉乡五十里。”此后历代县志均有类似记载。从王羲之后人主修的《金庭王氏族谱》中有明确的记载，王羲之病逝后，他的子孙因其喜欢金庭的风土，就把他埋在了后世子孙王鉴的宅邸附近。

另外，金庭有“道家七十二洞天”之称，是当时很多崇尚隐居的人喜欢去的地方。所以王羲之辞官后在金陵隐居终老也是极合情理的。

有关王羲之终老之地，一直是一个谜，当我们感叹《兰亭集序》的优美时，有关王羲之的终老之地的探寻似乎已暂时被抛在脑后了。

骆宾王终归何处

鹅鹅鹅，
曲项向天歌。
白毛浮绿水，
红掌拨清波。

《咏鹅》想必已经家喻户晓。骆宾王作为“初唐四杰”之一，他诗文并茂，尤其擅写诗作，留给后世的还有《帝京篇》等名篇，让他名扬天下的就是其起草的讨伐武则天的檄文，就连武则天看到这篇檄文后，不由得感叹：“宰相安得识此人？”

弘道元年（683），骆宾王是浙江临海县的一个普通县官，这年冬天，长期患病的唐高宗扶鸾而去，遗诏立太子李显为皇帝。但唐高宗在位时，武氏已代替高宗掌握朝政长达几十年，权力的欲望使她无法放弃这至高无上的荣誉，她废长立幼，使自己独掌大权。为了巩固皇权，她下令排除异己，大肆诛杀唐室勋臣，并设立间谍机构，导致当时人人以告密自卫。整个唐朝陷入了惶惶不安之中，这时的骆宾王目睹了武氏集团犯下的种种恶行，心中愤懑不已，于是他联合仍握有兵权的徐敬业准备起事伐武，因此也就诞生了《为徐敬业讨武曌叫檄》这样义正词严、气势恢宏的檄文，并确立了“拥戴李显，匡扶唐室”的政治主张，起义军刚开始形势很好，后因徐敬业没有抓住有利战机，被武则天派兵围剿。

弘道二年（684），这场历时仅三个月的起义就在扬州城下宣告失败。当天晚上骆宾王、徐敬业等准备连夜坐船逃往高丽，由于徐敬业的部下叛变，徐敬业被杀，但是骆宾王的去向没有人知道。

对此大家有以下三种猜测。

说法一：被诛杀。

《资治通鉴》明确地记载了起义军失败后，徐敬业、骆宾王被叛军诛杀的场景；《旧唐书》也肯定了诛杀骆宾王的事实。

说法二：逃跑。

《新唐书》记载的却是骆宾王在兵败后逃跑。

武则天死后，李显即位，为了表扬骆宾王为大唐做出的牺牲，他令郄云卿在全国各地搜集有关骆宾王的诗作，要求对其兵败后的下落做严密的调查，在兵败后他接触了哪些人，并遍访骆宾王的好友。起初郄云卿认为骆宾王可能已被叛军杀害，但随着调查的深入以及越来越多的线索，他认为骆宾王在兵败后，不是被杀害而是逃跑了。

说法三：出家。

初唐著名诗人宋之问在杭州灵隐寺遇到一个老和尚，该和尚替他对了两联妙句："楼观沧海日，门对浙江潮。"据说此人就是骆宾王。但是后来有人去找，却再也没有找到。

2005年，中央电视台《见证发现之旅》栏目播出专题片《骆宾王》。浙江师范大学中文系教授、骆宾王研究专家骆祥发向媒体公布了自己多年研究骆宾王的结果，他认为，骆宾王兵败被诛杀的论证值得怀疑，因为官方的史册出现两种完全不同记载，这本身就值得斟酌。他也提到，在他家的宗谱上面也有关于骆宾王出逃后的记载：隐身在江苏南通一带的芦苇荡，辗转一段时间后，客死南通，埋骨黄泥口，终年70岁左右。

是谁杀死了李白

大鹏飞兮振八裔，中天摧兮力不济。

馀风激兮万世，游扶桑兮挂石袂。

后人得之传此，仲尼亡兮谁为出涕。

这是李白临终前所做的《临终歌》（《临路歌》）。诗中我们可以看到李白对自己一生坎坷经历的回顾和总结，表达了对自己远大抱负未能实现的惋惜，也流露出了一生没有知音，孤独寂寞的境遇。

关于李白的死因，学术界并没有一个明确的答案。搜集各种说法，经梳理之后可以概括为以下三种：

第一种说法：饮酒过度所致。李白一生唯有酒与其常伴，是酒让他孤寂的心灵得到抚慰，李白因酒而洒脱。李白的“古来圣贤皆寂寞，唯有饮者留其名”足见酒对于李白是何等的重要。李白爱酒是有史为证的，《旧唐书》中记载：“永王谋乱，兵败，白坐长流夜郎。后遇赦得还，竟以饮酒过度，醉死于宣城。”

第二种说法：因病去世。晚唐著名文学家皮日休“竟遭腐胁疾，醉魄归八极”，郭沫若在其《李白与杜甫》中称，李白从夜郎释放回来，曾游览金陵，往来于宣城和历阳之间。当时李光弼镇压叛军，李白欲从军报国，可惜行至金陵便旧病复发只能返回，第二年死于李阳冰处，逝前做《临终歌》。

第三种说法：“捞月而死”。五代王定保《唐摭言》言：“李白着宫锦袍，游采石江中，傲然自得，旁若无人，因醉入水中捉月而死。”这是第一次出现李白因酒醉捞月而死的说法。这个说法符合诗人浪漫主义的性格。

以上三种说法都没有直接的证据，但是李白的死与其参与李璘谋反却有着千丝万缕的联系，李白因此而被流放夜郎，后遇赦释放不久便结束了他短暂的一生。正史《旧唐书》中关于李白死因的记载符合当时的情况。李白在政治上的失意，使他追逐一生的东西都化为泡影，他与好友泛舟于洞庭湖上，感叹岁月的逝去和人生的不得志。何以解忧，唯有饮酒。

另外，李白从军讨伐安史叛军在正史中并没有被提到，不足为信。

捞月而死更是一个民间传说，因为李白不是死在当涂而是宣城。李白视为一生知己和偶像的南朝诗人谢朓曾在宣城为官，李白遇赦后第一个想去的地方就是宣城。因此李白最后待的地方应该是宣城，这才是他魂牵梦萦的地方。

探求历史的真相未必只诉求于正史或者文字，仅以此欲得真理，想必也会产生偏颇，但是我们可以纵观李白的一生，在其流放归来后，他精神的寄托是什么？他对自己一生的思考又是什么？从《临终歌》里我们可以看到李白对生命的感叹和对自己不得志的感慨，试想当时的李白还会天真地去捞月吗？况且，溺死之说在李白流放夜郎的时候就已经有了。所以李白捞月而死不足为信。

道士陈抟与赵匡胤真的赌过华山吗

相传，陈抟老祖五步定得华山。

据《宋史·列传第二百一十六·隐逸上》记载："陈抟，字图南，亳州真源人。始四五岁，戏涡水岸侧，有青衣媪乳之，自是聪悟日益。及长，读经史百家之言，一见成诵，悉无遗忘，颇以诗名。后唐长兴中，举进士不第，遂不求禄仕，以山水为乐。自言尝遇孙君仿、獐皮处士。二人者，高尚之人也，语抟曰：'武当山九室岩可以隐居。'抟往栖焉。因服气辟谷历二十余年，但日饮酒数杯。移居华山云台观，又止少华石室。每寝处，多百余日不起。"

陈抟才华横溢，但是多次参加科考都没成功，于是发誓永不再考。陈抟曾游历武当，在此地有着"一睡三年不醒"的传奇，之后移居华山。相传陈抟还与另外两位传奇人物李琪和吕洞宾交往密切。

据说，在赵匡胤还没有称帝之前，他还是军中一名普普通通的小兵。但是这位小卒却有着一技之长，那就是下棋。赵匡胤棋艺了得，军中已无对手，他非常自傲，对所有人都不正眼相看。某日赵匡胤随军队经过陕西华山，听说这里有名道士棋艺高超，无人能及。赵匡胤听后心有不服，于是上山找到陈抟老祖，想要一决高低。

听闻早在赵匡胤儿时，陈抟老祖就见过他，并且一眼认定他有帝王之相。此次赵匡胤上山找他赛棋似乎也在陈抟意料之中。

两人共开三盘。第一盘赵匡胤胜，他得意之下要求再下一局。怎料却败在了第二盘棋上，赵匡胤不服气，要求再开第三局为定局。陈抟老祖说再来可以，但是有条件做赌。赵匡胤当即答曰："以华山为赌！"陈抟就等着赵匡胤说这句话，于是两人下了最后一盘棋，赵匡胤输。"宋太祖三局输华山"之说，由此而来。

赵匡胤信口开河输了华山，陈抟老祖从此以华山为居，终日呼呼大睡。每当醒来一次都要问旁人现在是谁当皇帝，假如答案不是赵匡胤，陈抟便继续倒下就睡。直到有一日陈抟睡起知道赵匡胤已坐天子之位。这时的华山已经是陈抟老祖的了，此后便有"自古华山不纳粮"之说。

相传陈抟与宋太祖下棋的那个小亭台曾经也是秦昭王与神仙下棋的地方，后汉卫叔长卿也经常在那里下棋。

陈抟老祖一生成就卓越，有诸多名篇著述，还绘制了“太极图”，但是陈抟与赵匡胤的一段传奇却无史料记载，也并没有二人相往来的记载。想必这也只是民间传说而已，越传越神奇。

欧阳修是否作过艳词

欧阳修是宋代的文坛大家。他的词作承前启后，风格多变，数不胜数，可谓前无古人，后无来者。而在这些词作中却有着大量的艳词，那么，像欧阳修这样的大家，真的会创作艳词吗？如果不会，艳词为什么会出现在欧阳修的词集当中呢？

北宋流行词，有名望的文人都以能创作词为荣，并且这也是展现文人艺术涵养的必修课。欧阳修作为北宋时期最有名望的文坛领袖，自然对词的创作也不会陌生。

欧阳修的词风多婉约，这种词在内容上以描写男女情爱为主，稍不留神，就会将词写成艳词。艳词在当时属于小资，对于欧阳修这种追求治国平天下的文人来说，是不屑为之的。但目前许多带有艳词色彩的词，都被认为是欧阳修所做。这又是怎么回事？

在这些声称欧阳修所做的艳词中，有一首最为出格的《望江南》：“江南柳，叶小未成荫……恁时相见早留心。何况到如今。”欧阳修能写这样的词作，并不稀奇，稀奇的是词的内容充满了男女情爱，而且他写作的对象竟然是自己的外甥女，这对于以道统自居的欧阳修来说，绝对算得上道貌岸然的绝佳讽刺了。以欧阳修的修养和做派，他是当之无愧的文人领袖，因此做文章自然追求正统，不会屈从社会大众的喜爱而去曲意奉承。

此外，我们熟悉的“月上柳梢头，人约黄昏后”，这样充满了青年男女爱情憧憬的词，也被认为是欧阳修所做。但欧阳修是一个严谨的人，无论是青年时期还是壮年时期，在家庭生活上都以严肃著称，又怎么会有闲情雅致去创作这样小资味十足的爱情词曲呢？

一直以来，都有学者说这些被冠以欧阳修大名的艳词，作者绝对不是他，而是另有其人。因为文学作品的创作，大多应该和生活经历有关，以欧阳修的品行，他不会有太多的时间流连于儿女情长，也不会牺牲自己的名望去宣扬不符合礼教的事。所以，怀疑这些词不是欧阳修所做，是有道理的。

那到底是怎么回事呢？这些否定又有什么依据呢？据了解，否定欧阳修创作艳词的人，在南宋时就有了。

南宋有一位姓曾的文人认为，那些称是欧阳修所做的艳词，应该只有三分之一是欧阳修创作的，其他的都是一些小人借此来诋毁欧阳修的名声的。欧阳修在政治上追求革新，因此不可避免地得罪了保守派。这些人就开始编造欧阳修爱慕其外甥女的桃色故事来打击欧阳修，借助北宋流行艳词的风潮，他们就创作了《望江南》，来影射欧阳修和外甥女之间的不伦之恋。

这件事在欧阳修活着时就闹得沸沸扬扬，欧阳修还专门写了文章来为自己辩护。因此，他是无论如何也不会写《望江南》这样的艳词来把自己往对手的刀口上送的。

宋朝人在编辑欧阳修的作品时，没有进行认真区分，以至于欧阳修的词内容非常繁杂，让人觉得欧阳修几乎是一位杂家，但欧阳修是正统的文人，不可能是一位杂家。所以，那些艳词很有可能真不是他创作的。

但是，现在一些学者认为，如果把所有的艳词都否认是欧阳修所做，也是没有道理的。

所以，欧阳修是不是写过艳词，还难以下结论。之所以有人认为欧阳修不会写艳词，主要是因为那些艳词的内容太过轻浮，与欧阳修平时倡导的理念严重不符。但是，作为一代文豪，即便有时表现出一些儿女情长，也很正常。所以，现在笼统地认为欧阳修没有创作过艳词，也没有说服力。

欧阳修是不是真的写过艳词，那些艳词中有多少是真的，有多少是假的？这些问题现在已经很难弄清楚了。

我们对欧阳修的作品应该具体问题具体分析，不应该一言以蔽之，例如《近体乐府》中的一些艳词，不仅词风高雅，而且还有很深刻的积极意义。这些词甚至对宋词的发展有着重要的影响。

花蕊夫人香魂飘落之谜

花蕊夫人是后蜀主孟昶的贵妃，天资聪颖，风华绝代，留给后人许多佳作。作为五代十国时的女诗人，她的诗作清新婉转。苏轼曾为其作诗：“冰肌玉骨，自清凉无汗。”

后蜀主孟昶少年风流，不谙朝政，遍访世间美女，偶见花蕊夫人，将其视为珍宝，赐贵妃位，封号花蕊夫人。整日沉迷后宫的蜀主不知道大势已去，天下风云变幻，乾德二年（964），赵匡胤发兵攻至后蜀城下，蜀军无一人能战，都跟随孟昶投降。国破家亡，花蕊夫人也随即被宋兵押解到开封。

初离蜀道心将碎，离恨绵绵。春日如年，马上时时闻杜鹃……

到了开封，宋太祖对花蕊夫人早有耳闻，下令召见。不见则已，一见倾心，他被花蕊夫人的花容月貌所震撼，只好假装镇定地指责花蕊夫人：“真是红颜祸水，堂堂后蜀竟毁于一个妇人之手？”而花蕊夫人反驳道：“蜀主不理朝政，沉迷酒色，以致国家衰败，现把这罪名强加给我这一个弱女子，是何道理？”于是当场作诗：

君王城上竖降旗，妾在深宫那得知。

十四万人齐解甲，宁无一个是男儿！

花蕊夫人的这首《述亡国诗》，悲愤中带着不卑不亢的气节，当时后蜀有14万将士，竟被赵匡胤的几万士兵打得落花流水。弱女子的几句诗让多少须眉汗颜。

太祖非常欣赏花蕊夫人的美貌和才气，便把她收纳入宫。七日后，孟昶意外死亡，花蕊夫人伤心不已，在宫中看着孟昶的画像独自涕零，不久后她也随之而去了。

关于花蕊夫人的死因，众说纷纭。主要有三种说法：

一是“因怨成疾”说。宋太祖对花蕊夫人很是疼爱，打算立花蕊夫人为后，但因其是亡国宠妃，不能为后。之后，宋太祖立宋女为后，因此怠慢花蕊夫人。花蕊夫人本就无亲无故，再加上长期的冷宫生活使她再也无法忍受被人遗弃的痛苦，因此产生怨疾，郁郁而终。

二是其怀念故主孟昶，招致杀身之祸。据说每当到深夜，花蕊夫人在深宫里便拿起孟昶的画像痛哭流涕，以表思念。宋太祖知道此事后严加追问，花蕊夫人说这是送子的张仙，这也是民间把花蕊夫人称为“送子娘娘”的由来，宋太祖知道了真相后，怒而杀之。

三是宋太祖驾崩第二天，赵光义继位，他垂涎花蕊夫人的美丽，想要据为己有，但花蕊夫人不肯就范，被恼羞成怒的赵光义一箭射死。

花蕊夫人倒在了她生前最喜欢的芙蓉花中，鲜血把芙蓉花染得格外艳丽。人们欣赏她的才气和气骨，又感叹她对爱情的忠贞不渝，民间有把花蕊夫人尊为“芙蓉花神、送子娘娘”的传说。花蕊夫人的死因我们已经无从考证，但她的命运确实是个悲剧。

陆游与唐婉的裙带关系之谜

陆游，南宋著名爱国诗人，自言“六十年间万首诗”，今尚存九千三百余首，是我国现有存诗最多的诗人，有“小李白”的美誉。但他的一生遭受了太多的打击，仕途上遭受当权派的排挤，爱情上也给世人留下了一声叹息。

唐婉，字蕙仙。她是陆游的第一任妻子，由于陆母从中阻挠，两人被迫分离。关于陆游与唐婉是否真的是表兄妹？学界一直也是争论不休，莫衷一是。

野史《齐东野语》记述：“陆务观初娶唐氏，闳之女也，于其母夫人为姑侄。”《后村诗话续集》《耆旧续闻》也有关于二人关系的记载，大致就是说，陆游的母亲和唐婉的父亲是兄妹，也就肯定了陆游和唐婉的表兄妹关系。

但从《宝庆续会稽志》里我们可以查证：唐婉祖籍在山阴，唐婉的父亲是唐闳、爷爷是唐翊。但陆母是唐介的孙女，祖籍江陵。两地相隔较远，况且两家并无宗亲关系，所以陆游和唐婉并不是表兄妹。

我们可以从陆游的《渭南文集》《宋史》以及王珪的《华阳集》找到一些线索，陆母是江陵唐氏，陆母的爷爷唐介是北宋三朝元老，所以唐介以下都有正史记载，唐介的孙子的名都是“心”字底，即懋、愿、恕、意、愚、谰，并没有无“心”的唐闳，也就是说，唐闳和陆母并无血缘关系。那么陆游和唐婉的表兄妹关系就无从谈起了。

刘克庄的《后村诗话》有这样的记述："某氏改事某官，与陆氏有中外。"意思是唐婉与陆游被拆散后，嫁给一个叫赵士程的人。这个赵士程和陆家有亲戚关系。从陆游的《渭南文集》、王明清的《挥麈录》以及《宋史》中可以看到，陆游的姨母唐氏是宋仁宗女儿秦鲁国大长公主的儿媳，赵士程是秦鲁国大长公主的侄孙，所以表兄妹之说实属讹传。

但如果仔细分析，陆游和唐婉确实是从小一起长大，而且是青梅竹马，既然从小一起长大，感情固然深厚，那么在封建社会一个女子在别人家长大，不可能没有任何关系，就像林黛玉进大观园一样。那么可以推出一个结论，陆家和唐家必定是有一定关系的，那么表兄妹之说也就有可能成立了。

另外从陆游的晚年诗作《剑南诗稿》卷十四中我们可以知道，导致陆唐二人分离的原因是唐婉不能生育。这也有让人疑惑的地方，不能生育也有其他方式繁衍子嗣，比如纳妾，为何非要分开。这也从另一个侧面反映了唐婉可能不是陆母的侄女，因此表兄妹之说又陷入泥潭。

"世情薄，人情恶，雨送黄昏花易落；晓风干，泪痕残……"

从唐婉的《钗头凤》中可以反映出，唐婉在横遭不幸的时候，写出了"世情薄，人情恶"，这是否从另一个侧面反映了表兄妹之说纯属子虚乌有。陆游生性豪放，如若和唐婉从小一起长大，在其诗词中必有可查之作，但我们没有找到这样的诗篇，也不能否定什么。

以上内容大致把陆游与唐婉是否是表兄妹的各种说法概括了一下，不论野史还是正史，我们考据的是论证的合理性和历史的真实性，不可偏颇其一，也不可全信，读者斟酌之。

唐伯虎从未点秋香

《唐伯虎点秋香》这部影视剧相信大家不会陌生，这部喜剧给我们带来了无数的欢乐，被人们津津乐道，剧中唐伯虎风流倜傥，有才华又风流，与历史记载的唐伯虎大不相同。

唐寅，字伯虎，与祝枝山、文徵明、徐祯卿并称为"江南四大才子"。唐伯虎出身商贾之家，其自幼聪明好学，熟读四书五经，但他的一生可谓命途多舛。

唐伯虎20岁时，父母、妹妹相继去世，从此家境衰败，幸得好友资助才得以用心学习。功夫不负有心人，在其29岁时参加乡试以优异的成绩考中乡试第一名，即解元，一时之间声名鹊起。但是他在进京会试的时候，因涉嫌科考舞弊，遭遇了牢狱之灾，也正是这次牢狱之灾断送了唐伯虎的前程。自此，唐伯虎心灰意冷，誓不踏入仕途。

就在唐伯虎最绝望的时候，苏州名妓沈九娘出现了。她虽然身在烟花之地，但渴望真爱，也仰慕唐伯虎的才气，两人相见恨晚，最终有情人终成眷属。然而，天不遂人愿，沈九娘也不久于人世，唐伯虎悲痛欲绝，发誓再不续弦。

据相关记载，“唐伯虎点秋香”这个故事最早出自明代王同轨的小说《耳谈》，但是故事的主角不是唐伯虎而是苏州才子陈元超。此人性格放荡不羁，风流倜傥，无意中与秋香相遇，秋香对陈公子嫣然一笑，暗生情愫，于是就发生了陈元超点秋香的故事。但是到了冯梦龙的笔下，就成了我们熟悉的《警世通言·唐解元一笑姻缘》。

故事主角的变化，其实是与社会背景相关的。众所周知，唐伯虎生活在明朝经济快速发展时期，而苏州恰恰是各种经济、文化的汇聚地。经济基础决定上层建筑，经济上的繁荣在文化中就有相应的表现，当时的中下层知识分子有着强烈的叛逆想法，他们期望得到精神的自由，思想上反传统，礼法上不拘束，他们更需要一个在精神上能给予他们向导的人，这样的人必须勇于叛逆，而唐伯虎本身就具备这些特点，所以各种文艺作品都把一些不拘礼法、放浪形骸形象的蓝本演绎成唐伯虎的故事。

而秋香是何许人也？秋香实名林奴儿，金陵名妓，但是她的年龄至少要比唐伯虎大20岁，这两人之间要发生风流之事实难理解。据明代《画史》中记载：“学画于史廷直、王元父二人，笔最清润。”一个是大才子，一个是江南名妓，如果两人真的发生过“点秋香”的故事，那肯定会产生更大的影响。

与秋香接触过的另外一个人与唐伯虎确实是有一些关系，这个人就是唐伯虎的绘画老师沈周，按年龄推算秋香和沈周这两个人年龄倒也相仿。据《金陵琐事》记载，秋香曾拜师沈周学过画，有诗《临江仙题林奴儿山水画》为证：“舞韵歌声都折起，丹青留下芳名。”这首诗的意思是前尘往事成云烟，消散在彼此眼前，就连说过了再见，也看不见我的哀怨，诗中其实也有暧昧的成分。

不管是小说笔下的陈元超变为唐伯虎，还是冯梦龙的《唐解元一笑姻缘》，都是人们期望通过唐伯虎这样的具有反叛精神的青年，来传递中下层知识分子渴望自由、追求个性解放的强烈意愿。

于谦一生为何凄凉收场

中国的知识分子从来都不缺力挽狂澜的魄力，尤其是在民族危亡之时。在明朝就有这么一位从平民阶层走出的血气方刚之人，如果不是他在蒙古瓦剌部进犯京师的保卫战中大喊：“主张南迁者，罪当斩首！京师是天下的根本，一动则大势便去！”或许明朝的历史就得重新书写了。但这样的英雄人物也难免沦为政治斗争的牺牲品。

明英宗正统十四年（1449）秋，蒙古瓦剌部侵犯明朝领土，英宗采纳宦官王振的建议亲自抵抗外族的侵犯，由于前期准备不全且前线指挥官独断，导致明军在土木堡被瓦剌军打败，英宗被俘，朝堂内外人心惶惶。此时于谦挺身而出，力排众议，坚持“社稷为重，君为轻”的思想，拥护郕王称帝，即明景帝。随后于谦打败瓦剌部，取得了京师保卫战的胜利。

景泰元年（1450），瓦剌部向明朝请和，并归还英宗。八月，明王朝接回英宗，但是一朝不能有两个皇帝，于是英宗就成了“上皇”，由于英宗的归来导致各地政局产生了一些动荡，但都被于谦平定。

景泰八年（1457），将军石亨、左副都御史徐有贞等人发动宫廷政变，拥立英宗重登大宝，就在当天于谦被逮捕，罪名是迎立外藩、图谋不轨，罪至当诛。石亨曾是于谦的部下，于谦将其提拔升至军位，且在京师保卫战中也曾立过战功，但是此人经常藐视明朝律法，多行不义。于谦也时常参劾他，由此他对于谦恨之入骨。徐珵，就是后来的徐有贞，在京师被围的时候他是力劝迁都的一派，京师保卫战后景泰就罢免了徐珵的官职。后来他让于谦替自己向景泰求情，无奈景泰对徐珵极为反感，复官不成，就把这笔仇怨就记在了于谦头上。

英宗作为这场斗争的直接受害者，他饱经瓦剌被俘之苦后归朝，却被封为“上皇”，但是当石亨等人想要杀于谦时，他说于谦有功，“不忍心杀害功在社稷之人”。于是石亨等人就把当时于谦所说的“社稷为重，君为轻”的思想告诉了英宗，还强调：“不杀于谦，此举为无名！”也就是说，我们拥立你做皇帝要肃清朝野，名不正则言不顺，不杀于谦，有谁会承认新皇帝？因此英宗才痛下决心杀了于谦，对于谦赶尽杀绝。

据史料记载，于谦死的那一天，阴霾四合，天下冤之。“京郊妇孺，无不泣洒”，宦官裴某救于谦的儿子于水火，逃过奸党的追杀，还有人不顾个人生死收敛于谦的遗骸。种种忠义的举动都告诉我们：于谦活在人们的心里，野蛮的杀戮是无法阻止人们对于谦的怀念。

成化初年（1465），于谦的儿子被赦免，他上疏为父申冤，这才得以恢复于谦的官职和赐祭，皇帝的诰文里说：“当国家多难的时候，保卫社稷使其没有危险，独自坚持公道，却被权臣奸臣共同嫉妒。先帝在时已经知道他的冤情，而朕实在怜惜他的忠诚。”这篇诰文在全国各地传颂。弘治二年（1489），明孝宗采纳了给事中孙需的意见，赠给于谦特进光禄大夫、柱国、太傅，谥号肃愍，赐在墓建祠堂，题为“旌功”，由地方有关部门年节拜祭。万历十八年，改谥为忠肃。杭州、河南、山西都是历代奉拜祭祀不止。

郑板桥为何能得善终

郑板桥，清代著名画家、书法家，号称“诗书画”三绝，位列“扬州八怪”之首。他留给后人的“糊涂经”却成了人们做人、经商的指导思想。“糊涂经”到底有怎样的魅力呢？

“聪明难，糊涂难，由聪明而转入糊涂更难。放一着，退一步，当下心安，非图后来福报也。”这就是郑板桥的“糊涂经”。它告诉我们，一个真正聪明的人，在别人看来是糊涂的。但是一个看起来聪明的人未必能达到糊涂的境界。

古今能够成就大事的人必然会经历三种糊涂的境界：

第一种境界：“昨夜西风凋碧树，独上高楼望尽天涯路”。意思是，那些看起来聪明的人，在世上摸爬滚打、到处碰壁，在经历了诸多困难后终于取得真经，明白聪明反被聪明误的道理，转而开始思考，探求糊涂对人生的益处。从郑板桥的经历中，我们也能看到他对这种境界的理解，他在扬州长达十年的卖画生涯对日后的创作和思想产生了巨大的影响。

第二种境界：“衣带渐宽终不悔，为伊消得人憔悴”。这个阶段是人生态度的转型阶段，也是最痛苦的阶段，这种痛苦是常人难以理解的。郑板桥中举后，待官六年，他就是执着地在这个阶段徘徊。

第三个境界：“众里寻他千百度，蓦然回首，那人却在，灯火阑珊处”。郑板桥终于达到最高的境界，他对糊涂的理解已经到了无心插柳柳成荫的境界。随心所欲便是糊涂，这样的糊涂已经不是单纯意义上的糊涂了。于是，郑板桥辞官归乡，“一肩明月，两袖清风”就是对当时世事豁然的表现。

世事不如意者十之八九，如果事事都争强好胜、争名夺利，到头来终究落个一场空，还不如糊涂一些，人生难得糊涂，糊涂了，你也就释然了。你会在糊涂中恍然大悟，会在糊涂中超越自我，会在糊涂中得到人生的真谛。

郑板桥在山东为官时写下了“难得糊涂”的字幅，因为一向刚正不阿的他，面对同僚的排挤和打压时，也无能为力。他一面嬉笑怒骂，一面却心灰意冷。“难得糊涂”或许是他当时心境最真实体现。

“难得糊涂”是一种人生阅历，只有经历过人情冷暖、岁月沧桑的人才能体会到这种糊涂的智慧。心中有大目标的人自然会“大行不顾细谨，大礼不辞小让”。有这样底蕴的人，他们常以平常心对待周围的人和事，他们懂得“非淡泊无以明志，非宁静无以致远”，他们看透了事物、看透了人性，在纷繁复杂的世事里，能够坦然地以糊涂之心面对世界，何尝不是一种大智慧，这种智慧有另外一个名字，也就是大智若愚。

徐志摩留下的谜团

你去，我也走，我们在此分手；
你上哪一条大路，你放心走，
你看那街灯一直亮到天边，
你只消跟从这光明的直线！
……
有那颗不夜的明珠，我爱——你！

——徐志摩去世前写给林徽因的一首诗

你真的走了，明天？那我，那我，……
你也不用管，迟早有那一天；
你愿意记着我，就记着我，
要不然趁早忘了这世界上
……
但愿你为我多放光明，隔着夜，
隔着天，通着恋爱的灵犀一点……

——徐志摩写给妻子陆小曼的一首诗

徐志摩一生的感情生活和这两位女士分不开，一个是与之发生淡淡纯情的林徽因，一个是曾经的娇妻陆小曼，时光匆匆走过，留下徐志摩孤独的身影。就连徐志摩的死也和这两个女人有千丝万缕的联系。当时陆小曼在上海挥霍无度，数次催促徐志摩回上海，两人一见面就吵架，徐志摩负气出走，为了赶上林徽因在北京做的关于中国古代建筑的演讲，他搭乘一架邮政机飞往北京，却因大雾影响导致飞机坠机，于1931年11月19日不幸遇难。

再说回这两首诗。1925年3月，徐志摩曾把一个小提箱交给了著名作家凌叔华，并对她说，如果哪一天我不幸去世，希望凌叔华为他写一本传记，而箱子里装的就是传记的素材。

箱子里到底装的是什么呢？从凌叔华写给胡适的一封信里可以得到这样的信息：箱里的东西不能给林徽因看，箱子里有徐志摩的日记和陆小曼的两本日记。徐志摩的日记里有当年和林徽因的恋情，陆小曼的日记却以骂林徽因为主，因为对方破坏了她的家庭，令她无比难受。

徐志摩死后留有一个箱子的消息不胫而走，人们都对箱子里的东西产生了极大的好奇，尤其是这两位女士。陆小曼因为想写关于徐志摩的日记集，所以急需得到第一手资料；而林徽因则是不想让徐志摩的日记公开，所以她比陆小曼更想得到这个箱子。

林徽因知道凭借自己一人的力量无法得到箱子，于是她便请胡适做中间人。胡适以为徐志摩整理出书为借口向凌叔华索要箱子，凌叔华想到自己也是受亡人所托，不能随便将故人的东西转赠他人，她便把徐志摩日记中涉及林徽因的部分私藏起来了，把其余部分交给了胡适，并要求胡适把这些东西转交给陆小曼，但是胡适并没有照办，而是把箱子直接交给了林徽因。

林徽因如愿得到箱子，但是她万万没有想到徐志摩的日记只有半册，她便把此事告诉胡适，胡适就写信告诉凌叔华，希望她把其余部分也交给他。因为只有这样才不至于材料分散，导致不便研究，况且藏一部分资料会使朋友间产生嫌隙。另外，胡适还答应给凌叔华有关徐志摩日记的副本。在胡适的软硬兼施下，凌叔华最终还是把这些资料给了胡适。

凌叔华最后得知自己上当了，就写信给胡适，“我听说你把箱子交给林徽因了，心里很是着急，箱子里面还有小曼的日记，涉及的是非很多，但现在事已至此，就不必再说了。”

现在故事的主角都去世了，徐志摩留的这个箱子以及箱子里的日记最终落入谁手，却无从知晓，成了一个无法解开的谜题了。

红颜篇　沉鱼落雁江山醉

红颜未必就是祸水

“红颜祸水”可谓是历史发展过程中形成的一种固定思维模式，有平等生命权利的男女，为什么在经过历史和社会的洗涤后，变成了生命的两个极端？无论女人付出再多，取得再好的成绩，也只不过是男人眼里的一颗棋子。难道红颜真的是祸水？历史上那些红颜是否真的让人愤恨？

电视剧《封神榜》中，妲己留给观众的是倾城倾国的美貌和蛊惑人心的妖媚。商纣王因妲己而终日沉湎于美色，不理国事。国家的覆灭使妲己成了众人口中的红颜祸水。人们将亡国的罪过毫不犹豫地推到她身上，纣王若不是受到她的蛊惑，国家怎会灭亡？当历史逝去，人们回过头来想，不免替妲己鸣不平，国家危亡为何要让红颜成为替罪羊？男人若坚定心志，又怎会被迷乱？

杨玉环的美至今仍被称赞，有很多人认为盛唐的衰落与杨玉环有着不可避免的干系，虽有不赞同的声音，但是几乎可以被忽略。杨玉环成了一个沉浸在爱情中享受幸福的女人，那也绝不是她想要的。

无须赘述，“红颜必定是祸水”，这一思维定式曾完全占据了后人的思想。但其实“红颜祸水”这种说法可笑至极，是一种对人性和美丽的亵渎。这种观念导致生命降临的那一刻就已经存在着一种不公平，虽说中国的远古文化中有着“女娲补天”的动人传说，也有“观音菩萨”的神秘图腾，但是这些在历史的进化过程中却一直止步于故事和图腾的理念，不能升华成一种历史的必然。

很多时候，我们忽略了矛盾产生的根本原因，花费了大量精力去确定谁应该为问题负责，却不肯低头找自身的原因，动不动便把亡国的罪名加到女人的头上。古代的女人毫无地位可言，她们不是政治家无法掌握权力，不是决策者无法指挥江山，所以才更需要男人有足够的智慧和能力。男人的力量不断地积蓄愈发强大，还会断送了江山吗？英雄难过美人关才是真正的笑谈，如果这关都难以跨越，如何能指挥千军万马？

还有一种声音就是，“红颜祸水”或许是出于一种同性之间的嫉妒。这个讲究美的时代，任何人都无法抗拒美丽的容颜，当男人口中的“红颜祸水”变成“红颜知己”时，愤恨地提起“红颜祸水”的大多是女性了吧。

对“红颜祸水”一词我不敢苟同，被称为红颜祸水的女人要感到荣幸，毕竟不是每个人都可以做红颜，如果老天恩赐的美丽被我们称为“祸水”，那么生命是不是最终也要沦为垃圾？

历史上耀眼的青楼文化

如今谈起青楼，人们脑海中浮现的不是艳丽奢华，也不是歌姬美女，多半是犹抱琵琶半遮面，充满诗情画意的青楼。

“青楼”一词的本意是指豪华精致的雅舍，有时也作为豪门高户的代称，如《晋书》：“南开朱门，北望青楼。”后来，豪华精致沾染了骄淫奢侈的味道，不知不觉间，青楼慢慢便更多指那些风花雪月的场所。唐代以后尤为明显，青楼成了烟花之地的专指，只不过多了一丝风雅气息。

青楼的出现是必然的，自从人类进入父系社会以来，女人被男人统治和玩弄在当时似乎变得理所当然。不争的现实好像在告诫人们青楼就是当时社会的产物。春秋时齐国的宰相管仲设立了官妓，他大张旗鼓地开设国家妓院，招募了数百名女子做官妓。但是当时管仲开设妓院的目的并不是满足男人的需求，而是想通过妓院税收增加政府的财政收入，维护社会安定，吸引大量人才。因此管仲的主张很快被其他各国效仿，一时官妓大兴。

青楼文化兴起于魏晋，鼎盛于唐宋。同时它也是中国历史文化中独具韵味而又神秘绚烂的一部分，它随着唐宋文化的发展而风生水起，青楼文化的兴起也丰富和促进了唐宋文化的发展和繁荣。唐玄宗时期，青楼文化几乎达到鼎盛。这时的风流文人与青楼名妓惺惺相惜，彼此相依。白居易的“何处春深好，春深妓女家”“绿藤阴下铺歌席，红藕花中泊妓船”正是对此种现象的有力证明。当然，最脍炙人口的还是那首《琵琶行》，哀怨凄婉的琵琶声，竟使七尺男儿泪水潸然等众多诗作。而文人墨客们也更需要青楼名妓为自己传唱扬名的机会。

如果说青楼诗哀怨凄婉、离愁别绪，那么宋代词则旖旎华丽、情意缠绵。宋代是词的鼎盛时期，这一时期青楼词风格大胆张扬，风花雪月、男欢女爱等“艳情”内容比比皆是。宋词既有文学特征，又具音乐性。在宋词的发展历程中，歌妓具有充当媒介的条件，在词乐结合、传播、创作等方面都发挥了重要的作用。

据周密的《武林旧事》记载，宋朝临安城里青楼达数十座，且装饰十分豪华。青楼歌女大多卖艺不卖身，她们要学习琴棋书画、诗词歌赋，以及各种社交礼仪，还要学习各种察言观色、取悦和应答的技巧，以期成为客人的“红粉知己”，让其乐而忘返。

宋代的文人墨客几乎都与青楼歌女来往甚密，真可谓才子佳人相得益彰。其中包括词坛的领袖晏殊，他的词深思婉出，风韵绝传。《望汉月》《玉楼春》都是令人拍案叫绝的传世之作，展现了晏殊的真情本色。

此时就不得不提另一位风流人物柳七郎。柳七郎是当时写青楼词最多最好的一位浪子，排行老七，因此人称柳七郎。宋代青楼女子们最大的夙愿便是与柳七郎“床下填词，床上戏水”。柳七郎与歌女推心置腹，完全不在乎地位悬殊等世俗观念。他写的《荔枝香》十分经典，他在词中写道：“甚处寻芳赏翠，归去晚。缓步罗袜生尘，来绕琼筵看。金缕霞衣轻褪，似觉春游倦。遥认，众里盈盈好身段。拟回首，又伫立、帘帏畔。素脸红眉，时揭盖头微见。笑整金翘，一点芳心在娇眼。王孙空恁肠断。”这首词正是写给一个叫荔枝的歌女的情书，语言沉着深情却不乏情真意切。

这些青楼文化与青楼同始同终，几多辛酸几多风情都浓缩在这一首首旖旎优美的诗词里。青楼文化的存在给中国文学增添了些许神秘和瑰丽，或许离开了中国文学，青楼又将恢复本质，只是简单的肉体交易场所。人道主义也好，猎奇心理也罢，唐宋的青楼文化的确是光彩夺目的一笔。

娥皇、女英为何成了爱情的典范

娥皇、女英是中国古代传说中尧的女儿，姐妹同嫁舜为妻。两女嫁一夫不仅开辟了中国爱情史的开端，也是中国“和亲”史的最早滥觞。

尧年老后，想找一个德才兼备的人来继位，众位大臣一致推荐了舜。尧见舜德才兼备，深得人心，便想把首领的位置禅让给他。于是，派他的两个女儿去舜的身边做“卧底”，看他如何对待她们，从而考验舜是不是具备候选人的德行和品质。后来，娥皇、女英在舜的调教下变得知书达理，尧内心对此十分满意，三年后舜登上了帝位。

舜不负尧的信任，心系百姓，使得国泰而民安。姐妹俩也在舜的带领下，一心为民，鼎力协助舜为百姓做事。舜在晚年去视察战乱之地时，不幸葬身于苍梧之野。娥皇、女英得知噩耗，不顾一切苦苦往寻，天天扶竹泣望。失去了丈夫的两姐妹，面对着奔流的湘江，失声痛哭。但她们的丈夫就像江水一样一去不返，不能复生。

芦蒿无边，江雾苍茫，临风凭吊，更添哀伤。伤心难过的娥皇、女英在痛哭之后，投湘江自尽了。她们的眼泪落在湘江边的竹子上，泪痕不褪，点点成斑，因此被称为“湘妃竹”。

两女同嫁一夫是当时氏族社会的一种婚俗。娶妻的男人有一种选择权，在岳父岳母同意的情形下，可以决定是否要将妻子家中无夫或待嫁的姐妹们也一起娶回去。这种制度被称为“媵制”。充当“媵”的女子，基本上都是男人正式妻子的亲姐妹或堂表姐妹。“媵”的身份自然比妾要高得多，但是也低于正妻，且从属于正妻。所以后人认为正式出嫁的应该是姐姐娥皇，妹妹女英则是姐姐的媵。

娥皇、女英的身世也一直是个未知的谜，有传说娥皇生母早逝，女英是继母的孩子。当时社会是父系氏族，女人的地位视宠爱程度而定。娥皇、女英的母亲都不受宠，所以严格来讲，她们都是庶出的。

在后来的故事中，正室或媵，嫡出或庶出已经不重要了，娥皇、女英用生命谱写演绎了一段美丽感人、荡气回肠的爱情故事，这样的气度与执着已经远远超越了她们的身世。

妲己真的是祸国殃民的“狐狸精”吗

众所周知，妲己是商纣王的宠妃，据史料记载，妲己是有苏氏候的女儿，在商纣王征伐有苏氏后，有苏氏把她献给纣王为妃，作为纣王讨伐有苏氏获得的“战利品”，当父亲把自己当成牛羊一样的礼品献给纣王时，妲己没有反抗，也容不得妲己反抗，她顺从地来到敌人的阵营中，她用自己的牺牲和耻辱换来了整个部落的存活。

但是，做出这样牺牲的妲己，在小说《封神演义》中，摇身一变，竟然成了令人发指的九尾狐狸精。直至现在，“狐狸精”一词似乎已经完全遮掩了妲己真实的历史面目，因此，“妲己亡纣”一说是否能够经得住历史的推敲，引人深思。

据史料记载，商纣王“爱妲己，妲己之言是从”，这似乎只是为了证明纣王因什么事都听从妲己才导致亡国的。但是，妲己是俘虏，为了求和才来到商朝，商纣王为什么会对这样一个连自己命运都不能决定的弱女子言听计从呢？也许有人会说，妲己完全是凭借自己的美貌来迷惑纣王，但在商朝，人们迷信鬼神，商朝的一切行政和日常事务，都要进行占卜以探询鬼神的意旨，在这样一个崇尚迷信的王朝里，甚至连纣王都不能完全控制局势，妲己这样一个弱女子又怎么能够掌控全局呢？

有一点我们不得不承认，历史是由所有人共同创造的，但记录者往往是男性。所以，后人在史书中很容易看到那些慷慨悲歌、逐鹿中原、天下霸图的热血沸腾之意，却很难洞悉一个女子的爱恨情仇或生离死别。其实，就连与商纣王有关的历史资料在他生活的朝代都鲜有记载，更何况是帝王身边的女人呢？后人的一再演绎与原本事实脱轨越来越严重。

史书对这些女子的有限记载为后人的文学演绎或凭空杜撰提供了巨大的空间。文学的影响往往是深远的，如小说《封神演义》对纣王和妲己的妖魔化处理深刻地影响了他们的历史形象，甚至掩盖了其真实面目。

孟姜女真的哭倒过长城吗

据说，在秦始皇当政的时候，有一对新婚夫妇，男的叫范喜良，女的叫孟姜女，结婚刚三天，范喜良就被抓走修长城，不久因饥寒和劳累而死。孟姜女历尽艰辛，万里寻夫到长城，得知丈夫已死，便放声大哭，哭倒了长城八百里。这就是我国古代著名的民间传说——孟姜女哭长城。然而，历史上到底有没有孟姜女哭长城的事呢？故事流传到现在已有2000多年了，仍是一个谜。

有人认为，孟姜女哭长城的故事纯属虚构。因为山海关所存的长城是秦朝以后才修筑的，而秦始皇所筑长城距山海关北数百里。历史上有过哭倒城墙的记载，但故事发生的时间比秦统一六国要早得多，因此和秦始皇根本风马牛不相及。

另外，孟姜女的故事经历了两千年的流传和演变，其故事本身内容差异很大，说法不一，如何看待这一故事，则更是众说纷纭。

考证史籍，“哭城”一事首见于《左传》：春秋初期齐庄公时（前795—前731年在位），齐国人杞梁在攻莒（今山东莒县）战役中阵亡。杞梁没有儿子，他的妻子在其死后无依无靠，悲从中来扑在杞梁的尸体上，在城下痛哭，哭了七天七夜，城墙被哭塌了。这大概就是“孟姜女哭长城”的原始资料了。看来孟姜女哭长城是由杞梁妻哭城演变而来的，而故事最后形成大致是在北宋年间。

也有人认为，孟姜女哭长城是根据历代时势和风俗的不断变化而变化的，凭借民众的情感和想象而发展的。战国时，齐都盛行哭调，杞梁战死而妻迎柩是悲剧的材料。西汉时，盛行天人感应之说，杞妻的哭城便成了崩城和坏山的感应。

但也有人否定孟姜女是《左传》中的“杞梁之妻”。有人认为在封建社会的中国，战事连绵，民不聊生，哭夫的题材十分常见，《左传》中也不无记载，因此单凭哭夫这一论据，不能令人信服。有人说，长城竟然被哭倒了，未免过于荒诞。此外，把齐国的杞梁妻捏造成秦国的孟姜女，把攻莒城改为修筑长城，是有意往秦始皇身上栽赃。

总之，孟姜女哭长城的真伪，至今尚难断定。

“公主琵琶幽怨多”并非指王昭君

白日登山望烽火，黄昏饮马傍交河。
行人刁斗风沙暗，公主琵琶幽怨多。
野云万里无城郭，雨雪纷纷连大漠。
胡雁哀鸣夜夜飞，胡儿眼泪双双落。
闻道玉门犹被遮，应将性命逐轻车。
年年战骨埋荒外，空见蒲桃入汉家。

看了这首李颀的《古从军行》之后，很多人都以为“公主琵琶幽怨多”指的是王昭君。因为王昭君曾被册封为公主，且最擅弹琵琶，加上她的故事流传千古，被大多数人所熟知。其实，中国历朝历代和亲的公主成百上千，何止王昭君一个？只是很多和亲的公主都被湮没于浩瀚的历史烟尘之中。

这首诗里的公主也是一位远嫁的汉朝公主，这位公主不仅有美丽的名字，还有美丽的容貌，《汉书·西域传》里有关于她的记载。

她是刘细君，江都王刘建的女儿。元封六年（前105），汉武帝封其为公主，远嫁乌孙国王猎骄靡，为右夫人。风光的婚礼也不能掩盖政治联姻的用意。尽管此时的西汉王朝已相当强盛，经过大将军卫青、霍去病的彻底打击，匈奴已经远离漠北，可汉武帝仍要采用怀柔兼武力的办法积极打通西域各国，联合防御匈奴，乌孙国就是主要的争取对象。《汉书·西域传》记载："乌孙国……去长安八千九百里……不田作种树，随畜逐水草，与匈奴同俗……民刚恶，贪狼无信，多寇盗，最为疆国……汉元封中，遣江都王建女细君为公主，以妻焉。赐乘舆服御物，为备官属宦官侍御数百人，赠送甚盛。"

就这样，一枝深宫里的牡丹注定要在西域的浩渺风沙中摇曳，没有人眷顾她有多么的娇弱无助，没有人思量她的个人意愿，满朝文武都在赞颂天子高瞻远瞩的英明决策。面对邻国之邦的冷漠，细君公主只有将哀怨抛向苍凉的大地。不过，她留下了自己的琵琶和幽怨，让史书中枯涩的记载变得鲜活生动起来。

相传，细君精通音律，妙解乐理，乐器琵琶发明的直接原因就是细君远嫁乌孙。唐人《乐府杂录》中记载：琵琶"始自乌孙公主造"。

《汉书·西域传》里抄录着她的悲歌："吾家嫁我兮天一方，远托异国兮乌孙王。穹庐为室兮旃为墙，以肉为食兮酪为浆。居常土思兮心内伤，愿为黄鹄兮归故乡。"

这首诗传到汉地，连汉武帝也感慨万千，因此常常派特使携带珍贵礼物去慰问细君，想必细君只有一声叹息，惨然苦笑，金银珠宝怎抵思乡情深？

细君远嫁第二年，猎骄靡就死了，其孙军须靡继位。按照西域风俗，新国王将继承前任国王的妻妾。细君上书汉武帝，表示自己不愿再嫁他人，而天子却毅然命令"从其国俗，欲与乌孙共灭胡"。自始至终，细君虽名为公主，却终究只是一枚任人摆布的棋子，为了大一统这个冠冕堂皇的理由，作为政治的祭礼，牺牲了自己的青春年华。细君公主在大漠悄然陨落了，她只能祈祷她的灵魂能够回归故乡，实现那个"愿为黄鹄兮归故乡"的梦想。

我们读历史，对许多英雄人物熟记在心，如卫青、霍去病、李广等，我们读惯了"但使龙城飞将在，不教胡马度阴山"，但品一品"公主琵琶幽怨多"，也别有一番滋味在心头。毕竟，蜿蜒绵长的国界线，不仅流淌着男人的血，也曾经流淌着女人的泪。

一代才女班婕妤的悲剧人生

班婕妤是汉成帝的后妃，一个被后人当作理想女性的楷模，婕妤并不是她的名字，而是汉代后宫嫔妃的称号，其入宫后曾被封为婕妤后，后世就一直沿用这个称谓。

班婕妤在后宫中的贤良淑德是有口皆碑的。当初汉成帝被她的美艳及风韵所吸引，天天与她形影不离，可谓是集万千宠爱于一身。班婕妤的文学造诣极高，尤其熟知史事，常常能引经据典，疏解汉成帝内心的积郁。班婕妤又擅长音律，常使汉成帝在丝竹声中进入忘我的境界。对汉成帝而言，班婕妤不只是她的侍妾，也与她亦师亦友。

但好景不长，汉成帝鸿嘉三年（前18），成帝在阳阿公主的府中见到了体轻如燕、倾国倾城的赵飞燕，立即被她所吸引，并将她带回宫中。在这个舞女面前，班婕妤的所有才情变得不值一提，她从前在成帝那里所得到的宠爱，在赵飞燕进宫后，就受到了冷落。能歌善舞的赵飞燕在夺取成帝的宠爱后，又将其同样天姿国色的妹妹赵合德引进宫中，两姊妹轮流侍寝，连夕承欢，在汉成帝眼中，其他后宫粉黛全无颜色，即便是他往日的最爱班婕妤，也被抛到九霄云外。

聪明的班婕妤知道，只要赵氏姐妹在，她就永无出头之日，所以她自请去长信宫侍奉太后，悄然隐退在淡柳丽花之中。

正常情况下，在颇重礼教的封建社会中，谁都会为拥有像班婕妤这样品貌兼具的女子而感到万分庆幸。那么，汉成帝为什么反其道而行，逐渐冷落她呢?

根据当时的政治形势，汉成帝登基后，虽然名为一国之君，但实际掌权的却是皇太后王政君和她背后强大的王氏大家族，汉成帝只能算是一个傀儡。没有实权的汉成帝自然万分苦闷，可他却无法改变这一现象，因此只能把全部精力放在女人身上，以期望能在声色犬马中释放自己的烦闷。

颇具才华的班婕妤没有看透这一点，她一心希望汉成帝能够成为一个有道明君，但她并没有努力帮助皇帝夺回属于自己的权力，而是以身修德，劝诫皇上把心思放在政事上，但是在这种外戚当权的政治环境中，即使汉成帝想成为一个明君，也是很难的事情。

所以，尽管班婕妤才华横溢、庄重自持，也不能帮汉成帝夺回皇权，又不能陪汉成帝纵情享乐，失宠也就成了必然的结果。

在长信宫的岁月里，班婕妤仍然对汉成帝念念不忘，写下著名的《团扇诗》。汉成帝死后，她自请守墓，在守护汉成帝陵园中冷冷清清地度过了孤单落寞的晚年。

专宠后宫的赵氏姐妹自杀之谜

“环肥燕瘦”这个成语指的是唐汉两大美女，前者说的是唐明皇的妃子杨玉环，后者则是指汉成帝的皇后赵飞燕。汉成帝在位时，赵飞燕和妹妹赵合德恃宠而骄，经常联手与后宫诸妃甚至朝臣争斗。汉成帝死后，她们均被迫先后服毒自杀，其族人也受到牵连，被发配到辽西一带。这不禁令人感到疑惑，赵氏姐妹为何会落得如此结局呢?

整件事情的缘由要从赵飞燕的出生说起。相传，赵飞燕的母亲是江都王之女，属于没落士族，嫁给了中尉赵曼。但由于种种原因，赵飞燕的母亲与江都王府中的舍人冯万金产生了私情，并生下一对双胞胎姐妹。

赵曼得知自己被戴了“绿帽子”后，大发雷霆，将这一对刚出生的姐妹扔到野外。可能是求生欲过强，三天过去了，她们竟然还活着。赵曼得知消息后很是吃惊，便决定收养她们，长女取名赵宜生，次女取名赵合德。

长大后，姐妹二人被送入阳阿公主府做侍女，开始学习歌舞，她们天赋极高，尤其是赵宜生，以身轻如燕而闻名。因其窈窕秀美，凭栏临风，有翩然欲飞之美，所以人们多以“飞燕”誉之。久而久之，她的本名竟然被人们渐渐忘记了，一直称她为赵飞燕。

一次，爱好游玩的汉成帝刘骜微服私访，来到阳阿公主家，当他看到赵飞燕的舞技和容貌后，甚是喜欢，便将其召入宫中，封为婕妤。赵飞燕受宠后又让汉成帝召她的妹妹赵合德入宫，妄图通过妹妹并宠做保障，以弥补家族势力的不足。鸿嘉三年，汉成帝废掉原来的许皇后。两年后，立赵飞燕为后。从那以后，赵氏姐妹专宠后宫，权倾一时。

关于这段经历，在《汉书·外戚传》中有这样的记载：“孝成赵皇后，本长安宫人。初生时，父母不举，三日不死，乃收养之。及壮，属阳阿主家，学歌舞，号曰飞燕。成帝尝微行出。过阳阿主，作乐。上见飞燕而说之，召入宫，大幸。有女弟复召入，俱为倢伃（婕妤），贵倾后宫。”

虽然赵飞燕被封为皇后，并且在宫中有妹妹的辅助，但遗憾的是姐妹两人却并没有为汉成帝生下一男半女，汉成帝为此事时常忧心，便开始偷偷宠幸其他宫人，赵氏姐妹感到自己的地位受到了严重威胁。为了避免失宠，她们开始对有孕嫔妃进行令人发指的摧残，不仅杀死怀孕者，而且连刚出生的婴儿也不放过，以至于当时民间盛传“燕飞来，啄皇孙”的民谣。

对于赵氏姐妹的争宠行为，汉成帝只能无奈地默许。为了抓住汉成帝的心，姐妹二人开始轮流侍寝，但本来体质强壮、状貌魁梧的汉成帝逐渐变得身体羸弱，不得不依靠补药满足自己这种淫乱的快乐。由于长期服用补药，并且不断增加剂量，终有一天，汉成帝在纵欲之后，倒在赵合德的床上气绝身亡，从此长留“温柔乡”。

汉成帝死后，一直飞扬跋扈的赵氏姐妹立刻成为朝臣攻击的对象，外戚王莽首先发难，对赵合德进行拷问，为了不供出自己和汉成帝的床闱之事，赵合德只能服毒自尽。

因为汉成帝无子，于是经过朝臣商议，决定由定陶王刘欣即位，史称汉哀帝。新帝感激赵飞燕在其继位问题上曾尽过力，仍尊她为皇太后，但哀帝在位仅仅六年就驾崩，刘衎随即登基，史称汉平帝。此时，赵飞燕就彻底失去依靠，被贬为孝成皇后，迁居北宫，没多久，她又被废为庶人。大司马王莽以其杀害皇子之罪，迫其自尽。至此，专宠后宫近十年的赵飞燕就这样香消玉殒了。

貂蝉只是一个美丽的幻觉

貂蝉，中国古代四大美人之一。据说在她快出生时，村里的桃花、杏花等一夜之间全部凋谢，而她降临人间后，桃树、杏树从此便不再开花了，人们都说是因她的美胜过了桃杏之花，桃杏之花羞于开放了。

在一个月圆之夜，已长成花季少女的貂蝉正对月而拜，本高悬于空中的月亮竟慌忙躲进云中，再不肯出来，她的美令明月都自惭形秽。于是，貂蝉的美名便传开了。

世人对貂蝉的评价很高，认为她有胆有识，舍身为国，但许多正史中并未提及貂蝉本人。《三国志·魏书·吕布传》中只略有一些貂蝉的影子："然卓性刚而褊，忿不思难，尝小失意，拔手戟掷布。布拳捷避之，为卓顾谢，卓意亦解。由是阴怨卓。卓常使布守中阁，布与卓侍婢私通，恐事发觉，心不自安。先是，司徒王允以布州里壮健，厚接纳之。后布诣允，陈卓几见杀状。时允与仆射士孙瑞密谋诛卓，是以告布使为内应。……布遂许之，手刃刺卓。"

《后汉书·吕布传》中也有类似的记载。这里只是记载了吕布和董卓侍婢私通，也无侍婢的名字，而且也看不出这位侍婢在诛董卓的行动中起过什么作用，容貌如何、身世来历均没有涉及。因此她的容貌，根本无从知晓。

后来，经过民间艺人对相关细节不断补充，貂蝉的形象浮出水面，变得越来越生动、美丽。

唐代诗人李贺写过一首《吕将军歌》，其中"榼榼银龟摇白马，傅粉女郎火旗下"，已经有了貂蝉的影子，而且她与吕布的关系也已经确定下来。到了元代，貂蝉的形象已经相当鲜明，元杂剧中已有以貂蝉为主角的戏，如《锦云堂美女连环计》。戏中说貂蝉本是忻州木耳村人，父亲叫任昂，貂蝉本名叫任红昌，在汉灵帝选宫女时被选入宫中，专门执掌貂蝉冠，因此叫作"貂蝉"。后来，皇帝把她赐给了并州刺史丁建阳。吕布是丁建阳的养子，丁建阳就把貂蝉配给了吕布。在黄巾之乱中，貂蝉与吕布失散，流落到司徒王允府中。

而到了《三国演义》中，貂蝉的出身、容貌、年龄等交代得很详细，并且仔细交代了一个女子如何巧施连环美人计，使董卓、吕布父子互相为敌的过程。且看《三国演义》中貂蝉如何出场："（允）忽闻有人在牡丹亭畔，长吁短叹……乃府中歌伎貂蝉也。其女自幼选入府中，教以歌舞，年方二八，色伎俱佳，允以亲女待之。"在这里，貂蝉的身份发生了重大的改变，不是吕布的妻子，而是王允府中的一名歌妓，且又有王允以亲女待之的渊源，为后来王允献美人的计策做了充分的铺垫。罗贯中为貂蝉加上若干细节，使父子二人的决裂有了合理的铺陈。

这些从无到有、从简单至复杂的故事发展历程，把一个有姓无名的侍婢美化为一个倾国倾城的女中豪杰，很符合中国式的传奇写法，如梦如幻的貂蝉原来只活在传奇中。

上官婉儿为什么没有嫉恨武则天

上官婉儿，唐代名臣上官仪的孙女。在其出生时，武则天以谋反的罪名，将其祖父上官仪和父亲上官庭芝处死，因其母亲郑氏是太常少卿郑休远的姐姐，母女才得以免死，被送入皇宫内庭。由此看来，上官婉儿与武则天有灭族之仇，但她后来却成为武则天的心腹笔杆，终生听命、侍奉一代女皇。那么，上官婉儿为何不嫉恨武则天呢?

初入宫时，上官婉儿还在襁褓之中，出身名门的郑氏自然不希望女儿从此为奴，荒废一生，因此上官婉儿逐渐长大后，便让她进入宫学馆接受宫廷教习。在母亲的严格要求下，上官婉儿十三四岁时便博古通今，文采出众，而且性情聪敏灵动，在宫中名声大噪。

武则天非常爱惜人才，所以当上官婉儿的才名传到武则天的耳中时，武则天马上召见了她。面对武则天提出的问题，上官婉儿一一作答，且不卑不亢、态度从容、谈吐儒雅。虽然上官婉儿曾在一首七言诗中透着对武则天的愤恨，但武则天并不计较，反而赞赏这首诗文辞优美，情真意切。天授元年（690），武则天正式登基，她把起草诏书和批阅奏章等事务全都交给上官婉儿处理。这时，上官婉儿实际上已经成为武则天的“首席秘书”。

上官婉儿精心地侍奉武则天，深得她的欢心。对于上官婉儿的这种做法，有的史学家认为她始终怀有为父祖报仇之心，因此才在武则天身边忍辱负重，并多次伺机刺杀武则天，不过武则天每次都饶恕了她，她对武则天的不杀之恩心存感激，所以甘愿一生听命。但这种说法并不可信，虽然武则天爱惜人才，但是她也更加爱惜自己，假如上官婉儿真的多次刺杀她，她一定不会宽恕上官婉儿的，这一点从骆宾王的事件中就能看出来。

从圣历元年（698）开始，武则天让上官婉儿帮助自己处理百司奏表，参决政务。这时上官婉儿权势日盛，武则天对她的信任和依赖程度，远非一般王公大臣能够相比的。

从一个罪臣孤女成长为一代女皇的贴身秘书，从一无所有到享受不尽的荣华富贵，这一切都是武则天赐予上官婉儿的。而且武则天政绩显著，深得当时民众的拥戴，上官婉儿对武则天的仇视也就慢慢地消除了，进而死心塌地拥护这位能够真正懂她的伯乐。

武则天死后，李显继位，史称唐中宗，上官婉儿更是被极大地信任，唐中宗不仅将她册封为昭容，还让她继续专掌起草诏令，并代朝廷评品天下诗文。

景云元年（710），临淄王李隆基发动政变，起兵声讨韦皇后及其党羽，上官婉儿因受到牵连被杀，一代才女从此香消玉殒。

在唐朝的政治舞台上，上官婉儿虽然没有丞相之名，却有丞相之实，并且一度享尽荣华与权力，但不幸的是最终还是做了皇权争斗的牺牲品，这其中甘苦恐怕只有她自己知道了。

杨玉环未被立为皇后的玄机

杨贵妃，名玉环，号太真。她出生在一个官宦之家，自小学习音律，能歌善舞，并且姿色超群。唐玄宗的女儿咸宜公主在洛阳举行婚礼时，杨玉环也应邀参加。在宴会上，寿王李瑁对她一见钟情，在武惠妃的要求下，唐玄宗在当年册立杨玉环为寿王妃。

五年后，唐玄宗见到自己的儿媳，竟然也对她一见钟情。为了得到她，唐玄宗打着为窦太后荐福的名号，下诏令杨玉环在太真宫出家做道士。天宝四年（745），杨玉环守戒期满，唐玄宗便下诏让其还俗，并接入宫中，正式册封为贵妃。此后，杨玉环“集三千宠爱于一身”，唐玄宗为了她甚至能够“春宵苦短日高起，从此君王不早朝”。

唐玄宗将原配王氏皇后贬为庶人，皇后之位一直空着，而在这期间，杨玉环做了长达十五年的贵妃。唐玄宗如果想册封杨玉环为皇后，有足够的运作时间，但是，唐玄宗为什么没有将自己最爱的人册封为皇后呢？

有史学家认为，唐玄宗是通过不正当的手段把杨玉环从儿子手中抢过来的，虽然唐朝比较开放，婚姻关系也很自由随意，但是作为封建社会的最高统治者，抢夺儿子的王妃毕竟是一件不光彩的事，通过这种手段得来的女人，在很多人的观念里也不具备“母仪天下”的资格。再加上杨玉环是一个具有浪漫气质的女人，她没有多少权力欲望，有没有皇后的名号，对她来说并没有太大的影响。

后来唐玄宗把韦昭训的女儿许配给寿王，并立为妃，想以此来安抚寿王，但这显然难以弥补寿王心中的不满。如果封杨玉环为皇后，势必会将寿王心中压抑的怒气激发出来，而他最好的发泄途径恐怕就是发动宫廷政变了，这对唐玄宗来说可谓是得不偿失。另外，杨玉环得宠后，她的家族也都得到朝廷的重用，并成为一股庞大的政治力量，如果再封她为皇后，必将引起大臣的反对和权力的倾斜，不利于维持大唐政权的稳定。

还有一个最重要的原因就是杨玉环长期没有生育，而此时的太子已经册立多年，如果强行将杨玉环封为皇后，必然会引起太子的不满。

然而，杨玉环虽无皇后之名，却有皇后之实，她享受的待遇、礼仪早已是皇后的标准，是否被立为皇后已经没有必要了，又或许她自己并在乎皇后这个虚名。

杨贵妃是否曾逃往日本

蜀江水碧蜀山青，圣主朝朝暮暮情。行宫见月伤心色，夜雨闻铃肠断声。

天旋地转回龙驭，到此踌躇不能去。马嵬坡下泥土中，不见玉颜空死处。

唐朝诗人白居易的这首《长恨歌》形象地叙述了唐玄宗与杨贵妃的爱情悲剧。诗人借历史人物和传说，讲了一个优美动人的故事，并通过诗歌塑造的艺术形象，再现了现实生活的真实，感染了千百年来的读者。此诗在给人以唯美艺术享受的同时，也让很多人想入非非，甚至有人就因这首诗而推断杨贵妃没有死在马嵬坡。日本知名女星山口百惠在2002年接受访问时，曾宣称自己是杨贵妃的后代，可谓一石激起千层浪。于是就有人发现日本不仅有杨贵妃的坟墓和塑像，还有个称为“杨贵妃之乡”的久津村。

很多人开始相信这样的事实：当年杨贵妃在马嵬坡兵变形势的逼迫下，由一名侍女代替她死去了，杨贵妃在遣唐使的帮助下，乘船离开了大唐，辗转到了今日的日本山口县久津村。

虽然杨玉环的死让很多人都觉得惋惜，但是，她并没有因人们的美好幻想而逃过一劫，更没有逃到日本，她的确已经死了。

据史料记载，天宝十四年（755），节度使安禄山诈称“有密旨，令禄山将兵入朝讨杨国忠”，兵起范阳，同年攻陷东都洛阳。

当时，深受唐玄宗宠爱的杨贵妃兄妹犯了一个大错误，那就是得罪了太子。据《旧唐书·后妃传》记载："河北盗起（即'安史之乱'），玄宗以皇太子为天下兵马元帅，监抚军国事。国忠大惧，诸杨聚哭，贵妃衔土陈情，帝遂不行内禅。"

这样一来，皇太子李亨自然恨透了杨贵妃兄妹，也为后来的贵妃之死埋下了伏笔。

天宝十五年（756），玄宗携众仓皇西逃，杨贵妃、杨国忠等人丝毫没有注意到，太子李亨已经将护驾的禁军大将陈玄礼，及其所统率的护驾禁军收买。

据史料记载，逃离长安的第二天，玄宗一行人来到了距长安百里之遥的马嵬驿（今陕西兴西）。当时玄宗、杨贵妃正在驿内休息，驿外的随行吐蕃使者却因为没有东西吃而与杨国忠争论起来。这时，李亨和陈玄礼不失时机地跳了出来，向禁军官兵宣布："杨国忠打算谋反。"

一些没有完全被陈玄礼收买的士兵半信半疑，但是李亨与陈玄礼指着不远处与吐蕃使者说话的杨国忠，煞有介事地说："你们还不信？那你们看，那个逆贼正与胡虏商量要劫皇上，把你们这些人全部杀死呢！"这句话太具煽动性了，所有人一下子都认定杨国忠是叛贼。于是，乱箭齐发，杨国忠被射死了。

厄运很快就降临到了杨玉环的头上，《旧唐书·后妃传》中记载："从幸（玄宗一行）至马嵬，禁军大将陈玄礼密启太子诛国忠父子，既而四军不散，玄宗遣力士宣问，对曰：'贼本尚在！'盖指贵妃也。力士复奏，帝不获已，与妃诏，遂缢死于佛宝，时年三十八，瘗于驿西道侧。"

杀死杨贵妃后，为安定乱军，玄宗还命乱军头子陈玄礼等人进行验尸。为了斩草除根，陈玄礼肯定是最关心杨贵妃死活的人，他绝对不可能随便就被一个假冒的宫女糊弄过去，让杨贵妃日后有找他报仇的机会。因此，在关系身家性命这点上他是绝对不会允许有一点差错。更何况，兵荒马乱之中如何能马上就找到一个跟杨贵妃如此相像的宫女？

根据《旧唐书·后妃传》记载："上皇自蜀还，令中使祭奠，诏令改葬。礼部侍郎李揆曰：'龙武将士诛国忠，以其负国兆乱。今改葬故妃，恐将士疑惧，葬礼未可行！'乃止。上皇密令中使改葬于他所。初瘗时以紫褥裹之，肌肤已坏，而香囊犹在。"

从这段记载可以看出：杨贵妃确实死于马嵬驿，不然李隆基就不会令中使

（宦官）前去祭奠并诏令改葬，并且掘墓后发现了紫褥、香囊，这与《新唐书》中的“裹尸以紫茵”的记载相吻合。最重要的是，掘墓后，杨贵妃并非“空死处”，而只是“玉颜不见”，也就是肌肤已坏。这就足以驳斥“不见尸体”的谣传，由此推之白居易的“玉颜不见”应理解为“尸体已腐”，而不是“不见尸体”。

杨门女将：一段美丽的“假历史”

从京剧到电视剧的《杨门女将》都受到了广大观众的喜爱，但是，真实的历史上并不存在杨门女将。早在20世纪60年代德国的蒙哥马利元帅就提出质疑：女人当元帅是不可能的。

在人们的传统印象中，杨家将的组成人员是这样的：金刀令公杨继业（原名杨业），继业有八个儿子，其中第六个儿子名杨延昭，又名杨六郎，六郎生子名文广，文广之子名宗保，宗保生子名怀玉。

但是据《宋史》记载，杨继业共有七个儿子，他们分别是：杨延昭、杨延浦、杨延训、杨延瑰、杨延贵、杨延彬、杨延玉。

其中杨延玉随父征战，于陈家谷口一战殉国。其余六子，延昭为崇仪副使，延浦、延训并为供奉官，延环、延贵、延彬并为殿直。

这七个儿子除杨延玉战死外，余皆善终，并无流落番邦、身死奸臣之手的说法。“杨家将”半真半假，“杨门女将”更是扑朔迷离。中国古代并非像蒙哥马利所说的那样没有女人当过将军，事实上不但有，而且还有明确的历史记载。

《后汉书·刘玄刘盆子列传》载：王莽新王朝天凤元年，山东琅琊吕母之子吕育因没有按县宰吩咐，去惩罚那些交纳不起捐税的百姓，被县宰所杀。吕母满怀悲愤，发誓要为儿子报仇。她把家产全部拿出来，开酒店、买刀剑、置衣服，救济穷人。过了没几年，她的家产全部用尽，那些穷苦农民对她万分感激，想凑集钱物偿还她。吕母不收，只哭诉道：“过去，我救济各位，不是想得到什么好处，只因为县宰枉杀了我儿，我想为儿报仇雪恨！各位能助我否？”早已被王莽残暴统治激怒的农民一听这话，立刻异口同声地表示，愿听吕母指挥，反对官府，为她的儿子报仇。

天凤四年（17），吕母登上奎山西麓的土台祭天，自封“将军”，率领起义大军浩浩荡荡杀向海曲城。一番激战过后，活捉县宰，并将其处死。从此，吕母名声大振，远近贫苦农民纷纷投奔于她。不久，起义军发展到上万人。

吕母的起义点燃了反抗王莽统治的火炬，并很快形成席卷全国的燎原之势。

吕母以后，有名的女将还有唐高祖李渊的女儿平阳公主。据《新唐书·诸帝公主传》记载，唐高祖李渊起兵反隋时，平阳公主招纳南山的亡命之徒好几百人，以响应李渊。最后，“勒兵七万，威震关中”。

李渊渡过黄河以后，平阳公主率精兵一万与李世民会师渭北，并开设幕府，俨然行军主师“分定京师，号‘娘子军’”。

说到这里，就不得不提小说和电视剧里大名鼎鼎的“穆桂英”，但此人在正史中却只字未提。倘若穆桂英确曾有过的话，那么，专收“义妇节妇”之事迹的《烈女传》也会有记载，但《宋史·烈女传》中共收了近40名“奇女子”，却没有穆桂英的名字。

穆桂英这一女将形象，首次出现在民间小说《杨家将演义》中，而到了元初，小说家徐大焯在《烬余录》中，增加了一些情节，把穆桂英“嫁”给了杨宗保。小说的写法虚虚实实，不足为信。

穆桂英的名声之所以越来越大，很大程度上归因于大家对杨家将的感情。

古人说：“豹死留皮。”杨家将说的是杨继业、杨延昭、杨文广祖孙三代忠勇报国、战死疆场的悲壮感人的故事，如杨令公血洒陈家谷、杨延玉随父战死、杨七郎被万箭穿心等。这些故事早已深入人心，其人物形象已经基本确立，不可能做更多修改。要进一步塑造杨家将，只有在与他们相关的人身上做文章，因为此杨门女将也被塑造成抗辽英雄！

这也是人们表达爱憎的一种方式。

潘金莲真伪之谜

《水浒传》里描写的武大郎身高不足三尺，靠卖烧饼谋生，在很长一段时期内，他一直被当作窝囊男人的典型代表，也因此受到人们的鄙视，成了一个受苦受难甚至被人欺负的角色。但他有一个很貌美的妻子潘金莲，后因潘金莲与西门庆有染，继而二人商量毒死了武大郎。

而潘金莲被视为“千古第一淫妇”，承受着“淫妇”等道德意义上的唾骂。那他们的形象从何而来呢？无非是《水浒传》和《金瓶梅》这两部中国的古典文学名著所描述的。

他们是真实存在的人物，不仅仅存在于小说中。但人物形象可能与小说有差异。那么，历史上的他们是怎样的呢？

据河北省《清河县志》记载，武大郎姓武名植，清河县武家村人，县志和武氏家谱可以证实，武植身材高大，相貌不俗，根本不是《水浒传》中的“三寸丁、谷树皮”，他聪明好学，学识渊博，考中进士，北宋徽宗钦定其为山东阳谷县令。为官期间，他清正廉明，平反冤狱，治理河患，为百姓做了不少好事，世人尊称其为“武大郎”。

武家村中有一座纪念武植的祠堂，整个祠堂由前庭院、展览厅、武植碑、武植墓四部分组成。一进武植祠堂，便可见武植雕像及为其正名的图画文字。祠堂后院有座土冢，便是武植墓。据了解，此墓始建于明代，为悬棺合葬墓，土冢原高9米、直径约20米，树木葱茏。墓前有清乾隆年间武家后人所立护墓碑。

1946年年初，武植墓曾被掘开，村民亲眼看见里面的楠木悬棺，出土的武植骨殖高大，按照推算其生前身高应在一米八以上。他是清官，无值钱的随葬品。所以，真实的武植不卖烧饼，否则，哪来的楠木悬棺和青砖垒墓？

而清河县城东北的潘家庄（后改名黄金庄），便是被武家后人称作“老祖奶奶”潘金莲的家乡。潘金莲并不是潘裁缝的女儿，而是贝州潘知州的千金小姐，是一位大家闺秀。她知书达理，随武植到阳谷县赴任，两人十分恩爱，白头偕老，两人还共同养育了4个儿子。

可以说，历史的真实和我们所知道的相差太远，这么多年过去了，关于他们的错误认知非但没有减少，反而因四处流传而为更多人所熟知，是什么原因使无辜的他们遭受这样的冤屈呢？

这是因为武植在阳谷为官时，体恤民情，为民请命，官声很好。而当地的西门氏是“阳谷一霸”，为非作歹，民讼不断。武植不畏强暴，为民伸张正义，因此得罪了西门家族。西门氏对武植怀恨在心又没什么办法，就编排一些武植的坏话到处宣扬。

恰逢此时，武植的一个同窗黄堂家遭大火，便到阳谷找武植求助。他来到阳谷县一住半月，因武植一直忙于政务，只是在来的当天见了武植一面，便再也没有见过面。黄堂以为武植不想资助他，故意避而不见，所以一气之下回到清河县。一路上，他为泄私愤，在道旁、树上、墙上写了很多武植的坏话，还编排西门氏与潘金莲的“绯闻”故事诋毁武植。等他回到家中，只见一座新盖的房屋亮亮堂堂，他很奇怪，一问妻子才知道，原来武植得知黄堂的遭遇后就派人送来银钱，并帮忙盖好了房子，本想一切准备妥当之后再告诉黄堂，可是却引起了黄堂的误解。此时，黄堂懊悔不已，但已经晚了，民间已传得沸沸扬扬，武大郎和潘金莲的清誉毁于一旦。

《水浒传》的作者施耐庵没有弄清事实，将听来的东西经过加工整理，给武潘二人的声誉造成了不可挽回的损失。但他的后人却深明大义，努力为蒙冤的夫妻昭雪，黄堂也因太过自责而最终自杀。

清河县的县志也明文记载着武大郎夫妻真实的一面，但千百年来民众中流传的形象已经很难改变了。

李师师的下落之谜

北宋末年，在京城汴梁出了个倾国倾城的名妓，她不仅姿色出众，气质优雅，还能歌善舞，颇具大家闺秀之范。得知京城出了一个色艺双绝的名妓后，喜好寻花问柳的宋徽宗寝食难安，最后他竟然打扮成普通人的样子来到妓院，只为了一睹这位绝色佳人的风采。

后来，宋徽宗竟然不顾群臣反对，将李师师迎入宫中，册封为李明妃，直到宋徽宗将皇位禅让给宋钦宗后，李师师才被贬为庶人，逐出皇宫，结束了自己在皇宫的生活。

但离开皇宫后，李师师去了哪里？关于她的下落，主要有以下四种说法：

其一，李纲主持东京保卫战时，深明大义的李师师将全部家财捐赠出来，资助宋军抗击金兵。然而，李师师的努力是徒劳的，北宋的覆灭并不是她一个人就能改变的。靖康之难后，李师师逃出汴京，来到慈云观中做了女道士。如果这种说法是真的，那么与宋徽宗的其他后妃相比，她无疑是最幸运的。

其二，在金兵攻破汴京之后，李师师不幸被俘，随金兵北上，并嫁给一个身有残疾的金兵，默默无闻地度过了余生。清人所著的《续金瓶梅》等书中都有这种说法。

其三，汴京沦陷后，李师师辗转南渡。此时的她，美貌已不如从前，全无往日风姿，而且士大夫大多把她当作“红颜祸水”，不肯与她交往，最后她成为一个商人的小妾。这种说法在很多野史上都有记载。

其四，金主进入汴京后，垂涎李师师的美色，便派降臣张邦昌千方百计寻找，为讨金主欢心，张邦昌不惜重金悬赏，李师师最终被找到，但她不愿意伺候金主，先是用金簪自刺喉咙，但是没有成功，于是又折断金簪吞下自杀。大多数史学家都对这种说法表示怀疑，认为这只不过是后人借塑造李师师这一形象讽喻当世。

那么，一代名妓李师师的归宿究竟如何，恐怕永远是一个难解之谜了。

明末名妓柳如是为何自缢身亡

在明清易代之际，出现过一位著名的歌妓才女，她气质高雅，才色并茂，有着高尚的民族气节。在明王朝面临危难之际，她尽全力资助和慰劳抗清义军，因此名气很大，她就是柳如是。

柳如是生于天启二年（1622），她自幼聪慧好学，但由于家贫，从小就被卖给一个名妓做养女，妙龄时流落青楼。崇祯十四年（1641），刚满二十岁的她嫁给了东林党领袖钱谦益。康熙三年（1664），钱谦益去世，没过几天，柳如是就悬梁自尽，结束了自己的一生。那么，这位才艺双绝的明末名妓自缢的原因到底是什么呢?

有些史学家认为，因为受到他人逼迫，柳如是才选择自尽。这种说法是有一定道理的。柳如是嫁到钱家时，除了钱谦益的原配陈氏，另外还有几房侍妾。柳如是的到来，导致钱家的经济大权逐渐掌握在她的手中，这些自然会引起钱氏族人的不满。所以，钱谦益刚刚去世，攘夺家产的斗争也就随即爆发，这就是“钱氏家变”。

钱谦益尸骨未寒，族人却要瓜分他的财产，并且聚众大闹。再加上原配陈氏与其他侍妾失宠多年，早就对柳如是恨之入骨，因此趁着这个机会，每日堵门叫骂不绝，柳如是散尽千两白银，但众人还是喧闹如故。柳如是几经斡旋，终不成功。

丈夫走了，柳如是失去了依靠，而族人的无理取闹，也让她失去了生活的希望。于是她立下遗嘱，然后解下腰间孝带悬梁自尽，追随钱谦益而去。

另外，还有一些史学家认为柳如是与钱谦益感情深厚，因此殉节而死。但是，从史料中可以知道，在某些事情上，柳如是对丈夫的做法是极其不满的。例如，当清军兵临城下时，柳如是想和钱谦益一起投水殉国，钱谦益先是沉默不语，然后才走下水池试了一下水，说“水太冷，不能下”，柳如是则“奋身欲沉池水中”，最后被钱谦益托住而获救。

清军统一天下后，钱谦益作为明朝遗臣，又是一方名士，必定会引起新政权的注意，于是柳如是劝钱谦益以死保节，但钱谦益犹豫再三，最终答应了清廷召他入京为官的要求。

钱谦益的一生中有许多污点，虽然他后来辞掉官职，不再为清廷效力，但柳如是对他的所作所为仍然耿耿于怀，当钱谦益晚年不得意，说“想要死”时，柳如是甚至嘲讽说：“当初不死，现在已经晚了。”所以，柳如是为钱谦益殉节一说并没有多少说服力。

吴三桂是否真的冲冠一怒为红颜

“恸哭六军俱缟素，冲冠一怒为红颜”，自从这句经典诗句流传后，吴三桂降清的原因就被认为是“冲冠一怒为红颜”，甚至许多历史学家也认同了这一说法。陈圆圆似乎成了促使吴三桂降清的关键因素，因此她也被人辱骂了几百年。那么，历史的真相真的如此吗？

崇祯十七年春，李自成率领的农民起义军攻占北京，崇祯帝在景山自尽。推翻了腐朽的明王朝后，闯王接下来亟待解决的问题就是如何迅速招降吴三桂统领的官军。

当时，身为辽东总兵的吴三桂手握重兵，驻守山海关，其背后是南下的清兵，而南面则是势头正旺的大顺军队，吴三桂的选择将对这场战争起着决定性的影响。据《明史》记载：“初，三桂奉诏入援，至山海关，京师陷，犹豫不进。自成劫其父襄，作书诏之……”由此可见，李自成确实想要招降吴三桂，那么，吴三桂的反应又是怎样的呢？

对于李自成的招降，吴三桂在经过反复考虑后，决定先试探一下部将们的想法。于是，在一个例行的会议上，他问手下将领："然非借将士力不能以破敌，今将若之何？"众部将猜不透他的心思，因此均沉默不语。看到大家都不说话，吴三桂终于亮出底牌，说："今闯王使至，其斩之乎，抑迎之乎？"在吴三桂这种带有暗示和压力的逼问下，众部将终于明确表示"今日死生惟将军命"，听了手下的回答，吴三桂最终决定"报使于自成，卷甲入朝"。

当吴三桂带领将士行至半路时，却又突然转而投靠清兵，那么原因何在呢？有史学家认为，在半途中，吴三桂得知自己宠爱的陈圆圆被闯王部将刘宗敏掠为己有，于是愤恨至极，转而乞降清兵，吁请清军"灭流寇于宫廷，示大义于中国"。

但是，在《明季北略》这本书中，却有着这样的记载："自成入京，刘宗敏系吴襄，索沅（沅，指陈圆圆）不得，拷掠酷甚。三桂闻之，益募兵七千。三月二十七日，将自成守边兵二万尽行砍杀，止余三十二人，贼将负重伤逃归，三桂遂居山海关。"这也就是说，刘宗敏因为没有得到陈圆圆，而是对吴三桂的父亲吴襄严刑拷打，最终导致吴三桂与李自成反目成仇。

而且，作为一个藩王，吴三桂必然会维护自己阶级的利益，保证自己的荣华富贵，即使他带兵归降李自成，也不过是一种政治投机而已。况且闯王攻占北京后，将明朝的降臣全部投入监狱，并追缴他们贪污所得的赃款，而清廷则对吴三桂许以高官厚禄，这也就必然导致吴三桂做出降清的选择。

在吴三桂降清这件事中，陈圆圆无疑是最无辜的，根深蒂固的男权主义总是让一些弱女子作为替罪羊，来背负着冤假错案，以便为男人的错误开脱，这就是所谓的红颜误国。

名妓陈圆圆的结局之谜

山海关战役后，吴三桂从李自成手中夺回陈圆圆。随后他被清政府封为平西王，陈圆圆也跟着他去了云南。那么，之后的陈圆圆又经历了哪些事情？她的结局如何呢？

史学界流传的一种说法是，随着陈圆圆年老色衰，好色的吴三桂逐渐开始对她厌倦，转而疼爱"四面观音""八面观音"（吴三桂宠妾的绰号）。看破红尘的陈圆圆决意吃斋念佛，不与他人争宠。虽然她还住在吴三桂的寝宫，但独处一室，常年吃素，基本与外事隔绝，和“出家”无本质区别。

另一种说法，当清兵攻破昆明城时，吴三桂之孙吴世潘服毒自杀，而吴世潘妻子与陈圆圆均自缢而亡。还有一种说法则是陈圆圆绝食而死。清代文人孙旭在《平吴录》中记载：“（吴三桂叛乱失败时）桂妻张氏前死，陈沅（圆）及伪后郭氏俱自缢。一云陈沅不食而死。”《平滇始末》也说：“陈娘娘、印太太及伪皇后俱自缢。”但又有人说，陈圆圆在吴三桂兵败后，没有自杀或者绝食而亡，而是在昆明归化寺出家，法名“寂静”。

直到1983年，贵州岑巩县的考古工作者提出“陈圆圆魂归岑巩”的说法，被多数学者所接受，至此，有关“陈圆圆结局”的争论才告一段落。据考古学家称，在岑巩县水尾镇马家寨狮子山上有一个土堆，便是陈圆圆的墓。墓碑上刻有“故先妣吴门聂氏之墓位席，孝男：吴启华。媳：涂氏。孝孙男：仕龙、仕杰。曾孙：大经、大纯……皇清雍正六年岁次戊申仲冬月吉日立”。原来，马家寨的人全部姓吴，是吴三桂的后代。当年，吴三桂战败，其爱将马宝将陈圆圆与吴三桂的儿子吴启华偷偷送至四州（今岑巩）。后来，吴启华为纪念马宝的救命之恩，也为躲避清朝政府的追杀，就改姓马，其居住的寨子就叫马家寨。陈圆圆死后，家人不敢明目张胆地写上她的名字，便采用暗语。“先妣”指已经去世的母亲；“吴门”既指代吴家，也表明这里所藏之人是苏州人，古时候苏州亦称吴门；“聂”可看作“双耳”，陈圆圆本名姓邢，后跟养母姓陈，邢和陈都带有“耳”字旁，且“双”字含有美好、团圆之意，因此“聂”暗指陈圆圆，“位席”有正妃之意，表示其地位崇高。于是墓碑上“故先妣吴门聂氏之墓位席”可以理解成“母亲苏州人氏陈圆圆王妃之墓”。但后来有人根据史书记载，马宝在楚雄继续对抗，最后兵败被俘，被押送省城，终被凌迟致死。因此认为马宝没有去过四州。

一代美女陈圆圆究竟是看破红尘出家为尼，还是为吴三桂殉情，抑或吴三桂兵败后她隐姓埋名生活数年？至今，史学界还没有统一定论。

董小宛身世之谜

秦淮名妓董小宛，才艺双全，名满金陵。她与“复社”中的书生冒襄（即冒辟疆）一见钟情，双双遁迹杭州，结成夫妻。顺治二年（1645），清兵攻陷杭州，董小宛被掳掠，随后又被献给清世祖顺治皇帝。顺治帝对董小宛恩宠有加，封其为淑妃，为六宫粉黛第一美人。然而，董小宛红颜薄命，不久就离开人世，顺治帝悲痛欲绝，他感到人生虚无，万物皆空，也无心再做皇帝，就遁入山西五台山，削发披缁，皈依净土。

世人认为，董小宛就是顺治的爱妃董鄂妃，不难看出顺治帝对董鄂妃的感情是非常深厚的，都说顺治皇帝就是为了她而出家的。

那么，董小宛到底是不是董鄂妃呢？

在历史上，董小宛确有其人。董小宛（1624—1651）名董白，除了“小宛”，她还有一个号“青莲”。她与陈圆圆、柳如是、李香君、顾眉、朱无瑕、马湘兰等，都是明末举世艳称的名妓。她出生在明天启四年（1624），崇祯十七年明思宗朱由检自尽时，她已经20岁了。而此时的清世祖爱新觉罗·福临，也就是顺治皇帝，他的年龄最多也超不过7岁（因为直到七八年之后，14岁的小皇帝才够年龄册立他的第一位皇后）。即使那个年代大多早婚，但尚不谙世事的7岁小皇帝还不懂男女之情，怎么可能爱上一个比他大十几岁的女人呢？

而真正的董小宛在崇祯末年便从良了，当时她19岁。她的丈夫冒辟疆，名襄，号巢民，江苏如皋人氏。冒辟疆与方以智、陈贞慧、侯方域一起，被共称为明末的“四公子”。明朝灭亡之后，他便隐居乡里，终生不仕。才色双绝的名妓，嫁给颇具民族气节的名流公子，还是十分般配的。在顺治八年，一代名妓死在水绘园影梅庵家中。

董鄂妃（？—1660），据《清史稿·后妃传》的记载：“孝献皇后，栋鄂氏，内大臣鄂硕女，年十八入侍，上眷之特厚，宠冠后宫。”就是说董鄂氏（后来的董鄂妃）是内大臣鄂硕的女儿，18岁入宫，很受顺治的宠爱。当董小宛去世时，董鄂妃刚年满13岁。

可以看出，董小宛嫁给冒辟疆后，两人生死与共，没有分开过，董小宛死后，冒辟疆还写了一篇《亡妾董小宛哀辞》悼念她，并把她葬在影梅庵，所以董小宛是不可能到宫里去当顺治帝的妃子的。

董小宛和顺治帝两人的年龄差距也是一个关键因素，明崇祯十二年（1639），董小宛和冒襄相识，当时董小宛16岁，这个时候顺治皇帝才只有2岁。清入关以后的顺治八年，顺治皇帝14岁，那一年董小宛28岁，且她当年就去世了。而顺治皇帝和董小宛年龄相差14岁。

显而易见，董小宛和董鄂妃根本不是一个人。

那么，为什么民间传说会将董小宛与董鄂妃拉到一起呢？可能是因为她们俩的姓中都有一个“董”字，又都是倾国倾城的绝色佳人。一些文人在编写野史时，为了使情节离奇，从而有吸引力，便采用了移花接木的手法，将董小宛说成是董鄂妃。董小宛是江南名妓，有一段不同寻常的经历；顺治是个懦弱的、重感情的情种，有一段缠绵的婚姻史，这种情况到了文人的笔下，经过添枝加叶，杜撰出许多无根由的情节来，于是一部具有传奇色彩的故事便诞生了。

真实的香妃是否体有异香

香妃，一个从异域而来的极具传奇色彩的女子，体带异香，美艳绝伦。她到底是民间的演绎，还是真实的存在？滚滚红尘，宫阙千重，香魂何在？

据传，乾隆时期，回部发生叛乱，清军入回疆，定边将军兆惠俘获一位回部王妃。此女子天生丽质，更奇怪的是她通体散发沁人心脾的异香，有人说是沙枣的香气。因此，人们称其为香妃。乾隆对她大为倾心，执意纳之为妃。为讨香妃的欢心，专门在西苑建造了一座宝月楼，供香妃居住，并常亲临探视，望其顺从。然而香妃性格刚烈，并身藏利刃，表示誓死不屈的决心，还时常因思念家乡而凄然泪下。

皇太后得知此事，召见香妃，问她：“你不肯屈志，究竟作何打算？”香妃以“唯死而已”相答，太后说：“那么今日就赐你一死。”香妃拜谢，于是，太后趁乾隆帝单独宿斋宫之际，命人将香妃缢死。

香妃死后，乾隆悲伤不已，最后以妃礼将其棺椁送往故乡安葬。一百多人的送棺队伍，走了三年，才把她送回喀什，葬归故里。

传说虽引人入胜，却与历史相去甚远。

据史料记载，乾隆先后有嫔妃四十多人，只有容妃来自叶尔羌（今新疆莎车）回部，一般认为她就是传说中的香妃，但实际上容妃并不是被掠进宫的。而是因为当年容妃家族反对叛乱，拥护朝廷平叛有功，而被乾隆召进北京，封官晋爵，容妃的父亲和哥哥为了感谢皇帝的恩德，也为表对朝廷的忠心，决定把聪明美丽的妹妹送进皇宫，服侍皇上。

全宫上下对她的印象都很好。乾隆二十六年（1761），乾隆帝奉皇太后懿旨，晋封容妃为和贵人。第二年，举行了容妃的册封礼。而容妃的哥哥图尔都被晋封为辅国公。乾隆三十年（1765）一月，皇帝第四次南巡，容妃和图尔都随驾同行。皇帝的妃嫔很多，而外出陪驾的妃嫔只有几位。容妃能够随驾，表明她在皇帝心目中的地位很高。一路上，容妃兄妹第一次游览了祖国内地的壮美山河，大开了眼界。

从随乾隆帝南巡可以看出，容妃深得乾隆帝的宠爱，而且还被特许容妃在宫中着本族服装，并配备回部厨师。

在史籍与档案中，也未见容妃有体散异香的记载，更无被皇太后赐死的结局。可见，容妃并无香妃的曲折经历，她不是香妃。

另外，有史料证明，乾隆帝下令在西苑建宝月楼的目的不是为了容妃（或称香妃），乾隆在《御制宝月楼记》中讲得很明白，因为南海的南岸是背靠皇城的狭长地带，原来没有皇室，从瀛台上望去过于空旷，修建宝月楼可起到屏障、遮挡之用。从时间来看，宝月楼建在容妃进京之前，即乾隆二十三年（1758），当时乾隆帝并不知道和卓氏进京并能为己所爱。所以，乾隆不是为了取悦香妃而建宝月楼。

因此，香妃只是人们心中的一个美丽女子，经过文人墨客的渲染，以及野史绘声绘色地描写，逐渐使人们相信她的存在。至于香妃体香引来翩翩蝴蝶，死而复生，最后被小燕子和紫薇救出宫闱，则又是琼瑶为野史续添的一笔。

东太后慈安死因之谜

慈安太后原是广西右江道穆扬阿的女儿，在咸丰为皇子时，她就已经是咸丰的侧福晋，咸丰驾崩后，她被晋封为慈安太后或东太后，与西太后慈禧相对应，共同垂帘听政。

光绪七年（1881）三月初十，德高望重的慈安太后突然暴毙宫中，年仅45岁。对于慈安太后的死因，朝野上下议论纷纷，因为在其死后，两宫共同执掌朝政的格局变成了慈禧一人垂帘听政，所以人们就将她的猝死与慈禧联系到一起。

据野史记载，咸丰皇帝在临终时，曾给慈安秘密留下一道遗诏，要她监督慈禧，并指示她“若慈禧安分守己则可，否则汝可出此诏，命廷臣传遗命诏除之”。

咸丰死后，慈禧曾宠爱过一个金姓的京戏演员，有一次，慈禧生病，慈安到其住处探视，却发现慈禧与这个京戏演员同床共眠。慈安大怒，对慈禧“痛数责之”，并将咸丰留下遗诏之事说出。慈禧听闻后大惊失色，连连认错，并命人将金某杀死，这才获得慈安的谅解。从那以后，慈禧就想方设法讨好慈安，终有一天，慈安被慈禧的假面目蒙骗，在慈禧面前将密诏烧毁。后来慈安偶染小疾，慈禧派人送去一服药，慈安吃后在当晚暴毙。

对于慈安的死因，其他野史也有不同的记载，在《清朝野史大观》中有这样的记载：慈安在患病之后，慈禧命御医故意给慈安配置不对症的药，慈安因此被害死。在《清稗类钞》中却说，光绪七年，慈禧身患重病，因此不能过问朝事，慈安在这段时间独揽朝政，这让慈禧感到非常不满，于是就诬陷慈安贿卖官爵，干预朝政。慈安感到非常气愤，但是因为言语木讷，争辩不过慈禧，因此吞咽鼻烟壶自杀。

从上面的记载我们可以看出，不管慈安是被“毒死”“错药致死”还是“自杀”，所有的矛头都指向慈禧，慈禧谋害慈安似乎是唯一的事实。但有的学者却倾向于“病死”的说法。

这些学者指出，在《翁同龢日记》中曾经记载过慈安的两次病史。一次是同治二年（1863），“慈安皇太后自正月十五日起圣躬违豫，有类肝厥，不能言语”，这次疾病共生了24天，按照现代医学观点，“有类肝厥，不能言语”应该被视为脑供血不足，是中风的先兆；另一次是同治八年（1870），据记载，“昨日慈安太后旧疾作，厥逆半时许”。这次所谓的“厥逆”依然是脑供血不足发作。

由此可见，慈安患有脑血管疾病，而且在她猝死前的一段时间，由于慈禧生病，一直是她独理朝政，不善于管理朝政大事的她自然感到身心疲倦。而在其暴毙的当天，在朝堂上，许多大臣都看到她两颊微红，犹如醉色，这说明连日的劳累与压力已经使她的血压升高，当晚如果没有好好休息，很可能会诱发脑出血，导致死亡。

朝廷在光绪七年三月初十日发布的正式哀告中，也证明慈安是正常死亡，报告中写道：“初九日，慈躬偶尔违和，当进汤药调治，以为即可就安。不意初十日痰涌气塞，遂致大渐，遽于戌时仙驭升遐。呼抢哀号，曷其有极。”这份报道详细记载了慈安从发病到死亡的整个过程，也宣告慈禧谋害慈安的说法并不成立。

敢和皇帝离婚的女人

“我要离婚。”有个女人轻轻地说出这句话，声音不大，却把中国最后一位封建皇帝溥仪吓了一跳，也顺便给当时名存实亡的清朝皇室一记难堪的耳光。

这个要和皇帝离婚的女人叫文绣，是满族鄂尔德特氏端恭之女。尚不满13岁的文绣大概想不到，溥仪随手画的一个圈彻底改变了她的命运，也没想到自己的大半生都将被圈在里面。

1921年，已经退位但仍然保留帝号的溥仪要选皇后，亡国之君自然不能再像盛世时的皇帝一样在全国“选美”，但溥仪选后的消息还是让很多人异常兴奋，毕竟，皇后那顶华丽的桂冠还是很有吸引力的。文绣的父母和五叔决定将她的照片送入宫中应选，起初文绣誓死不从，但其反抗的力量太小，最终也只好无奈地接受了这个事实。

溥仪圈中的人正是文绣，但由于当时文绣的家族已经衰落，光绪帝的遗孀坚决反对立她为后。最后，满洲正白旗郭布罗氏荣源家的女儿被立为皇后，也就是婉容。由于皇上已经圈过文绣，她不可能再嫁给臣民了，所以文绣被立为“淑妃”，和婉容一起进了宫。

就这样，13岁的文绣嫁给16岁的溥仪，成为末世皇帝的妃子。

表面看上去，家境贫寒的文绣就像是幸运地得到了水晶鞋的灰姑娘，可惜，她所嫁的并不是骑着白马的王子，而是爱抽大烟的溥仪。这位年轻的亡国之君，因无力逆转历史的走向，心里充满穷途之哀，只能日复一日注视着大清王朝与天际的夕阳一起陨落。

文绣入宫之初，溥仪对她十分眷恋。但对于帝王而言，女人往往只是工具或者玩物而已，他们需要的是那种俯首帖耳、唯命是从的女子，连有名无实的皇帝溥仪也不例外。然而，文绣却偏偏不是这种女人。从进宫的第一天起，她心里就对这不能掌控的命运充满了抵抗的情绪，她的不安与反抗开始表现出来，甚至偶尔会流露出要求自由与平等的思想，这在当时是非分之想。于是溥仪渐渐疏远了文绣，以至于后来她与皇后婉容发生矛盾时，溥仪也明显偏袒皇后。

1925年11月，冯玉祥发动“首都革命”，溥仪被赶出了皇宫。几个月后，文绣随溥仪搬到天津，并在静园中郁闷地过了六年多。这段时间，脱离了皇宫里无形的封建纲常的压制，文绣很想改变在宫中的生活方式，甚至希望能与溥仪保持平等的身份。这些想法不仅没能改善她与溥仪、婉容的关系，反而使溥仪对她的态度从冷淡变成了反感。据说当时溥仪与婉容住在二楼，文绣住在一楼，平日里基本不相往来，形同陌路。对于溥仪与婉容来说，文绣就像是局外人一样。文绣后来曾将自己形容为“哀苑鹿”，称“鹿在苑内，不得其自由，犹狱内之犯，非遇赦不得而出也”。

1931年，在一次与溥仪争吵之后，文绣心中的委屈与愤怒终于爆发，她离开了静园，并向溥仪提出了离婚。皇帝的妃子要离婚！这在当时引发了极大的轰动，少数思想开化者对这场“妃子革命”表示支持，但大多数守旧者发疯般地围攻“淑妃”，指责她大逆不道。

事态愈演愈烈，多番沟通后溥仪自知再也无法劝回文绣，又不想把帝王家的家事闹上法庭，只好同意离婚并签订了和解议案。这场风波搅动得天惊颤、地惊悸，人间更是一派哆哆嗦嗦。文绣终于把婚离了，但离婚的议案中却有一道符咒：文绣必须承诺“永不再嫁”。

为了挽回体面，1931年9月，溥仪在京、津、沪的报纸上刊登了“上谕”：“淑妃擅离行园，显违祖制，撤去原封位号，废为庶人，钦此。”离婚的事实被冠以“废妃”的名号，清朝皇室的体统与尊贵似乎得到了保全，但在现在看来，这样局促的窘态似乎更加可笑。

比文绣更加悲惨的是，皇后婉容最终落了个疯癫的下场。她们是中国封建社会的最后一代皇后和皇妃，她们既是帝制时代的牺牲品，更是近代社会巨变的缩影。

庶人篇　出身乡野间，平地起惊雷

鲧被谁所害

在上古神话中，鲧其实是普罗米修斯式的一个悲剧英雄。他是有先见之明的神，他帮助人类摆脱灾难的困扰，但在他就要成为治水英雄时，天神嫉妒鲧的伟大而杀了鲧，不过鲧没有放弃解救人类苦难的夙愿，他给人类留下了另一个继承治水大业的英雄——禹。

大禹治水，功绩显赫，天下人皆知。然而有多少人知道鲧的故事？

据《山海经·海内经》记载："洪水滔天，鲧窃帝之息壤以堙洪水，不待帝命。帝令祝融杀鲧于羽郊。鲧复生禹，帝乃命禹卒布土以定九州。"

又有《左传·昭公七年》曰："昔尧殛鲧于羽山，其神化为黄熊，以入于羽渊，实为夏郊，三代祀之。"

历史上，鲧由于治水不成功而被身为帝王的尧下令处死。据《史记·夏本纪》记载："禹之父曰鲧，鲧之父曰帝颛顼，颛顼之父曰昌意，昌意之父曰黄帝。"原来鲧既是治水功臣禹的父亲，还是黄帝的曾孙。可见，鲧是皇家子弟，是名门之后。只可惜，鲧赶上了一个悲剧的时代。

鲧在生年之时，正值洪水连年泛滥，当时尧身为天子，治水之心非常急切。由于鲧平日里才华横溢，很多大臣都推荐他去治水。虽然尧有"鲧为人负命毁族"的想法，但是由于民心所趋，最终还是让鲧上任了。鲧上任领导治水九年，历尽艰辛劳苦，终不得将洪水堵退。最后他想出了偷偷用"息壤"堵水的办法。

屈原在《天问》中疑问道："顺欲成功，帝何刑焉？"又问道："永遏在羽山，夫何三年不弛？伯禹愎鲧，夫何以变化？"鲧用息壤治水就要成功的时候却被尧发现了，尧收回息壤，又派人将鲧杀死在羽山之上。传说鲧死后，其尸体三年不见腐烂，有人用刀将他的尸体解剖之后，大禹出生，而鲧则化作黄能（一种灭迹了的动物）升入天空之中。

鲧由于治水失败而根据问责制度被处死，他可谓是一位蒙受冤屈且一生悲壮的人物，但鲧的死似乎又是历史的必然。正是由于鲧的牺牲，才促使大禹在他的治水生涯中能够殚精竭虑，三过家门而不入，终得治水成功。可见，大禹治水是站在鲧的肩膀之上，借着鲧用生命换来的宝贵经验才最终成功的。

“丐帮”的前世今生

乞丐有着相当久远的历史，它似乎先于文明社会产生，是文明社会的一个长期的历史现象。

乞丐作为一个职业化的身份最早大概出现于六朝时期。乞丐结成一个团体，这有很强的现实性和必要性，因为乞丐要饭受人欺负，更容易被狗咬，不聚集在一起怎么能生存下去呢？于是就有了“丐帮”这个名称以及组织。

武侠小说中的丐帮是天下第一大帮，他们聚伙为帮，打抱不平，伸张正义。到了宋朝，丐帮竖起“扶宋抗金”的义旗，他们以民族大义为己任，成为武林泰斗。

但历史上真的有丐帮吗？丐帮是怎样形成的呢？

中国历史上确实是有丐帮存在的，虽然丐帮没有金庸笔下的“打狗棒法”和“降龙十八掌”，但是丐帮作为一个严密的组织其势力不可小觑。

从一些记载丐帮活动的史料上看，丐帮活动的踪迹在宋代已经存在，在当时的大城市中，丐帮帮主的名称“团头”已经出现，宋元时期的很多文献和小说中就有乞丐“团头”的故事。宋元话本小说《金玉奴棒打薄情郎》讲的是在杭州城里的一个乞丐头目金老大，拿着手中象征领袖标志的棒子，统领全城的乞丐，他向乞丐收取例钱，并为乞丐服务。这说明在宋元时期，丐帮已然发展成一个组织严谨的社会团体了。

丐帮的“团头”即丐帮帮主，那么丐帮自然存在。史料表明丐帮形成于两宋时期，但学者发现丐帮的形成、发展和古代秘密会社的发展史有一定的相似性。不但如此，宋代丐帮的规模还具有一定的地域性。

当时的丐帮遍布在每个地方，只要是稍微大一点的城市都有丐帮组织。比如北京的丐帮分为“蓝杆子”“黄杆子”。“黄杆子”是由落魄的八旗子弟组成的，是比较高级的丐帮。“蓝杆子”则是普通乞丐组成的组织。按现在的话说就是，一个是落魄的白领，一个是穷苦的蓝领。当时各地的丐帮名称不一，湖北有“箩筐会”、江西有“边钱会”，江西、福建、浙江交接的地方有“花子会”“食巴会”等。

丐帮的形成和发展与各个时期的政治安定、经济发展情况是紧密联系在一起的。在封建社会，百姓没有土地就有沦落为乞丐的可能，丐帮的规模可想而知。如不建立一个自律与保护的组织，那么时间长了就真成了“朱门酒肉臭，路有冻死骨”。因此，丐帮规模的每一次壮大和发展必然是当时政治社会状况的反映。

鲁班就是公输般吗

成语“班门弄斧”的“班”就是指鲁班。他生活在春秋战国时期，出身于工匠世家，从小就参加社会劳动，逐渐掌握了许多土木工程方面的经验。

他是我国古代最杰出的土木建筑工匠，也是著名的发明家，长期以来受到劳动人民的尊敬，当今的工匠都把鲁班尊称为“匠师之祖”。他在东汉史学家班固的《汉书·古今人表》中的人物排位在孔子之后，墨子之前，足见人们对鲁班的崇敬之情。另外，我国设立的“鲁班奖”是国内建筑行业工程质量方面的最高荣誉奖。

但“鲁班”这个称谓在文献资料里找不到，这个名字是后人对公输般事迹的探索研究而得出的，而历史记载的名字是公输般。那是如何确定他们是同一个人的呢？从纵向时间对比来看，我们可以发现，大多史料都有公输子、公输般、公输盘等称谓，而我们经常用的鲁班却是在先秦以后的文献中找到的。因此关于鲁班和公输般是否是同一个人产生了两种相异的看法。

第一种说法是我们现在沿用的，即鲁班和公输般是同一个人。

东汉经济学家赵岐的《孟子章句》、东汉高诱的《孝经注》《战国策注》《淮南子注》《吕氏春秋注》等都认为公输般是鲁班的号。以上都可以证明鲁班和公输般其实是一个人的不同称谓而已。

第二种说法是公输般和鲁班不是同一个人。《礼记·檀弓》记载：“季康子之母死，公输若方小。敛，般请以机封……”其中提到的季康子和孔子都是生活在春秋年代，那公输般也应是同一个年代的人。如果这个推论成立，那么《墨子·公输》及《战国策·宋卫》所提到的公输般在时间上不符合。因此有很多学者认为公输般和鲁班是两个不同的人。

从鲁班的成就可以看出他是优秀劳动人民的代表，他一生涉足多个行业、不同学科，并在这些行业都有很多重要的发明创造，最早并没有鲁班这个称呼，真实的称谓其实是公输般。之所以出现“鲁班”这个称谓，源于民间百姓流传演义，是同一个人的不同称谓。

为什么说墨子是古代“黑帮头目”

墨子是鲁国人，出身贫寒，自称为下等人，穿草鞋，这个说法出自《庄子·天下篇》：“使后世之墨者，多以裘褐为衣，以跂蹻为服。”年轻时候的墨子也学过儒家思想理论，但是他很快便觉得这套理论不适用自己，因此，便创立了墨家学说。

为了宣传他的思想和主张，墨子广招学徒，并建立了一个组织称作墨家。墨家是一个有着严密纪律和组织的团体，最高领袖即老大称作“巨子”，所有的墨家成员都是“墨者”，墨者必须服从巨子的指挥，为了达到目的完全可以舍身成仁。按照当时的说法就是“赴汤蹈火，死不旋踵”。从墨家的这些纪律可以看出其完全有黑社会组织的特征，但墨子的“黑社会组织”干的不是杀人越货的勾当，而是提倡“兼爱、非攻”。其实，墨子最初的目的就是消灭战争。

墨家这个社会组织具备以下特征：

一是墨家是一个比较稳定的组织，而且人数较多，有明确的组织者、领导者（巨子），骨干成员基本固定（亲信弟子达到数百人之多）。

二是墨家有组织地通过各种方式获取经济利益，具有一定的经济实力，支持该组织的运行。墨子将所有的墨者培养成技术精湛的工人，小到做家具，大到搞建筑，都是专业人士，而且收费便宜、童叟无欺，于是墨者成为当时受百姓欢迎的手工业者。他们还制造武器，但是这些武器不卖给侵略者，只卖给防守者。这与墨子“兼爱、非攻”的主张极为符合。墨者这些自力更生的社会劳动活动获得了大笔经费，使得墨家的活动在经济上得到了保障。

墨家在鼎盛的时候人数多达千余人，其在战国的影响力可见一斑。墨家要求每位墨者都要有一技之长，平时如果有买卖他们就去做，如果没有就聚在一起做技能训练，以备不时之需。如果有弱国遭遇攻打，百姓有难，他们就前去救苦救难，当时的墨家成为弱国和弱者的保护神。

“兴天下之利，除天下之害。”这句话的意思是说，对天下有利的事情，墨家支持发扬；对天下有害的事情，墨家不仅坚决反对，而且一定要消灭。这就说明墨子建立的这个组织以拯救黎民苍生为己任。他们理想的社会是人人兼爱，人人非攻，只有这样才能换来和平。也就是“若使天下兼相爱，爱人若爱其身，犹有不孝者乎”？

我们从墨子的思想中还可以看到其朴素的江湖道义：无言而不信，不德而不报，投我以桃，报之以李。意思是说，没有不守信的话，没有不报答的恩德，你投我桃子，我用李子回报。

墨子在战国那样一个乱世宣扬“兼爱、非攻”的思想，还创立了宣扬和维护这种主张的组织，我们从他的思想里可以看出其类似于“黑社会”的组织机构和江湖道义。也许墨子就是中国古代最早的“黑社会”老大。

陈胜、吴广并非贫农出身

从相关历史中可以知道，陈胜、吴广领导的起义被称为“中国历史上第一次大规模的农民起义”。他们是秦王朝最底层的贫苦农民，是率先举起反秦大旗的功臣。他们揭竿而起，点燃了人们心中抗秦的怒火，一时间“云集响应”，最终推倒了秦王朝的“大厦”。

人们对于陈胜、吴广的出身，产生了一些异议，主要因为司马迁在《史记》中写的两句话：一是“陈涉少时，尝与人佣耕”，还发出了“苟富贵，无相忘”的自我宽慰与愁叹；二是“二世元年七月，发闾左適戍渔阳，九百人屯大泽乡，陈胜吴广皆次当行”。

古时有“凡层以富为右，贫弱为左”的说法，而秦朝的闾左住的是贫民，闾右住的是富人。“屯长”一词很关键，从此词可以推测出陈胜与吴广当时的身份和地位。

根据相关资料可知，屯，即一屯之主将或统帅，是秦代军队中的下级军官，属于秦二十级爵位中的第五级爵位大夫，职俸是二百石，仅次于县尉的带兵干部，这样看来，这个“屯长”绝不是一般贫苦农民可以担任的。根据秦朝法律，当官为吏必须有爵位，基层官吏由豪帅担任，不会随便从闾左贫民中挑选，一般贫民也没有资格担任任何官职。陈胜、吴广被任命为屯长，说明他们不是地方豪强，就是有爵位的人。

在《史记》的一些细微之处，也透露出了陈胜、吴广与普通农民间巨大的身份差别。起义前，陈胜说的第一句话是“公等遇雨……”，这个“公”字，在古文中对自己来说是一个谦辞，表示对别人的敬重；“等”字则点明了人数较多。同时它还表明了陈胜与他的对话者的身份是根本不同的。接下来“藉弟令毋斩……”中的“藉”字的含义，应与今天我们常用的“即使”“即令”相通，表示退让的意思；而“弟”字则更是在众人面前对自己的谦称，从而说明陈胜的身份与戍边农民是有区别的。“藉弟令毋斩”中的“令”字，没有一定权势是说不出来的，更何况还是“令毋斩”！这段话的完整意思应该是：诸位遇到天降大雨，戍边已经失期，按法律都得杀头，即使兄弟我下令不斩，你们的前途也十分悲惨，因为戍边的死者占十分之六七……

由此我们可以梳理出他们的人生轨迹：城邑平民出身，有冠还有字（刘邦当时便没有字），有特殊背景，掌握着九百名戍边农民的命运，绝非是简单的无地、无宅、无地位的贫苦农民。

蔡伦自杀的真相

蔡伦，我国古代四大发明之首造纸术的缔造者，但很少有人知道这位天才发明家的人生轨迹，他的结局也不为人们所熟悉。

蔡伦在永平十八年（75）被选中入宫做太监。蔡伦自进宫那天就处处小心、事事留意，深得内务总管的赏识。第二年他便升为小黄门，不久，蔡伦又被提拔为黄门侍郎，最重要的工作就是负责宫里宫外诸事的传达及引导、安排朝见皇帝的人就坐等。这个工作使他能经常接触王公大臣及后宫嫔妃。久而久之，他就被莫名其妙地卷入了后宫的明争暗斗中。

在当时的后宫，母以子贵、子以母贵，两者是相辅相成的。汉章帝的皇后窦氏不能生育，她很嫉妒生了皇子的嫔妃，所以她要想法设法将这些嫔妃打倒，以维护自己的地位。蔡伦迫于窦皇后的权威成了帮凶，为了杀一儆百，她第一个下手的就是太子刘庆的母亲宋贵人。窦皇后指示蔡伦诬陷宋贵人通过一些邪门歪道蛊惑皇帝，于是宋贵人被贬黜，根据宫廷母子关系的捆绑，太子刘庆被废为清河王；后来又威逼梁贵人，把尚在襁褓中的刘肇认作自己的儿子，并让皇帝立刘肇为太子。

窦皇后很感激蔡伦，因为他协助自己拔掉了“眼中钉，肉中刺”，于是蔡伦加官晋爵不在话下。尤其在章和二年（88），汉章帝驾崩，10岁的刘肇顺理成章地继位了，窦太后垂帘听政，独揽大权。蔡伦被委以重任负责陪伴小皇帝，必要时可以参与国家大事。

10年后，窦太后去世，蔡伦敏锐地察觉到局势，投靠了他的新主子，也就是刘肇的皇后邓绥。由于邓皇后是一个才女，喜欢吟诗作赋，因此她想要一种比帛纸质地更好的东西来写字作画。蔡伦知道自己的机会来了，他在总结先人造纸经验的基础上，加以改进，终于发明了造纸术，受到皇后等人的高度赞扬。

就在蔡伦还沉浸在自己发明的喜悦当中时，一个消息传来，汉和帝刘肇英年早逝，留下邓皇后和不满两岁的幼帝。祸不单行，随后邓皇后的幼帝不幸夭折，国不可一日无主，在权衡利弊后，邓太后决定立自己的皇侄子刘祜为太子，虽然刘祜是“摆设”，邓太后握有实权，但这个消息也着实把蔡伦吓了个半死。因为刘祜就是当年被窦太后和蔡伦陷害的清河王刘庆的儿子、宋贵人的孙子。

由于邓太后宠爱，蔡伦过着一人之下万人之上的日子，他还被封为“龙亭侯”，他发明的纸就是“蔡侯纸”，可见当时的蔡伦是多么的风光，邓太后还给他一个官职：长乐太仆。这个官职就是在太后无暇处理公务的时候，蔡伦可以合法地代为处理。所谓“日中则移，月满则亏”，就在他权倾朝野的时候，一个对蔡伦来讲绝对是“地震式”的噩耗传来，邓太后病卒。

安帝刘祜继位的第一件事就是反攻倒算，为自己的父亲和奶奶出口恶气。主谋窦太后早已不在人世，但这笔债总得有人来偿还，于是蔡伦被革职查办。蔡伦深知死罪难免，为了体面地死去，他选择了服毒自尽。

纵观蔡伦的一生，由于参与政治斗争使得他成为牺牲品，但是他的历史功绩也不可抹杀。

华佗国籍之谜

华佗，字元化，沛国谯县（今安徽亳市）人。历史记载他享年近100岁，是古代著名的医学家，精通内科、针灸和外科手术，并发明了一种麻醉药剂“麻沸散”。他还模仿虎、鹿、熊、猿、鸟的动作，创造了健身操五禽戏。

因其医术高超，所以千百年来，他深受人们的崇敬和爱戴。然而，国学大师陈寅恪宣称：华佗并不是中国人。他的判断主要依据以下两点：

第一，他认为，天竺语（即印度梵语）“agada”是药的意思，旧译为“阿伽陀”或“阿羯陀”，是内典中的常见之语。“华佗”二字古音与“gada”相适应。“阿伽陀”省去“阿”字者，就好比“阿罗汉”可以省略仅称“罗汉”一样。华佗的本名为“敷”而非“佗”，当时民间把华佗比附印度神话故事，因称他为“华佗”，实以“药神”视之。“华佗”这个字和音来源于印度神话，是当时有人将印度神话在民间传播。其实，华佗的真名应该叫“元化”和“敷”。

第二，他认为，华佗的原型可能在国内存在，也可能真的是沛国谯县一带人，甚至也有可能“通晓”一些养生之术。但此人后来变成了“华佗”则完全是将印度之“佗”（药王神）强加给了这个人。这个人顺理成章地成了人们敬仰的神秘人物。

陈寿的《三国志》记载，华佗在治病时，会对不同的病症施以不同的治疗方法，比如如果病人必须动手术，便让他服下麻沸散，然后再开刀治疗。病症如果是在肠子里，就切开肠子进行治疗，再把腹部缝合，在伤口敷上药膏，四五天后伤口便痊愈了，不再疼痛，病人自己也没有感觉，一个月左右，伤口就会完全长好。

又如，华佗治广陵太守陈登的病时，他让陈登服了两升汤药，吐出了大约三升虫，虫被吐出体外时，红色的头还在蠕动，半截身子像生鱼片。这个故事其实和神医耆域的故事也有类似之处。

而日本学者松木明知则认为，“华佗”二字是波斯文“XWadag”的谐音，其含义为主或神。所以华佗不是人名，而是主君、阁下、先生的意思，引申到华佗个人的职业应是“精于医术的先生”之义。同时，他指出，波斯（古称安息，今之伊朗）国人经“丝绸之路”而东渐，波斯人经丝绸之路入中原有据可依。根据这些，松木明知先生断言：华佗是由丝绸之路过来，游学徐土（今徐州）的波斯人。

关于华佗的身世众说纷纭，但有一点毋庸置疑，他是中国历史上被神化、被理想化的神医。

被误读的隋唐英雄

隋末唐初是一个群雄逐鹿、英雄辈出的乱世，而电视剧《隋唐演义》就是描绘了这样一群英雄好汉为了一个共同的目标，推翻隋炀帝暴政的故事。其实，电视剧中的大部分英雄人物在历史中都有原型，但是有些人物却并不像是《隋唐演义》中所描绘的那样，有些人物在我们固有的认识里出现了误读的现象。

李元霸，其实历史上并没有这个打遍天下无敌手的人物，李元霸的形象来自李渊的第三个儿子李玄霸，但他16岁就英年早逝了，所以“演义”中对李元霸英雄形象的描绘不符合历史的真实性。

柴绍，将门之后。从《旧唐书·柴绍列传》中可以得知，柴绍年少时便“趫捷有勇力”，他是大唐的开国功臣，为稳固李氏江山立下了汗马功劳，但是在贞观三年，因其参与谋反被唐高宗李治赐死。可见柴绍并不是文弱书生的形象，演义与真实历史存在差异。

杨林，历史原型是杨坚（即隋文帝）的异母兄弟杨爽。杨爽长相俊美，仪表非凡，此人为大将之才，不幸的是25岁便英年早逝。并不是电视剧里那个在垂暮之年还统领大隋兵马，鞠躬尽瘁死而后已的靠山王。

苏定方，年少时跟随父亲保护乡里、阻杀流寇，深得百姓爱戴。贞观年间，被任命为匡道府折冲，后先后跟随李靖、程名振、程知节等大唐名将南征北战，屡立战功，是一位名副其实的常胜将军，官拜左武卫大将军，76岁病逝。当唐高宗知道苏定方逝世后，不无感叹地说：“苏定方于国有功，例合褒赠，卿等不言，遂使哀荣未及。兴言及此，不觉嗟悼。”而《隋唐演义》中描绘的苏定方却是一个阴险奸诈的鼠辈，曾设计陷害罗艺父子，后被罗氏后人所杀。演义显然与历史不符。

历史上并没有关于罗成事迹的记载，而人们对于罗成的理解大都是参照罗世信。据《新唐书》：开始的时候，罗世信和裴仁基归降李密，又跟随过王世充一段时间，但因不齿于王世充的为人就投靠了李渊，后因征讨刘黑闼，守卫洛水城，不料天降大雪，孤军奋战，被乱箭射死，死时年仅28岁，这一点正符合了《隋唐演义》中罗成的角色。明代诸圣临的《大唐秦王词话》中也有这么一段：“吾乃姓罗名成，字士信。”另外还有京剧《罗成叫关》一句唱段：“黑夜里闷坏了罗士信，西北风吹得我透甲寒。”这也印证了罗世信当时战死的状况。可见罗成的历史原型很有可能是罗世信。

《隋唐演义》中的英雄人物快意恩仇，驰骋疆场，可谓个个英雄豪杰，但是不能扭曲历史的真实性，传说终究只是传说。

黄巢是怎么死的

“待到秋来九月八，我花开后百花杀。冲天香阵透长安，满城尽带黄金甲。”这是黄巢率领几十万农民起义军围困长安时诗兴大发，借咏叹菊花来形容势不可挡的义军力量。透过盛开的黄色菊花，仿佛看到了威武雄壮的黄金铁甲军即将攻破长安的磅礴气势。

英雄不问出处，谁能想到一个出身贫寒的盐贩仅用五年时间就把唐僖宗赶出了长安，但这个出身底层的人打着救民于水火的旗号，在还没有巩固新生政权的时候，做了一件愚蠢的事情，那就是宣布称帝。他沉醉在大明宫春风得意、烟花缭绕的美景当中，浑然不知唐朝的军队已经悄然逼近了，仓促应战的结果可想而知，最后只能带着残兵败将逃到了山东，自此没有任何音讯，但是他如何终老却是一个千古之谜。在唐朝历史中关于黄巢的记述出现了两种截然不同的说法：一种是被杀，另一种是自杀。

《旧唐书·黄巢传》中有关黄巢的死因是这样记述的：“巢将林言斩巢及二弟邺、揆等七人首，并妻子皆送徐州。”也就是说，黄巢兵败后看到生还无望，他便让其外甥林言把自己杀掉。林言是黄巢身边的禁卫队首领，他是黄巢最亲密的人。同时这样记载的史书还有《资治通鉴》《桂苑笔耕集》《北梦琐言》。

而《新唐书》对于黄巢的死因却是这样记载的：黄巢兵败狼虎谷后，他见大势已去，生还无望，为了保存反唐血脉，他让外甥林言拿着自己的首级去投唐。但林言不忍心杀掉自己的舅舅，于是黄巢自刎却没有死，林言随后就斩下黄巢的首级去降唐军，不料途中遇到沙陀人，沙陀人求功心切将林言也杀了，拿着两人的首级一同献给唐军。

《新唐书》成书于北宋年间，但是在五代后晋时就有官修的唐史，后世为了区别两者，就把五代时期的《唐书》称为《旧唐书》，而把北宋欧阳修主持修编的唐史称为《新唐书》。由于成书时间的差异以及时代背景的不同，旧唐书成书于乱世，成书仓促，书中有疏漏之处；而欧阳修主持修编的《新唐书》，不仅内容丰富而且对于史料的收集也极为全面，新唐书秉承春秋的笔法写史，因此研究历史的人大都会参考《新唐书》的相关记载。

历史往往在探索中发现，在发现中我们有时会无意中得到历史的本来面目。从敦煌莫高窟发现的敦煌文书中有一部《肃州报告黄巢战败等情况残卷》，里面有这样的记载："其草贼黄巢被尚让杀却，于西川进头。"其中尚让是黄巢起义军的二号人物，早年追随王仙芝，后投奔黄巢，黄巢在长安称帝后任命的四个宰相中就有尚让。后来遇到唐军反扑，黄巢带余部到达今河南境内却遭遇沙陀兵的突袭，伤亡无数急需救援，这时尚让却背叛黄巢反投唐军。那么黄巢死在尚让手下也不是没有可能的。

有关黄巢的死牵扯到两部正史的不同记载，但是《肃州报告黄巢战败等情况残卷》里有尚让杀黄巢的记述，究竟哪个是历史的本来面目，留于后人评判。

武松从未到梁山

大家都知道，武松是个英雄，功夫也十分了得，他喜欢行侠仗义，给人们留下了深刻的印象。"赤手空拳打虎""醉打蒋门神""大闹飞云浦"等，每一个故事都脍炙人口，让人津津乐道。

《水浒传》作为一部小说，很容易让大家认为武松只是小说中的人物，在现实生活中是不存在的，他的英雄事迹是作者杜撰出来的。

其实不然，历史上确实有武松这样一个人。经历史考证，武松是今河北省邢台市清河县王什庄人，生活在北宋年间，身怀武艺、有勇有谋，崇尚忠义，是一个底层侠义之士。虽然小说中的事迹并没有真实发生，但他的确是一个为民除害的英雄。

《临安县志》《杭州府志》《浙江通志》等史籍中都有关于武松的记载：武松，原是浪迹江湖的卖艺人，"貌奇伟，尝使技于涌金门外，非盗也"。杭州知府高权见武松武艺高强，才能出众，就邀请他来知府当督头。不久，因其有功被提升为提辖，成为知府高权的得力助手。后来，高权得罪权贵，被奸人诬陷而罢官。武松也因此受到牵连，被赶出衙门。

继任的新知府是太师蔡京的儿子蔡鋆，他是个大奸臣，倚仗其父的权势，在杭州为非作歹、横行霸道，令百姓怨声载道，当时人们给他起了个外号叫"蔡虎"。武松对这个"蔡虎"恨之入骨，决心拼上性命也要为民除害。

一日，他身藏利刃，藏在蔡府附近，等到“蔡虎”前呼后拥回来的时候，便箭一般地冲上前去，向蔡鋆猛刺数刀，蔡鋆当场毙命。而武松终因寡不敌众被官兵捕获，后惨遭重刑死于狱中。

由上可知，武松除害后在狱中“遭重刑”而死，并没有上梁山。

杭州百姓“深感其德”，为了纪念这位好汉，将他葬于杭州北山街西泠桥畔，面对着秀丽的西湖。后人为其立碑，题曰“宋义士武松之墓”。

施耐庵通过艺术加工，将他塑造成了《水浒传》中的武松形象，从而为人们所熟知，如此侠义之人自然就成了小说家笔下完美英雄的化身。而《水浒传》中武松的结局是他成了清忠祖师，得享天年，这是一种符合人民心愿的、美好的艺术处理。

郭靖和蒙古军西征之谜

《射雕英雄传》中有蒙古大军西征花剌子模的情节，郭靖也参与了这场战争，其中印象深刻的是黄蓉暗中相助他用《武穆遗书》多次化险为夷，最终帮助郭靖的蒙古军打败了花剌子模，郭靖用成吉思汗的赏赐换来了城中百姓的性命。小说对战争场面的描写和蒙古军西征颇为相似，不免让人好奇，这是真实的历史还是金庸笔下的虚构故事？成吉思汗率蒙古军西征的真实情况又是什么样子呢？

据《宋史・忠义传四・郭靖》记载，郭靖本是四川嘉陵江地区一个地主的护卫队首领。开禧三年（1207），当地官员纷纷归降金国，覆巢之下安有完卵？因此郭靖带着不愿降金的百姓准备迁徙，而当地投降的宋朝官员却派兵阻拦百姓迁徙。郭靖感叹国家衰亡、百姓流离失所，自己作为堂堂男儿却不能以死报国，有何面目苟活于世呢？于是便投江自尽了。

《射雕英雄传》中有关蒙古军西征的情况确实是存在的，只不过在金庸的小说里加入了诸多武侠成分，单纯从故事性上讲，小说对蒙古军西征的描写可谓波澜壮阔。

成吉思汗先后统一了草原各部落，蒙古部族的势力因此得以壮大。在灭掉辽国后，蒙古国的国土已经和中亚的花剌子模接壤了。“花国”是个贸易大国，因此渐渐地和蒙古开始开展贸易。

“花国”的商人们带来了大量的奇珍异品，这些商品引起了蒙古族强烈的好奇心，成吉思汗为了保护两国的贸易不受阻挠还曾下令沿途设立驿站保护“花国”商人及双方的贸易。后来成吉思汗派出一个庞大的商队，带着大批贵重物品准备到“花国”进行贸易。但商队到达“花国”边境城市后，守城的将士对蒙古商队带来的贵重货物产生了觊觎之心，他们污蔑商队是间谍组织，洗劫了商队所有货物，并杀害了所有随行人员。成吉思汗知道后，立即要求花剌子模国王摩诃末交出杀人元凶并返还所有货物，但遭到了对方的拒绝，于是成吉思汗下定决心要西征“花国”。

成吉思汗十四年（1219），成吉思汗亲率20万大军西征花剌子模。由于对方城池坚固，攻城未能顺利进行。双方鏖战长达半年多，终于在第二年，成吉思汗的蒙古大军三面包围了花剌子模的军事重镇不花剌。经过三天的围攻，不花剌城宣告投降，为了死去的将士，蒙古军下令抢光城里所有的财物并烧掉不花剌。

《射雕英雄传》中有关蒙古军西征的场面叙述是有事实依据的，但关于郭靖参与西征却纯属虚构。郭靖大义凛然、视死如归的形象在小说中也有体现，但是这个人物死得太早，在他死了十几年后成吉思汗才亲率蒙古军西征花剌子模。因此，历史上的郭靖并没有像《射雕英雄传》里那样威风八面，在成吉思汗西征中立下汗马功劳。

沈万三的财富之谜

沈万三是600多年前元末明初的江南首富，据说他的家产有20亿，朱元璋在斥资修建当时世界上最大的城墙南京城时，沈万三就捐建了三分之一。那富可敌国的他是怎样发家的呢?

一、靠积累房产、田地。这个说法从沈万三的孙子沈伯熙的墓志铭里可以得到一些证据。该墓志铭上面写着“其先世以躬稼起家”。也就是说沈万三是靠种田致富的。后来人们又根据一些杂乘笔记得出沈万三开垦荒地，讲究灌溉和施肥，由此致富。但真正把靠积累房产和田地发家的说法系统完善地提出来的是陈兆弘先生的《明初巨富沈万三的致富与衰落》一文，文章中提到沈万三“躬稼起家”又兼“好广辟田宅，富累金玉”，慢慢发展成“资巨方万，田产编于天下”。也就是说沈万三开始靠种地经营，后来积累了很多房产和田地，但这样诞生一个超级巨富似乎与理不符。

二、沈万三得到汾湖陆氏的巨资加上其善于经营管理的才能，所以成为江南首富。从《周庄镇志》里可以看到这样的记述："沈万三秀之富得之于吴贾人陆氏。"亦有"元时富人陆道源，暮年对其治财者二人，以资产付之，其中一个人就有沈万三"。

三、靠经商，主要是国际贸易。从《吴江县志》的记载里可以看到，"沈万三有宅在吴江二十九都周庄，富甲天下，相传由通番而得"。这个说法也得到著名历史学家吴晗的赞同，他说："苏州沈万三一脉之所以发财，是因为做海外贸易。"

这里面提到的周庄，对沈万三来说相当重要，周庄是什么地方？当时的周庄镇大概就在今天的上海、苏州、杭州之间。也就是说沈万三走进周庄不是为了在这里开拓土地，而是想利用周庄天然的地理优势来做生意。还有一个有利条件就是，在元代，政府鼓励民间进行国际贸易。当时有"听海商贸易，归征其税"的政策，此前还颁布过政府出资挑选精明能干之士进行海外贸易的有利政策。明朝对沈万三有"变为海贾，奔走徽、池、宁、太、常、镇豪富间，辗转贸易"的记述，就更能证明沈万三弃农从商，也就是从事国际贸易的说法。

后来周庄就成了沈万三发家致富的宝地，后人就有这样的记述"周庄由村落变为城镇完全是沈万三父子的功劳"。

这三个说法不可以孤立开来，因为沈万三致富的途径是三个方面相互联系的结果。沈万三初期种地为生，田产有余，这是他发家的基石；再加上得到汾湖陆氏巨资后，他有了人生的第一桶金，但是他并没有就此满足，而是不断进取，弃农从商；而后转战周庄成为其事业发展的转折点，他把周庄当作自己进行商品贸易和流通的枢纽地进而不断扩展，最终成为富甲天下的富豪。

王重阳为何穴居"活死人墓"

作为武侠人物，王重阳无疑是一个智义双绝的英雄。他文武双全，武功更是天下第一。他还是一个抗金义士，修建活死人墓，内藏器甲粮草以图抗金大业。

历史上确有王重阳其人吗？答案是肯定的。

王重阳，全真教的创始人，出身豪门，原名王中孚，王重阳是其入道后的道号。他自幼饱读诗书，20岁便参加科举，由于冒犯先生，文举失败，又改试武举，结果以优异的成绩获得武举第一名。但分配给他的职位却是一个收税的小吏，于是王重阳愤然辞官，到终南山刘蒋村隐栖。这个时期，王重阳空有一身才华却报国无门，终日沉醉，当时就有遁入空门的念头，这为后来创立全真教埋下了伏笔。据《道教史》记载，绍兴二十九年（1159）王重阳在甘河镇遇见吕洞宾，自此性情大变，与世隔绝，做了道士，道号王重阳，潜心修行数年。于绍兴三十一年（1161）开始，在南时村挖了一个4米深的墓穴，这就是“活死人墓”，此时的王重阳仿佛经历了由生到死、由死到生的劫难，脱胎换骨，浑身散发着仙气，有诗为证：

活死人兮活死人，死中得活是良因。

墓中闲寂真虚静，割断凡间世上尘。

王重阳穴居“活死人墓”的原因有两个：一是闭关修行，顿悟生死；二是抗金失败，躲避战乱。抗金失败后，金人必定杀一儆百，既然带领义军抗击过金人，要想苟且偷安，谈何容易？据说王重阳在“活死人墓”前竖起一个碑文：王害疯（王自称疯子）灵位。这或许是其躲避战乱的一个方法。

这两种说法其实有一个共同点，即王重阳后来走出活死人墓进行传教。因此，我们能否从王重阳后期的活动和思想来判断王重阳穴居“活死人墓”的原因呢？

王重阳创立全真教的思想源泉是三教同源，三教就是儒、佛、道。他还规劝人们读《般若心经》《孝经》等，禁止杀生、偷盗，这些完全不是一个曾经的抗金义士的思想。纵观王重阳后期的主张，我们也无法找到其曾经作为抗金义士的任何线索了，也许在经历了“活死人墓”的修行后，王重阳确实大彻大悟，专心传教布道，成为道教的北五祖之一。

李自成归宿之谜

李自成是明末时期著名的农民起义领袖。他提出“均田免赋”，获得了中下层贫苦农民的大力支持，当时人们唱着“迎闯王、不纳粮”的歌谣，起义部队发展迅速，不久便攻破北京城推翻了明王朝，但由于起义军对当时形势的错误估计，以及被胜利冲昏了头脑，李自成入京不足一个月便被迫出走，一场浩浩荡荡的农民起义就这样结束了。

兵败后李自成带余部南撤，途中遭遇围追堵截，屡战屡败，之后闯王不知所踪，成为历史之谜。

有人认为李自成客死九宫山。这个说法来自当时清朝名将爱新觉罗·阿济格，他也是在山海关大破李自成农民军的重要将领之一，他对李自成殉难是这样解释的："李自成窜走时，随身只有士兵二十人左右，在九宫山被山民围困，不能逃脱，然后自缢而死。"但李自成从小贫苦出身，而且勇猛有胆略，不可能自杀。况且阿济格并非亲眼所见而是听部下传言，不足为信。

而费密的《荒书》记述："李自成率十八骑，由通山过九宫山岭。被山民围攻，十八骑被杀，李自成和山民程九伯搏斗，不慎被程九伯外甥金某从背后袭击致死。"

还有人认为他隐匿在夹山灵泉寺。澧州知州何璘先否定了李自成死于九宫山的说法，他认为那只是李自成的障眼法而已。他在《李自成传》中称，兵败后李自成逃到夹山削发为僧，法名奉天玉和尚（因为李自成曾号称自己是奉天倡义大元帅）。何璘还去实地考察过，他说自己见到一个说陕西方言的老头，该人自称曾经服侍过奉天玉和尚，他还有奉天玉和尚的画像，据说画上的和尚与当时史书上闯王的模样极为相似。在奉天玉和尚的墓葬中发现的很多遗物以及《塔铭》都与何璘记述寺内的遗物及皇室玉器极为吻合，而且在夹山寺的密道里还发现了只有君王才能使用的石雕龟形敕印，这似乎都在向研究者说明这个奉天玉和尚就是李自成。

总之，李自成作为一代农民起义的领袖，不甘忍受腐朽王朝的压迫，经过艰苦卓绝的斗争终于推翻了腐朽的明王朝。其实李自成本来有机会成为历史的改写者，但是在最关键的时刻却倒下了。由于历史遵守"成王败寇"的准则，关于李自成起义的很多文献资料都不知所踪，所以我们不能真实地了解当时的情况，对这位起义领袖的归宿也不得而知。因此关于李自成失败后的结局也成了一个历史疑案，有待后人评说。

为什么李自成、洪秀全注定会失败

"草根皇帝"中有成功人士，比如刘邦、朱元璋，但也有失败者，比如李自成、洪秀全。他们有着大致相同的经历和出身，也有着改变命运创造新生活的强烈愿望。但为什么在最接近成功时，他们却走了另外一条路，以至于功亏一篑，令人扼腕。

从李自成进北京的做派可以看出，他已忘记了自己的出身，不再是那个“开城门，迎闯王，闯王来了不纳粮”的闯王了。并且李自成的大部分部下都被胜利冲昏了头脑，他们整日不是狎妓取乐，就是做着新帝登基的春秋大梦。

当时明朝的半壁江山还没有完全打下来，李自成如果早点醒悟的话，还有机会争得天下。当时李岩给他提了四条建议，这四条建议可以不至于让李自成功败垂成。这四条建议分别是：一是不要急于称帝；二是颁布的贪官追赃法令要严格按律执行，在政局还不够稳定的时候尤其要严明法纪，实在贪污严重者可以杀掉，其余都可以不予追究，对于那些清廉的官员更要在政策上保护，以争取这部分人的支持；三是严明军纪，一切军士均不得扰民，违令者，斩；四是明朝各地握有军队的官员现处于观望状态，这个时候切不可兴兵讨伐，如若讨伐必将陷大顺于万劫不复之境地，可以采取安抚的策略，赐侯封爵未尝不可。

可李自成却没有采纳这四条建议，他正在享受成功所带来的快感，并沉醉于追赃带来的巨额财富的狂喜之中。李自成入京不足一个月便被迫出走，一场浩浩荡荡的农民起义就这样结束了。

而两百年之后的太平天国运动领袖洪秀全的情况几乎和李自成一样，他在打到南京时就开始做皇帝梦，是第一个还没有将对手打倒就开始做皇帝，甚至奢靡程度大于皇帝的人。

洪秀全目光短浅、胸无大志且荒淫无道。他在攻占南京后，便想做个太平皇帝。而内部矛盾一直没有得到妥善解决，自上而下的革命斗志消亡，使得太平天国运动昙花一现，终归失败。

从李自成和洪秀全身上，可以看到他们其实有机会成为历史的改写者，但在最关键的时刻，他们缺乏一个开国君主所必须具备的管理能力，即自我管理能力和目标管理能力。周文王可以平静地等待机会的出现；刘邦在看到咸阳宫时，他完全可以据为己有，但时机未到他选择了离开；唐朝开国之前，李渊父子始终封隋炀帝的儿子为隋帝……这些简单的细节却决定了一件大事的成功与否。创业难，守业更难。只有懂得管理自己以及懂得管理目标的统治者才可能成为王朝的统治者。

在成败之间，我们发现成功建立王朝的统治者，他们关注的是持续不变的形势以及在面临不同形势时所做的战略目标，他们始终警惕自己不要被不利于实现目标的东西迷惑，要披荆斩棘，一直朝着自己预定的方向前进，只有这样才会成为王朝斗争的胜利者。而那些失败的人恰恰是忘记了制订这样的目标，或者干脆就没有这样的目标。

李莲英不是个坏太监

“事上以敬，事下以宽，如是有年，未尝稍懈。”这是李莲英的墓志铭。意思是，对待上级恭敬谨慎，对待下级宽宏大量，多年来一直这样，从不懈怠。太监原本地位卑贱，然而李莲英却凭借着自己的行为准则，活出了“大太监”的风范。

李莲英生于道光二十八年（1848），河北乡下的一个村子里。清宫档案中说，他是在咸丰七年时被郑亲王端华府送进皇宫当太监的，那时的李莲英正值少年。

之所以说李莲英是个好太监，其实讲的就是李莲英在为人处世上的智慧和原则。

1. 把握机会，善于讨好

李莲英进宫后先是在奏事处当差，后来被调到景仁宫。当时宫中有个叫沈兰玉的太监，他可谓是李莲英人生道路上的“启蒙者”，正是受到了沈兰玉的推荐，李莲英才有机会在慈禧太后面前一展才能，最终受到慈禧的宠爱。

相传当时民间流行一种比较难梳的发髻，慈禧太后非常喜欢，而宫里的太监、宫女怎么都梳不好。沈兰玉将这个消息告知了李莲英，并且让李莲英熟练掌握这种发髻的梳法，以便在慈禧面前展示。李莲英听了沈兰玉的话后就开始练习梳发髻了，等完全掌握这门技术后，李莲英便被推荐到慈禧太后面前，将自己娴熟的手法毫无保留地展示了出来。太后看后大为欢心。

这就是李莲英在宫中得势的第一步，之后他凭着自己的能力越来越受慈禧太后的钟爱。《晚清宫廷生活见闻》中记载：“莲英啊！咱们遛弯儿去呀！”可见慈禧太后是跟李莲英走得近、聊得来的。

2. 八面玲珑，谁都不招惹

李莲英不光是慈禧太后的亲信，他在光绪皇帝面前也能得到几分宠幸。相传慈禧太后带领着光绪帝逃出清宫后，到保定入住。等到夜里太监全都睡下后，李莲英到光绪帝屋里探望，却见皇帝还没有睡下。李莲英问主子为何不睡，光绪帝直截了当地指着连被褥都没有铺的床给李莲英看。李莲英看到这情景后连忙下跪，抱着光绪帝的腿直哭喊："奴才们罪该万死！"后来李莲英就将自己的一床被子拿来给光绪帝盖。光绪帝从小受到李莲英的看护，又在落难之日得到了李莲英的关爱，他对李莲英想必也是有感情的。光绪帝曾经说过这样的话："若无李安达，我活不到今天。""安达"在满文中的意思就是师傅。

3. 为人低调，安分守己

太后身边原本是由大太监安德海伺候的，但由于安德海太过招摇，为自己招来了杀身之祸。以后便由李莲英来服侍太后，相比安德海，李莲英可低调多了。

光绪十二年（1886），李鸿章奏请朝廷派人察看他已经训练成型的北洋水师。慈禧随即派了钦差大臣醇亲王前去观看，但是醇亲王因自己是光绪帝的生父，怕太后对自己起疑心，于是就向太后请奏，要求李莲英随行。这样，醇亲王为主，李莲英为副，共同执行钦差大臣的任务去了。

李莲英临上路前，特意将慈禧太后赐予自己的二品顶戴换成了太监的四品，因为朝廷中太监最高的品级也就是四品。由此可见李莲英为人处世的谨慎。不仅如此，到了北洋水师的腹地时，李莲英的表现更加出色，他不但不以钦差大臣自居，而且还主动充当醇亲王身边的服侍者，将醇亲王伺候得舒舒服服。回宫后，醇亲王便在太后面前大加赞赏李莲英的风范，慈禧太后也说："总算我没白疼他。"

李莲英一生谨小慎微，慈禧太后过世之后他便收拾了行囊，离开了清宫。

宣统三年（1911），维持了百年的大清王朝在风雨摇摆之中彻底垮塌。同年，李莲英去世。

义和团真的"刀枪不入"吗

19世纪，中国大地上发生了一场以"扶清灭洋"为口号的群众运动，也就是"义和团运动"。义和团运动主要由社会中下层的贫苦农民和手工业者组成，他们没有先进的思想武器，以至于把灭洋的希望寄托在刀枪不入的"神术"上面，希望借助这种力量来抵御外辱。

义和团的发展速度超过了洋人和清政府的想象，各地都建有拳坛，大街小巷处处有人练拳，人们头上包着红布手里拿着大刀，就连裹着小脚的女人也开始迷恋神拳。

义和团之所以有这么大的规模和影响力，最根本的原因是帝国主义的侵华战争加深了中华民族的危机。但另外还有一个不应被忽视的原因，那就是义和团号称具有“刀枪不入”的本领。

义和团的“刀枪不入”到底是怎么回事？这个本领固然有封建迷信的成分，但是一些有关“民间法术”的资料我们也不能忽视。

中国武术里有铁布衫这样的功夫，这种功夫极难练成。铁布衫的练法主要是通过让骨骼时常与坚硬物体接触磨炼，日积月累，筋骨将渐渐坚实。然后直接用铁杆等硬物向练武者身体上不断捶打，如果坚持三五年，铁布衫功夫将小有所成。

即使练成铁布衫，也只能抵挡一般的冷兵器，是绝对不可能抵挡火枪的。义和团起于习武之乡山东，据说当时著名的义和团首领心诚和尚就是练铁布衫的，慈禧太后派人去查验义和团“刀枪不入”是否属实时，遇见了表演铁布衫的高手。铁布衫如此难练，会这门功夫的又有几个，大部分都是走了速成的路子。

山东的大刀会是义和团的重要分支，据说当时徐州道阮祖棠对大刀会练习“金钟罩”进行了实地考察，他的报告写道：那些练习者一般都在晚上进行，他们常常会点烛焚香，口念咒语，然后那些传授功夫的师傅会用刀砍受业者，他们没有受伤，但是那些师傅常常会在砍到身体时改变角度。

当然也不乏有些武术底子的拳民，他们有比较好的心理状态，再加上气功师傅的指点，往往会激发自己的潜能，就会出现比平常跳得高、奔得远的情况。有时候运气得当，偶尔也会出现刀砍下去不会受伤的情况，这样他们就会认为自己是神灵附体刀枪不入。

因为参加义和团的人鱼龙混杂，有些耍杂技的也到义和团来表演，这就使义和团的功夫本领更加真实了。据当时记载，义和团在坛上表演时常常会出现“漏刀”“漏枪”的情况，也就是说在表演“刀枪不入”的时候不幸假戏真做了。

就算发生死亡事件，当时还有好多执迷不悟者，非要在洋人的枪下试一试自己的身手，结果可想而知。

究竟是什么原因导致拳民如此执着地相信自己“刀枪不入”呢？就是因为中国自古就相信神话传说，加上气功和硬气功带有偶尔的“实效性”，他们会在当时那样危难的特定时刻病态疯狂地加入义和团，相信“刀枪不入”的神话。

现实中的黄飞鸿功夫有多高

影视作品中的黄飞鸿不仅英俊潇洒，武艺精湛，而且锄强扶弱，疾恶如仇，是人们崇拜的偶像。那么真实的黄飞鸿是怎样的一个人，他的武功到底有多高？

黄飞鸿，道光二十七年（1847）出生于广东佛山，他是岭南武术界的一代宗师，也是济世为怀的名医。

黄飞鸿的父亲黄麒英是佛山武术十大高手之一，但由于穷困潦倒经常以卖艺为生。他深感这种卖艺生活的艰辛，所以不愿让儿子也成为一介武夫。

他想让黄飞鸿走仕途，考取功名，光宗耀祖。但是万万没想到，黄飞鸿的心思根本不在学堂，他早已找到自己日后要走的路，那就是习武。黄麒英无奈之下，只好开始传授儿子武艺，但是他惊奇地发现，儿子天赋过人，悟性很高，还会融会贯通。七八岁时，黄飞鸿就开始跟着父亲卖艺了。到了十二三岁的时候，黄飞鸿已在佛山小有名气。

1. 成名作：战败武林前辈郑大雄

佛山是武术之乡，街上卖艺的人不少，当时有位前辈郑大雄，在佛山也是赫赫有名，他擅长左手钓鱼棍法，于是摆下擂台邀武术界的朋友来切磋，但是好几天了，都没人能打败他。黄飞鸿初生牛犊不怕虎，跳上台来请求比武，围观的人都为黄飞鸿叫好，郑大雄这才知道这个乳臭未干的少年是黄麒英的儿子，他接受了挑战。但念及对方年少，他就有意让着黄飞鸿，黄飞鸿觉察出来，就要求郑大雄使出全部招数，郑大雄心想好大的口气，今天不给你点颜色看看，以后怎么在佛山立足。但两人你来我往，几十回合下来，黄飞鸿以微弱的优势战胜了郑大雄。自此黄飞鸿名声大振。

2. 黄飞鸿的第二位师傅：铁桥三

铁桥三是“广东十虎”之一，此人武艺高强，少年时曾追随过洪拳巨子、福建莆田少林寺觉因和尚为师。铁桥三把毕生绝学“铁线拳”和“飞砣技”传给了黄飞鸿。此后，黄飞鸿的武功更上一层楼，就连其父黄麒英也不是他的对手了。

16岁时，黄飞鸿只身来到广州谋生，不巧遇见一伙强盗，黄飞鸿赤手空拳把十几个歹徒打得落花流水，一时被传为佳话。加之黄飞鸿素来谦和，从不惹是生非，人们敬仰他的人品和武艺，就集资在广州开了一家武馆，招徒习武。

黄飞鸿一生以武会友，结识了许多江湖豪杰，也学到了其他门派的武艺。相传他的平生绝技有虎鹤双形、铁线拳、工字伏虎拳、双飞砣、罗汉袍、单双虎爪、罗汉金钱镖等。

黄飞鸿的武功并不像银幕中那样，战无不胜，其实他在好几次打抱不平中都寡不敌众。

黄飞鸿纵横江湖数十载，凭着出众的智慧和绝技，成为名副其实的武术大师。武功高，但若没有智慧和武德，充其量不过是一介武夫，因此黄飞鸿内外兼修，他特别强调“习武德为先”。也许讨论黄飞鸿武功到底有多高已经没有什么实际意义，重要的是我们知道他是一个崇尚武德的人。

政治篇　勘破历史潜规则

炎黄二帝战蚩尤是否存在

所谓炎黄指的是炎帝和黄帝。然而，炎帝、黄帝是否真的存在？是否真的有炎黄二帝大战蚩尤一事？人们也都说不清楚。

一般许多书籍中都有记载，炎帝、黄帝指的是中国原始社会中两位不同部落的首领。炎帝姓姜，是炎帝族的首领，在西部游牧后进入中原，与以蚩尤为首的九黎族发生冲突，历时很长一段时间；黄帝姓公孙，号轩辕氏，居住在中原地区。黄帝一族的文化和生产技术相对突出，军力较强。所以炎帝一族在输给蚩尤之后，逃到涿鹿（今河北省），得到黄帝族的援助，炎帝终于杀了蚩尤得到蜀、苗等地，控制了中原地区，也将这些地方的人口纳入中原文化圈，中华民族的雏形也由此形成。

以上的情节在《史记》当中也有所记载，但几千年来仅是史料中提及炎黄战蚩尤一役，人们并没有挖掘到能证明这些部落战争的文物以供后人参考。直到1928年龙山文化出土，人们才推算出炎黄大战蚩尤的可能性。

这一年，考古学者相继在山东境内，以及河南、陕西发现了新石器时代晚期的文化遗存。他们的共性是以农业经济为主，石器、骨器、陶器等手工业有了一定的发展，有部分粗陋的青铜器。因此有人认为这片龙山文化圈处于金石并用的时代，年代大约在公元前2000年以前。

龙山文化究竟与炎黄大战蚩尤有何关系呢？据史料记载和天文年代学考证，黄帝应该生活在公元前4400年至公元前4300年，那么炎黄大战蚩尤的时间也在这个范围内。炎黄在世时期比龙山文化时期早了1000多年。通常情况下，旧石器时代不会发生大规模战争，因为该时期处于母系氏族社会，更不可能出现炎黄合并九黎地区的事情，只有父系氏族社会才有炎、黄、蚩尤这类男性部落首领存在。那么，究竟距今6000年以前，中国的原始人是否进入父系氏族社会了呢？这就要看龙山文化是否处于父系氏族时期。由于龙山文化与炎、黄文明的时间比较相近，地区也接近，所以只要确定了龙山文化处于父系氏族时代，那么炎、黄战蚩尤一役存在的可能性将大大增加。

一般来说，区分母系氏族和父系氏族，要看农业、畜牧业和手工业生产的规模和结构。早期原始社会母系氏族时期，男子狩猎，女子采集、种植，家庭生活的主要重担由女子承担。但是随着农业开垦工作的繁重和畜牧业规模扩大，许多粗活由体力较好的男子承担，大型的手工业产品也基本由男性制造，男性逐渐成为家庭的领袖。根据龙山文化的农业、畜牧业规模和使用工具，人们几乎可以完全确信它处于父系氏族社会，也就是说，炎、黄、蚩尤这类男性部落首领在距今6000年以前是很有可能存在的。为了获得更广阔的土地资源和农业资源，部落之间发生战争大有可能。

虽然到现在，人们仍没有办法完全肯定炎、黄的存在，也无法改变蚩尤是远古传说中魔怪的想法，但三者的恩怨，已经给了人们无限遐想的空间。

盘庚是否迁都于安阳殷墟

19世纪末20世纪初，在河南安阳小屯村的附近，数量惊人的甲骨文、青铜器、玉器、陶器、骨器等古老文物在时间的催促下和考古学者的不懈努力中逐渐出土，距今数千年的、中国最早可以确定具体位置的都城殷，也显现出了自己的“美貌”。

殷被认为是商王朝相继迁移五都的最后一个国都，陪伴商王朝走过了273个春秋。相比存在将近500年的商王朝，殷占据了其一半以上的时间，目睹一个国家稳定后的所有沧桑变革，因此商王朝还被称为殷商。

君王死后，城市消泯，从此殷化为废墟，归于尘土。或许殷墟再推迟几百年出土，人们可能还认为，史书上所记载的商君王盘庚迁都至殷不过是个传说而已。即便如此，仍有一些学者对盘庚迁都殷墟表示质疑。

盘庚究竟是否迁都安阳殷墟？表示肯定的学者是通过出土古文物的数量和质量来确定的。且不说小屯村地下数以万计的刻镂文字龟甲和兽骨，也不说那些制作精巧的青铜器和兵器，单就一个艺术水平高超的后母戊鼎，都令学者们很难否认，一个普通的古城市会有这样的制造水平，除了殷墟为都，还有哪里有此条件？

偌大的后母戊鼎，高133厘米、长110厘米、宽78厘米，轮廓方直，重达800多千克，自有不可动摇的气魄。除了鼎身四面的中央处无纹外，其余各处包括提手、脚柱，都刻有精美的云雷纹和各具形态的生动纹饰，尤以饕餮刻纹为主。此外，鼎耳外廓有两只猛虎，虎口相对，内含人头，耳侧以鱼纹为饰，霸气十足。根据多方考证，后母戊鼎很可能是商王室的重器，因为其雕工和制造技术已经达到了商代青铜文化的巅峰，再无出其右者。

如果说后母戊鼎加深了人们对盘庚迁都殷的想法，那么随着考古挖掘工作的进行，一座座宫殿宗庙建筑遗址、一片片王陵墓地、星罗棋布的居住遗址、繁华的手工业作坊的相继出现，更使人们确信了殷墟的前身是一个都城。

不过，盘庚是否迁都到殷墟，仍旧遭到怀疑。据《史记》记载：成汤帝于公沃丁十年（前1711）灭夏，建都于商丘南亳。成汤五世孙仲丁迁都到河南郑州，仲丁弟河亶甲迁都到今河南内黄东南，六世孙祖乙又迁都于今河南温县东，八世孙南庚把都城迁到了今天山东曲阜，直到九世孙盘庚“渡河南，复居成汤之故居”。也就是说，盘庚迁都是从黄河以北迁往黄河以南，才到达成汤建都南亳之前的居所——商丘市北部的北亳。

说来说去，盘庚还是回到了原点，而并非迁都于安阳殷墟。不仅如此，《竹书纪年》中也有与《史记》不谋而合的记载，且书中将北亳称之为殷。很显然，史书上表明盘庚迁都不是去了现代我们所看到的殷墟，而是去了北亳之殷。原来此殷非彼殷，是一个历史的文字误会，令殷墟被误以为是都城。

然而，安阳殷墟规模宏大的遗址和文物又是怎么回事呢？谁能解释为何就连商丘的遗址也不能与安阳相比呢？难道真如少数历史学者推测的那样，是成汤的十三世孙武乙迁到安阳小屯，才留下如此庞大的都城吗？可是，数以万计的史料都这样显示，商王朝历经五次迁都，若是由武乙迁都安阳，岂非有了六次迁都之说了？

一个历史的谜题就这样难倒了世人，至今仍没有人拿出更具有说服力的证据证明是由盘庚迁都到殷墟。但不管怎样，我们可以确定的是，殷墟作为商王朝后半期经济水平的代表，其宏大、繁荣的规模，可以让人深切地体会到3000多年以前中土的繁华。

“秦晋之好”不过是阴谋乱伦的政治笑话

以古代为背景的小说中，时常会出现“秦晋之好”一词来形容两户人家几代结亲，亲上加亲。看上去“秦晋之好”倍显亲密，其实是政治婚姻的幌子。政治婚姻是建立在“互为所用”的基础上，所以很难排除阴谋的成分。而“秦晋之好”这一典故的来源，更是充满了龌龊的算计。

春秋时期，秦晋两国间相互嫁娶已成惯例。秦穆公刚刚登基为王，有睥睨天下的野心。当时晋国占据中原宝地，所以秦穆公向晋献公求亲，娶了晋献公与齐姜的女儿伯姬。

晋献公老来昏庸，被美色所迷惑，为了讨好自己的年轻妃子，竟然杀了太子申生，立最小的儿子卓子为王，以继承自己的王位。晋献公的另外两个儿子夷吾和重耳见状心寒，怕下一个遭毒手的就是自己，所以逃往别国避难。而夷吾直接投奔了姐姐伯姬，得到姐夫秦穆公的庇护。

晋献公死后，夷吾联合里克、邳郑等臣子将9岁新君卓子摔死在宫中，然后派人通知重耳回国，但重耳忌讳夷吾的狠毒手段，拒绝了回国的邀请。不过，夷吾想要回国称王也并不容易，只好请求秦穆公出兵帮助自己返国继位，事成之后送秦穆公秦河西五个城池。秦穆公为了得到地盘，便命大将公孙枝率三百兵车，送夷吾回晋国成为晋惠公。

哪知道晋惠公不守信用，当上君王后便毁了之前的许诺，秦穆公恼羞成怒，决定与晋国断绝往来。不久，晋国突遭旱灾，颗粒无收，难民四起。晋惠公没办法，只好厚着脸皮再次找秦穆公帮忙。秦穆公考虑到晋国对自己还有用处，便借粮给了晋国。不料，第二年秦国大旱，晋惠公不但不帮忙，还反过来讽刺秦国。

秦穆公认为晋惠公简直欺人太甚，于是名令闻名遐迩的宰相百里奚攻打晋国，将督战的晋惠公俘虏过来。伯姬见自己的弟弟被俘虏，生怕秦穆公杀了他，于是“一哭二闹三上吊”，终于令秦穆公改变初衷，逼迫晋惠公割地求饶。晋惠公只好将土地献上，还把儿子公子圉送到秦国做人质，这才将两国的关系修好。

公子圉在秦穆公眼里，就是另外一个可以利用的夷吾，于是穆公便将自己的女儿怀嬴嫁给了公子圉，让外甥成了自己的女婿。几年后，晋惠公病了，公子圉怕父亲将国君的位置传给别人，扔下怀嬴逃回晋国，坐上了皇位。没想到公子圉也是个忘恩负义之人，竟定下与秦国老死不相往来的国策，妻子也不要了。秦穆公看到这个女婿也是个不义之徒，决定要帮重耳夺取晋国国君的皇位，于是把怀嬴再次嫁给了重耳。论关系，重耳本是秦穆公的大舅子，但如今又成了秦穆公的女婿；怀嬴一女嫁二夫，从前夫的妻子变成了前夫的叔母，这其中的关系可谓混乱。

在秦穆公的帮助下，重耳赶走了公子圉成为晋国国君，是为晋文公。但谁也料不到，秦穆公扶持三代晋国国君，都遭到了背叛。晋文公拒绝与秦国往来之后，发愤图强，竟一举称霸，成为“春秋五霸”之一。而秦穆公直到晋文公死后才借机打败已是中原霸主的晋国，终修得正果，称霸一方。

一段称霸的历程，充满了可笑的婚姻关系。两国统治集团之间为了自身利益，互相联合、互相利用，彼此通婚，结成关系密切的亲家。而实质上亲家之间钩心斗角，争夺霸权，兵戎相见。似乎“秦晋之好”这段“佳话”用“秦晋之争”来代替更合适。

罢黜百家，独尊儒术是否存在

汉武帝在位时，有两个人是他思想上的玩伴，一个是东方朔，一个是董仲舒。前者为武帝调剂日常的生活，依靠一张绝世辩嘴常弄得武帝哭笑不得；后者则凭借一套强有力的儒家大一统理论，满足了汉武帝一统天下的野心。于是汉武帝掀起了一场“罢黜百家，独尊儒术”的风潮，也由此奠定了儒家思想统治中国近2000年的基础。单凭历史贡献，不管东方朔的才情是否高于董仲舒，他注定无法像董仲舒一样名垂千古。

“独尊儒术”在汉朝以前是行不通的，因为周分天下，礼学崩溃，百家学说兴起，阴阳、儒、墨、名、法、道等诸家学说各有市场，特别是法家和道家，越到战国末年越是蓬勃。汉初时，高祖刘邦为了恢复国家生产，政治上主张无为而治，经济上实行轻徭薄赋，自然思想上遵循黄老学说。这种政治、经济、思想政策一直持续到汉武帝登基。但随着国家生产力的提高，已经无法满足中央集权的需要，必须要宣传一统观念的思想去潜移默化影响世人。就在这时，董仲舒出现了。

董仲舒虽为一介书生，却从汉武帝甄选人才的考场上脱颖而出，凭借的就是这套理论：他认为春秋大一统是“天地之常经，古今之通谊也”，现在“师异道”“人异论”，百家之言宗旨各不相同，统治思想不一致，法制数变，百家无所适从。只有尊孔子之术，勿使其他道学并进，才可一统。董仲舒的一番言论就是让汉武帝尊儒术一道，保证思想上的统一，以便于政治上的统治。

这番言论深受汉武帝的推崇。在汉武帝看来，秦王朝独尊法家学术，虽严厉有效，却不适合汉朝，而董仲舒的大一统思想、仁义思想和君臣伦理观念显然与他所面临的形势相适应。就这样，儒家思想取代了道家思想的统治地位，一跃成为主流的意识形态。

然而，汉武帝所尊崇的儒术，是真正的儒术吗？孔子在确立儒家思想时，本来是反对绝对君权的，但董仲舒等儒生的观念却是服务于绝对君权，他们将“天命”“尊卑之制”“贵贱之差”“三纲五行”这类观点重新加入儒家思想，将变形的儒学送给统治者，统治者则顺理成章地利用这些思想为自己服务。与此同时，汉武帝虽然没有采纳法家学术观点治国，实际上国家行使的立法、司法、刑法权无一不是遵循法家原则。国家看似实行“内圣外王”的文化政策，但时时刻刻不忘专制、缴赋、酷刑。

此外，汉武帝到了晚年昏聩至极，将儒、法抛诸脑后，一心沉迷黄老之术。他笃信方士、巫术，曾一度打算乘舟过海去寻神仙，到全国各地遍访高人，寻求长寿药。怕死是人之常情，何况汉武帝还未享受够至高无上的奢华生活，因此他希望长生不老。他曾在宫中铸造了一个巨型铜像，高二十丈，用手托盘承接晨露，再用露水搭配药物每天饮用，以求延年益寿。

皇帝发疯，臣子、妃嫔也跟着效仿。据说迷信巫术在当时已形成一种风潮，街市上、皇宫里，到处聚集着方士和神巫。皇亲国戚、达官贵人对此追捧之至，社会各界广泛拥护。后宫女巫横行，向寂寞的嫔妃传授排挤他人、驭夫秘诀等厌胜之术。在宫里，纸人、草人、木偶、铜像藏在各个角落，据说用这些东西诅咒他人，可使被诅咒者神志不清，癫狂失控，不明不白地死去。不管巫蛊之术是否为真，但可以肯定的是，此时的汉武帝已经完全不顾儒学思想，一门心思带领全国走向求仙问道的路。

由此可见，所谓的“罢黜百家，独尊儒术”，不过是皇帝玩的一场政治游戏，表面上道貌岸然地安抚天下，实则暗中以专制权术操控、愚弄世人。汉武帝如此，以后的帝王也不例外。

西汉巫蛊连环案之谜

西汉巫蛊连环案的诱因是汉武帝沉迷黄老巫蛊之术，引起了妃嫔之间的斗争。但牵涉进来的却不只是后宫，而是整个朝廷势力，最终引发了“太子谋反”的惊天大冤案，导致汉武帝晚年妻离子散、众叛亲离，在后悔与沉痛中死去。

作为中国历史上在位时间最长的皇帝之一，汉武帝大半生所行功德可抵黩武之过，然而小小的巫蛊之术，却令汉武帝千古功名毁于一旦。巫蛊之术真的如此可怕吗？其实真正可怕的是人心。

巫蛊连环案的事情起于汉武帝的一场幻觉。征和元年（前92）三月，赵敬肃王刘彭祖去世，夏季恰逢大旱，宫外尚未安定下来，内宫就出现了妃嫔以巫蛊互相攻击的事件。本来妃嫔用厌胜之术已是司空见惯的事，当时汉武帝也未放在心上，哪知道妃嫔们的斗争愈演愈烈，最后变成了泼妇骂街，互相诬陷对方用巫术诅咒皇上。汉武帝见状非常心烦，一怒之下处死了大量宫人和一些外戚臣子。但从那之后，他总梦见有人在用木人诅咒他，一时间寝食难安。有一天他正坐在建章宫内养神，恍惚间仿佛看到有个男子带剑走进中龙华门，本来应该有重兵把守的地方却没有一人出来阻止。

汉武帝以为那男子是来刺杀自己的，于是大声叫喊，哪知道男子扔下剑隐遁而去，吓出一身冷汗的汉武帝大叫侍卫护驾，并派人到皇宫内翻查，却一无所获。其实汉武帝一生杀人很多，很可能是因为心中有鬼，才有了有人找自己报仇的幻觉。但彻查的结果让他非常生气，不但没有找到刺客，反而在后宫和京城各家百姓中翻出大量的木偶和咒符。汉武帝暗想，难怪寻不到刺客，分明是有人用巫术制造神魔来刺杀自己，此事不查不行。于是，“巫蛊案”就这样掀开帷幕。

君主身边最不缺的就是小人，“巫蛊案”本来可以很快翻篇，但有人诬告当朝丞相公孙贺的儿子公孙敬声施用巫蛊之术诅咒皇帝。公孙贺的夫人君孺是皇后卫子夫的姐姐，所以汉武帝与公孙贺的关系素来亲密，公孙敬声也因父亲的关系担任太仆一职，负责掌管皇帝的舆马和马政。可偏偏公孙敬声不争气，骄奢淫逸，贪财好色，收受贿赂，结果被关了起来。公孙贺于是抓了到处劫富济贫的阳陵侠客朱安世，想要借此立功，帮儿子将功赎罪。

朱安世自然不能坐以待毙，就托人上书汉武帝，称公孙敬声和阳石公主私通，并派遣巫师在天子所驰的马路上埋木偶人，从而诅咒天子。天子马路本来就是公孙敬声的管辖范围，朱安世的告发有理有据，汉武帝就相信了此事，逮捕了公孙贺一家，交给了当时著名的酷吏杜周查办。杜周公报私仇，不但杀了公孙贺父子，还将阳石公主以及与本案没有关系的诸邑公主一起杀了，只因诸邑公主与卫子夫弟弟卫青之子卫伉是表亲，而卫伉与杜周结了怨。

虽然死了一群人，但汉武帝老来多疑，还是认为有人想害自己，于是将“巫蛊案”交给了自己的宠臣江充查办。江充是个靠裙带关系和故意装出来的“公正无私”而取信武帝的人，所以巫蛊案由他来做汉武帝相当放心，没想到江充却将个人恩怨带入案件。在后宫和朝廷中，他最想扳倒的人就是太子刘据，因为他曾经抓了刘据的亲信，刘据向江充百般求情，江充却一意孤行，结果因此得罪了刘据。其实刘据对此事早已忘到脑后，他也并不是记仇的人。但江充小人之心不这样认为，只想着借巫蛊案诬陷太子和皇后卫子夫。不过汉武帝对刘据疼爱至极，江充几次搞鬼都没能成功，倒是刘据看出江充的歹心，一怒之下发动政变杀了江充一干人等。

已经深居简出、在长安城外甘泉宫养生的汉武帝不知真相，只知道太子杀了自己的近臣。此时恰好有人在武帝耳边不断吹风，说太子想要谋反。刚开始汉武帝并不相信，便派了侍从去长安城打探情况。侍从在城外转了一圈，发现守备森严，没敢进城，转身便跑回甘泉宫禀告汉武帝说，太子确实造反了。或许是刘据倒霉，或许说是汉武帝昏聩，就这样听信了小人之言，相信自己的儿子有谋反之心，于是向丞相刘屈牦发布敕令：立即发兵出击，对造反者一律杀无赦。刘屈牦本来无心害太子，无奈天子之命不能违抗，便只能派兵攻打长安城。

刘据本就没有造反之心，哪里有重兵抵抗宰相的军队，只得发动百姓死守长安。但百姓只知道“太子造反”之事大逆不道，所以刘据大失人心，最后兵败如山倒，逃离了长安，没过多久便被找到，而那时的刘据已经自缢而亡，其母卫子夫早在他之前上吊自尽。

一年后，汉武帝才查清楚真相，一切都是奸臣搞鬼，害死了自己的皇后和太子，除了为太子平反，追封刘据，再没有什么能够挽回。

小小的一桩巫蛊案，在皇帝的疑神疑鬼和小人的借机发挥下，在汉朝的宫廷内外掀起了长达数年的血雨腥风，其实到头来却发现都是误会一场，但没有任何人对此承担责任，只能说是绝对的权力导致了绝对的腐败。

“指鹿为马”的目的岂止辨“忠奸”

赵高在历史上是一个非常受争议的人物，原因有三：一是身世，二是生年，三是功过是非。此人精通律法，深得秦始皇的喜爱，但他也是一个可以将善恶、是非、忠奸、美丑颠倒乾坤的邪恶人物，秦国可以说是亡在了他的手上。历史让这样一个平庸至极的人扮演了好似英雄般的角色，实在可笑至极。

赵高远远超于其他人的地方，单一个“指鹿为马”，就没有人能够做到。当时秦二世胡亥年幼无知，且其幼时一直依附赵高，对于赵高的狼子野心根本毫无察觉，而赵高已经继李斯之后，位列中丞，胡亥哪想到赵高竟然有篡政的想法。

“指鹿为马”是赵高为了辨识朝廷中谁对自己“忠”、谁对自己“奸”而故意上演的“一出好戏”。秦二世三年（前207）八月的一天，他叫人牵来一只鹿到朝堂上，并对秦二世说：“陛下，我献给您一匹好马。”秦二世一看这哪里是马，分明是一只鹿，便笑着说：“丞相搞错了，这是一只鹿，怎么说是马呢？”赵高笑着道：“请陛下看清楚，这分明是一匹千里马。”秦二世又看了看鹿，将信将疑地说：“马的头上怎么会长角呢？”赵高道：“陛下若是不信，可以问问众位大臣。”

大臣们顿时色变，不知赵高的意图，明知他胡作非为、颠倒是非，却敢怒不敢言，一时间都低下头。有些正直的人则坚持认为是鹿而不是马，赵高的一些党羽则顺着赵高之言。没过多久，那些正直大臣纷纷被赵高以各种名目治罪，甚至有些被满门抄斩。

一场“指鹿为马”的风波，让赵高知道了谁顺从自己，谁反对自己，但他的目的怎会如此简单。隔日赵高便派占卜者对胡亥说：“皇帝您连鹿马都不分了，肯定是祭祀没有好好斋戒，以致脑袋昏聩。”胡亥觉得很有道理，就去上林苑斋戒，但他毕竟年纪较小，耐不住寂寞，每日出去游玩打猎，一不小心射死了一个路人。其实这个路人是赵高提前安排的，而后赵高借着胡亥射杀人的事情，对胡亥说：“皇上您无故杀了一个人，上天恐怕会怪罪，应该躲起来才是。”胡亥心中害怕，立刻躲去咸阳城外的望夷宫。望夷宫中所有的人都是赵高的亲信，已经深陷牢笼的胡亥犹不自知，就这样浑浑噩噩地丢掉性命。

胡亥一死，赵高就将他的玉玺佩上，想要仗着自己也有着嬴姓赵氏的血统，登基为王。但他名不正言不顺，又是个宦人，根本没有人服从，他的皇帝梦就这样破碎了。因此，他只好临时改变主意，将玉玺传给了子婴。由于秦国实力已大不如前，子婴只得取消帝号，复称秦王，随即便与自己的贴身太监韩谈商定了斩除赵高的计划，诛赵高于内宫，并夷其三族（父族、母族、妻族）。

不管赵高的结局如何，从他“指鹿为马”到布置种种计谋篡政，足可见此人心思缜密，嫉恶如仇。若是他能真心辅佐秦室，不与李斯相争，认真教导胡亥，以他的能耐说不定能成为一代名臣。可是，赵高偏偏不甘寂寞，日夜盘算着要篡夺皇位，不知餍足成了他的死穴，他注定是要走向自我毁灭的道路。

什么原因导致汉代屡现外戚干政

外戚又称“外家”“戚畹”，乃帝王的母族、妻族一脉。若是外戚安分守己，作为帝王的亲戚，自然享尽荣华富贵。可惜历数千年的中华历史，偏偏是外戚的野心最为膨胀，甚至远远超过乱臣贼子，其干政乃至篡权的现象屡禁不绝，让帝王头痛不已。

外戚干政事件尤以汉代为甚，确切地说是东汉。大多数史学家认为，东汉外戚干政颇多的原因有两个，一是小皇帝过多，二是尚书台的设置。

幼帝登基，难以从政，似乎是历史的惯例，当然不乏像康熙皇帝这样的异类，因为他遇到了没有强烈野心的外戚，加上自身心性过早成熟，且拥有治世的莫大勇气，但东汉就不一样了。

东汉幼帝繁多的历史根源，应当从秦始皇说起。秦王嬴政确立皇位继承制之后，希望自己的子孙统治万世，虽然秦国未能昌盛千年，但嫡系继承帝位的规矩却被汉代完全吸收。因此一旦遭逢皇帝英年早逝，其子嗣不管多年幼，都要继承皇位。虽然西汉时期的帝王大多中年后才死亡，但到了东汉，出现了几代皇帝都是三十余岁便夭折的情况，幼帝频繁出现，后宫的势力便不可遏止地膨胀起来。

后宫女性不能直接干政，自然是通过扶持本家的势力来掌握政权。外戚的力量就是如此飞速蹿升的。然而在汉代，外戚不只是有后宫势力可以依靠，他们大多是对国家有贡献的功臣，这也是一个杰出的优势。东汉的外戚，主要有马、窦、邓、梁四大家族。东汉明帝的马皇后，功臣马援的女儿；章帝的窦皇后，功臣窦融的曾孙女；和帝的邓皇后，功臣邓禹的孙女；顺帝的梁皇后，功臣梁统的后代。四大家族既是功臣又是外戚，封地广大，势力雄厚，如豪强般慢慢地蚕食东汉的江山。

此外，还有一个重要的因素，那便是光武帝刘秀遗留的历史问题——尚书台的设立。光武帝刘秀在南方建立政权后，为了稳固皇权，遏制相权，虽然保留了过去的宰相“三公”之职，即司徒（丞相）、太尉、司空（御史大夫），但实际上却是将三公的实权抽走，只留地位和俸禄。同时刘秀自行设置了名为“台阁”的尚书台，将国家实权完全交由尚书台管理，由自己直接指挥。

最早，尚书是相对外部朝廷的内部朝阁，由皇帝统管，相当于机要秘书，通常为其工作者为下级官吏。汉武帝刘彻在位时，尚书被称为“内朝”，与三公九卿的“外朝”相对应，基本上没有实质的执政权。但光武帝将尚书机构的地位抬高至超过“外朝”的地步，尚书台内的官员品阶不高，反而比“外朝”中人更有权力。很快这样的弊端就显现出来。一旦皇帝早夭，幼帝登基，谁有能耐管理尚书台呢？掌管尚书台的“重任”自然就落到了后宫以及外戚的手里。

光武帝聪明一世、糊涂一时的做法，就这样令东汉江山一点点进入他人囊中。而外戚专权的直接后果，便是宦官权力的膨胀。因为幼帝长大后，唯有后宫宦官近侍可以依靠，宦官在帮助皇帝重夺皇权之后，受到土地、俸禄上的巨额封赏，势力便迅速增长，俨然有超过外戚的威势。东汉末年的“十常侍之乱”，便是由此引起。

后来外戚干政现象至清朝才完全杜绝，但与东汉这没落年代相比，实在是望尘莫及。

为什么中原王朝总以和亲换和平

恩格斯在谈到中世纪封建主间的联姻现象时，曾直言不讳地说：“结婚是一种政治行为，是借一种新的联姻来扩大自己势力的机会，起决定作用的是家世的利益，而绝不是个人的意愿。”伟大思想家如此精辟的结论，将几千年来世界各国和亲政策的实质道了个通透。

和亲，名义上是停止民族、国家战争，彼此捐弃仇怨，和平共处的外交手段。外表看似有着爱情韵味，实则是军事、政治协调策略的灵魂。和亲双方的决策人心中都藏有希望对方“为我所用”的算计，而牺牲品就是那些没有话语权的女性。

纵观中国历史，早在周襄王时期（前651—前619），周襄王想要讨伐郑国，怕自己实力不足，就娶狄女为王后，联合戎狄兵力共同讨伐郑国，继而双方各自得到土地和财富。这是中国史料中最早可见的和亲事件。很显然，和亲不过是双方为了赢得利益。自此，无论汉唐还是宋明清，和亲是缓和国界周边紧张民族关系的惯用手段。也正因为如此，“一去紫台连朔漠，独留青冢向黄昏”的情景，便常浮现于茫茫荒野、枯山之间，化作诗人笔尖的凄美感叹，后人对此展开无限想象，却不能够体会个中“梧桐秋雨”的悲凉。

现在我们所熟知的和亲，必然不是为政者突发奇想的政策，它受到帝王青睐是有历史根源的。试想当一个国家的综合国力不足以轻松抵御外敌的入侵时，便会采取软化敌人的政策。一则以钱财诱惑对方，只要彼此能和平相处，我方会奉上足够的金银珠宝供彼方享受；二则以和亲来表示尊敬、喜爱，我方嫁个公主、郡主给彼方，还把我方的发达技术教给彼方，彼方看在这些好处的薄面上，也应和和气气。一旦双方达成共识，还可以携起手来打败共同的敌人，将第三方拆吞入腹。

中国数千年更替十数王朝，皆居于风水宝地的中原，周边少数民族国家钦羡不已，都想到聚宝盆般的中原掠取。一旦中原王朝稍显弱势，例如汉代，采取和亲政策的目的便如上述所言一样，无非是求得周边的安稳。不过，和亲不仅是中原王朝自保的手段，在唐朝，它还是“以夷制夷”的手段，也是彰显国威的策略。

唐朝初期通过与突厥的和亲，招揽突厥贵族进入皇族，帝王赐其高官和财富。表面上看突厥人似受到优待，实际上是唐朝政府用这些“糖衣炮弹”来同化突厥，令其再无反抗之心。再者，有了突厥的支持，一些漠北、漠西的少数民族就不敢再轻举妄动，唐王朝也省去许多应付外患的力气。甚至在当时，有许多弱小的少数民族还主动到唐室请求赐婚，表示愿做汉家的女婿，从中原学习先进的生产技术和科学文化，以增强自身实力。

和亲政策无非是希望对方“为我所用”，一旦这种互相利用失去了平衡，某一方再无价值可言，和亲便再也不是和平的手段了，战争才是决定最后结局的方法。不过，不能否定和亲政策在客观上促进了中华各民族的政治、经济、文化上的交流，在不同时期保护了人们免受战争和掠夺的苦难。

“宦官干政”是历史使命吗？

太监，又叫宦官，内臣，是封建社会残酷制度下的产物。现在很多人提及太监或是在电视里看到太监，很少有正面的形象，要么不男不女、阴阳怪气，要么胆小怕事、左右逢源，甚至有些阴险狡诈、作恶多端。但历史上也有一些受过宫刑却成大事的人，如郑和、蔡伦等，这些人对后世的贡献都是不可替代的。

回顾中华民族2000多年的帝制时代，太监的数量可以说微不足道。即使在明代，太监数量达到鼎盛时期，也只有不到十万而已，但是这些宦官的能量却是不容忽视的。纵观历史，从汉代开始的十常侍，到清朝末年老佛爷手下的安公公、小李子，唯有宋代没有太监乱政，其余大多数的朝代都出现过太监干政、祸国的事件。这些都是碰巧吗？还是说其中有玄机可寻？

先说宋代为什么没有出现宦官乱政的局面。纵观整个宋朝社会，没有能完全掌有大权的文官或者武官。首先，宋代的政策是以文率武，使得武官几乎不握兵权，而文官多为士大夫出身，以忠君报国为己任，因此有野心者少之又少；再者，文官的朝政意见一旦相左，很快会形成各自的集团，互相争斗，由此导致从中央到地方的文官各自为政，同时又相互制约，所以皇帝不用费心去培养一个亲信或者一个专用的奴才去替自己处理分化文臣武将的事情，这避免了宦官与朝政的接触，也就减免了宦官乱政的机会。

那么其他朝代都或多或少的出现了太监乱政的局面，是不是因为其政府结构与宋代截然相反呢？事实上的确是这样的。从秦始皇统一六国实行郡县制以来，从中央到地方，从文官到武将，各个官员手中都握有大大小小的权力，所有的官员虽然都服务于一个君主，但几乎所有官员在利益面前都会打自己的小算盘。所谓山高皇帝远，皇上虽然高高在上，但并不能监督到每一个官员，久而久之就会有人败坏风气。为了防止这样的事情发生，皇上总会把大权交给自家的亲属或是身边的亲信，这是重用宦官的根本原因。

还有一个间接的原因使得宦官的权力越来越大，那就是有些事情皇帝可以交给自己相信的大臣去做，有些事情则不然。例如暗杀不服从自己的大臣，或者暗中监视某个重要人物，这些没有办法做在明面上的事就要靠皇帝身边的亲信去做。因此宦官为皇帝做过越多此类的事情，皇帝就会越重用他，久而久之，当宦官不想再受控于人，想要独揽大权时，就会出现干政的局面。

另外，因为太监没有子女，所以皇帝通常不会考虑他们想篡权的问题，更不用说为子孙后代打下江山，所以才对他们放松了警惕。再加上平日里宦官经常讨好帝王，说些体贴的话，又照顾帝王的起居，自然容易得到帝王的信赖，继而有机可乘，干扰朝政。

所以，历史上的宦官干政，并不是偶然，而是有内部规律可循的社会现象，是封建社会腐朽政治的产物。

为何帝王常玩“狡兔死，走狗烹”的游戏

自古帝王想要坐稳王位，必然会除权臣或功臣而后快，不是有意为之，就是不得已为之。因此，许多人都对帝王“卸磨杀驴”的做法万分鄙视，还有一部分人以“功高盖主”的理由嘲笑权臣不识时务。尽管许多帝王明知道做“狡兔死，走狗烹”的事情会遭受千古的唾骂，却依然如此，究竟是为何呢？其实可以总结为以下几个原因。

第一个原因是，臣子功高盖主，帝王胆战心惊。这一点用来解释刘邦对付韩信，便再好不过。刘邦称帝前后，张良、萧何、韩信毋庸置疑是最有功劳的人，若论智谋，张良、萧何自然无人可及，不过若论军功韩信当遥遥领先。大汉建立伊始，刘邦便封韩信为楚王，赐其县邑，任其手握重兵。如果韩信知晓帝王心思，出行时不搞太大的排场，平时作风不要太招摇，也不会有小人在刘邦面前说坏话，招来刘邦的猜忌。于是刘邦假借出行巡狩的机会，暗中将陪同的韩信俘虏，将其软禁起来。倘若此时韩信能安守本分当个淮阴侯，说不定可得善终。可韩信毕竟是韩信，自然无法如张良那般聪明地隐退，终于还是耐不住寂寞，他联合巨鹿郡郡守陈豨造反，被吕后识破阴谋，诱而击杀。

回过头来再看，还是淮阴侯的谋士蒯通临死前对“主子”的评价最中肯：“昔日楚汉之命皆悬于彼，彼却毫无反心，今天下已集，且无权无兵，彼竟心生反意，而勾结陈豨，欲谋不轨，韩信真乃一愚人哉！”有机会作为时不作为，该安守本分时不安分，韩信死就死在了自己的愚蠢上，无怪乎刘邦会轻松将他“烹煮”了。

第二个原因是，功臣盲目自大，皇帝不得不弃之。因这类原因没有得到好下场的臣子还有很多，唐代的尉迟敬德就是其中之一，幸运的是他遇上了宽宏大量的君主李世民，才不至于落得悲惨的结局。尉迟敬德在李世民还是秦王的时候就衷心追随，几次救了李世民的性命。在玄武门之变时，尉迟敬德也是最支持李世民的人。所以李世民登基后，以军功“敬德与长孙无忌为第一”的理由，封其为右一府统军，有封地和军权。

尉迟敬德一介武夫，性格耿直，颇有些蛮横。因突然成了大功臣，一时间不可一世，连皇帝都不放在眼里。别人碍于李世民的原因不敢得罪他，但李世民看在眼里，心中有数。杀尉迟敬德的事情，李世民自认做不到，他也不想像刘邦对付韩信那样，这并不是明主的行为。于是李世民故意在尉迟敬德面前讲了韩信的故事。尉迟敬德并不是蠢人，立刻明白了李世民的意思，暗暗冒了冷汗，此后再也不敢胡作非为，而转身去追求黄老之道，以避开朝廷的锋芒。

从某一方面来说，尉迟敬德比韩信聪明，而李世民比刘邦英明，所以避免了血溅朝廷之事的发生。但是，此等好事并没有给后人一个很好的榜样，反而“走狗烹”的事件发生得更多，尤以明代初年为甚。如果说韩信“死有余辜”，尉迟敬德“自找麻烦”，那么明朝胡惟庸、刘基这类的名臣，死得可是太冤了。

当无辜臣子遇上凶残多疑的帝王，由第三个原因导致的“走狗烹”游戏就会堂而皇之地上演。朱元璋是明朝的开国皇帝，甚至是所有帝王当中非常多疑且好杀者。在位期间，几乎所有助他建立大明国根基的臣子都被他尽数除去，少数因英年早逝从而避免了被冤死。就连一向温文尔雅、熟谙进退的刘基，也遭到朱元璋冷遇，最后病死榻上。

千百年来，帝王无情已经是司空见惯的事，但多少臣子未能参透伴君如伴虎的规律，最后只能沦为刀下亡魂。在帝王眼里，天下之大，率土之滨，皆是王土，任你有再高的功绩，都不能忘了这规矩。

范蠡在2000多年以前，就说出：“飞鸟尽，良弓藏。狡兔死，走狗烹。越王为人长颈鸟喙，可与共患难，不可与共乐，子何不去？”此番良言，早应该点醒世人，战战兢兢、如履薄冰，才是存活之道。一旦不能与帝王相处，功成身退就是最好的选择。在中国漫漫史海，或许真正懂得权衡之道的人，应该是宋太祖赵匡胤的一班臣子石守信等人，乖乖交出兵权，无论何时何地都悄然无声，才能过好富足的余生。

曹操为何对文人既笼络又打压

东汉末年的文士祢衡是一个狂傲之人，虽有几分才学，但性格极端，平素最好讽刺他人，甚至动不动就开口骂人，因此而得罪了不少人，这其中就包括素来以

"爱才任贤"著称的曹操。曹操善笼络人心的手段早已闻名天下，他手下的文臣武将，多数都是在他"甜言蜜语的交心"中笼络而来。但祢衡完全是因为孔融的推荐，才走到了曹操的面前。

时值曹操与袁绍争夺北方各地，孔融给曹操出了主意，欲与袁绍争锋，必须扫除南方的障碍，也就是刘表、张绣和孙策，手段是招安。曹操本想让孔融去办招安的事，但孔融推荐了自己的朋友祢衡。曹操素来爱才，也知道祢衡有些能耐，于是召见了祢衡。谁知祢衡一见曹操，就将曹操和其手下的能臣将相批评了一通。曹操一向对天下人摆出爱才的面孔，自然不能因恼怒祢衡而杀了他，为自己招来恶名，于是就用了一招"借刀杀人"法，将祢衡送到刘表那里。据说后来祢衡因为刁嘴惹祸，先后得罪刘表和江夏的黄祖，最终被黄祖一刀劈成了两半。

祢衡的死虽不是曹操所为，却与曹操有很大关系。像祢衡这类多少有些狂傲的文人到了曹操身边，几乎没有一个有好下场。杨修就是其中的典型。曹操明知道此人聪明异常，对自己大有用处，但因杨修常常自作聪明，又搅和到曹丕、曹植之争当中，最终被曹操除去。再如孔融这类比较耿直的人，在曹操面前直言敢谏，曹操虽然喜欢，但如与其有利益冲突，也会将之除掉。

爱才若斯的曹操，为什么要杀掉这些他千辛万苦笼络过来的文人呢？说白了就是政治立场的问题。一直以来，曹操都会广泛地吸收和笼络文人名士，不管对方对他如何，他都不遗余力地讨好对方，将之尽可能纳入自己的羽翼之下，这是曹操的用人机制。就像陈琳曾写了一篇文章将曹操骂得狗血淋头，甚至还骂了曹操的祖宗，可是曹操依然因为爱怜其才情，重用他，还时常与陈琳进行文学方面的交流。

这样的曹操，并不像是屠杀文人的暴徒。但我们要看到，曹操所杀之人，不是政见上与曹操相左，动摇了曹操控制刘氏的基础，便是参与到曹操的家业斗争当中。比如崔琰阳奉阴违，表面上为曹操做事，却有反意，对曹操甚为不满，不但诋毁曹操，还结党说曹操有颠覆汉室的野心。

曹操之心如同司马昭之心，路人皆知，但崔琰却不知好歹将此事挑了出来，触了曹操的逆鳞，曹操如何能饶他？所以说，崔琰之死，死有其因。

曹操作为一名文武双全的人，深知"唯才是举"，重用知识分子是非常重要的，况且他喜好文学，对文人的喜爱更是发自内心的。但作为一个野心十足的统治者，曹操要实现"以曹代刘"的计划，就必须以"铁血政策"对待那些违背他意志，且不识时务的人。这就叫杀一儆百，以正视听。

谁主导了八王之乱

自东汉末年各路枭雄并起，中国经历了动荡不安的三国两晋南北朝时期，历时300多年。虽然这300多年占中华历史的十分之一还不到，但这段时间所上演的五花八门“剧目”却足以抵过数千年岁月呈现的景致，尤以两晋时期的内乱最叫人匪夷所思。

两晋是一个充满外戚、宦官、后宫乱政的时代，是一个内乱频出、阴谋四起的时代，例如西晋“八王之乱”，其前因后果能最恰当地将这个混乱时代的弊端展现出来。

“八王之乱”是指晋室的八个宗亲：包括汝南王司马亮、楚王司马玮、赵王司马伦、齐王司马冏、河间王司马颙、成都王司马颖、长沙王司马乂、东海王司马越。八王作乱其实是由普通的王室争权夺利而引发，不过这其中牵涉的不仅仅是宗亲，还有后宫与外戚之争。

如果要从源头追溯“八王之乱”的因由，就不得不说皇后贾南风和外戚杨骏二人。

晋武帝重病之时下诏，依托汝南王司马亮及皇后杨芷的父亲杨骏共同辅政即位的晋惠帝。但杨骏却排挤司马亮，想要单独辅佐接近于“白痴”的晋惠帝，一统大权。惠帝的皇后贾南风是个野心极重的女人，她想要控制自己的愚蠢丈夫，借此把持朝政，于是杨骏就成了贾南风最大的敌人。

杨骏辅政期间，凡有诏令，晋惠帝必然交给其过目，再下发执行。为了防止贾南风影响自己的权势，杨骏任命了自己的亲信掌管禁军，此举引起皇亲国戚及某些大臣的不满。贾南风立刻借此机会说动了汝南王司马亮和楚王司马玮，请二人带兵入京，讨伐杨骏。杨骏素来畏惧楚王司马玮，一时间未敢动手，贾南风却借此制造杨骏谋反的舆论。杨骏见状不妙，本想逃跑，没想到被司马玮杀害。

杨骏被杀后，朝政大权由司马亮与卫瓘共同执掌，很显然，贾南风并未达成自己的政治目的，随后她竟串通司马玮杀了司马亮和卫瓘。司马玮以为除掉了对手，就能和贾南风联手控制朝政，却不知道还有“卸磨杀驴”这一招，贾南风很快便将矛头指向了司马玮，她命人拟定了一份司马玮手笔的假诏书给司马玮的下属将领，使得将领们纷纷放下武器归顺皇室。司马玮没了军事实力，只得乖乖束手就擒。

贾南风执政后，于晋惠帝元康九年（299）废太子遹，第二年将其赐死，由于皇室缺少了正统继承人，八王与其他诸王为了争夺中央政权，不断进行内战。先是统领禁军的赵王司马伦联合齐王司马冏起兵杀了贾南风。永宁元年（301），赵王司马伦废惠帝自立，帝位还没有坐稳，洛阳城中的禁军将领王舆就造反，将惠帝又推上台，并且杀了司马伦。隔年，河间王司马颙又从关中起兵讨伐司马冏，但被洛阳城中的长沙王司马乂抢先一步杀了司马冏，夺得政权。

太安二年（303），河间王司马颙、成都王司马颖再次合兵讨长沙王司马乂，屡次被司马乂所败。次年正月，二王联合东海王司马越与部分禁军，终于除掉了司马乂，成都王司马颖担任丞相，左右朝政，此举招来了司马越的不满，司马越便从洛阳将晋惠帝挟持而走，攻往北方邺城。司马颖见状不妙，立刻出兵击败了司马越。与此同时，河间王司马颙派张方率军占领洛阳，与并州刺史司马腾（司马越弟）和幽州刺史王浚联兵攻破邺城，打算抢回晋惠帝。司马颖只好带着晋惠帝去长安躲避。东海王司马越不甘失败，打算东山再起，不但击败了河间王司马颙，还杀了司马颖，将晋惠帝又迎回洛阳。朝政大权终于还是落在了司马越的手中，八王之乱也算是结束了。

“八王之乱”整整持续了16年，战争令天下大乱，流民四起，经济崩溃，晋室力量衰微，此役给了“五胡乱华”最佳的机会。

统观八王征战的全过程，就像同宗血脉互相残杀的一场游戏，令人胆战心寒。而之所以发生内乱，则有两点原因：

第一个原因是，晋室未能出现一个真正有魄力、有才能，贤明且长命的君主。纵观中国各朝各代，凡符合这四个条件的君王，大多都创造出了太平盛世，平定了内外不安定因素，而晋朝却不具备这个优势。所以帝王不贤能，也无法任用贤能，只会被小人左右。

第二个原因是，中央集权制度的不完善。晋朝的皇权、相权、地方长官权、外戚权等各种权力并不明晰，所以给了各方势力任意干涉朝政的便利条件，晋朝的皇帝因而总是容易被人控制。

以古为镜，可以明自身得失。后来的明太祖朱元璋在考虑如何收归中央集权时，未尝不是借鉴了历史上诸多因为权力分配不均、帝王品行不端而发生的事件。

而“八王之乱”作为一个历史教训，至今被人们所铭记。

顾命大臣表面风光，实则凶险

所谓顾命大臣，就是皇帝在临终之前，亲自挑选任命的臣子，主要是为了辅佐还未能亲理朝政的小皇子。这些人通常是那些德高望重、出类拔萃、忠心护主的命官。古代被挑选为顾命大臣的官员，遵照先皇的遗命，代替小皇帝主持朝政，在朝廷之中可谓一人之下，万人之上，虽不是皇帝，但同样一言九鼎，甚至可以决定是否废除幼主。不过，凡事有利自有弊，顾命大臣的无限风光背后往往也同样伴随着巨大的危险。

例如，南朝宋武帝刘裕临终前托付的顾命大臣。刘裕在临终前任徐羡之、谢晦、傅亮等人为顾命大臣，嘱托他们辅佐少帝义符。最初的两年，少帝年幼，几位顾命大臣可以对他进行教育指导，代为治理朝政。可随着少帝逐渐长大，几位顾命大臣对他的影响越来越小，于是几人联合废了少帝义符，随后立宋武帝第三个儿子义隆为宋文帝。第二年，这几位顾命大臣奉表归政，文帝亲政。第三年，亲政后的文帝就先后诛杀了这几位顾命大臣。

顾命大臣为什么要废掉先帝所立皇帝，去立一个新皇？为什么被立的皇帝最终却又对扶正自己的顾命大臣赶尽杀绝？像南朝这样的例子是必然还是偶然？这其中有多层原因。

顾命大臣本是先帝选出的忠心为国的大臣，多德高望重，为人耿直。由于古代封建思想的灌输，多数少帝在小的时候因太子的身份，很少有人敢管教他们不得当的行为，这样一来就造成了他们无法无天的个性。小的时候他们不参政，这样的本性不会影响到国家的利益，但随着年龄逐渐增大，其性格中的劣势自然会影响到国家的存亡。顾命大臣这时出于对国家安危的考虑，就会废旧立新。另外还有一种原因，有些顾命大臣习惯了高高在上，当小皇子长大要亲政时不想让出手中大权，于是就设计陷害幼帝，再重新立一位年龄较小的傀儡皇帝，使自己得以继续把持朝政。

可是为什么被顾命大臣册立的新皇帝往往都会反过来杀掉他们呢？因为，新立的皇帝虽然很感谢顾命大臣给了自己当一朝天子的机会，但是，旧帝被废或是被杀的场面在新帝心中产生了很大的影响。新帝为防止顾命大臣以同样手段对付自己，就先下手为强，杀了这些权臣。一来可以替曾经受制于顾命大臣的臣子出口气，从而笼络人心；二来可以杀鸡儆猴，树立威信，可谓是一箭双雕之计。

所以，千百年来，顾命大臣虽然表面风光无限，但实际上要承担的风险更多，是很多人都看不到的。一句"既涉太行险，斯路信难陟"就贴切地概括了顾命大臣的命运。是悲惨还是风光，只有他们自己才最清楚。

玄武门之变的真相

武德九年（626）六月初四的清晨，在刚刚建国九年的李唐王朝皇宫的玄武门外，一场腥风血雨即将来临。

太子李建成和四皇子齐王李元吉正准备从长安城北门玄武门进宫朝见高祖李渊，不料二皇子秦王李世民带领人马赶来，杀死了李建成与李元吉，并诛杀两家老小，进而带兵进宫朝见李渊说二人谋反。李渊随即下诏改李世民为太子。这就是中国历史上有名的"玄武门之变"。这场兄弟相残的悲剧，牵连数百条人命，甚至动摇了唐朝在河北的统治。但是令人奇怪的是，这一血腥事实的真相却一直扑朔迷离，学者们也一直争论不休，一时间众说纷纭。总结学者们的观点，大概有三种主流的说法：

一是自卫之说。秦王李世民被逼无奈下，不得已才先发制人，发动政变。史书记载，李世民在灭隋兴唐的大业中劳苦功高，并显露出雄才伟略。作为太子的李建成不可能感觉不到李世民咄咄逼人的威胁，他怕失去本应该属于自己的皇位，如此一来李建成当然不甘心，于是一场手足相残、争夺皇位的政治斗争便爆发了。李建成和李元吉一直暗中蓄意谋害李世民。就在玄武门之变前不久，李世民到李元吉家喝酒，才喝几杯酒便腹痛不止，回府之后便一直吐血，差点死去。而李建成和李元吉此次进宫也正是为了向李渊参劾李世民。所以李世民为了自卫，被迫先发制人，不得已发动政变。这样说来，玄武门之变是迟早的事情，若不是李世民先下手为强，那躺在血泊中的就是他自己了。

二是有预谋的杀兄篡位之说。李世民主动发难是蓄谋已久的，并不像史料中记载的那样，是一个可怜巴巴的受害者。李渊诸子中，李建成是长子，按照嫡长子继承皇位的传统，当然应该以他为嗣君。高祖继位之初，也的确是立李建成为太子。因此如果不发生意外，李建成便可以顺利继承皇位。然而在太原起兵以后，统一全国的一系列战争中，李世民的功业远远超过了李建成，且李世民本人又气度不凡，具有远大的政治抱负，他不甘心，也不满足于仅仅当一个秦王，因此企图登上权力的顶峰。李世民被封为天策上将之后，就自立天策府，广招天下谋士，讨论国家事务，其权威甚至可以和太子命令、皇帝诏书相抗衡。李世民手握重兵，并且有一批甘愿为他出生入死的亲兵勇将。而李渊也曾对其许诺，若一朝得天下，必封其为太子，但后来将李建成立为太子，可见他对李世民并不信任。因此李世民怀恨在心，想自立为帝，所以才发动玄武门之变，进而逼迫李渊退位当太上皇，自己君临天下。《资治通鉴》的作者司马光就说李建成能有“泰伯之贤”，李世民能有“子臧之节”，互相礼让，“则乱何自而生矣”。对于后来的玄武门之变，司马光也遗憾地表示：“贻讥千古，惜哉！”

三是李渊的暗中相助之说。明末清初的王夫之认为高祖李渊“处此难矣，非直难也，诚无以处之，智者不能为之辩，勇者不能为之决也”。他认为李世民虽有篡位之心，但是得到了李渊的默许和暗中支持。李建成和李世民虽都才识俱备，但是太子建成贪图酒色，性格又有些懦弱寡断，不如李世民坚韧果断。李渊早有意传位于李世民。但是李建成是长子，按照旧制，废长立幼是不合礼制的，又加上李建成早已培植了一批亲信势力，如果改立太子，必定会激起兵变，到时候天下大乱。所以，为改立太子，李渊策划了这场玄武门之变。李渊其实一直很小心地保护着李世民，如先封他为天策上将，给他巨大的优势，后又派他出征突厥以控制兵权，还准备将富饶的洛阳赐予他做封地。李建成和李元吉几次怂恿李渊杀了李世民，都被拒绝。这些种种都为李渊的暗中相助提供了佐证。

这些说法各有道理，很难判断谁是谁非。真正的历史到底是什么样的，很难有统一的定论。

李世民为何向突厥称臣12年

突厥是古代的少数民族，先世源出于丁零、铁勒。南北朝时铁勒原住在叶尼塞河上游，后南迁高昌的北山（今新疆博格达山），突厥人也在此安家，屡屡进犯中原。隋朝未统一时，北方多次遭到突厥的进犯。

隋灭陈完成南北统一后，军事力量等方面与突厥相比发生了根本性的改变。隋帝利用军事和政治手段开始全力打击突厥。而突厥汗国也因为内部不和而分裂成东突厥和西突厥。突厥的分裂，使其丧失了攻占中原的良机，而隋帝也利用这层关系牢牢控制住了突厥的势力。

但是自从隋二世杨广登基之后，大隋的国力日渐衰微，群雄并起，竟有许多人开始攀附北方突厥，其中包括薛举、窦建德、王世充、刘武周、梁师都等人，就连在晋阳（太原）起事的李渊、李世民父子也曾臣服过突厥。据《旧唐书》记载，在李渊、李世民父子起兵时，突厥军队曾趁机袭击晋阳，大肆掠夺，使李氏父子见识到了突厥的实力，为了保证能在太原立足，李氏父子决定忍辱负重，先依仗突厥势力，因此年年朝贡割地，与突厥可汗修好。

随着李氏父子的势力逐渐壮大，俨然有一统北方的趋势，突厥人的胃口也越来越大，常以各种借口要求李家父子增加朝贡。李渊天性保守，在军事上并非激进之人，所以一直隐忍。但大唐统一天下，李世民发动玄武门政变登基后，依然臣服于突厥，这就让人百思不得其解了。凭借李唐的军事实力，与突厥分庭抗礼犹有余份，为什么李世民要低头呢？这一切要从“渭水之盟”说起。

武德九年，唐太宗李世民刚继位，东突厥的颉利、突利二位可汗便率兵二十万大军直逼长安。此前，二位可汗就曾率十五万兵马攻占并州（今山西全境和河北、内蒙古部分地区），进行大肆劫掠，而这一次则是出动二十万兵马，在距长安城仅40里的渭水之北驻扎，威慑长安城。此事致使长安城人心惶惶，朝野惊慌。李世民如果与二位可汗直接冲突必然要遭受重击，因此他便采用了缓兵之计，以大量金帛财物贿赂二位可汗，并与突厥结盟，以示臣服。“渭水之盟”签订后，突厥果然撤兵。其实若是突厥不依不饶，就此南下，中国的历史将会就此改变。但突厥人短浅的目光使他们最后沦落到万劫不复的境地。

自受到“渭水之盟”的屈辱，李世民一直隐忍不发，虽然暗中咬牙切齿，但没有做任何反抗突厥的事，而是加紧训练兵士，增强军事势力。贞观三年，李世民分析当时形势，做好充分军事准备后，他派出李靖率领唐军主动攻打突厥，大败突厥军，活捉了颉利可汗。突厥大势已去，只好臣服于唐朝。此后李世民清扫北方诸国，北方各国均向唐朝俯首称臣。

“欲取之，先予之。”大唐天子李世民将这一兵法之道运用得神乎其神。作为中国历史上最出色的皇帝之一，李世民懂得知人善用，同时也凭借其文治武功创造出百年安稳的盛世奇景。

唐代“楼市”崩盘，为何国家不救

在我国历史上的唐朝鼎盛时期，“楼市”就曾出现过崩盘的现象。按现在的收入算，唐朝的房子曾经从每平米几百或上千元，跌至每平米几十元。而此时，政府却没采取任何措施挽救“楼市”。

唐宣宗大中十年（856），敦煌居民沈都和因着急用钱，卖掉了自家的房子。按照惯例，他跟买方签了一份房屋转让合同，合同上写道：“慈惠乡百姓沈都和，断作舍物，每尺两硕五升，准地皮尺数。算着舍楱物二十九硕五斗陆升九合五圭干湿谷米。其舍及地当日交相分付讫。”意思是说，沈都和这套房子按面积计价，每尺价值小麦两硕五升。另外房子里所有家具陈设也随房子一块儿出让，价值小麦二十九硕五斗六升有余。合同上写的“一尺”是指1平方尺，为现在的0.09平方米；“硕”是容量单位，跟“石”通用。“两硕五升”小麦重约180斤（1斤=0.5千克），按今天麦价去买，至少需要140元。“每尺两硕五升”，说明每0.09平方米能卖140元，也就是每平方米能卖1555元。这房价在1000多年以前的敦煌，算是很高的了。

唐僖宗乾符二年（875），同样住在慈惠乡的另一位敦煌居民陈都知卖掉了自家“东西宽三丈九尺，南北长五丈七尺”的宅基，其面积约是203平方米，换来小麦“八百五硕五斗”。拿宅基总价除以宅基面积，可以算出这块宅基的单价为每平方米556元。考古报告显示，唐代敦煌民宅全部都是单层，容积率很低，所以当地皮价高达每平米500多元的时候，房价在千元以上是完全合乎逻辑的。

那么，唐朝人的工资水平如何呢？据《敦煌资料》等文献记载，在9世纪后期，不管是帮人牧马放羊，还是帮人运送货物，甚至包括替人当兵，敦煌平民每月的收入一般都不会超过2石小麦。也就是说，工薪阶层的月薪大多在300元以下。像这样的收入水平，就是一年不吃不喝，也只能够买3平方米左右的地方，倘若想买一套像模像样的房子，恐怕得忙活几十年。

庆幸的是，这样的状态并没有维持多久，敦煌房价在每平方米1555元的制高点上停留了一会儿，很快就急转直下，敦煌“楼市”崩盘了。

唐昭宗乾宁四年（897），敦煌居民张义全卖房，其房“东西一丈三尺五寸，南北二丈二尺五寸”，只卖了小麦“五十硕”，每平方米才卖250元。唐昭宗天复二年（902），敦煌居民曹大行跟人换房，“东西三丈五尺，南北一丈二尺”的房子，仅估价“斛斗九石”，也就是房价已经降到了每平方米33元。

关于敦煌房价，目前能找到的文献非常少，暂时还不清为什么刚开始房价这么高，后来又为什么暴跌。另外，鉴于中原和江南地区出土的唐代经济文献非常稀少，研究者也不敢确定在敦煌之外的其他区域是不是同时出现了房价暴跌的现象。

不过可以肯定的一点是，敦煌房价暴跌后，大唐朝廷和敦煌政府都没有出手救市。因为《新唐书》《旧唐书》《册府元龟》《唐六典》等史书和现代的敦煌石室藏书释文汇编《敦煌资料》中均未曾出现相关内容。

那么，唐朝政府为什么不救市呢?

第一，当时没有专门的“房地产开发商”，房地产交易只是在业主间进行的二手房买卖，而业主们像一盘散沙，没有能力游说政府做出救市决策。第二，当时房地产行业在整个国民经济领域所占的比重非常小，无论这个行业是否兴旺，都不会导致GDP下滑。第三，当时的财政收入来源为田赋和人头税，政府从来没有想过卖地生财。房价暴涨也好，暴跌也罢，只能影响地价。

可见，唐朝政府之所以不救市，倒未必是替广大购房者着想，才容许房价不断下滑的，而是因为房价波动没有损害到政府自身的利益。

为什么说李商隐是牛李党争的牺牲品

科举制度是中国历史上通过考试选拔官员的一种基本方式。它源于汉朝，创始于隋朝，确立于唐朝，消泯于清末。而唐朝可以说是科举制度真正发展起来的时期，它对汉代到魏晋南北朝的选士经验教训进行了总结，比较详明严密地开创了考试取士的规模，具有一定的客观标准，也就是在一定程度上能够真正选贤任能。在当时的历史条件的限制下，出身低微的知识分子有了打破旧的、严格的封建等级界线，进入仕途的机会。

然而，任何事情都是双面的，有利必有弊。庶族得到了平步青云的机会，这让养尊处优的士族感到不安。于是，当文人才子都在寒窗苦读，为挤过这道狭窄的入仕门而争得你死我活、头破血流的时候，一场政治斗争在文人间如火如荼地展开了。这就是“牛李党争”的时代背景。在当时，身为局中人的书生牛僧孺、李宗闵对此毫不知情，他们两耳不闻窗外事，一门心思想着如何中举，没想到在不知不觉中踏入了党争的泥淖。

唐宪宗元和三年（808），长安制科考试，举人牛僧孺、李宗闵在策论中批评时政，得到考官的赏识，但因二人在考卷中抨击的是宰相李吉甫，于是李吉甫从中作梗，对二人永不录用。没想到此事却引致朝野哗然，大家争为牛僧孺和李宗闵鸣冤叫屈，谴责李吉甫嫉贤妒能。唐宪宗迫于压力，只得将李吉甫贬为淮南节度使，另任他人为宰相。至此，朝臣分成两派，互相对立。但真正的“牛李党争”，是在牛僧孺和李吉甫之子李德裕上台之后开始的。

唐穆宗在位时，牛僧孺曾一度为相，一次科举考试由牛党的钱徽主持，其中牵涉李宗闵等人。时任翰林学士的李德裕指斥李宗闵等人在主持科考时舞弊。结果李宗闵等人被贬官，斗争逐渐趋于复杂化。就这样，朝廷中形成两派，以牛僧孺、李宗闵为首的“牛党”和以李德裕为首的“李党”，相互倾轧40多年。牛李两党的政治主张截然不同：李党力主摧抑藩镇割据势力，恢复中央集权；牛党反对用兵藩镇，主张姑息妥协。

客观地说，这样的争论还是有一定的历史意义的。可是自长庆以后，党争已经丝毫看不到有意义的内容，完全是一些能将对手打倒在地的鸡毛蒜皮的小事。唐代党争已经完全演变成了一场争权夺利的政治斗争，这正是唐代党争的实质所在。官僚之间的斗争不断升级、扩大。

那么，牛李党争之事与晚唐著名才子李商隐又有什么关系呢？为什么说李商隐是牛李党争的牺牲品呢？这要从牛党的令狐楚说起。据《旧唐书·李商隐传》的记载，李商隐少富文采，儒雅风流，深受当时镇守河阳的令狐楚的赏识。在这种情况下，通过令狐楚的引荐，李商隐的仕途必将一片光明。可不巧的是，镇河阳侍御史王茂元也对李商隐青睐有加，并将自己的女儿嫁给了李商隐。王茂元是李党领袖李德裕的亲信，李商隐娶了王茂元的女儿，无形中就是靠拢了李党。此事被令狐楚知道后，大骂李商隐背信弃义，任李商隐多次找令狐楚解释自己并无心与牛党为敌，仍得不到令狐楚的原谅。

此时李商隐处境非常尴尬，一方面既没办法再与牛党交好，失去了被引荐的机会，另一方面他又不想借着岳父的关系走入政坛。再说李党对于李商隐曾与牛党亲密接触的事情始终有所忌惮，更不可能举荐他。结果满腹经纶、才情高绝的李商隐一生备受冷落，黯然而终。

或许对于李商隐而言，他的心中并没有党派之分，不然他也不会私下结交文人时从不过问对方党属。不过，他的心坦荡自然，并不等于别人也同样以君子之心对待。所以凭君子之心结识小人，又如何能得善终呢？

纵观历朝历代的朋党之争，汉、明两朝主要是宦官与外戚或朝臣的权力之争，宋朝则是朝臣的政见之争，唯有唐朝的朋党之争畸形可笑，它不过是公卿显官集团（李党）同豪强地主、暴发户庶族（牛党）之间的冲突。这种斗争只会使一个国家越来越贫弱，而不是通过激烈的碰撞，擦出新的火花，这种斗争更没有正义与邪恶可言。所以说，在当时不利环境下的李商隐，尽管有再高的才华，在倍显无知的斗争中也一样会成为牺牲品。

李煜责令画《韩熙载夜宴图》的目的为何

中国历史上的画作闻名遐迩者不在少数，《韩熙载夜宴图》正是其中一卷。此画卷分多幅，如同一幅连环画，绘制了南唐著名官员韩熙载家开宴行乐的场景，包括琵琶独奏、六幺独舞、宴间小憩、管乐合奏、欢送宾客五幅画卷。画中无论是人物，还是事物，皆笔法细腻，活灵活现。整幅长卷线条准确流畅，工细灵动，充满表现力，设色端丽雅致，层次分明，神韵独特，简直是神来之笔。

这样一幅绝世画作，在得到千年盛誉时，有人提出这幅名画是一份“谍报”。该观点马上在文化界掀起一阵讨论热潮，为什么说名画是谍报图呢？这要从画作的由来谈起。

《韩熙载夜宴图》所画的是南唐名臣韩熙载家，那毋庸置疑图画的背景当然就是南唐。而李唐末年，各路节度使、太守、军阀趁势而起，将大唐江山撕分食之。其中，偏居于江西、浙江一带的南唐国，自称是李唐正统遗脉。韩熙载就生活在南唐国君李煜在位时，当时韩熙载已是权倾朝野的大臣。李煜与韩熙载的关系颇为微妙，但又不能说二人关系紧张，因为韩熙载还是忠于国家、忠于国主的人，只不过他时常顶撞李煜，使李煜对他的防备之心越来越强。

时值国势衰微之际，李煜新娶小周后，大臣们纷纷祝贺，没有一个人敢言李煜沉迷酒色，韩熙载却写了一首讽刺诗。李煜看了之后非常无奈。韩熙载为人耿直，颇有诤臣和谏臣的风范，李煜对他是又爱又恨，升了他的官又想踢他下台。

不久，赵宋在中原兴盛起来，南唐岌岌可危，满朝文武均知大势已去，想必韩熙载也是意识到了这一点，于是也不再上朝，而是终日在家饮酒作乐，夜夜笙歌。此事传到李煜耳中，顿时气不打一处来，于是叫了两个非常有名的画师去参加韩熙载的夜宴，并将夜宴的场景细细描绘出来。

经过几个月的工夫，李煜收到了在后来遐迩中外的《韩熙载夜宴图》，他欣赏来欣赏去，最终吩咐人将此画送给了韩熙载。此时这位李后主的行为不禁叫人诧异，他明明派人做间谍去韩熙载府上参加晚宴，又花了数月的时间让人将《韩熙载夜宴图》画好，如此大费周章，怎么还要把夜宴图送给韩熙载呢？

其实，仔细一想，李煜如果真的想要找人做间谍监视韩熙载，只要派身手矫健的探子盯着就行，没有必要派人参加晚宴，还命人作画。他之所以这样做，就是想借画告诉韩熙载：你身为重臣却如此堕落，国家怎么能再次兴旺起来？

但韩熙载似乎并未领会李煜的用意，依然过着放荡不羁的生活。李煜失望至极，决定将韩熙载迁至洪州。韩熙载这时才知道李煜并不是软柿子，慌忙借此机会告老还乡，再不摄政。李煜念在他对南唐江山有功的份儿上，将他放逐出了金陵。

《韩熙载夜宴图》是否真的是份谍报，没人能做出肯定的回答。不过这幅画的历史价值和文艺价值，会被人们永记在心。

宋太宗为何不禁反推广《推背图》

《推背图》是中国古代著名的政治预言书，据传是唐朝太宗皇帝时期天相家李淳风和袁天罡所著，本来是用以推算大唐国运的书籍。相传李淳风日观天象，得知武后将夺权之事，于是一时兴起开始推算是否属实，竟推算到唐以后中国2000多年的命运脉络。袁天罡见状推了一下李淳风的背，神秘地说道：“天机不可泄露。”于是李淳风再没有敢继续推算下去。但《推背图》却因袁天罡这一推而得名。

《推背图》刚问世时，并没有得到重视，但经过几百年的验证，上面所写口诀竟与真实历史有八分切合，使历朝历代的统治者胆战心惊，一直将其列为禁书。不过，而有一个统治者却一改常态，大肆发行《推背图》，这个皇帝便是宋太宗赵光义。

赵光义以赵匡胤弟弟的身份接替皇位，在历史上一直都颇有争议。而他登基称皇的手段，民间也流传着种种猜测，其中传说他弑兄夺位的不在少数。而赵光义也知道自己做皇帝之事存在各种争议，但他本人除了有很强的野心外，也的确是个励精图治的好皇帝，在位期间不仅大力推进全国的统一，而且施行多种政策稳定民心，使宋王朝出现了前所未有的盛世景象。

然而就在此时，民间有传言说《推背图》预示了大宋王朝会在宋太宗这一朝灭亡。其实从宋王朝的经济实力和军事实力来看，正如日中天，很显然民间的谣传是非常荒诞的。但百姓容易受到谣言的愚弄，并因此逐渐显露了惶惶之态，特别是京城开封，更是人心浮动。开封府尹见状，立刻将情况如实上奏给宋太宗。宋太宗认为必定是有人借《推背图》危言耸听，制造危害宋室的言论，如果事态继续发展下去，定会引起内乱。于是立刻下令查禁《推背图》，将之列为国家禁书，如有人私藏此书，不但查抄，还要遭受严惩，若发现有四处造谣者，立即入狱接受严刑。

宋太宗的这种做法是大多数统治者辟谣的常用手段，不过谣言越是禁止，就越会被人传来传去。《推背图》越是被禁，就越有人敢于犯上，在民间私下发行。一时间《推背图》的事情不但没有被压下去，反而更激起民间的讨论热潮。于是便有大臣向太宗皇帝进言，查禁不宜，应当另行寻找对策。宋太宗向来心思缜密，略一思考，忽大笑起来，对臣子道："大禹治水，不禁而疏，效果极佳。查禁一事可以效仿，不必再禁《推背图》。"索性大肆发行，让百姓随意购买，自然能止谣言。

大臣依太宗之言，开始大量出版《推背图》，最后无论京城内外，家家都有一本《推背图》。因为发行量过大，百姓开始质疑《推背图》的神秘性，逐渐也就忘记了《推背图》的预言这回事，很快关于宋王朝即将灭亡的谣言便消失无踪。

宋太宗这一步以退为进的棋法，令谣言不攻自破，实在是高明之极。

范仲淹的改革为何走向失败

有很多历史学家曾极大地肯定了范仲淹的"庆历新政"，认为他的新政如能够顺利进行，也就不会有王安石变法事件的产生。可是，时代并没有给范仲淹尽情发挥的空间，宋王朝就这样失去了图强的机遇。

“庆历新政”失败的原因，不但与君主昏聩有关，也与时代背景有关系。当时，宋王朝正面临着西夏强兵的威胁，宋仁宗庆历元年（1041），宋军面对西夏军全面崩溃，宋王朝只得以岁贡来换取和平，在外交上采取守势。此时，国内官僚队伍庞大，行政效率低，财政入不敷出，土地兼并严重，人民生活困苦，时不时爆发的农民起义严重威胁着宋朝的统治。在内外交困的情况下，宋仁宗痛下决心进行改革。庆历三年（1043），宋仁宗任命范仲淹、富弼、韩琦同时执政，欧阳修、蔡襄、王素、余靖同为谏官。宋朝历史上有名的庆历新政开始了。

范仲淹认真总结从政28年来的经验，很快呈上了著名的新政纲领《答手诏条陈十事》，提出了十项改革主张：明黜陟、抑侥幸、精贡举、择官长、均公田、厚农桑、修武备、减徭役、覃恩信、重命令。宋仁宗在朝商量，表示赞同，便以诏令形式颁发全国。于是，北宋历史上轰动一时的庆历新政在范仲淹的领导下逐步开展，短短几个月，政治局面已呈现出崭新的面目：官僚机构开始精简；以往凭关系做官的子弟，受到重重限制；昔日单凭资历晋升的官僚，增加了调查业绩、品德等的内容程序；某些领域特别优秀的人员，得到了破格提拔；在科举考试中，突出了实用性内容的考核；全国普遍办起了学堂。

新政的措施切中宋朝的时弊，但庆历新政的内容却与宋朝立国的方针相冲突，这就注定了庆历新政失败的必然性。宋仁宗改革的初衷是，解决财政危机和军事危机，达到富国强兵的目的。但是范仲淹、富弼的各项改革措施的中心思想就是要裁退不称职的官员。而当时北宋的官僚，已经是暮气沉沉的腐朽政治集团，如果真的实行上述改革，百分之九十以上的官员都得丢掉官衔。

当时的形势就是要改革就要牺牲士大夫阶层的利益，可是牺牲了士大夫就动摇了皇帝自己的统治基础。权衡之下，宋仁宗还是选择了稳定大局，因循守旧。

范仲淹的政治理想、人生抱负，终于被现实击得粉碎，徒留一番沉痛的感叹。他的《剔银灯·与欧阳公席上分题》，就是其内心写照：“昨夜因看蜀志。笑曹操、孙权、刘备。用尽机关，徒劳心力，只得三分天地。屈指细寻思，争如共、刘伶一醉。人世都无百岁。少痴呆、老成尪悴。只有中间，些子少年，忍把浮名牵系。一品与千金，问白发、如何回避。”庆历五年（1045）初，范仲淹、韩琦、富弼、欧阳修等人相继被排挤出朝廷，各项改革也被废止。

庆历新政失败除了与治国方针冲突外，也与范仲淹的军人出身有关。宋朝对军人的防范必然使宋仁宗对范仲淹心怀忌惮，这不仅导致了范仲淹的个人悲剧，也导致了整个宋朝的悲剧。

宋仁宗的个性也注定了新政改革不会成功。想改革时急不可耐，但遇见困难就撒手不管，宋朝皇帝的荒唐在历代王朝中无出其右者。后来宋徽宗更加不堪，金兵入侵时，竟把皇位扔给儿子，自己一走了之。宋朝皇帝中除太祖、太宗比较圣明之外，其他的皇帝似乎一开始都胸怀大志，立志振作朝纲，但坚持不了多久，就被现实打败。

其实宋仁宗已经是难得的一位支持改革的君王，但其性格优柔寡断，平素谨慎，特别是对于自己的统治方面，生怕皇权被动摇。有了这种皇帝，庆历新政失败也在情理之中。

废除庆历新政，实际是为了皇室利益牺牲了改革。庆历新政为以后王安石的熙宁变法开创了先例，但也预先宣告了熙宁变法的失败。因为，宋朝一开始就把改革建立在一个堕落士大夫的基础之上，而正是他们造成了国家的内困，也是他们造成了国家军事上的弱势，同样也是他们坚决地维持着宋朝的这种不能持续强大的局面，最终令宋朝走向灭亡。

“功名得丧归时数。莺解新声蝶解舞。天赋与。争教我悲无欢绪。”若干年后，南宋兵败灭亡，文天祥在大都的牢中痛定思痛，痛心自己的改革主张没有得到实施，宋朝错失了最后一次拯救自己的机会。其实庆历新政失败时，宋朝早已将灭亡的难堪隐隐透露出来了。

只可怜范仲淹“先天下之忧而忧，后天下之乐而乐”的报国情怀，本是当世人心中永远的痛，却都留存于后人的笑谈之中。

司马光为何极力反对王安石变法

宋神宗赵顼在位年间，宋王朝出现严重的内在危机。国家正亟待改革，王安石顺势而出，宋王朝迅速掀起了熙宁变法的改革之风。此时的司马光正值青年，在欧阳修的推荐下晋升为翰林学士兼御史中丞，在当时改革的背景下，他本可以成就一番事业，但没想到他与王安石站在了对立面。王安石的变法激进革新，忽略了一些传统固有的情况，几乎颠覆了赵氏王朝流传下来的所有治国规矩，而司马光认为：“先王之法，不可变也。”

站在当世的角度，司马光的担忧不是没有道理。变法的意义在于减轻农民的困境，但是王安石的许多革新政策在执行过程中反而被强制摊派给农民，使他们的生活更困苦。许多贪官污吏利用变法，趁机搜刮地皮，私下做尽坏事。一时间变法大失民心，百姓怨声载道。

王安石、司马光二人的争执就从此处开始。王安石认为变法可增财政，减少农民负担，因为善理财者，可以使“民不加赋而国用足”。但司马光认为：“天地间物产总有一个定数，不在民、便在官，你所谓的善理财只不过是盘剥百姓罢了。”言下之意就是王安石非但没有减少百姓的负担，反而更增加了困苦，使百姓生活更加辛苦。

司马光的说法是有根据的。首先，我们必须要了解王安石变法的内容及其运行机制。在经济方面，施行方田均税法、均输法、青苗法、农田水利法、募役法、市易法；军事上施行保甲法、裁兵法、将兵法、保马法、军器监法；科举选材方面，施行太学三舍法、贡举法。撇开其他政策不谈，就一个“市易法”，就足以证明王安石变法的弊端之处。

熙宁五年（1072）三月，国家颁行市易法。政府出资一百万贯，在开封设“市易务”（市易司），在平价时收购商贩滞销的货物，等到市场缺货的时候再卖出去。同时向商贩发放贷款，以财产作抵押，五人以上互保，每年纳息二分。以达到“通有无、权贵贱，以平物价”的目的。

乍看“市易法”很像是国家宏观调控的手段，却与宏观调控大不相同。宏观调控管理市场，国家本身是不参与经营的，只是平抑物价。但“市易司”从事的却是买卖生意，这其中自然就牵涉利益问题。“市易司”虽然不能像商人奇货可居一样牟取暴利，但是为了盈利，在收购和发放时就会有回扣问题的存在。“市易司”本来作为国家机构存在，如今却打上了商业垄断组织的徽章，商人为了能从“市易司”那里获得收益，就必须给司中官员行以贿赂。如此一来，大量的贪官污吏在“市易司”中产生了，百姓还是得不到实惠，反而更加受到政府的剥削。官方经商，竟是祸国殃民。

“市易法”颁布不久，苏轼就曾上书弹劾市易法的弊端，许多官员对种种变法措施也颇有微词，司马光也在其中。但王安石非但不听，还以“人言不足恤，天变不足畏，祖宗之法不足守”的理由，忽略朝内上下反对的呼声。

王安石的变法或许好意居多，但也有不周全的地方。作为其好友的司马光大力反对，也在情理之中。不过司马光的反对，也有其刻板的一面。在司马光看来，治理天下就好比对待房子，坏了就加以修整，不是严重毁坏就不用重新建造。改革要稳妥，因为“重建房子，非得有良匠优材，而今二者都没有，要拆旧屋建新房的话，恐怕连个遮风挡雨的地方都没有了”。司马光的这些观点未免迂腐，这是社会给士大夫所造成的束缚，在所难免。

一开始，司马光只对新法持反对态度，后来开始用激烈的言辞弹劾王安石。两人由莫逆之交发展到互相攻击，用司马光的话来说，最后变成“犹冰炭之不可共器，若寒暑之不可同时”的死对头，在无休止又无效益的争论中同归于尽。王安石戴上了“熙丰小人”的帽子被千夫所指，司马光则作为反对王安石的元祐（宋神宗之子宋哲宗第一个年号）守旧党，背上“元祐奸党”的罪名被后世唾骂。

司马光维护了一辈子帝王宗法，其政治生涯也不见有多痛快，却落了个千古骂名。王安石下台了，司马光最后也下台了。一场翻天覆地的变法，好像在二人面红耳赤的争斗中结束了。

朱元璋为什么制造胡惟庸案

明王朝建立伊始，经过十几年的精心治理，终于走上正轨，但太祖朱元璋并没有安下心来。他的多疑令他无法尽信江山能够稳守，唯恐有谋臣造反，只有皇权完整独立，控制整个国家生杀之事，才能保证明王朝的千秋万代。在帝王的多疑中成为牺牲品的明朝将相不在少数，其中宰相胡惟庸算是最大的牺牲品。

朱元璋为何大张旗鼓地制造胡惟庸案，至今都是一个谜，没有人知道它的真相，很多原因都是后人的分析与猜测。

关于胡惟庸获罪的原因，历史上有两种说法：一种说法是胡惟庸位高权重，心生他意，同倭寇与旧元勾结，意在弑君，结果事情败露；另一种说法是胡惟庸引朱元璋来家里观看醴泉，这被认为是祥瑞之事，所以朱元璋欣然前往，结果在路上被一个宦官拦住，说这是胡惟庸谋反的阴谋。不管是哪种猜测，都是疑点重重，真实情况已无从考证。但是谋反一事，是十恶不赦之大罪，因此就连他的家人和告密者也一并被斩首。随后朱元璋借此事，一举撤销中书省，不再设丞相，又追查了依附胡惟庸的官员和六部官属。结果此案迁延十余年，大小官员被处死者多达三万余人，朝野震动。

钱穆在《中国历代政治得失》一书中讲道：自古以来，中国的皇权和相权是划分的，两种权力的比重不同，相权对皇权有一定的制约，并不是皇帝一人专制。而政府真正由一个皇帝来独裁，则是在明清两代，始作俑者就是这位明太祖朱元璋，他废止宰相一职，并严格规定子孙们永远不准再立宰相。殊不知世上的事情是没有绝对的，从明朝中后期的事情来看，皇帝总是滥用手里的权力，为所欲为，最终没能守住祖宗的这份基业，此等结局，在祖宗这里也许能够找到根由。

胡惟庸一案血流成河，并没有让朱元璋放心，因为宰相虽然没有了，还有很多劳苦功高的大臣，难保他们不会起异心，于是他又举起了屠刀，洪武二十六年（1393）正月，蓝玉案发生了。蓝玉以谋逆罪被杀，连坐被诛杀者达1.5万人。

纵观中国历史，开国皇帝与功臣之间总会有不和谐的音符。其中唐太宗李世民处理得最为妥当，这是因为他气量恢宏；宋太祖赵匡胤“杯酒释兵权”，也自有其合理之处；而汉高祖刘邦和朱元璋都大杀开国功臣，但两者也有区别。朱元璋身边的人都是他的同乡，和他出生入死，与他的交情非同一般。建国之后如果让他们恪守君臣之礼或永不起异心，这是任何人都不能保证的。因此，为了给子孙扫清道路，他选择了斩草除根。

据史书记载，太子朱标曾数次劝谏朱元璋不要大开杀戒。其中一次，朱元璋命人找来一根长满尖刺的荆棘放到朱标面前，让他去拿，朱标畏惧不敢伸手。于是朱元璋说：“汝弗能执与，使我润琢以遗汝，岂不美哉？今所诛者皆天下之险人也，除以燕汝，福莫大焉！”意思是说，我杀人就像去掉荆棘上的尖刺一样，这样你将来才可以安坐天下。对此，朱标无可反驳。

但是朱元璋的屠戮如此耸人听闻，也与他本人的性格有关，清代史学家赵翼说过这样的话：“独至明祖，藉诸功臣以取天下，及天下既定，即尽举取天下之人而尽杀之，其残忍实千古所未有。盖雄猜好杀本其天性。”

无论如何，经过胡蓝案，宰相一职被取消了，开国功臣也被屠戮殆尽。从此皇帝身兼君主与宰相，行使着皇权和相权，集吏、户、礼、兵、刑、工六部职责为一体，控制了一切生杀大权。

不过，明王朝或许是不幸的，自朱元璋死后，其子孙“圣贤、豪杰”者少，

“盗贼”性者多，从而造就了大明一朝十几位个性鲜明的皇帝，在是非、人伦颠倒中，左右了明王朝200多年命途。只可怜最后一位欲做大事、励精图治的崇祯皇帝成了王朝的牺牲品。

北京如何成为明朝的政治中心

若从风水学的角度来看，君王选都城一般遵循四个原则：地大、山大、湾大、“明堂”大，也就是地缘辽阔，有山水可依，又不显窄小的地方。古人说龙脉集结之处适宜建都，正遵循这个原则。所谓龙脉，即“山龙”和“水龙”。山为阴，水为阳，阴阳交汇符合三才（天、地、人）协调生活的规律，在有龙脉的地方建都，自然再好不过。金代帝王一眼瞧中了北京（燕京），正是此原因。所以元人也舍不得这风水宝地，燕京就这样作为元大都存在了百余年。

洪武元年（1368），朱元璋创立大明王朝，定都金陵（南京）。可惜金陵偏安江南，朱元璋大概没想到定都南方的王朝多是短命，所以总是有块心病。他一度选取了大梁（开封）、凤阳等地作为迁都的位置，但都搁置了。后来又想到进入关中（长安）宝地，可惜未等实现，太子懿文不幸夭折，年事已高的朱元璋痛心疾首，再无力谋划迁都的事情，不久便一命呜呼。

大明王朝当然不会因为朱元璋没有迁都而短命，只不过将都城改迁至北方的是燕王朱棣而已。朱元璋一生共有二十六子，包括太子懿文在内，只有第四子朱棣最为能干。朱元璋还在世时，将东北、西北分为九地给了九个儿子，其中北平（燕京）正是朱棣的封地，故而朱棣被称为燕王。

懿文太子未死之前，朱棣纵有野心，也不敢夺嫡，毕竟有朱元璋坐镇，容不得他乱来。懿文太子、太祖朱元璋相继过世之后，斯文儒雅的建文帝朱允炆一上位，朱棣在下属的怂恿下，野心不可遏止地膨胀起来。遂挥军南下，一举“靖难之役”，稳稳当当地坐上了皇位，一代明君就这样堂而皇之地产生。

明成祖朱棣的一生功绩繁多，无论是组织修撰《永乐大典》，还是派郑和下西洋彰显国威，似乎都不及他迁都北京对后世的影响大。自明成祖迁都北京，明王朝的政治经济中心全面转移，清朝继之，中华人民共和国又继之，数百年京都龙脉旺盛，不曾衰竭。

那么，成祖为何毅然决然地选择迁都北京，而不选择关中宝地长安呢？其实若依地利而言，长安确实是不可多得的易守难攻龙脉汇集之处，若论底蕴，北京自然比不过长安千年古都的优势。明成祖究竟因为什么笃定北京，难道仅仅因为这里是自己的封地吗？

其实，明成祖之所以敲定北京，元人功不可没。元王朝确立北京为元大都之后，一直致力于城防建设，燕王朱棣初来乍到，北京已经不是往昔的燕云边城，而是彻彻底底的繁华都市。而且，北京依地利之险，有抵抗外族的天然优势。以往的王朝多数将国都建立在北方，都是因为方便抵御异族侵扰，稳守国土安全。当然，不可否认的是北京为燕王势力最稳固的地方，虽然洛阳、关中不失为迁都的好选择，但都不及北京的优势多。

另外，明成祖定都北京，目的是方便打压与自己意见相左的南方士族。明成祖虽然已经坐稳帝位，但仍背着名不正言不顺的包袱。当年“靖难一役”，为了铲除朱允炆的势力，明成祖曾痛下杀手，令南方士族对他又恨又怕。如果他继续在南京执政，很可能遭到暗算，不如迁都北京，让一切都在自己的掌控之中，又可以将南方士族打压于南方一隅，不得动弹。

很显然，无论从地理方面还是人性方面，明成祖的考虑都是正确而周全的。再者，南京的皇宫虽建在拥有“帝王之气”的燕雀湖之地，但因为地质松软，在朱元璋晚年时，宫殿已有塌陷，前昂后洼。依阴阳风水学者的说法，此乃绝后和亡国的征兆。虽然明成祖朱棣不信这套，可是南京总归不是他立身的好地方，索性迁都北京。

就这样，北京成为明王朝的政治中心，伴着历史的风风雨雨，城防依然巍然屹立，雄姿不减当年。

朱棣为什么要派遣郑和七下西洋

明朝时期，“马六甲”作为一个王国而存在，现在则属于马来西亚。这里之所以闻名于世，是因为它拥有一条著名的海道——马六甲海峡，是连通东方与西方的海上要塞。如今在马六甲海峡，仍能看到郑和当年下西洋的痕迹，那里有郑和当年所用宝船的复制品，有悬挂着无数中文招牌的店面，有各种各样的玉器、字画和木雕工艺品出售，还有长长的中国街以及祠堂这些在中国已经很难觅其踪影的古老印记。据说，这里居住的华人正是当年郑和下西洋时留下来的一些船员，他们在此开枝散叶，一代代的后人都没有回过家乡，却能用纯正的汉语说自己是中国人。

郑和七次下西洋，是中国古代航海史上最辉煌的事迹。明成祖下令远航，此举更是在后世被人们称颂。不过，考察当时明史中对航海政策的描述，就知道明代海禁甚严。那么明成祖为何要派遣郑和七次到西洋巡游呢？有人考证说，成祖此举是为了寻找下落不明的建文帝。

靖难之役后，建文帝的尸体一直没有被找到，因此有人推测他应是南下或者流亡海外。由于建文帝不但得到中土百姓的爱戴，更得到中国周边国家的认可，被认为是正统的中国皇帝。因此朱棣登基以后，生怕被民间说成是乱臣贼子，所以他势必要找到建文帝，使自己的皇帝资格名正言顺，以便统治江山，同时与周边各国建立睦邻友好关系。

郑和下西洋寻找建文帝的这种说法还有待商榷，因为如果单纯是为了寻找退位皇帝，明成祖朱棣没有必要吩咐郑和带着大量中土的特产和财物四处赠予东南亚、南亚国家。仔细考察明成祖的行为，就可以看出他的动机在于笼络这些周边国家，一方面令其了解到中国的皇帝已经易主；另一方面，促进中国的外交事业，与已经和明朝政府丧失联系的海外诸国重新建交。不过，建交目的只是其一，成祖真正想制造的效果是“万国顺服”的国际形势。

从永乐三年（1405）至宣德八年（1433），郑和率领着当时世界上最大最先进的船队七下西洋，访问了印度洋、阿拉伯、东非各国，航程十万余里，最南到爪哇，最北到麦加，最西到非洲东海岸。百艘战舰舰队以及万名官兵，航行在茫茫的太平洋和印度洋上，来往于马六甲海峡，此庞然大物足可称霸沿海各国。这番阵仗，不是明成祖真的想要侵略周边各国，而是威慑式的外交战略，以彰显大明国威，令万国对明室不敢小觑。如果有意倾向明室者可以年年朝贡，无意者则不敢对明室轻举妄动，其中以锡兰国为典型。

郑和第三次航行时路过小国锡兰，贪婪的锡兰国王想要抢夺郑和的财物，于是让锡兰王子缠住郑和，并派兵五万劫掠船队。情况十分危急，郑和却“艺高人胆大”，仅以两千人的力量攻占了王宫，活捉了锡兰国王，送回中国。结果锡兰国王并没有被杀，反而被送回锡兰，从此这个小国成了明朝的忠实拥趸。

本着人不犯我、我不犯人的外交策略，郑和七番航行确实达到了彰显国威，宣传中土先进科学、经济、文化成果的效果。与此同时，也加强了中国海外贸易的发展，还间接促成了马六甲及东南亚长达一百年的兴盛和繁荣。而额外的收获，则是使当时中国人的眼界大为开阔。随从郑和航行的马欢著有《瀛涯胜览》，费信著有《星槎胜览》，巩珍著有《西洋番国志》，上面记载了所经各国的风土人情。这七次下西洋的过程中，郑和命人绘制的航海图《自宝船厂开船从龙江关出水直抵外国诸番图》蜚声中外，有重要的学术价值和地理价值。虽然其中有错误，但对今人了解古代亚非国家地理情况起着重要的作用。明成祖大概也未想到自己的创举竟能影响海外数百年之久。

为什么说历史与张居正开了个“错位”玩笑

都说时势造英雄，殊不知时势更造就一代人的悲剧和反思。万历初年的辉煌只是明朝史上一颗转瞬即逝的流星，照耀了短暂强大的王朝，大地转而重新陷入了黑暗。旧时宰相张居正力挽狂澜于既倒，心系社稷而图新，为孱弱的国家动脉注入新鲜的血液。只可惜大厦将倾非一人之力所能及，倒行逆施使得短暂中兴后的王朝病入膏肓，而张居正的后世及其家人也惨遭祸及。

有人说，这是历史与张居正开了个“错位”玩笑，这种评价倒是中肯。倘若张居正早生几百年，再碰上明主，相信华夏在他的改革之下将发生翻天覆地的变化，可惜的是，历史总与那些励精图治者开着不应时的玩笑。

《明史》中记载的张居正是这样的：“居正为人，颀面秀眉目，须长至腹。勇敢任事，豪杰自许。然沉深有城府，莫能测也。”如果以今人的眼光来看，张居正仪表堂堂，长须飘飘，敢作敢为，很有思想，既帅气又有才华，使人可望而不可即。如此才子，却生活在了千疮百孔的明朝中期。

那时的紫禁城每日青烟缭绕，幻想长生不死的嘉靖皇帝深居内宫，修仙炼道，不理朝政，将社稷大业交给了奸相严嵩打理。严嵩父子趁机为非作歹，贪赃枉法。隆庆皇帝在位六年，极少审批公文，遇有国家大事，听任群臣争议，像哑巴一样一言不发。当时并不是没有打算重新振作的人，但每每有人重振朝纲，诸如首辅徐阶、高拱等人，都难以奏效。这种情况一直持续到张居正继任首辅。

在张居正看来，要彻底地治好明室的“病”，就要给国家“换血”。隆庆二年（1568）八月，他托《陈六事疏》中就从省议论、振纪纲、重诏令、核名实、固邦本、饬武备六个方面提出改革政治的方案，其核心就是整饬吏治、富国强兵，明确地把解决国家“财用大匮”作为自己的治国目标。在军事方面，张居正重用戚继光、李成梁等名将，平定外患；在治水患方面，重用潘季驯，把黄河从水患变成水利，把田地从422万零58顷增加到701万零3976顷；在内政方面，他提出著名的“考成法”，裁撤了政府机构中的冗员，为政方针是“尊主权，课吏职，信赏罚，一号令”。总之，自张居正主政以来，明朝形势是明朝中叶最好的时期。

面对幼主万历皇帝，张居正如同一个严厉的父亲，一方面悉心教导，另一方面主持朝政。明初皇权过分集中的局面再次被打破，张居正令相权再次分离出来。

根据万历皇帝在位前期的社会局面，就知道张居正改革的有效性。要知道，张居正的改革是在统治机构近乎解体、财政濒于破产的局面下，自上而下发动的一场自救运动。改革是触动社会体制的变革，这虽然是在同一社会制度下的推陈出新、自我完善，却是“变”字当头，改变某些不合时宜的规章、制度和政策。与渐行渐变不同的是，改革是带有矛盾的集中性、突破性和体制性的改变，集中表现为法制的推陈出新，所以又称为变法运动。

作为一个具有雄才大略的政治家，张居正对明王朝所面临的问题有深刻的认识。针对外患问题，他倚重抗倭名将戚继光解决了沿海倭寇，抵御了北方鞑靼的入侵。此外，他利用鞑靼首领俺答汗与其孙把汉那吉之间的暗流涌动，说服鞑靼称臣。张居正一面和鞑靼通商往来，一面在边境练兵屯田，加强防备。之后的二三十年，明朝和鞑靼之间一直没有发生战争。他还通过俺答汗同西藏喇嘛教格鲁派首领达赖三世建立了封贡关系，北部边防的巩固使张居正可以把注意力转向国内问题。

对于当时国力匮乏和盗贼横行的问题，张居正认为是吏治不作为造成的。官吏贪污，地主兼并，引起部分人钱包大鼓，公家却是囊中羞涩；加上皇帝太不像样，挥霍无度，百姓因此吃不饱睡不好，无奈之下上山当了草寇。张居正很高明地掌握了国家的脉象，政绩不通，社会问题就得不到解决。于是在万历元年（1573）十一月，张居正上疏对官员实施绩效考核，即“考成法”，以便明确职责。针对公文传递过程中“顾上之督之者虽谆谆，而下之听之者恒藐藐”的弊端，张居正上书皇帝提出公文办理的改革，以六科控制六部，再以内阁控制六科。朝廷的六部、都察院，其奏疏凡得到皇帝批准的事项，转行到各衙门，根据事情的轻重缓急、地方的路途远近，限定办理的期限，每月底清点。事情办得怎样，就靠这条线层层监督，一只眼逐级盯下去，评定官员的一个指标就是办事的效率和质量。

张居正在施行考成法时，还将追收赋税作为考成的标准。一时间，全国各地官员不少因考核成绩不合格，或无法缴纳赋税而遭到降职处分。因此官员们再不敢贪污受贿，唯恐丢了乌纱帽。然而，对官吏的管理限制势必损害官僚豪强的利益，当改革与制度碰撞时，失败的往往是前者。

不管张居正的改革多么成功，但他始终是地主阶级内部的改良运动。改革虽然清除积弊，澄清吏治，抑制豪强，减轻农民痛苦，可却树立了大地主阶级这个强敌。而财政收入的提高，致使官僚、豪强、大地主更加严苛地盘剥百姓。

张居正死后，一度遭受张居正精神压迫的神宗万历皇帝情绪出现大幅度地反弹，开始疯狂破坏张居正一手建立的国家机制，四处掠夺钱财。新政被废除以后，国家朝政急遽败落，有的危机不仅故态复萌，统治机构还出现了自行解体的趋向，各种社会矛盾环环相扣，交错而起，一场更为严重的危机铺天盖地席卷而来。官僚体制被破坏，国家库藏被耗尽，百姓生活在水深火热中，终于激发民众起义，此起彼伏多达40多次，全国各地怨声载道，朝堂动荡不安。

轰轰烈烈的改革成果轻易地被破坏，这究竟是张居正的悲哀，还是大明王朝的悲哀？寻根究底，是体制的弊端造成了改革的悲剧。而对于张居正这个人，历史上有人骂，也有人捧。有人说，张居正“固然不是禽兽，但是他也并不志在圣人”。仔细琢磨，此说法竟也中肯。张居正一心一意为他的国家倾尽心力，只不过是时代没有给他很好的机遇而已。

康熙为何签订不合算的《尼布楚条约》

16世纪后期，俄国皇帝伊凡四世时就开始了对西伯利亚和远东的殖民过程。崇祯九年（1636）俄国人到达鄂霍次克海征服了西伯利亚，令远东地区成为俄国人的殖民地。由于远东地区靠近清疆界的地区只有伊尔库茨克等几个小镇，一开始清王朝并没有在意俄国的侵略行为。但是自17世纪中叶起，俄军便越过外兴安岭，侵入中国黑龙江流域烧杀抢掠。不过，此时俄军势力并不强大，其中最大的一只俄国军队仅600人，特别是侵占雅克萨和尼布楚的军队人数，最高时不过3000人左右。

俄军数量之小，又与西伯利亚与莫斯科相距甚远，所以武器装备更新换代极慢，弹药也不富足，根本不能与有黑龙江、松花江等水上运输便利条件的清军抗衡，更何况清军还有葡萄牙人的大炮助阵，其火器营的火枪火炮更是威力十足、震慑海内。不过，俄军似乎未被清军实力所威慑，屡次小范围骚扰清王朝边境，终于激怒了大清这位少年天子。于是在清朝北边境发生了一场著名的战役，这场战役我们可以从小说《鹿鼎记》中一睹风采。

历史上有没有韦小宝虽然是未知之事，但清军与俄军的战争是不争的事实。康熙二十四年（1685），康熙刚刚平定“三藩之乱”，就于当年的5月22日派彭春带领精兵5000人从瑷珲起兵，分水陆两路围攻雅克萨城。5月25日，在清军的炮火当中，俄国侵略军步步后退，大败而归，只好举手投降，答应撤出雅克萨城。清军不疑有他，就渐渐地将部队撤回。哪知道刚刚离开的俄军又偷偷进入雅克萨城，没多久便将这里变成聚居地。康熙皇帝属意当地将领督促俄国尽快撤军，但俄国仗着冬季雅克萨易守难攻的优势，对康熙的警告视而不见。

第二年春天，清军重整旗鼓，彭春、萨布素兵分两路合围雅克萨，用大炮日夜轰城，令俄军死伤惨重，俄军又一次举起白旗。不过康熙帝却并未除掉俄国俘虏，而是放了他们，还让他们带着兵器和财物离开。康熙帝还与俄国签订了《中俄尼布楚条约》。

单从内容上看，中国站在胜利一方非没有得到任何好处，反而还损失了北方的土地。康熙帝签订条约的举动简直令人匪夷所思。不过，仔细考察当年中国北方边境的情况，就可以了解康熙帝这样做的原因。那时蒙古各部族对清王朝表面上臣服，心却有反意，而俄国的侵略军正是各蒙古部落的敌人。以康熙帝的聪明才智，当然懂得运用“鹬蚌相争，渔翁得利”的道理，他虽然出卖了东北领土，但大多数地方为蒙古部族拥有，于大清王朝毫无损失，而他不对沙俄军赶尽杀绝，也是为了让沙俄军遏制蒙古的势力。

如此看来，康熙皇帝的深谋远虑确实是令人钦佩之极，不愧为中国古代最负盛名的君王。

康熙帝为何要秘密立储

自秦汉以来，我国古代皇家皆遵循嫡长子继承制，但不管在哪个朝代，均有皇子争位的惨剧发生。秦始皇因犹豫立储，在临死前属意扶苏继位，却因时间紧急未能诏告天下，所以赵高、李斯等小人才有了可乘之机，篡改遗诏，令秦王朝经历两世而灭亡。秦朝和历代立储君的教训，令后世王朝不得不想尽各种办法避免祸起萧墙，但似乎都不是很见效。到了清朝康熙帝晚年，这位闻名中外的圣君面对着15个儿子，在筹划如何册立储君而不会引发宫变时犹豫了。

康熙的嫡长子胤礽曾在康熙十四年被立为皇太子，后被废黜，复又被立，最终康熙帝还是废了这个太子。此后多年，康熙帝都未曾提出立储一事，朝中大臣为此甚是担心，曾多次请求皇帝早立储君，以免夜长梦多。但是康熙帝心中却总是犹豫不决，太子被立废两次，就是因为宫中继承皇位的争斗过多而导致的，康熙皇帝生怕自己再选错了人，引发宫廷血案。因此，储君一事悬而未决。

经过多年的筹划和总结，康熙帝开始实施自己的立储计划，一切都在秘密地进行，大多数朝臣均不知情，只有部分朝臣参与。自古选立帝王的标准，皆是以有德者承大位，康熙帝具体选择了哪一个儿子继承储君，诸位大臣皆不知晓，立储诏书也没有人亲眼见到。此时康熙帝业已病危，仍不缺防人之心，恐怕也是害怕有人知道立储的人选，会对未来的皇帝不利。不仅如此，康熙帝也有这样的考虑，一旦他所选定的人选在考察期间做出不当的行为，诏书可以任他及时修改，而不被任何贵族势力所左右。毕竟每个皇子的背后均有清廷的各脉势力，一旦令各派知道所立皇储是哪一子，再想要废掉此子就不容易了。

康熙帝思虑相当之周密，他的做法也是将皇权专制集中至顶峰的表现，让储君之事再也不受其他势力集团左右。

对于康熙帝秘密立储的行动，不得不说这是我国古代皇室立储君最好的办法之一。但是康熙帝千算万算仍算漏了一点，由于诏书过分保密，也便给了他的诸位儿子任意篡改诏书的空子。雍正皇帝胤禛登基一事曾是一个未解谜题，传闻康熙帝中意的是其十四皇子胤禵，而被四皇子胤禛临时篡改了诏书。又有传闻说康熙帝传位给胤禛是为了让胤禛传位给弘历，也就是未来的乾隆皇帝。因为弘历自幼得康熙所喜爱，此子颇有祖父的风范，所以康熙的诏书上的的确写的是胤禛。

后来“康熙传位遗诏”现身《中国档案珍品展》，遗诏中写的是“皇四子胤禛”。据相关人员介绍，“十”在古代的古文中和现在的“十”是不一样的，而且“于”和现在的“于”也是不一样的。

雍正为何下诏驱逐传教士

中国最早的一批传教士以16世纪的利玛窦最为有名，继利玛窦之后，德国耶稣会士汤若望于17世纪初满怀着对东方的幻想来到了中国的明王朝，历经几代皇帝变更，甚至目睹了明清朝代的更替。数十年来，汤若望一直从事着历书的编纂和整理，深受皇帝的赏识，清军入关后，汤若望便被顺治皇帝接纳，他的学识深深打动了清廷的王室，包括孝庄太后、顺治皇帝，很多人都从他身上学到了许多西方的自然科学知识和人文思想。

对于汤若望等传教士受宠之事，大臣鳌拜深感愤怒。鳌拜认为，过多听信西学，会动摇清王朝的传统根基，因此汤若望必须除掉。于是他和反对西学派的大臣联合起来陷害汤若望，由于刚登基的康熙小皇帝尚未能完全把持朝政，所以无法营救汤若望，直到孝庄太皇太后出面，汤若望等西学者才走出监牢。

然而，从鳌拜的身上可以看到，清王朝的绝大多数臣子对西学和传教士都是有所忌惮的。虽然康熙皇帝对西洋科学甚是沉迷，常常仔细钻研，并鼓励天主教在中国发展，允许传教士传教，可是他的儿子雍正皇帝却对传教士深恶痛绝，甚至将传教士逐出中国，杀害大批西学者。

雍正之所以这样做，是源于福建一起教会案件。雍正元年（1723），福建省福安县有一个生员教徒突然弃教，向官府告状，声称教士修建教堂，大肆敛财，教堂里男女混杂，实在是败坏风气，有辱斯文。对于封建传统礼教甚是严格的古代社会，男女一向不得逾越，西洋教会却没有这种限制，而西学的民主思想、人人平等的主张对君权提出挑战，更是动摇了大清社稷的根本。雍正觉得传教士具有无形的危险，几经思量，终于下诏全国驱逐传教士。

雍正驱逐传教士是逐步进行且手段缓和，他的驱逐理由是西洋传教的覆盖面积过大，有意识形态侵略的嫌疑，同时也妨碍了其他宗教的发展，所以传教士在中国的活动应当被有效地遏制。另外，康熙在位期间，罗马教皇发布禁令，严禁中国教徒尊孔祭天，康熙对此非常震怒，于是下令只有承认中国礼仪的教士才能留在中国，意与罗马教皇分庭抗礼。

还有一件事情令雍正不得不担心。由于西洋传教士所宣传的思想是反封建、反专制的，因此民间有很多组织借西学的名义策划反动活动，令清廷不堪滋扰，因此传教士驱逐活动迫在眉睫。

种种原因叠加在一起，使得雍正下定决心驱逐传教士。就这样，西方传教士渐渐从中原各地消失殆尽，只在广州一带活动。一些留在南洋的传教士依靠办新闻报纸的方式立稳脚跟，却再也不敢以传教的名义畅游中国。清王朝也是自雍正开始，实行了闭关锁国政策，这无疑导致了清王朝落后，并加速了其灭亡的趋势。

清廷为何不愿让外国使节常驻北京

乾隆五十八年（1793）夏，承德避暑山庄，英帝国所派使臣马格尔尼子爵觐见，一干人等因为不肯行清朝的双膝跪拜礼，而与和珅等重臣相持不下。乾隆皇帝被扰得不堪忍受，于是允许马格尔尼子爵等人可以行单膝跪拜礼。此时正逢乾隆皇帝生日，马格尔尼子爵还带来了生日礼物。不过，马格尔尼子爵的目的并不是来给中国的皇帝庆生，而是带着英皇的意愿，希望与中国建交，发展对华贸易，并希望英国在北京设常驻使节，处理两国事务。

马格尔尼子爵希望取得以往各国未能用计谋或武力获取的商务利益与外交权利。简单来说，就是中国仅开放广州一个贸易窗口并不足以称为海外贸易，他们希望还能增设宁波、舟山群岛、天津为贸易口岸。但是乾隆皇帝一口回绝，并傲慢地说："天朝物产丰盈，无所不有，原不借外夷货物以通有无。"并警告他们不要再到浙江、天津等地进行贸易，否则必定"驱逐出洋"。在中国闭关锁国的政策面前，马格尔尼碰了一鼻子灰。乾隆皇帝连解释的机会都没有给他，在祝寿典礼结束之后，便派人一再催促马格尔尼使团起程回国。马格尔尼只得率领使团带着一堆乾隆赐予的无用之物，经广州败兴而归，更不用提在北京设立常驻使节的问题了。

49年后，清王朝在鸦片战争中惨败，签订了中国近代史上第一个不平等条约《南京条约》。这一次，英美以战胜国的姿态，明确要求在京设立驻华使节，但咸丰皇帝仍然不答应。按理来讲，乾隆皇帝敢于断然拒绝英国设驻京办事处，是因为大清帝国当时仍处在隆盛时期，能与英国分庭抗礼，但面对败局的咸丰皇帝，为什么也同样拒绝了英美的要求呢？一切可从中国闭关锁国政策处追究。

清廷不敢答应外国人在北京设立领事馆，主要有两个原因：其一，清廷有专门负责外交事务的特命外务大臣，一旦驻华使节进驻北京，就会威慑朝廷，直接向皇帝施压，使得外务大臣形同虚设，而皇帝也将面临被逼迫的境地；其二，各国驻华使节生活习惯大有不同，宗教思想均与中土封建思想相左。雍正时期下令驱逐传教士，就是因为传教士传播的宗教思想有动摇大清根本的嫌疑，所以乾隆和咸丰皇帝不敢让使节进驻北京。

鸦片战争后，外国人多次要求进京面圣、递交国书，清廷都一拖再拖，不让其进入北京半步，宁可牺牲主权和国家利益，也不同意此事。

由于清王朝没有认清外国驻华使节和领事馆的重要性和必要性，失去了了解世界的机会，因此也就令本国在与外国打交道时非常吃亏，而外国借此机会进一步剥削中国。其后果之严重，令人扼腕。

戊戌维新派为何求助袁世凯

甲午战争，中方的战败结果就是与日本签订了丧权辱国的《马关条约》。因为《马关条约》涉及的赔款金额和割地面积之大，皆前所未有，所以在国内掀起了巨大的反对浪潮。当时的资产阶级维新派得知《马关条约》签订的消息，激愤不已，于是委托维新派领导者之一康有为，让其代表有识之士上书清政府，陈述变法主张，这就是历史上著名的“公车上书”。从康有为的变法主张中，光绪帝似乎看到了清朝振兴的希望，所以他决心支持康有为，执行新政，戊戌变法遂如火如荼地展开。

在整个变法过程中，一开始慈禧等保守派并没有阻挠，因为变法对清廷的统治并无伤害。但不久之后，戊戌变法便触犯了一些守旧派的利益，守旧派甚至开始派人散布“皇上病重”和“皇上与维新派阴谋加害慈禧太后”的谣言，又去向慈禧报告新政的流弊以及众大臣的意见。慈禧对变法一事本来就持观望态度，既不明确支持也不反对，就是要看光绪到底会如何变法，会不会威胁自己的统治。结果，竟然传出了这些说法，慈禧当然不能容忍。于是在光绪二十四年（1898），慈禧与荣禄借天津阅兵之机发动了戊戌政变，将光绪帝囚禁在瀛台。七天后，慈禧下令将谭嗣同、林旭、杨深秀、刘光第、杨锐、康广仁六位维新派人士处死，这就是历史上的“戊戌六君子”，也是为维新变法流血的第一批人。

在光绪帝被囚禁之前，维新派已经得到风声，荣禄将会对己方不利，于是维新派便去找荣禄的党羽袁世凯帮忙，未曾想袁世凯却背叛了维新派，导致“戊戌六君子”被抓。袁世凯的品行如此不好，为何当初康有为和谭嗣同就相信他会帮忙呢？这其中是有许多原因的。

甲午海战中国失败，还签订了《马关条约》，对于参加这场海战的袁世凯来说心中并不好受。袁世凯认为清廷失败的原因有两个：其一是没有做好战争准备工作；其二是装备不良。倘若朝野上下能够同心协力，国家怎么会面临如此灾难。袁世凯深感日本的野心不止于此，必将再犯中国，也会是中国未来最大的敌人，中国唯有自强，才能守住江山。军人出身的袁世凯所思考之事非常有理。恰在此时维新派提出种种政策有自强之意，袁世凯觉得维新派主张甚合自己的心意，于是便主动结交了康有为等人。康有为早已知晓袁世凯手握军事大权，炙手可热，又是不可多得的将才，若是能笼络到自己身边，在未来的变法过程中，一定会成为自己的助力。

袁世凯和康有为双方都想互相利用，于是便有了二人的往来及义结金兰这一幕。但袁世凯的用心不仅仅是这一层，他最想做的事情就是飞黄腾达，一人之下，万人之上。他也相当清楚清廷是慈禧太后在掌管，所以便主动接近慈禧的亲信兵部尚书荣禄，成为荣禄麾下一员大将。也正因为如此，当康有为等人截获荣禄将要囚禁光绪帝的消息时，立刻想到了去找袁世凯帮忙。

袁世凯本来并不是不帮康有为，但从李莲英那里得知慈禧太后执意要除掉维新派，纵使维新派再强、光绪帝再有权力，始终大不过慈禧太后，而自己和康有为来往密切，要是帮助康有为，很可能连累自己跟着一块儿死。权衡利弊后，袁世凯为了自己的仕途而背叛了维新派。

一些人认为，维新派之所以会失败，跟袁世凯有很大关系，但事实上并非如此。诸多学者都曾总结过戊戌变法失败的原因，有以下几种观点。其一，康有为的维新理论可以从《新学伪经考》和《孔子改制考》中看出，康氏在两篇文章中言论大胆，说中国历代相传的儒家经典都是假的，这在中国几千年遵循孔孟之礼的社会背景中无疑很有冲击力，他希望通过这种说法来颠覆人们的观念，但是有急躁冒进之嫌，遭到了守旧派的极力排斥，给变法带来了很大的阻力。其二，康有为的思想是以“西学为营养”哺育出来的，但是他又披上中国古老学术的外衣，这就导致中西方思想在结合的时候有些脱节，理想化而不符合社会实际。其三，把希望寄托在统治者身上，是不可能令国家革旧出新的。

因此，这时再看袁世凯对戊戌变法失败所起的作用，简直是微乎其微。或许是康有为等人有眼无珠错信了袁世凯，但就算袁世凯不去告密，维新变法也不可能迎来成功。

《辛丑条约》为何没有割地的条款

19世纪对于清政府而言，是一场不能醒的噩梦。自道光二十年（1840）鸦片战争开始，半个多世纪过去了，中国政府在西方列强铁船利炮下，先后被迫签订了《南京条约》《天津条约》《马关条约》等不平等条约，领土不断地被列强瓜分蚕食，中国渐渐沦为半殖民地半封建社会性质的国家，但西方列强的胃口还没有满足，他们的最终目的是将中国变成完全的殖民地。

然而，随着义和团运动的蓬勃发展，中国农民自发反抗西方殖民者的斗争活动令西方列强感到害怕，他们认为必须要给中国一个更惨痛的教训，中国才能束手任其凌辱。于是在光绪二十六年（1900），英、法、德、日、意、俄、奥、美八国联军从海上袭来，一路攻往内地，进军北京，烧杀抢掠。慈禧和光绪一行人逃往承德，清政府完败。这一次，在西方列强的压迫下，中国政府代表签下了我国近代史上赔款数目最庞大、主权丧失最严重、遭受屈辱最深重的《辛丑条约》。不过，令人诧异的是，在以往的诸多条约中，中国的领土都曾或多或少被瓜分，然而《辛丑条约》却未涉及割地内容。西方列强为什么没有提出割地的条约款项呢？

其实，这些从八国联军与义和团、清政府军队斗争时的情况就可以看出端倪。当年，英国海军中将西摩尔率领八国联军2000多人强占火车，由天津驶往北京，意图直接进入北京城，不料遭到义和团的顽强抵抗。此时此刻，清军董福祥、聂士成等部也与义和团联合起来作战，将侵略军围堵在廊坊、落岱、杨村一带。因为义和团和爱国将领奋勇抵抗，直打得西摩尔溃不成军，不得不退回天津。1900年6月中旬，帝国主义海军进攻天津大沽炮台，尽管清军战力吃紧，依然击沉敌舰6艘，毙伤敌军200多人。虽然最后大沽炮台失守，但帝国主义列强的军队已经胆战心惊。此后，在天津、保定、唐山、张家口、沧州、瑷珲、北大岭、黑龙江畔、渤海之滨等地，中国军民没有半分胆怯，无一不视死如归。

面对这样顽强的抵抗，八国联军虽然最后得到了绝对性的优势，但是在拟订赔款条约时却下笔迟疑了。侵略首领瓦德西当时便写了一封信给德国皇帝威廉二世，信中有这样一段话："无论欧美、日本各国，皆无此脑力与兵力，可以统治此天下生灵四分之一……故瓜分一事，实为下策。"从信中可以看出，帝国列强对中国的顽强抵抗心有余悸。事实上，八国联军中其他国家也有此考量，他们惧怕一旦再次瓜分中国的领土，会在中国民众间激起千层反抗浪潮。八国联军共同进军北京尚且遭到如此抵御，损失惨重，如果再因瓜分领土问题使中国军民不能忍耐，联军将很难控制中国的局势。

除了心中对中国军民存有半分胆怯，八国联军其实也在顾忌彼此。毕竟帝国主义国家在殖民地的竞争上非常激烈，就以中国为例，沙俄趁八国联军侵华的机会占领中国的东北三省，而日本对东北三省也早有图谋，很显然，俄、日的矛盾因此激化。在瓜分中国问题上，各国之间均有类似俄、日这种矛盾，一旦《辛丑条约》中割地赔款的项目不利于八国的任何一方，很有可能引发列强之间的战争。

鉴于此，八国列强并不想因《辛丑条约》而激化各种矛盾，于是退而求其次，仅仅勒索了大量钱财。况且清政府已经摆出任其宰割的姿态，联军的目的已经达到，中国这块"肥肉"日后可以任其宰割，不必急于一时。

综上所述，我们可以清楚地看到，20世纪初，帝国主义列强瓜分中国的野心从始至终都不曾减弱半分，只不过换了一种剥削形式而已。而清政府也任其摆布，成为帝国主义统治中国的工具。

军事篇　金戈铁马，气吞山河

中国文官武将何时分开

随着社会政治、军事的不断发展，国家体制也在逐渐地变革，其中最重要的变化就是文官和武将的分离。也就是把文武官员分开任免，专职指挥军事作战的将领从文官中分离出来，成为一个独立的体系。文官负责政治事务，武官负责领兵作战。

研究中国历史可以发现，史学家们对于文官、武将的分离时间，也有不同的观点。截至目前，史学界主要有以下几种观点，有人认为文武官职的分离在夏商周时期就曾出现过；也有人认为文武官职分离最早是在春秋时期，但也有人认为最早是在战国时期。

最早有关军事官职的记载是在《史记》和《淮南子》中，记载表明，在黄帝时就已经出现了专职的军事官职名称“司马”。但是对于文武分工，并没有明确的说明。

夏商周三代，就也出现了文武官职的分离。《今文通典·尧典》和《古文通典·舜典》记载：夏王朝设立了“司徒、司马、司空”等文武官职。《尚书·洪范》称：商王朝有“司徒、司空、司寇”和“马、亚、射、戎、卫”等文武百官，但也没确定的证据可以说明文武官职已经分工明确。到了周代，一直沿用夏商制度，在文武官职分离上又有进一步的发展。此时，文武官职分门别类，虽然职责已有所分离，但是卿、大夫既执掌政务，又受王命率兵出征，司马只主管军事行政，战时统帅由天子临时任命，征战结束解除统兵之权。《周礼》记载，周公旦多次率兵平定武庚管蔡及东夷叛乱，然而周公旦却是西周最著名的政治家。从周宣王派秦仲统兵伐西戎等来看，西周并没有做到文武分工，此时虽然已经有专职武官，但文官依然会领兵作战，这种情况还十分普遍。

随着周王朝日渐衰退，王权下移，春秋时期各诸侯国争霸，相继建立了自己的军事力量，但国君才是军队的最高统帅，经常亲自率兵出征。例如，桑楚泓水之战，宋军由襄公统帅，太宰子鱼和大司马公孙固辅助；周襄公十八年（前555），城濮之战中，楚成王令尹子玉率楚军攻宋，晋文公亲自出征，派先轸、狐毛、栾枝、狐偃等军将和大夫领兵作战；春秋末期，吴楚柏举之战，吴王率文臣武将伍员、伯、孙武，击败了楚将尹子常、沈尹戍和武城大夫黑及大夫皇率领的楚军。

但也有人认为文武官职分离是在春秋时期，因为春秋末期，世袭制度被废除，将领从军将之中按军功选拔，而且多数诸侯大国的军事力量，也主要是由三军统帅领导，他们平日里主管军事行政事务，战时负责指挥军队作战，文官率兵出征者日益减少。这在《国语》《左传》之中就有所记载。

而史学界认为文武官职分离是在战国时期，主要依据有三个方面：

一是，《尉缭子·王霸篇》《吕氏春秋·举难篇》的记载表明，战国时期，随着新兴地主阶级在政治权力上的扩大，他们也看到了以前国家文武不分、共同执政作战，导致政治军事权力过于集中，造成君权旁落的现象。为了收回政权，采取了文武分职，政治上以相为首，主管国家政事；军事上以将为长，主管军事力量。

二是，对于战争频繁发生的战国时期，军事指挥、管理、作战趋于复杂化、专业化，文官已经不适合如此复杂的专业战争，因此国家也需要培养一批专业的军事人才来应对如此复杂的战争。

三是，战国时期分封制被取消，作战成果成为封爵的主要标准，一批在战争中表现优秀的将领被选拔出来成为军事统帅，比如吴起、孙膑、乐毅、白起、廉颇等。此时，朝廷之中的文官不再出战，只主管政事。

因此，史学界认为战国才出现了专职军将和独立的军事系统，中国文武分离是在战国时期。

庞涓指挥过马陵之战吗

战国时期，齐国和魏国是东方的两个强国，为了东方霸主的地位两国不断发生冲突。齐魏先后进行了两次战争，即桂陵之战和马陵之战。两次大战之后，魏国元气大伤，齐国崛起，成为唯一能与秦国抗横的东方强国。

桂陵之战和马陵之战有个共同点，即齐国都是以田忌为将军、孙膑为军师攻打魏国，而魏国迎战齐国的将军都是庞涓。1972年，山东临沂银雀山出土了汉简《孙膑兵法》，人们开始对庞涓是否参与了马陵之战产生了疑问。

根据汉简记载，东周显王十六年（前353），魏国派将军庞涓带八万兵马攻打赵国，齐国以将军田忌、军师孙膑也出兵八万援救赵国。为麻痹敌军，孙膑首先攻打的是魏国守备森严、“人众甲兵盛”的平陵，而攻打平陵的主要负责人是“不识事”的齐城、高唐二人，齐军大败。如此一来，魏军更是不把齐军放在眼里。接着，孙膑派遣轻快的战车到魏都大梁之郊，“以怒其气”，并分散少量的士卒跟在战车后面，以“示之寡”，显现出齐军的弱小。以庞涓为首的魏国完全被这种表象所蒙蔽，庞涓只率领了精兵强将日夜兼程回到大梁与齐军进行决战。孙膑再次故意施计，追击到桂陵，生擒庞涓。“孙子（膑）弗息而击之桂陵，而擒庞涓”。这就是著名的桂陵之战。这段记载清楚地表明，在显王十六年，庞涓被齐国所擒获。

而显王十六年末，魏赵联合攻打韩国，第二年，齐国率兵救韩，马陵之战爆发。据《史记·孙子吴起列传》记载，在这次战役中，齐国依然以田忌为将，孙膑为军师，魏国的将领还是庞涓。齐魏之间又开始了新一轮的较量。孙膑使出了行军减灶之计，让魏军以为“我固知齐军怯，入吾地三日，士卒逃亡过半矣”。庞涓再一次率其轻骑锐卒追逐不断后退的齐军，终于在马陵之地中了齐军的埋伏，拔剑自刎，齐军大败魏军。

看到两次战役的情况，疑问也就产生了。首先，庞涓在桂陵之战已经被齐军所擒，他又如何能在十年之后指挥魏军参加马陵之战？其次，庞涓在桂陵之战已经中了孙膑伏兵狙击之计，他怎么会不吸取教训，在马陵之战时再次受骗呢？

对于此问题，台湾学者徐培根、魏汝霖引经据典做出了解释。《战国策·齐魏战于马陵》记载：“今战胜魏，覆十万之军，而禽（擒）太子申。”再据《战国策·宋卫·魏太子自将过宋外黄》记载：“魏太子自将，过宋外黄……今太子自将攻齐，大胜并莒，则富不过有魏，而贵不益为王；若战不胜，则万世无魏。……与齐人战而死，卒不得魏。”这两段有关马陵之战的记载，都没有提到魏国以庞涓为将，真正指挥马陵之战是太子申，不是庞涓。

司马迁《史记》中多次提到马陵之战时庞涓为魏将，“使庞涓将，而令太子申为上将军”。因此也有学者推测，庞涓在桂陵之战被擒属实，参加马陵之战也属实。庞涓在桂陵之战被擒之后不久就被释放回魏国，然后又参加了马陵之战。此种观点的依据在于《水经注·淮水》引《竹书纪年》记载，显王十七年（前352），也就是桂陵之战后一年，魏韩联合，在襄陵击败了齐、宋、卫的联军，齐向魏求和，庞涓有可能就是在此时被释放回魏。

但《水经注》的真实性备受学术界怀疑，庞涓是否参加了马陵之战至今仍无法确定。

秦赵渑池会的真相

战国争霸的硝烟已经消失在历史长河中，经过太史公的妙笔渲染，早已经脍炙人口。秦赵渑池会的故事也家喻户晓，千古流传。渑池会树立了蔺相如不畏强秦、力挽狂澜的高大形象。但是，仅凭蔺相如一人之力就能如此简单地战胜秦国吗？事情并非这样简单。渑池会实际上是秦赵之间共同利益双赢的结果，这与战国时复杂的国际形势密不可分。

昭襄二十八年（前279），战国形势发生了极大的变化，赵国和秦国相争，导致死伤无数，而楚国和齐国趁机崛起。为了遏制楚国和齐国的力量，秦昭王约赵惠文王在渑池相会。秦国君臣想要欺辱赵王，赵国以蔺相如为首毫不示弱，处处反击。最后双方达成共识，秦赵之间停止战争。

在昭襄二十三年（前284），战国形势又是另一种情形。东方强国齐国与西方强国秦国争霸，实力不相上下。秦国联合六国共抗齐国，齐国在六国的合攻之下一败涂地，秦国唯一的对手消失，成为战国七雄之首。秦国灭齐国的目的达到后，与其他五国之间的盟约也正式结束，双方又站在了敌对的位置上。秦国攻占了魏国东部的一块地盘，并长驱直下，阻断了燕赵与楚、魏、韩之间的联系。这是秦国为统一天下做出的第一步。

赵国经过赵武灵王胡服骑射的改革后，成为东方继齐之后的第二强国，取得本属于齐的富庶之地——河间之地，经济实力大增。再加上赵惠文王的治理朝政，任用一代名将廉颇、名相蔺相如，使得赵国的政治实力更为强大。强大的军事实力、政治实力、经济实力，使赵国成长为东方大国，也是秦国最强劲的对手。

公元前283年，秦国为了一统天下，做出了第二步措施：攻打魏国，直取魏都大梁。燕赵两国出兵二十万援救魏国，秦国无奈之下只能放弃攻打魏国。这一事件，让秦赵之间的矛盾尖锐化，敌对的形势逐渐形成。

秦国为了攻打赵国，与楚、魏、韩、魏联盟，对赵国形成了包围之势。孤立的赵国只剩下燕国一个盟友，但赵国并没有意识到形势的急剧变化，依然连年伐魏，这给了秦国攻打赵国西境一个可乘之机，秦国大将白起攻取了蔺、祈、石和光狼等城。面对如此形势，赵国被迫停止对魏国的进攻，并集中兵力对付秦国。

与此同时，本来衰退的齐国又奇迹般地复活了。以田单为首的齐军打败了燕军主力，收复了大量的齐国失地，齐国席卷之势给赵国带来了严重的威胁。

而与秦有盟约的楚国也趁着秦赵交战之际逐渐壮大，率军反攻秦国，打入秦的巴郡地区，攻取了旧巴国的都城枳，秦国的后方基地巴蜀地区面临着丧失的危险。

秦赵两国基于实力基本平衡、共同利益的前提之下，于昭襄二十八年在渑池相会，双方罢战讲和。随后，赵军集中力量攻打齐国，秦军集中主力攻打楚国，齐楚两国的复兴美梦在赵秦的铁拳痛击下破灭了。

因此，秦赵两国渑池会，实质上是一场强国与强国之间的外交会晤，是两大强国在实力基本平衡之下的一次战略妥协。两国面对共同的战争形势，使得两国能够达成一致，也只有建立起彼此间较稳定的友好合作关系，才能够转移主力，粉碎齐国和国楚的复兴企图。所以，当下形势已经决定了秦赵两大强国必须化干戈为玉帛。

秦赵破楚齐之后，秦赵双方又开始了敌对的状态，两国争霸重新开始。这也从反面证明了渑池会只是秦赵两国基于当时形势所做的暂时妥协。

秦始皇“一统天下”为何独留卫国

始皇二十六年（前221），秦始皇灭六国，一统天下。战国时期的各国都相继覆灭，但是唯独将日渐式微的卫国留了下来，在濮阳城这个弹丸之地苟延残喘，直到秦二世元年（前209）才被秦二世胡亥所废。史料记载，“君角九年，秦并天下，立为始皇帝”，君角是卫国最后一个国君。“二十一年，二世废君角为庶人”，此时卫国才真正灭亡。

秦灭六国，独留卫国，原因在何？主要原因有以下几点：

第一，秦始皇统一天下，其实并不是独留卫国。史学界所说的独留卫国，只是在中原地区只留下了卫国，在其他边远地区也有其他国家被留了下来，比如苗裔滇王。《西南夷列传》记载：“秦灭诸侯，唯楚苗裔尚有滇王。”另外，还有越王勾践的后人所领导的闽中郡地区。《东越列传》记载：“越东海王摇者，其先皆越王勾践之后也。姓驺氏，秦已并天下，皆废为君长，以其地为闽中郡。”闽中郡虽然按秦始皇的要求采用了君长制度，但是秦始皇并没有派守尉来闽中，仅仅废去了越人的王位，行政长官实际上仍然是勾践的后代。这里所实施的君长制与其他被秦统一的中原地区的制度大不相同。闽中郡也就是国中之国。

第二，卫国其实早在战国时期就已经名存实亡了。昭襄五十三年（前254），魏攻秦陶郡，依附于秦的卫国也在这场战役之中被灭，从此卫君只是名义上的国君，实则只能算得上是魏国的一个小小的封君。秦二世胡亥废卫之时，卫国也只是一个名义上的国家。所以，秦始皇统一天下后，根本不把卫国放在眼里，因为卫国根本就不会对秦始皇造成任何威胁，秦始皇没有灭卫的紧急需要。

第三，从战国时期开始，卫国就长期依附于秦国，相当于秦国的附属国，两国关系也一直不错。

第四，秦始皇统一六国之后，热心于巡游，立碑记功，宣扬自己统一天下的功劳，而且痴迷于长生不死之药。对于卫国这个不能够给他造成影响的弹丸小国，消灭他们只是举手之劳，但没有必要去浪费时间。

第五，秦始皇打败六国之后，卫国还在濮阳这个小城，然而嬴政五年（前242），秦始皇为了设置辽东郡，濮阳也被纳入东郡范围。因此嬴政六年（前241），秦始皇就占领了濮阳，卫君角被迫迁往野王。其实，秦始皇也并非没有攻打卫国，而是在卫国迁走之后，没有继续追击罢了。

秦始皇统一天下，独留卫国，最主要的原因还是在于卫国已经不可能对秦造成任何的威胁。

为什么说汉武帝不经意间改写了欧洲史

西汉年间，汉朝与匈奴的关系错综复杂。直到汉武帝时期，对匈奴发动了三次战争，才彻底改变了汉匈关系。其中最大规模的一次战争是元狩四年，大将军卫青和霍去病共同出兵攻打匈奴，汉军深入匈奴的中心，迫使匈奴溃逃漠北，西汉对匈奴的战争才取得了决定性的胜利。溃逃的匈奴人在汉朝不断的军事打击之下，不断地分裂、西迁。直至东汉永元三年（91），“北（匈奴）单于复为右校尉耿夔所破，逃亡不知所在”。在以后的四百年，再也没有有关匈奴人的记载。

公元4世纪末，这支溃逃西迁的匈奴人渡过伏尔加河和顿河入侵欧洲，这些匈奴人再次让世人震惊。据古罗马史籍记载，“一路扫荡破坏所遇到的一切”，他们的铁骑让从来没有被欧亚平原的蛮族冲击过的欧洲文明国家和半文明国家几乎束手无策。匈奴人征服了顿河至捷列克河之间的阿兰人，打败了当时在第聂伯河以西的东哥特王国，使大多数东哥特人臣服。直到405年左右，匈奴人已经完全占据了乌拉尔山和喀尔巴阡山之间的广大草原，并开始进攻欧洲。441年，匈奴人向罗马宣战，东罗马帝国强悍的重步兵方阵，在匈奴的骑兵箭手冲击下，几乎不堪一击。之后，匈奴又开始进军西罗马，最终打败罗马帝国。但是不久之后，这支匈奴人的首领阿提拉离奇身亡，匈奴军队日渐衰落，公元6世纪就消失了。

就像美国气象学家爱德华·罗伦兹提出的蝴蝶效应那样："一只蝴蝶在巴西轻拍翅膀，可以导致一个月后美国得克萨斯州的一场龙卷风。"汉武帝的一个小举动，不仅导致了欧洲大陆的变迁，而且还波及了七百年后的唐朝。

唐贞观年间，居住在漠北的一支匈奴后裔多次进犯内地，对唐朝边境造成了严重的威胁，这支队伍被人们称为突厥人。唐太宗命十万大军北出雁门关，拉开唐与突厥30余年战争的序幕。最终，突厥人败在了唐朝十万铁骑之下，并开始西迁之旅。从此中国史籍中有关突厥的记载也到此结束。

西迁的突厥人进入中亚、西亚、欧洲等地，与当地文化交融，形成了新的种族集团。并且在之后的1000多年里，扫荡了欧洲大陆，重新改写了突厥和欧洲的历史。刚开始西迁的突厥人，在欧亚大陆上遇到了强大的阿拉伯帝国，突厥人被阿拉伯人当作奴隶，充当雇佣军、边防军甚至宫廷卫队。然而突厥不甘心这样的命运，最终他们推翻了阿拉伯人，成了主人，使阿拉伯帝国名存实亡。这支突厥人是塞尔柱突厥人。

与塞尔柱突厥人同时进入西亚的还有奥斯曼突厥人。奥斯曼突厥人在13世纪末从塞尔柱突厥人中独立出来。14世纪，他们攻占了整个小亚细亚半岛，渡过黑海海峡进入欧洲东南部。在此后的一个世纪里不断发展壮大，最终打败了拜占庭帝国，随后继续进入欧洲腹地，击败匈牙利，围攻维也纳，建立了奥斯曼帝国。之后，奥斯曼帝国在第一次世界大战中瓦解，分裂出了许多国家，如土耳其共和国、埃及、伊拉克、科威特、希腊、保加利亚等国家。

匈奴人西迁彻底地改变了古代欧洲的发展进程，甚至可以说是从汉武帝决定攻打匈奴那一刻起，欧洲的历史就已经开始改变。

诸葛亮挥泪斩马谡的真相

随着电视剧《三国演义》的深入人心，诸葛亮挥泪斩马谡的故事也因此而家喻户晓。

在《三国演义》第九十五回中，诸葛亮为夺取天下大业，于建兴六年（228）发动了一场北伐曹魏的战争。此次战役诸葛亮兵分三路，一路由赵云、邓芝带军占据箕谷；一路由诸葛亮亲率十万大军突袭魏军据守的祁山；另外一路由马谡镇守战略要地街亭。

马谡出兵街亭之前，曾立下军令状，表示“若有差失”，则“乞斩全家”。但是，马谡率兵到达街亭之后，忽视了诸葛亮“靠山近水安营扎寨”的嘱咐，不顾副将王平“魏军断我水源”的警告，屯兵于山头，还自信地说：兵法有云“居高临下，势如破竹”“置之死地而后生”。最终，马谡被曹魏名将张郃围困于山头，断其水粮，马谡兵败而回。马谡失守街亭，战局骤变，诸葛亮被迫退回汉中，其北伐曹魏的计划也随之破产。为此，诸葛亮下令将马谡革职入狱，斩首示众。斩首之时，全军落泪，诸葛亮也失声痛哭，这就是有名的“诸葛亮挥泪斩马谡”故事。

但是，根据正史《三国志》记载：“谡逃亡，朗知情不举，亮恨之，免官还成都。”也就是说，马谡兵败街亭之后，并没有回营领罪，而是畏罪潜逃了。

朱大渭在《马谡被杀真相》一文中也指出，马谡被斩的主因就是失街亭。马谡在战争的关键时刻，忽视军纪、自作主张，以至于惨败而归，并直接导致此次出击祁山的战果——陇右三郡得而复失，无奈之下大军退回汉中。对于一个军队来说，军纪的重要性可想而知。“军纪如山”，违反军纪的人必须被处死。况且，马谡所犯的并不是一个小小的错误，马谡的失败源于对军纪的藐视，再加上兵败潜逃之罪，所以“罪在必诛”。

对于朱大渭先生的观点，许多人并不认同。他们认为诸葛亮斩马谡的主因不在于失街亭，失街亭只是一个导火索而已。真正的原因在于马谡在战前、战时、战后的各种综合表现：马谡战前立下军令状，表示若失街亭，自愿领罪而死；战时颐指气使、妄自吹嘘、骄傲轻敌、违背军令，致使街亭失守；战后明知事态严重，还畏罪潜逃。一个必死的军令状，加上违背军令、畏罪潜逃，这对于军纪如山的军队来说，都是致命性的硬伤，而这些马谡偏偏都犯了。

此外，史学界对诸葛亮斩马谡的真实性也提出了质疑。据《诸葛亮传》记载，诸葛亮“戮谡以谢众”；《王平传》中又有记载，“丞相亮即诛马谡及将军张休、李盛。”可知，马谡的确是诸葛亮下令处死的。但是据《马谡传》记载，“谡下狱物故。”也就是说，马谡被下令斩首，但是在斩首之前就病死狱中。这才是马谡真正的死因。

淝水之战是以少胜多吗

五胡十六国时期，前秦统一了北方政权。南方由司马睿建立起了东晋，盘踞江左一带，南北双方形成了对峙的局面。太元八年（383），前秦与东晋在淮南淝水展开了一场“规模惊人”的大战，史称淝水之战。淝水之战中，前秦百万兵马居然输给了东晋十万兵马，这在历史上颇为罕见。

前秦天王苻坚统一了北方各少数民族后，不顾丞相王猛临终遗言以及群臣的反对，决意攻取东晋。苻坚甚至还扬言以此强兵百万“投鞭可以断流”。以苻融、张蚝、慕容垂等步骑25万为前锋南下，苻坚随后率百马兵马从长安出发，全军有步兵60万、骑兵27万，旗鼓相望，前后千里，东西万里，水陆并进。崔鸿《十六国春秋·前秦录》记载：“八月戊午，遣……步骑二十五万为前锋。甲子，坚发长安，戎卒六十余万，骑二十七万，前后千里。”

前秦来势汹汹的情况下，东晋任命谢石为征讨大都督，谢玄领北府兵为前锋都督，与谢琰、桓伊等共同率领八万士兵抵抗秦军，又另派将领胡彬率五千水军增援寿阳（今安徽寿县）。同年，谢石、谢玄和刘牢之在谢安的指挥下，由刘牢之率北府精兵五千人强渡洛涧，袭击梁成军营，临阵斩杀梁成等十员将领，又分兵截断退路的渡口。秦兵步骑一时崩溃，落水而死的就有一万五千人。强渡洛涧取得大胜的晋军乘胜追击，缴获了秦军丢弃的大量军资、器仗，声势大振。

全军行至淝水东岸，与秦兵隔河对峙。苻坚在寿阳城上目睹晋军布阵严整，心中暗暗害怕，又见淝水东面八公山上草木摇动，以为都是埋伏的晋兵，不由连连感叹：“此亦劲敌涧谓弱也。”当秦晋两军夹淝水布阵之时，要速战速决，谢玄便派人向苻坚提议：“两军隔河对峙并非长久之计，不如将军往后退一步，让我军渡过淝水，再一决胜负如何？”苻坚认为我众敌寡，想要乘晋军渡江之时，向晋军发动进攻，必能取胜，于是苻坚同意了谢玄的提议。但是当秦军下令后退时，军心大乱，众多秦军将士都以为是前锋战败，顿时秦军争相逃命、自相践踏。谢玄、谢琰、桓伊等率领晋军渡河猛攻。晋军一鼓作气，追击秦军至寿阳三十里外的青冈。一路逃亡的秦军听到风的吹拂声与鹤的呼叫声，都以为是追兵到了，昼夜不敢停息，最后只有十多万人逃回北方。淝水之战，以少胜多，从此载于史册。

但是近年来，史学家们通过对史册的研究，对淝水之战提出许多新的观点：

第一，前秦百万军队真的有一百万吗？史学家认为百万只是一个虚数，实际并没有那么多人。首先，虽然苻坚统一北方各少数民族，但是从人口总数估计，拥有百万雄师的可能性并不大。其次，假设前秦真的拥有百万军队，也不可能全部派往前线，至少要留一些驻守各地重镇。最后，同年五月，苻坚就派遣儿子苻叡率兵进入襄阳和蜀地以抵抗晋军，苻叡就带走了前秦的一部分兵力。所以百万之师的说法值得怀疑。

第二，真正参加淝水一战的前秦军队有多少人？淝水之战中，集结在淮淝一带的秦军其实就只有苻坚率领的三十万军队，而且这三十万人还被分布在了郧城至洛涧的五百里（1里=500米）战线之上。也就是说，真正驻扎在淝水的军队也不过十万人。但是，晋军的八万人几乎都参加了淝水一战，再加上晋军本来就在长江中游地区布置了很雄厚的兵力，因此真正与前秦交战的晋军在人数上可能达到十二三万人左右，要比前秦军队的十万人多出很多。所以，历史上所谓的“以少胜多”其实并不存在，应该是“以多胜少”。

隋朝三征高句丽为何无功而返

大定元年（581）隋建立后，高句丽曾遣使奉贺，文帝授其王为“大将军”，又改封为“高丽王”。

8年后，隋朝灭掉陈国，一统中原。当时的高句丽国王高汤见到中原统一，深知自己面对自西晋以来第一个统一且强大的隋朝，以后的日子恐难安稳，于是便积极备战整军，广积粮草。

隋文帝知道后极为不满，责问高汤道：“辽河再广阔，比长江如何？高句丽人再多，能比得上陈国吗？我如果不是心存仁义的话，而是责怪你之前的罪行，重新任命一位将军，又能费多少力气呢？之所以告诉你这个，是想让你改过自新，希望能理解我的用心，你自求多福吧。”高汤看到诏书很害怕，奉表谢罪后竟然病死了。

随后，高汤之子高元继位，心中对隋文帝有憎恨，于是率万余靺鞨骑兵攻打辽西，结果失败了。隋文帝大怒，打算征讨高句丽，高元慌忙遣使谢罪，上表自称“辽东粪土臣元”，这才令隋文帝罢兵。

仁寿四年（604）隋炀帝杨广继位，为了炫耀武力，修东都洛阳、大运河，南征越南，北巡塞外，派兵突厥。隋炀帝北巡涿郡，命高句丽王亲自来朝见，但高句丽王没敢来。隋炀帝以高句丽王不尊臣礼为由，下令让全国的士兵来年征讨高句丽，命人督工在东莱海口造战舰三百艘。民工昼夜立于水中造船，自腰以下都生满蛆，工匠死掉了三分之一。隋炀帝又令河南、江南造戎车五万乘送高阳，命江南民夫运米至涿郡。一时间船舻千里皆满载兵甲器物，昼夜运输战具、粮食，死者相枕，天下骚动。

仁寿五年（605），隋炀帝第一次征伐高句丽，自以为“吊民伐罪，非为功名”，下令诸将不得纵兵、不得擅杀、听候指示、不可擅自做主，以此宣扬天朝大国的威仪仁义，襄公之仁，不料反被高句丽打败。隋军一开始很顺利，渡过辽河，在东岸歼灭高句丽军万余人，直抵辽阳城下。隋朝诸将怕被皇帝责杀，每次作战事无巨细，都一一禀报，结果导致命令批准迟缓，而延误了战机。而守城的高句丽人在情势危急时总是诈降，等到隋军一停止进攻就马上修补城池，以至于隋军频战频失。另一支由隋将公孙述率领的大军为了赶路，弃粮轻装前进，士兵走到半路就没粮食吃了，饥寒交迫的情况下，还能一日七胜。隋军自恃骤胜，未等歇息整装，就贸然东渡济水，距平壤城三十里占山为营。可是平壤城坚池深，哪这么容易攻克。公孙述的士兵无粮，又冻又饿，只好退师，结果高句丽军自后追击，隋军溃不成军。此后，隋军其他各路相继败北，隋炀帝一征高句丽以惨败告终，隋军损失三十余万人。

大业九年（613），隋炀帝再次亲征高句丽，此次隋军包围辽阳城，昼夜不停地猛攻20多天，辽阳岌岌可危。此时，隋军后方负责督运粮草的杨玄感突然叛乱，本来已有望征服高句丽的隋炀帝不得不撤兵回朝平乱，撤军路上将军资、器械等尽数丢弃。就这样，隋炀帝第二次征高句丽无功而返。

大业十年（614），隋炀帝三征高句丽，隋军在卑沙城大败高句丽军。此时，高句丽与隋朝打了三年的仗，财力几乎到了山穷水尽的地步，只好向隋炀帝称臣请和，并且返还了逃到高句丽的杨玄感和叛乱之将斛斯政。隋炀帝也因疲于征服高句丽，正愁没有台阶可下，刚好借着高句丽的投降举动适时收兵，同时也挽回前两次战败之辱。加之此时隋国早已因征战而怨声载道，天下骚动，“群盗蜂起，不可胜数”，于是双方罢兵讲和。

纵观隋炀帝三伐高句丽，本以为胜券在握，却两次惨败，原因在于隋炀帝好大喜功，急于证明自己的英明，因此在失败的打击面前乱了方寸，造成近百万生命的损失和巨大财富的浪费，终于把国力消耗得近乎空竭。虽然隋朝损失的人口对本国并没有致命的影响，但百万之师所需粮草、运输之人力却耗费繁多。一时间引发了民间耕稼失时、官府侵逼、连年兴兵无尽的兵役、徭役繁重等多重社会矛盾，间接导致隋末之变，乃至亡国。

陈桥兵变是偶然吗

显德六年（959），后周世宗柴荣英年早逝。周恭宗即位，年仅7岁，而朝中大权落在了殿前都点检、归德军节度使赵匡胤手中。显德七年（960），后周传来北汉联合大辽南下，攻打后周的消息。慌乱之中，后周符太后与宰相范质决定派赵匡胤出征迎战。赵匡胤率大军出发三日后，到达开封东北节陈桥驿，并在此驻军休息。当晚赵匡胤醉酒而卧，而有拥立之意的将士却环立待旦。次日黎明，四周叫啸呐喊，声震原野，士兵们高呼：“诸军无主，愿策太尉为天子。”部下高怀德把一件皇袍披在了赵匡胤的身上，拥立他为皇帝。赵匡胤在勉为其难之中提出了同意当皇帝的几个条件：回开封后，对后周的太后和小皇帝不得惊犯；对后周的公卿不得侵凌；对朝市府库不得侵掠；服从命令者有赏，违反命令者族诛。得到将士们的满意答复之后，赵匡胤班师回朝。回到开封之后，赵匡胤得到守备京城的禁军首领石守信、王审琦的帮助，不费一兵一卒，夺取了后周帝位，建立大宋。

从史书记载来看，赵匡胤在整个陈桥兵变事件中，都是处于被动的状态，情非得已才坐上皇帝宝座。但是，经后人仔细研究发现，陈桥兵变是一场由赵氏家族预谋已久的篡权事件。

第一，在后周得知辽国与北汉联军南下攻打后周时，满朝文武，无不慌乱。宰相范质请赵匡胤出征，赵匡胤却以兵少将寡为借口推脱，最后范质只得把朝廷最高兵权交赵匡胤，此时赵匡胤手中几乎掌握了后周全部兵马。

第二，据《涑水纪闻》等书记载："及将北征，京师喧言，出师之日，将策点检为天子。故富室或挈家远避于外州，独宫中未之知也。"由此可知，陈桥兵变不是一次偶发事件，而是有预谋的。赵匡胤大军离开后不久，后周京城谣言四起，说赵匡胤才是真命天子。谣言的力量不可小觑，在后周世宗在位之时，赵匡胤就曾利用谣言，使驸马张永德被免去了殿前都点检的职务，由他接任。这次后周朝廷文武百官慌作一团，也是赵匡胤的杰作，他的目的是提高自己在军队中的声望。

第三，皇袍从何而来？古诗有云："黄袍不是寻常物，谁信军中偶得之。"古代私藏皇袍是死罪，如果不是预先准备好，军中怎会有皇袍？

第四，赵匡胤陈桥兵变，黄袍加身后，就马上班师回朝，可是他此次出征的目的是迎战汉辽联军，怎会如此轻易就回朝呢？所以有了"千秋疑案陈桥驿，一著黄袍加身便罢兵"的记载。史书中既没有记载关于辽兵入侵的任何结果，也没有记载北宋出征的任何情况，这一场所谓的战争也奇迹般地消失在史册里。由此可以认定，汉辽入侵的军情是配合赵匡胤兵变而谎报的。

第五，《宋史·杜太后传》记载，杜太后得知其子黄袍加身后，没有因为这欺君罔上，诛灭九族的大罪而感到惊慌，反而还说："吾儿素有大志，今果然。"这个"大志"，应该就是做皇帝。

第六，由历史条件分析，后周皇帝年幼无知，根本没有能力带领部下一统江山。对于将士们来说，拼死拼活立了大功，又有谁知道呢？他们迫切需要推出一个有威望的人，而且是能够真切地体验到他们劳苦的人来领带他们。赵匡胤显然是具备了条件：他是军人，能够体验将士们的劳苦；他有威望，能够使人信服；他掌握着禁军的领导权，手里有军队。

可以说，陈桥兵变并不是偶然，既是赵匡胤故意为之，又是历史发展的必然。

"杯酒释兵权"之谜

纵观中国历代王朝，宋朝显得独具一格。宋朝改变了从秦汉以来以武治文的政治局面，开始以文治武。这里的以文治武，主要表现在对武将权力的制约上，所以在整个北宋乃至南宋王朝都很少发生禁军兵变这类事情。宋太祖赵匡胤在武将权力过渡上所做的成就，历代皇帝都难以望其项背。

陈桥兵变，黄袍加身的赵匡胤深知兵权对国家的重要性。就像宰相赵普所说："唐末以来，兵战不息，国家不安，其原因不是别的，而是武将兵权太重，君弱而臣强。治理办法也只有夺其权力，收其精兵，控其财政。"为了从那些与自己同甘共苦、出生入死的兄弟兼臣子手中和平拿回兵权，宋太祖想到了"杯酒释兵权"的妙招。

建隆二年（961）七月，赵匡胤邀请石守信等人入宫宴酒。酒酣之时，赵匡胤突然叹息着说："朕的江山是靠你们打来的，可是这做天子也太艰难了，倒不如当节度使来得快活。"大臣们听完急问："为什么"。赵匡胤又说："哎！这个皇帝的位子谁不想坐呢？"石守信等人听了，心里明白了：皇帝是担心他们夺权篡位，暗示他们交出兵权。于是石守信等人慌忙跪下说："臣等愚昧，请陛下给一条明路吧！"赵匡胤从容不迫地给他们指出条明路："人生好比白驹过隙，所好者也无非就是富贵，遗福子孙。你们何不释去兵权，出外当个地方官，再多买些良田美宅，以终天年。朕再与你们结成儿女亲家，这样一来，君臣相安，两无猜忌。"第二天，石守信等人都纷纷请求离职，赵匡胤也批准了他们的要求。

宋太祖赵匡胤就是这样用酒宴、金钱和婚姻和平地解除了高级将领们的兵权。千百年来，"杯酒释兵权"也成为典故被人们熟知。然而，有学者指出，"杯酒释兵权"不是真实的历史事件，而是出自后人的杜撰和演绎。其中20世纪90年代，顾吉辰先生的论证最为著名。

首先，关于杯酒释兵权的时间记载，北宋史书毫无说明，直到南宋李焘的《续资治通鉴长编》才记载，此事发生于建隆二年七月。但是，这年六月，宋皇宫发生了一件大事，杜太后病逝。按照习俗，六月至七月应该是国丧期间，禁止饮酒作乐。那么作为孝子的宋太祖又怎会在皇宫之中宴请大臣呢？这显然是不可能的。

此外，赵普在整个事件中充当了幕僚的角色。根据《涑水记闻》以及《续资治通鉴长编》记载，此事发生在赵普任宰相期间，但是赵普第一次出任宰相是在乾德二年，而建隆二年的赵普并未当上宰相。这也自相矛盾。

有人也对此提出反驳。据《宋史·礼志》记载，皇太后死后，皇帝以日易月服丧，共二十五日。也就是国丧期从六月二日开始，至多至六月二十七日结束。到了七月，服丧期早已结束，皇帝宴请臣下也无可厚非。

顾吉辰先生还提出了一个疑点，“杯酒释兵权”最早的记载是宋真宗年间，宰相丁谓的《丁晋公谈录》，内容相当简单，提到了“释兵权”的问题，但对于酒宴只字未提。宋仁宗时，宰相王曾的《王文公正笔录》也有所记载，虽然提到了宴酒的事情，但情节简略，并没有那么戏剧性。宋神宗时，司马光的《涑水记闻》就出现了现在所看到的详细生动、充满戏剧性的故事，但依然没有时间记载。直到南宋李焘《续资治通鉴长编》才有了详细的时间记载。这样由略到详的发展，极有可能是经过后人不断加工而形成的故事。

此外，这样一件国家大事，北宋官方文书却没有记载。后来人们关于此事的记载都来源于《丁晋公谈录》《王文公正笔录》《涑水记闻》。

对此，反驳者认为《丁晋公谈录》的历史价值并不高。《四库全书总目提要》记载，《丁晋公谈录》其实是由丁谓的外甥或余党对丁氏谈话的追述。而刚正不阿的王曾所著的《王文公正笔录》更接近历史事实。

因此，“杯酒释兵权”的记载是从简单到复杂，从无宴酒、无时间记载到有宴酒、有时间记载的发展过程，这其中有可能经过后人的夸张和渲染，但是“释兵权”的确存在。

宋朝为何不养马

宋太祖赵匡胤建立北宋政权之后，积极地把国家军事的统领之权收归皇帝所有，著名的“杯酒释兵权”的故事也因此而发生。上篇文章已经说过，“杯酒释兵权”有利于北宋国家政治统一、防止内乱，但是也大大削弱了国家的战斗力。因此，人们一直都把这个当成了宋朝军事实力弱的主因。

宋朝在面对北方少数民族游牧政权时，总是不堪一击。但是，仔细分析宋代的历史和环境，会发现宋代不堪一击的背后，还有另外一个重要的原因，那就是宋朝没有大规模饲养战马，组建一支强大的骑兵军团。可想而知，在冷兵器时代，骑兵在机动性和冲击力上比步兵有天然的优势。南方农耕民族的步兵在面对具有先天军事优势的北方游牧民族的骑兵战团时，几乎没有抵抗力。既然骑兵具有如此大的作用，那么强敌环绕，渴望一统天下的宋朝为何不养马呢?

首先，宋朝境内没有适合养马的场地。饲养战马，必须具备三个条件：一是饲养场地必须辽阔，需要大片的牧场供马生长繁衍；二是必须饲养体力较好的成年公马；三是饲养战马需要比较寒冷的气候。以上条件缺一不可。在古代中国适合养马的地区主要有两个：西北和东北。汉唐两朝都曾在西北大规模饲养战马，因此汉对匈奴、唐对突厥的战役之中，中原王朝都能取得重大的胜利。但是，对于主要领地在黄河以南的宋朝来说，气候湿润温暖，并不适合养马，境内已经找不到合适的大片牧场饲养战马，真正适合养马的西北和东北地区早已被其他少数民族政权占领。北宋王朝只有先夺回这两块地区才有可能建立大规模养马场。但是，军事实力弱的北宋王朝，没有骑兵军团的帮助，仅靠步兵又如何能赶走这些强悍的骑兵战团呢？

其次，生态环境的破坏是宋朝不能养马的另一个重要原因。相对于唐汉两朝的养马场地来说，宋王朝疆土之内并没有适合养马的场地。然而实际上，靠近西北地区的甘肃东部地区和陕西大部地区，也是北宋的疆土。汉王朝就曾在这片地区养过马。关中平原这片地区在历史上起了很大的作用。许多王朝都曾在这片地区建都，最为著名的是汉唐长安城。作为一个国家的都城及周围之地，关中平原曾经的繁华富庶可想而知，可是繁华背后是以巨大的资源消耗为代价的。生活在这里的达官贵族为了维持生活水平，必然要消耗大量的粮食、燃料和草料，这就造成了周边地区的植被严重破坏。有消耗就有输出，如此密集的人口消耗输出，必然导致生态环境的严重破坏，生态系统自我修复功能也逐渐降低。就像整个东北黑土地被消耗殆尽之后，黑土无法再生一样，关中地区的生态环境破坏之后，恢复也相当困难。而且汉朝曾在这里大规模养马，养活一匹马相当于养活6到7个人，投入和输出成正比，马的产出输出功率也是人的7倍。如此大的投入和产出，就给关中地区的粮食供应带来巨大压力，这种压力表现在生态环境之上，大规模开垦荒地，对生态环境的破坏可想而知。经过历代王朝建都的破坏，以及汉代养马的消耗，到了宋朝，关中周边的植被破坏已经达到了无法容纳大面积养马的程度。

因此，宋朝之所以不养马既是由于北宋版图之内没有适合养马的地方，也是由于关中平原的养马潜力早已被历代王朝消耗殆尽，生态环境的破坏使得其不再适合养马。

谁是蒙古征服史中最难啃的骨头

一代天骄成吉思汗带领的蒙古军团曾横扫欧亚大陆，成为世界历史上最伟大的征服者。可是，这么一支强悍的蒙古铁骑，在面对积贫积弱、偏安一方的南宋时，几乎束手无策。甚至，蒙古为了攻下南宋，还损失了两代汗王。

成吉思汗的蒙古军团主要分两条路线统一全国：南下和西征。南下征服中国广大地区，西征欧洲大陆。在成吉思汗的南下计划中，他一直把金人当作强劲的对手，瞧不起身板柔弱的汉人，基至不把南宋放在眼里。但是，金人让成吉思汗失望了，中原骄逸的生活早已磨灭了女真人的斗志，成吉思汗之子窝阔台大汗不费吹灰之力就灭了金国。当成吉思汗的西征大军在欧洲大陆所向披靡，直入多瑙河沿岸，蒙古南下之军却遭遇了成吉思汗征战以来的最大困难——南宋大军。从此，南宋成为蒙古统一中国的最大障碍。

历史往往喜欢开玩笑。南宋这样一个不被成吉思汗放在眼里的国家及其军队，让成吉思汗统一中国的愿望整整搁置了40年。这40年里，蒙古大军多次南下征宋，但每次都无功而返。

太宗六年（1234），窝阔台大汗灭金之后，蒙古大军北撤。南宋朝廷想趁机收复洛阳、汴梁、商丘三地，南宋大军开始北伐。蒙古为阻止南宋北伐，掘开了黄河大堤，水淹宋军，宋军大败。太宗七年（1235），蒙古大军第二次西征的同时，也南下攻宋。蒙军分为东西两路进攻襄樊和四川，准备在长江集结，横渡长江。但是，南下的蒙古大军遭到了宋军的顽强抵抗，南宋名将孟珙率军取得了江陵大捷，粉碎了蒙古军南渡的企图，这是蒙古对南宋征战的第一次失败。

从太宗七年到太宗十三年（1241）的6年里，蒙宋之间展开了长期的拉锯战，双方各有胜负，损失惨重。后来，杜杲、孟珙大败蒙古东路军，孟珙大败西路蒙古军，解除了蒙古大军对南宋的威胁，蒙古军因受到重创不得不撤退。第一次蒙宋战争以蒙古失败而告终。

太宗十三年，蒙古大汗窝阔台病死之后，其子贵由继承汗位，期间也曾率军攻打四川，也是以失败告终。3年后，贵由去世。宪宗元年（1251），成吉思汗孙子、拖雷长子蒙哥成为蒙古大汗。蒙哥在位期间，发动了蒙宋之间的第二次战争。

蒙古大军为了避开长江天险，采取了迂回包围战术，兵分北、中、南三路大军：南路10万大军直取大理国，经广西，进入长沙；中路由蒙哥率领大军南下四川，进入重庆；北路由忽必烈率领，进入武汉。三路大军计划在武汉会合，然后顺江东进，直取临安，企图一举灭亡南宋。

虽然南宋抗蒙名将孟珙、杜杲早已病逝，但是蒙古北路军和中路军仍然在武汉和合州遭到了宋军的顽强抵抗，久攻不克，最后蒙哥大汗战死，蒙军撤退。蒙哥死后，蒙古内部陷入汗位之争，忽必烈也急于回国抢夺汗位。但是，在如此关键的时刻，南宋权臣贾似道却背着朝廷前来议和，双方签订了议和协议，蒙军开始撤兵。中统元年（1260），蒙军全部撤回北方，蒙宋的第二次战争结束。蒙古此次南征，大汗战死，三路军也无功而返。

第二次蒙宋战争结束后的4年里，蒙古一直处于内乱之中，忽必烈和他的弟弟阿里不哥争夺汗位，双方展开了内战，也无暇南顾。中统五年（1264），忽必烈打败阿里不哥，结束了蒙古4年的内乱。但是，在蒙古内乱如此好的契机面前，南宋朝廷并没有抓住机会发展自己，反而军政更加腐败松弛，权臣当道，残害忠良。南宋四川守将刘整见同僚被害，愤而率其水师投降蒙古，这一支深得孟珙师传的水师，精悍无比，使蒙古实力大增，灭宋计划更进一步。

两次南征宋朝的失败，让忽必烈把征宋当作了头等大事对待。至元五年（1268），忽必烈命阿术和刘整率兵攻襄阳。襄阳的地理位置十分重要，是南宋长江上的门户，失襄阳，南宋必亡。蒙军久攻襄阳，持续了6年。最终，由于宋军叛徒的出卖，襄阳失陷，南宋的门户彻底被打开。至元十一年（1274），元军自汉江入长江，东下临安，南宋军队纷纷投降。至元十三年（1276），兵临临安城下，谢太后和宋恭宗出城投降。南宋投降后仍有一些余部在沿海一带发展，最为著名的有陆秀夫、文天祥等。但南宋气数已尽，岂是几人之力可以更改，至元十六年（1279），南宋彻底灭亡。

至此，元朝统一中国。

明英宗在“土木堡之变”中被擒之谜

中国历史上，中原王朝与周边少数民族政权之间一直都存在着激烈的矛盾。

西汉与匈奴、唐朝与突厥、宋朝与蒙古，一直以来战乱不断。到了明朝，中原地区与周边少数民族之间冲突越演越烈，其中最让人记忆深刻的应属土木堡之变。

土木堡之变，是明朝与北边蒙古之间的一场战争，明朝50万人马被蒙古3万铁骑屠杀殆尽，惨烈程度在中国历史上十分罕见。

正统十二年（1447），蒙古瓦剌“太师淮王”派贡使2000人进京朝贡，却诈称3000人以骗取朝廷赏赐，还提出了明蒙联姻的要求，这些要求都遭到明朝大太监王振的拒绝。他们以此为借口，亲率三路南下大军进入明朝北疆大同、辽东以及宣府。瓦剌军势如破竹，连破塞外诸军事堡垒。在诸路败报频传之时，年仅23岁的明英宗在王振力劝之下决定亲征蒙古瓦剌，明英宗带着王振以及临时组建的50万大军出征塞北。在此之前，朝廷大臣纷纷劝阻英宗千万不要“御驾亲征”。因为仅几万敌寇，根本用不着皇帝亲自出马。但英宗想效仿自己的祖宗太祖和成祖，不顾大臣的劝阻执意出征。加上王振想要抓住机会立大功，以树立威信的心理，力劝英宗出征，这也更坚定了英宗亲征的信心。

浩浩荡荡的50万大军出发了，朝廷之中大部分的官员随驾出征。八月抵达大同，瓦剌部见状佯装避去，实际是想要诱敌深入。王振在太监郭敬的劝导之下决定退兵。13天后，明军退至怀来以西的土木堡，被追击而来的蒙古瓦剌军几面围攻，明军几十万大军在饥渴交迫之下，溃不成军，几乎被屠杀殆尽。明英宗被瓦剌军俘虏，王振被杀。

明朝50万大军在蒙古瓦剌3万铁骑面前毫无招架的能力，从常理说即使是采取人数战术，也不至于败得如此惨烈，但是明朝军队却败了。这其中原因也错综复杂。

第一，明朝出征的50万大军是仓促组建而成，更何况在长达一个月的行军途中，沿途随行役夫10多万，军队补给不足，从出征的第一天开始，大军内部就陷入了混乱。在面对经年累月从战争中走出来的蒙古瓦剌铁骑时，毫无抵抗力可言。

第二，明太祖、明成祖一生戎马，屡经战阵，而明英宗是金笼贵鸟，哪里见过真战场，在指挥军队上毫无经验。真正指挥明军的是太监王振，他出身社会底层，没有多少文化知识，也没有军队实战经验。在作战过程之中，王振还一意孤行，为了一己私欲改变了军队撤退路线，本来明朝大军应该经大同由居庸关回北京，而王振想要衣锦还乡显摆一下，就决定改道由紫荆关入京。疲惫不堪的明朝大军又惊惶退走，在到达距王振的家乡蔚州40里之时，王振又决定改道仍从居庸关入京。如此反复折腾，军队行程拖了8天之久，使得瓦剌军直追而上，在土木堡消灭了50万明朝军队。而瓦剌军首领善于用兵、懂得心理战之人，在土木堡一战之前，他就先截断了明军的水源，使得50万明军饥渴交迫，乱成一团。同时为了麻痹明军，还假意讲和，在明军松懈下来的时候再大举进攻，此时的明军已经毫无抵抗力，只能任人宰割。

第三，明朝军队领导集团内部混乱不堪，大部分将领因为反对皇帝亲征，遭到王振的迫害，许多善战的将军、将士敢怒不敢言。

毫无疑问，土木堡之战是偶发性事件，但战略战术上的失误使得明军50万大军全军覆没。

皇太极为何两次招降叛将祖大寿

崇祯四年（1631）七月，皇太极为实现清军入关、一统中原的愿望，走出了入关战略的重要一步，即亲率大凌军攻大凌河城。大凌河城是战略要地锦州的门户，明朝以祖大寿为统领，率兵16000余人守城。

皇太极率兵围城三个月，祖大寿弹尽粮绝，为了城中将士与百姓的安危，祖大寿投降了。皇太极对祖大寿极为礼遇，不顾他人的劝阻接受了祖大寿的智取锦州之计。就像皇太极所说：“朕以诚待他，他必不负朕。即使他负朕，朕在所不惜，要的就是心悦诚服。”

然而，令皇太极始料未及的是，祖大寿失信了。回到锦州城的祖大寿，彻底断绝了与皇太极的联系，甚至他已经顾不得在清军中为人质的儿子祖可法以及部将30余人的性命。面对祖大寿“我绝对不做失信之人”的誓言，皇太极却表现出了空前的宽容和耐性，依然厚待祖大寿的儿子和部将。

历史总是在不经意间显示出其戏剧性的一面。十年之后，清军进攻战略要地锦州城，守卫锦州的依然是祖大寿。因为锦州城是山海关最后的屏障，攻下锦州，就好比是一把利剑直抵明朝的咽喉。那么要如何才能攻下锦州呢？皇太极结合满洲贵族的特殊利益和满族本身的具体历史情况，决定屯兵义县，将其作为攻取锦州的前沿阵地和后勤基地。面对“塞上之兵，莫劲于祖大寿之兵”的形势，皇太极悉心采信了《三国志》曹丕的计谋：坐而降之，其功大于动兵革也。明朝降将也为皇太极献上了一计，将明军内部的蒙古兵作为争取对象，里应外合就可轻而易举地夺取锦州城。

皇太极的对手依然是祖大寿，采取的方法依然是围城。这次围困让祖大寿想起十年前的大凌河之围。与大凌河城一样，锦州城也陷入了孤立无援、弹尽粮绝的境地。而城内还有部分有意归降清军的蒙古将领，可谓内忧外患。崇祯十五年（1642）二月十八，洪承畴在松山被俘，松山失陷，祖大寿等待明朝援军的希望破灭，又受到已经投降清军的两个兄弟祖大成和祖大乐的劝导，无奈之下于崇祯十五年三月八日再次投降清军。这一次皇太极依然对祖大寿礼待有加，祖大寿被皇太极的诚心所感动，真正地投降了清军。如果说第一次投降是祖大寿无奈之下的背叛，那么第二次他就算得上是真心归降了。

那么，面对祖大寿第一次投降、背叛，为何皇太极还要再次招降祖大寿呢？

皇太极深知祖大寿在军事上的价值，祖大寿抗清20多年，是一代满人在军事上的精神目标，导致许多满洲人都是在“取祖大寿项上首级，夺南朝花花江山”的梦想中长大的。而且对皇太极的雄图大业来说，锦州之后的下一个战略目标就是重镇宁远。吴三桂统率了关外明军，成为清军的最大阻力。但是，祖大寿却是吴三桂的舅舅，可想而知，祖大寿在对吴三桂的战役中具有举足轻重的作用。皇太极招降祖大寿的真正目的其实是吴三桂，正应了欧阳修所说的：“醉翁之意不在酒。”

为什么清代以前的王朝没有疆域观

讲古代的疆域观需要先弄清“中国”一词的来源。古代“中国”与现代“中国”的概念有很大的区别。“中国”一词最早出现在西周初年，那时“中国”指的是王朝京师之地，随后建立的中原王朝也都称为中国。但是，中原王朝以外的周边地区并不包括在“中国”之内。随着中原王朝疆土的不断变化，中国的概念也在发生着变化。但是，有一点可以确认的是，历史上“中国”的概念始终代表着中原王朝，就是中原王朝所属的疆域和汉族聚居区都属于中国，而周边民族始终被排除在“中国”之外。

华夏文明在政治史和文化史上的不间断发展，这种打破与继承的发展脉络是中国疆域始终得以存在的重要条件。中国历史上统一的时间很长，期间经历了两次由统一到分裂再到统一的过程。第一次是从秦汉的统一，经过魏晋南北朝的分裂，再到隋唐的统一；第二次是从隋唐的统一，经过五代宋辽金西夏的分裂，到元明清的统一。从秦代到元朝的大一统，中国的疆域发生了巨大的变化。两次分裂时期，被排斥在古代“中国”概念以外的少数民族与中原民族之间，实现了民族之间的大融合。中原地区的汉族深入到“夷狄”所居住的边疆，而“蛮荒异域”边疆民族流入中原地区与汉族融为一体。但仍有不少边疆少数民族被排除在“中国”之外。到了元代，这种大融合表现得更加淋漓尽致。元朝作为蒙古政权南下中原而建立的王朝，结束了中原分裂割据的局面，这个在古代“中国”范围以外的民族，就相当于现在的“外国人”的政权深入中原内地，逐渐成为主体。这就把蒙古世代所居、曾被古代“中国”看作“外国”的地区纳入了中国的版图。清朝的政权也走了元代的老路，此时古代“中国”以外的少数民族地区全部纳入了中国的版图。由此国家对边疆地区实行有效的管辖，大批汉族和中原其他民族流向边疆，部分边疆民族内迁，极大地加强了边疆民族与汉族融合的深度和广度，为中国疆域的拓展奠定了基础。中华民族多元一体的格局也在逐渐形成。

清军入关后，既继承了历代中原王朝不断形成的疆域，也继承了周边民族活动的地区，并对这些地区实行有效的管理，这种管理使得清朝对所属疆域有了明确的概念。

从理论上来说，中国的疆域不仅包括中原汉民族所缔造的地区，也应该包括边疆各少数民族所属的地区。如果以中原王朝的疆域为历史上的中国疆域，就把许多民族划出了中国历史范围，这是不符合历史的。清朝明确地把各少数民族纳入疆域版图，这一点比历史上任何一个朝代都做得漂亮。也是因为如此的认知，使得清朝形成了统一的疆域观。

悬疑案　疑窦重重史海深

湘君、湘夫人究竟是谁

中国最伟大的浪漫主义诗人屈原，已随那汨罗江水沉入历史的长河之中，而他的《湘君》《湘夫人》则跨越千年历史，留恋于人间烟火，一篇抒发女子对湘君的爱慕，一篇寄予男子对湘夫人的思念，情意绵绵。而湘君与湘夫人的身份却湮没在屈原笔下那迷蒙的湘水之滨，引来后人的无限遐思。

说法之一，湘夫人即娥皇、女英，那么湘君是谁？

世人对于“二湘”身份的揣测，似乎总也逃不开娥皇、女英的传说。《山海经》中有记载：“又东南一百二十里曰洞庭之山，其上多黄金……帝之二女居之，是常游于江渊，澧沅之风交潇湘之渊。是在九江之间，出入必以飘风暴雨。”古人对古文的理解往往令人难以琢磨，正如将“帝之二女”理解为“尧帝的两个女儿”，因“交潇湘之渊，是在九江之间”而认为“二女”即“湘夫人”。如此一来，便有了“湘夫人即尧帝之女娥皇、女英”之说。

若按此说，再加上《史记》五帝本纪中关于“尧用二女妻舜”的记载，那湘君便毋庸置疑的是舜了。但仍有不少赞同“湘夫人即娥皇、女英”的人对“湘君即舜”的说法提出异议，认为从屈原以往的作品中皆能看出他对舜帝无比尊崇，堪比天神，断不会将舜描绘为区区一个湘水之神。照他们的说法，“湘君”就是一个思念着娥皇、女英的湘水之神，别无其他。

说法之二，湘君即娥皇，湘夫人即女英。

也有人认为，湘君与湘夫人分别是尧的两个女儿，湘君即长女娥皇，湘夫人即次女女英。此说法同样源自《山海经》里那段极有可能被后人曲解了的记载，不同的是，将“湘夫人”一人代之以娥皇、女英变为“湘君”“湘夫人”共代之。此说法最令人质疑之处是推翻了“湘君”“湘夫人”乃一男一女的思维定式。

从《湘君》中的“望夫君兮未来，吹参差兮谁思”和《湘夫人》中的“闻佳人兮召予，将腾驾兮偕逝”来看，明显表达的是对异性的思念与爱慕，那又如何能将湘君与湘夫人理解为娥皇、女英两姐妹呢？对此说法的否定，又引出了湘君与湘夫人就是两个湘水之神，别无他指的说法。

以上仅是较为普遍的两种揣测，还有其他说法不可尽数。

周公为何没有取代周成王

说起周公，似乎总与“解梦”纠缠不清。然而周公生平最重大的事件，莫过于执政六年后让位于成王，实现权力的和平过渡。当有危难时挺身而出，危难过后便毅然让位，周公这种无畏无私的精神，受万代称颂，同时也引发了后人对其让位之举的质疑。

有人指出，《荀子·儒效》和《淮南子·氾论训》中都说周公想要夺取天下。《礼记·明堂位》和《韩诗外传》卷三也有周公想要坐上天子之位的记载。《尚书大传》更明确指出，周公身居要位，管理着天下的国事。

又有人考证说，《尚书·大诰》中出现的“王”，把周文王称为“宁王”，也称作“宁考”。而“考”是对已故父亲的称呼，所以这个“王”应是周公。《尚书·康诰》中也有记载：“王若曰：孟侯，朕其弟，小子封。”周公的弟弟康叔，名“封”，《康诰》中的“王”称康叔为“弟”，显然这个“王”也是周公。如此说来，周公的确自称为“王”。

根据以上证据，便有人认为，周公在武王去世而成王年纪尚幼之时，便有谋权的意图。之后以“王”之名义，行“王”之权力，虽说周公东征西伐、治国安邦功不可没，但也不能掩盖其意欲以权夺位的野心。

至于周公最后没有取成王而代之，实乃应变形势的无奈之举。因为遭到当时地位举足轻重的召公、太公的怀疑，而成王也对周公起了疑心，并且周公的两个兄弟管叔、蔡叔又与纣王之子武庚联合起兵，关中局势动荡不安，形势对周公极为不利，周公不得不还政于成王，以平息众怒。

此番质疑，对世人心目中周公那无畏无私的形象造成了巨大的冲击，但更多的人仍坚持认为，从周公临危受命而勤勉摄政之举，从他在武王病危之时愿意以身代死的决心，便可看出周公对国对君的一片赤诚之心。如此忠君爱国之人，绝不可能做出僭越夺位之事。

无论是无奈还政，还是真心让位，都是后人充满感情色彩的想象。而周公心中所想，早已随他而去，深埋黄土之中。

荆轲刺秦王为何失败

荆轲刺秦王是中国历史上一次著名的刺杀行动，同时也被多数人认为是最失败的一次。荆轲与秦王，近在咫尺而无侍卫在旁，一边是养尊处优的皇帝，一边是精于剑术的刺客，外加一把满是毒液的匕首。为何荆轲在这么有利的条件之下，都无法成功刺杀秦王？荆轲的失败令人百思不得其解，众说纷纭。

很多人将荆轲失败的原因归咎于秦舞阳。据史料记载，起初应该是荆轲捧着樊於期的人头，秦舞阳捧着燕国督亢的地图，两人一同走上大殿献给秦王。然而秦舞阳临阵慌张，被侍卫呵斥，让秦王起了疑心，有所防范。而荆轲一人上殿，又增加了行刺的困难，从而导致刺杀失败。

对此，燕国太子难辞其咎，毕竟秦舞阳是他派给荆轲的。一个15岁就杀过人的囚犯，在太子丹看来算得上艺高人胆大。后人批驳他想出了一个根本不可能成功的计划，从而加速了燕国的灭亡。

除上述说法外，更多的人认为，刺杀不成功，是荆轲自身的能力问题。荆轲在“图穷匕见”后，没能把握时机一击致命，抓着秦王的衣袖却被秦王挣脱。秦王在大殿之上绕着柱子跑，剑客出身的荆轲竟然追不上，甚至躲不开秦王的长剑，连番遭袭，最后死在了侍卫的斩杀之下。荆轲的刺杀如此狼狈，岂能不败？由此不得不质疑他自身的能力问题。也许正如当时著名剑客鲁勾践所说：“嗟乎，惜哉其不讲于刺剑之术也！”

即便如此，还是有人将原因推到了太子丹的身上。太子丹在派荆轲刺杀秦王之前曾对他说：“诚得劫秦王，使悉反诸侯侵地，若曹沫之与齐桓公，则大善矣；则不可，因而刺杀之。”按太子丹的意思，荆轲首要做的是劫持秦王，逼他归还之前侵吞的各诸侯国的土地，若秦王不答应，才刺杀他。这就使荆轲在最能置秦王于死地的那一刻有所迟疑，不仅劫持不成，反而错失了刺杀的先机，导致彻底的失败。

关于荆轲刺秦王的历史，即便是撰写《史记》的司马迁，都并非亲眼看见而记录之，其中的因由，终究扑朔迷离，无可定论。

秦始皇为何因一句谎言而修长城

秦皇岂无德，蒙氏非不武。岂将版筑功，万里遮胡虏。

团沙世所难，作垒明知苦。死者倍堪伤，僵尸犹抱杵。

十年居上郡，四海谁为主。纵使骨为尘，冤名不入土。

唐代文人于濆的一首《长城》，道尽了秦始皇修长城的无限悲凉。那盘踞在重峦叠嶂之间，蜿蜒于无垠沙漠之上，气势恢宏、坚固雄伟的万里长城，立千年而不倒，其磅礴浩大之势，令万代叹服。而其背后的辛酸，不得不令人想起那句荒唐的谎言谶语：亡秦者，胡也。

公元前221年，秦始皇完成统一霸业，在中原大地上威震四方。然而，他并没有陶醉于一统天下的成就之中，而是一直忧心忡忡，不断谋求维持大秦帝国长治久安之法。始皇二年（前220），秦始皇开始巡游天下，真切地感受到西部边陲之地与东部临海之滨在经济文化水平上的差距，同时也被一种流行于齐地的方术深深吸引，从而对求仙问道、长生不老之术产生了浓厚的兴趣。于是，一位略微精通方术的方士卢生，逐渐成为秦始皇的宠臣，也成为促使秦始皇修建长城的罪魁祸首。卢生虽为方士，但对秦始皇的施政方针产生了极大的影响。

当时正值壮年的秦始皇，对生死问题有着极为紧迫的危机感，尤其是在两次出巡途中遇袭之后，内心的恐慌达到无以复加的地步。在他看来，帝王的长生不老似乎与帝国的长治久安有着必然的联系。为求长生不老药，秦始皇耗费了大量的人力财力物力，求仙、封禅无所不用其极，甚至派徐福带三千童男童女前往东海求仙问道，规模之大，史无前例，但都有去无回。

秦始皇在现实之中无法找到巩固帝位之法，便寄托于神秘莫测的方术。他多次派遣卢生寻仙问道，卢生却屡次无功而返。数次之后，卢生深知再也无法用那些阿谀奉承、溜须拍马之言敷衍了事，竟随手找到一本《录图书》，谎称这是一本谶书，更妄言其中记录了一个惊天动地的秘密：亡秦者，胡也。

卢生一句搪塞责任的谎言，结果催生出万里长城，这大大出乎他的意料；然而能够投秦始皇所好征伐敌手，则正中卢生的下怀。他给秦始皇找到了一个可以释放焦虑与不安的打击对象，同时也给秦始皇找到了机会，一泄当年想攻打匈奴而不成的怨恨，也因此引发了一场空前的历史大震荡。

今日的长城，已再无当年御敌戍边的功用，它以其恢宏磅礴之势，给世人留下了对奇迹的无限感慨，以及对大秦帝国一代帝王的功过评说。

秦始皇传国玉玺下落追踪

蔺相如“完璧归赵”的故事想必大家都不陌生，主要讲的是蔺相如如何利用自己的聪明才智替赵国保住了价值连城的和氏璧。然而，和氏璧的故事并没有到此就完全终结。

后来，秦王嬴政依仗强大的军事力量兼并六国，一统天下，并从赵国夺回了和氏璧。秦王自封“始皇帝”登基后，为了显示自己“德高三皇，功盖五帝”，特地用和氏璧制作了“传国玉玺”，并刻上“受命于天，既寿永昌”八个大字。传国玉玺外部螭龙盘踞，张牙舞爪，是皇帝独尊和无上权威的体现。著名玉工孙寿刻制玺纹，著名书法家李斯题写玺文。自秦始皇后，传国玉玺开始辗转流传，历代帝王都视之为承天受命的神圣之物，为得到它而费尽心机。

除历史价值和艺术价值巨大外，传国玉玺格外引人注目的另一个原因还在于它在流传过程中时隐时现，且目前仍下落不明。

传说秦始皇二十八年（前219），秦始皇南巡洞庭湖时，突然风浪四起，秦始皇的船面临被刮翻的危险。秦始皇将传国玉玺抛入湖中，以此祭祀水神，压住波浪后平安过湖。八年后，当他出行至华阴平舒道时，有人持玉玺站在道中，对始皇侍从说：“请将此玺还给祖龙（秦始皇代称）。”说完就消失了。传国玉玺重新回到秦始皇手中。

秦末，刘邦率兵攻入咸阳时，秦亡国之君子婴将“天子玺”献给刘邦。刘邦登基后称其为“汉传国玺”，珍藏在长乐宫，成为皇权象征。西汉末王莽篡权，逼迫掌管玉玺的孝元太后交出玉玺，太后一怒之下将玉玺扔掷地上，玉玺被摔掉一角，后来用金将其补全，因此留下瑕痕。

王莽政权被推翻后，玉玺落到了汉光武帝刘秀手里，并传于东汉诸帝。东汉末年叛乱时，少帝仓皇出逃，来不及带走玉玺，返宫后发现玉玺失踪。后来孙坚部下在洛阳城南甄宫井中打捞出一宫女尸体，从她颈下锦囊中发现“传国玉玺”，从此孙坚做起了皇帝梦。不料有人将此事告诉了袁绍，袁绍得知后，逼孙坚交出玉玺。后来袁绍兄弟败死，“传国玉玺”又重新回到汉献帝手里。

三国鼎立时，玉玺属于魏国，晋一统三国后取得了玉玺。西晋末年，北方陷入朝代更迭频繁、动荡不安的时代，“传国玉玺”被不停地争来夺去。晋怀帝永嘉五年（311），玉玺又归前赵刘聪所有。东晋咸和四年（329），后赵石勒灭前赵，夺得玉玺；后赵大将冉闵杀了石鉴自立，将玉玺重新夺回。此阶段还出现了几方“私刻”的玉玺，包括东晋朝廷自刻印、西燕慕容永刻玺、姚秦玉玺等。到南朝梁武帝时，降将侯景反叛，劫得传国玉玺。不久侯景败死，玉玺被投入栖霞寺井中，经寺僧将玺捞出收存，后献给陈武帝。

隋唐时，“传国玉玺”仍为统治者至宝。五代朱温篡唐后，玉玺又遭厄运，后唐废帝李从珂被契丹击败，持玉玺登楼自焚，玉玺至今下落不明。

历代统治者极力宣扬获得传国玉玺是“天命所归”“祥瑞之兆”，因此自宋代起，真假传国玉玺屡有发生。如宋绍圣三年（1096），咸阳人段义称修房舍时从地下掘得的“色绿如蓝，温润而泽”“背螭钮五盘”的玉印，经翰林学士蔡京等13名官员“考证”，被认定是“真秦制传国玺”的玉印。然而，据后人考证，这是蔡京等人为欺骗皇帝玩的把戏。

明弘治十三年（1500），户县毛志学在泥河里得玉玺，由陕西巡抚熊羽中呈献孝宗皇帝。相传元末由元顺帝带入沙漠的传国玉玺，曾被后金太宗皇太极访得，皇太极因而改国号“金”为“清”。清初故宫藏玉玺39方，其中之一被称为传国玉玺，却被乾隆皇帝看作赝品，可见传国玉玺的真真假假实难确定。

又据说真正的传国玉玺在明灭元时被元将带到了漠北。明朝初，明太祖派徐达到漠北追击蒙古朝廷，以期得到传国玉玺，这是历史上最后有关传国玉玺的记载，最终还是空手而归。相传，在逐溥仪出紫禁城时，人们还在寻找。

汉代名将李广利为何会投奔匈奴

李广利是西汉时期的将领，曾被汉武帝任命为贰师将军。然而，他这个“将军”名号可不是沙场上拼出来的，而是靠裙带关系得来的。李广利有一个妹妹天生丽质，凭借倾城倾国之貌被汉武帝看中，被纳为妾，称为李夫人。可惜的是，李夫人红颜薄命，年纪轻轻就被疾病折磨致死，临终前还嘱托汉武帝要照顾好自己的儿子和兄弟。为了完成李夫人生前的愿望，汉武帝决定任命李延年（李夫人的哥哥）为协律都尉，李广利（李夫人的弟弟）为将军，让他们拥有享之不尽的荣华富贵。可问题是李广利实在没有将领之才，在战场上屡战屡败。

汉武帝征和三年（前90），匈奴入侵，大肆进行烧杀抢掠，边境百姓处于水深火热之中。为此，汉武帝特命李广利率大军三次出征匈奴。第一次出征匈奴，李广利在天山大战右贤王，先胜后败，差点丢掉性命；第二次出征匈奴，汉武帝派遣给李广利二十一万大军，在蒙古土拉河与匈奴单于十万大军血战，久战不下后匆忙撤军；第三次出征匈奴，李广利率七万精锐，在内蒙古杭爱山与匈奴决战，最后全军覆没，连李广利也向匈奴投降。李广利原以为主动投降可以换一条命，苟且一生，但是好景不长，不久之后就在巫蛊之事中被他人害死。

当年李广利究竟为何投奔匈奴，这一历史疑案引发了后人的思考。

有人认为这与李广利的人品密切相关。李广利能被封为将军是凭借姐姐李夫人的关系才得以实现的。事实上，他是一个无品无德无才的庸人。在任大将军期间，阴狠奸诈、结党营私、陷害太子，直接造成了汉武帝末年的巫蛊之祸。身为将军，战场上不善谋略，更是嫉贤妒能、排斥异己。在征讨匈奴期间，眼看李陵孤军被围而不救，断送了一代名将的前程，最后自己也兵败投降。

还有人认为李广利之所以败降于匈奴，在一定程度上是受到了当年宫廷里发生的巫蛊事件的影响。当年李广利与匈奴厮杀于沙场时，京城长安发生了巫蛊事件，汉武帝被人诅咒。汉武帝为此专门派人查访，若发现必斩首。因为此事，宫中人人自危，彼此以巫蛊进行陷害，丞相刘屈髦和李广利也被卷入其中，刘屈髦被处以腰斩，其妻儿也牵连被斩首，而李广利的妻儿们被逮捕囚禁。战场上的李广利听到家中妻儿被捕的消息，忧患重重，最后试图通过戴罪立功来拯救妻儿的性命。但因为过于冒进，警惕性不够，犯了兵家之大忌，最终导致惨败投降。

“三顾茅庐”是真是假

“三顾茅庐”这一典故在中国千古流传，至今也是耳熟能详。罗贯中在其小说《三国演义》中对这段故事进行过大量的渲染，刘备礼贤下士、广纳贤才的仁君风范和诸葛亮雄才大略、韬光养晦的卧龙形象深入人心，为世人所称颂。然而，当年刘备有没有“三顾茅庐”，诸葛亮有没有“毛遂自荐”，仍是一个颇有争议的历史疑案。

有人认为刘备曾的确三次拜访诸葛亮，请他出山辅佐帝业，主要有两个原因：

其一是此事被史料记载下来，有史可查，证据确凿。陈寿的《三国志》中记载：“凡三往，乃见。”诸葛亮在《出师表》中也说过：“臣本布衣，躬耕于南阳，苟全性命于乱世，不求闻达于诸侯。先帝不以臣卑鄙，猥自枉屈，三顾臣于草庐之中，咨臣以当世之事。由是感激，遂许先帝以驱驰。”对于此事，诸葛亮不可能冒欺君之死罪的风险，无中生有。其二是从当时的局势来考虑，刘备正面临着曹操几十万南征大军的威胁，确实急需像诸葛亮这样的人才辅佐他走出困境。

还有人认为刘备“三顾茅庐”是假，诸葛亮“毛遂自荐”才是真。

依《魏略》来看，刘备屯兵于樊城时，曹操已统一黄河以北地区，下一步计划是攻击荆州。诸葛亮带着自己的预测，北行见刘备。刘备与诸葛亮初次相见时，看诸葛亮年纪轻轻，没有重视他，以诸生对待之。后来，诸葛亮通过谈论对当时政局的对策，才逐步改变了刘备对自己的冷淡态度。最后，刘备才“以上客礼之”。西晋司马彪《九州春秋》也做过相同的记载。

换个角度思考，当年天子刘备三顾于茅庐之中，应算是轰动之举，各家史书理应争相记载和“爆料”。事实上，纵览全部三国史料以及相关历史人物，除陈寿外，刘备三顾茅庐之事竟无一人提及，这在现在看来是无法想象的。还需要指出的是，陈寿的《三国志》准确来说就是诸葛亮的《出师表》。

再说，当时的诸葛亮只不过是个27岁的青年，正为满腹才略无用武之地忧愁。与其说刘备需要诸葛亮，还不如说诸葛亮更需要刘备。相反，刘备则是个有声望的政治家，“天下谁人不识君”。刘备不可能去三次拜访诸葛亮，诸葛亮向刘备自我推荐反而很有可能，这符合他积极进取的性格：寒窗苦读，剖析天下之大势，待时机成熟，主动求见刘备。

小说《三国演义》之所以对“三顾茅庐”的情节予以浓墨重彩，无非是为增加小说的精彩度，吸引更多的读者罢了。

“三顾茅庐”的故事，在书本里是不朽的经典，在民间百姓口里是不老的传说。“三顾茅庐”到底是真是假已经不重要了，“三顾茅庐”中勇于接纳贤士的精神是永远不可能被否定的，故事本身也会因此而广为佳颂。

周瑜不曾打黄盖

“周瑜打黄盖—— 一个愿打，一个愿挨”，这句千古流传的歇后语早已人尽皆知。在日常生活中，经常有人这样形容，将施害于人者视为周瑜，将甘愿受苦者视为黄盖，并感叹“一个愿打，一个愿挨”。

三国时期，曹操百万大军挥师南下，锐不可当，孙权和刘备联合起来大败曹军于赤壁，这就是历史上有名的“赤壁之战”。在战争过程中，为了让曹操上当，周瑜决定使用苦肉计，黄盖奋勇当先。于是，在军事会议上，黄盖假装与周瑜意见不合，甚至出言有轻视之意。周瑜则借口怠慢军心，下令将黄盖斩首，众将苦苦求情，周瑜将处罚改为笞刑，将黄盖打得皮开肉绽、卧床不起。这出“苦肉戏”是演给诈降吴营的蔡瑁、张允看的，阚泽还为黄盖献诈降书，蔡瑁、张允又恰好将这一假情报传回了曹营。等黄盖来曹营诈降时，曹操便深信不疑，以至于后来惨败的结局。

然而，历史上周瑜根本没有打过黄盖，黄盖也没演什么苦肉计。依《三国志·周瑜传》的记载来看，赤壁之战开始后，经周瑜同意，黄盖借用十多艘轻便的战舰，将其全部装满柴草，浇上膏油、裹上帷幕、竖起牙旗，且在大船后系上小船。随后，派人送投降书至曹营，说要向曹操投降，随后浩浩荡荡地驾船北上。曹操的军吏、士兵纷纷从营房里伸出头来观望，都以为是黄盖来投降了。在离曹营还有二里时，黄盖放开大船，同时点火，当时东南风正急，一时往船如箭，火烈风猛，不但烧了曹操的水营船只，火势还蔓延到岸上，烧了岸上的营落。随后周瑜率轻锐之军快速进击，曹兵只好大败而退。

《江表传》还记载了当时黄盖写的诈降书。诈降书大意是说，黄盖受孙氏厚恩，经常为将帅，待遇并不薄。但从天下大势看，江东六郡人马抵挡中原百万大军，实在寡不敌众，这是海内所共见的。江东的将吏不论愚智，都知道这一点，只有周瑜、鲁肃忠厚浅薄，固执己见。从现实考虑，只有投降实为明智之举。到交锋之日，我黄盖便为前部，当随机行事，为曹公效命。《江表传》记载，曹操得到书信，还特地召见了送信的人，秘密盘问了许久，说，只怕其中有诈，黄盖如果真的投降，建立大功，来日封爵受赏，一定在众人之上。曹操虽有怀疑，但还是相信了黄盖，最终却引“火”上身。

曹操杀杨修不是因为妒才

在三国鼎立时期，有一位才子名叫杨修，他才思敏捷、聪明过人、学识超群，曾得到一代枭雄曹操的赏识和重用，被任命“总知外内”的主簿，成为曹操身边的一位不可多得的高级谋士。然而，就是这样一位人才，却因为不值一提的“鸡肋事件”，被曹操杀害。显然，区区“鸡肋事件”不足以解释杨修被杀的原因，理由不充分。那么，我们不禁要问：曹操当年为什么除掉杨修，是妒忌杨修的才能？还是别有他因呢？

第一种观点认为杨修之所以被杀，是因为曹操生性凶残，心胸狭隘、自私，总爱嫉妒，忌讳自己下属的才能与自己相当，甚至超越自己。罗贯中在《三国演义·嘉靖本》第十五卷“曹孟德忌杀杨修”中写道“操平生为人，虽然用才能之人，心甚忌之，只恐人高如己”可以证明这一点。除杨修之外，曹操嫉妒贤能性情下的冤死鬼，还有孔融，不是吗？

第二种观点认为杨修之死恰恰印证了那句话老话：“聪明反被聪明误”，惹来杀身之祸。他总是自作聪明，恃才放旷，举止轻狂，导致曹操对其暗存芥蒂，暗暗忌之戒备之。拿“鸡肋事件”来说吧，当年曹操作战失利，正为是否退兵之事举棋不定，随口说了“鸡肋”二字。这两字一出，杨修竟擅自根据曹操的以往行事规律，推断出主公必定决心退兵，并在军中散布退兵言论，私自命士兵收拾行囊，开始做撤退的准备。杨修这一举动涣散了军心，动摇了将士们的斗志，无论是古代，还是现代，这种事都是绝对不允许发生的。最终，曹操为了严肃军纪，秉公办事，杀了杨修。

第三种观点认为杨修的死与他参与到曹操家庭内部争宠夺位的斗争有关。杨修为了让自己的好朋友曹植当上曹氏接班人，竟全然不顾及曹操的感受，多次不遗余力地帮助曹植，曹植与曹丕间的矛盾也因此不断被激化。这破坏了曹操希望儿子们团结亲近的美好愿望，因而为杨修引来了杀身之祸。

第四种观点认为杨修是袁术的外甥，曹操怕养虎为患，于是借“鸡肋”事件将他斩草除根，以解后患之忧。

第五种观点认为杨修之死展示了中国古代封建社会的统治者与知识分子之间、主人与奴仆之间的关系本质，是人们的个性活力在封建专制意识形态下的悲剧。历朝历代的封建统治者对待知识分子，具有极重的疑惧心态，但为维持其统治体系的运转，又不得不加以利用。杨修“恃才放旷”只是表面现象，内在的关键是他冲撞了固有的、神圣不可侵犯的封建等级秩序，最终酿成悲剧。

杨修的死因究竟如何，可能连他自己也不清楚。古人已经远去，身后唯有团团迷雾。

乾陵无头石像之谜

乾陵是唐高宗李治和女皇武则天的合葬墓。与中国古代很多帝王的陵墓一样，其规模宏大，气势雄伟。不同的是，在乾陵朱雀门外司马道的东西两侧，整齐地排列着61尊石像，其中西侧32尊石像，东侧29尊石像。这些石像身高在1.5~1.77米之间，大小和真人差不多，大多体形健壮，肚子却被刻意地凸出来。他们双足并立，两手前拱，身上的装束不尽相同，有袍服束腰的、有翻领紧袖的、有足蹬皮靴的。令人奇怪的是，这些石像的头颅统统不见影踪。

这61尊无头的石像让人心生疑虑：这些石像是谁，来自哪里，为什么会伫立在乾陵墓前，他们为何没有头颅？这些谜团无时无刻不在促使后人不断地进行着探索与发现。

相关专家曾对61尊石像的装束进行过研究，这些石像大多身穿圆领紧袖的右衽或左衽武士袍，与中原一带人民的右衽不同。众所周知，我国古代少数民族的服装，前襟向左，叫左衽，汉人绝对不会穿左衽。由此可推断，这些石像当中大多是唐代周边的少数民族。另外，从这些石像们双手所持的“笏板”（笏板是古代大臣上朝时手持的狭长板子，一般用象牙制成，在上面可以记载上朝要禀报的事）和部分石像佩戴的“玉袋”（玉袋是唐代五品以上的官员以及都督、刺史随身携带的装官印的袋子）可推断，他们是唐朝的重要官员。这就意味着，这些石像很可能就是在唐朝为官的少数民族大臣。

那这些少数民族大臣为何而来呢？据《陕西通志》记载，乾陵石人群像是参加唐高宗葬礼的少数民族首领和特使。葬礼过后，武则天为纪念这件事，命人刻石像立在乾陵陵园朱雀门外两侧，象征着唐王朝的国威以及和这些边境民族的睦邻友好关系。

至于石像为什么会没有头颅，存在多种猜测和说法。

一种说法认为八国联军侵华时，看见唐乾陵前立有外国使臣的群像，觉得有辱自己的尊严，就把石像的头砍掉了。

另一种说法是明末清初时，一个外国使节后代到乾陵发现他的祖先在给大唐的皇帝守灵，有失国格，所以他就散布这些石人晚上成精，把所有粮食都糟蹋光了的谣言，实际却是他自己所为。想要保护粮食，就必须把这些石人的头敲掉。当地农民一气之下，把石像的脑袋都打碎了。

还有一种说法是明朝嘉靖年间大部分石像在震惊世界的关中大地震中被毁，其余的很可能是毁于明末清初的战乱时期。

时至今日，乾陵前的无头石像依然赫然伫立在那里，仿佛正在向世人诉说些什么，可惜已经没有人能真正完全理解它们了。

八贤王不是赵德芳

在众多戏曲和电视剧中常常会出现“八贤王赵德芳”这一人物形象：正直刚毅，敢怒敢言，常常救人于水火之中。历史上，北宋时期还真有八贤王和赵德芳，只是真正的“八贤王”并非赵德芳，而是另有他人。

赵德芳是宋太祖赵匡胤的第二个儿子，据《宋史·列传·宗室》记载，德芳生于五代后周显德六年（959），太平兴国六年（981）去世，时年23岁。赵德芳还有三个哥哥，分别为德秀、德昭和德林。由于大哥德秀和三哥德林很小就夭折，所以赵德芳算是宋太祖的第二个儿子。由此排行来看，赵德芳的身份与“八王”毫无关联。并且，赵德芳的资质也非有才有德的“贤王”之辈，他在父亲宋太祖在位时无所作为，在叔叔宋太宗赵光义登基后，才曾担任一些官职，但也无出色的政绩。

实际上，北宋太宗的第八个儿子赵元俨、赵德芳的堂兄弟，才是名副其实的“八贤王”。宋太宗共有九个儿子，分别是长子元佐、次子元僖、三子真宗、四子元份、五子元杰、六子元偓、七子元偁、八子元俨和九子元亿。赵元俨排行第八，又叫“八皇子”，民间则称“八大王”。

赵元俨天生机智，聪明好学，博闻广见，深得父亲宋太宗的宠爱。在宋朝时期，赵元俨是被封为王次数最多的人，一生共被封王13次。除政治才干突出之外，赵元俨的“贤德”之处还体现在庄重、孝顺、寡欲等方面。

赵元俨还是个大孝子。他的生母王德妃每次卧病在床，他都亲自细心侍候，喂药、洗涮，焚香祈祷母亲早日康复，甚至达到“忧念不食”的地步。王德妃去世后，他更是“哀戚过人”。

赵元俨虽为皇室贵胄，但平生寡欲，唯独喜爱读书作画，吟诗作词，且造诣极高。赵元俨病重时，宋仁宗曾赐他白金五千两，却被他婉言谢绝，并说：“臣羸惫且死，将重费家国矣。”赵元俨病亡后，宋仁宗悲痛不已。

对于品德才能俱佳的八皇子赵元俨来说“八贤王”这个称号，才算得上实至名归。

李自成的百万大军瓦解于鼠疫吗

“吃闯王，穿闯王，迎闯王，不纳粮……”穿越时空，在北京城里，我们仿佛看见一位英雄正带领着百万大军，在老百姓的欢呼雀跃声中浩浩荡荡地走来。明末农民起义军领袖李自成，推翻了大明皇朝，攻占了北京城。然而，为何进京40天后，李自成的军队好像突然间失去了战斗力，清军一触即溃，且从此一蹶不振？

“闯王”李自成的功败垂成让千万人扼腕叹息，同时，人们也为找到其速败的原因绞尽脑汁，苦苦追寻。

有人认为李自成是败于骄傲自满、腐朽堕落。攻占北京城后，流寇出身的李自成以为大业已成，可以高枕无忧了，于是贪图享乐、荒淫无道，最后招致失败。

有人认为李自成失败的原因在于军纪涣散，战斗力严重下降，遇到八旗铁骑的清军时，不堪一击，兵败如山倒。

有人认为李自成败于“马上得天下，不能马上治天下”。李自成拥有大批的能征惯战的将士，但缺乏一支完成治理工作的文官队伍。在攻下大片领土后，治理人才奇缺的弊端就逐渐显现出来，致使李自成后来损失惨重。

有人认为战略上的巨大失误导致了李自成的失败。李自成战略的巨大失误，表现在没有把清朝这个一直想入主中原的强大集团包括在战略形势判断里。正因为如此，李自成才采取了直取北京的战略。如果没有清朝的干预，以李自成的实力，是可以勉强对付张献忠集团、南明集团和吴三桂集团的，可是一旦加上清政府的实力，李自成自然难以抵挡，只能以失败告终。

还有人认为李自成的失败并非在于人祸，而在于天灾——鼠疫。鼠疫，俗称“黑死病”，这是一种以老鼠和跳蚤为传播媒介，传播速度极快、死亡率很高且难以控制的可怕传染病。患鼠疫的人一般会出现淋巴结脓肿或皮肤出现黑斑，三五天就会死亡。据有关文献记载，李自成3月攻占北京城，当时鼠疫已出现在北京一带。尤其春季的到来，跳蚤、老鼠开始趋向活跃，大规模的鼠疫肆虐整个京城，李自成的军队也难逃此劫。鼠疫在军营蔓延，大量将士被感染，长时间无法摆脱，战斗力每况愈下，最后与清军交战时一触即溃。与此相反，因为跳蚤讨厌马匹的气味，所以清军的骑兵没有被鼠疫传染，战斗力丝毫没有受到影响。对此，就算李自成再有能耐，也只有“无可奈何花落去”，感叹“天亡我也”。

以上说法似乎各有各的道理，但并不代表就是历史的真相。李自成百万雄师究竟惨败于何，仍然是一个历史谜团。

“泥马渡康王”真假说

象棋中有一类残局叫作“泥马残局”，其中也有以“卧槽泥马”为名的杀法。此类残局来源于“泥马渡康王”的传奇故事。

北宋末年，康王赵构被金人扣压，当作人质，在金兵押着赵构北上的途中，赵构侥幸脱逃。当赵构逃到磁州时，夜色已深，于是便在附近一座名叫崔府君的庙中留宿。令人奇怪的是，他睡觉时，有神人托梦给他说金兵将至，赵构惊醒。看见有一匹马停在庙外，就乘马狂奔而去。这匹马居然载着赵构渡过了黄河，过河后，立即化为了泥塑之马。

“泥马渡康王”的故事明显具有传奇色彩，是根据一定的历史事实加工改编的，不完全符合历史真相。赵构赴金营为人质，历史上确有其事。靖康元年（1126）正月，金兵已经攻至开封城下，宋廷向金求和，金人要求以亲王和宰相为人质，方可退兵，宋钦宗命康王赵构前往金营。

赵构被金营拘禁期间，表现得毫无畏惧，与一般人迥然不同。金人因此怀疑赵构不是亲王，软禁了20多天后将其遣返回国，而不是像“泥马渡康王”的故事中那样，押着赵构北上，所以赵构根本无须逃跑，更不会借助“泥马”渡江。宋钦宗只好命赵构兄长肃王赵枢代替赵构，赴金营为人质。在宋钦宗答应割地、赔款等要求后，金人暂时撤军，肃王没有被放还，而是被掳北去，当了赵构的替死鬼。

朱元璋死后“速葬”留谜团

“速葬”，在中国古代历来都是穷苦人家采用的方式。可是，据《明史》记载，朱元璋死后“七日而葬”。明朝堂堂开国之君死后为什么也会“速葬”，肯定不是为了节省国家支出，其用意到底何在?

第一种说法是朱元璋被“速葬”是朱允炆的决定。他这样做是为了让朱元璋远在外地的儿子不能及时赶回京城，以保住自己的王位。

第二种说法是天气原因迫使朱元璋不得不速葬。众所周知，明朝国都南京素有“火炉”之称，而朱元璋的去世时间闰五月恰逢炎炎夏日，酷暑难耐。如不早早下葬，尸体很可能会腐烂发臭。与其这样，还不如早日入土为安。

第三种说法是明朝历来讲究仁孝礼制，朱允炆哪敢冒天下之大不韪，“速葬”实际是朱元璋的个人意愿，其目的是保护新皇帝。史称，朱元璋临死时交代过将自己“速葬”，禁止他的儿子们回京奔丧，以免夜长梦多，对新皇帝和国家安全不利。

第四种说法是比较流行的。据说，这是朱元璋用来反盗墓的手段之一，除此之外还有其他一系列的配套计划。

对此，也有人提出异议。其一是关于朱元璋死亡的时间。据《明史·本纪·恭闽帝》记载：“恭闽惠皇帝讳允炆，大祖孙，懿文太子第二子也。……三十一年闰五月太祖崩。”它仅说明朱元璋是闰五月死的，而具体哪一天没有说。现在，关于朱元璋的死亡时间有如下多则说法：一是洪武三十一年（1398）闰五月初九，二是闰五月初五，三是闰五月十七日等。一个人死亡的时间，应该是很清楚的事情，为什么史书要将朱元璋的死期写得如此模糊，是为掩人耳目，故意混淆视听吗?

其二是“十三城门同时出棺”的迷魂阵。传说朱元璋下葬那天，十三城门同时出棺。明人朱国桢的《皇明大政记》中“而发引，各门下葬”的文字可以证明这一点。各门下葬作为一种障眼法，是实行秘葬的步骤之一，属反盗墓的典型特征。

因为“速葬”之事，后来又传出“高皇帝龙蜕，在宫不在陵”的说法，指出朱元璋真身未与马皇后合葬于孝陵，而是单独葬在城西的朝天宫。朝天宫如今是南京博物馆所在地，朱元璋的真身就在馆内的三清殿下。到目前为止，这一说法也没有得到证实。

朱元璋为何“速葬”，这一秘密已经随着朱元璋远去，无法追回。而朱元璋的尸骨究竟在何方，谜底恐怕只有等到开明孝陵挖开的那一天才能揭开。

到底是谁烧了圆明园

“是谁烧了圆明园”这一问题，连中学生都知道，似乎没有重新设问的必要和意义。1860年，第二次鸦片战争时期英法联军火烧圆明园的史实早已走进历史课本，作为永恒的爱国主义题材，代代传授，不忘国耻。

然而，到底是谁烧了圆明园，历史课本的内容是否完全是历史真相的再现？对此，有人提出了质疑。

一些人坚信英法联军火烧圆明园证据确凿，无从抵赖。据当年英国远征军司令额尔金伯爵回忆，之所以下令烧掉圆明园，是为了报清政府逮捕公使和战俘之仇。在行动前，他们还在北京全城张贴如下公告：“任何人，哪怕地位再高，犯下欺诈和暴行以后，都不能逃脱责任和惩罚；圆明园将于1860年10月18日被烧毁，作为对中国皇帝背信弃义的惩罚；清帝国政府应该对此负责，与暴行无关的百姓不必担心受到伤害。”（译自英文）额尔金还描述了当时抢烧的情景：“几个军官、士兵上身埋在一个大箱子里，手忙脚乱地翻弄里边的物品，另一帮人在争夺一堆御袍，无人有闲情逸致欣赏艺术品，大家都在竭力抢夺值钱的东西……抢劫者们用大车拉走他们的掳获，满地都是散落的物品……”抢劫一空后，为销毁现场，就将其付之一炬，大火烧了三天三夜，北京的天空都被染得通红。此外，1861年，法国政府在巴黎展出“远征中国”的战利品——圆明园文物时，大文豪雨果评论道：“有一天，两个强盗闯进了圆明园……这两个强盗，一个叫法兰西，另一个叫英吉利。”以上斑斑劣迹，难道还不足以证明英法联军火烧圆明园的事实吗？

与此相反，另一些人认为中国人才是抢烧圆明园的带头人，圆明园的第一把火，是中国人点着的。王闿运在其长诗《圆明园词》中说道，英法军首领惊叹于这座万园之园的“陈设巨丽”，双方“相戒弗入”，怕入园后搞坏物件，分不清也承担不了巨额赔偿的责任，决定在园外驻军。而破落贵族（即满人）乘机“倡率奸民”，假借联军之名，入内纵火，并哄抢财物。联军这才跟进园内，士兵们眼红“中国暴民”的收获，于是在军官默许下加入劫掠的行列。中外强盗边烧边抢，大火三日不息，局面终于失控。

历史罪人早已不在，现如今的圆明园只剩下一片残垣断壁的遗迹，以及世人无尽的叹息。究竟谁是罪魁祸首，真希望见证这一历史性悲剧的砖瓦能告诉我们一切，只可惜它们只能沉默无语。

究竟是谁埋葬了北洋水师

众所周知，北洋水师是清政府建立的实力最雄厚和规模最大的舰队，在中日甲午战争中全军覆没。对此，历史课本的解释是慈禧太后挪用海军经费，用来修建颐和园为自己庆祝六十大寿，使北洋水师的经费捉襟见肘，装备无法及时更新，最终惨败给日本联合舰队。

然而，有人对此提出了截然相反的看法，认为北洋水师的丧生其实并不在于经费不足和武器装备落后于日本。据说，北洋水师从1861年筹建到1888年成军，清政府共投入海军经费1亿两白银，年均支出占该年财政的4%到10%。日本政府从1868年到1894年间共向海军拨款9亿日元，折合成白银才6000万两，年均支出相当于同期清政府对海军投入的60%。由此可见，与当时日本海军经费相比，清王朝海军经费可是有过之而无不及。

再看武器装备，北洋舰队也绝不会输给日本联合舰队，无论是数量还是质量。北洋水师与联合舰队铁甲舰数量比是6∶1；非铁甲舰8∶9。定远号、镇远号的护甲厚14寸（1寸=3.33厘米），经远号、来远号的护甲厚也达9.5寸。日本威力最大的“三景号”舰也缺乏北洋舰队如此强大的装甲防护。北洋舰队的定远、镇远两艘铁甲舰综合了英国“英伟勒息白”号和德国“萨克森”号铁甲舰的长处设计而成，各装12英寸（1英寸=2.54厘米）大炮4门，装甲厚度达14寸，堪称当时亚洲最令人生畏的铁甲堡式铁甲军舰，在世界也处于领先水平。就火炮而言，无论小口径火炮，还是大口径火炮，北洋舰队均占优势。在小口径火炮方面，中日比例是92：50；200毫米以上大口径的火炮，中日比例是26：11；中口径火炮方面，中日比例是209：141。就平均船速说，日舰每小时比我舰快1.44节，优势似乎不像人们形容得那么大。正是基于这种力量对比，清朝政府才毅然对日宣战。

“事实胜于雄辩”，北洋水师最终还是没能逃脱失败的命运。那么，究竟是什么原因让北洋舰队变成了一个悲剧，是谁埋葬了北洋水师？

其实，北洋水师覆灭的关键原因在于清政府本身，封建君主制度是罪魁祸首，它亲手为北洋舰队掘墓，将其埋葬。甲午战争时，清王朝正在走下坡路，政治腐朽，军纪败坏，国力每况愈下。虽然军队的规模不小，但由于组织不利、训练不严、作风不良，整合力严重受损，以致最后在对战日本舰队时不堪一击，全军覆没。

究竟是谁埋葬了北洋水师，这个问题的答案不是最重要的，其最大的价值在于在探寻真相的过程中应该反思些什么、改进些什么。

绯闻篇　耐人寻味是花边

中国古代男人“坐月子”之谜

一般只有女人生孩子，女人“坐月子”的说法，你听说过男人“坐月子”吗？男人又不能生孩子。然而，在古代还真出现过男人代替妻子“坐月子”的现象。

男人“坐月子”，用专业术语来讲，即为“产翁制”。具体而言，就是男子在其妻子生产期间，模拟妻子“分娩”，或在妻子分娩以后装扮成产妇卧床抱子，代替妻子“坐月子”，而真正的产妇则照例外出干活，并为卧床“坐月子”的丈夫准备饮食。在这里，模拟妻子“分娩”、代替妻子“坐月子”的产妇之夫便称之为“产翁”或“产公”。

据说中国第一个“坐月子”的男人是大禹的父亲——鲧。相传鲧是黄帝的孙子之一，大禹为鲧所生。对于此事，《山海经·海内经》的记载是：“洪水滔天。鲧窃帝之息壤以堙洪水，不待帝命。帝令祝融杀鲧于羽郊。鲧复生禹，帝乃命禹卒布土以定九州。”

“产翁制”作为一种文化遗俗，它曾在许多民族中普遍存在，并不是个别现象。我国的壮族、傣族、仡佬族、藏族等都曾保留这种古老的习俗，并留下相关文字记载。宋代《太平广记》卷四百八十三《獠妇》中引《南楚新闻》记载：“南方有獠妇，生子便起，其夫卧床褥，饮食皆如乳妇。”这里提到的“獠”，乃仡佬族先民。

“产翁制”这一怪诞习俗，其实是特定历史条件下的特定产物，有其时代的合理性和进步性。“产翁制”主要盛行于母系社会逐渐向父系社会过渡的时期。母系社会时，妇女的地位远高于男子，主宰社会的一切，而男子则始终处于服从的地位。后来，随着男子成为主要的生产者，社会经济地位逐渐提高，人类开始走向父系社会。对于以往那种子随母姓，只知其母、不知其父的社会现状，男子再也无法容忍，并力图改变这种局面。于是，男子就佯装产妇“分娩”和“坐月子”，象征“生孩子的是我，孩子要姓我的姓”，借此突出自己在生儿育女中的决定作用，达到变母系为父系的目的。从历史的角度看，父权制代替母权制是人类发展史上重要的转折点之一，人类在此又前进了一大步，“产翁制”正是见证了这一革命历程。

现如今，随着历史的发展和社会制度的变迁，“产翁制”也因失去合理存在的“沃土”早已销声匿迹了。

纣王让男女裸奔的真相

说起最早的夏、商、周三代君王，商纣王是后人最为不满的一个。商纣王因热衷于声色之娱与酒食之乐，最终导致国破家亡，他也因此成为古代荒淫君王的代表。

《史记》记载，商纣王“以酒为池，县（悬）肉为林，使男女裸相逐其闲，为长夜之饮”。这就是著名的酒池肉林。纣王这种让众多男女裸奔的行为，为后人所不耻，因此后人对这位亡国君王的评价更差。

但是，学者们研究发现，纣王令众女裸奔相戏主要是出于对民间婚姻问题的考虑。人类出现之初，伴随原始人类出现的并不包括婚姻制度，早期人类，人与人之间没有固定的婚姻关系。屈原《天问》记载，大禹“焉得彼嵞山女，而通之於台桑”，大禹和涂山女没有履行结婚手续和组建家庭。《史记》记载，大禹“予不子”，说的是大禹和涂山女的故事，涂山女与大禹在没有婚姻的情况之下“通之於台桑”，后来涂山女生下孩子启，但是大禹也不能断定启就是他的孩子，因为涂山女也有可能与他人发生关系。

当人类发展进入氏族社会之后，开始实行族婚制。此时的婚姻关系是由一个氏族的男性和另外一个氏族的女性组成的集体婚姻。当种族繁衍进入更高级阶段时，人类开始进入私有制社会。私有制的产生使得作为家庭劳动主体的男性地位大大提高，女性就成为男性的私有财产，随之产生的就是一对一或者一对多的固定婚姻关系。固定婚姻关系的出现标志着婚姻制度的形成。

商周时期，婚姻制度发展得还不完善，男子与女子的婚姻关系也不稳定，人与人之间并没有形成固定的婚姻关系，也没有固定的伴侣。《史记》记载，“大聚乐戏于沙丘，以酒为池，县肉为林，使男女裸相逐其闲，为长夜之饮。”再结合当时的婚姻制度，因此有学者认为“沙丘”指的就是古代遗俗“欢乐谷”。古代遗俗“欢乐谷”就是国家在一年中的某个特定时节，官方指定某些地方作为未婚男女的聚集处，他们在这里相互结识，不必履行结婚手续就可同居。他们在某个地方同居一段时间后，若是不满意，可等到下一次“欢乐谷”开放的时节，也可以挑选新的伴侣。这项措施为的就是解决未婚男女的婚姻问题。到了周朝，朝廷依然会组织男女于桑林里“裸奔”。《周礼》记载：“中春之月，令会男女，于是时也，奔者不禁。”

学者们还从考古发现来说明这一项事实。现在发现的商周墓葬大多都是单人墓葬。这可能就是由于当时没有固定的婚姻关系，结婚组成的婚姻家庭很少所造成的。

所以，商纣王让男女裸奔的做法极有可能只是当时的一种习俗而已。

管仲为何被娼妓奉为保护神

三十六行，行行有其保护神。理发师的保护神是关羽，屠夫的保护神是张飞，当然，娼妓也有自己的保护神，即为管仲。春秋战国时期齐国赫赫有名的宰相“仲父”怎么会被娼妓业奉为保护神呢？事出有因，一切还得从头说起。

娼妓业的由来历史悠久，早在春秋战国时期就已初现雏形，以零散的家妓、私妓、军妓等为主。而真正官办的娼妓业，是从管仲开始的。

管仲在齐国执政时，推行了一系列的改革措施，使齐桓公成为春秋时期的第一个霸主。他的这些丰功伟绩已经广为人知，在此不加赘述。然而，鲜为人知的是，管仲还以国家的名义开设“女闾”。所谓“女闾”，就是妓院。根据史料记载，管仲在齐国设立“女闾”300闾。按照《周礼》的算法，“令五家为比，使之相保；五比为闾，使之相受”，那么，1闾就是25家，300闾就是7500家。至于每家有多少个妓女则没有明确的记载，如果以1家2人算就是15000人，以3人算就是22500人。可以想象齐国的娼妓行业规模之宏大，生意之火爆。因此，当时的妓院就可以不再像以前那样遮遮掩掩，而是光明正大地营业。由此可见，娼妓行业的开山鼻祖，非管仲莫属。

管仲当年经营国营娼妓业的目的有四个：其一是为了增加国家收入，富国强兵。管仲置“女闾”征收“花粉税”“花粉捐”，增加国家收入，尤其是军费支出，增强齐国的实力。其二是招揽游士，网罗贤才。当时诸侯争雄，为了齐桓公能够称霸天下，借助美女来招引爱金钱更爱美女的四方英雄，促进齐国发展。其三是为了解决大量女性就业问题，缓和社会矛盾。其四是供齐桓公淫乐。齐桓公是一个好色无度之人，引文献“好内，多内宠，如夫人者六人”为证。

事实证明，管仲以国家的名义开设妓院后来产生了良好的效益。可以毫不夸张地说，齐国之所以能成为春秋五霸之首，管仲建立的“国家大妓院”功不可没。正因如此，当时各诸侯国也纷纷跟风，开“妓”营业，而且后世的封建王朝更是给予娼妓合法的地位。所以，千百年来，娼妓们都把管仲作为“保护神”也就不足为奇了。

只是可悲的是，后来这种风气成为社会的一大“毒瘤”，并且泛滥不止，腐化人性，祸害不浅。

孔子为何对女人有偏见

孔子的《论语·阳货》记载着这样一句话：“唯女子与小人为难养也，近之则不逊，远之则怨。”世人敬仰的孔圣人为何会说出这样的话？这句话是否体现了孔子大男子主义？其中有没有歧视女人的意味？围绕上述问题，一场场没有硝烟的话语之争曾激烈上演。

有人认为孔子把“女子”跟“小人”相提并论，是在贬低女人，这是毋庸置疑的事实。并且还对孔子为什么对女人有偏见进行了推测和论证。

武汉大学教授陈文新就是其中的代表之一，他以孔子的婚恋情况为切入点探寻可能的答案。其一是孔子因相貌不佳，加上家境贫寒，恋爱时可能遭受过挫折。据说孔子长得像个倒扣的痰盂：白眼仁多，黑眼仁少，鼻孔外翻，牙齿缝大，脑袋四周高中间低，且个子也不高。这样的相貌，在恋爱时遭女性拒绝、嘲笑，落下心理阴影和对女人的偏见也并非不可能。其二是孔子婚后家庭生活不太美满，曾休掉妻子，即现代所谓的“离婚”。据《礼记》记载：“门人问诸子思曰：‘昔者子之先君子丧出母乎？’”子思是孔子的孙子，这里是门人问子思：“从前你的父亲为被休出的母亲穿孝服守丧礼吗？”宋代大儒朱熹对此有注解：“伯鱼之母出而死。”伯鱼是孔子的儿子，这段史料证明孔子确实离过婚。

儒家讲究“修身，齐家，治国，平天下”，建立和谐、美满的家庭是“齐家”的重要内容。孔子生前政绩黯然，不知道是不是因为家庭缘故。正因为孔子在婚恋的过程中屡次被女人伤害，才发自肺腑地感叹“唯女子与小人为难养也”。

然而，还有一些人持不同观点，他们认为凭借“唯女子与小人为难养也，近之则不逊，远之则怨”这一句话，就臆断孔子对女人有偏见，未免过于草率和武断，难逃望文生义之嫌。对于“唯女子与小人为难养也”，《说文解字》是这样解释“养”字的：“供养也，从食羊声。”可见，“难养”可引申为“难于共处”之意。因为对她们太亲近，就会无礼；太疏远，就会怨恨。孔子充其量只是说明一个实情而已。

孔子未必是歧视女人，这样的实例在孔子一生中可谓无数。如，孔子的儒家学说主张“泛爱众而亲仁”“仁者爱人”。这里的人，自然包括男人和女人，可见女人同样是被爱的对象之一。又如，孔子坚决反对将妇女作为殉葬品和祭祀品，并对做出此种不良行为的人进行过“忌无后乎”的咒骂，可见孔子是重视妇女的权利的。

秦始皇是吕不韦的儿子吗

秦始皇嬴政灭六国，一统天下，建立起中国历中上第一个中央集权的封建国家。但是，叱咤风云、君临天下的始皇帝一直对自己的身世讳莫如深。

史料记载，秦始皇嬴政，原名赵政，是秦庄襄王子楚之子，生母赵姬。子楚少年时期就以秦王孙子的身份到赵国为质，在赵国的生活十分困苦，地位低下。直到子楚遇到吕不韦，这种状况才有所改变。大商人吕不韦虽然家缠万贯，但是商人在社会上的地位都很低下，为了改变自己的现状，走入贵族之列，吕不韦决定搭上子楚这趟顺风车。吕不韦在赵国邯郸积极运作，把子楚过继给正受宠幸的华阳夫人，转瞬之间，子楚被立为嫡嗣。同时，吕不为还把自己的爱姬赵姬送给子楚，生下嬴政。秦昭王、孝文王去世之后，子楚登上秦国皇位，封吕不韦为丞相。三年后，子楚去世，嬴政作为子楚的独子而登上王位。

子楚的生母赵姬曾是吕不韦的爱姬。因此后世人们的心中都有一个疑虑：嬴政的生父到底是谁？是吕不韦还是子楚？

嬴政继位之时，年仅13岁，朝廷大事全由吕不韦管理，吕不韦就成了一人之下、万人之上、权倾朝野的大人物。小皇帝也必须称呼吕不韦“仲父”。因为“仲父”这个称呼，让许多人认定嬴政为吕不为之子。汉代以后的大多数资料都认为嬴政是吕不韦之子，因为如果嬴政非秦皇室正统血脉，那么人们对秦王室领导一个国家的能力就会抱有怀疑态度，“齐家治国平天下”，如果连家都不能齐，何谈治国平天下？所以秦王室并不能治理好一个国家，秦亡是必然的结果。对于汉朝而言，他们就找到了一个造反推翻秦王朝、建立汉朝的一个重要依据。从吕不韦的角度而言，让自己的儿子登上九五至尊的位置，也就彻底改变了他作为商人地位低下的命运，这也是他的梦想。同时，作为“六国”之人的吕不韦，让自己的儿子夺取秦朝的江山，也算是报了六国被灭的仇恨。

也有人并不赞同以上观点，他们认为秦王嬴政并不是吕不韦之子，而是正统的王室血脉。首先，吕不韦与子楚相交之时，子楚被立为王储的机会十分渺茫，就更不可能设想到嬴政这一代身上。其次，从生理学角度来看，妇女生孩子都必须怀胎十月，如果嬴政为吕不韦之子，那么赵姬在嫁给子楚之前就可能已经有孕，孩子肯定会在十月之内即出生，子楚又岂会不明白这个道理。最后，《史记·秦始皇本纪》记载，赵姬出身于赵国贵族，贵族小姐出生的赵姬也不可能先嫁吕不韦，再嫁子楚。

无论如何，事隔千年，秦始皇的身世之谜只是后人推测，没有更为清楚详细的资料证明。

秦始皇为何终身都未立皇后

秦始皇13岁登基，22岁亲政，平定六国、一统天下，建立起第一个以早期汉族为主体的强大的秦汉多民族统一的封建大帝国——秦朝。这样一个雄才伟略的皇帝，在他长达37年的统治中却没有立过一位皇后。

在封建体制之中，古代帝王的正妻被称作皇后，妾被称作妃嫔。皇后只有一位，妃嫔的数量可以有很多，正所谓“三宫六院、七十二嫔妃”。皇帝立后也是皇帝政治生活中的重要部分，国家也有相应的立后制度来组织这件事。国家选拔皇后的标准也很高，除了端庄、贤淑等传统要求之外，更多的是要能肩负起“母仪天下”的神圣使命。

既然皇后的作用如此之大，那么坐拥天下的秦始皇为什么不立后呢？关于秦始皇这个“千古一帝”少了一个与之对应的“千古一后”的原因，说法多如牛毛。归纳起来，主要有以下几个方面：

第一，秦始皇的母亲对他造成的阴影。秦始皇是秦庄襄王子楚之子，姓嬴名政，出生于赵国首都邯郸。史料记载，秦始皇的生母赵姬本是吕不韦的宠姬，后来吕不韦把赵姬献给子楚，并生下秦始皇。一直以来，人们都对秦始皇的生父抱持着怀疑的态度，很多人认为秦始皇其实是吕不韦的儿子，恐怕连始皇帝自己也分不清谁是自己的生父。其实，这也不重要了，毕竟自己已经顺利地当上了皇帝。但是，身为太后的赵姬仍然行为不检，先是与吕不韦在宫中重温旧情，再是与嫪毐私通，秽乱后宫，并生了两个儿子。《史记》中记载“始皇帝益壮，太后淫不止”。母亲的行为让秦始皇在心理上受到严重的伤害。恼羞成怒的秦始皇还杀死了两个私生弟弟和嫪毐，把吕不韦发配蜀地，吕不韦自杀而死。同时，秦始皇还把母亲赵姬赶出首都咸阳。极度压抑的秦始皇彻底爆发了，成为一个失去理智的暴君。秦始皇这种对母亲的怨恨逐渐发展成为对一切女人的仇视。史学家张敏说：“由怨母而仇视女人的心理阴影，使秦始皇长大后在婚姻能力上未能健康发展。宫中众多女人，仅仅是为满足他的生理需要。由母亲行为而形成的心理障碍，也是秦始皇迟迟未立后的重要因素之一。”这种心理上对女人的偏见，使得秦始皇极其不愿意娶妻立后。

第二，秦始皇的立后要求过高。秦始皇统一六国，自称为始皇帝，他自认自己的功德超过了上古的三皇五帝，自命不凡的秦始皇自然也就对皇后的要求非常高。秦始皇的后宫充斥着东方六国选来的大量佳丽，要从中选出一个高标准的美女也并非难事。但是，问题就在于秦始皇并不喜爱这些美女，反而十分鄙视。对于她们这种把亡国之辱抛之于脑后的行径，秦始皇十分痛恨，认为她们毫无守贞重节可言。所以，他也不愿从这些后宫佳丽之中选出一个合适的皇后人选。

第三，秦始皇沉迷于追求长生不老，对方术、炼丹术等情有独钟。他曾派徐福率三千童男童女，耗费巨资入东海以寻得长生不老之药。秦始皇这种对长生不老药的孜孜追求使他无暇顾及后宫之事，把立后之事也抛之脑后，这也是秦始皇一生没有立后的重要原因之一。

第四，志在天下的秦始皇公务繁忙，没有多余的时间来考虑立后的事情，更何况他还担心皇后会对他的事业有所掣肘。史料记载，秦始皇每天的工作量很大，必须要批完一石（约30千克）的公文。

秦始皇终身未立皇后是多方面原因共同影响的结果。

古代官员退休后的“房奴”生涯

2009年热播电视剧《蜗居》展示了现代社会平民百姓的“房奴”生涯，怎一个“煎熬”可以形容。然而，“房奴”不只是现代社会人的代名词，古代社会里也出现过“房奴”。与现代不同的是，古代的“房奴”是些退休后的官员。下面，我们就来看看古代“房奴”过着什么样的生活，顺便和现代社会做个比较。

现代社会的公务员职务因其福利好、工作稳定等优点，一直以来被人们尊为“金饭碗”，无数人削尖脑袋地往这个方向钻。相比之下，古代“公务员”却没有如此好的待遇，充其量不过是含金量较低的“瓷饭碗”一个。理由有三：其一是没有连续工龄，除曾任二千石以上高官者休官后重新出仕时，可授予“比六百石”职位以示优惠外，其他二千石以下的休官者，要想再续前职，又得重新回到起点，和普通老百姓一起竞争。其二是没有退休费，如秦汉时期，无论原先俸禄多少石的官吏，只要离开职位，除非皇帝特别照顾，一律停发俸禄。因此，古代朝廷要员退休后回乡种地的现象也就不足为奇了。其三是没有余荫，古代官员的许多特权和待遇都与“在职”密切关联，官员一旦离职，与官职有关的一切特权和钱财也就随之消失。正因如此，才出现朝廷官员“死”赖在官位上不走的现象。

有人曾做过统计，西汉时丞相一职的平均任期才四年多，东汉时三公的平均任期不到两年半。朝廷要官尚且如此，地方官员自然就更惨了，不知何时饭碗就会被打破。

古代官员在职时尚且如此窘迫，退休后就更加凄凉。唐朝规定，异地官员退休返乡时，是不允许坐“公车”的。宋代也实行过退休就不得再用公车的制度。古代官员在职患病可享受公费医疗，一旦离职，诊疗、服药都要自掏腰包。损失更为惨重的是，官员一旦退休，就得立马搬离公家的官邸，让给继任者，移居乡村住宅。比如南宋规定，凡各级地方政府官员休官后，三年内不许在任职地居住，倘在当地有亲属，或置有财产，三年以后也不许居住，违反者处一年徒刑。可以说，古代官员做官生涯的结束就代表“房奴”生涯的开始。

无论古代“房奴”，还是现代“房奴”，都不好当。像当年杜甫呐喊“安得广厦千万间，大庇天下寒士俱欢颜”那样，在此我们真切地希望，没有“房奴”的时代早日到来……

刘备：换妻如换衣

“朋友如手足，妻子如衣服”出自刘备之口。刘备是不是一个好色之徒我们不得而知，后世对他的感情生活记载也十分罕见。但是从他的话中我们依然可以看出，对于他来说朋友是要像对待手足一样珍惜的，而妻子却如同衣服一样可以随时替换。

据史料记载，刘备一生中有多位夫人，史料可查的却只有四位。这四位夫人跟随刘备连年征战，但是几次危难时刻，都被刘备抛下。

刘备起兵后不久到达豫州小沛，纳当地有名的美女甘夫人为妾。在甘夫人之前，刘备已经娶了几位妻子，但都不幸丧生。年轻貌美的甘夫人是三国时著名的美女之一，玉质柔肌、态媚容冶，如同月下凝聚的白雪一样。甘夫人嫁给刘备之后以嫡妻身份掌管内事，并生下儿子刘阿斗。在甘夫人陪伴刘备的岁月中，危难时刻多次都被刘备抛下。比如，建安元年（196），吕布袭取徐州下邳，张飞因嗜酒误事，导致下邳失陷，刘备就留下甘夫人和儿子独自逃命去了，最终弄得两手空空。吕布得到徐州之后，便做了个顺水人情归还了甘夫人。后来当阳桥长坂一役，刘备再一次丢下老婆孩子跑了，赵云单枪匹马七进七出曹营，才保得甘夫人和阿斗一命。但是没能够救下刘备的另外一位夫人——糜夫人。

糜夫人是刘备继甘夫人之后的第二位夫人，是商人糜竺的妹妹，家境十分富有。刘备错失下邳和甘夫人之后，糜竺倾尽家财相助，并且还把自己美貌如花的妹妹嫁给刘备，刘备与糜夫人共结连理时，甘夫人还身陷吕布营中。

建安三年（198）春，吕布再次攻打刘备，刘备不敌而向曹操求救。来救的曹军和刘军依然不敌吕布，被吕布痛击，全军陷落，甘、糜二位夫人又被吕布劫去。直到曹操亲自率军与刘备联合打败吕布，刘备才找回甘、糜二位夫人。

建安五年（200），曹操打败刘备，甘、糜二位夫人再次被抢走，关羽也被擒。后来，关羽逃出后听说刘备流落到了袁绍那里，遂带着二位夫人离开曹营回到刘备的身边。曹操夺取荆州之时，刘备逃向江陵，途中在当阳长坂被曹军追上，刘备又再次扔下了老婆孩子，最后糜夫人死于曹营，赵云拼尽全力救回了甘氏母子。

糜夫人死后一年，受惊过度的甘夫人也离开人世，年仅22岁。看来当刘备的夫人并不容易啊，甘、糜二位夫人一生跟随刘备东奔西走，却三番两次被丈夫丢下、被他人抢走，几乎没有享过福。

继甘、糜二位夫人之后，刘备的第三位夫人是孙夫人。孙夫人就是“赔了夫人又折兵”这一故事中的主角孙权的妹妹孙尚香。建安十四年（209），孙权为了夺回外借给刘备的荆州，假意以婚姻邀刘备到东吴，刘备有意联吴，便遵从了东吴的婚议，由赵云、孙乾陪同进入吴国。刘备深得吴国太后的喜爱，就把孙尚香嫁给了刘备，真是应了那句俗话“丈母娘看女婿，越看越喜欢”。

新婚一个月之后，刘备带着孙夫人回到荆州。这位孙夫人出身名门，从小嗜武，依仗兄长的势力，根本不把刘备放在眼里。刘备入蜀之后，孙夫人从东吴带来一批吏卒，在蜀地纵横不法，谁都无法约束，刘备也要时时提防孙夫人的刀剑，不敢违背孙夫人的意思。孙权为了牵制刘备，以母亲生病为由劝孙夫人带着刘阿斗回东吴，途中刘阿斗被诸葛亮救回，孙夫人一人回到东吴，从此孙夫人也留在了东吴，再也没有回到刘备身边。他们夫妻在一起的生活就持续了三年。

刘备在孙夫人之后又迎娶了吴夫人。建安二十四（219）年，刘备称汉中王，立吴夫人为汉中王后，章武元年（221）夏五月，刘备称帝立吴夫人为皇后。延熙八年（245）吴后去世。

孙、刘之间关于荆州之争并没有结束，孙权攻荆州，关羽大意失荆州之后败走麦城，身首异处。刘备痛心关羽之死，决心为其报仇，出兵伐吴，却遭到东吴大将陆逊痛击，败走白帝城之时病死。孙夫人听闻刘备死讯，在长江边祭奠完刘备后投江殉情而死。

太监为何多三妻四妾

在大多数心中，太监是被阉割过的男人，而且没有胡须和喉结，声音尖细，从真正的意义上来看，太监已不能算是男性，但由于缺少女性生殖器官，也不能算是女性，只能算是“中性人”。然而，令人感到奇怪的是，历史上那些有钱有势的太监，居然也三妻四妾。

历史上，太监娶妻并非偶然现象。早在汉朝时，太监与宫女组成的家庭就已出现。唐代时大太监高力士位高权重，娶当时刀笔吏吕言晤的女儿为妻。《贵妃醉酒》中也表现过高力士与杨玉环调情的情节。晚清时期，总管小德张是继李莲英之后一位比较有名的太监，据说小德张未出宫前，娶了一位妻子，纳了两个小妾，三人都因不能忍受小德张的虐待而先后自尽。隆裕太后死后，小德张才离开清宫。出宫后，他在天津某妓院以重金赎出一名妓女，名张小仙，这是他最后一位夫人。清朝灭亡后，大批太监流入民间。那些有钱的太监，凭借此前在宫中的财富，娶妻之事已经不是偷偷摸摸，而是堂而皇之、大张旗鼓地进行。有的太监甚至三妻四妾，老妈子、丫鬟一应俱全。

太监娶妻纳妾这等荒诞之事，尽管在现代人看来难以置信，但又是千真万确、无法抹去的事实。那么，我们不禁揣测：太监娶妻纳妾，是出于怎样的初衷？他们如此举动的目的何在？

有人解释说，太监娶妻纳妾是人性的生理本能所致。按理说，既不能行房事，也无生育能力的太监，对女色应该是不感“性”趣的，唯一的可能就是，“净身”手术不彻底。虽然太监的睾丸已被摘除，不能产生精子，不能表现出雄性的第二性征，但其性欲仍在，娶妻纳妾是一种性本能，是正常的生理需求。

有人认为太监娶妻纳妾是在物质需求得到满足的情况下一种更高的心理需求。很多太监当初成为太监完全是被迫的，并非自愿。他们内心十分向往正常男人的生活：有妻室，子孙绕膝。为了模拟享受这样的生活，就开始娶妻纳妾，收养义子，享受家庭“乐趣”。

有人认为太监三妻四妾单纯是为了炫耀权势，显示自己显赫的地位。

还有人认为太监娶妻侧面反映了我国古代宗法制社会的特征。成家立业、传宗接代，延续香火，也是宦官本人及其宗族一致的要求。

太监已成为历史的过去式，太监三妻四妾也成为陈旧陋俗。究竟中国古代太监为何娶妻纳妾，也成为历史之谜。

诸葛亮甘愿娶丑妻是否另有所图

提起诸葛亮，人们自然会想到他足智多谋和神机妙算的“智多星形象”。诸葛亮不仅有才，而且相貌堂堂、英俊潇洒，是一个十足的美男子。据《三国志·诸葛亮传》记载，诸葛亮“身长八尺，容貌甚伟，时人异焉”。按照罗贯中的描述，诸葛亮“身长八尺，面如冠玉，头戴纶巾，身披鹤氅，飘飘然有神仙之概”。虽然其中不乏夸大之意，却也有几分属实。

然而，就是这样一位才貌双全的完人，却娶了一个奇丑无比的女人，实在不符合中国传统“郎才女貌”的理想。传说诸葛亮的丑妻身材矮小，黄头发，黄皮肤，身上还有一些鸡皮疙瘩，让人一看就全身发冷。那么，诸葛亮为什么甘愿娶丑女为妻呢？

有人认为诸葛亮非一般人，他的择妻标准和境界也自然与常人不同。诸葛亮注重女人的内在美，他希望自己将来的妻子聪慧过人，够分量充当自己的贤内助。至于外表如何，根本不在乎。诸葛亮之所以娶丑女黄月英为妻，就是因为黄月英自幼聪明机智、才识过人，且贤良淑德，可谓德才兼备。对此，诸葛亮早有耳闻，以至于在素未谋面的情况下就应下婚事。

还有人认为诸葛亮娶丑妻并非因为他审美标准多么高尚和独特，而完全是出于政治利益的考虑，可算是他仕途上的一步计谋。诸葛亮家境贫寒，出身卑微，自幼苦头吃尽。虽然如此，他仍心系社稷百姓，崇尚管仲和乐毅，立志有朝一日也能像他们那样，跳出“农门”，登上政治舞台，一展宏图，实现历久以来的伟大抱负。为此，诸葛亮不怕众人耻笑，娶丑女黄月英为妻。一是因为黄月英的父亲是河南名士黄承彦，位高权重；二是因为黄承彦的妻子蔡氏和刘表的后妻是姐妹关系，如果做了黄家的女婿，也就攀上了刘表这门皇亲。机智过人的诸葛亮当然知晓这两点对于自己入仕进阶的重要性，所以决心紧抓不放，不顾黄月英的丑貌，毅然决然地娶为妻。

在娶丑女黄氏之前，诸葛亮出于政治目的，还亲手操办了另外两宗家庭婚姻。一是把姐姐嫁给荆州襄阳地区颇有名望的首领人物庞德公的儿子，诸葛亮因此得以在荆州站稳脚跟。二是为弟弟娶了荆州南阳地区赫赫有名的人物林氏之女为妻。这些都是可用来证明诸葛亮为了自己的政治抱负，妙点“鸳鸯谱”。

后来的事实证明，诸葛亮的这个丑媳妇成为他在生活和事业发展上一个强有力的支柱，不但使他一生出师必捷且无后顾之忧，更重要的是他一生一世都得到黄月英温柔的照顾。诸葛亮和黄月英夫妻情深似海，在世上恐怕也是凤毛麟角。

为什么曹操墓与儿媳墓相连

《三国演义》尊刘贬曹的写作倾向似乎就注定向世人展示的是曹操一代奸雄的形象。但是，从正史的角度出发，曹操在政治上其实也颇有建树。流传至今的曹操七十二冢疑云，又使人们不得不发出“生前欺天，死后欺人”的感叹。

曹操七十二冢疑云是曹操亲手导演的一幕防盗墓的戏剧。至今人们也不知道曹操墓冢究竟在何处。而七十二冢的说法也被质疑，应该是一百三十四冢。

历来人们对曹操的安葬地点，众说纷纭。

《彰德府志》记载，魏武帝陵在灵芝村。灵芝村位于铜雀台正南五公里。而铜雀台的南面就是曹丕之妻文昭甄皇后的朝阳陵。公公与儿媳的墓为何又葬得如此之近呢？

甄皇后是三国时期著名的美女，原名为甄宓，嫁与袁绍二子袁熙。她美名远播，曹操父子早已耳闻其美貌。曹操败袁绍于邺之后，曹丕先曹操一步入袁府，见甄宓美貌绝伦，遂纳之为妻。曹操见曹丕娶走甄宓虽无可奈何，却仍对其念念不忘。《后汉书·郑孔荀列传》记载，孔子的后人孔融曾写过一封信给曹操，信中有“武王伐纣，以妲己赐周公”这样的话。孔融给曹操解释时说：“以今度之，想当然耳。”而曹操一向以周文公自诩，孔融的话也就是在说曹操与甄宓之间关系微妙，甚至有私情。这样的“侮慢之辞”其实是在揭露曹操的家丑，曹操在盛怒之下杀了孔融。

另外，《魏书》记载，曹操死后，曹丕对甄宓的恩宠消失，甚至还因为甄宓曾对曹丕的新宠说了一些不满的话，就对甄宓百般虐待乃至赐死。此外，曹丕还在曹操死后不久就将其父的妃嫔全部招来，供自己玩乐，目的是为了报复曹操与甄宓给自己带来的羞辱。

但是也有人认为，曹操与甄宓并无暧昧关系，是清代学者为了故意抹黑曹操而编造的曹操与自己儿媳有染的传闻。

关于曹操葬于何处，无人知晓，谯县也曾被当作曹操的埋葬之地。因为谯县埋葬了其祖父、父亲、长女等人，曹操墓也可能就在“曹家孤堆”之中。《三国志·魏书二·文帝纪》记载，“甲午，军次于谯，大飨六军及谯父老百姓于邑东。”曹操死于建安二十五年（220）正月，死后两日下葬，曹丕这段时间来到谯县，说明了父亲曹操就是葬于此地。曹丕是为纪念其父而来。《文帝纪》记载，“丙申，亲祠谯陵”，谯陵指的就是曹氏孤堆，曹丕生于谯县。曹丕来这里祭祀也主要是为了祭先王之陵。

曹操真正葬于何处仍是一个谜团，曹操与甄后之间是否真有私情也没有确切的证明，只能等着进一步的考古发掘和研究才能对这些问题做出定论。

魏徵为何敢直指李世民花心

唐太宗执政时期，政治清明，经济快速发展，百姓安居乐业，史称“贞观之治”。在我们为兴旺繁荣感到欣慰之余，也不能忘记唐太宗背后的那位大功臣。他就是魏徵，大唐赫赫有名的丞相，以敢言直谏而名垂青史。

魏徵自投入唐太宗门下后，恪尽职守、忠心耿耿，并“以谏诤为心，耻君不及尧舜”为己任。只要是有害于社稷百姓的事，他都敢冒天下之大不韪，置身家性命于不顾，在皇帝面前屡屡“犯颜”直谏。就算是唐太宗招嫔纳妃的私房事，魏徵也照“谏”不误，甚至敢直指李世民花心。

有一次，唐太宗看中一名姓郑姓女子，该女子天生丽质，容貌可谓倾国倾城，且才貌双全，就想将其纳为嫔妃，并下诏许聘，令下面的人尽快将这件事办好，不得有误。魏徵听说这件事后，立即入宫当面进谏，说：“陛下为人父母，抚爱百姓，当忧其所忧，乐其所乐。居住在宫室台榭之中，要想到百姓都有屋宇之安；吃着山珍海味，要想到百姓无饥寒之患；嫔妃满院，要想到百姓有室家之欢。现在郑家之女早已许配陆家，陛下未加详细查问，便将她纳入宫中，如果传闻出去，这是为民父母做的事吗？”听完这番话后，唐太宗尽管惋惜，但还是“忍痛割爱”，收回成命。

然而，房玄龄对此事却不罢休，立即调查郑女许配陆家之事。结果是郑氏许人之事子虚乌有，陆家也递章澄清并无定亲之事，坚持恢复诏令。得知此事后，唐太宗再度心花怒放，立马招来魏徵核实情况。魏徵竟然毫不留情地说：“人家否认此事，显而易见，是怕你加害人家。”终于，唐太宗对此事死心了。

魏徵如此举动，令不少大臣敬佩和感叹不已。我们不禁要问：魏徵为何如此大胆，敢直指李世民花心？

第一，魏徵之所以能够“正”李世民，是因为他自己的身影不歪。魏徵是一个严于律己、生活节俭的人。身为唐太宗身边的“红人”，位高权重，却没有三妻四妾，其住所也简陋破旧。正是因为魏徵亲自践行这样的生活作风，无任何“话柄”，才使他敢那样要求唐太宗。

第二，魏徵敢于直言纳谏，且屡次成功，还在于唐太宗虚怀若谷、广纳谏言的仁君风范。对于魏徵每次的“犯颜”直谏，唐太宗都能放下高高在上的帝王架势，以朋友之礼相待，虚心学习，采纳良言。唐太宗曾将魏徵比作自己的一面镜子，可以更好地了解自己的得失。

像李世民和魏徵这样的领导者与被领导者不仅古代需要，现代社会也同样需要，永远也不会“过时”。

李白与杨贵妃到底是什么关系

唐朝大诗人李白写过许多脍炙人口的诗歌，并曾多次随唐玄宗、杨贵妃出游，路途中写了许多诗歌令唐玄宗、杨贵妃游兴盎然。

天宝元年（742）八月，李隆基让李白做了待诏翰林，虽然这只是一个候补官职，却让李白有了接近唐玄宗的机会。李白凭待诏翰林的身份曾多次跟随唐玄宗、杨贵妃出游。从天宝元年十月唐玄宗携杨贵妃往骊山泡温泉开始，唐玄宗每次携杨贵妃游玩，都会让李白跟随左右，以吟诗佐兴。途中写了《侍从游宿温泉宫作》《宫中行乐词》《侍从宜春苑奉诏赋龙池柳色初青听新莺百啭歌》《清平调词三首》《白莲花开序》《春日行》《阳春歌》等诗篇。李白的才华让唐玄宗刮目相看，优礼异常。李白进宫，给奢侈而沉闷的宫廷生活吹进了一股清新的空气，出现了后世记载的“御手调羹”“贵妃捧砚”“力士脱靴”等典故。但这份官职仅持续了一年多，李白就被唐玄宗逐出长安。

在李白跟随唐玄宗、杨贵妃到处游玩的一年里，才子李白与美人杨贵妃必定相识，李白也曾用“云想衣裳花想容”“可怜飞燕倚新妆”“名花倾国两相欢”来形容杨贵妃的美貌。虽然李白与杨贵妃在当时并未传出什么绯闻，但是后人往往都喜欢把才子和佳人放在一起，人们也愿意相信其实李白与杨贵妃之间还是有点情愫的，只是这些都没有事实根据而已。李白与杨贵妃之间的真实关系我们不得而知，但是至少惺惺相惜之情应该还是有的。

李白曾有一年的时间接近唐玄宗，有机会让自己仕途通达，但是事情往往无法预料。天宝三年（744），也就是李白入京一年之后，他就被朝廷放逐，离开了长安。对于正受宠的李白被放逐的原因，后世也有多种说法。其中一种说法就与杨贵妃有很大的关系。《新唐书·隐逸》记载，李白被逐出长安是由于杨贵妃和高力士在皇帝面前诋毁李白。但是这种说法很快遭到了反驳。

第一，《新唐书》记载，高力士曾挑出李白诗中以赵飞燕影射杨贵妃的句子挑拨两人的关系，认为李白是在影射和揭发杨贵妃跟安禄山的淫乱秘密。这种说法让人难以相信，李白还不至于大胆到如此直接、露骨地影射这种敏感事件。

第二，杨贵妃虽然“集三千宠爱于一身”，但是唐玄宗还没有被爱情冲昏头脑，杨贵妃不可能干政。所以杨贵妃诋毁李白的说法并不能成立，况且李白与杨贵妃之间并没有什么重大的利害关系，彼此之间才子佳人惺惺相惜的可能性倒是比较大。

第三，于高力士而言，唐玄宗也不允许宦官干政，高力士当然十分清楚。当时李白正受皇宠，如果说是因为一次李白酒醉后在玄宗等人面前写诗，让他脱靴，使得他在唐玄宗面前说李白坏话，对于高力士这样一个宦臣来说，难道他会不知道其中的利害关系？

既然李白被放逐与杨贵妃和高力士无关，那么真正的原因又是什么呢？《赠左拾遗翰林学士李公新墓碑》记载，“元宗甚爱其才，或虑乘醉出入省中，不能不言温室树，恐掇后患，惜而遂之”，李白被逐的真正原因是李白爱喝酒，还容易喝醉，唐玄宗害怕他酒后吐真言，泄露宫闱秘闻。所以唐玄宗打消了任命李白为中书舍人的念头而放逐回家。

自古名士为何逼迫女子缠足

缠足是中国古代的一种陋习，一种畸形发展的社会现象。并且缠足是中国古代所特有的现象，其他国家并没有。

缠足之风由来已久。至于何时兴起，历来都众说纷纭，莫衷一是。最常见的说法是南唐后主李煜在位期间开始形成缠足之风。因为李煜喜欢看歌舞表演，一日突发奇想，令舞女以帛缠足，成新月之状，使“回旋有凌云之态”，此风逐渐从宫内传向宫外，习传于后世，达千年之久。

也有一些学者认为，缠足之风始于宋代。宋代诗人苏东坡曾专门作《菩萨蛮》一词，咏叹缠足，这首诗是中国历史上第一首咏叹缠足的诗歌。由此可见，在北宋时期缠足的习俗已经出现。宋代人喜欢把女人的脚缠得纤直，只有高贵女人才裹脚，普通妇女是不裹的。到了明代，对妇女小脚的形状要求更高、更严，女子的脚不但要小，缩至三寸，而且还要呈弓形。到了清代，妇女缠足可谓登峰造极，女子以小脚为美，脚大为耻。社会各阶层的女子都要缠足，“三寸金莲”之说深入人心。女子缠足以后，三寸金莲就变成了一个最隐私的部位，绝不可让陌生男子看见。

其实缠足之风的兴盛与古代中国名士们的喜好有很大的关系。中国自古以来长期处于自给自足的封闭状态，男耕女织，分工明确。这注定了妇女的社会地位逐渐下降，成为隶属于男子的所有物。所以男子尤其是名士们对女子贞操要求极高。既然要求女子为夫守贞，最好的方法就是限制女子的行动，减少女子与外界接触的机会。

另外，对于中国古代妇女而言，妇女的主要作用在于供家族传宗接代。孔子有言：“食色，性也。”也就是说性意识与性行为，是人作为生物存在的本能。一个女子最能引起男子情欲的地方是其掩藏的部位，而非其裸露部位。妇女紧紧掩藏在鞋内的双脚就是最能引起男子遐思的部位。同时，小脚女子走起来总是给人一种娉娉婷婷、扭扭捏捏的美感。

古代有许多人，尤其是文人，都是“拜足狂”，对三寸金莲大加赞赏。

古代名士逼迫女子缠足，还有一个重要的原因，即若干名士的闻臭情结。自古名士都有一些怪癖，喜爱闻臭的东西就是其中一种，所以古代也有“臭名士”一说。所谓“臭名士”，一种是名声上的臭；一种是身体上的臭，如不洗浴、不剃头等；一种是食欲上的臭，即喜欢吃含有臭味的东西；还有一种嗅觉上的臭，即喜“闻臭物”。妇女缠小脚，正好迎合了他们嗅觉上的臭。女子缠足，久裹必臭，臭到有一种难以形容的味道，这种恶臭的气息，正中他们的下怀，甚至以此为乐。

宋徽宗与李师师之间有着怎样的情缘

妓女文化在中国由来已久，春秋时期齐桓公称霸后，管仲设“女闾”是中国官妓的开端。在男权统治下的古代社会，娼妓制度一直沿袭下来。妓女作为社会中的特殊群体，与社会各阶层的人都有来往，下至贩夫走卒，上至达官贵族甚至皇帝。自秦汉以来，皇帝与妓女往来并不少见，但是这种交往多数是为了色情和肉欲的需要。但是，也有皇帝和妓女真心交往，比如宋徽宗赵佶和名妓李师师。

文学作品《镇安坊》再一次把李师师与宋徽宗推上风口浪尖，这部作品描述了当时宋徽宗赵佶与名妓李师师的私情，重塑了李师师的传奇经历。

李师师是宋朝有名的艺妓，自幼家境贫寒，四岁丧父，无依无靠的李师师由李媪扶养，学习女工和琴棋书画。李师师还跟从著名音乐家周邦学习唱曲，因此李师师的乐曲也唱得很好。慢慢地，李师师成为拥有迷人姿色和高雅才艺的一代名妓，轰动京城。

李师师的名声日高，无人不晓，连深宫内苑，讲求奢华、追慕风雅而又极尽声色犬马之乐的宋徽宗赵佶也听说了李师师的艳名，想一睹芳容。关于宋徽宗第一次见李师师的情形，有两种说法。一种是宋徽宗通过早已与李师师相识的高俅引见，见到李师师后，被李师师的美貌和才艺吸引，从此开始了与李师师长达数十年的情缘。另外一种说法是，当时宋徽宗身边有个叫张迪的宦官，张迪在未入宫之前就常流连于青楼妓馆，知道李师师的艳名。于是在张迪的带领下，宋徽宗趁天黑之时，乔装来到镇安坊，见到了李师师。

不论宋徽宗是如何与李师师相见的，但是有一点可以肯定，就是宋徽宗十分喜爱李师师，而且第一次见到宋徽宗的李师师并不知道他的真实身份。

宋徽宗与李师师再次见面是四个月之后。宋徽宗由王铺陪伴再一次来到镇安坊，王铺也是李师师的旧友，她自然知道王铺位高权重。李师师见到这位公子一次由高俅陪伴，一次由王铺陪伴，并且两人都对他礼遇有加，心里大概也明白了几分，他的身份肯定不简单。于是李师师就投其所好，宋徽宗也更加喜爱李师师。从此以后，宋徽宗就常常趁夜偷偷出宫见李师师。

宦官张迪看到宋徽宗对李师师的眷恋，加上对皇帝夜行的安全考虑，就给宋徽宗出了个主意，从宫中向东挖了一条地道，直接通到镇安坊。宋徽宗此后经常通过地道，和李师师私会。

自从李师师与宋徽宗在一起之后，李师师的庭院水榭楼台，雕栏玉砌。宋徽宗还亲自提名“醉杏楼”。宋徽宗还赏赐给李师师大量的金银财宝，有十万两之多。李师师与宋徽宗深交，引起朝中大臣的反对，就连皇后也说：“皇帝行娼，自古所无，再加上昏夜出行，保卫工作也不周全。”但是深深迷恋李师师的宋徽宗又怎么能听得进去。

金兵的铁蹄踏破了大宋的歌舞升平。靖康之难后，宋徽宗被金俘虏。当金兵包围汴京时，李师师把多年积攒下来的财物全部奉献给国家作为抗金的军费。李师师则独自逃到慈云观做了女道士，后来被金军找到，因李师师不愿意侍奉金主，就乘人不备吞金自杀了。一代名妓李师师，这位被徽宗宠爱的宫外美人，就这样悲壮地死去了。

成吉思汗长子的身世之谜

成吉思汗是历史上最伟大的军事家之一，他发动了古代史上规模最大的战争，建立了版图最大的帝国。可是这位被人们赞为“千古风云第一人”的伟人却有一个不为人知的秘密，即他对自己长子术赤身世的怀疑。

成吉思汗本名铁木真，他的成长经历很是艰辛。小时候随父亲也速该去了弘吉剌部，弘吉剌部之行，彻底改变了铁木真一生的命运。弘吉剌部的智者特薛禅将自己的女儿孛儿帖许配给铁木真。但是铁木真与父亲在回程途中，遇到了塔塔儿部的铁木真兀格之子札邻不合，也速该被毒死。也速该临终之前要求部众将来一定要杀光塔塔儿部的人，以慰藉自己的在天之灵。也速该死后，铁木真的生活一下子陷进痛苦的深渊，因为蒙古草原上的塔里忽台乘机夺取了本属于他的权力。铁木真母子被蒙古部众抛弃，在草原上艰难度日。铁木真的母亲把振兴家族的希望都寄托在了铁木真三兄弟身上，但是铁木真与其弟别克帖儿不合，在铁木真13岁之时，铁木真和他的一个弟弟合撒儿一起射死了别克帖儿。铁木真的母亲很伤心，并且告诉铁木真，只有兄弟一心才能振兴家业，铁木真记住了母亲的教训。

铁木真渐渐成长为少年英雄。16岁时，为追回被盗的9匹银合马，铁木真结识了博尔术，博尔术与铁木真结为好友，并助铁木真夺取天下，成为铁木真手下的四大名将之一。

铁木真逐渐在草原上建立起威名。塔里忽台担心铁木真影响到自己的权力，决定以铁木真杀弟为由，用铁木真的人头祭天祭山。但是铁木真却打伤看守的人逃走了。在生死攸关之时，铁木真被塔里忽台的捣马乳奴隶锁儿罕失剌的女儿合答安所救。蒙古草原上有一种习俗叫作“遇客婚”，合答安也因此与铁木真产生了一段感情。对于合答安，铁木真是真心感激，临走之时承诺，如果能活着逃出去，将来一定娶她为妻。但是合答安知道铁木真已与弘吉剌部的贵族女儿孛儿帖有婚约在先，自己作为奴隶根本配不上他。所以她告诉铁木真：将来你真有了出头之日，让我做一个奴婢，侍候你一辈子吧！铁木真一直记得合答安，合答安回到铁木真身边时已经40岁，铁木真想要报答合答安当年相救之情，准备纳之为侧妃，但是合答安拒绝了，以奴隶的特殊身份待在铁木真的身边。

铁木真18岁时与孛儿帖成婚。但是几个月之后，孛儿帖就被仇敌抢走了。铁木真杀父之仇未报，又有夺妻之恨，于是他开始寻找可靠的盟友，打败了对手，夺回了妻子。孛儿帖回来后不久就生下了铁木真的长子术赤。因此铁木真对术赤的身世产生了怀疑，也给术赤的心理上带来了阴影。术赤与铁木真次子察合台不合，察合台多次向他挑衅，加上父王对自己的漠视，使得术赤更为生气。最后，铁木真把术赤和察合台分别安排在花剌子模的新旧国都里当国王。术赤40岁时在对家乡草原的浓浓思念中离世。

术赤是不是成吉思汗的亲生骨肉，一直是后人争论的焦点。这件事也成了成吉思汗心中最大的阴影。

大儒朱熹“纳尼为妾”事件真相

朱熹是南宋的一代大儒，他的程朱理学思想曾在思想史上占据了主要地位。然而，就是这样一位曾任帝师、受世人推崇的大儒，被扣上了“纳尼为妾”“伪君子”“假道学”的帽子，并在唾骂声中含恨而终。

南宋宁宗庆元二年（1196），发生了有名的“庆元党案”。朱熹不幸地成为“庆元党案”这场暴风雨的中心。同年十二月，监察御史沈继祖弹劾朱熹，其中有

“引尼姑二人以为宠妾，每之官则与之偕行”和“家妇不夫而孕”两条罪状。这两条罪状足以使朱熹的一世英名扫地。因为古人注重名节，甚至把名节看得比生命还重。朱熹为老不尊，贪色好淫，引诱两个尼姑做宠妾，出去做官时还带在身边招摇过市，甚至还被疑“翁媳爬灰”，致使儿媳在丈夫死后还怀上身孕。这种事在注重德行的社会中是为世人所不齿的。最致命的是，朱熹还承认了这些罪名，更让世人肯定朱熹败坏了道德纲纪。真相如何，不论朱熹是为保性命而不得不妥协认罪，还是真有其事，朱熹认罪的事实都使他声名狼藉，这是被后世攻讦为“伪君子”的主要原因。

朱熹把自己弄得如此狼狈，除了自身的原因以外，更重要的原因就是政治斗争。

自古以来，政治舞台都是一个杀人不见血的战场。“庆元党案”无疑也是一场残酷的政治斗争。

朱熹曾通过宰相赵汝愚推荐，出任焕章阁侍制兼侍讲，也就是皇帝的老师。此时朱熹已经65岁，但他性情过于耿直，喜欢倚老卖老，经常在讲学的时候上书皇帝要“克己自新，遵守纲常”，甚至连续6次上本弹劾台州知府唐仲友贪赃枉法，因此得罪了许多权贵。而朱熹仗着自己帝师的身份在皇帝耳边喋喋不休，甚至指责皇帝的错误，也让皇帝对朱熹极为不满。

当时的朝廷由外戚韩胄和宰相赵汝愚共同把持。韩胄一心想要扳倒赵汝愚，以达到自己独断朝纲的目的。赵汝愚被韩胄视作眼中钉、肉中刺。于是韩胄决定以赵汝愚的挚友朱熹为突破点，通过设立“伪学”之说来打击朱熹和赵汝愚。当宋宁宗看到这份奏折之时，想到自己对朱熹的不满，于是就干脆利落地准了这份奏折，赵汝愚遭谪永州，朱熹被弹劾。《宋史》记载：“十二月辛未。金派遣完颜崇道来贺明年正旦。是月，监察御史沈继祖劾朱熹，诏落熹秘阁修撰，罢宫观。”宋宁宗还当朝宣布道学为伪学，禁止传播道学。赵汝愚和朱熹的众多门生故吏也大难临头各自飞了。

就这样朱熹名声扫地，背上一世骂名，没过几年就死去了。

朱元璋为何鼓励娼妓事业

提到中国历史上最有名的妓女，秦淮八艳必不可少。南京的大型浮雕《秦淮流韵》上展示的25位历史人物中，就有秦淮八艳。秦淮八艳之所以能上“文化墙”，与她们拥有的文化地位息息相关。秦淮八艳能成为文化名人，朱元璋功不可没。

洪武元年（1368），朱元璋建都金陵（现南京）。《五杂俎》记载：“太祖于金陵建十六楼，以处官伎：曰来宾，曰重译，曰清江，曰石城，曰鹤鸣，曰醉仙，曰乐民，曰集贤，曰讴歌，曰鼓腹，曰轻烟，曰淡粉，曰梅妍，曰柳翠，曰南市，曰北市，盖当时缙绅通得用官伎，如宋时事，不惟见盛时文罔之疏，亦足见升平欢乐之象。今时刑法日密，吏治日操切，而粉黛歌粉之辈，亦几无以自存，非复盛时景象矣。”朱元璋在秦淮河畔设置妓院，由中央政府经营。

一代皇帝鼓励娼妓事业，朱元璋采取这项措施的意图是什么？又产生了什么样的效果呢？

朱元璋一手操办国营妓院的这种新模式，其目的也很简单：增加国家赋税收入。朱元璋希望通过妓院吸引那些“商贾之士”去妓院“消费”，这样就可以把富商手中的钱转成国有资产，充入国库。朱元璋的出发点是好的，但是他并没有考虑到社会现实的问题。首先是富商巨贾们愿不愿意去妓院消费，事实证明，商人的确很精明，他们并不愿意花太多的钱在吃喝玩乐上。其次，妓院对朝廷官员们却有巨大的吸引力，甚至还出现了百官争嫖的“壮观”景象。官员无心政事，下朝之后就去妓院“公款消遣”，掏的几乎都是国库的钱。朱元璋真是赔了夫人又折兵。朱元璋费尽心思，搞出了秦淮河畔兴盛的青楼文化，却怎么也无法想到推动了明朝的灭亡。因为明末秦淮名妓陈圆圆，就是吴三桂“冲冠一怒为红颜”的主角。

朱元璋无法预料大明朝的灭亡，但是对于青楼文化引起的世风日下的状况，他是十分清楚的。所以朱元璋马上就下令禁止官吏嫖妓。他下令：“凡官吏宿娼者，杖六十，媒合人减一等。若官员子孙宿娼者罪亦如之。”朱元璋在秦淮河畔的国营妓院赚不了钱，还破坏了朝纲，无奈之下，最后只好撤掉妓院。这次朱元璋又失算了。在国营妓院撤销之后，人们以前的娱乐场所不在了，供求之间失去了平衡，精明有钱的商人立马建立起了一批批私营妓院，秦淮风月比之前更加繁荣昌盛，甚至成为大明朝的一个文化符号，秦淮八艳就是这种文化最明显的标志。

秦淮八艳不能以世俗的妓女而论，她们无论品貌，还是智慧，都必有过人之处，她们对社会乃至历史都产生了巨大的影响。不可否认，她们是文化中最特殊的群体，承载了风月与历史、耻辱与正气、妓女与文人混杂的文化，只是她们无法承载道德的重压。

朱元璋开创了秦淮风月，最后却是竹篮打水一场空。

明成祖为什么要捕捉天下尼姑

永乐十八年（1420），明朝政府开始大肆抓捕尼姑道士，全国所有的尼姑以及女道士统统被逮捕送到京师逐一审问，验明真实身份。明成祖与这些追求六根清净、四大皆空、与朝廷素无瓜葛的尼姑有何恩怨，以至于全国的尼姑都遭到前所未有的侵扰和追捕呢？

这场千古以来史无前例的“尼姑逮捕案”，起源于一场农民起义运动。永乐十八年，山东境内发生了严重的灾荒，官府不但没有发粮救济，反而抓捕了大量聚众向官府讨要粮食的农民，许多人被活活打死。二月，唐赛儿以白莲教名义组织农民数千人，以红白旗为号于滨州起义对抗朝廷。起义军很快就占领了青州、诸城、莒县、即墨等州县。明成祖朱棣听说后甚为震惊，派重兵镇压。然而，起义军却突然消失不见，领袖唐赛儿也凭空消失不见。官军在找不着起义军之后，便禀报明成祖说唐赛儿失踪了。

白莲教起义军多次打败明朝官军，唐赛儿对政府的招安置之不理，蛊惑民众与朝廷对抗，使得朱棣颜面扫地。因此，朱棣为了消除心中怒气，杀一儆百，下令必须抓到唐赛儿。《明史纪事本末》记载：“唐赛儿久不获，虑削发为尼或混处女道士中。遂命法司：凡北京、山东境内尼及道姑，逮至京诘之。”那么，朱棣又为何认为唐赛儿是藏身于尼姑之中呢？

首先，佛门自古就是清净之地，远离世俗，官府不能介入佛门之事，负责搜捕的官员长期搜索不到唐赛儿，就以其藏身佛门为借口来推卸责任；其次，唐赛儿起义之时自称“佛母”，也让人们有理由相信她有可能藏身于佛门。因此，山东左参政在得到朱棣的首肯之后，第一时间抓捕了山东和北京的尼姑，但还是没有唐赛儿的下落。《明史纪事本末》又记载：“成祖永乐十八年三月，山东蒲台县妖妇唐赛儿作乱……大索唐赛儿甚急，尽逮山东、北京尼。既又尽逮天下出家妇女，先后几万人。”朱棣似乎决心要抓到唐赛儿，在山东、北京地区一无所获之后，他把搜索的范围扩大到全国。这次朱棣又失望了，长时间的搜捕之后，仍是毫无进展。一向以强大严密著称的封建统治却在唐赛儿面前显得如此软弱无用。

白莲教并没有因为明成祖的大肆抓捕而消失，直到清朝也一直没有停止活动。至于唐赛儿是否藏匿于佛门，或是战死疆场还是削发为尼，或是为人民群众所保护，后人不得而知。直到朱棣去世，官府依然没有她的下落。几百年来，历代史学家为了寻觅这位巾帼英雄，皓首穷经，至今仍无定论。

古代名医为何皆不愿入宫

凡事都有两面性，利弊兼有。当一件事情的弊大于利时，人们就会选择将其舍弃。在古代，宫廷太医在民间名医看来，绝对是应当舍弃的虚名。“太医难当”，其中的甘苦，非当事人不可尽知。

按理说，身为宫廷太医，为“至尊”诊治疾病，拿国家俸禄，收入稳定，吃穿不愁，而且还享受荣华富贵，这岂不是人生一大快事！然而，相比这些区区小利，其背后的隐患和风险实在是无法承受。

先说这古代民间医生进阶为太医的道路可谓是由贿金铺设而成的，即便最后顺利成为太医，侥幸得宠，也未必能够平步青云，因为恩赐所得还不够应付太监和官员的贿赂支出。更何况，历来皇帝后妃，大都养尊处优，饮食上多肉多脂，且运动少，像这样的生活方式自然不利于身体健康，很容易患上不治之症，当医治无效时，便责怪太医无能。再者皇室宫廷，钩心斗角，尔虞我诈，风云莫测，有时太医就是首当其冲，难辞其咎。一药误投，生死所系，出了事故，很可能项上人头不保，更别指望官运亨通。如，康熙四十五年（1706）十一月二十四日，太医院院使孙之鼎等承旨治疗正黄旗内大臣颇尔盆痔漏复发症，康熙对他们的治疗情况非常不满，便大发雷霆，写道“庸医误人，往往如此”。

也有那些因寥寥的一定机遇，深得宠幸、受天眷顾的太医，可其处境也非尽如人意，为慈禧太后治过病的薛福辰就是其中一例。慈禧患病后，薛福辰被召入皇宫。经过一段时间的精心治疗后，慈禧的病痊愈了，还亲自撰写“职业修明”四字匾额，赏赐薛福辰。医功告成，薛福辰本以为可以抱得荣誉返乡，但是慈禧却不准他即时出京，日后还需他“请太平脉”。然而，正在这时薛福辰家乡疾疫爆发，家人和亲人都被感染，尤其女儿病情相当严重，可他却不能回乡挽救女儿，极为痛苦。对此，薛福辰曾悲叹：“抚兄（薛福辰）以回天妙手，而眷属皆不免于病，所谓木匠缺床，足不能自理者，非耶。”

古人云“伴君如伴虎”，权衡以上利弊得失后，我们终于理解古代名医为何不愿入宫了。

福康安是乾隆的私生子吗

清乾隆年间，朝廷之中最大的权贵不是人们在电视剧中所看到的和珅，而是傅恒一家。傅恒出身于贵族家庭，从小就作为乾隆皇帝的侍读，与乾隆皇帝一起长大。深得乾隆皇帝的信任的傅恒，二十出头就已经是太师、太傅、太保“三公”加于一身的少年权贵。在乾隆执政的63年间，傅恒任军机处首席军机大臣的时间长达22年之久，占了三分之一的时间。傅恒还曾两度被晋封一等功，这在乾隆一朝甚至是整个清朝都是绝无仅有的。

傅恒的姐姐富察氏是乾隆皇帝的第一任皇后孝贤纯皇后。孝贤纯皇后是乾隆的结发妻子，深得乾隆喜爱。孝贤纯皇后死后，乾隆一度十分痛苦。傅恒作为孝贤纯皇后的亲弟弟，加上才华横溢、处事谨慎，乾隆一直对这个内弟很看重，委以重任，因此傅恒能在少年时期就不断加官晋爵。

傅恒死后，富察氏一家又出了一位得宠于乾隆的子弟，即傅恒的第三子福康安。福康安生于乾隆十八年（1753），刚出生的福康安就得乾隆皇帝钦赐姓名，幼年福康安被乾隆皇帝带进了皇宫亲自教养，待之如同亲生儿子一般。福康安长大成人以后，乾隆对他更是委以重任，生前封贝子，死后赠郡王，成为一代宠臣之最。因为乾隆对福康安过分宠爱，因此有人猜测福康安其实是乾隆与傅恒福晋的私生子。原因如下：

第一，清朝入关之后，分封吴三桂等异姓王，结果引出了三藩之乱的祸事，因此清政府下令“异姓不王”。但是，福康安却被封为嘉勇郡王，配享太庙。福康安的两个哥哥都很优秀，但乾隆从未打算加封他们王爵。如果是因为战功而封王，那么与福康安战功相当的兆惠、阿桂为什么没有封王呢？

第二，福康安十几岁就开始南征北战，战无不胜。乾隆皇帝在他每次出征的时候都给他做最好的准备，以便他能得胜归来。例如，福康安平定台湾林爽文起义之时，乾隆皇帝就让名将海南为副将随福康安出征；乾隆五十六年（1791）十一月，乾隆皇帝任命福康安为将军入藏作战之时，乾隆皇帝又任海兰察、奎林为参赞大臣随福康安出征。福康安每次出征，乾隆都精心为他挑选将领，选派劲旅，使其必胜。甚至连兵部、户部在平衡每个战场的战争拨款时，也都是先满足福康安的需要，这些都为福康安打胜仗做了铺垫。

第三，福康安的两个哥哥都被乾隆皇帝招为额驸，但是如此得宠的福康安却没有娶公主为妻。乾隆的九格格与福康安只相差4岁，年岁相当，乾隆却没有把九格格许配给福康安，甚至连一个宗氏女都没有许给福康安，这也让人十分生疑。

第四，傅恒死后，乾隆在他的葬礼上许诺"汝子吾儿定教养"，这也让人怀疑。

其实，福康安是不是乾隆之子已无从考证，但是史学家们认为，福康安并非乾隆之子。乾隆对他的宠爱，也只是因为乾隆在福康安身上看到了自己和孝贤纯皇后早夭的皇二子永琏、皇七子永琮的身影，福康安又是乾隆一手教养长大，还是孝贤纯皇后的内侄子，自是十分宠爱。长大后的福康安也没有让乾隆失望，骁勇善战，立下了许多功劳。

光绪不肯入洞房之谜

清朝从建立之初就十分注重政治联姻和家族婚姻。政治联姻主要是满、蒙之间的联姻，如努尔哈赤、皇太极、顺治等多人都娶了蒙古贵族女子为妻妾。家族婚姻其实是政治联姻的延伸，就是有亲戚关系的两族贵族子女成婚，诸如姑表亲婚、婚姻不拘行辈等。比如皇太极之时，兄莽古思一门姑侄三人共同嫁给皇太极为妃，顺治皇帝就娶了母亲孝庄皇太后哥哥的女儿为后，顺治皇帝和皇后就是表兄妹的关系。这也是满洲落后婚姻习俗的表现。

光绪年间，光绪皇帝娶了自己的表姐为皇后，也就是后来的隆裕皇后。慈禧把隆裕嫁给光绪，主要是效仿了孝庄太后。隆裕是慈禧亲哥哥桂祥之女，从娘家排辈算是慈禧的内侄女。而光绪并非慈禧亲生，是慈禧的亲妹妹叶赫那拉氏之子，从娘家来说，光绪又是慈禧的内侄子。所以如果从慈禧娘家算来，光绪和隆裕就是表亲的关系。隆裕比光绪年长，隆裕就是光绪的表姐。慈禧把自己的侄女嫁给自己的侄子，也算是亲上加亲。

光绪这个皇帝做得有点窝囊，虽然身为皇帝，可是面对专权的慈禧，也只有认命的份，光绪对慈禧是言听计从的。光绪与表姐隆裕成婚前的关系一直不错，隆裕作为姐姐，对光绪特别照顾，就像对待自己的亲弟弟一样，两人的关系十分融洽。可是突然之间，慈禧把自己的姐姐指给自己做皇后，光绪实难接受。但为了服从慈禧，也为了讨好慈禧，光绪不得不这么做。

慈禧把隆裕嫁给光绪做皇后的同时，还选了他他拉氏的两位女性给光绪做妃子即瑾妃和珍妃。光绪帝一生也就只有这一后二妃，是清朝皇帝中后妃最少的皇帝，也是最晚成婚的皇帝。慈禧的做法也是出于其政治上的考虑，目的就是要把朝政交给光绪后，慈禧还能够利用皇后来操纵光绪，最起码可以监视和掌握皇帝的一举一动。

因此，光绪的心里也十分郁闷，大婚的当晚甚至还扑倒在隆裕皇后的怀里大哭说："姐姐，我永远敬重你，可是你看，我多为难啊。"更何况少年天子光绪，自是希望自己的皇后能漂亮点，但是隆裕长相丑陋、身材瘦弱还有些驼背，这也十分不合光绪的意。心里不痛快的光绪自然就不肯与皇后同床了。后来光绪又发现珍妃不仅聪明、漂亮，而且有政治远见，其政见非常符合他的一些想法，光绪就非常喜欢珍妃，更加不肯与隆裕在一起了。

杨乃武与小白菜案的背后

杨乃武与小白菜一案发生在清同治光绪两帝期间，是晚清四大冤案之一，历时四年才得以沉冤得雪。这个案件之中也有着许多鲜为人知的真相。

杨乃武是浙江余杭县乡试的举人，自幼勤奋好学，为人正直，好打抱不平。小白菜原名毕秀姑，是葛品连之妻，长相俏丽。小白菜夫妇曾租住在杨乃武家的一间房子里。因葛品连在外帮工，早出晚归，而杨乃武与小白菜同住一楼，来往较多，所以街坊邻居就传出流言，杨乃武与小白菜之间关系暧昧。同治十二年十月初九，葛品连突发疾病死亡。本以为葛品连之死，是患了流火疾，却不料葛品连死后的第二天，尸体的口、鼻内竟流出血。因此葛品连的母亲马上向余杭县知县刘锡彤报告，要求验尸查明死因。

刘锡彤带着仵作沈祥及门丁沈彩泉等前去勘验，勘验过程中，沈祥用银针刺探尸体喉部，呈青黑色，擦之不去，似是砒毒之征，心生疑惑，但并未用皂角水多次擦洗检测，就向知县禀报是中毒而死，且未报何毒致死。而沈彩泉则说是砒毒致死。刘锡彤又联想到街坊间关于杨乃武与小白菜有奸情的流言，马上就认定小白菜有杀夫嫌疑，将小白菜带回县衙审问，小白菜最后在刘锡彤的严刑酷法之下，承认自己用砒霜毒死了葛品连。据当年的《申报》报道，小白菜深受"烧红铁丝刺乳，锡龙滚水浇背"之酷刑。酷刑之下，小白菜供述说她是在十月初五这天从杨乃武手中得到砒霜，在十月初九这天把砒霜倒入药汤中让葛品连一起服下，以达到她与杨乃武通奸居住的目的。

得到小白菜的口供之后，刘锡彤如获至宝。因为刘锡彤与杨乃武之间本就有仇怨，杨乃武曾以滥收钱粮、敛赃贪墨的罪名举发他，刘锡彤因此而断了财路。于是刘锡彤马上逮捕了杨乃武，但是杨乃武却说自己十月初二到十月初九这段时间根本不在余杭县内，而是去余姚岳母家办事，否定小白菜供认的初五日交砒霜的事实。杨乃武拒不认罪，刘锡彤就对其严刑拷打，熬不过严刑酷法的杨乃武最后也不得不认罪。

得到杨乃武和小白菜的供认，杭州知府陈鲁以杨乃武与小白菜通奸共谋害死葛品连定案，判处两人死刑。

期间，杨乃武在狱中书写了关于自己是被屈打成招的申诉材料，由其妻杨詹氏和其姐杨淑英向衙门申诉。经过辗转波折，此案惊动了慈禧太后和皇帝，要求将杨乃武与小白菜案由刑部在北京重审。刑部接下此案后，便调集本案的有关证人及杨乃武和小白菜进京。审理过程中发现了大量疑点，尤其是杨乃武和小白菜都受过酷刑，与官员上奏中所说的并无刑讯一事明显不符。当初提供证词说卖给杨乃武毒药的药店店主已经死亡。种种疑点说明这起案子极有可能是冤案，于是刑部决定重新开棺验尸。经过再次验尸，刑部仵作认为葛品连因病而死，并无中毒现象。冤案是由于沈祥等首次验尸不符合朝廷规定的检验要求而造成的。

杨乃武与小白菜案历时四年多，最终得到平反。朝廷下令革去了刘锡彤知县之职，并发配黑龙江效力赎罪，不准收赎。沈祥以及其他相关人等30多位官员被革职、充军或查办，浙江巡抚杨昌浚、浙江学政胡瑞澜，杭州知府陈鲁一干官员100余位革职永不续用，此案也终于得以告一段落。

从最后的审判结果来看，这场案件其实是朝廷平衡湘系势力的手段而已。因为当时浙江一带的官员几乎都是出身于曾国藩的湘军，同处湘系，官员之间相互扶持，相互维护，致使案子迟迟难以翻案。对于朝廷来说，杨乃武与小白菜一案就是最好的削弱湘系势力的机会。

解密篇　历史总有些怪圈

为秦始皇平反：秦始皇焚书时留有完整备份

对于秦始皇焚书坑儒这一历史事件，有多少人拍案表示心痛？又有多少人大肆谩骂？因为秦始皇的这一举动将很多珍贵的书籍付之一炬，使后人不能研究、见识。可事实上，秦始皇焚书其实是留有备份的。

秦始皇统一六国，合天下思想为一家，为了长远考虑，必须要统一学说、思想，这样国家才能得到长治久安的发展。丞相李斯曾经提议要统一学说，这样才能有利于国家的发展，否则大家心里想的都不一样，如果经常聚到一起讨论，久而久之，就可能产生影响国家发展的论调。秦始皇同意李斯的看法，并批准了焚书的做法。秦始皇能统一六国，思考问题自然会统观全局。那时候的书不比现代，十几万字在键盘上敲敲打打没多久就可以完成。古时候的书籍如果想要长久保存的话，一般都是在简牍上用刀一笔一笔地刻成的，那些见解独到的鸿篇巨制更是耗时数年或数十年，所以在焚书的种类上，秦始皇做出规定，只烧两类书籍：第一类是作者不是秦国人的史记书籍，第二类是诗书和百家语。这样一来就有很多书籍得以幸免。这也就证明，秦始皇并没有全数焚毁，有些书是没有被列入焚书范围的。

另外，焚书的根本目的是什么？并不是要让这本书彻底地从世界上消失，而是要告诉百姓，有些书是不能看、不能藏的，若是有了这些书就要烧毁。其实秦始皇也明白，这些书只是不能让百姓们看，宫中还是可以留有备份的，有些言辞虽然不利于秦国内部的和平统一，但依然是值得借鉴和学习的。所以，焚书只是一种震慑百姓的手段，让大家主动交出手里该烧掉的书，这样一来，不良言论的来源没有了，人们自然就不讨论了，这样国家才能长治久安。

这样说来，秦朝的焚书其实只是一个假象，因为绝大部分的书籍都被保存下来，就算不是原本也有备份，只要秦国存在，这些书就会一直流传。这样说可能有人又会问，如果是这样，那为什么很多珍贵的古籍现在都不存在了呢？其实，大家忽略了一个人，那就是项羽。项羽攻入咸阳之后，不仅烧杀掠夺，最后还火烧秦宫室，传说大火连烧了三个月，这才使得宫中很多珍藏的书籍都付之一炬。另外一个原因是，汉代以后对古籍的保存不是很完善，据统计，汉代约有80%的书籍现在已经不复存在了。

秦始皇焚书不是像很多人想的那样，一把火烧尽所有珍贵典籍。从这一点上来看，他的确是一个足智多谋、有远见的君主。

秦始皇建造兵马俑的真实目的是什么

周赧王五十六年（前259），秦始皇出生在赵国邯郸，这是中国历史上第一个统一全国的君王。他的一生充满传奇色彩：13岁继承王位，22岁亲政，39岁一统天下。秦朝虽然只存在了十几年，但秦始皇的一生颇受后人争议，可谓毁誉参半。虽然没能完成秦万世的梦想，但是他的行为对后世的影响却长达几千年。有人崇拜他统一了中国，也有人唾骂他实施暴政，他是西方人眼中中国的拿破仑。这样一个举世瞩目的皇帝，不仅身世、生平让人倍感兴趣，就连死后所葬之地，也让人争相研究。

据史书记载，秦始皇的陵墓位于距西安市30多公里处的临潼区以东的骊山脚下。嬴政从即位开始就为自己修建陵园，墓地规划设计由当时的丞相李斯负责，监工由大将章邯担当，整个陵园修建耗费37年，直至秦始皇病逝才收工了事。

据说，秦朝当时总人口约为2000万，单是修建陵园这一工程就动用了劳役70余万。修陵所用的土都是从陵园以南三刘村采石场运回来的，这里距离陵园有2000多米的距离，而修陵园所用的石料大部分取自渭河北部的仲山、峻峨山。在当时科学技术不发达的情况下，这一切都要靠人力完成，工程的难度可想而知，也正是这一举动，开创了历代封建统治者奢侈厚葬的先河。兵马俑坑，是秦始皇陵的陪葬坑，位于陵园东侧大约1500米的地方。当地曾经有农民在掘墓时发现过像人一样的石头。直到1974年3月，陵东西杨村的村民在抗旱打井时，发现规模宏大的兵马俑坑，考古工作者闻讯前来，经发掘才使得这些2000多年前的宝藏重见天日。可问题也随之而来，秦始皇为什么要在陵园外部修建规模如此宏大的兵马俑坑呢？

一种说法是，秦始皇统一六国后，想让自己的王朝千秋万载，所以开始广求长生不老之药。但随着时间的推移，他也逐渐地认识到——人不可能长生不老，更不要说一个王朝。可是他又舍不得自己的奢靡生活，所以决定将这无上的权力带到阴间去，想在阴曹地府也成为一个无人能及的皇帝。

另外一种说法是，当时流行殉葬，等级越高的人殉葬的物品自然也越高贵，所以贵族常常以活人殉葬，作为一统天下的帝王，秦始皇的陪葬要牺牲多少人是可想而知的。丞相李斯心地善良，不想这么多无辜的生命受到牵连，就提出制造人俑陪葬的想法，这样既可以显示皇帝的恢宏排场，又顺了嬴政在阴间称霸的心意。始皇帝觉得这个主意可行，于是便采纳了。

其实关于兵马俑的猜测不胜枚举，因为始皇陵墓本身就是一个巨大的谜团，几千年的时光更是使事件真相变得扑朔迷离，建造兵马俑坑的真正目的究竟是什么？也许后人会有更准确的答案。

陈胜吴广、项羽刘邦起义的真实原因

秦朝末年农民战争四起，陈胜、吴广起义最为著名，还有项羽、刘邦起义。汉高祖刘邦，生于秦昭襄王五十一年（前256），在陈胜、吴广起义中表现积极，自称“沛公”。项羽同舅舅项梁，在陈胜、吴广起义的第二年，率8 000名士兵渡江北上，项梁在定陶之战中阵亡，项羽统一起义军。西楚初年（前206），项羽自封西楚霸王。此时刘邦已经入关，后又攻下了咸阳，这件事成了二人争执的导火线，楚汉之争历经四年之久，最终于汉高帝元年（前202）刘邦打败项羽，项羽自刎而死告终。

项羽、刘邦两人之间的战争是源于陈胜、吴广起义，那么，陈胜、吴广起义的真正原因是什么？或者说秦朝末年为什么会爆发大规模的农民起义？总结起来大概有以下几个原因：

首先，徭役繁重，赋税沉重激起了农民的不满。当朝规定：成年男子每年都要服徭役1个月，另外要在本郡服兵役1年，戍守边疆1年。这样繁重的徭役的后果可想而知，导致老百姓有强烈的不满情绪。

其次，刑法严酷，官吏执法残暴。秦始皇征服六国，必然有很多手段，过人的军事谋略是根本，而残暴的征战也有不可忽略的作用。秦朝的严刑酷法沿袭了秦始皇的残暴。商鞅变法时就较为注重以法治国，而后韩非将法家理论更为系统化和理论化地归类，后经李斯的一系列改革，秦朝便有了一套比较完善的法律体系。秦始皇希望能通过刑法来巩固加强对人民的统治，维护其中央集权。当时较为残酷的刑法有“族诛”“连坐”，死刑就有“腰斩、车裂、活埋”等，最后连始作俑者——李斯自己也未能幸免，被腰斩身亡。严酷的刑法使大量农民“亡逃山林，转为盗贼”。

另外，土地兼并问题的影响也是不可忽略的。因为大量的农民失去土地，激化了农民阶级和统治阶级的矛盾，使得大规模的农民战争爆发。在上到朝廷、下到百姓都极度恐慌的背景下，秦始皇并没有危机意识，甚至还对山东六国故地施行苛刻统治，征发民众到边疆地区和首都咸阳进行各种大型基建工作，并以死刑惩罚误期者，民众更加产生不满情绪。秦始皇死后，秦二世继位，继续联合赵高诛杀多位朝中大臣，更是引起朝中官员的恐慌。终于，民众的不满和恐惧到达极点，最终决定奋起反抗，进行大规模起义，倾覆了秦帝国。

为什么说项羽根本不能过江东

提起南宋词人李清照，很多人都能说出她的一两句词，其中的《夏日绝句》更是道尽了项羽的英雄气概：“生当作人杰，死亦为鬼雄。至今思项羽，不肯过江东。”

作为中国历史上的一代霸王，关于项羽的传说数不胜数，“乌江畔自刎”可以说是其中最为悲壮的一幕。传说此人生性暴戾，坚韧过人，如果当时渡过乌江，是绝对可以重整旗鼓、卷土重来的，可是为什么称霸一世的他会做出在“乌江畔自刎”这个令无数后人惋惜、哀叹的选择呢？关于项羽乌江自刎的原因，民间有几种不同的说法。

第一种说法是，项羽无颜面对江东父老。《史记》写道，项羽在楚汉战争中败给刘邦后，带领八百人马杀出重重包围，一路直至乌江畔，乌江亭长劝项羽赶快趁这时渡江，日后好东山再起、一雪前耻。但项羽却笑而答之：“天之亡我，我何渡为！且籍与江东子弟八千人渡江而西，今无一人还，纵江东父兄怜而王我，我何面目见之？纵彼不言，籍独不愧于心乎？”于是拔剑自刎，死于乌江江畔。项羽这段话的意思就是说：既然上天要我死，我就没有渡江的必要，本来是要跟这八百名兄弟一起渡江西上，但现在大家都阵亡了，就算所有江东的父老都可怜我，还依然把我当作他们的君王，我又有什么脸面见他们呢？于是拔剑自刎。这段文字记载是司马迁为后人提供的，因为跟项羽死亡的年代比较接近，再加上描写真实生动，所以后世流传最为广泛的说法就是项羽是因为无颜面对江东父老而自杀的。

第二种说法是，项羽不想再让百姓因战乱而受到牵连才会自杀。富有戏剧性的是，这一种说法也是出自《史记》，书中记载刘邦和项羽在楚汉战争中难分高下的时候，项羽对刘邦说："天下匈匈数岁者，徒以吾两人耳，愿与汉王挑战决雌雄，毋徒苦天下之民父子为也。"这句话大致的意思是，想把这场战争变成两个人的决斗以解脱天下的百姓。这种怜悯万千百姓的情愫使得他在突出重围来到乌江边时，想到了自己的子民还要因为这次战争再次陷入水深火热当中，实在是不忍心，最终选择牺牲自己换得天下太平。

但是这种说法有太多的个人情感，跟史书中记载的项羽的性格不相符。项羽曾经坑杀20万秦兵，在阿房宫中烧杀掠夺，火烧了3个月，暴虐至极，所以不大可能为了免除百姓疾苦而自杀身亡。而决定跟刘邦单打独斗、一决胜负，很可能是他的计谋，因为以项羽的个人能力，打败刘邦可以说是易如反掌，但刘邦并没有上当。所以项羽失败逃至乌江的时候，万念俱灰、狼狈不堪可想而知，心中不免感慨万千。这样的背景下重新唤起他可怜天下苍生，愿意以一己之死来结束战争的念头也有可能，但也只是项羽走投无路又放不下脸面时的一种自我安慰，而不是项羽自杀的主要原因。

其实无论是无颜面对江东父老，还是不忍天下百姓遭受战乱之苦，都不符合项羽一世霸王的性格。他既然已经杀出重围一路向西，就是为了渡过乌江卷土重来，待到打败刘邦衣锦还乡的时刻怎会无颜面对江东父老？如果他是一个可怜苍生的君主，那又如何解释攻占秦宫后近乎屠杀的行为？

于是，产生了第三种说法。那就是项羽并不是词中所说的"不肯过江东"，而是他根本没有过江的机会。著名学者冯其庸在《项羽不死于乌江考》中，对《史记》《汉书》《楚汉春秋》中关于项羽之死的描述进行了详细的论证，指出除了《史记·项羽本纪》里有"于是项王乃欲东渡乌江，乌江亭长檥船待"两处涉及乌江外，其余全部文字无一提到项羽乌江自刎这一事件。反而明确提到：项羽"身死东城""使骑将灌婴追杀项羽东城"等。如今，支持这种观点的人越来越多，计正山先生通过对《史记》《汉书》中的"灌婴传"的分析，更确认项羽在距乌江有120千米的定远东城被"搏杀而死"，所以说他根本没有渡江的机会，更不是自刎而死。

项羽自杀的真相虽然令后人对这样一位大英雄少了一些哀叹，但其称霸一世的英雄气概，仍然会被后人所传颂。

曹操为何要建72座陵寝

在京剧中，代表忠义、血性的是红脸；代表粗狂、严肃的是黑脸；代表刚毅、果决的则是蓝脸；而白脸就是阴险和狡诈的象征。曹操恰恰就是京剧中以白脸出现的人。

自古以来，曹操足智多谋、阴险狡猾的形象就深入人心，不仅表现在平时的行事风格上，连临死前为自己修建的坟墓都用尽心机，建了数十个。

之所以建立多个陵寝，据说是因为在曹操还没有执政的时候，曾经参加过盗墓团伙，亲眼看见过很多墓葬在被盗墓者洗劫一空后，墓中尸体被弃之荒野的悲惨景象。这些给曹操心中留下了深刻的印象，所以他大力主张节俭，是中国历史上第一个提出“薄葬”的人，跟其他君王的厚葬之风形成鲜明对比。世人不知的是，曹操提出“薄葬”是另有目的的，所谓树大招风，越是简陋的墓地，越不容易被人挖盗，也就避免了死后被掘坟的下场。

另外，曹操也很怕曾经错杀的人的亲属朋友在他死后对他的坟墓进行报复。于是他更要在墓葬上做足文章，防止别人找到他的坟墓。这一点上也更能看出曹操的狡诈本性，他的一生像盘棋，每一步都是在为下一步铺路。据民间流传，曹操死后安葬那天，东南西北各个城门，同时有72具棺木抬出，向城外各个方向一同运送。72具棺木，72座陵寝，到底哪一座才是曹操真正的坟冢？这个问题千百年来有很多的答案，但又被逐一否定。从古至今，不计其数的盗墓者都试图找到曹操真正的陵寝，但从没有人成功。

曹操之墓到底在何处？千百年来，面对这个问题，有人感叹曹操一世的多疑，有人敬佩曹操一生的节俭，却没人能够得出答案，这个历史给我们留下的谜题，还需要后人慢慢去探索、解答。

诸葛亮为何成为民间偶像

《三国演义》中有这样一幕让人记忆犹新：周瑜临死之前，长啸问天：“既生瑜，何生亮？”直到今天，诸葛亮还被很多人视为智慧的象征。早在还没有出山之前，诸葛亮的朋友徐庶就这样评价过他："此人每尝自比管仲、乐毅，以吾观之，管、乐殆不及此人。此人有经天纬地之才，盖天下一人也。"

或许因为诸葛亮是自己的朋友，徐庶才觉得他的智慧无人能及，个中评价难免有些夸张，但诸葛亮的才华确实是出类拔萃的。诸葛亮在世时，其人格、智慧就曾令许多人折服，所以在他死后，很多人深感惋惜和心痛。廖立就是其中之一，他曾被诸葛亮贬为庶民，但他听到诸葛亮的死讯却哭着感叹道："吾终为左衽矣！"还有同样被诸葛亮惩罚过的李严，在听到诸葛亮死讯后甚至郁郁而终。所以后人有这样的说法："诸葛亮之死使廖立垂泣，李严致死，岂徒无怨言而已哉？"那么，诸葛亮到底有什么过人之处能够得到这么多人的崇拜呢？

首先，他忠君爱国、信仰儒学。因为他生长在儒家思想熏陶的环境中，正统观念比较浓厚，有经国立世之志向，所以诸葛亮的一生都在为复兴汉室而努力。因此，当刘备三顾茅庐请他出山后，他既在其位，自然谋其政，笃定一心协助刘备成就一番事业。不仅如此，在刘备死后，他仍然对自己的君王忠心不二，继续辅佐后主。诸葛亮不仅对自己这样要求，对身边的人也是如此，在他眼中，不忠、不孝的人是绝对不可以原谅的。

其次，在效忠自己的国家和君王的时候，他做到了竭尽"股肱之力"。诸葛亮把毕生精力都放在复兴汉室的大业上，加上他一心效主的性格，凡事定尽全力。比如在他留守成都期间，发展生产，训练军队，使刘备拥有良好的后勤供应和兵员补充，所以刘备才能放心地把刘禅托付给他。诸葛亮自然也没有让刘备失望，依然像效忠刘备一样，兢兢业业地辅助刘禅，甚至更加用心。

人们谈及诸葛亮，总会不约而同地想到一句话，那就是"鞠躬尽瘁，死而后已"。的确，诸葛亮把毕生精力都放在北伐中原和统一汉室上，正如他自己所说："臣受命之日，寝不安席，食不甘味，思惟北征。"最终病逝于北伐军营中，他的愿望虽然未能完全达成，但他的精神却深深影响了世世代代的人。相比较他的军事才能，人们也许更敬佩的是他的忠心不二、矢志不渝，所以千百年来一直将他视为偶像，甚至将他神化，用以供奉。

董卓为什么暴晒汉武帝的尸体

建元二年（前139），汉武帝刘彻开始大张旗鼓地兴建自己的陵墓，修建茂陵用了53年，到后元二年（前87）逝世后葬于此，其陵寝比秦始皇陵有过之而无不及。好大喜功的汉武帝有感于自己的丰功伟业，要求自己的陵墓像自己的名字一样永远被后人牢记。所以，起初他每年拿出国家总收入的三分之一修建茂陵，到后来干脆增加到二分之一。茂陵规模浩大、建筑宏伟，墓内殉葬异常豪华丰厚，史称"金钱财物、鸟兽鱼鳖、牛马虎豹生禽，凡百九十物，尽瘗臧之"。当时在陵园内甚至建有祭祀的便殿、寝殿以及宫女、守陵人居住的房屋，派遣了5000人在此管理陵园，负责浇树、洒扫等差事。并在茂陵东南营建了茂陵县城，许多文武大臣、名门豪富迁居于此，人口高达277000人。

茂陵封土为覆斗形，高46.5米，墓冢底部基边边长240米，陵园为方形，边长约420米，陵周有李夫人、卫青、霍去病、霍光、金日禅等人的墓葬陪葬。茂陵是汉代帝王陵墓中规模最大、修建时间最长、陪葬品最丰富的一座，各方面之最的茂陵被称为"中国的金字塔"。

可惜汉武帝一生雄才大略，生前风光，死后很不堪。在汉武帝下葬的第四年，长安市面上就有人倒卖从他坟墓中偷盗出来的经书，各路起义军为了换得军饷，更是屡次掘汉武帝的陵墓，几万人搬了整整一个月，也没搬走墓中宝藏的一半。到了东汉末年，历史上著名的大恶霸董卓登场了，他不仅再次掘开茂陵，还堂而皇之地把汉武帝的尸体扔到太阳下面暴晒了几天，然后又放回了棺材里。这究竟是怎么一回事呢?

原来，董卓有个孙女，叫作董白，生得花容月貌，性格乖巧，深得董卓喜爱，被视为掌上明珠。董白10岁时被董卓封为渭阳君，举行了盛大的仪式。其间，董卓命令兵士搭起了约宽6米、高2米的高坛，董白坐着奢华的轩金华青盖车，由大批官员簇拥，登坛受封，好不隆重。但可惜董白天生失语，董卓曾为此广招天下名医为之医治，但未曾见效。后来，董卓听手下大臣说，汉武帝一生敬神寻仙，熬炼仙药，董卓猜想他的陵中也许会有专治哑巴的灵丹妙药。当时正值东汉末年，大将军何进为了铲除与他有矛盾的十常侍，邀请董卓进京援手。董卓正好下令大将吕布盗掘西汉诸皇陵，这其中也包括陪葬品数目惊人的茂陵。可是，董卓为何要暴晒汉武帝尸体呢？

吕布在带领大批士兵进入茂陵搬运大量珍宝的同时，也在细心地寻找灵丹妙药。但是，搜遍了整个陵墓，最后把汉武帝的棺木都翻了个遍，唯一找到的是一卷绢纸能与药方有点联系，上面用隶书工工整整地写着12个大字“千里草，何青青，十日卜，不得生”。吕布只是一介武夫，自然难以理解其中的深意，但凭感觉认为这就是董卓要找的，于是，他满心欢喜地宣布班师回朝。回来后，将绢纸交于董卓。董卓看了一阵也揣摩不出其中的含义，于是转身问朝下大臣。然而满朝文武只面面相觑，却无一人应答。董卓生气地骂道：“连这12个字的意思都不能理解，我养你们这帮大臣何用！”这样一来，更没有人敢说话了。董卓便更加生气，索性走下殿来直接逼视站在最前面的大臣。这个大臣一看大事不妙，扑通一声跪下，慌忙地解释：“大王，臣并不是不知道，实不敢说。”董卓说：“你说，我不怪你。”大臣颤颤巍巍地答道：“这句话是诅咒您的。”董卓不解地问：“如何见得？”大臣道：“您看，这千里草，合起来是一个‘董’字，十日卜合起来，是一个‘卓’字，这句话是诅咒您不得生啊。”董卓听完，简直是七窍生烟，他伸手将那一卷绢纸拿来，想把它撕成碎片，但不曾想这纸非常结实，怎么撕也撕不碎。盛怒之下，他便命令手下将汉武帝的尸体扔在墓外暴晒。朝中大臣对此无不黯然，于是公推蔡邕前去劝解。董卓这才平息了一些怒气，派人将尸体放回，草草地处理了。

隋炀帝的“迷楼”之中蕴藏的奥秘

暴君杨广，原为晋王，开朝20年使用奸计取代杨勇，成为太子。仁寿四年（604），又杀父亲隋文帝杨坚，登上皇位。他为了追求个人享乐，在洛阳建造金辉玉映的显仁宫与西苑。西苑内的奇花异草、珍稀鸟兽一应俱全，并且大多是从江南搜集而来的。为了畅游江南，隋炀帝甚至还下令开凿了一条贯通南北的运河，这条河加速了南北经济的交流，但在当时只是更多地用于战争后勤运输。运河畅通后，隋炀帝就同皇后，率领王公百官、三千美女和僧尼道士，乘着奢华的龙舟，先后三次去扬州游玩。

然而，这些并不能满足隋炀帝骄奢淫逸的欲望，他认为西苑和显仁宫虽然壮丽宽敞，但没有一处是曲径通幽的，没有寻欢作乐的满足感。所以，某一日他对近侍说：“如今若有良工，能为朕造一所精巧的宫室，朕生平愿足，决计从此终老，再也不愿他求了。”于是，立刻就有一个近侍高昌说道：“臣有一友，系浙江人氏，姓项名升，能造精巧屋宇，圣上何不召他一问，定能翻新立异，别出心裁，曲中圣意，足遂所愿。”隋炀帝大喜：“既有此人，快些与朕召来！”隋炀帝当即召见项升并命其绘图。

项升费尽心思，才将图样绘成，呈递给隋炀帝。隋炀帝展开图纸细瞧，见上面画了一座大楼，有无数的房间和门户，左弯右曲，离离奇奇，令自己眼目昏花，分不仔细，要项升在一旁指示，才能有些眉目。费了半天时间，隋炀帝才高兴地说道：“图中有这般曲折，造成之后，定能精巧玲珑，深中朕意！”当下即命高昌赏给项升彩帛，并命人即日兴工。

隋炀帝连下两道诏：一是饬四方运输材木，二是催各郡纳钱粮。一时朝野上下风风火火。他还命舍人封德彝监督催办，如有迟延违旨，即须指名参劾，当即处罚。这样的严厉逼迫下，所有人都谨言慎行。项升召集工匠，在西苑的东侧挑了一块静地，按照图样赶紧动工，日夜构造，不到一年时间，这座宫殿就建成了。隋炀帝立刻前往游览，只见该楼幽房密室，百转千回，难辨东西，人在其间有目眩神迷的感觉，正是自己所要的建筑，便大为赞赏：“此楼曲折迷离，不但俗人到此迷惘不知，便是神仙到来了，恐也不免要昏迷。”于是，把这座楼命名为“迷楼”。

隋炀帝到了楼中便不想再离开，于是选后宫和良家少女数千人，命其居住在此宫中。从此迷楼里面红粉成行、莺燕列队，都分占了一室，盼望君王驾临。不过，对于这“迷楼”究竟是否真的在扬州西苑附近，有很多人心存疑问。

晚唐时，有篇《炀帝迷楼记》中声色形象地描述了“迷楼”当年的壮观景象及它的兴衰史，但文中只字未提扬州。据《炀帝迷楼记》文意看，隋炀帝的“迷楼”应该在长安，后被唐太宗焚毁，“唐帝提兵号令入京，见迷楼，太宗曰：‘此皆民膏血所为也！’，乃命焚之。”所以，一些学者据此认为隋炀帝的“迷楼”在长安而不是扬州。然而，古代留下的若干诗文又都足以佐证隋炀帝的“迷楼”建于扬州。这究竟怎么回事呢？至今为止，“迷楼”所在之地仍是个谜。

瓦岗军为什么没有灭掉隋朝

瓦岗军是隋末农民起义军队中战斗力最强的队伍，曾经重创隋军，但最终还是未能夺取政权，导致军队溃散，降于唐朝。

大业七年（611），东郡韦城县人翟让因犯罪而受牢狱之灾，狱吏黄君汉偷偷放了他。翟让逃往瓦岗聚众起义。同郡的单雄信、徐世勣也都相继加入，他们在永济渠沿岸劫持抢夺来往船只，以致“资用丰给，附者益众”，起义队伍逐渐壮大起来。

大业十二年（616），贵族出身的李密在参加杨玄感起兵失利后，决定投奔瓦岗军。因为他较有政治眼光，建议翟让积极发展势力、扩大影响。翟让认同李密的建议，首先攻取了荥阳这块中原的战略要地，因为荥阳向东是一片平原，向西是虎牢关。虎牢关以西的巩县（今巩义市）有隋军的大粮仓洛口仓。占领洛口仓不但可以得到大量的粮食，还能更加逼近东都洛阳。夺取荥阳是瓦岗军发展势力的重要一步。

面临强大的瓦岗军，荥阳太守杨庆无计可施，隋炀帝特别调派“号为名将”“威震东夏”的张须陁为荥阳通守，以镇压瓦岗军。李密认为张须陁有勇无谋，于是建议翟让与张须陁正面对战，佯装败北逃走。李密率精兵埋伏在荥阳以北的大海寺附近，张须陁紧跟翟让十余里，到大海寺以北的树林里时，伏兵四起，隋军陷入重重包围。张须陁本就掉以轻心，又遇上突如其来的强兵，更加措手不及，战败被杀。此役一败，隋军“昼夜号哭，数日不止”。可见，这次瓦岗军的胜利对隋炀帝政权的打击是毁灭性的。

大业十三年（617）二月，瓦岗军攻取洛口仓，并开仓济贫，大部分贫苦农民参加起义军。隋朝的越王侗在洛阳派遣刘长恭率领2.5万人前去镇压瓦岗寨。翟让、李密预先侦查得知隋军的动向，做了周密的战略部署。刘长恭对瓦岗军的情况却是一无所知，只看到瓦岗军驻扎的人数不多，于是就不以为意。瓦岗军乘隋军初来乍到，饿饥疲惫的时候大举进攻，致使隋军大败，死者十之五六。刘长恭仓皇逃回东都。瓦岗军缴获大量的辎重器甲，队伍进一步壮大。

同年四月，瓦岗军直逼东都城郊，攻破回洛仓（今河南洛阳东北），致使东都粮食呈现匮乏的局面，陷入了困境。九月，黎阳仓又被攻破，瓦岗军开仓济贫，起义军又增加了20多万。这时，瓦岗军有数十万之众，控制了中原的大部分地区，达到了鼎盛时期。瓦岗军还公开宣布了隋炀帝的十大罪状，明确表示要推翻隋炀帝的统治。

由于李密在数次战斗中都发挥了较大的作用，所以他的威望越来越高，而且翟让主动把领导权让给了李密。但后来他的哥哥翟弘和王儒信等人又劝翟让夺回领导权。这样一来，瓦岗寨内部的矛盾便出现了，导致李密不得不杀了翟让。

武德元年（618）六月，宇文化及率江都隋军北上，瓦岗军在此次战争中虽然取得胜利，但损失惨重。九月，东都隋军又趁机追加，发动进攻，使得瓦岗军全面失败，李密在走投无路之下，于十月奔赴长安，向李唐投降。瓦岗军虽然失败了，但由于它是当时最强大的一支农民军队伍，在中原消灭了大量的隋军，割断了江都与洛阳的联系，迫使隋炀帝陷入江都孤岛，不能控制全国，间接促成隋朝的灭亡。

所以瓦岗军失败的原因概括起来，是正当瓦岗军日益强大的时候，领导集团内部的矛盾激化，导致军队无形地被分裂，自我削弱了力量，把自己逼上末路。

欧阳修为何诬陷名将狄青

北宋仁宗时期的著名将领狄青含冤而死，这一悲剧给北宋的政治和军事带来了诸多负面影响。在两宋军事史上，狄青是屈指可数的军事奇才之一。他身先士卒、运筹帷幄，为北宋王朝建立了卓越功勋。

在这一悲剧的酝酿及演变过程中，欧阳修扮演了十分重要的角色。众所周知，在北宋的政坛、文坛及学术发展上，欧阳修均有重大建树和影响。然而，就是这样一位出色的文臣，竟以种种诬蔑之辞三次上书宋仁宗诋毁狄青，对狄青被贬乃至其身死带来了决定性影响。一代名臣无端陷害一代名将，实在是匪夷所思。

据现有史料看，欧阳修曾三次上书诋毁狄青，分别见于宋仁宗至和三年（1056）所上书的《上仁宗乞罢狄青枢密之任》、次年七月《上仁宗论水灾》第一状及同月《上仁宗论水灾》第二状。这三次上书中，欧阳修极尽污蔑、陷害之词，言语上也多有蔑视和不敬，究竟是私人恩怨还是另有原因使他对狄青如此深恶痛绝呢？

可以说，欧阳修对狄青之贬起了决定性作用。但是，他并没有置狄青于死地的想法。欧阳修之所以大骂狄青，都是北宋最高统治集团内部的“恐武症”在作祟。

我们知道，宋代江山是如何而来的。因此，两宋历代帝王出于防止赵姓江山易手的考虑，在制度上对武将的堤防无所不在。特别是从宋太宗后期开始，随着北宋治国方略的改变、内部政治形势的变化以及宋辽、宋夏关系的演化，防范武将逐渐为所有士大夫及最高统治集团的核心价值观念。在这种价值观的影响和支配下，北宋的武将不管立下什么丰功伟绩，也不能摆脱文官的蔑视和反感。但是，宋仁宗时期，仁宗对狄青十分青睐，原因有二：其一，宋仁宗统治期间，军政弊端已经毕显无遗，表现在战场上便是武将怯战避战的现象屡见不鲜，而狄青却充分表现出其出色的军事才能与战争智慧，为赵宋王朝立下赫赫战功；其二，狄青不仅功勋卓著，且对宋王朝忠心耿耿，即文彦博所说的“忠谨有素”。因此，行伍起家的狄青在短短十余年间一跃成为枢密使，得到皇帝的宠爱。可是，这也与文臣的核心价值观产生了严重冲突，最终，狄青成为文臣眼中“欲除之而后快”的眼中钉。

在这种背景下，欧阳修在其奏疏中频频使用鄙薄、蔑视狄青之语，也就不足为奇。北宋这种畸形的文武关系造成了狄青郁郁而终的悲剧，也造成北宋军事实力孱弱、经常处于被动挨打的局面。同时也不得不感叹，欧阳修如此聪慧之人，仍旧摆脱不了封建专制统治的枷锁和时代的局限，成为专制统治的工具。

苏轼遭遇“乌台诗案”真相

北宋熙宁年间，宋神宗重用王安石，主张大张旗鼓地变法，后来变法失利，政府开始改制。元丰二年（1079），就在变法到改制的转折期间，苏轼被贬谪，不料突然遭遇诬陷入狱，史称“乌台诗案”。那么，“乌台诗案”到底是因何而起的呢?

事情是这样的。在奉调时，苏轼照例向宋神宗上表致谢。本来这种谢表送到朝廷，不会有太多人留意，偏偏苏轼名满天下，文章一出，世人莫不争相一睹为快，苏轼的谢表就格外引人瞩目。他在表中写了一句略带牢骚的“知其愚不适时，难以追陪新进；察其老不生事，或可牧养小民”的话，没想到这句话给苏轼的仕途带来了改变。由于“新进”是暗指王安石引荐的新人，结果惹怒了一些尚在当政的新进们。他们指责苏轼以“谢表”为名，发泄对新法的不满，于是苏轼就被扣上了诽谤朝廷的罪名。实际上，天下不满新法者大有人在，苏轼这一句牢骚也不是太大的罪名，新进者却不然。为了置苏轼于死地，新进们开始有预谋地整治苏轼，御史李定、何正臣、舒亶等处心积虑地从苏轼的其他诗文中找出个别句子，断章取义地给苏轼安插罪名。这就是“乌台诗案”的始末。

我们知道，宋神宗赵顼少有变革之志。然而，在推行新法的过程中阻碍重重，使得宋神宗有了强烈的挫败感。他决定拿出皇帝的权威，以更为强硬的手段来推行新法，对于那些反对变法的保守派大臣，要毫不留情地予以严惩。所谓杀一儆百，苏轼刚好做了出头鸟，站在了风口浪尖。北宋中期新旧两党明争暗斗，苏轼的观点是站在旧党一方，与王安石为代表的新党属“敌对”状态，再加上苏轼本人乃一代大文豪，豪放不羁，行文间常见讥讽与尖锐的言辞，很容易被人抓到把柄并乘机陷害。在这样的政治背景下，苏轼遭到政治打击也是迟早的事情。

最后，苏轼为何没有被判重罪，这与正直人士的仗义相救紧密相关。宰相吴充上书直言：“陛下以尧舜为法，薄魏武固宜，然魏武猜忌如此，犹能容祢衡，陛下不能容一苏轼何也？”连身患重病的曹太后也出面干预：“昔仁宗策贤良归，喜甚，曰：‘吾今又为吾子孙得太平宰相两人’，盖轼、辙也，而杀之可乎？”如果没有他们的及时相救，这样一位集词人、诗人、画家、书法家于一身的艺术大师，也只能淹没在政治斗争的黑暗漩涡里，岂不哀哉。

苏轼在御史台的死囚牢里被关押四个月零十二天，司马光、苏辙等三十人也受到牵连，苏轼的大量文章诗词被毁掉，“比事定，重复寻理，十亡其七八矣！”

乌台诗案后，苏轼被贬到黄州，却并未因此一蹶不振，讽刺的苛酷、笔锋的尖锐以及紧张与愤怒全已消失，代之而出现的则是一种光辉、温暖、亲切、宽和的识谐，醇甜而成熟，透彻而深入”。比如，“着时自有输赢，着了并无一物”“天地之间，物各有主，苟非吾之所有，虽一毫而莫取”。在黄州的生活，令苏轼文如泉涌，写下了无数的好文章留给后世。

秦桧为何掌权20年

秦桧乃中国历史上十大奸臣之一，因以“莫须有”的罪名处死岳飞而遗臭万年。但是其在得势期间却享尽荣耀，从绍兴元年（1131）起开始执掌南宋朝廷的权柄，到绍兴二十五年（1155）在权势巅峰中死去，历时二十余年。除了中间有几年被罢相外，基本上都是位居要职，既得到皇帝赵构的宠幸，又对南宋朝廷的兴亡肩负着不可推卸的责任。为何皇帝对秦桧如此宠信？我们先了解一下当时的政治格局。

南宋高宗建炎四年（1130）秋天，流亡海上回到越州（浙江绍兴）不久的南宋小朝廷再度进入紧张状态。“亡宋之心不死”的金人在这年九月策划并扶持了一个新的傀儡政权——伪齐皇帝刘豫之后，又一次发动秋季攻势。面对敌军来犯，南宋朝廷内无御敌良策，外乏统一指挥。西线富平兵败，川陕告急；东线楚州失守，守臣赵立力战身亡，两淮吃紧。惶惶不可终日的宋高宗，于十一月间接见了自称“杀监己者”逃离金营、冒死归朝的前御史中丞秦桧，宋高宗大喜过望，情不自禁地大赞其“朴忠过人”，力排众议，委以重任。由此秦桧开始了执掌南宋朝廷权柄的风光岁月。

《宋史》在评论秦桧时说：“桧两据相位，凡十九年，劫制君父，包藏祸心，倡和误国，忘仇斁伦。一时忠臣良将，诛锄略尽。其顽钝无耻者，率为桧用，争以诬陷善类为功。其矫诬也，无罪可状，不过曰谤讪，曰指斥，曰怨望，曰立党沽名，甚则曰有无君心。”

但是，秦桧能够在权力中心如鱼得水二十年，必有过人之处。

首先，从其为官个性看，秦桧深谙专制社会的生存法则，即阴险狡诈、不急不躁。比如，在皇上要决策求和时，一再给皇帝思考的时间，并没有急于付诸实施，而是充分尊重皇帝的想法；同时在与朝臣的辩论中，显示出良好的心理素质，从不力辩、争得面红耳赤，这样想必连皇帝也觉得此人风度、涵养都很到位。专制社会不是正需要这样的官员吗？

其次，他有着极其厉害的政治手段。背后拨弄是非、造谣离间、出卖同他共事的大臣。言语不多，却能一语害人。李光曾与秦桧争论，不小心触犯了秦桧，秦桧就不说话了。等李光说完，秦桧慢慢地说：“李光没有做大臣的礼法。”赵构听后，对李光十分生气。史书上指出秦桧凡陷害忠良，一般都是用这种权术。

最后，他一意孤行、排除异己，必欲置反对者于死地而后快。他还屡兴大狱，株连无辜，迫害与他稍有微异的人。岳飞被害时，株连坐牢者六人；审讯岳飞的大理寺丞认为岳飞是无罪的，均遭贬黜；上书为岳飞喊冤的，被捕杀于狱中。赵鼎被贬谪后，他的门生弟子、僚属都被虚构罪名加以陷害。

当然，秦桧在巩固权力上也有一套，就是要做强、做大、鼓噪造势，使得小人们成群结队、争相投靠，如孙近、韩肖胄、楼炤、王次翁、范同、万俟离、程克俊、李文会、杨愿、李若谷、何若、段拂、汪勃、詹大方、余尧弼、巫假、章夏、宋朴、史才、魏师逊、施钜、郑仲熊之徒等，这些都是闲官、小官，却被提拔重用。这些人因此都视他如再生父母，对其唯命是从。秦桧就这样结成了一个紧密的战略同盟，在官场上呼风唤雨、残害忠良、排除异己、腐蚀朝政。相反，岳飞、韩世忠等人在战场上厮杀半生，却落了个鸟尽弓藏、兔死狗烹的结局。真是君子蒙冤、小人得志，幸亏历史自有定论。秦桧活着的时候，何等的风光无限。秦桧死后七年，岳飞被平反昭雪。后人将秦桧等四名谋害岳飞的主谋用白铁铸像，永跪岳飞面前，可谓“青山有幸埋忠骨，白铁无辜铸佞臣”。

成吉思汗为何万里召见丘处机

王重阳于金大定七年（1167）创立全真教，教义主张儒释道三教合一。其弟子丘处机，生于1148年，金代山东栖霞人，字通密，号长春子，后赠号长春真人，与丹阳子马钰及其妻子清静散人孙不二、长真子谭处瑞、广宁子郝大通、玉阳子王处一、长生子刘处玄合称全真七子。丘处机作为王重阳第一位弟子，因虔诚、机敏、好学而深得王重阳器重，在王病逝后更是继承全真大业。但此后六年一直隐居磻溪穴，外出必戴蓑笠，所以世人又称呼他为“蓑笠先生”。而后，他又赶赴宝鸡龙门山隐居潜修七年，创建全真龙门派。丘处机一直主张三教平等、相通、互融，修道教应出家，断绝一切尘缘，他认为清心寡欲是成仙之本，著有《鸣道集说》《摄生消息论》《磻溪集》《大丹直指》等书。

丘处机原本只是一名全真教的道士，即便后来接任掌门人一职，也是一名修行之人，怎么会跟成吉思汗扯到一起呢？

当时时局动荡，金人进驻中原之后，百姓的生活可以说是水深火热，这个时候人们往往需要一个精神寄托来支撑。全真教就在此时创建了，人民把它看作是黑暗之中的一点光亮，都很拥护。“水能载舟，亦能覆舟”这个道理统治者都明白，他们需要一个能帮助他们安抚民心的人，而在这一时期，丘处机的声望是很高的，成吉思汗也知道了丘处机这个人。

当时成吉思汗的军事力量日益强大，正规划着如何实施统一大业，自然希望手下的贤能之士越多越好，这样才能助他打天下。在得知丘处机博古通今，才能超群后，成吉思汗想请他出任国师，为自己安邦治国。于是先后两次派遣使者传召丘处机，谁知丘处机隐居山林，深入简出，对他避而不见。但成吉思汗始终不放弃，又于1219年第三次派遣近侍臣刘仲禄备轻骑素车、携带手诏请丘处机出山，心之诚不亚于当年三顾茅庐的刘备。丘处机最终被成吉思汗的诚意所打动，于1220年西行拜见成吉思汗。其实对于丘处机来说，成吉思汗的诚意是他决定西行的一个原因，另一个原因则是他试图通过这次西行游说成吉思汗“放下屠刀”，早日回军。

丘处机率18名弟子在此次西行的过程中，向各族群众广泛传道，招收信徒。在行至今天的蒙古国西部科布多时，还将弟子宋道安、李志常等留下，建立了全真道观，建立全真教的组织。他不仅在精神层面宣扬全真之法，更是身体力行地让人们了解教义。他沿途广施善事，在中亚的撒马尔罕等地，利用成吉思汗赐予自己的粮食熬粥施舍给当地的穷人。丘处机所到之处，得到各州县和行省文武官员的迎送，受到热烈地欢迎和隆重地接待。而当成吉思汗看到丘处机鹤发童颜、仙风道骨的样子后，更是认定此人是助自己一统天下的贵人，对丘处机的犒赏自然大增。

这便是成吉思汗不远万里，三次诚心召见丘处机的原因。

马可·波罗是否来过中国

《马可·波罗游记》这本书不仅让世界认识了中国，更让马可·波罗成为一位家喻户晓的人物，人们说他是桥架东西方文化的圣人，是他的游记让世人认识了中国。可是，随着时代的发展，越来越多的人对《马可·波罗游记》提出质疑，马可·波罗真的来过中国吗?

马可·波罗于1254年出生在意大利威尼斯市的一个商人家庭。他17岁时，父亲带他来到中国，他是有史料记载的第一个访问中国的西方人。马可·波罗跟随父亲、叔叔由古丝绸之路向东行走，跋涉3年，经过叙利亚、两河流域和中亚细亚，穿越帕米尔高原，终于在1275年抵达元朝皇帝避暑行宫所在地——上都，拜见了元世祖忽必烈。随后在中国居住了17年，游历了很多地方。1292年，马可·波罗离开中国，1295年返回威尼斯。但不久后，意大利西部城市热那亚发生海战，威尼斯舰队战败，马可·波罗被俘入狱。在狱中，他凭借着惊人的记忆力和细致的观察力，叙述了自己在东方的所见所闻，并由狱友鲁思梯切诺记录成书，这就是后来闻名于世的《马可·波罗游记》（以下简称《游记》）。

为什么对于马可·波罗在《游记》中谈到的中国之旅，人们会有很多怀疑呢？其实这点是不难解释的。自古以来中国每个朝代都有史官负责编纂记录本朝代发生的较为重大的事情，假设马可·波罗真的到过中国并在这里居住了17年，那么为什么各类史书中都找不到一点记载？首先，能够证明他在中国生活的只有书中的一些和历史时间相符的事件。但众所周知，那个时候的西方国家并不像中国一样封建，他们的视野开阔，想要知道中国在什么时间都发生过哪些大事件并不是一件难事，因此对于他是否真的在中国居住了17年，有很多人持有怀疑态度。

其次，如果他真的在中国居住了这么多年，那么依照他惊人的记忆力和细致的观察力，书中应该有很多关于中国古代特有的时代烙印。比如：茶叶、女人缠足、书籍印刷等跟古代中国人生活息息相关的事情，为什么《游记》中对这些只字未提呢？可是疑问刚刚产生，就立刻有人持反对意见，并对以上疑惑逐一做出解释。杨志玖教授在《永乐大典》卷19418所引元修《经世大典·站赤》里发现了一篇十分重要的元代公文，这篇文章里叙述了西亚蒙古伊利汗国的使团准备从泉州下海归国的事情，其中值得注意的是，书中波斯使臣的名字和返回时间与《游记》中马可·波罗所记录的完全一致。虽然没有提到马可·波罗的名字，但很有可能只是因为马可·波罗在元朝的职位不太高而已。至于《游记》中没有提到茶叶、书籍、印刷等重要元素，则是因为：第一，马可·波罗的口述不可能面面俱到，他没受过高等教育，狱友在监狱中帮其录入，难免会有遗漏；第二，没有提及茶叶，很有可能是当时的蒙古人和色目人不喝茶，而是喝马奶、葡萄酒和果子露，这也符合常理；第三，马可·波罗很少接触汉族人，不识汉字，所以对这方面比较淡漠，那么不提汉字书法和印刷术也是说得通的。

两种说法听起来都很有道理，那么马可·波罗到底有没有来过中国？还有待进一步的考证。

为什么忽必烈两次出征日本都以失败告终

忽必烈的蒙古大军当初不仅进驻中原，更是在世界范围内进行了军事扩张。据史料记载，蒙古大汗忽必烈于1274年命高丽军民总管洪茶立和风州经略使忻都，带战船900艘、士兵15000名，远征日本。大元朝部队在这场战争的初始阶段战绩辉煌，最后却以失败告终，给人们留下许多不解的谜题。

日本当代著名作家井上靖在书中写道："公元1274年10月初，占领了对马、壹岐两岛，继而侵入肥前松浦郡……使日军处于不利，不得不暂时退却到大宰府附近。元军虽然赶走日军，但不在陆地宿营，夜间仍回船舰。当元军回到船舰后，恰遇当夜有暴风雨，元舰沉没两百余只，所余元军撤退，日本才免于难。"按照井上靖所述，是恶劣的天气使得大元军队在战役中失败了，然而史实真的是这样吗？

根据史料记载，事实确实是这样的。大元军队逼得日军节节退败，最后退到了大宰府附近。但元军夜间仍然留守在军舰上。直到1274年10月21日，这天夜里元军依旧像往常一样，回到自己的军舰上，却忽然起了台风。试想，生长在蒙古这个中原国家，连见到京城的人工湖都以为是海的士兵，哪有应对台风的方法。加之对当时所处环境不熟悉，台风一起，军舰上便一片混乱，有的甚至因为相互之间的碰撞而舰毁人亡。再加上台风形成的海浪对船体的撞击，不少军舰被海浪打沉，所以元军只好撤退。第二天清早，日军不见元军进攻，便派出侦察人员去打探元军的情况，才知道元军已撤退。日本对于台风使得元军撤退这一事件很重视，并展开大规模拜神的活动，称为"神风"。此后"神风"一词一直陪伴他们近700年。

第一次正面交锋过后，双方都可谓已经知己知彼，大元朝的弓箭让日本人开了眼界，日本人的战刀也让元军长了见识。待忽必烈重整旗鼓之后，又于至元十八年（1281）第二次进攻日本。这一次出海的舰队阵容更加强大，其中将士14万名，4000多艘战舰和9000艘海船。忽必烈看似是抱着铲平日本的信念出发的。

但是，在经历过第一场战争之后的日本已经加强了沿海的防御建筑，而日本军队使用的弓箭，其射程和杀伤力已经跟元朝的不相上下。这样一来对元军就更不利，本来海上就没有隐蔽的地方，加上日军的远距离武器又取得了进步，所以在相持的阶段，元军伤亡人数与日俱增。战争还在继续，忽必烈是抱着雪耻之心而来，当然不会就此罢休。然而在1281年8月12号这一天，这支庞大的舰队在海平线上消失得无影无踪！史上著名的弘安之役以日本取胜告终。

可能有人会问，这次又是什么原因使得忽必烈再次失败？难道还是因为台风“作怪”？的确，这次又是台风在“作怪”。这次面对台风的袭击，大元军队是做了准备的，台风来临时，他们曾把海船军舰都绑在一起，试图减小台风和海浪对船体的冲击，奈何台风猛烈，最后损失惨重，不得不丢盔弃甲选择撤退。

真的是“天有不测风云”，大元王朝两次勇猛地进攻日本，却因台风而以失败告终。

为何说元明易代是文明倒退的悲剧

后人认为元朝是中国历史上思想最开放、眼界最宽广的一个朝代，没有哪个朝代的统治者阶层可以像元代一样正确地看待引进国外的先进思想技术。而外国人之所以愿意万里迢迢地来到这里，不是因为这个朝代有无尽的财富，而是喜欢这里的繁荣经济和百姓高质量的生活，甚至有许多外国人都会产生一种乐不思蜀的感觉。

在《马可·波罗游记》中也有这样的记载：“他们完全以公平忠厚的品德，经营自己的工商业。大家彼此之间和睦相处，住在同一条街上的人们因为邻里关系而亲密如同家人。”“所有向朝廷要求食物的人都会得到满足。每天都有官吏分发两万桶米、粟和稷。人民因为大汗对贫民有这样可敬和惊人的仁政，都十分爱戴他。”“真可以说是具有炼金士的神秘手段……用这些纸币，可以买卖任何东西。同样可以持纸币换取金条。”就连无欲无求的传道士也十分羡慕当时中国的社会风气：“一种难以想象的情形是礼貌、文雅和恭敬中的亲热，这是他们社交上的表现特点。在欧洲常见的争闹、打斗或者流血的场景，在这里是不会发生的，即使在烂醉如泥中也是一样的。忠厚这种品质到处可见。人们的车子和其他财物既不用锁，也无须看管，并没有人会偷窃。他们的牲畜如果走失了，大家会帮着寻找，很快就能物归原主。”元朝也许是继唐代之后出现的另一个太平盛世。时代像车轮一样，滚滚向前，按理说，按照这种状态发展到明代，中国应该是空前的繁荣昌盛，但为什么元明易代却是文明倒退的大悲剧呢？

首先，从财政管理方面、国内民族关系角度来看，明代都没有办法与元代相比。中央政府缺乏管理能力，财政制度也比不上前朝，国内民族隔阂加大，民族冲突加剧，明代没有继承到元代的优势，甚至连效仿都出了错。

其次，元亡明兴以后，对外的态度就转变了。朱明王朝推行闭关锁国政策，连元代大肆传播的天主教也被严令禁止。传教士慑于明代的政策纷纷离去，从此200年间中国与欧洲基本无任何交流可言，直到万历年间，政策才稍有松动。但是200年的与世隔绝，已经使中国成了一个愚昧无知的国度，不是一时半会儿的交流能够改变的，这就使得中国在今后的很长一段时间追赶不上西方的发展脚步。

最后，朱明王朝的海洋政策与元朝相比没有丝毫进展，而之后的沿海迁界政策却是从明朝开始的。洪武二十年（1387）七月，明王朝制定新的政策："徙福建海洋孤山断屿之民，居沿海新城。""'各省孤屿，人民既不得他用，又被他作歹，可尽行调过，连山附城居住，给官田与耕、宅舍与居。'于是福建、广东暨澎湖三十六屿，尽行调过，以三日为期，限民徙内，后者死。"此项政策令沿海百姓祖祖辈辈耕作的土地变得荒芜，世代积累起来的家业毁于一旦，东海沿岸岛屿带的社会经济也因此遭受重大打击。港口城市的经济发展直接影响到一个国家的经济发展状况，明朝政府却对此不闻不问，继续声势浩大的维持海禁政策。甚至敌视海外拓殖事业，更进一步地阻碍了国人的海外贸易与移民扩张，使得中国多次与向海洋发展的机会失之交臂。

如果没有朱元璋的闭关锁国，中国很可能又会开创一个历史的巅峰，一个祥和的太平盛世。但历史的车轮不会倒转，朱元璋的错误策略使得整个中国的历史发展倒退了一大步，所以后人才说，元明易代真的是一个文明倒退的悲剧。

明成祖朱棣生母之谜

明成祖朱棣是明朝的第三代皇帝，他统治的那段时期被后人称之为"永乐盛世"。朱棣生于应天，恰逢战乱，被封为燕王，后发动靖难之变，起事攻打侄儿建文帝，夺位登基。死后原庙号"太宗"，100多年后由明世宗朱厚熜改为"成祖"。

明成祖的生母到底谁，至今仍然是个谜，这似乎听起来不可思议，但事实的确如此。关于他的生母到底是谁，数百年来一直扑朔迷离。

在古代中国，正妻生的儿子称嫡子，非正妻生的儿子则称庶子。正妻被尊称为嫡母，其他的妾则被称之为庶母。对帝王家来说，嫡子和庶子在名分上有重大的差别。依照封建宗法制度，一旦皇帝死了，皇位则要由嫡长子继承。即使嫡长子死得早，如果嫡长子有儿子，也应该要由嫡长子的嫡长子来继承，其他的庶子不得觊觎。明成祖朱棣自称为马皇后所生，自然也就是所谓的嫡子了。但是经历代学者考证，明成祖的生母并不是马皇后。明成祖的生母问题不但关系到他的身世，更是深刻地影响到他一生的行为。

很久以前，徐作生的文章里就说到朱棣和朱橚的生母是高丽人，是高丽国进贡给朱元璋的妃子，在生下朱棣未足月就被马皇后折磨而死。但因该文章对马皇后的恶意评价及其文章存在的漏洞，当时并没有人在意。因为，第一，如果妃子生下朱棣一个月即死，照此推断朱棣与朱橚为一胎同胞。但是朱棣生于元至正二十年（1360），而朱橚生于元至正二十一年（1361）；第二，朱棣出生的时候，朱元璋割据江南，尚未称王，元尚统一着北方，刘福通未死，陈友谅、张士诚未灭，怎么会有高丽国进贡妃子？

有人认为他的生母是妃子翁氏，也有人说二者有很大关联，因为高丽音为“wen”，以讹传讹，于是朱棣便有了个翁氏生母。

另外还有一个说法，就是朱棣根本不是朱家血脉，而是元遗后代。在蒙古《黄金史纲》中有说到大都城破时，元顺帝的妃子弘吉剌氏已经怀孕三个月，因为没有来得及逃出，就躲在一个大瓮中避难。后来被明军搜出后被朱元璋纳为妃子，即翁（瓮）氏。弘吉剌氏当时心想：“如果是七个月后产子，则必然会被朱元璋当作野种杀害。如果是分娩在十个月后则会被朱元璋当作他自己的亲儿子来抚养。”于是她就向天祈祷再添三个月孕期，翁氏果然是怀孕十三个月以后才分娩，产下一子，那便是朱棣。当时朱元璋整日做梦，梦到东西二龙相斗，西龙被东龙打败。解梦的巫师就告诉他这代表他的两个儿子会争夺皇位。西龙是汉后的子孙，而东龙则是翁妃的子孙。朱元璋听了以后认为翁妃来自蒙古，本是自己的敌人，让她的儿子继承大统不好，于是就把朱棣贬去镇守边疆。

不过，怀孕13个月而生出皇帝，这并不是蒙古人的专利。如果朱棣真的是蒙古人，那么也就是说，历史上曾经统治中国差不多300年的明朝皇帝，其实从第三个皇帝起就已经是蒙古人了。

尽管至今我们仍然不知道朱棣的生母是谁，但他不是马皇后亲生是大多数人认同的观点。虽然朱棣反复修改了史书，并且消灭了许多证据，但是破绽还是存在的，而且就存在于史书里。《明史・列传第二十九》中有记载："子澄曰：周王，燕王之母弟，削周是剪燕手足也。"从这句话，我们就可以很清楚地了解到一个事实，那便是燕王朱棣和周王朱橚是同父同母的亲兄弟。《明实录・太宗实录》中也记载了他们两个是同母兄弟，但问题在于，他们的亲生母亲到底是谁？这一谜题还有待细细考证。

明朝万户被称为"世界航天第一人"

在1945年出版的《火箭和喷气发动机》一书中，美国火箭学家赫伯特・S.基姆说道："大约在14世纪末期，中国有一位叫万户的官吏，曾在一把座椅的背后装上47枚当时可以买到的最大的火箭，并把自己绑在椅子的前面，两只手各拿一个大风筝。然后命令他的仆人同时点燃47枚大火箭，想借火箭推动的力量，加上风筝上升的力量飞向天空。"

书中提到的万户是生于明朝初年的一名富家子弟，他从小很喜欢木工，并且爱好钻研和发明创造。为了让自己的天赋得到最大限度的发挥，他毅然决定弃文从武。他改造了很多武器，可谓是刀、枪、箭、炮无所不及。正是这些发明让当朝政府在与蒙古势力的交战中屡屡得胜。大将班背是个兵器爱好者，因十分欣赏万户的才能，想把他调到兵器局工作，以便其专心于武器研发。班背当时的兴趣重点在于火箭技术的改良上，梦想能制造出一飞冲天的"飞鸟"。闲暇的时候，班背就与万户一起讨论兵器制造的事情。正当万户开始觉得有了靠山，想要一展宏图的时候，班背却因为心直口快而得罪了右中郎李广太，不仅被革了职，还被关在拒马河上游的深山中。万户很想营救班背，恰逢这时燕王朱棣正招贤纳士。李广太看准了朱棣这座靠山，竭力巴结，并推荐了精通尖端兵器技术的万户。因为他知道万户和班背的关系，所以多次威逼利诱。万户为了尽早帮好友脱离苦海，就答应了他。可谁知道，拒马河靠近明朝边境，是蒙古骑兵经常遛马的地方。没等万户前去营救，班背已经死在了蒙古人的刀下。遇难前，班背让随从把自己毕生的研究成果《火箭书》带了出去交到万户手上，希望他完成自己一飞冲天的梦想。

万户从班背那里继承了《火箭书》之后就开始了漫长的钻研。历经多年的研究，逐渐从军中广泛使用的火箭中得到了灵感，设计出一种新式的"飞龙"火箭，这种火箭射程可远达1000米。他一直想飞往太空，这一想法虽然在600多年前不可能实现，但是万户还是迈出了这一步。当时没有宇宙飞船，他就用椅子代替，椅子后面捆绑了47支“飞龙”火箭，借助火箭推进的力量，太空似乎不再遥远。更值得一提的是，他甚至还想到着陆问题，于是在手里准备了两个大风筝，心想这样就可以平稳地降落。这几乎是当时所能用到和想到的最先进的最佳组合了。

试飞那天，万户坐在飞天椅上，镇定地吩咐仆人举起火把。随着阵阵轰响声，火箭喷出股股火舌，“飞龙”火箭把万户推向半空。正当地面观看的人群开始欢呼的时候，第二排火箭自行点燃了，一声巨响之后，万户连同“飞天椅”一起坠落在万家山，他就这样倒在了自己梦想的征途中。后人为了纪念这位人类航天事业的伟大的先行者，在20世纪70年代的一次国际天文联合会上，众人将月球上一座环形山命名为“万户”，将他的名字永远写在了他梦想触及的地方，以纪念“第一个试图利用火箭做飞行的人”。

无论从万户对科学的执着来看，或是对朋友的友情来看，或是对“火箭”事业的热爱以及他在这方面过人的才华来看，他都无愧于“世界航天第一人”的称号。

明代“壬寅宫变”之谜

自古以来，防备森严的地方不是监狱，而是皇宫。皇帝为防有人行刺，日日夜夜命人巡逻守卫，明朝也不例外。

明朝皇帝的寝宫是紫禁城内的乾清宫，除了皇帝和皇后，其余人都不可以在此居住。妃嫔们也只是按次序进御，除非皇帝允许久住，否则当夜就要离开。

嘉靖年间的乾清宫，暖阁设在后面，共9间。每间分上下两层，各有楼梯相通。每间设床3张，或在上，或在下，共有27个床位，皇上可以从中任选一张居住。因而，皇上睡在哪里，谁也不可能知道。这种设置使皇上的安全性大大加强了。然而，谁又能防备那些守在他身边的宫女呢？

就是这群宫女，干出了惊天动地的大事，这就是历史上的“壬寅宫变”。“壬寅宫变”发生在嘉靖壬寅年（嘉靖二十一年，1542）。当时史料曾有如下记载：

嘉靖二十一年十月二十一日凌晨，十几个宫女决定趁朱厚熜熟睡时把他勒死。先是杨玉香把一条粗绳递给苏川药，这条粗绳是用从仪仗上取下来的丝花绳搓成的，苏川药又将拴绳套递给杨金英。邢翠莲把黄绫抹布递给姚淑皋，姚淑皋蒙住朱厚熜的脸，紧紧地掐住他的脖子。邢翠莲按住他的前胸，王槐香按住他的上身，苏川药和关梅秀分开左右手，刘妙莲、陈菊花分别按着两条腿。待杨金英拴上绳套，姚淑皋和关梅秀两人便用力去拉绳套。眼看她们就要得手，绳套却被杨金英拴成了死结，最终才没有将这位万岁爷送上绝路。宫女张金莲见势不好，连忙跑出去报告方皇后。前来解救的方皇后也被姚淑皋打了一拳。王秀兰叫陈菊花吹灭灯，后来又被总牌陈芙蓉点上了，徐秋花、郑金香又把灯扑灭。这时管事的被陈芙蓉叫来了，这些宫女才被捉住。朱厚熜虽没有被勒断气，但由于惊吓过度，一直昏迷着，好久才醒来。

事后，司礼监对她们进行了多次的严刑拷打、逼供，但供招均与杨金英相同。最终司礼监得出："杨金英等同谋弑逆。张金莲、徐秋花等将灯扑灭，都参与其中，一并处罚。"

从司礼监的题本中可知，朱厚熜后来下了道圣旨："这群逆婢，并曹氏、王氏合谋弑于卧所，凶恶悖乱，罪及当死，你们既已打问明白，不分首从，都依律凌迟处死。其族属，如参与其中，逐一查出，着锦衣卫拿送法司，依律处决，没收其财产，收入国库。陈芙蓉虽系逆婢，阻拦免究。钦此钦遵。"刑部等衙门领了皇命，就赶紧去执行了。有个回奏记录了后来的回执情况："臣等奉了圣旨，随即会同锦衣卫掌卫事、左都督陈寅等，捆绑案犯赴市曹，依律将其一一凌迟处死，尸枭首示众，并将黄花绳黄绫抹布封收官库。然后继续捉拿各犯亲属，到时均依法处决。"圣旨中提到了曹氏、王氏，那她们是谁呢？据考证，她们是宁嫔王氏和端妃曹氏，因此，有人根据这道圣旨得出结论，是曹氏、王氏指使发动了这场宫廷政变。

有人则认为不然，如果主谋是曹氏和王氏，那么史料上应该记载宁嫔王氏和端妃曹氏的情况，而在以上所述的行刑过程当中，却从未见到过对曹氏和王氏的处置的描述，因此主谋是谁尚不能断定。

"深闺燕闲，不过衔昭阳日影之怨"，是明末历史家谈迁对此案的看法，但事实究竟如何，无人知晓，此事又成为一桩宫闱之谜。

岳母刺“尽忠报国”是伪历史

“孟母三迁”“岳母刺字”，这些都是民间流传下来的小故事，有很深的教育意义。不禁让人觉得，凡是一心为国的大英雄，都必然有一位深明大义、知书达理的母亲。那么，岳飞的后背上是否刺有“尽忠报国”四个大字呢？如果有，真的是岳母亲手刺上去的吗？

很多史书都对岳飞背后的刺字有记载。首先来看《金佗稡编》卷九《遗事》中的一段文字：“先臣天性至孝，自北境纷扰，母命以从戎报国，辄不忍。屡趣之，不得已，乃留妻养母，独从高宗皇帝渡河。河北陷，沦失盗区，音问绝隔。先臣日夕求访，数年不获。俄有自母所来者，谓之曰：‘而母寄余言：为我语五郎，勉事圣天子，无以老媪为念也。’乃窃遣人迎之，阻于寇攘，往返者十有八，然后归。先臣欣拜且泣，谢不孝。”而在《宋史·列传第一百三十九》中描写岳飞被审问的时候提到的：“飞袒而示之背，背有旧涅‘尽忠报国’四大字，深入肤理。”“深入肤理”说明“尽忠报国”四个字已在岳飞背后多年，结合上面一段古人留下的文章，岳飞的母亲要求他为国家效力，其间托人转告，勿念家中老小，并未提及刺字一事。转而到了岳飞被审问，背上的尽忠报国就已经“深入肤理”，刺字的时间上首先出现了疑问。

其次，就刺字这件事而言，岳飞之母虽深明大义，但毕竟只是一名村妇，中国自古讲的是“女子无才便是德”，不要说刻字，可能连字都不识。对于刺字这门手艺，也不是谁都可以的，这一点从《水浒传》中就可以得到证实。《水浒传》第七回中说道林冲要被在脸上刺字发配充军的时候，有这样的文字“唤个文笔匠刺了面颊”；第十一回说到杨志被判刑的时候也提及“唤个文墨匠人刺了两行‘金印’，迭配北京大名府留守司充军”。可见，刺字这件事的确不是谁都会的。

那么岳飞背上“尽忠报国”四个大字到底是谁刺上去的呢？

明朝末年，冯梦龙所撰写的《精忠旗》一书给了我们确切的答案。书中第二折“岳侯涅背”就告诉我们岳飞背上的字到底是谁刺上去的。后人摘录出这样的文字：

生说：“张宪，你把刀来在我背上深深刻‘尽忠报国’四字。”生“解袍露背介”，末说：“怕老爷疼痛。”生怒介，说：“唉，我岳飞死且不惧，怕甚么疼痛？”末说：“既如此，小人大胆动手了。”作刻介，末说：“刻完了。”

生说：“与我以墨涅之。”末应涅介，外与生穿衣介，末说：“老爷固然立志报国，何苦忍此疼痛？”生说：“张宪，如今为臣子者，都则面前媚主，背后忘君，我今刻此四字于背上呵，唤醒那忘主背君的，要他回顾。”

这里的“生”指的就是岳飞，而末指的就是张宪，也就是说，岳飞背上的“尽忠报国”并不是他的母亲刻上去的，而是张宪刻的。刻这四个字的目的也不是像后人流传的那样，是岳母为了时刻提醒岳飞要尽忠报国，而是岳飞要给背主忘君的人敲一个警钟。

而岳母刺字的传说则是直到康熙五十三年（1714）《如是观传奇》的问世才出现的。这本书中第一次出现岳母为岳飞刺字的情节，说岳母刺字是为了提醒岳飞要时刻记得助君主击退胡酋，并且这时已将先前的“尽忠报国”讹传为“精忠报国”。

此后清朝与岳飞相关的各个版本的书籍都会以此为鉴，添加岳母刺字这一桥段，场面描写也是越来越具体，越来越激昂、悲壮。自此，岳母刺字的故事就这么被大家误传开来。

究竟是谁制造了“梃击案”

明朝在万历末期至天启初年，发生了轰动朝野的三大案，分别为“梃击案”“红丸案”和“移宫案”。这些案子都与皇帝的后宫有关。万历帝10岁即位，一直到万历四十八年（1620）去世，共在位48年，是明朝历史上在位时间最长的皇帝。他在位的时候，“梃击之案”首先发生，梃击的目标直指太子朱常洛。

万历四十三年（1615）五月初四，有一个名叫张差的男子手持枣木棍即木梃，不由分说地闯入太子朱常洛居住的慈庆宫，逢人就打，击伤守门官员多人，一直打到殿前的房檐下。被击者的呼喝声、嚎叫声连成一片。多亏宫中小臣朝本用反应比较灵敏，眼疾手快地将持棍男子抓获，宫内才得以平静下来。

后来，张差被捆缚到东华门守卫处收禁起来。次日，皇太子据实上报给神宗，神宗命法司提审问罪。巡视皇城御史刘廷元按律当场审讯。可是，张差没说几句话，就开始颠三倒四，像个疯子一样。御史再三诱供，张差却总是胡言乱语，吃斋、讨封乱答一气，审问数小时，也没有将实情供出，惹得审判官不耐烦，只好退堂，把他交给刑部定论。交到刑部后，由郎中胡士相等人重新提审，也是同前审一样，毫无结果。刑部主事王之认为其中一定有隐情，认为张差肯定不疯不狂，而是有心计、有胆量。最后张差扛不住了，供认自己是红封教的成员，说自己是受郑贵妃宫中的太监庞保、刘成的指使而打入慈庆宫的，他们答应事成之后给自己30亩地，参与此事的还有自己的姐夫孔道。消息传开后，朝野内外开始议论纷纷，都怀疑郑贵妃想要谋杀太子，以便扶立福王。

事情发生后，太子和郑贵妃先后赶来见明神宗。太子朱常洛气愤地说："张差做的事，一定有人主使！"郑贵妃光着脚走来，对天发誓，然后撒起泼来，嘴里唠叨着说："奴家若做此事，全家甘受千刀万剐！"神宗看到双方如此对立，拍案而起，指着贵妃说："群情激怒，朕也不便解脱，你自去求太子吧！"朱常洛看到父亲生气，又听出话中有音，只得将态度缓和，并说："这件事只要张差一人承担便可结案，请速令法律部门办理，不能再株连其他人。"神宗听后，顿时眉开眼笑，频频点头，说道："还是太子说得对。"于是，一场家务案就这样在明神宗的导演下降下帷幕。

后人重新研究此案时，都认为是郑贵妃主使了此事。近来却有人提出异议，认为在郑贵妃与太子双方已经明确对立的情况下，郑贵妃不可能鲁莽地做出这种事来。如果郑贵妃真想谋害太子的话，也不会仅仅派一人持棍去闯防备森严的太子宫殿，因而得出的结论是：太子为巩固自己的地位，自编自演了一出"苦肉计"，以便让人们将怀疑的视线投向郑贵妃，彻底将其铲除。只是因为皇帝的干预，太子才没有得逞。当然，这种说法也只是一家之言，并无确凿的证据。

不管怎样，张差一死，一切就"死无对证"，活着的人自然想怎么说都可以，而梃击案也因为疑点重重而一直被后世猜测。

"红丸案"幕后主使是谁

"红丸"又称红铅丸，是古代宫廷中特制的一种春药。其制法很特别：须取童女首次月经，盛装在金或银的器皿内，还须加上夜半的第一滴露水与乌梅等药物，连煮7次，浓缩为浆。然后加上乳香、没药、辰砂、松脂、尿粉等拌匀，以火提炼，最后炼蜜为丸。

据《明实录》记载，嘉靖年间，宫廷为了配制“红丸”，前后一共选取1080名少女。嘉靖二十六年（1547）二月，从畿内挑选11至14岁少女约300人入宫，三十一年（1552）十二月又选300人，三十四年（1555）九月，选民间女子10岁以下者160人，同年十一月，又选湖广民间女子20多人，嘉靖四十三年正月选宫女300人。就是这些尚未成年的小姑娘，后来都成为嘉靖皇帝制药用的“药渣”了。嘉靖皇帝这样无情地摧残女子，简直是毫无人性，由此而引发了中国历史上一场特殊的宫女暴动。

万历末年，朱常洛的太子地位已经稳固。阴险毒辣的郑贵妃为了讨好朱常洛，投其所好，送了八个美女供他享用。朱常洛身体本来就不强健，又经常与这些女人厮混在一起，逐渐体力不支。登基仅十几天，就因为酒色过度卧床不起了。

可是，他并没有因此而节制自己，照样与这些人混在一起。一天晚上，朱常洛为了寻求刺激，就服了一粒“红丸”，结果狂躁不已，精神极度亢奋。次日早上，侍寝的太监吴赞连忙请来御医崔文升诊治。崔文升竟不知皇帝是阴虚肾竭，还以为是邪热内蕴，开了一副泻火通便的猛药。结果，朱常洛一宿腹泻30多次，危在旦夕。这样一来，崔文升闯了大祸，朝廷上唇枪舌剑，吵声骂声不绝于耳。重臣杨涟上书，指责崔文升给皇帝误用泻药。崔文升反驳道并非误用，而是皇帝服用了“红丸”造成病重。东林党人马上强调，崔文升不但用药不当，还拿“红丸”之事败坏皇帝的名声。就在三个人争执不下的时候，危在旦夕的朱常洛还念念不忘“红丸”，想要服用。鸿胪寺丞李可灼当即进了颗红色丸药，朱常洛服后，没有动静。到了晚上，朱常洛又要求再服一丸，李可灼又进了一颗红色药丸。结果，过了不一会儿，皇上就手捂着心口，瞪着两眼，挣扎了几下，一命呜呼了。当时朱常洛即位才30天，连年号都还没来得及定。

两颗“红丸”，一条人命，震惊朝野，酿成大案。红色药丸究竟是不是“红丸”？它到底是什么药？为什么在皇帝病重之时，还要服用这种丸药？崔文升和李可灼怎么会这么大胆？崔和李到底有没有幕后指使者？这一系列的疑问在人们脑海中盘旋。

明末宫廷内党派之间斗争激烈，“红丸”一案激起党派间更加尖锐的矛盾。有的人认为，李可灼进的“红色丸药”其实就是“红丸”，红铅丸是很普通的春药。春药属于热药，皇帝阴寒大泄，以火制水，是对症下药。而李可灼把春药当补药进上，是想步陶仲文的后尘而已，只是他时运不济罢了。也有人认为，那颗红色丸药是道家所炼金丹。用救命金丹来挽救垂危病人，一旦治活了则名利双收，要是死了算是病重难救，李可灼就可能是这样想这样做的。还有的人认为，拿春药给危重病人吃，是有悖常理的。李可灼明明知道自己不是御医，而病人又是皇帝，一旦出了问题，脑袋都保不住，可他为什么还这样大胆进药？况且，朱常洛是纵欲伤身，急需静养，怎么还要用这虎狼之药？由此推断，李可灼一定是受人指使，有意谋杀皇上。

除此之外，李可灼是首辅方从哲带进宫来的，也要追查方从哲。而方从哲想逃脱罪责，慌忙上书请求退休。可退休之后，声讨他、要求严办他的文书还特别多。方从哲一面竭力为自己辩护，一面自请削职为民，远离中原。许多大臣为他开脱，也难了断。

最后，一位刚入阁的、与双方都无牵连的大臣韩上书平复了众议。李可灼被判流戍，崔文升被贬放南京，“红丸”案才算是了结。

康熙没有“微服私访”

荧幕上，与康熙微服私访有关的电视剧一度层出不穷，电视中的皇上穿着与老百姓差不多，甚至比老百姓还普通，说是这样才能融入民间、体察民情。但是史书记载的康熙皇帝真的像电视上一样微服私访过民间吗？

据史书《清圣祖实录》记载，康熙的确是历史上到地方上巡察次数最多的皇帝之一。抛开京城之内的巡视不说，他的巡查足迹遍布全国各地，山东、陕西、江浙，甚至塞外。其中当然有一些名胜古迹、风景秀丽的地方，但康熙主要是出于政务的考虑，而不是游玩。可不管出于什么目的，每次巡查真的都是微服吗？按照史书记载的情况，康熙皇帝作为专制君主，是不可能深入民间接近群众的，所以出行巡查是真，但微服私访只是后世戏说而已。

虽然微服私访只是后人戏说，但是康熙在巡行时的确十分注意，尽量避免骚扰百姓。他要求巡行所用之物要一切从简，更是不许当地官吏从民间收取，都要按照市面上的价格采购。同行的官员也不准接受任何人以任何理由的馈赠，一经发现，处以重罚。甚至还四处张贴告示以安民心，让大家知道只要发现收受贿赂的官员，定会重罚。还要求所有经过的地方，百姓还要像平常一样地生活，不要因为避讳而搬走。从这一系列大张旗鼓的行为不难看出，康熙并没有微服私访，相反，每次巡行唯恐有人不知。但是康熙一心为民的思想还是值得肯定的。

其实，康熙巡行并非不见百姓。他到了扬州一带，男女老少都抢着出门见皇帝，有的甚至被挤掉到水里。不得已康熙才提出要求，如果想见皇上，就要“止于夹道跪迎，毋得紊乱追趋，致有诸患”。所以他巡视时所经之处人们便扶老携幼、夹道欢迎，康熙常会询问道路旁百姓的收成情况，人们都说“连岁顺成，民生稍得安业”。总体来说，康熙的每次巡行，男女老少都是很欢迎的，康熙也会对百姓们嘘寒问暖，其间气氛是轻松、愉快的。有的时候大家甚至笑声连连，遇到露宿街头或是流离失所之人，康熙也会表示关切，甚至立刻施以帮助。

康熙通过巡行了解了很多民间的情况，有利于行政决策的制定。例如，各省督抚上奏编审人丁数目，其实并未将增加的人数全部上报。于是只要他巡行到的地方，问到的人家如果有五六个人，那么只需一人交纳钱粮，如有90个人，那么只需二三人交纳钱粮就可以了，其他人则不收取。在西南平定以后，人口越来越多，为掌握人丁的实数，决定从康熙五十一年（1712）起，新增加的人口不再增加赋税。

康熙在巡视中的行为给人们留下了良好的印象，百姓都认为他是一个勤政爱民的好皇帝，这也为以后的帝王树立了榜样。所以后世关于康熙皇帝微服私访的很多故事都是百姓出于对他的爱戴而添加的，经大家口口相传，一直流传至今。

康熙到底喜欢乾隆什么

乾隆是12岁那年第一次见到自己的爷爷康熙帝的，那时年少的他还全然不知这一次见面将会彻底改变自己乃至整个国家的命运。

康熙六十一年，康熙帝跟自己12岁的孙子乾隆在圆明园“偶遇”了，其实这一次偶遇并没有看起来那么纯粹。乾隆的父亲雍亲王并非等闲之辈，他看出自己的儿子弘历跟别的孩子不一样，就趁一次闲聊装作无意地跟康熙提起：“您还有两个孙子从生下来都还没有机会一睹他们爷爷的圣颜呢。”康熙听儿子这样说，没有想太多，况且只是跟自己的孙子见面而已。事实上，老康熙并非看不出雍亲王要引荐两个孩子的意图，只是眼前自己的这个儿子也非平庸之辈，就算临时布置给他的任务，也都能很好地完成，想必他想推荐的人定值得一见。更何况，乐享天伦对于此时的康熙也算一件欢喜之事，所以便欣然应允。于是便约定了时间、地点见自己的孙子。

三月十二日傍晚，皇帝驾临牡丹台，品酒赏景。刚看到这两个孩子，康熙便不觉地放下了手中的酒杯。弟弟弘昼倒没给他留下太深的印象，但哥哥弘历却让康熙过目难忘。当时的弘历身材颀长，容貌清秀，眉宇间充满灵气与淡定，相貌上就显示出与众不同。所以在行礼的时候，皇帝也特别注意了他，弘历行为敏捷、得体，一点也没有这个年纪的孩子常有的紧张和局促，与跟在他身后的弘昼形成了鲜明的对比。

丰富的阅人经验告诉康熙，这个孩子绝对能成就一番大事。他慈爱地招招手，让弘历站到自己面前，开始询问他的功课。弘历便大方地背了几段经书，并全部清楚地讲解了一遍。这让康熙更加高兴，确定这是他见过的所有孙子当中最出色的一个。但康熙毕竟是一朝明君，不能依靠所谓的感觉行事。清朝是一个封建王朝，比较迷信生辰八字，康熙更是对此深信不疑，甚至还专门在宫中请了一个受人认可的“罗瞎子”。所以牡丹亭见过弘历几日后，便命雍亲王写下弘历的八字给自己审阅。

批算的结果正如康熙所料，这孩子的八字果然与众不同。1929年故宫博物院文献馆首批公布的内阁大库档案中，有乾隆生辰八字，并附带康熙的批语。内容如下：“辛卯（康熙五十）、丁酉（八月）、庚午（十三日）、丙子（子时）。此命贵富天然，占得性情异常，聪明秀气出众，为人仁孝，学必文武精微。幼岁总见浮灾，并不妨碍。运交十六岁为之得运，该当身健，诸事遂心，志向更佳。命中看得妻星最贤、最能，子息极多，寿元高厚，柱中四正成格祯祥。”我国自古的命相之理是有固定的推算方法的。按命相理论，乾隆的八字，天干庚辛丙丁，火炼秋金，是天赋甚厚的强势命造，术语称为“身旺”；地支子午卯酉，局全四正，男命得之，为驷马乘风，主大富贵。

又过了几天，康熙又一次驾临圆明园，一顿饭后，宣布了一个影响历史的决定：将弘历带回宫中养育。此前，康熙仅见过这个小孙子一次，但因为弘历给他的印象的确与众不同，加上弘历具有帝王之相的八字，促使他最终做出这样的决定。

道光帝为何将皇位传于跛足咸丰

道光帝为何将皇位传于跛足咸丰？原来，他本有九男十女，但不幸的是，有三个儿子都死于他之前，尤其是道光十一年（1831），长子奕纬的去世对他的打击很大。奕纬死的那年，道光帝已近天命之年，老年丧子使他几近绝望，皇四子奕詝和皇五子奕誴在之后的一年中相继降生；两年之后，皇六子奕訢也出世了，随后又有三个更小的皇子诞生了。

晚年的道光帝在享受天伦之乐的同时，也在为挑选皇位继承人的问题犯愁。他的九个儿子中，最后三个因为年龄太小不予考虑；而五皇子奕誴生性耿直、举止粗鲁、不拘礼节，向来不得他喜欢，甚至将其过继给已去世八年并且没有子嗣的三弟惇恪亲王绵恺，也因此被放在皇位继承人的范围之外。最终，最有可能继承王位的就是奕詝和奕訢。而两兄弟也让道光帝十分为难，因为论文成武德，奕訢远胜獐头鼠目且跛足的奕詝；但老成持重方面，奕詝又远胜过奕訢，这点道光很是看重。

传说，道光多次把奕訢的名字写进立储的密匣子，准备立他为皇位继承人。但他考虑来考虑去，觉得奕詝是长子，又没有什么大的过失，如果废长立幼，不合传统。但又认为奕訢才有帝王风范，所以直至晚年也一直下不了决心。奕詝和奕訢的师傅都想帮助自己的弟子讨得道光帝欢心，以夺得皇位。奕詝的师傅杜受田对道光帝了解颇深，一次道光帝带宗室子弟到南苑去打猎，杜受田在出发前悄悄地告诉奕詝："等到了围场，阿哥坐观他人骑射就好，自己千万别发一枪一矢，也不准手下人捕一猎物。皇上要是问起来，你就说时方春和，这是鸟兽孕育生命的时候，不忍伤害生命，以干天和，且不想以弓马之长与诸弟竞争。这样说的话，一定讨了皇上的欢心。"奕詝听后，照计行事。果然，在打猎的时候，争强好胜的奕訢果然收获最多，而奕詝这边却一只猎物都没有。道光帝自然奇怪，便问奕詝是怎么回事，奕詝按照师傅教的话说了一遍，道光帝听后果然大喜。

道光帝驾崩的前几年一直都疾病缠身。有一天，他命人将奕詝和奕訢两兄弟招来。两人的师傅一听，感觉到事情意义非凡，很有可能是道光要在弥留之际对皇位继承人做一个抉择，于是赶紧给自己的徒弟出主意。奕訢的师傅卓秉恬告诉他，皇上问话时，要充分展示自己的才能；奕詝的师傅杜受田知道他嘴笨才拙，反应也比不上奕訢，就告诉他：“如果皇上说自己将不久于辞世，问起今后国策的话，你什么都不要说，只管痛哭流涕，以表孺慕之诚就可以了。”两兄弟到了那里后，道光果然问起自己辞世之后国家该如何治理，奕詝按照师父的指示上前抱住道光的腿痛哭，道光见后很感动，觉得他仁孝，是一国之君的材料。

道光当朝，最讲求平庸，拿他最宠信的大臣曹振镛来说，他说过一句话“多磕头，少说话”，这就是当时的为官之道，也是道光帝的为政特征。要说道光帝最终选择奕詝作为皇位继承人的原因，就是因为在老成持重这方面，的确有道光帝的几分风采。

因此，道光帝最终选择了他作为继承人，就是日后的咸丰皇帝。

考古篇　千年疑云物中藏

北京猿人化石遗失人间

1972年的一天，一位美国老太太跟一位叫詹姆斯的美国富商报告说，她的丈夫有一箱詹姆斯想要的东西：北京猿人化石。老太太与詹姆斯交换的条件是50万美金。詹姆斯欣喜若狂，但经过专家鉴定后，才得知这并不是北京猿人化石。自从詹姆斯悬赏重金找寻失踪已久的北京猿人化石以来，世界各地的人都纷至沓来，向这位富商透露线索，然而终究一无所获。那么，承载着人类厚重历史的北京猿人化石又是如何丢失的呢?

在1941年太平洋战争即将爆发之际，由于日本和美国的局势日益紧张，相关部门为安全起见，欲将保存于北京协和医院里的北京猿人化石全部转移到美国去。北京猿人化石包括79盒北京猿人牙齿，其中有5大盒，74小盒；残下颌骨和头盖骨各13件；头骨片1盒及另外的15片；9件残股骨；3件颌骨；2件臂骨；以及腕骨、锁骨、鼻骨、腭骨等各1件。

不幸的是，日本军队截断从北京到秦皇岛的火车，这就终结了原本打算将所有北京猿人化石运上返回美国的“哈里逊总统”号的计划，“哈里逊总统”号最终也因为战争的爆发而没有抵达美国。令人费解的是，北京猿人化石在此之后踪影全无。

关于化石的失踪至今有三种说法：一种是说北京猿人化石是被日本人劫持之后带回国去了，现在有可能就隐藏在日本国的某一个地方，或者是流落至日本民间；另一种说法是北京猿人化石准备运往美国的说法纯属调虎离山之计，事实上化石并没有被移出北平城半步，而且一个美国士兵曾说自己看到有人把整箱的东西掩埋于院子里，这有可能就是北京猿人化石；还有一种说法是北京猿人化石其实没有被日本拦截，而是已经被运上“哈里逊总统”号，但是在运至美国的途中沉没于海底。

在其丢失之前，对北京猿人化石的发掘是一个让人期待又让人惊喜的过程，而发掘的结果又让世人瞩目。1929年12月2日对于中国人来讲是兴奋的，因为就是在这天，由考古专家裴文中带领的团队发掘了深埋于地下50万年的一个完整的人头骨，世界为之震惊。其实在这之前，对北京猿人化石的发掘工作就已经进展很久。

自1918年一位叫安特生的瑞典探险家在周口店的龙骨山发现几颗齿类化石之后，外国的考古专家又分别在1921年、1923年做了两次实地考察和发掘，其中有一颗牙齿被证实为人牙。此后1927年在龙骨山又有一次规模较大的发掘活动，竟然收获500余箱的动物化石。后又于1928年收获一个女性的右下颌骨以及其他化石。

1987年，周口店的北京猿人遗址被列为世界文化遗产。北京猿人从体貌特征上来看，臂长腿短，头部略向前倾，身材显得粗而短，其中男性高约为156厘米，女性为144厘米。根据研究结果来看，在北京猿人所处的时代，他们当时已经可以制造工具，还会使用火种，主要以昆虫和鸟蛇等动物为食。但其寿命很短，一般十几岁就已寿终。

北京猿人的发现证明了远古时期直立人的存在，而且更加坚定了人类的发展是经历了一个“从猿到人”的过程。可见，如此意义非凡的一批化石，丢失也许并不令人意外。

足球是黄帝发明的吗

足球是现代社会人们喜爱的运动。有不少国家都认为自己是足球运动的诞生地，但是有确切证据表明，足球最早起源于中国，中国古代的蹴鞠就是足球的起源。

蹴鞠是中国古代一种类似足球的活动。公元前3世纪末的《蹴鞠新书》记载了一个古老的传说：足球是黄帝发明的。《太平御览·训兵》引《刘向别录》中也有类似的记载：“蹴鞠者，传言黄帝所作，或曰起战国之时。”

那么，是否是黄帝发明了足球？1954年，在西安半坡仰韶文化遗址发掘到一些大小不一的石球。有人认为足球就是黄帝发明的，这些出土的石球就是黄帝时代创造蹴鞠游戏的依据。因为黄河流域正是黄帝部落生活的地区，新石器时代距今5000年，与黄帝传说的时代也基本吻合。

1972年长沙马王堆西汉墓中出土了一批帛书，据考证是战国时的著作，其《十大经》中描述了黄帝部落与蚩尤部落的大战，黄帝部落擒捉蚩尤，把蚩尤的胃做成球，让士兵们踢。因此，当时的战国人认为蹴鞠是起源于黄帝时代。

以上仅是推测，并没有更进一步的佐证，因此黄帝是否真的发明足球已无法考证。不过根据近代发掘所知，中国古代就有类似足球的运动。那么它到底是什么时候开创的?

蹴鞠有明确的文献记载是开始于公元前500年的战国时代。据《战国策》记载，纵横家苏秦去各国游说，实现他合纵抗秦的主张时，到过齐国，调查了齐国的经济、军事情况和风俗民情之后去劝说齐宣王。他说，齐国东依大海，人口众多，临淄的男子都很有朝气，热爱生活，“其民无不吹竽、鼓瑟、击筑、弹琴、斗鸡、走犬、六博、蹴鞠者”。可以看出，蹴鞠在当时就已是齐国平民喜爱的休闲娱乐活动。

《西京杂记》中也有记载：刘邦举反秦义旗，又经过五年的楚汉争战，建立了大汉帝国，把他的父亲、母亲接到长安城未央宫去欢度晚年。但是老两口却整天哭丧着脸，并不高兴。于是汉高祖便派人询问原因。原来，两位老人在沛郡丰邑过的是平民生活，茶余饭后的休闲娱乐就是斗鸡、蹴鞠，现在生活改变了，反而不习惯。汉高祖听说后，立即下令，在长安城东建造了一座新丰城，让丰邑人民全部搬迁过去，刘太公也从未央宫搬到新丰城和老朋友一起在休闲时斗鸡、蹴鞠，过着快乐的晚年生活。

从这两个故事可以看出，至少在战国时代，蹴鞠在民间就已广泛流行了。

到了汉代，蹴鞠因具有极大的军事训练价值而受到统治者的重视，被列入军事检阅项目。《汉书·艺文志》记载，当时还专门著了一本专业书籍名为《蹴鞠》，可惜此书在唐代以后就失传了。

黄帝是否发明足球，目前还无法考证，但有一点可以证明，这种类似于足球的活动早在我国古代就已经存在了。

禹王碑内容之谜

在湖南省岳麓山顶的石壁上镌立着一块高1.84米、宽1.40米的大石碑。碑上刻着77个字，每字直径约0.16米，字体清奇，有如龙蛇行走，又似蝌蚪蜷身，似篆非篆。传说这是为纪念大禹在岳麓山治水而立的禹王碑。

相传4000多年前的洪荒时代，天下被洪水淹没，大禹为民治水，到处奔波。传说大禹曾到过南岳，以岳麓山为营地，带领长沙先民治好了洪水。长沙先民为感谢大禹，决定在岳麓山顶上为大禹治水立碑记功。当时大禹不肯答应，但在人们的执意要求下，只得答应，可是提出了一个条件：碑文要刻得奇特，如天文一般，百姓不能相识。于是，长沙先民便将大禹提供的77个字全部刻在岳麓山顶的石壁上，后来就成了禹王碑。

禹王碑真的是为纪念大禹治水而镌刻的吗？

史书记载，禹王碑最初发现于南岳衡山岣嵝峰，亦称《岣嵝碑》。现在岳麓山顶的禹王碑是宋代嘉定年间由南岳衡山岣嵝峰摹刻而来，距今约800年的历史。由于衡山至今未发现史传的禹王碑真迹，所以此碑就成了最古老的禹王碑蓝本。

禹王碑的碑文字形奇古，自明嘉靖年间被发现后，就引起许多学者的关注。学者们都尝试着对碑文进行试读，但至今尚无定论。如今能形成一家之言的说法有好几种，而具有代表性的当属明代杨慎和当代学者曹锦炎、刘志一的释文。

1. 杨慎说：大禹治水

杨慎是明朝正德年间的状元，明世宗时曾任经筵讲官，他博览群书，当时被推为天下第一。其曾撰禹王碑释文："承帝日咨，翼辅佐卿。洲诸与登，鸟兽之门。参身洪流，而明发尔兴。久旅忘家，宿岳麓庭。智营形折，心罔弗辰。往求平定，华岳泰衡。宗疏事裒，劳余神。郁塞昏徙。南渎愆亨。衣制食备，万国其宁，窜舞永奔。"

杨慎认为该碑就是为了纪念大禹治水的功劳而镌刻的。此释文也多被采用为现在禹王碑的释文。但是禹王碑碑文既不同于甲骨钟鼎文，也不同于籀文蝌蚪文，很难辨认。而我国历代碑石中尚无夏禹时代的实物例证，所以杨慎释文也只是一说，难做定论。

2. 当代说法：帝王颂词

许多考释者在研究时，都没能突破"大禹治水"的框框，而近年一些学者则认为"禹碑"并非禹碑，其中以曹锦炎和刘志一等人先后作"岣嵝碑释文"为代表。

曹锦炎认为，禹王碑是战国时代越国太子朱勾代表他的父亲越王不寿到南岳祭山的颂词。而刘志一则认为，禹王碑是楚庄王三年（前611）所立，内容是歌颂楚庄王灭庸国的历史过程与功勋。

禹王碑独特的文字，使得历代学者专家破译说法不一，至今未能找到令人信服的说法，以致留下千古之谜。

谁是中国酿酒的始祖

据考古发现，中国的酿酒文化已有5000多年的发展历程，可以追溯到远古的龙山文化时期。中国的酿酒不仅历史悠久，品种也很繁多，人们在品味着美味、香甜的酒时，对谁是酿酒的鼻祖产生了浓厚的兴趣。

仪狄，相传为夏禹时期人，史籍中记载“酒之所兴，肇自上皇，或云仪狄”。自上古三皇五帝时候起，酒已流行起来，仪狄总结了各种酿酒的方法，使之流传于后世，故而称之为“始祖”；也有人认为仪狄酿造了一种由糯米发酵而成的酒，早于杜康酒，于是被认为是酿酒的创始人。

“慨当以慷，忧思难忘。何以解忧？唯有杜康。”曹操的一首《短歌行》让我们知道了杜康是酒的代名词，以致越来越多的人认为，杜康便是中国酿酒的祖先。关于杜康的身世，民间有很多的说法。

有人认为杜康是禹的后代，是夏朝的第五位皇帝，其母亲在政变中带着尚未出世的杜康逃到虞，生下他后，取名为少康。儿时的杜康常年外出放牧，经常把带的米饭挂在树上而忘了吃。有一次，杜康无意间发现久挂在树上的饭流出了汁，他忍不住舔了舔，竟然异常的美味，于是他经过反复地研究和实验，发现了发酵的原理，并且创造出一套酿酒的工艺技巧，因此人们尊崇他为酿酒始祖。

还有人认为杜康是黄帝的部下，专门管理粮食，为使粮食不发生霉坏，于是他掏空枯树的树干，把粮食藏于其中。一段时间过后，粮食便发酵了。他在一次检查余粮时，发现一些山羊和野兔低着头在储粮的树旁吮吸着什么，一会又跌跌撞撞地走开了，走了没多远便躺倒在路边。杜康十分好奇，凑近枯树，发现树裂开了一条缝，从里面不断地冒出水来，他忍不住尝了一口，便被这醇美的味道吸引，于是他报告黄帝，大臣仓颉为此造字“酒”，而杜康也从此走上酿酒之路。也有人说杜康生于陕西省东北部的白水县，《白水县志》中记载：“杜康，字仲宁，相传精县之康家卫人，善造酒。”

也有人认为在仪狄、杜康之前就有酒的存在，而他们二人只能算是酿酒技术的革新者，并不是酿酒的发明者，称不上是酿酒的始祖。

三星堆难倒考古学家

三星堆遗址位于四川省广汉市南兴镇北。这里有一条称为马牧河的古河道，北岸的地形似月牙，叫“月亮湾”，南岸原有三个大土堆，故称“三星堆”。

遗址总面积12平方千米，其中心区域是一座由东、西、南三面城墙包围的古城，城区面积近4平方千米，与中原王朝早期王都河南郑州商城相当。如此宏大规模的城市，在3000年前的中国实属罕见。从考古学家目前发掘的情况来看，三星堆已出土了大量青铜器、玉石器、象牙、贝、陶器和金器等器物，其中最引人注目的是一件大型青铜立人像、数十件青铜人头像、青铜神树和黄金权杖。

三星堆出土的青铜人像雕塑，是中国古代文化中罕见的珍品，在东方乃至世界艺术史上占有重要的地位。青铜人像高鼻深目，形象夸张，大眼直鼻，方颐大耳，戴冠，穿左衽长袍，佩脚镯，极富地方特色，是迄今发现的最大的青铜铸像之一。

青铜神树高3.84米，是世界上最顶级的古代至宝。树上有九枝，枝上有立鸟栖息，枝下有硕果勾垂，树干旁还有一条龙从树顶下探，生动又神秘。

黄金权杖是用金条捶打成金皮后，再包卷在一根木棒上制成的，金皮上刻有三组以鱼、鸟、人为内容的纹饰，清晰而神秘。

三星堆遗址出土的文物难倒了众多考古学家，几乎每个文物都带着难以破译的千古之谜。这些谜团至今为止仍让学者们争论不休。

第一，三星堆文化内涵的确定。三星堆遗址是距今5000～3000年前的古蜀文化遗址。在遗址内存在面貌不同但又连续发展的三期考古学文化。在三星堆一期文化中出土有玉琮等玉器，所以有学者认为它和长江中下游地区良渚文化等有交流。在二期文化时，三星堆已发展成为高度发达的青铜文化中心，即早期蜀国，它代表了长江流域商代文明的最高成就。有学者认为它比黄河文明还早，这也再次证明了中华文明多元一体的起源。

第二，三星堆青铜文化如何产生？三星堆是蜀地独自产生发展的产物，还是受其他文化的影响？本土论者认为其青铜器形象独特，不归属于中原青铜器的任何一类，而且反映了古蜀人对“眼崇拜”等的习俗。有人认为出土的青铜人高鼻深目、颧面突出、阔嘴大耳，不像中国人，反而像是“外国人”，于是认为三星堆人可能来自其他大陆，三星堆文明可能是“杂交文明”。

第三，遗址居民属何族？目前有氐羌说、濮人说、巴人说、东夷说、越人说等不同看法。其中古羌人的传说最为大家接受。古羌人的祖先来自西北高原，他们到达成都平原后，与当地原始部落民族开始争夺土地。后来，一个叫蚕丛的羌人首领称王，由于蚕丛有纵目，后来的羌人就炼铸了大量青铜纵目面具纪念他，即三星堆出土的青铜人面像。《华阳国志·蜀志》中有记载：“蜀侯蚕丛，其目纵，始称王。死，作石棺、石椁，国人从之。故俗以石棺椁为纵目人冢也。”

第四，古蜀国为何突然消亡？古蜀国繁荣了1500多年，然后又突然消失了。关于古蜀国的灭亡，人们假想了种种原因，但都因证据不足始终停留在假设上。目前有水患说、战争说、迁徙说和灾难说等。关于水患说，有“三星堆遗址北临鸭子河，马牧河从城中穿过”的发现，因此有学者认为其消亡是洪水肆虐的结果。而遗址中发现的器具多被事先破坏或烧焦，似乎印证了“战争说”这一解释。成都平原物产丰富、土壤肥沃、气候温和，用“灾难说”解释似乎难以自圆其说，因此更多人主张迁徙说而非灾难说。

第五，“巴蜀图语”代表什么？三星堆祭祀坑中发现了一件价值连城的瑰宝——黄金权杖。权杖上面刻有三组以鱼、鸟、人为内容的纹饰，这一纹饰又引起了学术界的争论。有人认为金杖上的符号可能是古蜀人的文字，在《华阳国志·蜀志》就有说蜀人“多斑彩文章”。但还有人认为古蜀人“不晓文字，未有礼乐”。也有人认为是族徽、图画，或者是某种宗教符号。根据其强烈的宗教信仰来看，最有可能是宗教符号和族徽。学者们对此的争论仁智各见，还有人已在试图破译。如果能解读这些图案，必将加速三星堆之谜的破解。

商代妇好墓的主人是谁

最初，殷墟是借甲骨文出现在世人面前的。随后的几十年里，考古工作者对殷墟进行了长时间的考古与发掘。1976年，殷墟妇好墓的发现把殷墟考古工作推向高潮。

妇好墓在宫殿区的西边。妇好墓深7.5米，在这里出土了大批随葬品共计1928

件，青铜器400多件，玉器750多件，骨器560多件，以及石器、象牙制品、陶器、蚌器、海螺、海贝等，其中大量的青铜器包括祭祀用的酒具和煮肉器皿，器皿正面大多刻有饕餮纹，背面刻有螺旋图案。有人认为饕餮纹发源于良渚文化，象征从死亡到阴间生活的转化过程。所有物品制作极其精美，展现出商代所达到的最高工艺水平。妇好墓中出土的青铜礼器和乐器上大部分都铸有铭文。考古人员根据铭文上出现最多的“妇好”字样，于是将这座墓称为“妇好墓”。

妇好是谁？为什么她的墓葬没有在皇家陵区，而是建造在宫殿区？为什么她的墓葬如此奢华？幸好有甲骨文的记载可供查询。

妇好是商王武丁的妻子，她能文能武深受武丁宠爱，多次参与国家大事，为稳定武丁的江山社稷立下汗马功劳。

妇好文化修养较高，武丁任命她为卜官，主持各种祭祀活动。在尊崇神灵的商朝，主持祭祀是很了不起的事情。妇好还是我国历史上第一位有文字可查的女将军，甲骨文中关于她的记录有200多条。

据甲骨文记载，某年夏天，北方边境燃起战火，敌人实力强劲，战事一直很紧张。此时妇好主动提出去边境参战，商王经过占卜，得到吉相，于是同意了妇好的请求。那次战斗妇好带兵大破敌军，威名大振，从此一发不可收，接连与20多个小国战斗都取得了胜利，成为远近闻名的骁勇战将。妇好墓出土的文物中，有一柄大铜钺，长39.5厘米，刃宽37.5厘米，重9千克。钺上饰有双虎扑噬人头纹，并铸有“妇好”铭文。挥舞如此沉重的兵器在战阵中拼杀，妇好的勇武可见一斑。

妇好在商王的六十多位妻子中格外受宠爱。当时的战斗规模普遍不大，动辄不过上千人，可据记载，妇好在攻打羌方的时候动用了13000人的兵力，相当于全国兵力的一半，可见商王对她的信任。

甲骨文上称妇好为“大元帅”，不仅记载了她的赫赫战功，也记载了她与商王武丁的绵绵情意。武丁信任她、宠爱她，当妇好怀孕生子时，武丁为她担心忧虑，虔诚地向神灵祈福。由于连年征战，妇好积劳成疾，先于武丁而亡。武丁很悲痛，破例将她厚葬于宫殿区内，并在墓坑上精筑享堂，以作纪念。这也就解释了为何妇好墓会如此奢华，而且为什么会出现在宫殿区，没有按常规送入墓地埋葬。

但是曾有学者指出，妇好并不是武丁的妻子。因为甲骨文记载了一些卜辞：

“妇好嫁了吗？”

“大甲已经娶了妇好。”

“妇好嫁了吗”

“成汤已经娶了妇好。”

“妇好嫁了吗？”

“祖乙已经娶了妇好。”

妇好竟然曾先后嫁给过大甲、成汤、祖乙三位商王朝先王，从时间上讲，这显然是不可能的。

另有研究人员指出，商代也有“冥婚”一说。与后世民间的冥婚不同的是，那时的冥婚似乎并不在意双方的年龄差距。武丁为了让妇好在另一世界不孤独，先后将她嫁给三位前朝贤明的帝王，并且还向巫师求问，妇好是否已经得到先王的照顾。作为一名痴心的爱人，武丁对妇好的爱让人感慨不已。

商后母戊鼎究竟藏着什么秘密

2006年7月13日，第30届世界遗产大会通过中国安阳殷墟入选世界文化遗产名录。殷墟以独具风格、规模巨大、规划严饬的宫殿建筑和商王陵墓体现出的恢宏的都城气派而卓绝一时，以制作精美、纹饰细腻、应用广泛的青铜器而闻名中外，青铜冶铸、玉器制作、制车、制骨、陶器、原始瓷器烧造等手工业高度发达。殷墟丰富的文化遗存从各个方面反映出中国古代高度发达的青铜文明。

殷墟的青铜器中，最著名的当属商后母戊鼎。

1939年初春的一个上午，河南安阳武官村农民吴希增在村北的农田中忙碌，他在这个寒冷的天气出门并不是为了照顾田里的农作物，而是为了探寻文物。那些年，安阳地区沉浸在对殷墟探索的热情中，普通农民吴希增也成为发掘古物大军中的一员。

吴希增和文物专家学习了一些考古技巧，他熟练地将探杆钻入10多米深的地下。随即，他感觉探杆碰触到异物，取上来一看，探头钻上了某种硬物，卷了刃，还沾着一些绿色腐蚀物。吴希增知道自己探到了宝物，欣喜若狂，立刻找人挖掘。那天半夜，在地下沉睡了千年之久的商后母戊鼎从冻结的泥土中露出真容，再次与这个世界亲密接触。

商后母戊鼎让当时参与发掘的人震惊不已。它高1.33米，长1.10米，宽0.79

米，重达832.84千克。据专家估算，从炼铜的浇铸、制模到拆范，至少需要130多位工人同时工作。更让人惊叹的是，商后母戊鼎中铜、锡、铅的含量比例与现代所铸青铜中各成分的比例基本相同，可见几千年前商朝人的冶炼技术就已经达到登峰造极的地步。

商后母戊鼎又被称为司母戊大方鼎，它是迄今为止发现的最大的中国古代青铜器。当年吴希增组织40多人进行挖掘，他们在挖掘洞洞口搭了一个架子，使用了两条5厘米粗的麻绳都在中途断裂，没能将鼎提出地面。后来还是采用在鼎下填土、逐步抬升的方式才将鼎挖掘出来。

鼎是古代烹煮食物的用具，多厚重，通常为圆腹、两耳、三足，呈盆、盂、斗状。古代祭祀或典礼时会用鼎向天神祖先呈上烹煮的肉类，慢慢演变成了一种祭祀用具。商后母戊鼎就是一位商王纪念母亲所制造的。

司，指皇后、太后；母，指母亲；戊，是母亲的名字。商代王室都是以干支来命名的，比如商王“武丁”“盘庚”等。据甲骨文史料载，配偶为“戊”的商王共有4位，分别是大丁、武丁、祖甲、武乙王。专家通过分析认为，“戊”最有可能是武丁或祖甲王的妻子。商后母戊鼎的样式、化学成分与商王武丁的王后“妇好”墓中出土的“司母辛鼎”非常相似，因而推断“戊”是武丁的另一位王后。商后母戊鼎很可能是商王武丁的儿子为纪念母亲而制造的祭祀用具。

商后母戊鼎从历史、工艺上都具有重要意义，是中华文化的一种象征。2005年，国家在后母戊鼎出土的地点建起殷墟博物馆，将在殷墟出土的国宝级精品文物在馆中集中展列。

中国古代“秋冬行刑”：立春时不处决犯人

我国古代讲究“秋冬行刑”，即凡被判有死罪的人，除谋反大逆等“决不待时”以外，其他的罪刑都必须等到秋后才能处决。

秋冬行刑制度最早起源于周朝。《周礼》中记载刑杀必须选择适合的日期。而《礼记·月令》中就确定了最理想的刑杀时间：孟秋、仲秋、季秋三月，这三个月即是农历的七、八、九月。书中还说，七月是一年中开始刑杀的时间，不得有丝毫的懈怠；八月可以大兴杀戮，但刑杀必须适当；九月是杀戮扫尾的时间，要求司法官吏不得遗漏应被刑杀的囚犯。

那么，古人为什么会有“秋冬行刑”的规矩呢？

古时候，由于科学文化水平的落后，人们还不能够合理地解释自然界和人类社会的某些联系，于是人们便认为在人类和自然界万事万物之外存在着一个能支配万物的造世主。灾害、瘟疫、祥瑞、丰年等现象都是上天赐予的，所以人们的一切行为都必须符合天意。设官、立制不仅要与天意相和谐，刑杀、赦免也不能与天意相违背。

四季之中，春夏是万物滋育生长的季节，秋冬是肃杀蛰藏的季节，这是宇宙的秩序和法则，因此人间的司法也应当适应天意，顺乎四时。同时，秋季对应五行中的“金”，金的本性冰冷，从五行中讲这时生命沉寂，生命力最低，而且金代表用于砍伐的工具，是破坏的代表。另外，秋冬适合断狱、行刑，不会耽误农时。

汉代时，儒学大师董仲舒发明了一套“天人感应”理论，他认为“天有四时，王有四政，庆赏刑罚与春夏秋冬以类相应”。因此，他决定帝王应该在春夏季节行赏，在秋冬季节行刑。如果违反天意，会招致灾祸，受到上天的惩罚。所以，“秋冬行刑”这一习俗就被载入典籍，成为一项法令而一直延续到封建社会灭亡。

虽然封建统治者用法律的形式将“秋冬行刑”的制度固定下来，但是在司法实践中，统治者往往又践踏自己的法制。如汉代王莽就曾下令，凡行军过程中疾跑喧哗的，一律立即处死，不用等到秋冬时再行刑。隋朝开国皇帝隋文帝曾经发怒要在六月杀人，当时大理少卿劝其不可在春夏之时诛杀，他却回答说：“六月虽然是生长月，但此时必然有雷霆之声。上天既然能在炎热之夏季震其威怒，我替天行刑，有什么不可以呢？”于是隋文帝便在春夏之时开了杀戒。

其实从这些我们不难看出，“秋冬行刑”的政治实质是统治者用来巩固其统治的一种手段。他们借天意之名，让百姓深信他们的这种刑杀手段是上天所赋予的，不能违背天意，进而也不能违背天子的旨意。因此，统治者以天之名来行使他们的刑杀权力，巩固统治。

西周甲骨文之谜

1976年，陕西省岐山县凤雏村周原遗址中出土了一批甲骨文。这批甲骨文与以往不同，上面雕刻的文字特别细小，需要5倍放大镜才能看清字迹。考古专家们非常疑惑，把文字刻得这么细小，有什么特殊目的吗？在一个科技落后的时代，这样精细的工作是怎样完成的？

这批微刻甲骨文共293片，专家认定，雕刻时间应为周文王晚年到周康王初年。这个时段大约横跨了40年，这正是西周从灭商到巩固政权的时期。

博学聪慧的周文王被纣王在羑里囚禁多年，他在被困期间做了大量的易学研究工作。《史记》中有“周西伯拘羑里，散宜生”的记载。等到重获自由、返回故土后，他着手进行兴周灭商的工作。他一方面网罗人才，一方面搜集殷商的情报。微刻甲骨文所记载的内容主要是商王朝和西周的一些活动，包括占卜、狩猎等，多用于分析商周关系，记录商王的行踪。微刻甲骨文可能就是在这种情景下产生的。这也说明在商王朝的控制下从事此类活动，保密工作一定要做好。破解了微刻甲骨文的用途，专家们为这种甲骨文的制作方式感到费解。周原遗址出土的微刻甲骨文，最小的一片只有2.7平方厘米，如此小的面积上竟然刻了31个甲骨文字，最小的字直径不到1毫米。商周时代虽然有骨针，但骨头制成的针是无法在甲骨上完成雕刻的。那时的人们是如何雕刻出这么细小的文字的，一直是一个谜。直到2002年，陕西城固县宝山村商代遗址烧烤坑发掘出一枚距今3300年的铜针，谜底才得以揭开。

这枚铜针体长约8厘米，尖端非常锐利，末端有孔径0.1厘米的针鼻。能在如此细小的部位钻孔，商周工艺技术的发展超乎现代人的想象。铜针自身够细小、够硬度，在甲骨上刻字完全没有问题。

刻字工具有了，但在甲骨上刻上这种微小字迹在没有放大镜的年代是一个大难题。

据医学研究发现，一些眼部疾病，能使眼睛具有自动放大物体的功能。譬如黄斑部病变结痂前期、中心性视网膜炎晚期病人眼中的物体都要比实际物体大数倍。而且视力和体力一样，可以进行锻炼。当代的微雕艺人中，也有人能不使用放大镜就进行艺术创作的。甲骨文也被称为爻辞，记录的多是占卜之事。殷商人崇敬鬼神，专门设有巫史之职进行占卜、天象观测等。日复一日的天象观测需要用肉眼追踪星的动向，久而久之，视力得到大幅提升，并非奇谈。巫史是神的仆人，如果有一些巫史患上黄斑部病变结痂前期等眼病，在一个科学落后、崇尚神明的时代，一定会被当作伟大的神迹得到赞颂、传扬。

把敏锐的视觉、雕刻甲骨的技艺、记录重大事件的需求三者综合，较好地解释了微刻甲骨文之谜。

玉门关之谜

“黄河远上白云间，一片孤城万仞山。羌笛何须怨杨柳，春风不度玉门关。”悲壮苍凉的《凉州词》传诵了千年，让一代又一代的中国人记住了玉门关这座古老的关塞。

玉门关究竟在何处？恐怕没有几个人能说得清楚。1000多年前，丝绸之路最繁忙的年代，玉门关就静静地矗立在关外。

那时，玉门关是一个繁华的边关，处于丝绸之路的咽喉之地。无数中国和西域的客商在这个关口来来往往，把中国精美的瓷器、华贵的丝绸、神奇的药草、香气浓郁的茶叶以及造纸术、印刷术等先进的科学技术带出关口，送往西域。鲜美的葡萄、无花果、石榴，营养丰富的萝卜、胡麻、大蒜也从世界各地汇聚而来，通过这里，传往内地。

翻开今天的中国地图，依然能看到玉门关，不过，此玉门关非彼玉门关，地图上标注的是一座与玉门关同名的现代都市，以盛产石油著称。

《凉州词》所描述的玉门关在敦煌附近。在敦煌西北有个名为“小方盘”的四方形土城堡。这座城堡全部用黄土夯成，城垣长245米，宽264米，残高97米，总面积600多平方米，设有内外女墙（城墙上筑起的墙垛），城内东南角有马道。这座古堡的大小接近北京的四合院，几间土房看起来寒酸、破败，毫无气势。见到“小方盘”的人会发出质疑：这就是传说中雄浑苍凉的玉门关？玉门关是一条交通枢纽的咽喉要道，有重兵把守，竟然只是这样一个小小的据点？然而，就在这里出土过写着“玉门都尉”的汉简，几乎可以作为认定玉门关的铁证。大宛的汗血马、伊犁河的乌孙马就是从这里奔入广阔的中华大地，汉代大将李广利就是从这里带领将士出关与敌拼杀。

隋唐时，玉门关的位置由敦煌西北迁至敦煌以东的瓜州晋昌县境内。根据《大唐大慈恩寺三藏法师传》记载，玄奘法师去西域取经，就曾从这个玉门关经过。

为什么隋唐时期玉门关要东移？《周书·列传第四十二》记载："自敦煌向其国，多沙碛，道里不可准记，唯以人畜骸骨及驼马粪为验，又有魍魉怪异。故商旅来往，多取伊吾路云。"伊吾路的开通使瓜州与伊州直接连通，不用再绕道敦煌，所以作为关口的玉门关也随之迁徙。

随着经济的发展、时代的变迁，玉门关经历了一次又一次的迁徙。到了五代宋初，玉门关又迁徙到肃州城西70里至100里（1里=500米）的地方，距离唐代玉门关已有200千米之遥。

和氏璧终归何处

和氏璧究竟为何物？它为何能够牵动历代帝王的好奇心？它为什么在代代流传之中成为传国玉玺？和氏璧从哪里来，现在又去了哪里？

《韩非子·和氏》中有记载："楚人和氏得玉璞楚山中，奉而献之厉王。厉王使玉人相之，玉人曰：'石也。'王以和为诳，而刖其左足。及厉王薨，武王即位。和又奉其璞而献之武王。武王使玉人相之，又曰：'石也。'王又以和为诳而刖其右足。武王薨，文王即位，和乃抱其璞而哭于楚山之下，三日三夜，泣尽而继之以血。王闻之，使人问其故，曰：'天下刖者多矣，子奚哭之悲也？'和曰：'吾非悲刖也，悲夫宝玉而题之以石，贞士而名之以诳，此吾所以悲也。'王乃使玉人理其璞而得宝焉，遂命曰：'和氏璧。'"

一个叫作卞和的楚国人，某日在荆山找到一块未经加工的玉石，欣喜若狂。于是他捧着宝贝向厉王献上，并说这是一块宝玉。楚厉王叫鉴定玉石的人观察以后，鉴宝人说这只是一块石头。于是厉王大发雷霆，让人将卞和的左脚砍去，以罚欺君之罪。后来武王继位之后，卞和又跛着脚去把玉石献给楚武王。武王的玉工看后也说这是石头，于是卞和的右脚也被砍掉。等到文王继位之后，卞和仍旧不甘心一块传世之玉就此被埋没。他抱着玉石在山下哭了整整三天三夜，甚至眼泪都流成了血。楚文王听到后便派人去问缘由，以为卞和是因为失去双脚而哭泣。后来卞和说他是因为无人识玉而痛苦万分。楚文王听后万分感动，于是命令鉴定玉石的专家仔细检测，终于得出结论：这是一块宝玉。因此玉为卞和所发掘，于是便命名此玉为和氏璧。

以上就是和氏璧的来由，那么和氏璧又是怎样失踪的呢？

楚威王将和氏璧作为奖赏赐予昭阳丞相。然而不幸的是，丞相府遭遇失窃，和氏璧不知去向。或许是小偷将其辗转到赵国，后来和氏璧归了赵慧文王。秦王听说赵王拥有一宝后也想得到和氏璧，便派人拿15座城池与赵王交换。虽然也有“蔺相如完璧归赵”之说，但是秦王借着自己国家强大的势力，最终还是将宝物据为己有。相传，在秦灭六国、统一中国之后，秦王将和氏璧做成玉玺，并且刻上了“受命于天，既寿永昌”八字。之后史料中就再也没有和氏璧的记载，它的流传也蒙上了一层神秘的面纱。

关于和氏璧如今的去向，有人说它早已作为秦始皇的随葬被掩埋了，也有人说和氏璧是被项羽拿走，后来下落不明。

近年来听说和氏璧流传到日本，但是仍旧不能考证。无论如何，和氏璧因卞和而得名，经历代皇帝之手后闻名于世。虽然它至今仍下落不明，但是它从古至今的流传以及关于它广为人知的故事，这些就已经足够令人去遐想了。

越王剑之谜

1965年，一支考古队在挖掘春秋古墓时，意外发现了一把沾满泥土的长剑，剑身刻有八个古篆字。专家学者们在对古篆进行研究后，发现是“越王勾践，自作用剑”。原来这是春秋时期越王勾践的剑。

这把剑全长55.6厘米，其中剑身长45.6厘米，剑宽5厘米。剑身满饰黑色菱形几何暗花纹，剑格正面和反面还分别用蓝色琉璃和绿松石镶嵌成美丽的纹饰，剑柄以丝线缠缚，剑首向外形翻卷作圆箍，内铸有极其精细的11道同心圆圈。越王剑拔剑出鞘时，寒光耀目，而且毫无锈蚀，依然锋利无比，20多层的复印纸，剑从中间“唰”的一声一划全破。

一把在地下埋藏2000多年的古剑居然毫无锈蚀且锋利无比，这一发现立即轰动全国乃至世界。人们也很好奇，越王剑千年不锈的原因是什么？

研究者对其做过一次质子X荧光非真空分析，发现剑表面黑色花纹处含有0.5%的硫、剑格表面含有0.9%～5.9%的硫。因此，有人认为越王剑千年不锈的原因是剑身经过硫化处理。

那么越王剑的表面是否采用过硫化处理的工艺？有些研究者给出否定答案：一是，硫化铜是一种结构并不致密的物质，在用剑时，人的手指会经常摸到剑格，很容易就将该处的硫化铜抹去，既如此，还有必要进行硫化处理吗？二是，越王剑出土时不是绝对的没有生锈，只是其锈蚀的程度十分轻微，人们难以看出。其出土后一直放在囊盒中妥善保管，但是现在该剑的表面已不如出土时明亮。与其同时期的吴王夫差矛，在出土时其青铜表面已布满绿色的锈层。说明越王剑千年不锈，与它自身因素的关联应该不是很大。三是，春秋战国时期统治者们的墓葬中都会有大量的陪葬品，情况十分复杂。那些尸体、丝绸衣物、食物等腐烂后都会产生相当多的硫化物，或许这才是越王剑上硫的来源，并不是特别的硫化处理技术。

目前，学术界所认可的越王剑千年不锈的原因主要有以下三点：

第一，通过现代科学技术测试，人们发现越王剑的含铜量约为80%~83%、含锡量约为16%～17%，另外还有少量的铅和铁，可能是原料中含的杂质。青铜剑的主要成分铜是一种不活泼的金属，在日常条件下一般不容易发生锈蚀，这是越王剑不锈的自身因素。

第二，越王剑埋葬的墓葬在地下数米，一椁两棺，层层相套，椁室四周用一种质地细密的白色黏土即考古学界称之为白膏泥的物质填塞，其下部采用的还是经过人工淘洗过的白膏泥，致密性更好。加上墓坑上部经过夯实、填土等做法，使墓的墓室几乎成了一个密闭的空间，这么多的密封层基本上隔绝了墓室与外界之间的空气交换。还有该剑出土时插在髹漆的木质剑鞘内，与空气接触、氧化的可能性更小了。这是越王剑千年不锈的外部环境因素。

第三，该墓处在荆州附近的漳河二干渠上，地下水位较高，该墓的墓室曾经长期被地下水浸泡，地下水酸碱性不大，基本上为中性。在地下水浸泡下，墓室内空气的含量更少。这是越王勾践剑不锈的又一原因。

越王剑穿越2000多年的历史长河，不但没有锈蚀反而依然锋利无比，无疑是我国青铜短兵器中罕见的珍品。

越王剑和吴王矛为何在湖北出土

1983年，湖北江陵马山5号楚墓出土“吴王夫差矛”。夫差矛长29.5厘米，制作精良，器身布满菱形的几何花纹，下部镌刻金铭文“吴王夫差，自乍自甬”，“乍”即“作”，“甬”即“用”。吴王矛正背两面都饰有精美的兽纹鼻，脊部铸有出血槽，无论从做工还是精美程度上，都与越王剑不相上下。

越王剑与吴王矛都被湖北省博物馆收藏，展柜相邻。这对春秋时代的传奇宝物千年前曾在战场上搏杀，千年后却以这种方式再次相遇。

人们感到疑惑，既然是越王与吴王用过的兵器，那么它们为什么在长江中游的楚国墓葬中被发现呢？它们为何没有留存于吴越故地，却埋藏在千里之外的楚国贵族墓葬中呢？

吴国被越国所灭，越国为楚国所灭，有人认为，吴王矛是在越灭吴时被当作战利品缴获到越人手里，在楚国灭亡越国的战争中，又与越王剑同为战利品流入楚国贵族手中。楚国贵族死后，把它们作为陪葬品伴随身边。

还有人认为，越王剑是越女嫁给楚国时的陪嫁品。历史上记载，越王勾践的女儿是楚昭王的宠姬。根据望山楚墓群出土的大批竹简得知，该墓入葬的年代为楚威王或楚怀王前期，所以越王勾践青铜剑因赠送而自越地传入楚地，这也是很有可能的。

越王剑与吴王矛到底是两邦友好时赠送的礼品，还是战争时缴获的战利品，至今仍是一个谜，引发了后人无限的猜测与遐想。

长沙楚墓帛画中的妇人形象是谁

1949年，湖南长沙市东南郊陈家大山楚墓出土了一幅帛画。此帛画距今已有2000多年，是目前世界上发现的年代最早的绢画之一，被称为晚周帛画或长沙楚墓帛画。

这幅帛画高约28厘米，宽约20厘米。画面的中心位置描绘的是一位妇女，侧立向左，头后挽有一垂髻，并系有饰物，长裙曳地，腰细而修长，两手合十，神态虔敬。她的上方画的是一条龙和一条凤，凤鸟头上昂，振翼奋爪，尾翻飞，呈奋起状；龙则双足屈伸，身体蜿曲，似乎正向天空飞升。该画以墨线勾描，线条有力，顿挫曲折富于节奏变化，用黑白组合，使画面具有一定的装饰趣味。在人物的嘴唇和衣袖上，还可以看出施点过朱色的痕迹。

长沙楚墓帛画的发现引起我国许多专家学者的关注，这幅帛画为何而作？画中的妇女是谁？腾飞的动物是否是龙凤？学者们对此进行了诸多研究和探讨。

20世纪50年代初，郭沫若先生根据当时的旧摹本进行过研究，认为妇人左上方的一兽一禽为夔（古代传说的一种独角兽）和凤，一凤一夔做斗争状。凤为神鸟，象征善与和平，在斗争中居高临下，占优胜地位；夔为怪类，象征邪恶与死亡，在侧面抵御相形败退。画的下面是一个现实中的女子，她合掌胸前，立于凤鸟一侧，似乎在祈福。然而郭沫若却没有对画中妇人的身份进行考证。

20世纪80年代以后，帛画在社会上公开，人们对照旧摹本研究，发现旧摹本中有不少错误，似龙的兽是双足而不是单足，帛画的最下角有一轮新月被忽略了。因此，郭沫若先生的推测就被推翻了，于是学者们对原画重新进行鉴定。

《江汉论坛》曾发表一文章《对照新旧摹本谈楚国人物龙凤帛画》，这篇文章对长沙楚墓帛画又有了新的诠释。

该文认为帛画的结构和布局有上、中、下三层。上层是天空，左边的兽应该是我国古代神化了的龙，右边的鸟则应是凤。龙和凤在我国古代神话传说中是人和神助魂升天的神兽神禽。画中的妇女站在中层，应该是人间。妇人右下角有一弯月状物是下层，应该是大地，意味着妇人站在大地上，向龙凤合掌祈求，希望飞腾的神龙神凤引导她的灵魂进入神界。该文还认为画中妇人即墓主人自己，这幅帛画的主题思想就是楚巫神迷信思想的一种反映。

美术史家金维诺先生也赞同这样的说法。他认为画上的中心人物应当是死者本人的画像，并认为此类帛画是我国肖像画的滥觞。

但是画中的妇女是谁，学术界还没有一致的答案。王伯敏先生认为这是一幅带有迷信色彩的风俗画，描写一个巫女为墓中死者祝福。这幅帛画所描绘的妇女，有可能是当时“巫祝”的形象。除此以外，还有人认为画中妇人是女神宓妃，历史学家、考古学家王仁湘就认为这是一幅“丰隆鸾鸟迎宓妃”图。

从墓葬出土的形式来看，这幅帛画在当时肯定不是作为观赏的美术品，而是被统治者作为寄托升天愿望的迷信工具，这与楚人的迷信习俗是相符合的。至于画中妇人到底是谁，各家说法不一，有待于专家学者做进一步的研究，成了一个未解之谜。

秦始皇陵墓九大谜团

一代帝王秦始皇的万世皇帝梦虽然只存在了十余年，但是由他建立起来的各种制度却影响了数千年。秦始皇死后，他的陵寝也因众多未解之谜而备受世人关注。

考古学家们已经对秦始皇陵地宫外进行发掘，但那幽深莫测的地下宫殿却是谜团重重，千百年来引发许多专家学者的猜测与遐想。地宫到底是怎样的结构？地宫内藏有多少奇器珍宝？始皇帝是铜棺石椁还是木棺木椁？始皇帝的尸骨是否完好无损……这一系列谜团无不困扰着专家学者。

谜团一：地宫到底有多深？

秦陵地宫为竖穴式构建，那么幽静而庞大的地宫究竟有多深呢？司马迁说“穿三泉”，《汉旧仪》则言“已深已极”，说明深度已到不能再挖的地步。我国文物考古、地质学界专家学者对其深度也进行了探索，推算地宫坑口至底部实际深度约为26米，至秦代地表最深约为37米。这个数据是依据目前勘探结果推算而得，应当说不会有大的失误。但是否如此，尚有赖于考古勘探的进一步验证。

谜团二：地宫有几道门？

秦陵地宫当年建造了几道墓门呢？《史记》中记载：“大事毕，已臧，闭中羡，下外羡门，尽闭工匠臧者，无复出者。”这里既有中羡门又有外羡门，那么内羡门不言自明。地宫三道门似乎无可辩驳。2002年，考古学家通过在地宫中放入机器人来探测地宫内部空间。当考古学家从第一道石门洞口将机器人放进去后，想不到机器人又碰上一道石门，因此这一工程只好搁浅。

谜团三：“上具天文”是什么意思？

《史记》记载秦陵地宫“上具天文”，其含义是什么呢？夏鼐先生推断“应当是在墓室顶绘画或线刻日、月、星象图”。近年来，西安交大汉墓发现了类似的“天文”“地理”壁画，上部是象征天空的日、月、星象，下部则是代表山川的壁画。由此学者们推断，秦陵地宫上部可能绘有更为完整的二十八星宿图。

谜团四：地宫为何埋有“水银”？

《史记》《汉书》曾记载秦始皇陵以水银为江河大海，然而陵墓中究竟有没有水银始终是一个谜。地质学专家曾先后两次到秦始皇陵采样，经过反复测试，发现其封土土壤样品中果然“汞异常”，而其他地方的土壤样品几乎没有汞含量。科学家由此得出初步结论：《史记》等关于始皇陵中埋藏大量水银的记载是可靠的。那么为何要在陵墓中埋入大量水银？北魏学者郦道元的解释是“以水银为江河大海在于以水银为四渎、百川、五岳九州，具地理之势”。

谜团五：地宫有多少珍宝？

司马迁曾说秦陵地宫“奇器珍怪徙臧满之”，大学者刘向也曾感叹：“自古至今，葬未有如始皇者也。”那么，这座神奇的地宫珍藏了哪些珍宝呢？20世纪80年代末，考古工作者在地宫外发掘出大型彩绘铜车马，车马造型逼真，装饰精美，有的马饰件是金、银、铜铸造而成，举世罕见。地宫外侧居然珍藏了如此之精美的随葬品，那么地宫内随葬品之丰富、藏品之精致是可想而知的。

谜团六：秦始皇的棺是铜的还是木的？

秦始皇的棺椁是什么材料的？有学者根据司马迁留下的“下铜而致椁”记录，推测秦始皇使用的是铜棺。但是《汉书》中有记载“冶铜锢其内，桼涂其外”“被以珠玉，饰以翡翠”“棺椁之丽不可胜原”。这里“漆涂其外”“饰以翡翠”的棺椁，恐怕只能是木质的了。如果是铜棺或石棺肯定用不着漆外涂。

谜团七：地宫里还有没有空间？

秦代李斯曾对秦始皇说：“凿之不入，烧之不燃，叩之空空，如下无状。”根据李斯的这段话，地宫明显有个外壳。因为李斯曾亲自主持过陵墓工程，对地宫的构造应该了如指掌，加之这段话是当面向圣上汇报的，按理说他的话不会有假。虽然如此，但由于考古勘探尚未深入到地宫的主要部位，所以地宫内部究竟是虚是实目前还是个谜。

谜团八：自动发射器

秦始皇在防止盗墓方面也苦费心机。《史记》记载秦陵地宫“令匠作机弩矢，有所穿近者辄射之”，指的是陵墓中安装着一套自动发射的暗弩，当外界物体碰到弓便会自动发射。如果记载属实的话，这就是中国古代最早的自动防盗器。几千年前的秦代是怎样生产出如此精妙的自动发射器？这也是一个大谜团。

谜团九：秦始皇遗体是否完好？

长沙马王堆汉墓“女尸”的发现，让人们开始质疑秦始皇遗体是否完好地保存下来。若单从遗体保护技术而言，和秦代相距不足百年的西汉女尸能很好地保存下来，秦代也应具备保护遗体的防腐技术。但秦始皇死在出巡途中，而且更糟的是正值酷暑时节，直到回到咸阳才下葬，中间隔了近两个月。想必秦始皇的遗体在途中就开始腐坏了，尸体运回咸阳恐怕早已面目全非了。据此推测秦始皇遗体保存完好的可能性很小。

以上九个谜团只是秦陵地宫众多谜团中的冰山一角。随着我国考古研究工作的深入和高科技探测技术的实际运用，相信秦陵地宫终有一天将再次震惊世界。

秦始皇陵坐西朝东之谜

秦始皇陵位于陕西临潼区以东5千米处，南靠骊山，北临渭水。秦始皇从继承王位开始，就为自己建造陵墓，历时37年，耗费巨大，高耸的丘冢被视为皇权显赫的象征，更开创了统治者厚葬的先河。

可令人奇怪的是，我国历代帝王之陵大部分坐北朝南，以示死后也要君临天下，可秦皇陵的方位却坐西向东，这是为什么？史学界对此众说纷纭，莫衷一是，主要的观点有三个：

第一，秦始皇陵之所以朝东，与秦始皇的雄心壮志有关。秦国在“战国七雄”中处于西部，秦王嬴政为了表示自己一定要征服东方六国的决心，在初建陵墓时就决定朝东建造。后来秦统一六国，为了使自己死后仍能注视着东方六国，永葆千秋万代子孙，始皇帝坚持不改陵墓的建造初衷，所以我们看到的陵墓是东西朝向，显示着这位君王无限的霸主野心。

第二，秦始皇陵之所以朝东，与他生前无法寻到长生之方，死后也要闭着双目瞻瞩东溟，以求神仙引渡天国有关。众人皆知，秦王好道。纵观秦始皇的一生，他为了得道成仙、长生不老，派遣徐福东渡黄海，寻觅蓬莱、瀛洲诸仙境，并多次亲自出巡。他还曾东临碣石，南达会稽，在琅琊、芝罘一带流连忘返，这一切无不昭示其对仙境的迫切向往。可是，徐福一去不返，自己多次东巡也无法到达日夜思念的仙境，秦始皇的愿望终成泡影。于是秦始皇决定生前虽不能如愿，死后也要面朝东方，以求神仙引渡而达于天国仙境。这是秦始皇最大的愿望，因此秦始皇陵也就只能坐西向东以偿夙愿了。

第三，秦始皇陵之所以坐西向东，与秦汉之际的礼仪内容有关。根据有关文献记载，当时从皇帝、诸侯到上将军，乃至普通士大夫家庭，主人之位皆坐西向东。《仪礼·士冠礼》云："主人东面（面向东）荅拜，乃宿賓。"《史记·项羽本纪》在记载鸿门宴时，也说"项王、项伯东向坐，亚父南向坐。……沛公北向坐，张良西向侍"。这些都是当时主人面向东坐的礼仪实例。这样看来，秦始皇生前是天下之主，天下唯其独尊，为了保持"尊位"，死后的陵墓理所当然地也要坐西向东了。

秦始皇陵为什么坐西向东，对后世来说一直是个谜。而根据考察，人们发现陕西境内已发掘的917座秦墓中，绝大部分都是东西向的。秦公陵园的32座大墓，也全部面向东方。坐西向东似乎是秦人葬式的一个特点。但是秦人陵墓为什么要坐西向东，秦始皇陵墓与之有没有什么联系，目前在学术界还没有定论。

银雀山汉简是何人所制

1972年4月，山东临沂县卫生局的工作人员来到古城城南两座低矮的小山上进行基本建设。这两座山距离很近，景致却明显不同。每到夏季，一座山上开满金雀花，而另一座山则开满银雀花，因此人们称它们为"金雀山"和"银雀山"。

施工过程中，工人们在银雀山上发现了古代墓葬。经专家勘察证实，这里是一处规模很大的汉代墓葬群。随之，考古工作者发掘了其中的两座墓葬，并将其编为"一号汉墓"和"二号汉墓"。

这两座汉墓中的陪葬物种类很多，有陶器、铜器、漆木器等，其中最重要的就是夹杂在陶器和漆木器中间的大量竹简。由于长年埋在地下，不断被雨水浸泡，再加上器物的挤压，编缀竹简的绳子早已腐朽，竹简非常散乱，有些都已经扭曲、变形，颜色也变成深褐色，幸而上面的字迹大部分还能辨认。最后，经过考古人员的认真清理，两座墓中共出土竹简近5000片。

出土的竹简分长短两种，竹简长的达27.5厘米，短的也有18厘米，它们的宽度一样，都是0.5厘米。每片竹简上书写了20至40个字，内容相当丰富。

秦始皇焚书坑儒使先秦文献付之一炬，史学家们每次从民间觅得一些前秦文献的踪迹都倍感珍贵。银雀山墓葬发掘出如此大量的、有价值的竹简，在考古史上具有里程碑式的意义，被誉为中国当代十大考古发现之一。

重大发现让人们欣喜，疑问也随之而来，墓主人究竟是什么人？为什么要使用如此之多的竹简陪葬？

有人根据竹简所记录的内容推测，墓主人很有可能是一位将军。银雀山汉简绝大部分是古代兵书，有《孙子兵法》《孙膑兵法》《六韬》《尉缭子》等20多篇著作，这些著作中还有不少是佚书或是首次被发现的古代书籍。而且，《孙子兵法》和《孙膑兵法》同时出土，说明这两部兵法至少在西汉早期就已经成为独立成篇的军事著作，也证实了司马迁在《史记》中关于孙武是齐国人，他把兵书13篇献给吴王阖庐，以及孙武死后百余年，孙膑出现，齐国大将田忌把孙膑推荐给齐威王，齐威王向孙膑问兵法，然后拜他为军师的记载。

银雀山汉墓中出土的《孙子兵法》竹简是中国迄今为止发现的最古老的版本，说明古代的《孙子兵法》有13篇，而不像有些古籍记载的那样共有82篇。竹简的发现也让早已失传的《孙膑兵法》的内容大白于天下。

试问，一个与军事无关的人，怎么会费尽心思收集如此之多、如此珍贵的军事资料呢？如果此人仅仅是一位普通军事爱好者，他又何来此财力、人力完成如此高难度的收集工作？银雀山汉墓出土的竹简，几乎可以陈列一个兵书博物馆，这显然不是普通人能够做到的。

还有一种说法认为，银雀山汉墓的主人应该是一位藏书家。从考古发掘工作来看，墓中除了大量的宝贵竹简，几乎看不到其他的奢华的陪葬物。如果墓主人是一位将军，墓室必然修得高大豪华，陪葬物会非常丰富，银雀山汉墓却过于寒俭了。墓中也没有发现能证明主人高贵身份的陪葬物、文献等。

银雀山汉墓的竹简字体接近秦末汉初，这个时期正是战乱频繁的年代，人们的物质生活都得不到保证，很少有人去关注文化保护工作。珍贵的文献很有可能在战乱中遗落或者被战火焚毁。因而有专家得出了大胆的推断：墓主人很可能继承了家传藏书，为了保护这些珍贵的文物，他将它们藏匿于墓穴。也许，早在墓主人进墓穴安眠之前，这些竹简就已经被埋藏在地下了，因而它们逃过了千年来的场场兵灾战火，能将古代失落的文化重现在我们面前。

汗血马之谜

“汗血马”一词，最早见于西汉司马迁所著的《史记》中的《大宛列传》。史书记载汗血马“日行千里”，又名“大宛马”“天马”，汉武帝为争夺汗血马种，曾与当时的大宛发生过两次战争。

汗血马的故事流传了1000多年，传说它前脖部位流出的汗是血色的。那么，汗血马真的存在吗？为何“流汗如血”？是否真的“日行千里”？

曾经有位日本专家宣称，他在中国新疆天山发现了汗血马的踪迹。消息传出，立即引起中国专家的注意。

对于日本人的发现，我国专家回应汗血宝马并没有消失，一直存在。目前在土库曼斯坦和俄罗斯还有上千匹汗血宝马，只不过在当地汗血马被称为阿哈马。

纯种阿哈马都是有登记的，但在土库曼斯坦和伊朗一带存在不少无登记的“土种”和“原科”阿哈马，在新疆马术队和内蒙古的牧场饲养有百余匹。因此日本人发现的汗血马可能是流入我国的“土种”阿哈马或杂种阿哈马。

1. “流汗如血”，是伤气，是寄生虫，还是视觉误差?

传说中，汗血马颈部上方流的汗就如同鲜血一样，这是为什么？

一般马在高速奔跑时体内血液温度可以达到45℃至46℃，但头部温度却恒定在正常的40℃左右。因此有学者认为，汗血马毛细而密，毛细血管非常发达，在高速奔跑之后，头部的温度随着血液增加5℃左右，少量红色血浆从细小的毛孔中渗出来，就有了“流汗如血”的可能。

还有学者认为汗血马“汗血”是受到寄生虫的影响。美国汉学家德效骞在翻译《汉书》时就有解释：这只不过是马生病所致，即一种钻入马皮内的寄生虫，这种寄生虫尤其喜欢寄生于马的臀部和背部，马的皮肤在两个小时之内就会出现往外渗血的小包。传说，土库曼斯坦有一条神秘的河，凡是喝过这里河水的马在疾速奔跑之后都会流汗如血，如今这条河已经找不到了。这种“寄生虫”到底是何方神圣现在也无人知晓。

而对这种说法，有人提出质疑。如果是寄生虫引起了马流汗如血，那它为什么不随时流汗如血，而偏在疾速奔跑之后流呢？

有人对汗血马进行考察，发现马汗一般是白色的，呈泡沫状，并不是像血一样的液体。于是有人提出一种猜测："流汗如血"仅仅是一种文学上的形容。马出汗时往往先潮后湿，对于枣红色或栗色毛的马，出汗后局部颜色会显得更加鲜艳，给人感觉是在流血，而马的肩膀和脖子是汗腺发达的地方，这就不难解释为什么汗血宝马在疾速奔跑后肩膀和脖子流出像血一样鲜红的汗。

2. 汗血马日行千里？

据文献记载，汗血马能够"日行千里"，对此许多专家也提出质疑。

一般的马只能日行150千米左右，最多日行200多千米。中国古代利用快马传递军事信息的驿站，号称"五百里加急"，恐怕最长的驿站也没有250千米。马一天跑400千米，在今天看来也是不可能的。所以"日行千里，夜行八百"只是传说。

现在社会上公认的速度最快的马是纯血马，每分钟能跑1000米，但这样的速度也只是在训练场或赛马场坚持一两分钟，时间一长，马可能就会被累死。

对现代人来说，汗血宝马已经不再只是史书上的神话。目前，世界各国的研究者都试图重新发现或培育出新的"汗血宝马"，利用原有阿哈马种速度快、体质好等优点与别的马杂交，培养出更加出色的马。

金缕玉衣之谜

据《西京杂记》记载，汉代帝王下葬都用"珠襦玉匣"，形如铠甲，用金丝连接。所谓"珠襦玉匣"，就是金缕玉衣。因身份、地位的不同，金缕玉衣连缀玉片所用缕丝的材质也有金缕、银缕、铜缕和丝缕的差别。由于金缕玉衣象征着帝王、贵族的身份，所以对其制作工艺的要求也是非常的严格。

汉代的统治者还设立了专门从事玉衣制作的"东园"。制作玉衣时，所用的玉料要经过开料、锯片、磨光及钻孔等程序，再把玉片按照人体的不同部分设计成不同的大小和形状，有正方形、长方形、半月形、三角形等，大的有9平方厘米，小的还不到1平方厘米。然后用金线穿过这些玉片四角的小孔，将所有玉片连缀在一起。按照2000多年前的生产力水平，制作一件中等型号的玉衣所需的费用相当于当时100户中等人家的家产总和。就拿满城汉墓出土的金缕玉衣来说，刘胜玉衣全长18米，共用玉片2498片，金丝1100克。刘胜的一件玉衣，就是由上百个工匠花了两年多的时间完成的，所费的人力和物力是十分惊人的。

那么，汉代人为什么如此重视用玉衣做殓服呢？历代帝王都渴望长生不老、灵魂不灭，这是他们一生中的一件大事。帝王们生前就费尽心机寻找长生不老药，或者命人炼制丹丸用以养生。即使死了，他们也不放弃这种求生的欲望，希望继续维持死前的生活。依古人的观点，人死之后会魂魄分离，魂气升天，形魄归地。而怎样才能使魂气升天，又要形魄不腐呢？只有用玉。他们认为玉石是天地之精，有防腐功能，能使尸体不朽，玉塞九窍，可以使人气长存。

其实，用玉殓葬的做法早在4000年前就出现了。到西周时期，丧葬用玉才形成制度，出现了放入死者口中的玉含、握在手中的玉握和盖在脸上的玉覆面等。所谓玉覆面也叫“面幕”，即用玉石制成人的眉、眼、耳、鼻等部位，并将其缀在一块布上。东周时期，开始在死者穿的衣服上镶嵌一些玉，这就是玉衣的雏形。但是，帝王和权贵们过度迷信玉的防腐作用，他们死后除了身穿玉衣外，还要在胸部和背部放置几块玉璧，并且搭配用玉做成的眼盖、鼻塞、耳塞、口含，以及罩生殖器的小盒和肛门塞，即所谓的“玉塞九窍”。其中最讲究的是嘴里含用的玉蝉，古人认为蝉只饮露水而不吃东西，是一种清高狷洁的昆虫。口含玉蝉寓意着灵魂离开尸体，正如蝉从壳中蜕变出来时一样。也有学者认为，汉人把玉蝉放在嘴里，是从蝉蜕转生而领悟再生，希望死者只是暂时死去，还能够复活和再生。但是，美好的不朽之梦并不会因为有玉覆体而实现，无论帝王还是贵族，他们的尸体都没能敌过岁月的侵蚀，最后都腐烂成一堆白骨。

由于金缕玉衣价格昂贵，汉代帝陵比其他时代的皇陵能够吸引更多的盗墓贼，帝王贵族不但达不到尸体不腐的目的，就连骨架都被人焚为灰烬。直到魏文帝曹丕做了魏国的皇帝，他认为使用玉衣是“愚俗所为也”，于是下令废除用玉衣随葬的制度，有关金缕玉衣的历史才算结束了。

马王堆古尸千年不腐之谜

1971年，驻守在湖南长沙马王堆的驻军，想在马王堆的两个小山坡建造地下医院。在施工的过程中，当用钢钎钻探时，从钻孔里冒出了呛人的气体，有人用火点燃了一道神秘的蓝色火焰，这一现象让人感到恐惧和不解。

1972年1月，考古队正式在此进行科学挖掘，便发现了马王堆汉墓。长沙马王堆汉墓的发掘被世人誉为“20世纪中国与世界最重大的考古发现之一”。

马王堆汉墓出土了许多珍贵文物，如纺织品、服饰、帛书、帛图和帛画等，但最令人震惊的是发现了一具女“湿尸”。这具在地下沉睡了2000多年的女尸，出土时毛发尚在，肌肉有弹性，内脏虽有干缩，但外形完整、柔润，这一考古发现在当时轰动了世界。

根据专家学者的研究，这具女尸名叫辛追，是西汉初年长沙国侯爵軑侯的妻子。辛追女尸经病理解剖表明，虽然经历了2100年，但其身体各部位和内脏器官的外形仍相当完整，并且结缔组织、肌肉组织和软骨等细微结构也保存较好，这在世界尸体保存记录中是十分罕见的。临床医学检验表明，辛追生前患有冠心病、多发性胆石症以及全身性动脉粥样硬化症、血吸虫病等多种病变。而解剖时，发现其肠道中有甜瓜籽，因此揭示了辛追的真正死因——食用甜瓜引起多种并发症，最终导致心绞痛，这位妇人撒手人寰。

有人不禁会问，为什么辛追的尸体经过千年还没有腐烂？

有人认为其实尸体并不是没有腐败，而是腐败到一定程度被中断而保存下来。女尸出土前，身着丝绵袍和麻布单衣，足登青丝履，面盖酱色锦帕，并且用丝带将两臂和两脚系缚起来，然后包裹18层丝、麻衣衾，捆扎9道组带，又覆盖2件丝绵袍。女尸被20多层丝麻织物紧紧包裹着，不但隔绝了蝇虫接触，而且把棺材填满，棺内空气很少。外面又套上一椁三棺，密封条件非常好。由于棺内氧气稀少，抑止了细菌的生长，从而抑止了尸体的腐败。

另外，为了保证墓室密封，墓室的周壁用厚厚的白膏泥构筑，白膏泥的下面是一层厚厚的黑色木炭，防止地下水渗入。在发掘过程中，这些木炭和白膏泥整整装了4辆卡车才清理完，估计超过了5000千克。因此深埋在20米的地下，处在低温、恒温密封、避光、无大地震的环境下，尸体仍然保持了2100多年。

还有人认为，马王堆女尸不腐是因为棺材里有一种红色的棺液。女尸出土时，浸泡在约80升的棺液之中。这种红色棺液成分复杂，经过化验发现里面掺加了朱砂和许多中药的成分。朱砂含有砷和汞，其化学成分对人体是有害的，但是却有杀菌、防腐的作用。所以有人认为，这种红色液体一定是某种能够使尸体不腐的“神药”。

但是这种想法受到了质疑。若是这种红色液体是某种能够使尸体不腐的“神药”，那么为什么辛追死后可以享受这样的殊荣，而比她地位高的人却没有呢？有人认为这种“神药”其实是辛追的尸水，因为辛追生前曾经大量地服用中药和金石丹药，所以液体中才会有朱砂和中药成分。这种液体因为含有汞——水银，才具有微弱的抑菌、杀菌作用，但不是尸体得以保存的根本原因。

龟山汉墓的迷雾

民间有句俗话“先秦看西安，两汉看徐州，明清看北京”。江苏省徐州市之所以以两汉文化闻名于世，是因为从这里走出了中国第一位布衣皇帝刘邦。后来刘邦将徐州交给自己的弟弟刘交，并封为楚王，所以几代楚王大都葬在徐州四周的群山中。

1981年，徐州龟山汉墓被考古学家发现，并引起海内外众多专家学者的关注。

龟山汉墓位于徐州九里山，秉承了徐州汉墓的诸多特点，以山为陵，依山为葬，并在这一基础上别具特色。该墓是两座并列相通的夫妻合葬墓，其中南为楚襄王刘注墓，北为其夫人墓，两墓均为横穴崖洞式墓。该墓东西全长83米，南北最宽处达33米，共有15间墓室，几乎掏空了整个山体，宛如一个浩大的宫殿。

龟山汉墓建造雄伟，雕刻精美，为世界所罕见。不仅如此，它还给世人留下一堆谜团，至今仍无人能解。

目前，龟山汉墓主要有四大谜团尚未解开：

第一，甬道设计施工精度之谜。墓葬有南北两条甬道，各长56米，高1.78米，宽1.06米，沿中线开凿最大偏差仅为5毫米，精度达1/10000。两甬道之间相距19米，夹角为20度，误差仅为1/16000，如将其向西无限延伸，其交点将位于1000千米外的西安，这是迄今世界上打凿精度最高的甬道。甬道由26块重达6～7吨的塞石分上下两层封堵，塞石间排列十分紧密，连一枚硬币也无法塞进，且甬道两壁都磨如平镜。按当时的技术水平，工匠们是如何修建这样的墓道的？

第二，崖洞墓开凿之谜。龟山汉墓为典型的崖洞墓，其15间墓室和两条墓道总面积达700多平方米，容积达2600多立方米，几乎掏空了整个山体。在半山腰挖石修墓，其神奇堪与埃及金字塔垒石成墓相媲美，当时的汉代工匠是如何掌握山体的石质和结构，使得施工顺利进行的？

第三，星宿分布图之谜。楚襄王刘注夫人墓室的前厅、棺室和石柱上发现22

个乳头状石包（乳钉）。这些乳钉呈不规则排列，不似工艺性的几何式点缀，更不是施工中留下的疵点。那这些乳钉究竟有什么含义？有人说它象征着照明的灯盏，也有人说这是上天星宿分布。可是若是星宿分布，为什么楚襄王刘注的墓室中却没有？

第四，崖壁画之谜。在楚王棺室第六墓室北面墙上，非常清晰地显示着一个真人般大小的阴影，酷似一位老者，身着汉服，峨冠博带，面东而立，正欲趋步而西，作揖手迎客之状。这一现象人们称为“楚王迎宾”。这一现象在发掘清理时并不存在，待墓室正式开放后逐渐形成。那么“楚王迎宾”到底是谁的杰作？有人认为是长期渗水所致，影子外却没有任何渗水痕迹；还有人认为是由于岩石石质不同而形成，但它为什么偏偏出现在楚王棺室呢？这也成为龟山汉墓的最大一谜。

龟山汉墓作为全国已知汉墓中极具科学文化价值和汉代特色的崖洞墓，凝聚了汉代工匠的高超智慧和精湛技艺，令人无比惊叹。龟山汉墓留下的谜团引起了不少专家和学者的兴趣，徐州龟山汉墓管理处也向社会公开寻求有识之士来探秘破解。徐州四位高中学生大胆“破解”龟山汉墓四大“谜团”，他们认为：利用阳光定位及墓道开凿车、打磨车精确打造甬道；利用相似三角形定理进行山体结构勘测和开掘；以庄子的“相濡以沫”解释“乳钉”之谜；利用生化原理解释“楚王迎宾图”的影子成形。

学生们的设想虽然有一定的道理，但是没有相关的依据支撑，所以关于龟山汉墓的谜团依旧没有一个权威的论断，只能等待进一步的考古发现提供新的佐证。

刘备陵墓之谜

据说，四川省成都市南门武侯祠是三国英雄刘备的安葬之处。武侯祠是历史上少见的君臣合祀祠庙，由刘备诸葛亮蜀汉君臣合祀祠宇、惠陵两部分组成。

惠陵在武侯祠内，占地约2000平方米。据史料载，223年，刘备病逝于白帝城，遗体运回了成都安葬。两宋时有人提出质疑：刘备真的安葬在惠陵了吗？自古以来帝王的坟墓是盗墓贼垂涎的对象，盗挖之事时有发生。但是翻看历史上的记载，惠陵从未有过被盗挖的迹象。难道真如百姓传言，此陵墓有神仙保佑？这种说法显然荒诞不经。史学家认为，最有可能的原因是，刘备根本没有长眠于此，惠陵只是一个衣冠冢。

考证三国历史最重要的史料《三国志》，确实有刘备病死白帝城，诸葛亮扶灵柩回成都的记载。《三国志》的作者陈寿曾经从事过档案管理工作，任职观阁令使，他的说法必然是有根据的。

一些专家认为，刘备去世时正是农历四月，下葬时间为农历八月。白帝城位于重庆奉节县瞿塘峡口的长江北岸，气候炎热，尸体不好保存。而且白帝城与成都有千里之遥，交通不便，即使轻身快走也要一个多月才能到达，大军浩浩荡荡扶灵前行，要走多久才能到达成都？尸体又是怎样做好防腐工作的？以当时的科学条件，在炎热夏季保持尸体一个月不腐几乎是不可能的。按照这种说法，刘备很可能就地埋葬在白帝城，也就是今天的重庆奉节，而非成都。

据《三国志》载，刘备与甘夫人合葬。但是，惠陵中并没有埋葬甘夫人。史书上多有记载，甘夫人埋葬在了奉节。这表明，很有可能刘备与甘夫人一同埋葬在奉节。

近代，有人在奉节城中发现了一些人工隧道，初步辨认是墓道。研究人员曾经使用超声波进行勘察，发现这些隧道引向奉节人民政府大院。通过细致勘测发现，政府大院下有两个建筑物，一个长18米，高5米，另一个长15米，高5米。专家分析，这很有可能是刘备与甘夫人的合葬墓。

这一观点遭到持惠陵说学者的否定。甘夫人去世早于刘备，《三国志》记载，诸葛亮曾向后主上书提出“宜与大行皇帝合葬”。陈寿是蜀国史官，国君陵墓如此重大的事情，又怎么会误记？

古人重视身后事，希望去世后能永远安眠、不被打扰，所以多隐匿葬地。尤其是修建皇陵的习俗兴起前，君王的安葬地点更是无人知晓。刘备墓的真实地点，直到今天依然是个谜。

铜奔马名称之谜

1969年10月，甘肃武威城北雷台汉墓出土了铜奔马。

奔马身高34.5厘米，身长45厘米，宽13厘米。它体形矫健，昂首嘶鸣，三足腾空，右后足踏一飞鸟，神势若飞，精美绝伦，一时间震惊中外，传遍天下。

自铜奔马出土以来，学术界关于铜奔马“马”的名称、马蹄下所踏“鸟”、雷台汉墓主人、雷台汉墓断代等有许多争论。专家学者各抒己见，但是这些观点孰是孰非，还有待于考古的新发现和史学家的进一步研究才能定论。关于铜奔马的名称，长期以来主要有以下几种说法：

第一种，“铜奔马”说。铜马俑的造型雄骏非凡，昂首嘶鸣，马蹄腾空，做风驰电掣般地奔驰状，又因其由青铜制成，所以经郭沫若先生鉴定，命名为“铜奔马”，也称“青铜奔马”，这是这具铜马俑最早的称法。

第二种，“马踏飞燕”说。郭沫若先生最早提出来这一说法。虽然“铜奔马”的称谓比较直观明了，但是这具铜马俑的精妙之处是其后蹄下踏一飞鸟，仅以“奔马”命之，表现创作意境就没有那么明显了，因此郭沫若先生将其称为“马踏飞燕”，以表明奔马正在做凌空掠过燕背的飞驰。飞燕是鸟中飞行速度最快的，此鸟飞行特征很像飞燕，而且古代也曾以“紫燕”作为良马的名称，所以给它起了个很动听的名字“马踏飞燕”。

第三种，“马踏龙雀”说。针对“马踏飞燕”说，有人提出了不同看法，认为铜马俑所附飞鸟，不是燕子，而是龙雀，因此认为应该是“马踏龙雀”或“马超龙雀”。“龙雀”在汉代被认为是“风神”，它原名叫“蜚（飞）廉”，是秦人的祖神，最早以“鹿”为喻，到了汉代，由“鹿”演化成“鸟”。到东汉时，“蜚（飞）廉”已易称为“龙雀”，且沦为天马之后的“三齐”之一，故张衡在《东京赋》中说“龙雀蟠蜿，天马半汉”。以“龙雀”作为铜马俑身后“三齐”之一的创举，更可反衬出铜马俑的神速。因此该称为“马超龙雀”。根据这一说法，又有人提出，这个铜马应该是天马。龙雀既然是风神，这种神鸟岂能是奔马所踏之物？“龙雀蟠蜿，天马半汉”，是称皇宫内龙雀、天马两件对应的铜制陈列品，因此，这具铜马俑就是“天马”。

第四种，“飞燕骝”说。前面几种说法看似有理，但不难发现都没带有明显的现代汉语构词特点。于是有学者提出“飞燕骝”这个名字。一提到马，人们很快想到奔腾如飞，而飞燕的速度同样也是毋庸置疑的。历朝多有以“燕”喻“良马”之诗文，如南朝沈约的“紫燕光陆离”句，其中的紫燕就是良马。梁朝简文帝诗云：“紫燕跃武，赤兔越空。”两句中赤兔、紫燕皆指良马。《西京杂记》中：“文帝自代还，有良马九匹，一名紫燕骝。”在古代，武威铜马足下的飞燕无疑是用来比喻良马之神速的，所以铜马应取名为“紫燕骝”或“飞燕骝”，此名恰合古意，最为雅致、贴切。

第五种，“大宛马”说。铜奔马的原型源于汉代现实生活中的良马大宛马。汉武帝酷爱马，不惜兴师远征西域，以取得优良的大宛马。张骞通西域后，从西域得来西极天马、渥洼龙媒，更被当成了不起的神物，为此还特意作了《西极天马之歌》，为帝王祭天礼乐之一。因此，学者认为铜马就是汉武帝从西域引进的西极天马造型。

第六种，“马神——天驷”说。有人提出，这具铜马俑是“马神——天驷”。“天驷”本是天上二十八星宿东方苍龙七宿中的第四位星，名“房”，即“天驷”，亦为“马祖神”。秦汉以前人们都崇拜“马王爷”，自商周以来，征战中都少不了骏马，因而就产生了对马祖神的崇拜和祭祀。汉墓主人生前率兵戍边，供奉马神，死后殉葬将军印和铜制马神，也是很自然的事。这件铜马足踏飞鸟正好表现了“天驷”行空腾飞和其所处的位置。

以上说法都有一定的合理之处，在一定程度上也解释得通，但目前始终没有一个公认的结论。然而，不管最后采用哪个名称，这具铜马俑是中国古代艺术作品的高峰，相信人们对这一点是没有异议的。

孔明的八阵图在哪里

诸葛亮“八阵图”一说源自《三国演义》第八十四回：陆逊营烧七百里（350千米），孔明巧布八阵图。这种阵法是用石头堆成石阵，然后再按照遁甲分成生、伤、休、杜、景、死、惊、开八门。杜甫曾经诗赞孔明：“功盖三分国，名成八阵图。”“江上阵图犹布列，蜀中相业有辉光。”意思都是说八阵图让诸葛亮的声名更加显赫。八阵图变化万端，其功效之大可抵挡十万精兵，八阵图吸收了井田和八卦的排列组合方式，兼容天文地理，是周易思想精髓的实际应用。

那么，具有如此强大军事功效的八阵图会不会像“桃园三结义”一样，也是作者在《三国演义》中杜撰的呢？历史上真的存在八阵图吗？

据《三国志·蜀书五·诸葛亮传》记载：“亮性长于巧思，损益连弩，木牛流马，皆出其意；推演兵法，作八阵图，咸得其要云。”后人根据诸葛亮八阵图绘成图形，现在八阵原图已经不在，但是传说中八阵图的练兵遗迹，也就是“八阵图磊”，是用乱石磊积而成，其遗迹有三处。《水经注·沔水》和《汉中府志》中记载，八阵图磊在陕西沔县（今勉县）东南部的诸葛亮墓东；《明一统志》载，在四川新都县北三十里（15千米）的牟弥阵；而《太平寰宇记》所记载的重庆奉节一说则最为流行。

苏轼在《八阵碛》中写道：“孔明最后起，意欲扫群孽。崎岖事节制，隐忍久不决。志大遂成迂，岁月去如瞥。六师纷未整，一旦英气折。惟余八阵图，千古壮夔峡。”这里所说的夔峡，即为瞿塘峡。它西起奉节白帝城，东至巫山黛溪，在三峡中以雄伟著称。

奉节在夏商时期属于荆、梁，到了东周战国则属巴郡，名鱼腹。公元222年，刘备在败退白帝城之后又将其改名为永安。唐代贞观年间，才取名奉节，是为了表彰诸葛亮“托孤寄命，临大节而不可夺”的高洁品格。

在长江的北岸，距离奉节老东城1000米处，有一大坝。坝长1500米，宽600米，伸入江中心，有高低垒积的石块，其中有溪流穿过。这就是传说中的“八阵图磊”。据说，唐代大诗人李白和杜甫就曾经在这里踏碛，后来每逢正月初七，人们都会成群结队地来“八阵图磊”踏访游览。这就是奉节人的风俗：正月初七踏碛。

然而，如今再到奉节，游览于白帝城下、长江三峡之上，已看不见“八阵图磊”的遗迹了。闻名于世的“八阵图磊”在三峡蓄水之时沉寂于江中了，而且大约距离江面深达40~60米。但是奉节当地人也称八阵图有“水八阵”和“旱八阵”之说。因三峡蓄水而被淹没的八阵图是水八阵，而旱八阵则在杜甫寓居夔州时的草堂东2000米处，它位于白帝城边，地形险峻。

现在看来，八阵图的痴迷者只能在沟壑纵横的旱八阵之地回味当年诸葛孔明的智慧了。

岳阳楼建造之谜

岳阳楼是江南三大名楼中唯一保持原貌者，恢宏壮丽，金碧辉煌。岳阳楼为纯木结构，飞檐、盔顶，共三层。整体高25.35米，宽17.2米，占地251平方米。这样一座恢宏的楼阁，远望似鲲鹏展翅，近观如仙宫飘临人间。

这座名楼建于何时、出自何人之手？史家众说纷纭，难以确定。

范仲淹在《岳阳楼记》中写道："庆历四年春，滕子京谪守巴陵郡。越明年，政通人和，百废俱兴。乃重修岳阳楼，增其旧制，刻唐贤今人诗赋于其上。属予作文以记之。"可见，岳阳楼在北宋前就已修建完成，滕子京所做的是文物保护工作。南宋人祝穆写过一本较为翔实的记载名胜古迹的书籍《方舆胜览》，他在书中这样写道："岳阳楼在郡治西南，西面洞庭湖，左顾君山，不知创始为谁。"岳阳楼在唐朝时就美名远播，可是到了宋朝就已无从查找来历了。

那么，我们只能沿着时间轴向前追溯。朱自清、叶圣陶等人编著的《文言读本》称岳阳楼为"唐张说始建"。这种说法得到了其他文史书籍的认同，喻朝刚、王大博等人编著的《宋代文学作品选》给出更为确切的信息，说岳阳楼是"唐开元张说做岳州知州时建的"。

但是，对于岳阳楼的建造还流传着另一种说法，认为三国时的阅兵台是岳阳楼的前身。

上海辞书出版社出版的《中国名胜词典》是这样介绍岳阳楼的："相传楼始三国吴将鲁肃训练水师的阅兵台。"岳阳市文物管理部门显然更倾向于这种说法，岳阳市文物管理所编印了《岳阳楼简介》，其中介绍说："相传岳阳楼的前身为中国三国时期吴国大将鲁肃在洞庭湖训练水军时的阅兵台。唐开元四年（716），中书令张说谪守岳州，在西门城楼上建一楼阁，初名南楼，后名岳阳楼。"

岳阳楼到底是鲁肃所建，还是唐人张说所建，难以确定。天津师专古典文学教研组在编撰《中学古代作品评注》时又提出一个观点，说岳阳楼"相传建于周代，自唐代以来闻名于世"。这就把岳阳楼的建造时间又提前了三四百年，而且建造者是谁更无从查考。三种说法究竟哪一种最接近真相，一时难以定夺，有待发现更明确的史料记载来解开这个谜团。

黄鹤楼名称因何而来

"故人西辞黄鹤楼，烟花三月下扬州。孤帆远影碧空尽，唯见长江天际流。"李白的送别杰作《黄鹤楼送孟浩然之广陵》是大家都非常熟悉的作品。诗中的黄鹤楼几乎成了古诗中一个“地标建筑”，不同的诗人在不同的作品中屡有提及。比如，崔颢写的“昔人已乘黄鹤去，此地空余黄鹤楼。黄鹤一去不复返，白云千载空悠悠。”王维写的“城下沧江水，江边黄鹤楼。朱阑将粉堞，江水映悠悠。”卢郢写的“黄鹤何年去杳冥，高楼千载倚江城。碧云朝卷四山景，流水夜传三峡声。”

黄鹤楼是真实存在的建筑，直到今天还屹立在长江边。黄鹤楼最早建于三国，建成以后多灾多难，多次被毁，仅仅明清时代就被毁七次。光绪年间被毁后，清政府没有再建。新中国成立后，修建武汉长江大桥武昌引桥时，占用了黄鹤楼旧址。1981年重建的黄鹤楼在距旧址约1000米左右的蛇山峰岭上。

今天我们所见到的黄鹤楼是以清朝同治年间毁掉的楼为蓝本建成的。有五层飞檐，攒尖楼顶，屋面铺满金色琉璃瓦，通高51.4米，底层边宽30米，顶层边宽18米。楼的每层都装饰有大型壁画、楹联等。楼外还有铸铜黄鹤、胜像宝塔、牌坊等辅助建筑。远远望去，黄鹤楼雄伟壮丽，金碧辉煌。登楼远眺，滚滚长江水，浩渺烟波尽收眼底。

这样气势恢宏的望江楼，为何以黄鹤为名？难道是有黄色的鹤在此地驻留过？黄鹤楼地处江汉，此地区也有鹤活动的踪迹，不过这里的鹤大多为灰鹤。

事实上，鹤的家族虽然繁盛，却没有出现过黄鹤这个种类。无论古今中外，都没有发现过黄鹤的科学记载。现存的鹤的种类有15种，其中丹顶鹤、白鹤都是为大家熟知的种类。

既然没有黄鹤，为什么要叫黄鹤楼？

有人认为，这是因为黄鹤楼的平面设计为“四面八方”，即四边套八边形，从楼的纵向看，各层排檐形如展翅的仙鹤，再加上楼上所覆为黄色琉璃瓦，故名“黄鹤楼”。

还有人认为，这是受黄鹤楼的选址所影响，黄鹤楼建在武昌蛇山的黄鹄矶上。古代人将“鹄”“鹤”两字通用，所谓的黄鹤楼，其实就是黄鹄楼。那么黄鹄又是什么动物呢？黄鹄就是大家熟知的天鹅。因为天鹅嘴的根部有赤黄色的瘤，被古人称为黄鹄。

然而，更多的人倾向于黄鹤楼的名字来源于传说。

很早以前，曾经有一位辛姓妇人在山上卖酒。有位道士经常从她的酒铺前路过，这位道士生得高大俊逸、仪表不凡，可是衣衫破烂。道士时常向辛氏讨酒喝，从来也不给钱。辛氏心地善良、性格豪爽，从来也没有把这件事放在心上。就这样，道士成了辛氏的常客。有一天，这位道士突然对辛氏说："我喝了你上千杯酒了，没有付酒钱，这个恩情我一定会报答。"他从竹篮里拿了一只橘子，用橘子皮在墙上画了一只黄色的仙鹤。他告诉辛氏，今后有客人来饮酒，只要拍一拍手，仙鹤就会从墙上下来为客人跳舞助兴。说完，道士就消失了。

辛氏知道自己遇上了仙人。她依言行之，果然有鹤自墙而下翩翩起舞，此后辛氏的酒铺门庭若市，辛氏大富。

10年之后，那位仙人又来到辛氏的酒铺，把酒相谈，非常快乐。仙人离开时，抽出腰间的铁笛演奏曲子，乐曲声非常美妙，让人如痴如醉，仙鹤也随之飘下墙来，仙人跨上仙鹤，吹笛远去。

辛氏此时已经富甲一方，为了纪念这位仙人，她专门建造了一座仙气缥缈的高楼，名为"黄鹤楼"。

黄鹤楼名字的真实由来已经无从查考，人们更愿意在欣赏黄鹤楼美丽景观的同时，怀想仙人的神秘传说，这也为黄鹤楼平添了几分浪漫情怀。

诸葛亮制造木牛、流马的原因

在《三国志》《三国演义》中，都有诸葛亮制作木牛、流马的记载。

《三国志》记录：

九年，亮复出祁山，以木牛运，粮尽退军，与魏将张合交战，射杀郃。十二年春，亮悉大衆由斜谷出，以流马运，据武功五丈原，与司马宣王对于渭南。

在建兴九年（231）时，诸葛亮再出祁山，用木牛运输粮食。粮尽退兵，与魏将张郃交战，将其射死。建兴十二年（234）春，诸葛亮率领军队从斜谷开出，用流马运输物资，占据武功县五丈原，与司马宣王在渭水之南对垒。

《三国演义》则描写得更为生动：

忽一日，长史杨仪入告曰："即今粮米皆在剑阁，人夫牛马，搬运不便，如之奈何？"孔明笑曰："吾已运谋多时也。前者所积木料，并西川收买下的大木，教人制造木牛流马，搬运粮米，甚是便利。牛马皆不食水，可以搬运昼夜不绝。"众皆惊曰："自古及今，未闻有'木牛流马'之事。不知丞相有何妙法，造此奇物？”孔明曰：“吾已令人依法制造，尚未完备。吾今先将造木牛流马之法，尺寸方圆，长短阔狭，开写明白，汝等视之。”

罗贯中在《三国演义》中写了制作木牛、流马的方法：

其造木牛之法云：方腹曲胫，一脚四足；头入领中，舌著于腹。载多而行少：独行者数十里，群行者三十里。曲者为牛头，双者为牛足，横者为牛领，转者为牛脚，覆者为牛背，方者为牛腹，垂者为牛舌，曲者为牛肋，刻者为牛齿，立者为牛角，细者为牛鞅，摄者为牛秋。牛御双辕，人行六尺，牛行四步。人不大劳，牛不饮食。

造流马之法云：肋长三尺五寸，广三寸，厚二寸五分；左右同前。前轴孔分墨去头四寸，径中二寸。前脚孔分墨去头四寸五分，长一寸五分，广一寸。杠孔去前脚孔分墨三寸七分，孔长二寸，广一寸。后轴孔去前杠分墨一尺五寸，大小与前同。后脚孔分墨一寸二分去后轴孔三寸五分，大小与前同。后杠孔去后脚孔分墨二寸七分，后载克去后杠孔分墨四寸五分。前杠长一尺八寸，广二寸，厚一寸五分。后杠与等。板方囊二枚，厚八分，长二尺七寸，高一尺六寸五分，广一尺六寸：每枚受米二斛三斗。从上杠孔去肋下七寸：前后同。上杠孔去下杠孔分墨一尺三寸，孔长一寸五分，广七分：八孔同。前后四脚广二寸，厚一寸五分。形制如象，轩长四寸，径面四寸三分。孔径中三脚杠，长二尺一寸，广一寸五分，厚一寸四分。

罗贯中记述的方法非常详细，但这可能是小说家靠丰富的想象力所描写的“虚妄之言”？木牛、流马并没有实物流传于世，也没有留下任何的设计草图。《诸葛亮集》中对木牛、流马也进行了描述，但是很遗憾，也没有记录这两种神奇运输工具的图形。后世的科学家在对木牛、流马进行研究时也非常苦恼。

《南齐书·文学》认为，木牛、流马是一种技巧高妙的自动机械：“以诸葛亮有木牛流马，乃造一器，不因风水，施机自运，不劳人力。”祖冲之那个时代，木牛、流马还没有失传。祖冲之在木牛、流马的基础上发明了更为先进的自动机械。遗憾的是，祖冲之的改进版木牛、流马也在历史的烟云中消失了。

还有学者认为，所谓木牛、流马，就是四轮车和独轮车。郭沫若主编的《中国史稿》中写诸葛亮创制木牛流马运粮车，开展山区运输。至于何种是四轮何种是独轮，也存有争议。宋代时高承在《事物纪事》中写道：“木牛即今小车有前辕者，流马即今独推者是。”范文澜则在《中国通史简编》中讲：木牛是独轮车，流马是四轮车。孰是孰非，难以分辨。

还有一种观点认为，木牛、流马其实是普通的独轮车。

宋代陈师道《后山丛谈》写道："蜀中有小车，独推，载八石，前如牛头；又有大车，用四人推，载十石，盖木牛流马也。"《宋史》《稗史类编》也认同这种说法。

木牛、流马是中国机械史上一个神秘的传说，真的就是普普通通的独轮车吗？这显然不能让人信服。诸葛亮本人并没有为我们留下可以信服的史料，木牛、流马到底为何物，只能留待后人继续探索。

敦煌莫高窟之谜

敦煌位于河西走廊西端，拥有世界艺术上璀璨的明珠——莫高窟。莫高窟有精美的佛教壁画4.5万平方米和典雅的佛教雕塑2415尊，俗称"千佛洞"，有"东方卢浮宫"的美誉。

敦煌莫高窟并不是在一个时代集中修建的，它始建于十六国的前秦，后来历经十六国、北朝、隋、唐、五代、西夏、元等多个朝代的建设，才形成今天的规模。莫高窟南北长1600多米，洞穴上下排列多达5层，如蜂房般鳞次栉比，非常壮观。莫高窟还有藏经洞，从中整理出5万多件古代文物。近代才出现的学科敦煌学，就是专门研究藏经洞典籍和敦煌艺术的。

莫高窟开凿在敦煌市东南25千米处鸣沙山东麓断崖上，一个艺术的明珠、文化的宝库，为什么不建在人流密集的地区或者交通要道，而要建在偏僻荒凉的戈壁荒漠？最流行的说法，是"圣地异象说"。

前秦苻坚建元二年（366）的一个黄昏，沙门乐尊者游历经过鸣沙山，眼前出现了壮丽恢宏的景观：整个鸣沙山被金光笼罩，仿若有千万金佛在光线中现出身形。尊者赞叹不已，虔诚地下跪祈祷。尊者认为，这是一块神圣的土地，于是他在此地主持开凿了第一个洞穴。随后，尤其是古"丝绸之路"开通之后，敦煌逐渐成为重要的贸易中转石窟，各国商贾云集至此。商人出门在外，求财、求平安，佛教得以盛行。有钱的商贾巨富纷纷出资开凿石窟，莫高窟佛教文化石窟群日益壮大。在唐代鼎盛时，形成"千窟争荣"的繁盛之势。

莫高窟是否真的是因为出现圣地异象才选址于此，我们不得而知。据专家分析，莫高窟选在如此偏僻之地是很有科学道理的。

敦煌四周为荒漠戈壁，风沙很大，洞窟容易被风沙侵蚀。鸣沙山是沙砾岩，质地坚硬，耐腐性强。洞窟坐西朝东，与三危山隔河相望。夏季风从东方吹来，三危山成为天然屏障为莫高窟遮挡风沙；冬天，风沙从洞窟背面的西方袭来，吹过窟顶呈45度角向下，风沙不会灌入洞窟。在整个敦煌戈壁找到这样一个“安全区域”是很难得的。在这样的地理环境下，莫高窟经过千年风霜洗礼，依然保存大量壁画与雕塑，这是文化留存之幸，是劳动人民智慧的闪光。

莫高窟选址鸣沙山，也是与其佛教文化背景分不开的。佛教讲求脱离尘世生活，追求“与自然和谐相处”的生活状态。鸣沙山因为有宕泉河的滋润，是一块沙漠绿洲。绿树掩映着莫高窟，不仅在一定程度上消减了风沙，也阻挡了阳光对洞窟的照射，而这里作为佛教圣地，环境清幽，飘逸灵性的气息。

“女儿国”不是梦里传说

在《西游记》第五十四回中有这样的描写，唐僧师徒四人取经时路过一个“西凉女国”，在这个王国里没有男人，繁衍后代都是靠喝湖中的水而受孕。虽然《西游记》是神话小说，但是人们也不禁好奇，世界上真有“女儿国”吗？

唐朝高僧玄奘所著的《大唐西域记》里这样说：“拂懔国（即东罗马帝国）西南海岛有西女国。皆是女人，略无男子，多诸珍宝货，附拂懔国。故拂懔王岁遣丈夫配焉，其俗产男皆不举也。”

根据玄奘的说法，“女儿国”应该是存在的，那么它又在何处？

《旧唐书》中《南蛮西南蛮传》有记载：“东女国，西羌之别称，以西海中复有女国，故称东女焉。俗以女为王。东与茂州、党项接，东南与雅州接，界隔罗女蛮及白狼夷。其境东西九日行，南北二十日行。有大小八十馀城。”那么，东女国是否就是传说中的“女儿国”呢？

史书记载，东女国建筑都是碉楼，女王住在9层的碉楼上，一般老百姓住四五层的碉楼。女王穿的是青布毛领的绸缎长裙，裙摆拖地，贴上金花。东女国最大的特点是重妇女、轻男人，国王和官吏都是女人，男人不能在朝廷做官，只能在外面服兵役。东女国设有女王和副女王，在族群内部推举有才能的人担当，女王去世后，由副女王继位。宫中女王的旨意，通过女官传达到外面。一般家庭中也是以女性为主导，不存在夫妻关系，家庭中以母亲为尊，掌管家庭财产的分配，主导一切家中事务。

《旧唐书》中关于东女国的记载十分详细，但唐代以后，史书对东女国的记载几乎中断了。难道东女国的出现只是昙花一现？

唐代中期，唐朝和吐蕃关系紧张，长期处于战争状态，于是唐朝逐步招降吐蕃统治区的少数民族，将8个少数民族部落从岷山峡谷迁到大渡河边定居，东女国部落就是其中的一个。到唐代晚期，吐蕃势力逐渐强大，多次侵入大渡河东边，东女国这些遗留部落为了自保就采取两面讨好的态度。后来，吐蕃灭亡，唐代分裂，就再没有力量统一管理这些部落了。到宋元明三代，对于青藏高原地区的统治一直都很薄弱，因此基本没有史料记载，一直到清代才把土司制度加以健全。

那么，“女儿国”现在是否还存在吗？

东女国的遗留部落有些由于靠近交通要枢，受到外来文化的影响，女王死后没有保留传统习俗，逐渐演变成父系社会，而有一些部落依旧生活在深山峡谷，保留了母系社会的痕迹。

任新建说：“‘女儿国’在历史上的的确确存在过，而且现在有一些村寨一直将‘女儿国’的古老习俗留存至今。”根据考察，任新建认为历史上的东女国就处在今天川、滇、藏交汇的雅砻江和大渡河的支流大、小金川一带，而扎坝极有可能是东女国残余部落之一，至今保留着很多东女国母系社会的特点。

历代帝王追求的甘露是什么

甘露是中国文化传说中的一种非常神圣的物质，被尊为天酒、神浆，“其凝如脂，其甘如饴”，据说食用甘露者能活到800岁。“天降甘露”也是一种吉祥的象征，据说“天下升平则甘露降”，这些传说中晶莹剔透的珠状物，竟然是与麒麟、龙、凤等并驾齐驱的祥瑞之物。

历代帝王都痴迷于追求长命百岁，对甘露情有独钟。现代人往往是通过历史故事知晓甘露的大名。

唐文宗时，宦官控制朝政，其中以王守澄势力最大。文宗不甘心江山落在一个宦官手里，暗暗谋划除掉王守澄。文宗重用李训、郑注等人发展自己的势力。等到势力壮大一些后，他任命王守澄为左、右神策军观军容使，此举明升暗降，夺了王守澄的军权。之后文宗又用毒酒毒死王守澄，将其党羽一网打尽。

王守澄虽死，但宦官势力仍是朝廷大患。于是，唐文宗制定了一个诱捕计划，诱饵就是传说中的吉祥之物甘露。

一天上朝时，文武百官刚刚站好，左金吾卫大将军韩约就急急忙忙赶来报告，说左金吾厅后院石榴树上发现了甘露。这可是千古稀有的吉祥之兆，文武百官皆下跪称贺。其实，根本就没有什么甘露，这是文帝与韩约提前设计好的谎言。

文帝假装亲自去看这“天之祥瑞”，并让宦官仇士良先去探看。仇士良非常机警，进入金吾厅后，他看到韩约神色紧张，就提高了警觉。随后偏偏起了一阵大风，刮起了院子里的帐幕，让仇士良看到了手执兵器全副武装的士兵。仇士良见势不好，带着一批宦官慌忙逃回大殿。此时，金吾卫已经登上大殿，与宦官们开始了拼杀。宦官们召集来军队，挟持皇帝逃入后宫，杀败金吾卫。这个事件史称“甘露之变”。

与甘露有关的故事，较为有名的还有“甘露寺”。刘备向孙权借了荆州不想归还，周瑜就设计以孙权嫁妹为诱饵，骗刘备上钩，扣为人质，逼迫其归还荆州。周瑜实施计划的地点就是甘露寺。故事的结局人们都很清楚了，在诸葛亮的神机妙算下，东吴“赔了夫人又折兵”，而“甘露寺”成就了刘备的姻缘。

甘露寺不仅名字与甘露有关联，其建寺时间亦是东吴甘露元年（256）。甘露吉祥、神秘，被历代帝王尊崇。以甘露为年号的朝代并非东吴一家，汉宣帝刘询、吴国归命侯孙皓、西晋前秦苻坚等都曾经使用甘露作为年号。

甘露到底是什么东西？世界上真的有甘露这种物质吗？

其实日常我们生活中也能吃到甘露，它是一种外表似田螺的植物根茎，常被制作成酱菜，可供药用。这种甘露虽然与帝王们的爱物名字一样，但显然此物非彼物。

据史料载，甘露是“天酒神浆”，会于晨曦初现在植物上。明代学者杜镐经过研究下结论说：“此多虫之所，叶下必多露，味甘，乃是虫之尿也。”杜镐认为，被传的玄之又玄的甘露，不过是小虫的尿！植物上多生蚜虫、地蚤、母虱、油虫等小虫，小虫排泄物晶莹剔透，状若明珠。而且蚜虫尿液本身带有甜味，一些蚂蚁种群甚至会专门饲养蚜虫，食用味道甘美的排泄物，如同人类饲养奶牛一般。

如果哪些植物上小虫较多，排泄物汇聚在一起，在晨光中看起来就像是晶莹剔透的露水一般。有人好奇品尝，发现味道甘甜，于是“甘露”之名就传开了。

帝王们追求了千百年的祥瑞、灵药，真容竟是虫子的排泄物，真是让人哭笑不得。当年，汉武帝曾经专门在建章宫内建造了高达七米的铜仙承露盘，倘若汉武帝知道真相，又会做何感想呢？真相往往是不会被人轻易接受的。杜镐早在明代就破解了谜团，可是甘露的传说依然被人们一厢情愿地相信着。现在，北海公园琼岛西北半山上，依然能看到乾隆帝建造的铜仙承露盘。

解密“蒙汗药”

一提到蒙汗药，人们总是联想到小说、电视里风云莫测的江湖，相传人服下蒙汗药后会晕倒、失去知觉。关于这种神奇的药，我国经典小说《水浒传》中有众多描述。而现实中，蒙汗药是真实存在的，也就是我们常说的麻醉药。

蒙汗药究竟是由什么炼制而成的呢？主要有几种说法。

第一种说法最广为人知，蒙汗药中掺杂了大量的曼陀罗花。曼陀罗又叫洋金花、风茄儿、山茄子，是一种年生的草本植物，花冠呈漏斗状，果实为卵圆形，夏秋季节开花。它的花、叶、种子都含有莨菪碱、东莨菪碱等成分，具有麻醉、镇痛的作用。《本草纲目》中记载：“曼陀罗花气味辛，温，有毒，可以做麻醉药。八月采此花……阴乾，等分为末，热酒调服三钱，少顷昏昏如醉。割疮灸火，宜先服此，即不觉苦也。”宋代司马光在《涑水记闻》中也写道：“五溪蛮反，杞以金帛官爵诱出之，因为设宴，饮以曼陀罗酒，昏醉，尽杀之。”现代医学认为它能够抑制人体汗腺的分泌，使肌肉得以松弛，在众多临床的实践中，证实了曼陀罗的确是一种有效的麻醉药。

第二种说法认为蒙汗药的主要成分是草乌，它是中药中常见的药物，含有乌头碱，能够先兴奋后麻痹人的神经末梢和神经中枢。《齐东野语》中记载：“乃草乌末及他一草药耳。至三日，乃苏。”但是乌头碱中含有大量的毒素，三四毫克便能使人丧命，不能大量食用，因此有人认为它同药散之后相安无事的蒙汗药是有区别的，有毒的草乌不一定是蒙汗药的成分。

第三种说法是，说蒙汗药中含有叫押不庐的成分。据南宋周密的记载，押不庐生长在西部的回回国，只需用一点点粉末，便能使人昏睡不醒。李时珍在《本草纲目》中提及押不庐是一种具有“加以刀斧亦不知”的麻醉效果的神草。周密的《癸辛杂识》说：“回回国之西数千里地，产一物极毒，全类人形，若人参之状，其酋名之曰‘押不芦’。……每以少许磨酒饮人，则通身麻痹而死，……至三日后，别以少药投之即活。”由于押不庐产在远离中原的西部，很难获得，其为蒙汗药主要成分的说法也受到人们的质疑。

第四种说法认为其中含有一种叫“醉鱼草”的灌木植物，又叫闹鱼草，生长在江南各地，它的花与叶中含有醉鱼草甙和醉鱼草黄酮甙，对鱼类具有很强的麻痹性。

蒙汗药本身的成分已经引起人们的争议，其解药同样令人费解。我们从书籍、影视作品中能够看到服了蒙汗药的人，一吃解药便能快速清醒，对于其解药的构成人们亦是难以确定、莫衷一是。唐孙思邈《千金方》中说，甘草解百药毒。《水浒传注略》中也有“急以浓甘草汁灌下，解之”。李时珍云：“菜中有水茛菪，叶圆而光，有毒，误食令人狂乱，状若中风，或作吐。以甘草煮汁服之，即解。”《梦溪笔谈》的作者沈括却说那草心有解药的作用，但在别的著作和观点中却不曾提及，当代医学认为毒扁豆能够解除蒙汗药的药性。

蒙汗药带着其神秘的面纱闯荡江湖，人们在迫切想见其真实面目的同时却难以往前，去进一步揭开那层掩盖着的纱布，能见的只是些隐隐约约的难以琢磨的轮廓。这一切还得留待后世的高手继续探讨。

包公墓之谜

包公，姓包名拯，字希仁，庐州（今安徽）合肥人，是我国北宋时期颇有名望的官吏。在宋仁宗时期，包公曾任州、县官，后升任天章阁待制、龙图阁直学士、开封知府、御史中丞、枢密副使。

包拯一生仕途平淡，为官刚正不阿，执法严格，铁面无私，敢于与权贵做斗争，为民申冤，因此深得人民群众的尊敬和赞扬。朝廷内外都不以他的官位来称呼他，而要称呼他为“公”。在普通人心中，包公是清官的代表，百姓爱称其为“包青天”。宋嘉祐七年（1062），包公去世，终年63岁。包公生前受人爱戴，死后亦被人们关注，因此包公墓修于何处成为人们关注的问题。

河南省巩义市西南有北宋王朝9个皇帝的陵墓，人们习惯上称其为“巩县宋陵”。在这其中有一座陪葬墓，被世人所熟知，它就是陪葬在真宗陵旁边的一座高约5米的圆形冢墓——包公墓。这是人们对于包公墓原来最普遍的看法，“巩县宋陵”也因此成为极负盛名的旅游胜地。

然而，当考古学家们在安徽省合肥市东郊大兴乡双圩村的黄泥坎又发掘出一个包公墓时，原来的巩县包公墓就成了一个谜。合肥包公墓共发掘出包公及其夫人董氏墓、长子夫妇墓、次子夫妇墓、孙子包永年墓。淝水岸边出土的墓志铭确凿地记述了包公的生平，补充和修正了一些史实，也确切证实了此墓为包氏族墓。

包公为什么有两座墓葬？如果合肥包公墓是“真”的，那么巩县的包公墓是怎么回事？难道巩县包公墓是人们的臆断吗？或者陪葬真宗陵侧的包公墓另有他人？

在合肥包公墓正式考古发掘之前，人们普遍认为巩县包公墓是“真”墓，不仅是因为它有很高的封土和墓碑，而且地方史志均有记载。关于巩县包公墓的记载，在明代嘉靖三十四年（1555）修订的《巩县志》中有记载，说包公墓在“巩县西宋陵”中。清代顺治以后各时期版《河南通志》皆以此为基础记载。可见巩县包公墓在明初的时候就已经存在了，经历了500到600年。人们不禁要问：巩县包公墓究竟修于何时？为什么要建这个包公墓？里面到底埋葬着什么？它和合肥墓是什么关系？这一系列问题，至今尚难以回答。

包公两座墓之谜尚未解开，而合肥包公墓地出土的材料又给历史学家们提出了许多新的问题。比如，据出土的墓志铭记载，包公本人是“皇舅”，这是鲜为人知的。另外，在墓地中轴线的西南部，有一较大的封土堆，高约4米，底径10米，整个外形略大于包拯夫妇迁葬墓。从这个封土堆的地表往下深挖3米，都是一色的生土，可知这个土堆是典型的“疑冢”。包公墓为什么设此“疑冢”？它是什么时代修建的？这又是一个需要我们解答的谜题。

成吉思汗陵为什么建在“马背”上

成吉思汗是中国历史上最伟大的君王之一，被称为“一代天骄”。他南降西夏，攻陷金国中都，西进中亚、东欧，东击俄罗斯。在成吉思汗的铁蹄下，中国的版图得到了前所未有的扩张。成吉思汗忙于征战，一生都在马背上度过，甚至连死后，他的陵寝都建在“马背”上。

成吉思汗的陵寝名叫“八白室”，是八顶白色的毡帐，毡帐里供奉着成吉思汗的遗物。“八白室”这座马背上的陵寝深具游牧民族四处迁徙的特点，“八白室”最早在蒙古高原，后来先后迁徙到黄河河套、鄂尔多斯高原，即现在的伊金霍洛旗。

蒙古人为什么要给一位伟大的君王建造一座流动的陵寝？真正的成吉思汗陵在哪里？

蒙古人是游牧民族，在荒漠中不断地迁徙，即使建立了陵寝也会被荒沙掩埋，所以他们一般是不建陵墓的。即使是蒙古贵族，也“墓而不坟”，即只深埋地下，不建地面建筑。而且，蒙古人认为人的遗体一旦被破坏，灵魂就无法超生。成吉思汗纵横四合，树敌无数，他的陵墓很容易被敌人破坏。一个强盛帝国的王陵，对盗墓贼也有着极大的吸引力。

综合以上几个原因，成吉思汗的遗体必然埋葬在秘密之处。

成吉思汗秘密埋葬还与其去世时间有关。成吉思汗是在其第二次攻打西夏时去世的。如果当时宣布成吉思汗去世的消息，必然军心大乱。为了稳定军心，更为了威慑西夏人，成吉思汗去世前留遗嘱说“秘不发丧”。

成吉思汗去世后，他的遗体由亲信护卫着前往他生前选定的埋骨之地。为了防止墓地泄露，这支队伍低调前行，并且杀掉路上所有见过的人。他们掩埋灵柩的方式也非常谨慎，先取下草皮，下葬后再将草皮原样铺好。之后让马群在地上践踏，彻底抹掉陵寝的痕迹。做完这些事情后，部队没有立即撤离，而是一直等到第二年春天。等看到青草覆盖茫茫草原，成吉思汗的陵墓彻底无迹可寻时，他们才离开。走之前，他们当着母骆驼的面杀了一只驼羔。骆驼的记性非常好，并且重感情，见到亲骨肉被杀此地，会一直记着。成吉思汗的亲人想来陵寝祭奠时，跟着母骆驼就能来到这里。

由于蒙古人“墓而不坟”的埋葬风俗，更由于其秘密的下葬方式，成吉思汗陵的真实地点已无从查考。数百年来无数人以各种目的探寻陵墓所在，都一无所获。有些真相，需要时间来解答，也许会永远消失在人们的视野里。当人们想起这位伟大的铁血君王时，可以去伊金霍洛旗看一看那座马背上的陵寝，追忆一个逝去的激荡着荣耀与热血的时代。

“弼马温”之谜

看过《西游记》的人都知道这样一个故事：孙悟空随太白金星初上天庭，想让玉帝赐给他“齐天大圣”的空衔，玉帝却在万般无奈之下封他为“弼马温”，让他在御马监饲养天马。孙悟空满以为“弼马温”是天界职位很高的官，于是他上任后尽心尽职，把天马养得“肉膘肥满”。但后来孙悟空了解到此官职“未入流品”，于是心中大怒，推倒公案、抡起金箍棒、打出御马监、闯出南天门、回到花果山。

《西游记》虽是神话小说，但小说中涉及的人物官职，都是采用明朝的官制，并不是虚构的。可是在明朝，管御马的机构叫太仆寺，始设于洪武四年（1371），正职叫太仆寺卿，副职叫少卿。按照这样的官职，《西游记》中孙悟空应该叫孙太仆，为什么叫“弼马温”？别说是明朝，其他任何一个王朝的官制里，都没有“弼马温”这个职位。那么，吴承恩所写的“弼马温”是否存在过？又是何物？

后魏贾思勰《齐民要术》中有记载，古人养马“常系猕猴于马坊，令马不畏，辟恶，消百病也”。宋人朱翌在《猗觉寮杂记》中说，此俗源于《晋书》。郭璞有一次到大将军赵固家，恰遇到将军所乘的良马刚刚死去，于是郭璞找来二三十个身强力壮之人，拿着长竿东行30里（15千米），一路敲击，在山林中擒获一只猕猴。将猕猴带到死马前，猕猴即吹气于马鼻。不一会，马跃起，食草如常。所谓“死马当作活马医”的典故即出于此。朱翌认为“故养马多畜猿，为无马疫”的习俗就是受这个典故的影响。

实际上，由于猕猴生性活泼，在马厩里上蹿下跳，避免了厩马懒惰、贪睡，使它能保持身体强健，少得疾病。另外猕猴体型瘦小，能平稳地坐立在马背上，有人就以饲养的猕猴来驯服烈马。人们还将此类猴称之为“马猴”，还有一个文雅的称呼“马厩猢狲”。北宋诗人梅尧臣写了一首诗《和杨高品马厩猢狲》，首句即云：“尝闻养骐骥，辟恶系猕猴。”所以有人就此认为，吴承恩创作的“弼马温”形象，应该就是由“马厩猢狲”想象、构思而来。

历来研究、注释《西游记》的学者都没有把这个问题解释清楚。但台湾历史学家、掌故家苏同炳先生在《“弼马温”释义》一文给大家解开了这个谜。文章说：“明人赵南星所撰文集中，曾有这么一段话，说：‘《马经》言，马厩畜母猴辟马瘟疫，逐月有天癸流草上，马食之永无疾病矣。《西游记》之所本。’”原来母猴每月来的月经流到马的草料上，马吃了，就可以辟马瘟了。

从苏同炳先生的话中，我们显然可以看出“弼马温”不过是“避马瘟”的谐音而已。吴承恩在写《西游记》时给孙悟空安上这么一个怪头衔，无疑是为了凸显文风的幽默。

在我国《四库全书》目录、《中国丛书综录》目录、《说郛》目录中都没有关于《马经》的记载，却在赵南星文集《赵忠毅公诗集》中可以找到。可是此书并不在国内，而是藏于美国国会图书馆，我国台湾有胶卷翻印本。苏同炳先生在阅读后写成文章，才使人们得以知道“弼马温”的真相。

《清明上河图》描绘的是清明时节吗

《清明上河图》是我国北宋画家张择端绘制的一幅长卷风俗画，是一幅传世佳作，素有“中华第一神品”之称。

《清明上河图》全长528厘米，宽24.8厘米，真实、全面、细致地描绘了北宋都市生活的各个方面，对了解和研究当时的人文风俗具有重要价值。自从问世以来，上至当朝皇帝下至文人学士无不对此称赞，辗转至今，历时八九百年。此画现藏于北京故宫博物院。

《清明上河图》的创作年代及“上河”的含义曾令不少学者迷惑，产生了一些争论，但对画中描绘的清明时节，自金代以来似无异议。近年来随着研究的深入，一些研究者和收藏鉴赏者却对以往的“春景清明说”提出了不同意见。

1.“清明节”说

从《清明上河图》诞生至今，一般都认为该画所描述的是宋徽宗时期京都汴梁以及汴河两岸，清明时节的繁华热闹景象和自然风光。明代《味水轩日记》中有记载，这幅画最早的收藏者是宋徽宗赵佶，画上有宋徽宗亲笔的瘦金体题签“清明上河图”和双龙小印，还有宋徽宗的题诗，诗中有“水在上河春”一句。根据《东京梦华录》对清明节的相关记载，研究者还认为，北宋时期清明时节不但要祭扫亡灵，还要举行盛大的郊游活动，这也与画中所描绘的景致相吻合。如此说来，这幅画卷描绘的是春天清明节之景色无疑。近代及当代美术史家郑振铎、徐邦达、张安治等均主张春景之说。

2.“清明坊”说

1981年，有人对“清明节”说提出质疑，认为《清明上河图》所描绘的是秋景。

清明时节，黄河中下游地区平均气温一般在10℃左右，然而画中却有很多带着扇子的人物，还有几个孩子光着身子在街头嬉戏玩耍，河岸小贩的桌上赫然摆着切开的西瓜、草帽、竹笠等，御暑御阳物品在画面上也随处可见，所有这一切都说明此时不应是乍暖还寒的北方初春季节。

在画卷的右首有驮负木炭的驴子，据北宋孟元老的《东京梦华录》记载，每年农历十月，汴京始“进暖炉炭，民间皆置酒作暖炉会”，如果清明节前后进暖炉炭，则违背宋人生活习俗。

画面上还有酒肆多处，酒旗上写着“新酒”二字，而《东京梦华录》中则有这样的记述：“中秋节前，诸店皆卖新酒……”宋代秋季新谷下来要酿醪酒喜庆丰收，此酒谓之“新酒”。

又分析画中的“城门楼”，设想《清明上河图》应该描绘的是从“清明坊”到汴河口这一段上河的繁华、热闹的景色。“清明”是指汴京城中的“清明坊”，这就是“地名说”。

3. 寓意“承平”说

还有人认为“清时”既非时令，又非地名，应该是在称颂“太平盛世”。

《诗经·大雅》中有“肆伐大商”“会朝清明”的说法，《毛诗故训传》称“不崇朝而天下清明”，《后汉书·班彪列传上》也有“固幸得生于清明之世”之句，这里的“清明”都有政治开明有度、人民安居乐业之意。从这个意义上理解，画中题款“清明”，应该是张择端期望获得皇帝赏识所做的颂扬之辞。

在当时，张择端是皇家御用画院待诏，因此他用“清明”一词创作这幅画卷敬献给宋徽宗，鼓吹“歌舞升平”，进行歌功颂德是很有可能的。

至于张择端为何选取秋色而不绘春景，是因为“汴水秋风”是汴城八景的第一景。汴水以“秋风为胜”，而汴城又以汴水两岸最为繁华。画家选取汴河秋景入画，以反映汴京的人物繁华。正因如此，《清明上河图》中店铺林立，酒店、茶馆里的顾客熙熙攘攘，而纸马店前门庭冷落，没有一个顾客光临……这正透露出张择端的作画意图，描绘汴河的升平景象，而并非清明时节。

综上所述，从各方面分析，由于画面上并无门插柳条、扫墓、踏青、郊游等特有的“清明”时节习俗，因此“清明时令说”有所偏颇；而“清明坊”之说，也没有有力的佐证；相比之下，第三种说法似乎更有说服力。总之，在“清明”二字的解释还没有定论之前，将它视作北宋的都市生活的典型写照还是可取的。

郑和为何发明麻将

麻将是我国广大人民群众喜闻乐见的一种益智类娱乐形式，关于麻将的由来众说纷纭。那么，麻将到底是什么时候发明出来的？又是谁发明的？

有人认为麻将是隋代的时候发明的，但是民间广为流传的是明三宝太监郑和在航海之时发明的。郑和为何要发明麻将？这与他航海大有关系。

明宣德年间，三宝太监郑和率领数万将士组建了当时世界上最大规模的船队横渡大西洋。有人说郑和下西洋是为了宣扬国威，也有人说是为了经商贸易，更有甚者说是为了寻找失踪的建文帝。

在茫茫的大海上，船上的随从们常常因为无聊而滋生是非，导致郑和不便管理众多将士，也有一些随从因为海上生活单调和思乡，精神萎靡不振，甚至积郁成疾。

郑和看到这种情况非常着急，担心长此下去，后果将不堪设想。为了不让随从们滋生事端、振兴将士们的士气，郑和开始寻找解决方案。于是他决定设计一个娱乐项目，但这个项目必须符合一些原则：一是，必须可以多人玩，以便联络感情、监视军情。二是，规则简单、方便学习，还可以不断地更改。三是，持续时间长而不厌，适应海上的连续、枯燥的生活。

根据当时航海的情况，郑和冥思苦想终于找到切合现实的娱乐项目。郑和利用船上现有的毛竹做成竹牌，刻上文字图案，再制定游戏规则，放在吃饭的方桌上就能供大家娱乐。

在文字图案的确定上，红“中”代表中原大地，符合中国红的原则，也迎合随从们的思乡之情；竹牌刻上“发”字，暗合航海的经商名义，发财的数量则从

“一万”到“九万”，按照中国的习俗，过满则溢，所以没有更多的万。万字牌定下来之后，其他的就照推了，船上粮食以大饼为主，于是就有了一饼到九饼；遇到风平浪静，将士们也会捕鱼，于是有了“一条”“二条”……“九条”；行船靠风向，有了“东”“南”“西”“北”风；海上航行水手往往不记日期，只辨寒来暑往的节气变化，这样，竹牌中又加上春、夏、秋、冬4个“花”牌；根据装淡水的水桶数刻上一筒到九筒；根据船上号令牌的内容刻上白板，于是共计136张牌。

游戏一经推出，船队里总响着哗啦之声。玩这个游戏的时候，将士们的萎靡不振一扫而光，郑和看到这竹牌能麻痹将士的思乡之情，于是就将其命名为“麻将”。

从此，一个风靡中国大地600余年仍生生不息的“麻将”就这样诞生了。其实，麻将是谁发明的已经不重要了，真正重要的是，麻将作为中华民族游戏史的一个缩影，与任何游戏品类一样，多少年来，让玩者在其中体味到休闲趣味。

清东陵被盗之谜

清东陵是我国古代陵墓建筑的精品，被联合国世界遗产专家评价为“人类具有创造性的天才杰作”。清东陵位于一块难得的风水宝地，群山环抱，流水环绕。传说当年顺治帝来此处打猎，看到周围灵韵十足的山水美景，赞叹不已，当即传旨：“此山王气葱郁，可为朕的寿宫。”

清东陵是一座有580多个单体建筑组成的庞大古建筑群，装饰豪华，设计精美，葬有顺治帝、康熙帝、乾隆帝、咸丰帝、同治帝等五位帝王，还埋葬了14个皇后和136个妃嫔。其中最引人注目的是慈禧的陵寝。慈禧陵装修之华贵令人瞠目结舌，而且这位清王朝末期实际的统治者为了显示自己的权力，下令自己的陵寝上所有石雕全部采用“凤上龙下”的花纹。

慈禧太后墓葬之奢华不仅体现在陵寝的装修上，更在于其丰厚的陪葬品。

慈禧的心腹太监李莲英亲眼见证了慈禧入殓，晚年他在《爱月轩笔记》中回忆，慈禧棺椁中铺了厚达1尺的金丝串珠锦褥和珍珠，然后才放入尸身。慈禧头部放置荷叶，青翠透亮，叶面上有天然生成的脉络。脚下有粉红碧玺莲花、翡翠西瓜、翡翠甜瓜、翡翠白菜。这些花果皆用宝石天然纹理雕成，真实生动。左手侧放置玉石莲花一支，黑玉石荸荠一个；右手侧放置缠蟠桃的玉雕红珊瑚树一株。头戴珍珠凤冠，凤冠上缀有鸡蛋大的珍珠。身着金丝串珠彩绣袍褂，身上盖着珍珠堆制成大朵牡丹花的衾被。棺椁里放着200多个宝石制成的桃子、李子、杏子等果实，还倒进去4升珍珠、2200块宝石填充缝隙。慈禧的随葬品仅仅皇家入账的就价值5000万两白银，还不包括王公贵族的私人奉献。

自古以来皇家陵墓就是盗墓贼垂涎的对象，慈禧墓中的珍宝无数，更是让无数双眼睛虎视眈眈。

1928年7月，住在清东陵附近的老百姓听到隆隆的炮声。人们以为是军事演习或者在剿匪，事后才发现，是清东陵被盗。乾隆帝和慈禧太后的陵墓被炸开，破坏得一片狼藉。乾隆皇帝和慈禧太后棺木中瑰丽的奇珍异宝被洗劫一空。

究竟是谁胆大包天，犯下了惊天盗案？事件发生后，引起了很大的社会反响，经过多方面调查，种种证据都指向孙殿英。据说在炮击发生前，军阀孙殿英的部队对清东陵附近进行了封锁，所以百姓才会以为有什么军事行动，而对炮击声不以为意。孙殿英盗墓之说越传越烈，因此他有了“东陵大盗”的恶名。

孙殿英，名魁元，河南永城人。因为小时候生过天花，满脸麻子，所以外号孙麻子。孙殿英家境贫寒，自小不务正业，和地痞流氓鬼混。成年后在江湖闯荡，以赌博、贩毒为业。孙殿英所处的时代动荡混乱，军阀混战，他参军入伍，在各个军阀派系中流窜，后来被蒋介石的队伍收编，成为十二军军长，驻守清东陵。清东陵的守陵官员推测，是孙殿英看到陵墓的守卫形同虚设，于是监守自盗。

然而推测终究是推测，当时孙殿英的部队戒严，把清东陵围得如铁桶一般，没人知道陵墓内究竟发生了什么事情。真正把孙殿英推到台前的，是一次倒卖文物事件。

东陵被盗一个月后，北京著名的古玩集散地琉璃厂来了一位神秘的客人。这位客人携带着一批罕见的珍宝进入了琉璃厂最大的古玩店铺“遵古斋”。珍宝最终以10万元的高价被“遵古斋”收购。北平警备司令部知道了这次秘密交易，对双方进行抓捕。审讯过后，发现出卖珍宝的神秘客人正是孙殿英麾下的师长。

事件被报道后，社会上掀起强烈的反响，纷纷要求严惩孙殿英。孙殿英则大声喊冤，说之前清东陵炮击是为了剿匪，而这些珍宝是缴获的战利品。

一群在穷乡僻壤打劫为生的土匪怎么得到如此珍贵的珠宝？珠宝的来处只有一个，就是陪葬丰厚的皇陵。

据后来的专家分析，当时国家动荡，各种势力层出不穷，土匪盗墓也是非常有可能的。

正当人们相信孙殿英的自我辩白时，又发生了一件事，让他百口莫辩。在驶往青岛的一艘轮船上，青岛警察厅抓获两名逃兵，这两名逃兵身上竟然藏着36颗珍珠。经审讯，两人承认是孙殿英的部下，其中一人亲口承认参加了清东陵的盗墓行动。

孙殿英盗墓之事几乎可以说是确凿无疑，可是，这样一件惊天大案，最后却不了了之。

20多年后，孙殿英的部下曾回忆说，孙殿英确实曾盗挖坟墓，还洋洋得意地回忆乾隆墓和慈禧墓中有什么珍宝。孙殿英还说，曾经把一些特别珍贵的宝物敬献给了当时的实权派。这就解释了为什么一件轰动朝野的千古盗案会处理得无声无息，没有下文。

血滴子是何物

在民间小说中，雍正经常被刻画成精通武艺、神通广大的阴谋家，他豢养了一批侠客力士，操持着一种名曰“血滴子”的杀人利器，能取敌人首级于千里之外。

历史不可能凭空捏造，传说也不可能没有根据，雍正与这种可怕的杀人利器应当有关系。那么，“血滴子”究竟是什么东西？

传说“血滴子”是雍正皇帝特务系统所使用的一种武器，这种武器杀人的方式，是专门把人的首级从脖子上取下来。

使人头和脖子分开的武器有很多，大刀砍、利斧挥都可以达到目的。而这个“血滴子”却不是寻常的武器，它在使用的时候，是放出去的。把“血滴子”放出去（或者是抛出去），它会把目标的头罩住，然后割下目标的头再收回来。割下的人头，就在“血滴子”里面被带了回来，所以被害的目标就成了无头尸体，十分恐怖。

虽然传说“血滴子”的使用过程是如此，可是关于它的具体形状，又是怎样一下子把人脑袋割下来，还是没人知道。由于“血滴子”的神秘性，它曾不止一次被搬上电影屏幕，电影工作者各凭想象去创造。于是在银幕上，我们看到有的“血滴子”像一顶草帽，有的“血滴子”像一个鸟笼，有的在放出去的时候会“呜呜”怪叫，有的会旋转，有的周遭满布利刃，有的像相机快门一样的装置——“喀嚓”一声，身首分离。

还有一种说法认为，雍正秘制的“血滴子”其实是一种毒药。

传说雍正为皇子时，就准备要夺取皇位。于是他不仅招揽大批侠士、剑客供他驱使，还秘制各种毒药、暗器。而雍正用来诛锄异己的暗器中，就有一种名为“血滴子”的毒药。其物是一革囊，将活人放到里面，不一会儿人就化成一摊血水。这种说法虽然言辞过甚，但雍正为了实行统治，制造几种新式的杀人武器，自然也是极有可能的。

据可靠的记载，“血滴子”确有其物，里面所储的是一种毒性极强的毒药，这种毒药是用毒蛇的毒液混合一种毒树的汁液炼成，一滴就可以使人通身溃烂而死，故称“血滴子”。还说雍正曾密谕广西巡抚暗中寻访这种毒药，并研究熬炼其解毒的秘方，所以说雍正炼制“血滴子”，是相当有根据的。

“血滴子”究竟是何物，我们也难以判断，但是可以肯定的是，它与雍正的统治有着密切的关系。

康熙陵墓内为何葬了48个后妃

清圣祖康熙皇帝，名爱新觉罗·玄烨，是清朝入关后的第二代皇帝，也是中国历史上在位时间最长的一位皇帝。

康熙皇帝在位61年，死后葬于河北省遵化市的清东陵。清东陵内有顺治帝孝陵、孝庄昭西陵、乾隆帝裕陵、咸丰帝定陵、同治帝惠陵，康熙帝的陵墓为景陵。然而令人惊奇的是，景陵中除了埋葬康熙皇帝外，还葬有康熙的48个后妃。一座陵墓，埋葬如此多的人，这样的埋葬规格在中国历史上是绝无仅有的。

那么，为什么康熙的景陵中埋葬了48个后妃呢？

有人认为是因为康熙后妃众多。从空中俯瞰景陵，整体上呈半圆形，地位高者列前居中，地位低者居后。景陵地宫内除了葬有康熙皇帝，还有孝成仁皇后、孝昭仁皇后、孝懿仁皇后、孝恭仁皇后和敬敏皇贵妃。敬敏皇贵妃（因其第十三皇子助雍正帝登基有功）原本和妃嫔们葬在一起，后来移葬在景陵地宫内。景陵双妃园寝埋葬着抚育过乾隆的康熙妃嫔悫惠皇贵妃和敦怡皇贵妃。康熙的后妃并未全部葬在景陵中，但就上面所提到的这些人让我们不可否认，康熙的后妃的确很多。

其实，清朝皇帝的皇后多是蒙古公主，这是政治联姻的需要。但在康熙的时候，政治形势发生了变化，鳌拜结党营私，专横跋扈，而丞相索尼历经三朝，掌握着一定的政治势力。于是在孝庄太皇太后的主持下，将索尼的孙女赫舍里氏指给康熙当了皇后。

1665年，12岁的康熙皇帝和13岁的赫舍里氏举行了隆重的结婚大典。虽然是一场政治婚姻，但是由于皇帝和皇后年岁相仿，又加之鳌拜把持朝政对皇帝多有不敬，于是压抑的环境促成了皇帝和皇后的恩爱感情。但是当康熙铲除鳌拜、亲理朝政，不再需要皇后家族势力的扶持后，皇帝和皇后的关系自然也就不那么亲密了。

皇帝的感情从来就不是给一个人的，康熙也不例外。于是之后，康熙后宫的女人逐渐多了起来，钮祜禄氏、佟佳氏、乌雅氏……一个接一个地进宫。康熙陆续迎娶的后妃中，年龄最小者只十一二岁，最大者也不过十五六岁，有的在二十几岁就去世了。从康熙九年最早去世的赠慧妃博尔济吉特氏算起，到乾隆三十三年（1768）最后去世的醇怡皇贵妃止，康熙帝的后妃们历经康熙、雍正、乾隆三代，前后延续了99年。在康熙帝的后妃中还有4对亲姐妹。其中，孝懿仁皇后佟氏及妹妹佟氏贵妃又是康熙帝的亲表妹，这在中国古代帝王中是很少见的。

康熙帝共有多少后妃，史学家没有给出统一的说法。《清圣祖康熙全传》记载，康熙帝后妃中贵人以上者有49人，册封在册的后妃有67人，而那些身份低微的答应、常在等据说共有200余人。

虽然康熙妻妾众多，但是对于自己的妃子们他还是有真情的。康熙外出期间，经常写信或把土特产等派人送回宫中，甚至会写信给深居宫中的嫔妃们，讲一些途中趣事，解解她们的闷气。

虽然身边的女人日益增多，与结发妻子又是政治婚姻，但是康熙对赫舍里氏还是很有感情的。平三藩的时候，皇后赫舍里氏难产，生下皇子后就去世了。康熙顶着巨大的压力，不顾前方战事吃紧，辍朝五日为大行皇后举办隆重的丧事。在赫舍里氏的梓宫停灵的25天中，康熙皇帝竟然有20天亲自去举哀，足见感情之深。

赫舍里氏以生命为代价生下来的皇子，不满两岁便被康熙皇帝册立为皇太子。后来，太子不成器，最终被康熙废掉。废太子时，康熙骂他“生而克母”，仍念念不忘发妻。

康熙帝为他的后妃们做的最重要的事情就是在自己的晚年为嫔妃们的生活进行了安排。他下令，有儿子的嫔妃，年老后到儿子的府邸居住，这一安排打破了皇帝驾崩后，后妃独居宫中到死的定例。

康熙去世之前，他的两位皇后已经安葬在景陵地宫。康熙帝安葬之后，他的嫔妃们也就陆陆续续地安葬过来。因此，一座帝陵就安葬了如此众多的嫔妃。

嘉庆为何禁“如意”

如意，是一种古代器物名称，长条而一端弯曲，我国很早以前就有了。

如意可以用各种材料制成，比如骨、竹、木、角、石、玉、铁、铜等。由于其一端弯曲像手一般，最早被用作“抓挠”。到西汉时期，如意具有吉祥的含义，比如汉高祖刘邦与戚夫人生的儿子就取名为“如意”。魏晋南北朝时期，佛教的僧侣和文人雅士开始广泛地使用如意，并加深了如意吉祥美好、聪慧睿智的含义。到清朝，如意已成为皇宫里皇上、后妃们的把玩之物，宝座旁、寝殿中均摆有如意，以示吉祥、顺心。清代的皇帝、皇后还常将如意作为赏赐王公大臣之物。

然而如此吉祥、美好之物，却也不是人人都喜欢，清嘉庆皇帝就公然表示自己不喜欢如意。

按照满洲的老风俗，逢年过节的时候，王公大臣以及在外省的总督、巡抚等封疆大吏，都要在宫廷向皇上进献如意，以表吉祥如意的美好祝愿。满洲人入关进京之后，这种老风俗仍然被保留了下来，没有改变。可是到了嘉庆年间，这种老风俗竟突然被皇上下谕给禁止了。谕旨中说：“……诸臣以为如意，在朕观之转不如意也。”

当时，朝廷上上下下都不知道皇帝禁献如意究竟是什么原因。而如此寓意吉祥的物件，嘉庆帝为什么就不喜欢？这其中另有奥秘。

雍正皇帝在位时，乾隆的第二个孩子出生了，这个婴儿是乾隆嫡福晋所生。由于清代以前的皇帝没有一位是嫡长子，所以雍正对这个嫡孙十分重视，并亲自赐名永琏，暗示在乾隆之后立他为皇帝。于是乾隆即位后，就马上将传位永琏的诏书放在正大光明匾后，可是永琏只活了9年就离开了人世。之后不久，皇后又生下皇七子永琮，一心想完成祖先遗愿的乾隆马上决定立这位嫡子为太子。谁知传位的诏书刚放到正大光明匾后，两岁的永琮也离开了人间。

连丧两子的乾隆皇帝再也不敢立嫡子为太子，更不敢将传位诏书放在正大光明匾后面了。对于立储一事，皇室里谈虎色变。到乾隆晚年，他的诸皇子中有的已经死去，有的对皇位根本不感兴趣，还有的因怕招来杀身之祸而敬而远之。于是乾隆就在庶出的皇子中选择忠厚老实的颙琰作为继位者。为了不让这个儿子突遭不测，乾隆帝对立颙琰为太子一事一直秘而不宣，直到禅位前一年才正式公之于众。

可是如此绝密之事，真的只有乾隆一人知道吗？不，还有一人知道，那就是和珅。当和珅觉察到乾隆帝要立颙琰为太子后，立刻选了一只上好的如意送给颙琰，以取悦这位未来的皇帝。谁知颙琰听到自己被选为太子后大为惊恐，加之他对和珅这样的大贪官本身就十分忌恨，所以对和珅送的如意十分反感。

嘉庆继位后，政事仍由太上皇乾隆决定。嘉庆四年乾隆病逝后，嘉庆执政。在执政后的第6天他就逮捕和珅，抄出其家财约值白银10亿两，相当于清政府20年的财政收入，和珅随即被处死。之后，嘉庆就下谕旨禁献如意。

如此，不明真相的人们还以为嘉庆下谕禁献如意是要崇尚节俭、杜绝奢侈，其实只是他对如意的一种厌恶罢了。

北京公主坟葬的是哪位公主

北京西部复兴门外、复兴路和西三环路交界处的街心花园，有个叫公主坟的地方。对于这个公主坟，自古民间传说颇多。自从电视连续剧《还珠格格》播映后，人们对京西公主坟内埋葬的公主有了高度的关注。

公主坟里埋葬的到底是谁呢？民间主要有以下三种传说：

第一种，降清明将孔有德之女孔四贞。这是流传最广的一种说法。传说因明将孔有德降清后屡立战功，顺治六年（1649）被封为“定南王”。在顺治九年（1652），孔有德在桂林被明将李定国围困，受伤后自杀身亡。顺治母亲孝庄皇后收养其女孔四贞为义女，并封为和硕公主，成为清朝唯一的汉族公主。她死后就埋葬在京西郊。

第二种，元帅金泰的妻子。传说汉人金泰从小就被满族人收养，因立下战功被封为元帅。在游园时与公主相遇，一见钟情。但是有人故意挑拨关系，皇帝就下旨流放了金泰。贫寒交迫的金泰给公主写了一封信，说见信时他已不在人世了。公主看见后也服下毒酒，追随爱人而去。皇帝无奈，于是将金泰草草葬于香山，而将公主远远地埋在今天的“公主坟”。

第三种，乾隆的义女。相传，有一年乾隆与刘墉、和珅到民间微服私访。行走中不知不觉天色已晚，乾隆感到又累又饿，于是便在一个小村庄的农户家借宿。农户家只有老汉和小姑娘，老汉心地善良，给乾隆他们提供免费的食宿。乾隆很喜欢这个小姑娘，第二天出门时对老人说：“老人家，你要乐意，就让您的女儿给我做干闺女吧！”老人一听很高兴，就让女儿过来拜见。乾隆掏出一块黄手帕，递给姑娘，“孩儿如遇急难，可拿它到京城找我，只要一打听皇……”这时刘墉咳了一声，急忙说：“打听黄家大院！”乾隆忙改口：“对！对！黄家大院。”

几年后，赶上连年闹灾荒。父女俩实在过不下去了，只好到京城来找姑娘的干爹。父女俩找遍北京，也没找到黄家大院。不久，老汉就去世了，姑娘情急之下来到护城河边，想寻短见。就在这时，正好遇到刘墉，于是刘墉就将姑娘带进宫中。乾隆自然是忘了这回事，但是有刘墉作证，怎么赖得掉？于是便将姑娘留在宫中。可是姑娘在宫中没住多久就患病去世了。乾隆就准备草草埋葬了，可是刘墉却说：“这位公主虽说不是万岁亲生，但也是您自己认的干女儿啊！并且留有信物，就这么草草葬了，万岁脸上可不光彩啊！”于是乾隆只好传旨，按公主的葬礼，把姑娘葬在“公主坟”这里。

虽然对公主坟里埋葬的公主的传说有很多，而且说法各不相同。其实公主坟内的公主是谁，早在1965年北京市政府修建地铁一号线时，文物部门就对公主坟进行了考古挖掘，并参考历史资料考证，谜底早已揭开。

原来公主坟内葬的是嘉庆皇帝的两位公主（满族称为格格）。两位公主分别葬在东西两边，东边葬的是庄敬和硕公主，她是嘉庆的第三个女儿，是和裕皇贵妃所生，生于乾隆四十六年（1781）十二月。她于嘉庆六年（1801）十一月下嫁蒙古亲王索特纳木多布济。嘉庆十六年（1811）三月卒，年31岁；西边葬的是庄静固伦公主，是嘉庆第四女，为孝淑睿皇后所生，生于乾隆四十九年（1784）。她于嘉庆七年（1802）下嫁蒙古族土默特部的玛尼巴达喇郡王。嘉庆十六年五月卒，年28岁。

由于清朝的祖制，公主下嫁，死后不得入皇陵，也不能进公婆墓地，必须另建坟茔，所以北京郊区有很多公主坟，有的地方现仍叫公主坟。因和硕公主和固伦公主是同年而亡，仅隔两个月，所以葬在一处。两个墓葬都是夫妻合葬墓，陪葬有许多珍贵的物品。墓地原有围墙、仪门、享殿等地面建筑，四周及里面广植古松、古柏和国槐、银杏等树木。地宫均为砖石结构，非常坚固。之后，由于年久无人打理，才逐渐没落，遂不为外人知晓。

中国古代的飞碟之谜

飞碟（UFO），空中不明飞行物，在现代社会是个十分热门的话题，对于它是否真实存在，人们说法不一。然而这令人争执不休的怪诞神奇之物在中国古代就已有颇多记载。

古籍《晋阳秋》中记载“有星赤而芒角，自东北西南流，投于亮（诸葛亮）营，三投再还，往大还小，俄而亮卒。”这颗从东北到西南往复行走的发着光的“星星”被人们看作是不明飞行物，也就是我们今天所说的“飞碟”，是关于飞碟最早的记录。

我国著名诗人苏轼同“飞碟”也有着不解之缘。“是时江月初生魄，二更月落天深黑。江心似有炬火明，飞焰照山栖鸟惊。怅然归卧心莫识，非鬼非人竟何物？”这一首《游金山寺》正是苏轼在某天夜间见到发光的物体降于江中所写，这一“非鬼非人”之物不仅引起苏轼的迷惘，而且直至今日，人们仍疑惑它究竟为何物，不过它发着强光、陨落的特征倒和现代人们所说的“飞碟”有相似之处。

素有科学家之称的沈括在《梦溪笔谈》中曾写道：“嘉祐中扬州有一珠甚大，天晦多见。初出于天长县陂泽中……凡十馀处，居民、行人常常见之。予友人书斋在湖上，一夜忽见其珠甚近。初微开其房，光自吻中出。如横一金线。俄顷忽张壳，其大如半席，壳中白光如银，珠大加拳，烂然不可正视。十馀里间林木皆有影，如初日所照；远处但见天赤如野火；倏然远去，其行如飞；浮于波中，杳杳如日。”“大如半席”“光照十里”“倏然远去”，这颗珠状物体不是“飞碟”，又是什么呢？

不仅在古书古籍中有关于不明飞行物的记载，在古画中也不乏记录。

清朝画家吴有如的《赤焰腾空》图，便被人们看作是一幅生动地描述目击飞碟的场景画。画中众多行人集聚在桥上，全都仰头目视天空，争相观看空中团团火焰，作者在其画上注明："九月二十八日，晚间八点钟时，金陵城南，偶忽见火毬一团，自西向东，型如巨卵，色红而无光，飘荡半空，其行甚缓。维时浮云蔽空，天色昏暗。举头仰视，甚觉分明，立朱雀桥上，翘首踮足者不下数百人。约一炊许渐远渐减。有谓流星过境者，然星之驰也，瞬息即杳。此球自近而远，自有而无，甚属濡滞，则非星驰可知。有谓儿童放天灯者，是夜风暴向北吹，此球转向东去，则非天灯又可知。众口纷纷，穷于推测。有一叟云，是物初起时微觉有声，非静听不觉也，系由南门外腾越而来者。嘻，异矣！"画中关于地点、时间、人物、颜色、形状、飞行速度等的详细记述提供了一份可以给后人研究飞碟的宝贵资料。

从这些古人的记载中，我们知道在中国古代出现过发光飞行的不明飞行物，但是它们究竟是否是飞碟，人们还是众说纷纭。

有人说中国古人的记载只是看到的一些表面现象或是道听途说的传闻，并没有科学的依据，甚至还有些夸张的修饰手法，也许仅仅是些在当时人们还没有充分认识的自然现象。

有人说古时人们记载的不明飞行物都是有着共同特点的，发着红、白等的光亮，倏忽而过，来去自由，不同时代的人们记载同样的神奇之物，而这种物体就是飞碟。

飞碟在现代依旧是个谜，古时是否真的出现过飞碟，也许只能等后人继续深入研究了。

臭名昭著的《田中奏折》如何被曝光

1929年2月，南京《时事月报》刊登了一条让世人震惊的新闻——《惊心动魄之日本满蒙积极政策——田中义一上日皇之奏章》。

"过去发生的日俄战争实际上是中日战争，将来如欲征服世界，必先征服中国，征服中国，必先征服满蒙。倘若中国完全被我国征服，其他如小亚细亚、印度、南洋等地区的民族必然会敬畏我国而向我国投降，使全世界认识到亚洲是属于我国的，而永远不敢侵犯我国。这是明治大帝的遗策，也是我大日本帝国存立的必要大事……"该奏章全文共6706字，有五大章节和一个附录，对侵略行动做了详细的安排，字字句句都揭示着日本企图侵吞中国及整个亚洲的野心。后来，这一奏章被简称为《田中奏折》。

《田中奏折》一经曝光，引起世界舆论一片哗然。中国各地举行了声势浩大的示威游行，抗日浪潮席卷全国。那么，这个奏折是如何被公之于众的呢？

1927年4月，田中义一上台组阁。他担任首相后不久，就主持召开了“东方会议”，专门研究侵华政策。1927年8月，日方又召开“大连会议”，研究落实“东方会议”确定的侵华方针的具体步骤。1927年底，田中义一将“东方会议”与“大连会议”所制订的侵华计划写成奏折，上呈裕仁天皇。这就是臭名昭著的《田中奏折》。

1928年，张学良接管了东北的军政大权，开始派人搜集日本对华政策变动的情报，其中最重要的就是《田中奏折》。于是1928年6月的一天，蔡智堪接到王家桢的一个纸条，希望他能设法拿到《田中奏折》。

蔡智堪是台湾人，已经加入日本国籍。他知道这是日本的最高机密，肯定不易拿到。经过反复考虑，他决定利用日本民政党和政友会的矛盾，通过民政党人的帮助拿到奏折。

于是，蔡智堪便以私人身份宴请前内务大臣、民政党主席床次竹二郎和田中内阁的外相永井柳太郎。床次和永井都是他的老朋友，蔡智堪经常请他们喝酒，并不时给他们提供经济上的资助，所以关系一直都处得比较好，说话也比较随便。

蔡智堪觉得永井是最容易接近《田中奏折》的人，于是便先向永井提出需要他的帮助，却遭到永井的回绝。于是蔡智堪只得找床次，他对床次说：民政党要扳倒政友会，就应该揭发田中极力主张的武力占领东北的政策，那时你们民政党就有机会东山再起了。床次被说动了心，为了民政党的东山再起，决定帮助蔡智堪密抄奏章。

一周后，蔡智堪在民政党人的帮助下，于某夜潜入皇宫，抄写《田中奏折》。蔡智堪将民政党总裁专用的很薄的碳酸纸铺在原件上，用铅笔描写。第二天夜里，还是同样进入皇宫。经过两夜的时间，终于将《田中奏折》全部抄完。

之后，蔡智堪将抄写的《田中奏折》秘密藏在一只皮箱的夹层里，从东京亲自护送到沈阳，交到王家桢手里。王家桢立即将抄件送至张学良将军的府上。次日，张学良命王家桢前往南京政府报告。

此时，恰逢“泛太平洋会议”在日本东京召开。日本代表在会议上大放厥词，令出席会议的中国代表义愤填膺。于是国民政府将《田中奏折》交给南京《时事日报》，该报于1929年12月将《田中奏折》全文刊登出来。《田中奏折》的公布不仅震惊了中国，也震惊了全世界。

“身份证”古已有之

现在人们所使用的身份证，是用于证明持有人身份的一个证件，多由各国或地区政府发行于公民。

我国在1984年4月6日开始颁发第一代居民身份证，到2004年3月29日，中国大陆开始正式为居民换发内藏非接触式IC卡智能芯片的第二代居民身份证。第二代身份证采用数字防伪措施，存有个人图像和信息，可以用于机器读取。

身份证是现代社会才出现的吗？其实不然，身份证在我国古已有之，但它的起源却是官员的识别符号。

隋唐时期，我国出现了最早的“身份证”。当时的朝廷发给官员一种类似身份证的“鱼符”，它是用木头或金属精制而成。其形状就像鱼，分左右两片，上凿小孔，以方便系佩。“鱼符”上面刻有官员姓名、任职衙门及官居品级等。那时，凡亲王和三品以上官员所用“鱼符”都是用黄金铸制的，以显示其品位、身份之高；五品以上官员的“鱼符”为银质；六品以下官员的“鱼符”则为铜质。五品以上的官员，备有存放“鱼符”的专用袋子，称之为“鱼袋”。

当时，“鱼符”的主要用途是证明官员的身份，便于应召出入宫门验证时所用。因为官职的等级不一样，“鱼符”的材质也不一样，所以它也是当时官员身份高低的象征。因此有“附身鱼符者，以明贵贱，应召命”之说。

到武则天时，“鱼符”被改成形状像龟的“龟符”，但用途与“鱼符”一样。到宋代，“鱼符”被废除，但仍佩带“鱼袋”。至明代，改用“牙牌”，这是用象牙、兽骨、木材、金属等制成的版片，上面刻有持牌人的姓名、职务、履历以及所在的衙门，它与现代意义上的卡片式身份证已经非常接近了。明人陆容《菽园杂记》中有记载，牙牌不但官员要悬带，“凡在内府出入者，贵贱皆悬牌，以别嫌疑”。由此可知，明代身份证的用处已不仅局限于在朝官员，并开始向中下阶层发展了。

到清代，这种身份制度有了很大改变，各阶层的身份以帽子上的顶子（帽珠）来证明，帽珠用宝石、珊瑚、水晶、玉石、金属等制成。如果是秀才，可佩铜顶；若为一品大员，则佩大红顶子。一般百姓帽上无顶，只能用绸缎打成一个帽结。一些富商、地主为求得高身份，常用数目可观的白银捐得一个顶子，由此而出现“红顶商人”“红顶乡绅”一类怪事。

中国最早的身份证制度应该始于1936年民国宁夏省政府所制定的“居民证制度”。这个“居民证”上面写有姓名、年龄、籍贯、职业、身长、面貌、特征以及手纹箕斗形状等项，虽与后来的国民身份证尚有不同，但已具备了身份证的各项要素，应当是中国身份证最早的雏形。

城坊篇　倾国倾城非传说

殷墟告诉你一个真实的商朝

据《古本竹书纪年辑证》记载："自盘庚徙殷，至纣之灭，七（误，应当为二）百七十三年，更不徙都。"殷墟是商朝晚期国都的遗址，位于今河南省安阳市西北部小屯村一带，距今有3300多年的历史，总面积超过3600平方米。因王陵、宫殿、甲骨文以及青铜器等古物的出土而受到世界的瞩目。2006年7月8日，第30届世界遗产大会在立陶宛首都维尔纽斯召开；7月13日，中国安阳的殷墟被正式列入世界文化遗产名录。

殷墟在甲骨文的卜辞中被称为"商邑""大邑商"，古时也被称为"北蒙"。它在当今世界的闻名程度与甲骨文的发掘密不可分，最早要追溯到清代光绪年间。甲骨文最早被人们称作"龙骨"，是当时农民耕作时发现的一种化为石块的骨片，后来将这些骨片卖给药店，并当作药品服用。直至1899年，一个叫王懿荣的金石学家发现了"龙骨"片上的玄机，他认定上面的图形是一种古老的文字，之后他不惜重金收购京城药店中大部分的"龙骨"。后来王懿荣将这些甲骨文交与刘鹗研究，终于在20世纪初，刘鹗首次确证了甲骨文的年代，它是殷商人为了记录日常事件而篆刻于龟甲和牛骨上的文字。

由于之前人们不知道这种骨片是珍贵的文物，大量的甲骨文就被当作良药食用，因此也损失很多珍贵的史料；而且当时中国战乱不断，外国列强的入侵也造成大批甲骨文的流失。后来经过政府以及各界人士的不懈努力，至今被发掘的甲骨文已经达到15万片，总文字数将近5000，其中有2000多个单字已经被解读。虽然甲骨文的研究已经达到很高的水平，但是仍然有一些难解的谜团等待人们发掘。例如一些甲骨文字需要用放大镜才能看得清楚，那么在古老的殷商时期人们究竟有着怎样的篆刻技术?

事实证明，甲骨文对中国人所产生的影响是不言而喻的。

首先，它经过金文、篆书、隶书以及楷书等不同字体的发展，而且保留了字形、字音、字义等最基本的方法，是中国汉字的源头。

其次，甲骨文中记载丰富，充分反映了殷商时期的科学、文化水平。例如殷商时期，人们就已经采用了十进位制，并且有了个、十、百、千、万等数字的概念；殷商人还可以准确地记录日食、月食等多种天文现象；我国现在还在使用的农历纪年法，也是对殷商时期出现的殷历法的沿用。

此外，甲骨文所记载的一些推测和占卜活动，都能够体现殷人思维以及逻辑推理的能力。

最后，甲骨文内容（文字）与形式（骨片）的统一，更是一种美的呈现，对中国书法有着深远的影响。

除了甲骨文之外，殷墟的光环还源于其他文物的照耀。在1978年的考古发掘过程中，殷墟出土4000余件的青铜器物，甚至在后来还发掘出一个铸造青铜器皿的工厂。除了青铜器外，玉器、石器以及原始瓷器也是数不胜数、精美绝伦。另有8000多座墓葬也是在殷墟之上被发掘的，其规模之壮大、葬品之多，世界罕见。宫殿宗庙遗址和王陵遗址都是殷墟的重要遗迹，闻名遐迩的商后母戊鼎就是在王陵以东出土的。

“中原文化殷创始，观此胜于读古书”，这是郭沫若先生在拜访殷墟之后所发出的感叹。的确如此，殷墟遗址有着无比重要的历史文化价值，它不仅让古文献中关于殷墟的记载有了实际可考的对象，并且确证了中国古代历史的新框架。可以说，甲骨文的出土以及殷墟遗址的发掘，使源远流长的中华文化更加光彩夺目。

项羽魂归东城

相传，项羽死于东城。

《汉书·陈胜项籍传》中太史公司马迁在讲到项羽时评价道：“自矜功伐，奋其私智而不师古，始霸王之国，欲以力征经营天下，五年卒亡其国，身死东城，尚不觉寤，不自责过失……”

项羽生于秦王政十五年（前232），卒于公元前202年。他是秦朝末年率领农民推翻暴秦的领袖，在公元前207年的巨鹿之战中率楚军将秦军歼灭。其后，项羽自封为西楚霸王。然而他最终因自己的不可一世而败于刘邦之手，自刎于乌江。

那么，太史公所讲的东城究竟在哪里？

说法一：

“东城南陌尘，紫幰与朱轮。”“寄老之区，在於汤泉，实惟历阳，东城之域。”“大江之濆，东城之野，有泉出焉。”这三句诗词分别是由唐朝诗人张籍、北宋词人贺铸以及北宋词人秦观所作，它们都是描写东城的所在地是于乌江附近的江苏境内。

史太公所讲的东城真的是在江苏吗？

据《元和郡县志》载：“项羽自阴陵至此，尚有二十八骑。南走至乌江，灌婴等追羽，杨喜斩羽于东城。”

据《文献通考》载：“乌江，本乌江亭，汉东城县。梁置江都郡，北齐改为密江郡，陈临江郡，后周乌江郡，隋后为县。有项亭含山唐县。”

据《历阳典录》载：“夏书曰：淮海惟扬州。孔氏传曰：北据淮，南距海，淮海之间，其地广矣！和处江北，而实介于淮海之间，故扬州域内也。春秋战国皆属楚地。秦为九江郡之历阳及东城县之乌江亭地，历阳为都尉所治，汉高帝更九江郡为淮南国，历阳及东城乌江亭地如故。”

以上的诗文和古籍都说明东城确实位于乌江附近的江苏境内。这么说来，项羽“身死东城”，这个东城就在江苏。

说法二：

据《水经注》载：“淮水又东，池水注之。”池水“流径东城县故城南”。

据《隋书·地理下》载：“定远旧曰东城。梁改曰定远，置临濠郡。”

据《中国古今地名大辞典》载：“东城县：秦置。汉高帝五年，项羽兵败，自阴陵引而东，至东城，乃有二十八骑。汉文帝封淮南历王子良为侯邑。东晋后县废。故城在今安徽定远东南。”

另有《括地志》载：“东城县故城在濠州定远县东南五十里。”

按照以上史料的意思，东城位于滁河以北的安徽省定远县。

一种说法是东城位于滁河以南的江苏，另一种说法是东城是在滁河以北的安徽，为何史料的记载会有矛盾？项羽究竟生死何方？然而中国人民大学的教授冯其庸在《项羽不死乌江考》中认为，所谓项羽乌江自刎之说并不具备历史真实性，它只是在民间流传的说法而已。

关于东城的真实位置目前还在不断争论中。是江苏还是安徽，也许最终会有定论，抑或许将会永远成为千古之谜。

“龙城”在何处

秦时明月汉时关，万里长征人未还。

但使龙城飞将在，不教胡马度阴山。

唐代诗人王昌龄的一首《出塞》为“龙城飞将”打响了名气。一直以来，大家都认为“龙城飞将”就是指声名显赫的大将军李广。其实不然。所谓“龙城飞将”，并不是单指李广一人，还包括数击匈奴的卫青，甚至是指代多位抗击匈奴的英雄豪杰。

但我们的疑问是，这个“龙城”指的是哪里？有两种说法：一说龙城是当年匈奴拜祭祖先的地方，位于现今的蒙古人民共和国鄂尔浑河西侧的和硕柴达木湖附近。二说龙城是指卢龙城，是汉朝右北平郡所在地，位于今天河北省喜峰口一带。

除此之外，现今的中国大地上共有7座城市被称为龙城，它们分别是：濮阳、天水、诸城、太原、常州、柳州、朝阳。

诸多的“龙城”，我们怎么能确定到底哪个是呢？

首先可以确定的是，“龙城”“飞将”以及匈奴，这三者是密切相关的。又根据匈奴民族的栖息地的位置，除了人们对龙城的两种说法外，上面提及的7座城市中的天水也可以进入“龙城”的范围来做探讨。

以飞将推龙城。很多人认为对龙城的解释中，“卢龙城”一说较为合理。据《史记·李将军列传》记载：“广居右北平，匈奴闻之，号曰‘汉之飞将军’，避之数岁，不敢入右北平。”意思是：李广将军住在右北平，匈奴听说李广被称为汉朝的飞将，于是躲避了他好多年，不敢进入右北平。这种说法其实是按照飞将来解释龙城，认为“龙城飞将”中的“龙城”是指飞将的居住地，而且这个飞将就是李广。这么说来，河北喜峰口一带的右北平就是龙城。然而，又有人认为飞将不是指李广，而是卫青。按照卫青的故居来判，他是今天山西临汾人。难道龙城是指临汾？这一说法并不流行。此外，在甘肃天水有李广墓，那天水又是不是我们所讲的龙城呢？这样看来，想要以飞将推出龙城的所在地，难于一致。

以匈奴推龙城。既然龙城与飞将的链条没有搭成功，那么只好把龙城与匈奴相接。很多人认为龙城是匈奴的著名城堡。由于匈奴族把龙作为至高皇权的象征，因此在城中祭祀龙神，将此城称为龙城，位于今天的蒙古人民共和国鄂尔浑河西侧的和硕柴达木湖附近。卫青将军抗击匈奴的“龙城大捷”也应该指的是这里。然而此说是否成立，或许今后会有更多的资料来证明。

另外，除了右北平和蒙古国境内之说，还有一种说法，即龙城不是指地方，而是人物。2003年，初中语文教科书中将原来“龙城飞将”的注释做了修改：“龙城”指奇袭龙城的名将卫青，而“飞将”则指威名赫赫的飞将军李广。“龙城飞将”并不止一人，实指李卫，更是借代众多汉朝抗匈名将。

看来，“龙城”究竟在哪？依旧是众说纷纭，今无定论。

桃园从未三结义

“刘焉然其说，随即出榜招募义兵。榜文行到涿县，乃引出涿县中一个英雄。那人不甚好读书；性宽和，寡言语，喜怒不形于色；素有大志，专好结交天下豪杰；生得身长七尺五寸……次日，于桃园中，备下乌牛白马祭礼等项，三人焚香，再拜而说誓曰：‘念刘备、关羽、张飞，虽然异姓，既结为兄弟，则同心协力，救困扶危；上报国家，下安黎庶。不求同年同月同日生，但求同年同月同日死。皇天后土，实鉴此心，背义忘恩，天人共戮！’誓毕，拜玄德为兄，关羽次之，张飞为弟。”

此段截取自《三国演义》第一回：宴桃园豪杰三结义，斩黄巾英雄首立功。东汉末年，由于朝廷日益腐败，民不聊生。刘备为了消除这种现状，在一个园林之中与关羽和张飞结为兄弟。结拜之时，正值春光灿烂，桃花遍天飞、满地落。三人在这样美好的季节和情景之下确立了共同的人生目标：同甘苦，共患难，准备为天下百姓的生存奋斗。故名“桃园三结义”。

一句“不求同年同月同日生，但求同年同月同日死。”广为流传。“桃园三结义”的流传得益于《三国演义》，这个流传千古的感人立志之说也是《三国演义》所讲述的第一个故事。然而文学作品中的讲述又是否真实？历史上刘备、关羽和张飞三人真的有过三结义吗？且做以下分析：

“寝则同床，恩若兄弟。”据《三国志》载，关羽和张飞在刘焉招募有识之士之前就已经投奔于刘备。三人关系密切得像兄弟一般，但是关羽和张飞对平原相刘备还是以主仆相称。“少与关羽俱事先主，羽年长数岁，飞兄事之。”这句话的意思是说，张飞与关羽共同侍奉先主刘备，由于关羽比张飞年长，所以张飞把关羽当哥哥看待。此句话也并没有说明张飞和关羽与刘备是兄弟的关系。

关羽被曹操捕获之后，曾说：“吾受刘将军厚恩，誓以共死，不可背之。”以“刘将军”称呼刘备，可见关羽并没有与刘备以兄弟相称，而是以君臣相称。后来关羽被杀害，魏文帝问刘备会不会出兵为关羽报仇，刘备没有回答。但有人却说：“刘备和关羽‘义为君臣，恩犹父子’，关羽被杀害，如果刘备不能为他报仇，对关羽的恩义就不算全始全终了。”“义为君臣”“恩犹父子”，刘备与关羽的关系始终没有提及兄弟之情，可见，兄弟结义之说不能信以为真。

再者，关羽生年不详，但是有两种说法：一种是说大概在汉恒帝延熹二年（159），另外一说是汉恒帝延熹三年（160）。而刘备出生于汉恒帝延熹四年（161）。可见，关羽年长于刘备。这么说来，桃园三结义中的大哥刘备，年龄比关羽小。那么刘备又何以为大哥呢?

由以上分析看来，“桃园三结义”与史料所记载的有诸多不符之处，那么罗贯中应该是借助史料进行了发挥创作。毕竟文学作品意在想象，三分实、七分虚的《三国演义》也并非全都可信且有证可查。

阿房宫只是个传说

“六王毕，四海一，蜀山兀，阿房出。”唐代著名诗人杜牧的《阿房宫赋》是许多人耳熟能详的名篇佳作，然而历代文学作品中关于阿房宫的描述到底有多少是真实的，又有多少是出于文人墨客的发挥，这就不为大多数人所知了。

要想了解一个真实的阿房宫，修建这座宫殿的原因自然要知晓。秦始皇于公元前221年统一六国之后便开始以都城咸阳为首要建设目标，大兴土木，阿房宫就是秦始皇时期所筑宫殿中最宏伟壮观的一座。相传，秦始皇当年认为咸阳人口过于繁密，而且城中所建宫殿又十分狭小，因此他才在公元前212年下达命令，要求在渭河以南，故周都城镐、丰之间修建一座美轮美奂、大气磅礴的崭新殿宇——阿房宫。

至于这座华美、壮丽的宫殿为何要称之为“阿房”，则历来众说纷纭、莫衷一是。这里选言之成理的几种列举：第一种，“阿，近也，以其去咸阳近，且号阿房。”是说这所宫殿距离咸阳很近，故取名阿房。第二种，据《汉书·贾山转》记载：“阿房者……一说大陵曰阿，言其殿高若于阿上为房也。”可见，此宫殿是因为它坐落于大陵上而得其名。第三种，《史记·秦始皇本纪》中认为，以其形命宫也，言其宫四阿旁广也。所谓“四阿房广”，古来有蜿蜒曲回，婀娜盘旋之意。可见，据司马迁所载，阿房宫之所以为“阿房”二字，是根据宫殿曲径幽转的建筑风格来命名的。第四种，传说“秦始皇与阿房女”的故事，即秦王嬴政与一名民间女子相爱，故修建阿房以作纪念。

《史记·秦始皇本纪》记载：“乃营作朝宫渭南上林苑中。先作前殿阿房，东西五百步，南北五十丈，上可以坐万人，下可以建五丈旗。”《汉书·贾山传》又说道：“起咸阳而西至雍，离宫三百，钟鼓帷帐，不移而具。又为阿房之殿，殿高数十仞，东西五里，南北千步，从车罗骑，四马骛驰，旌旗不桡。为宫室之丽至于此。”按照这样计算，阿房宫南北长为115米，东西宽为690米，总面积大约为8万平方米，容万人所居是不在话下的。无论哪种记载，在历代文人的笔墨之下，阿房宫都是一座气势雄浑、规模宏大的建筑。然而其在文献中记载的庞大规模又十分令人生疑。

多数古文献在提及阿房宫时都用“阿城”一词来代，据考古专家指出，所谓“阿城”，指的其实就是现在我们所见到的阿房宫前殿的遗址。另有《长安志》中记载，秦阿房一名阿城，在县西二十里。西、北、东三面有墙，南面无墙。这也与考古工作所证实的情况是一致的，阿房宫前殿遗址夯土台基上面南部边缘未见夯筑土墙的遗迹，而其余东、西、北则各有夯筑土墙。再加上在前殿遗址上所见的东汉之后到宋代的遗迹，这些都充分地证明了我们所认识的阿房宫其实指的就是阿房宫的前殿。因此，“阿房宫并未建成”这种说法随着近年来考古工作的继续深入日渐被人接受。

另据《史记·项羽本纪》载：“烧秦宫室，火三月不灭。”这与流传在民间的关于阿房宫被项羽用火焚毁的说法是相矛盾的，因为这里提到的仅仅只是“秦宫”，并未提及“阿房”。而且从对阿房宫前殿台基遗址的考察和挖掘来看，证实这里并没有任何火烧所残留的痕迹，这就说明之前流传的阿房宫在秦末被大火焚毁的说法是有误的。如前面所述，阿房宫并未建成，项羽也根本无须烧掉一个没有宫殿建筑的夯土台。

那么，杜牧为什么要写《阿房宫赋》虚构历史呢？原来，唐敬宗李湛16岁继位，他昏庸无道，大兴土木，不理朝政，杜牧就借这篇赋，表面上写秦因修建阿房宫挥霍无度，劳民伤财，终至亡国，实则是借秦之故事讽唐之今事。正像他在《上知己文章启》中所说的："宝历大起宫室，广声色，故作《阿房宫赋》。"

所以，《阿房宫赋》的最后一句话才是杜牧的真正用意：规劝当权者要以古为鉴，不能哀而不鉴，否则只能落得"后人哀之而不鉴之，亦使后人而复哀后人也"的结局。

金庸笔下"明教"的前世今生

张无忌翻开书来，但见小楷恭录，事事旁征博引。书中载得明白，明教源出波斯，本名摩尼教，于唐武后延载元年传入中土。其时波斯人拂多诞持明教'三宗经'来朝，中国人始习此教经典……至会昌三年，朝廷下令杀明教徒，明教势力大衰。自此之后，明教便成为犯禁的秘密教会，历朝均受官府摧残。明教为图生存，行事不免诡秘，终于摩尼教这个'摩'字，被人改为'魔'字，世人遂称之为魔教。

以上这段文字选自金庸的武侠小说《倚天屠龙记》。现代人对明教的认识在很大程度上是通过金庸的武侠小说。金庸将明教写进其小说中，先前必然会对明教的历史面貌做一番仔细的研读和分析。然而小说毕竟是文学作品，其中不乏作者的想象和发挥。所以，想要还原一个真实的明教，还应该遵循史料记载以及进行实际考察。

那么，明教从何而来？

据了解，明教又名摩尼教，或称牟尼教，为3世纪中叶波斯人摩尼所创立。它源自古代波斯祆教，是一种将基督教与伊朗马兹达教义混合而成的宗教。摩尼教的主要教义是"二宗三际论"，"二宗"是指黑暗与光明、善与恶，即世界的两个本原；"三际"是指世界发展的三个过程，过去、现在和未来。摩尼教的二元论思想对于基督教的异端——诺斯替教派以及希腊、罗马的哲学都有影响。它认为世界原来是黑暗与光明互不干扰，但是后来由于黑暗侵入光明，两者相混，天下开始不太平。因此摩尼教的理想就是最终使黑暗与光明再次隔离，实现和谐乐园。

明教的源头摩尼教是如何传入中国的呢？相传，694年，波斯的一名僧侣带着摩尼教的经典《二宗经》来到中国，后来摩尼教在中国经过与佛教、道教的融合，逐渐成长。然而此教在兴盛一段时间后，于唐开元年间被朝廷下令禁止，原因是官方认为这个教派有偏于邪教的倾向，它的流传会误导百姓。摩尼教在中国的流传一直是起起伏伏，之后又有几次兴起与没落，然而最终还是没能逃脱消亡的结局。由于“会昌灭佛”，摩尼教在中国最终以“明教”代替了其原名。

明教向来以白衣素食为其风俗礼仪，不知其清心寡欲的教义是否能够安慰明教教派的没落。如今的明教遗迹选真寺、明教寺以及浅光院等都显露出一种备受冷落的荒凉之气，明教在中国的没落令人疑惑。其实说起明教的消失，就不得不提及佛、道二教。摩尼教在其建立之初就吸收了佛教的一些教义，在传入中国后更是与佛教相依相守、难分难舍。由于摩尼教本身就比较简单，再加上它对佛、道二教的依附和融合，使得明教在中国民间的传播很广泛。虽然到了元代，官府明令禁止明教的传播，但是明教依旧没有断了根源，而是转入江浙沿海一带秘密发展。到了明代初期，由于明教在温州一带的活动比较明显，暴露了踪迹，官府发现之后立即将其禁止。明教最终销声匿迹。

也许是混入佛、道二教，也许是真的沉寂了，明教的结局与其开端一样，都与佛、道有着不解之缘。明教在中国的命运与佛、道二教拴在一起，随之兴起，又因其没落。

消逝的楼兰古国

光绪二十六年（1900），瑞典的一位探险家斯文·赫定到中国的罗布泊进行考察。令他惊奇的是，在寻觅水源的途中居然发现了一座千年古城，在后来发掘过程中又有大量的陶器、文字、钱币、丝织品等文物出土。之后经考证，此处即为史料中记载的楼兰国，被发现时它已经深埋在沙漠之中1500余年。

最早记载楼兰一国的古籍是《史记》，其后《汉书》对楼兰国也有描述：“鄯善国，本名楼兰，王治扜泥城，去阳关千六百里，去长安六千一百里。户千五百七十，口万四千一百。”楼兰古城形似正方，面积约为12万平方米。它是西域36国中的一个小国家，其都城位于今天新疆的罗布泊西北岸，约于公元前300年建立。

楼兰古城盛极一时，然而真正令世界各地人士最感兴趣的却是它在神秘消失的原因。事实上，历史上兴起于塔里木盆地一带的所有古城，包括楼兰在内，几乎都是在同一时期（即4世纪），消失于茫茫沙海中的。那么，楼兰消失之谜究竟做何解释？以下几种说法值得参考：

第一种，生态恶化说。与中原“黄肠题凑”相似，楼兰文明在繁盛之时也将大片树木砍伐，用来建造神秘而又意味深远的“太阳墓葬”。“太阳墓葬”外形奇幻而优美，壮观而不失神秘；它是由层层圆木相楔而成，整个形状呈现出放射的状态，由细而粗，排列有序，酷似普照大地的太阳一般。当时的自然气候本来就干燥多风，水源缺乏，由于树木被大量滥伐，再加上深处内地，最终，这里的生态平衡遭到极大的破坏，沙漠逼近，楼兰人为了逃荒，远离家乡。

第二种，战争说。东晋是我国历史上战乱不断的时代，而楼兰古城恰好生存于此时，又逢其地理位置在军事中的重要性，楼兰国因此也成了各方都想霸占的战略要地。频繁的战争将楼兰文明一洗而尽，民不聊生、百姓苍茫，楼兰国最终向死亡的墓穴走去。

第三种，水源匮乏说。楼兰文明得益于塔里木河的流经，然而在东汉之后，由于河流中游的注滨河改道，楼兰国也因此丧失了主要的水源。后来敦煌的锁勒率人竭力将注滨河水引入楼兰区域，但最终还是没能让楼兰人摆脱断水的命运。

第四种，灾病说。疾病蔓延的速度超过楼兰人逃命的速度，很多人相信瘟疫是致使楼兰消失的最终原因。相传这种瘟疫就是可怕的“热窝子病”，一个地域只要有人感染这种疾病，在落后的生产力条件下，灾难必然会殃及几乎所有成员。楼兰古城的人民就遭遇了这场不幸。

1980年由穆舜英在新疆发掘的一具楼兰女尸为原本，如梦一般的楼兰文明又被盖上一层面纱，楼兰文明更显得神秘莫测。试想，在当时怎样的技术才能使一具尸体在3000年后还保存得那样完好？然而，“上无飞鸟，下无走兽，遍及望目，唯以死人枯骨为标识耳”，高僧法显在东晋隆安四年（400）取经时经过楼兰，那时的楼兰古国已是一片苍凉。西域本属于干旱之地，青藏高原的隆起更加剧了这一地区的旱情，沙漠化程度逐渐严重。楼兰文明消失之因至今争论不休，但是无论是哪种说法，上述的几种原因都不可能简单地将一片辉煌瞬间摧毁，楼兰古城更有可能是在几种外力的共同作用下销声匿迹的。另外，人类的急功近利、对利益的追逐也是导致楼兰消失的原因之一。

楼兰古国的消失无论是对中国还是对世界，都是一种遗憾，然而遗憾过后，人们又不得不加以反思。战争、干旱、气候变暖、瘟疫……人类对自然环境的破坏在现今已经达到前所未有的程度，生存环境逐渐恶化。那么人们是否可以以楼兰为戒，对自身的行为加以反省，以绝后患？

契丹为何在历史上消失

像是斩断了原本一望无际的青草原，黄水和土河静静地躺在辽阔的北方大地上，养育着刚毅而又细腻的北方儿女。有一日，一位来自黄水那边的美丽女子和一位来自土河那边的男子，分别骑着青牛和白马，仙衣飘飘地走向两河的交汇之处。相识相恋，融为一体，繁衍生息。

这个美丽的神话传说讲的是1400年前契丹族的起源。依据史料的记载，经过专家的分析，对这个传说做出了科学的解释。女子和男子分别代表的是生存于两河流域的两个原始氏族，他们的图腾分别是青牛和白马，之后这两个部落逐渐迁徙到两河的交汇处，并且相互融合，最终形成了一个新的民族——契丹。

契丹原意为“镔铁”，坚固而不可摧毁。贞观二年（628），契丹归附于唐朝，进贡纳税，期间也不乏争斗。梁末帝贞明二年（916），耶律阿保机统一契丹各部，建立契丹国，辽太宗大同元年（947）改国号为辽。辽国疆土广大，是当时宋朝的两倍多。东部延伸至海，南部跨越长城，北部濒临大漠，西部触之流沙。国强民盛，显露一时之威。契丹王国历经9代帝王之后，宣和七年（1125）被金所灭，终于沉寂于世。

契丹王朝拥有200多年的辉煌历史，曾经叱咤风云，声名远播。宋军的杨家将就曾经和契丹军队拼死沙场。俄文中的“中国”就是“契丹”，马可·波罗的游记中也是以“契丹”来代替中国。可见当年契丹声势之浩大，让外国人都认为中国就是由契丹来统治的。契丹人创立了自己本民族的文字，有契丹大字和小字之分。契丹国佛教盛行，在山西应县木塔中就发现了佛经、佛画等瑰宝。契丹人的服装显示出其族类的特色，长袍窄袖，圆领左衽。总之，除了拥有强大的国力外，契丹民族还创造了丰富多彩的文化和艺术。

然而，这么一个骁勇善战的民族，为何在亡国后就悄无声息了呢？契丹族后裔去了哪里呢？

1922年，一位传教士在内蒙古发现了一座契丹人的墓葬，该墓葬被发掘时已经被盗。墓葬建于900多年前，里面有刻着文字的石碑，后来经过专家鉴定，这些无人识别的天书就是契丹族早在700年前就失传的文字。

在《辽史》的记载中，辽国灭亡之后，有一部分契丹末代王室的追随者和一些居住在辽国南部的契丹人存活下来，他们逐渐与其他民族融合。而且，金朝统治时期，契丹人的势力实际上也不示弱，他们投靠于蒙古旗下，并且想要借助蒙古国的力量打败金国，实现契丹民族的伟大复兴。

史学界推测出了几种契丹人可能的去向：第一种是，居住在契丹祖地的人，他们逐渐与其他民族交融，以至于后来忘记了自己的族源。第二种是，居于漠北的契丹人在"西辽"灭亡之后，逐渐迁徙到克尔曼地区，最后转化为伊斯兰教信徒。第三种可能就是，一部分契丹人投靠蒙古国，散居各地。

除了史学界的三种推测外，有人认为如今生活在大兴安岭地区的达斡尔人就是契丹后裔。专家对他们的生活习惯以及民俗风情进行判断后，认为达斡尔人继承了很多契丹人的传统，有可能是契丹后裔，但是证据尚不确凿。另外还有在云南施甸县发现的使用契丹文字的"本人"。而且在那里的一座宗祠里还有一块牌匾，匾上所刻即是"耶律"二字。但"本人"究竟是不是契丹后裔，还未得到充分证明。之后又有专家通过DNA对被疑似为契丹后裔的"本人"和达斡尔族人进行了鉴定，但是由于技术等问题，其结果仍是不太明晰。

虽然对契丹后裔的寻找还没有得到最终的结论，但是一次次的寻觅和鉴定已经渐渐接进目标。刚强的契丹民族，其后裔是否也拥有"镔铁"之性情？让我们等待进一步的探索和发现。

寻找西夏后裔

"殄灭无遗，以灭之、以死之。"西夏人由于成吉思汗的一句遗言而遭到毁灭性的打击，西夏王朝从此覆灭。那么，西夏人是否真的灭绝了呢？如今在中国还有西夏后裔吗？

《辽史・二国外记》有载："西夏，本魏拓跋氏后。"拓跋赤辞是党项族拓跋部落的首领，他投降于唐朝，并被皇帝赐予李姓，后带领族人迁徙至庆州，也就是今天的宁夏。后来拓跋思恭平黄巢起义，朝廷为了表彰他，又赐李姓，之后党项族就以夏国为其栖息之地。

党项族于唐代初期逐渐强大起来，夏国是其建立起来的一个封建王朝，于北宋宝元元年（1038）成立。因为位于西方，所以宋人将其称为西夏。宁夏、甘肃、青海、新疆、内蒙古以及陕西的部分地区都在其统治范围之内。之后西夏与南宋、金形成三国鼎立的局势，直至1227年，西夏才被蒙古所灭。

党项族本是游牧民族，其性格刚烈。蒙古大军在进攻西夏军队时遭到强烈的抵抗，成吉思汗也因此而命丧黄泉。面对如此强大的反击，他在临死前发出命令："殄灭无遗，以灭之、以死之。"因为这句话，蒙古士兵对西夏王朝进行疯狂的杀戮，西夏人就此倒在了血泊之中。不仅如此，蒙古族对西夏的文化也进行了扫荡，包括史籍、文字、历史、皇家陵园等。西夏文明告别于此。

然而，多年来致力于研究西夏学的学者李范文将他的成果公诸于世。他说，西夏人其实并没有遭到全部灭绝，一些西夏人逃过死劫，流亡到尼泊尔或是中原及以南的地方繁衍、生息。他们在与汉民族的相处中逐渐融合，一部分人入了汉族，还有的人成为回族、蒙古族、藏族等少数民族。另外在四川和东南沿海的浙江也有西夏人的足迹。

经过李范文的实地考证，他认为四川省甘孜藏族自治州丹巴县"美人谷"的嘉绒藏族就是西夏人的后裔。还有河南濮阳地区也有一支姓杨的西夏后裔。更加令人惊奇的是，在宁夏的一个叫南长滩的小村子中，保留有非常完整的西夏族谱，村里众人全部姓拓，自称是西夏后裔。

此外，于2000年7月拜祭西夏王陵的李培业，其家中留有多达十部的西夏皇族家谱，分别是：《皇族李氏家谱》《湟郡李氏家谱》《李氏家乘》《海敦李氏家谱》《西夏李氏世谱》《李氏历代世袭图考》《李氏家乘》《海东李氏家乘》《李氏世系表》和《鲜卑族源流通考》。学者李范文在考察完家谱之后认为，李培业有可能就是西夏末代皇族的后裔。

李培业等人是否就是西夏的皇族后裔，还有待进一步的考证。然而，西夏人并没有遭到全部毁灭这一点是肯定的，西夏后裔仍旧存在。

北京城为何会独缺一角

北京城最早称为元大都，距今已有3000年历史。它经过多个朝代建设，建筑工期长，工程量大。北京为元朝都城时，建造的是南北端正、左右平直的长方形的城垣。在明代改建时，打破了元城墙规矩整齐的格局，缺了西北角。在20世纪70年代美国发射的地球资源卫星在北京上方所拍摄的照片上，我们能清楚地看到明代修建的内城城墙的痕迹，照片显示城垣在西北角处呈现东北—西南的走向。

为什么一个规矩方正的城垣要专门削去一个角呢？一直以来众说纷纭。

据说，北京城的建设严格遵循风水理论。连紫禁城的名字都是取自“紫微星垣”。皇帝自称“天子”，是上天的儿子，因此皇帝居住的地方也要按照天帝的居所来布置。紫微星垣是以北极星为中心的星群，是传说中天帝的居所。紫禁城内专门设置了七颗象征北斗七星的赤金顶，其中中和殿、交泰殿、钦安殿各一颗，五凤楼四颗。

传说明代修建北京城时，命令刘伯温和姚广孝重新对北京城进行设计。他俩在画图的时候，不知为什么，都看到了天神哪吒显圣。哪吒告诉他们说，他是上天派来指导他们如何建造都城的。哪吒拿出一张建筑图，让两人照着画。姚广孝画的时候，面对天神，战战兢兢，一阵风吹起了哪吒的衣角，盖住了图上北京城西北角一块，他竟然也照着描上了。到施工的时候，皇上下令，东城按照刘伯温的图纸营建，西城按照姚广孝的图纸营建。于是，北京城建成之后，城西从德胜门到西直门一块缺了一角。

传说固然让人着迷，然而这却不可能是我们要找寻的真相。有人认为，城角会缺失，是地震造成的。

根据卫星照片分析，北京城西北方有两种墙基影像，一种呈直角，一种呈35度左右的夹角。这说明北京最早的城墙确实是长方形的。但是，后来为什么舍弃了直角呢？据史料载，明清年间，北京附近经常发生地震，城墙西北角经常被震塌，屡次修葺，屡次崩坏。负责营造的单位专门找来风水先生查看，发现这一区域有活断层，不适宜建筑城墙。人不能逆天而行，明朝政府最后只好舍弃了直角城墙，绕过了这个区域。卫星照片证实了这种说法的真实性，从车公庄到德外大街有一条地层断裂带，这里确实是地震多发区，避开此地区修建城墙是有可能的。

明代北京城规划之谜

历经数代朝廷的风云变幻，北京城的建设也愈来愈修葺完善，其古色古香的气韵延伸至整个中华大地。北京城的“王者之气”让盘踞此地的“神龙”不可不为王。由金至元，帝王对北京城王尊形象的树立更是加大了力度，金碧辉煌之际尽显奢丽，豪义至极。至明代，北京城的规划更是秉承中国《周易》“天人合一”思想之精华。内外城交相辉映，显出“天圆地方”的格局，这时的北京城可谓世界建筑史上的典范之作。

然而，今天我们再俯瞰明代规划出来的北京城，却意外地发现了“玄机”。一些专家通过对北京景山地区的遥感航摄照片的观测，发现了一些之前不为人所知的“秘密”。从照片来看，明代的古建筑群落在整体上呈现出拟人化的风格。之后，许许多多对此感兴趣的人士都纷纷参与探讨，并且对北京全城的景象都拍下遥感照片。众专家学者以及爱好者翻阅了大量的相关史籍之后，有了一个惊人的大发现：明代的北京城居然呈现出水龙和陆龙状的“双龙”布局。两条皇龙饶水衔山，景象之奇特、壮观无可比拟。

据观测，“双龙”布局展露出明显的龙眼、龙身及龙尾。神龙摆尾，英姿飒爽，风采尽显。先看水龙：其以湖心岛为龙眼，以南海为其龙头所在，北海与中南海共同构成它的龙身，最后以龙尾什刹海归为一体。整条水龙呈向西北方位。再看陆龙：龙身由故宫所承担，四角楼像龙的四只利爪一样延伸至四面八方，龙尾则由景山、钟鼓楼和地安门大街构成，龙头部分最是包罗万象，栩栩如生。天安门宛若龙吻，长安街像极了两条飘逸的龙须，金水桥为颔虬，龙的鼻骨则在天安门到午门一带，最后由太庙和社稷址作为点睛的龙眼。整条陆龙俯卧于北京城的中轴线之上空，再加上正阳门类似龙珠一般的照耀，其雄霸的气势更是显露无遗。

明代北京城的这种“双龙”布局若是统治者有意为之，则彰显了中华民族历来君权神授的思想。神龙即是帝王之象征，帝王就是神龙之化身。但假若这“双龙”阵实为天造之和，并非皇族有意打造，那就更加令人惊叹天地造物的神奇了。

无论如何，随着人类文明的不断进步，科技也愈加发达，在为我们解答了许多谜团的同时，也发掘出一些新的疑点，明代北京城“双龙”布局的发现就是这一产物。迷雾重重之中，我们又能做何解释呢？

太平天国秘藏之谜

“凡天下田，天下人同耕”，理想的太平天国最终还是覆灭于大清王朝的手中。1864年7月，太平天国的都府天京被曾国荃率领的湘军攻克，曾国藩到达后下令“洗劫”整个天京城。

早在湘军进入天京之前曾国藩就对洪秀全窖藏宝物之说有所耳闻，在攻陷天京之后曾国藩就发出命令：“凡发掘贼馆窖金者，报官充公，违者治罪。”然而，几乎把整个天京城都翻遍了的湘军，还是没有找出宝藏的下落。

曾国藩上奏朝廷：“历年以来，中外纷传洪逆之富，金银如海，百货充盈。臣亦尝与曾国荃论及城破之日查封贼库，所得财物，多则进奉户部，少则留充军饷，酌济难民。乃十六日克复以后捕杀三日，不遑他顾，伪宫贼馆一炬成灰。逮二十日查询，则并无所谓贼库者。讯问李秀成，据称：昔年虽有圣库之名，实系洪秀全之私藏，并非伪都之公帑。伪朝官兵向无俸饷，而王长兄、次兄且用穷刑峻法搜括各馆之银米。苏州存银稍多于金陵，亦无公帑积贮一处。惟秀成所得银物，尽数散给部下，众情翕然。此外则各私其财，而公家贫困；等语。臣弟国荃以谓贼馆必有窖藏，贼身必有囊金，勒令各营按名缴出，以抵欠饷。臣则谓勇丁所得贼赃，多寡不齐；按名勒缴，弱者刑求而不得，强者抗令而遁逃，所抵之饷无几，徒损政体而失士心。因晓喻军中：凡剥取贼身囊金者，概置不问；凡发掘贼馆窖金者，报官充公，违者治罪。所以悯其贫而奖其功，差为得体。然克复老巢，而全无货财，实出微臣意料之外，亦为从来罕闻之事。”依曾国藩之意：天京无宝。

然而，却有记载说：“宫保曾中堂之太夫人，于三月初由金陵回籍，护送船只，约二百数十号。”是说曾国藩的夫人回老家湖南由200多号船只相送，这么多的船，很难不让人怀疑其中所载的是太平天国所藏的宝藏。

还有人认为太平天国的窖藏实为石达开所藏。当年，石达开在太平天国消亡之前因其不受洪秀全信任而率兵潜逃，却在大渡河全军覆没。相传石达开有着“面水靠山，宝藏其间”的影射，他还有一张藏宝图示。大渡河周边的村落也流传着关于石达开藏宝的一些传说，说石达开将宝藏藏在了一座名为“太平山”的山间。

另外的关于窖藏一说讲的是曾国荃，因为当年天京陷落后最先进驻城内的便是曾国荃。相传他入了天王府之后不仅搜罗各处，还把洪秀全的遗体翻出来焚灭。一个从圆明园流传出来的“翡翠西瓜”就被曾国荃所得。因此有人认为他就是宝藏的获得者。

除以上几种说法外，据《中华全国风俗志·南京采风记·人品绰号》所载：“宁俗好以绰号呼人。暴富人家，皆有绰号。如王豆腐，即其家曾业豆腐也；蒋驴子，即其先有人赶驴子也。”说的是蒋驴子和王豆腐的情况，相传他们两个都是因为得到太平天国的窖藏而一夜暴富。

宝藏是为曾氏兄弟所得也好，是石达开藏宝也好，抑或是在了蒋驴子和王豆腐的手中也好，藏宝历来都可谓智力游戏。无论宝藏是否存在，寻宝人与藏宝人之间的纠葛总是存在的，至于这一纠葛是深是浅，就要看其间的较量了。

红楼梦大观园在哪里

曹雪芹当年撰写《红楼梦》的时候可能没有想到，随着时间的推移，他的著作居然形成一门学问：红学。红学研究的范畴很广，刘姥姥曾经游览过的大观园当然也属于红学研究的对象。

大观园究竟有没有原型以及大观园的原型在哪里等诸如此类的探讨从清乾隆年间就已经有人涉及了。但是，直到现在，学术界对此问题依旧保持着“公说公有理，婆说婆有理”的状态。除了有北京说、南京说、西安说等说法之外，还有人认为《红楼梦》中的大观园只是曹雪芹虚构的，没有原型可考。总之，此问题始终没有定论。

很多学者依据小说中大观园中的景物和房屋造型特色等，判定大观园的位置在中国的南方。例如南京城内就有几处疑为大观园原型的地方，如南京小苍山等。我们以“花牌楼”为例：

花牌楼位于何方？据《上元县志》记载，“吉祥街在花牌楼北”“常府街在花牌楼东”，如此推来，花牌楼就位于南京市太平南路偏北一段。红学家们根据《红楼梦》中的“元妃省亲”推测，花牌楼就是大观园牌坊的所在地。因为多数人都认为“元妃省亲”一段就是写曹雪芹家族的事迹，而且曹雪芹的祖辈也曾多次接驾过乾隆。

在南方说中，还有人指出大观园的原址位于杭州的西溪，而西溪一说则又源自作者之谜。有人认为，《红楼梦》不是出自曹雪芹之笔，而是由《长生殿》的作者洪升所著。又根据洪升的故里在杭州西溪，再经过其他方面的论证，最后得出大观园的原型位于风景如画的杭州西溪。

除了南方之外，大观园原址之争还倾注在北方的城市中，如北京和西安这两座古老的皇城。刘姥姥曾经在游览大观园时说道：“在这长安城中……”这又使得众多的红学家认为大观园原型应该是在古城西安。

1983版的电视剧《红楼梦》是以北京市西城区南二环路为地点，根据小说中描绘的景致在这里建造了一个高雅、优美的古典园林。这就是电视剧中的大观园所在地，其原址为明清时期的皇家菜园，明代还在这里设立“嘉疏署”。“北京大观园”的修建十分注重《红楼梦》中的原型描写，例如绿竹满园的潇湘馆、富贵尊荣的怡红院等。由于此版《红楼梦》让众多红学爱好者痴迷不已，再加上自从曹雪芹的《红楼梦》问世以来，人们只能通过在文字间游转来感受心中的大观园，而无法付诸实景，因此，“北京大观园”也是令人神往之地。

《红楼梦》除了给我们塑造了一批生动、细腻的人物形象和一股仙境中的悲忧气息之外，还为我们留下许许多多的千古之谜。

文化篇　史海一样需钩沉

“龙”之谜

中华儿女素来有“龙的传人”“龙的子孙”之称，但历史上真的存在龙吗？龙长什么样子？千百年来没有人见过真实的龙。可以说，龙是中国文化最古老的谜。

如今，经过许多专家和学者多年来的研究和考证，人们终于得到一种相对认同的结论：龙起源于原始氏族社会，是古老的中华民族的图腾。考古工作者已在大量出土的文物中，找到龙作为图腾的佐证。尤其是1982年兴隆洼文化查海遗址的发现，一条长约20米、用红褐色石块堆砌的龙，被看作中国目前发现的最早的龙形图案。事实证明，人们对龙的崇拜在我国至少有8000年的历史。

龙作为中国古代的神话图腾，是根据何种动物想象出来的呢？

我们可以从古籍中看到，古人对龙的记述其形象多不一。《左传》里说龙是一种水物；《韩非子》则说龙是一种虫类，当它温柔欢狎时，人们可以骑它，一旦触动它喉下的逆鳞，它就会杀人。汉代学者许慎在《说文解字》中说：“龙，鳞虫之长。能幽能明，能细能巨，能短能长；春分而登天，秋分而潜渊。”《本草纲目》则称“龙有九似”，为兼备各种动物之所长的异类。

关于龙的起源众说纷纭，莫衷一是。现代考古学家对龙的起源持有不同的观点：有人说最早的龙有角，它是一种对爬行动物的原始宗教崇拜的延续和发展；有人说龙身来源于蛇，龙头则来自马头和牛头；还有人说，除了龙身和蛇有关外，“龙”形象的形成可能与人类日常生活关系最密切的动物有关，例如猪、狗。但是根据史料记载和出土文物的研究，考古学家有理由相信龙的主体是蛇。

首先，蛇是中国古代最普遍的一种动物图腾，在许多陶器上都有刻画。在我国新石器时代晚期，黄河中下游流域居住着很多以蛇为图腾的氏族部落。

其次，神话传说中的人物，如伏羲、女娲、三皇五帝；《山海经》中的共工、相柳、贰负；《竹书纪年》中属于伏羲氏系统的长龙氏、潜龙氏、居龙氏、降龙氏、上龙氏、水龙氏、青龙氏、赤龙氏、白龙氏……这些人深受古老的氏族部落图腾崇拜影响，或人首蛇身或披鳞长角。

时至今日，学术界对“龙究竟来自何处”这个话题依然争论不休。鉴于

“龙”对于中华民族的重要意义，这种争论在考古能有决定性的发现之前想必是不会停止的。

传说中的“三皇五帝”究竟是谁

我国古代把远古时期的三个帝王和上古时期的五个帝王合称为三皇五帝。那么，三皇五帝究竟是谁？学界说法不一。

“三皇”是中国古代传说中的远古帝王，原始意义的“三皇”是指天皇、地皇、人皇，但还有另外七种说法：天皇、地皇、人皇；天皇、地皇、泰皇；伏羲、女娲、神农氏；伏羲、神农氏、共工；伏羲、神农氏、祝融氏；伏羲、神农氏、黄帝；燧人、伏羲、神农氏。

“五帝”是中国古代传说中的上古帝王，实为原始社会末期的部族首领。也有五种不同的说法：伏羲、神农氏、黄帝、唐尧、虞舜；黄帝、颛顼、帝喾、唐尧、虞舜；太皋、炎帝、黄帝、少皋、颛顼；少昊（皋）、颛顼、高辛、唐尧、虞舜；黄帝、少皋、帝喾、帝挚、帝尧。

中国古书上，习惯把伏羲、女娲、神农氏称为“三皇”，把太皋、炎帝、黄帝、少皋、颛顼称为“五帝”。

1. 三皇之伏羲

伏羲是中国古代传说中的人类始祖。新石器时代早期，他根据天地万物的变化发明创造了八卦，成了中国古文字的发端，也结束了“结绳记事”的历史。他又结绳为网，用来捕鸟、打猎，并教会人们渔猎的方法，发明了瑟，创作了《驾辨》曲子。他的活动标志着中华文明的起始，也留下大量关于伏羲的神话传说。

2. 三皇之女娲

传说，女娲用黄土造人，炼石补天，治平洪水，杀死猛兽，使人民得以安居。女娲传说是母系社会神话的代表。

3. 三皇之神农氏

神农氏成为传说中发明农业和医药的人。据传他用木制的耒耜使人们进行农业生产，反映了中国原始时代由采集、渔猎进步到农业生产的情况。继伏羲以后，神农氏是又一个对中华民族颇多贡献的传奇人物。

4. 五帝之太皋

他是淮河流域氏族部落想象中的祖先。相传他人头蛇身或人头龙身，可能是以蛇或龙为图腾的氏族首领，居住在陈地（即现在河南淮阳县）。

5. 五帝之炎帝

炎帝是中华民族的始祖之一，相传他牛头人身，可能是以牛为图腾的氏族首领。他与黄帝结盟并逐渐形成华夏族，如此才有了今天的华夏子孙。

6. 五帝之黄帝

黄帝是中华民族的始祖。相传他播百谷草木，大力发展生产，创造文字，始制衣冠，建造舟车，发明指南车，定算数，制音律，创医学等，是承前启后中华文明的先祖。历史上的尧、舜、夏、商、周都是黄帝的后裔，故称“轩辕后裔”和“炎黄子孙”。

7. 五帝之少皋

传说是黄帝的后代，居住在山东曲阜一带。这个部落以鸟为图腾，可能是由24个氏族合成的一个大的部落。少皋族是黄帝族向东发展的一支。

8. 五帝之颛顼

相传是黄帝之孙，昌意之子。他即位后，进行政治改革，曾逼令被黄帝征服的九黎族禁绝巫教，顺从黄帝族的教化，促进了各族之间的融合。

神农氏和炎帝是同一个人吗

现在人们查看有关神农氏、炎帝的文献典籍，其中有的只提到神农氏，有的将二者合二为一。这就给后代的历史学家造成了疑惑：神农氏和炎帝是同一个人吗？二人有什么关系呢？长期以来，学术界的观点形成了两派，一派认为两者是同一个人，另一派认为，神农氏和炎帝是两个人，并且双方都能拿出似乎有力的理论依据。

说法一，神农氏和炎帝为同一人。

《世本》云：“炎帝，神农氏。”“炎帝即神农氏，炎帝身号，神农代号。”汉代思想家王符在《潜夫论》中云：“有神龙首出常羊，感妊姒，生赤帝帝魁隗。身号炎帝，世号神农。”

谈到二人的关系，典籍认为炎帝是身号，神农是代号，即神农氏为当时朝代的称号，而炎帝才是具体的称呼。神农氏和炎帝属同一人，只是“身份”不同。

说法二，神农氏和炎帝是两个人。

古代史书这样描述神农氏：神农氏统治经历了70个世代（也有说法是17个世代），到黄帝部落崛起的时候才衰落下去了。可见，神农氏并非是对一个君主的称呼，乃是对某个部落或者部落的若干代首领的统称。

另外，《史记・五帝本纪》记载：“黄帝者，少典之子，姓公孙，名曰轩辕。生而神灵，弱而能言，幼而徇齐，长而敦敏，成而聪明。轩辕之时，神农氏世衰。诸侯相侵伐，暴虐百姓，而神农氏弗能征。于是轩辕乃习用干戈，以征不享，诸侯咸来宾从。……炎帝欲侵陵诸侯，诸侯咸归轩辕。轩辕乃修德振兵，治五气，艺五种，抚万民，度四方，教熊罴貔貅貙虎，以与炎帝战于阪泉之野。三战，然后得其志。”

从上面的资料可以看出，黄帝生于神农氏末期，是一个“地方割据”势力。而炎帝也独霸一方，他想凌驾于诸侯之上，于是和黄帝三战于阪泉，最后战败，后归服于黄帝，最终形成了华夏一统的局面。炎帝和黄帝都是神农氏末期的“诸侯”，因此，炎帝和神农氏不是一个人。况且，神农氏是对某个部落或若干个首领的统称。

公说公有理，婆说婆有理。哪个观点能准确说明神农氏与炎帝的关系，将由历史来定夺。或许某一天，人们能在古籍中或通过考古挖掘来揭晓谜底。

夸父追日的寓意

夸父追日是一个众所周知的神话故事，讲述的是上古时期，神人夸父追赶太阳，最后被太阳烤死的事情。

故事最早见于《山海经・海外北经》：“夸父与日逐走，入日，渴欲得饮，饮于河渭，河渭不足，北饮大泽。未至，道渴而死。弃其杖，化为邓林。”后经列子增补，收集在《列子・汤问》中：“夸父不量力，欲追日影，逐之于隅谷之际，渴，欲得饮，赴饮河渭。河渭不足，将走北饮大泽。未至，道渴而死。弃其杖，尸膏肉所浸，生邓林。邓林弥广数千里焉。”

《山海经》的记载意在说明“夸父不量力”，而列子《夸父追日》寓意第一句也沿用了这句话，这就使人误会这篇寓言的寓意是指：做人应量力而行。其实，列子早已体会“夸父追日”这个神话蕴含的积极意义，所以才会对原有故事进行改写。特别是《山海经·海外北经》所记载的“弃其杖，化为邓林”，增写并改写成“弃其杖，尸膏肉所浸，生邓林。邓林弥广数千里焉”。（译为抛掉手里拄着的棍子。这棍子为夸父尸体的油脂和肌肉所侵蚀，长出一片桃林。这片桃林的覆盖面积达数千里。）

虽然夸父追日没有成功，但给人留下了渴望征服自然的雄伟气魄，以及奋不顾身的牺牲精神。几千年来，夸父不但不是人们批判和嘲笑的对象，更是有志之士敬仰的英雄。

晋朝邓璞有诗赞曰：“神哉夸父，难以理寻。倾沙逐日，遁形邓林。”

晋代诗人陶渊明在《读山海经》中表达了对夸父的敬佩之情！

夸父诞宏志，乃与日竞走。
俱至虞渊下，似若无胜负。
神力既殊妙，倾河焉足有！
馀迹寄邓林，功竟在身后。

另外，关于这篇寓言的寓意，《中国文学》一书提到：只有努力与太阳竞走的人，才能走得快；越是走得快的人，才越感到腹中空虚，这样才能需要并接收更多的水（不妨将水当作知识的象征）；也只有获得更多的水，才能和时间竞走，才不致落后于时间。

《夸父追日》的寓意到底是什么已不重要，重要的是人们能从不同的角度欣赏、解读这个故事，从而认识世界、收获美丽的人生。

《河图》《洛书》是上古的无字天书吗

《河图》《洛书》来自上古时代有关数字排列的图案，因其只有图案而无文字，故被人称为“无字天书”。

相传六七千年前，龙马跃出黄河，身负河图；神龟浮出洛水，背呈洛书。伏羲根据河图、洛书绘制了八卦。后来大禹治水之时，河伯献河图，宓妃献洛书，使大禹终于战胜了洪水。大禹依河图、洛书划定天下为九州。从那时起，人们就以河出图、洛出书来表示太平时代祥瑞的出现。大禹根据河图、洛书制定的治理社会之“九章大法”，还被收入《尚书》中，名曰《洪范》。

宋朝以前，关于《河图》与《洛书》的记述只有文字，一直到五代宋初著名道家学者陈抟，才创制了“龙图易”。他融合了汉朝至唐朝的九宫学说以及五行生成数的理论，提出一个图式，命名之龙图，即河图。后来，北宋的刘牧将陈抟的龙图分为“河图”“洛书”两种图式：将九宫图称为“河图”，五行生成图称为“洛书”。南宋著名堪舆学家蔡元定认为刘牧将河图与洛书颠倒了，反将九宫图称为“洛书”，五行生成图称为“河图”。南宋大学者朱熹肯定了蔡元定的说法，并载其图于《周易本义》卷首。自此，“书九图十”成为南宋以来的通用理论。

中外学者经过长期研究，认为《河图》《洛书》是中国文化发展的起源，被誉为“宇宙魔方”。既然《河图》《洛书》如此神奇，那么，它们具体有哪些内容？

1.《河图》

河图中有10个数，1、3、5、7、9为阳，2、4、6、8、10为阴。阳数相加为25，阴数相加为30，阴阳相加共为55，所以古人说：“天地之数五十有五。”这证明，河图中已经有了奇数与偶数的概念。

河图以十数合五方，演五行，推阴阳，显天地之象。图中白点为阳，意思表示天，为奇数；黑点为阴，表示地，为偶数。

口诀：一与六共宗居北方，因天一生水，地六成之；二与七为朋居南方，因地二生炎，天七成之；三与八为友居东方，因天三生木，地八成之；四与九同道居西方，因地四生金，天九成之；五与十相守，居中央，因天五生土，地十成之。

天地、五方、阴阳、五行全在河图之中。

2.《洛书》

洛书，即是人们熟知的九宫，它从1～9依次排列而成，横，竖，斜三个数相加和都是15。

口诀：二四为肩，六八为足，戴九履一，右三左七。

由《河图》《洛阳》所衍生的阴阳五行、八卦及九宫格等概念，是后来的所有命理工具的基础。无论是五行、八卦、紫微斗数、干支、奇门遁甲，还是风水、面相，都是从这些观念延伸而来。

“姓名”从何而来

何为姓名？《新华字典》解释说：姓名是指“姓+名字”。但在我国古代，“姓名”并不是一开始就存在的，而是先有姓与氏，后有名与字。后来，经过漫长的历史演变，它们才发展成今天人们所惯用的“姓名”。

1.“姓”的由来

姓的起源可以追溯到人类原始社会的母系氏族时期。姓是作为区分氏族的特定标志符号。

那时的母系社会，只知其母亲，不知其父亲。据相关资料表明，西周铜器铭文中，可以明确的姓不到30个，但大多都从女旁，如姜、姚、姒、姬、娲、妊、好等。不仅古姓多与“女”字相关，就连“姓”这个字本身也从女旁，可见，我们祖先经历过母系氏族公社的痕迹。随着社会生产力的发展，母系氏族制度过渡到父系氏族制度，姓改为从父。

2.“氏”的由来

随着人口的不断增长，某个氏族发展到一定程度就会发生分解。于是，由“姓”衍生出一系列分支，这就是“氏”。在父系氏族公社时期，姓、氏则为父系氏族或部落的标志。

进入阶级社会以后，氏只有贵族才有，因为氏是为辨别贵贱而成为贵族独有的标志。命名之法主要有：诸侯以受封的国名为氏，卿大夫以所赐的采邑为氏，有的以官职为氏，有的以居住地为氏。

后来，随着氏族、部落的消亡，氏也就消亡了。春秋战国时期产生无数个氏，也消亡无数个氏，然而姓基本不变。

秦朝统一全国后，姓和氏逐渐合二为一。虽然稍有区别，但可忽略不计。到了汉代，姓和氏就完全没有区别了。

因为郡县制裂土分封制取消了世袭封土，也没有公、侯、伯、子、男等爵位。原来分氏的基础没有了，所以氏所代表贵贱的意义消失了，也就与姓融合了。

3.“名”的由来

《礼记·檀弓上》中记载：“幼名，冠字。”

《礼记·冠义》中记载："已冠而字之，成人之道也。"

唐朝经济学家孔颖达说："始生三月而加名，故云幼名；年二十有为父之道，朋友等类不可复呼其名，故冠而加字。"

由此可知在古代，名是一个人成年以前的称呼，其使用范围较小，多局限在家里，供父母、亲朋好友称呼。

关于取名字，我国有个传统习俗，即婴儿在百日那天由父亲取名。百日时，母亲和保姆抱着孩子到厅堂见他的父亲，父亲握住孩子的手，给他取名。取完名以后，母亲和保姆把孩子抱回卧室，然后将孩子的名字通告各位亲戚，父亲则立即告诉好友，并通报给地方长官，入籍登记。

名字是孩子一生中的第一件大事，所以取名仪式非常隆重。虽然这种习俗不再存在于现代社会里，但给孩子过"百天"的风俗依然流传着。

4."字"的由来

古代时期，人们在祭祀神灵和祖先时，为了表示恭敬，不敢直接称呼祖先的名，于是就产生了"字"。"字"具有双重作用：一出于避讳，二尊敬长辈。

一个人成年之前要称"名"，成年之后便称"字"。与"名"的使用范围相反，"字"是在社会生活这个公共领域的大范围内使用的。称呼的变化也是一个人社会身份变化的重要标志。成年后，人们必须以字相称，如果称名便是一种不敬的行为。

女娲补天的真相

"女娲补天"的传说一直在民间流传，但人们不知是否确有其事。后来，中国地质学家经过对白洋淀碟形洼地及其群体考察得出，"女娲补天"一事是真实存在的。

地质学家认为，白洋淀地区的地理面貌是由于远古时代一次陨石雨降落而形成，大约发生在4000年前。根据现场考察，当时的情景可能是：一颗彗星进入地球轨道，在山西北部的上空冲入大气层并在高空爆炸，瞬间形成规模宏大的陨石雨，降落在从晋北到冀中这一广大地区。由于陨石雨的降落，致使地面形成大大小小的撞击坑，后经过雨水的冲刷、河水的流淌以及人们的改造，逐渐形成今天白洋淀的地理面貌。

地质学家对陨石雨降落地球的场景推测与《淮南子》中记载“女娲补天”的情形相似度达到90%。

《淮南子》对女娲补天的神话是这样描述的：“往古之时，四极废，九州裂，天不兼覆，地不周载，火爁炎而不灭，水浩洋而不息，猛兽食颛民，鸷鸟攫老弱，于是女娲炼五色石以补苍天，断鳌足以立四极。杀黑龙以济冀州，积芦灰以止淫水。苍天补，四极正，淫水涸，冀州平，狡虫死，颛民生。背方州，抱圆天。”

经过对比，结果一目了然：

（1）四极废，九州裂，天不兼复，地不周载：描绘小型天体爆炸后形成的大规模陨石雨降落的情景。

（2）火爁炎而不灭：小型天体爆炸后在地面上引起的火灾。

（3）水浩洋而不息：假设小型天体是彗星，而彗星成分主要是陨冰。陨冰融化后形成大量的地表水，即出现此结果。

（4）杀黑龙以济冀州，积芦灰以止淫水。苍天补，四极正，淫水固，冀州平，蛟虫死，颛民生：神话传说编撰于东汉年间，当时，冀州是古代河北省一带，也就是说这一段描述了灾害平息之后河北平原的景象。

但是，地质学家也不能百分之百地肯定，“女娲补天”就是一次陨石雨降落的自然灾害。那么，女娲补天到底只是个传说，还是有其他解释？至今仍是未解之谜。

“牛郎织女”的传说从何而来

“牛郎织女”是我国传说中最美丽动人的故事之一，虽然目前尚不清楚其发生的确切年代，但“牛郎”“织女”两词的出现，应追溯到《诗经》中的《大东》篇。在这首诗中，织女、牵牛只是天上两个星座的名称，它们之间并没有什么关系。牛郎、织女最早被称为夫妇的作品应属南北朝时期梁代的萧统编纂的《文选》，其中有一篇《洛神赋》的注释中说：“牵牛为夫、织女为妇，织女牵牛之星各处河鼓之旁，七月七日乃得一会。”这时“牛郎织女”的故事和七夕相会的情节已经略显雏形了。

关于牛郎织女的传说，历来有不同的版本。

一种说法是织女与牛郎同是神仙，但织女嫁后废织，因而受到天帝的惩罚。另一说法为牛郎织女分开生活，由于无钱还债而受罚。《日纬书》曰："牵牛星，荆州呼为河鼓，主关梁；织女星主瓜果。尝见道书云：'牵牛娶织女，取天帝钱二万备礼，久而不还，被驱在营室是也。'"原来天帝逼他们还结婚时欠下的债，因牛郎织女无力偿还，结果遭受惩戒。

而流传最广的版本莫过于人神之恋的说法。

自从父母死后，牛郎一直寄居在哥嫂家里，经常受到哥嫂的虐待。他每天天不亮就起床，到田间耕作，一天到晚只有一头老牛相伴。有一天，一向默不作声的老牛突然说话了，给他出了个主意，要他娶织女为妻。

那天晚上，老牛带着牛郎来到河边，美丽的仙女们正在河里沐浴，并在水中嬉戏。这时，藏在芦苇中的牛郎听了老牛的话，跑出来拿走了织女的衣裳。惊慌失措的仙女们急忙上岸穿好衣裳飞走了，唯独剩下了织女。在牛郎的恳求下，织女答应了做他的妻子。成亲以后，牛郎和织女男耕女织，相亲相爱，生活得幸福美满。织女还给牛郎生了一儿一女。几年之后，老牛死去了，它临死的时候叮嘱牛郎一定要把它的皮剥下来，遇到危难时可以帮助他。老牛死后，夫妻俩忍痛剥下牛皮，把牛埋在山坡上。

织女私自下凡与牛郎成亲的事情被王母娘娘和玉皇大帝知道了，他们勃然大怒，派了法力高强的众仙下界捉拿织女回天庭问罪。天神趁牛郎不在家的时候抓走了织女。牛郎回家后，见织女被抓走了，急忙披上牛皮，带着两个小孩去追。王母娘娘见牛郎快追上来了，拔下头上的金簪一划，牛郎的前面顿时出现一条天河，再也过不去了。从此，牛郎织女天各一方。

织女眼见牛郎在天河的对岸却不能相聚，心中悲痛不已，每天泪眼相看。时间长了，玉皇大帝和王母娘娘也被他们之间的真挚情感所感动，就准许他们每年七月初七相会一次。相传，每年的七月初七，喜鹊都会飞到天上，用翅膀搭成一座天桥，让牛郎和织女跨过天河相会。这就是民间广泛流传的"鹊桥会"。

牛郎织女的爱情故事深深感动着历代诗人，并为他们进行诗词创作提供了很好的素材。例如汉代《古诗十九首》中《迢迢牵牛星》写道："迢迢牵牛星，皎皎河汉女。纤纤擢素手，扎扎弄机杼。终日不成章，泣涕零如雨；河汉清且浅，相去复几许！盈盈一水间，脉脉不得语。"北宋词人秦观的《鹊桥仙》："纤云弄巧，飞星传恨，银汉迢迢暗度。金风玉露一相逢，便胜却人间无数。柔情似水，佳期如梦，忍顾鹊桥归路。两情若是久长时，又岂在朝朝暮暮。”

“白蛇”的传说从何而来

“白蛇传”是中国古代四大传说之一，在民间广为流传，甚至还以说书、弹词、小说、戏剧等多种形式出现。那么白蛇传是如何起源的？它的雏形是什么？这一直是白蛇传说研究中的一个热门话题。

近年来，文学界对白蛇传的起源有了比较一致的说法，他们认为白蛇形象可以从远古民族“人首蛇身”的图腾崇拜中窥见影子。《山海经》《帝王世纪》《竹书纪年》等古籍记录了大量人蛇合体的“人物”形象，如“女娲，古神女而帝者，人面蛇身”“伏羲。风姓。蛇身人首。”伏羲氏系统的有所谓长龙氏、潜龙氏、居龙氏、降龙氏、上龙氏、水龙氏、青龙氏、赤龙氏、白龙氏等，都是一大群龙蛇。可以说，远古中华民族形成的民俗，为后来的白蛇形象及其传说奠定了基础。

最早的白蛇传说雏形见于唐人谷神子的《博物志》。文中描写的是唐宪宗元和二年（807），陕西李黄在长安市东遇见一个身穿白色孝服的少妇，不禁被其美貌所迷惑。后来，李黄接受少妇“邀请”，在她家里“一住三日，饮乐无所不至”。第四天回家，李黄觉得“身重头旋”，遂卧床不起，身子逐渐销蚀，最后只剩下一股血水。李黄家人来到少妇家，希望问个明白，但只见一座空园和一棵皂荚树。听邻居说，树中常有大白蛇盘踞。此时，李家人才知道少妇为“蛇妖”所变。

唐宋时期，市井间流传的白蛇故事内容均极其相似：女人为蛇精，男人被蛇精迷惑，最后丧失性命。

明朝天启年间，白蛇传故事发生了彻底的改变，冯梦龙编的《警世通言》中的《白娘子永镇雷峰塔》有所体现。文中讲述的是南宋绍兴年间，南廊阁子库官员李仁内弟许宣做一药铺主管，一日祭祖回来，在雨中渡船上遇到一位自称是白三班白殿直之妹及张氏遗孀的妇人问他借伞。经过借伞、还伞一系列事情后，两人暗生情愫结为夫妻，又叫丫鬟小青赠银十两。殊不知，此银为官府库银，被官府发现后，许宣被发配苏州。在苏州与白娘子相遇而结婚，后又因白娘子盗物累及许宣，再次被发配至镇江。许宣又与其在镇江相遇，而后又因法海从中作梗，扣留许宣，两人不得相见。后来，许宣得知白娘子为蛇妖，顿时惊恐万分，要法海收他做徒弟。许宣修炼成功后，修塔镇住白娘子，留警世之言后坐化。

与之前的白蛇传说相比，冯梦龙的《白娘子永镇雷峰塔》首先在人物形象上发生了变化：白蛇不再是蛇妖，而是一个对爱情忠贞、令人同情的妇女形象。她温柔善良、善解人意，尤其是扶贫积弱的美德为人所称道。而许宣仍是个贪生怕死的"丈夫"。其次，故事的内容也发生了改变，此时是许宣亲自作法修塔镇住白娘子，而此前的故事只不过由道士作法将白蛇打回原形。最后本书还出现另外两个人物——小青和法海。总之，《白蛇传》故事的人物基本都出现了。

可以说，日后的白蛇传说都可以看作是对《白娘子永镇雷峰塔》的补充，大致的情节并没有变化，只是加入更多对白娘子的形象刻画与同情，在内容上加入端午、水斗、断桥等情节，使白娘子的形象更为丰满、动人。此时白娘子终于有了自己的名字——白素贞。经过后人不断地"添油加醋"，故事也就更多地体现了人们爱憎分明、朴素的是非观。

五千年前就有开颅手术吗

2001年的一天，考古人员在整理从大汶口文化遗址发掘出土的人骨标本时，意外发现这个头骨顶部靠后的位置，有个直径约30毫米近圆形的缺口。经国内知名专家学者后来的研究论证，认定该颅骨的近圆形缺损应系人工开颅手术所致。据了解，这是中国目前所见最早的开颅手术成功实例，距今5000多年。

开颅手术这种在今天看来也是风险系数很高的手术，中国人为何却在5000年前就已经开始应用了呢？考古学家认为对于古代人施行这种危险手术的动机可能有以下几点：一是为了获得活人或者死人头骨上的圆盘状物作为驱邪品；二是为头骨受创尤其是在头骨骨折时的一种外科治疗；三是为治疗头痛、癫痫、白痴、癫狂及其他疾病而施行药物治疗的外科手术程序；四是认为对头部施行这种外科手术，有助于长寿或者是时髦。

而对头骨进行综合研究的山东大学齐鲁医院神经外科教授鲍修风认为，墓葬墓主开颅动手术有几种原因：颅骨受过外伤；颅内产生肿瘤等病变；开颅治眼盲；或者是治疗癫痫等神经方面的疾病。

在头骨缺口边缘的断面呈光滑均匀的圆弧状。对此，中国科学院院士、中国科学院古脊椎动物与古人类研究所研究员吴新智解释说："这种开口边缘的圆弧状属自然修复，只有在十分精细的修饰和骨组织修复后才能形成，表明该墓主在手术后依然存活了很长一段时间。"

众所周知，做手术需要准备很多工具，例如麻醉剂、止血纱布等。难道5000年前的医生就会做麻醉手术了？难道古人就能掌握消毒、止血、抗感染、缝合的技术？而且根据《三国志》记载，华佗2000年前使用麻沸散辅助实施开颅手术，已经是世界上最先进的医学技术了！

更令人感到疑惑的是，古人又是如何打开颅腔的呢？颅骨的硬度非常大，一般石头是不管用的。如果他们用硬度最高的金刚石来打开坚硬的颅腔，至少也需用几个小时的磨刮时间啊。虽然当地也发现了大量新石器时代的雕刻石具和手工艺品，但也都无法确定开颅所使用的器具。

5000年前的开颅手术是如何进行的，当时的人为什么要做这项手术，至今仍是个谜。也许日后的考古发现能揭晓答案。

中华民族为什么叫作"华夏"

"华夏"是中华民族的称号，作为一名中国人，常常称自己是"华夏子孙"。虽然我们经常这样自豪地称呼自己，但对于"华夏"的由来却很难给出一个定论。作为一个未解之谜，自古以来，有很多种说法，但普遍认为，以下三种说法最有依据：

1. 华夏是民族的名称

"华"指的是居住在华山、以玫瑰花（音同"华"）为图腾的"华族"，"夏"指的是居住在夏水（汉水）旁边的"夏族"。随着人们的交往日益加深，最后两个民族合二为一，统称华夏民族。

2. 以文化标准来定名华夏

远古时代，人们将文化高的周礼地区称为"夏"，文化高的民族称为"华"。"华""夏"合起来，称为"中国"。相反，生活在华夏族四周的人，由于文化相对落后，所以被称为"东夷""南蛮""西戎""北狄"。随着华夏不断地融合、壮大，其他民族逐渐纳入华夏文化的领域。渐渐地，华夏就成为中华民族的称号了。

3. 华夏是“诸侯国”之一

远古时期，中华民族可分为华夏、东夷、南蛮三大“诸侯国”。华夏代表人物有黄帝、炎帝，东夷代表人物有太昊、少昊和蚩尤，南蛮代表人物有伏羲、女娲。

5000年前，以黄帝为首的部落，最早住在我国西北方的姬水附近。后来，搬到涿鹿一带（河北省涿鹿、怀来）定居下来。他们在这里发展畜牧业、种庄稼，繁衍后代。由于黄帝重视与奖励耕织，使得这个部落安居乐业，渐渐兴盛起来。炎帝族此时住在我国西北姜水附近。这个部落的发展远不如黄帝族。就在这时，有一个九黎族的首领名叫蚩尤，十分勇猛、强悍。传说蚩尤有81个兄弟，他们个个凶猛无比，全是猛兽的身体，铜头铁额，吃沙吞石，打仗英勇无比。蚩尤常常带领他部落的弟兄们侵占掠夺其他部落。

后来，蚩尤侵占炎帝的地盘，炎帝带兵奋力抵抗，但被蚩尤弟兄杀得一败涂地。炎帝应战失利，只好求助于黄帝。蚩尤带领弟兄到处掠夺，侵犯各个部落，黄帝早有耳闻，一心想除去这个祸根。听炎帝一说，立即联合各部落，准备人马，欲与其决一死战。这次大决战，主战场就在涿鹿的田野上。据说黄帝平时也驯养了熊、罴、貔、貅、貙、虎等野兽，打仗时，放出这些野兽助战。蚩尤的士兵也十分凶猛，双方一交战，便杀得天昏地暗。蚩尤的士兵虽凶猛异常，但遇到训练有素的黄帝部队也同样强悍，蚩尤抵挡不住，纷纷仓皇而逃。黄帝指挥部队乘胜追击，奋勇拼杀，终于大败蚩尤。黄帝与蚩尤之战，是正义与邪恶的较量，最终正义战胜了邪恶。此后，许多部落纷纷归顺了黄帝，黄帝受到诸部落的拥护。但炎帝不服气，带兵与黄帝交战，双方在阪泉（今河北涿鹿县东南）一带打仗，炎帝失败。从此，黄帝成了中原地区最受拥戴的部落首领。由于炎帝族和黄帝族是近亲，后来又融合在一起，成为黄河流域最强大的部落，是后来华夏民族的主要力量。

在长期斗争中，炎黄部落兼并南蛮部落，又统一其他各部，成为中华民族共同祭奠的祖先。在“三大诸侯国”中，最后华夏一枝独秀，成为中华民族的代表。

这三种说法到底哪种最可靠呢？这还有赖于考古的进一步发现。但不管怎样，“华夏子孙”将永远是令我们每一个中国人都感到骄傲、自豪的称呼。

中国最早的“文字”之谜

以甲骨文为代表的安阳殷墟的发现，曾被认为是20世纪最重要的考古发现。殷墟甲骨文也被认为是“中国发现的最早的文字”，并且使中国与以纸草、泥板、石板为文字载体的古埃及、古巴比伦和古印度并列为世界文明古国。

那么，甲骨文真的是我国最早的文字？在甲骨文以前，我国还有没有文字？

从史书记载来看，《荀子》《吕氏春秋》《韩非子》《世本》都记载有仓颉造字的传说。许慎的《说文解字·序》把《系辞传》的说法和仓颉的传说结合起来，说：“及神农氏，结绳为治而统其事。庶业其繁，饰伪萌生。黄帝史官仓颉，见鸟兽蹄迒之迹，知分理之可相别异也，初造书契。百工以乂，万品以察。”黄帝的时代大约在公元前2600~前2500年，甲骨文最早的不超过公元前1300年。从考古材料来看，在甲骨文以前，我国境内已有很多尚未成熟的文字符号出现。

在山东省昌乐县发现的一种神秘骨刻图案引起考古界的关注，经过有关专家研究表明，这种文字可能要比殷墟甲骨文早1000年左右。

2004年的一天，山东省昌乐县民间收藏爱好者肖广德在龙山文化遗址上搜集文物时，偶然从当地农民翻过的土地里找到一块牛肩胛骨。当他把这块牛肩胛骨带回家清洗后，意外发现骨上竟刻有图案，这一发现让肖广德惊喜不已。于是从2004年开始，他先后数次来到昌乐县袁家庄等龙山文化遗址，搜集带有图案的兽骨多达100多块。

2007年7月，肖广德带着7块兽骨找到山东大学美术考古研究所所长刘凤君教授。凭借多年的专业研究鉴定经验，刘凤君意识到这批资料非常重要。于是他邀请中国殷商文化学会会长王宇信教授、山东省甲骨文国际交流中心理事长李来付教授、淄博文物局副局长张光明教授等5位专家来昌乐对兽骨进行鉴定。

2008年7月30日，在观看了大量的骨刻文字照片和实物之后，专家们进行了一次较深入的座谈研讨会，与会专家一致同意刘凤君教授的鉴定意见，认为这批文字是比安阳甲骨文更早的一种原始文字。究其原因，这些文字与甲骨文不同，它们均是由一个主笔加上补笔组成，类似画画。多数字符像人物、动物和植物的象形符号，布局和结构亦有规律可循，有些部首反复出现，而且都是用线刻在牛骨、象骨上，应该是一种图形文字。

虽然目前尚不能破译兽骨上的图案，但“昌乐骨刻文”的发现，证明中国早在4000多年前就有了作为文明标志的文字，把现有认知的中华民族文字史提早了1000年左右，对于中国文明史有重大意义。同时，“昌乐骨刻文”将是中国发现的最早的文字形式之一。所以说，甲骨文只能说是我国最古老的比较成熟的文字，不能说是我国最早的文字。

万岁何时变成了皇帝的专称

电视剧中常能看到这样的场景：一群文武大臣跪趴在地上，口中高呼“吾皇万岁，万岁，万万岁”。“万岁”二字好像是皇帝的专用称呼，旁人冒犯不得。平民百姓一看到“万岁”二字，便把它与皇帝联系起来，代表皇帝的无上地位。

在古代，事实真的如此吗？

在《诗经·豳风七月》中有描写人们欢庆场面的诗句：“脐彼公堂，称彼兕觥，万寿无疆。”意思是人们经过一年的辛勤劳作后，举行欢庆仪式，互相欢呼祝颂。这里的“万寿无疆”，是人们举杯痛饮时说的祝福语。在西周、春秋时，“万年无疆”“眉寿无疆”等是人们常用的颂词和祝福语，并不是对君王的尊称。

西周金文中也有很多这类文字，它并不是专属于天子，而只是一种记述方式，可以刻在铸鼎上。比如“唯黄孙子系君叔单自作鼎，其万年无疆，子孙永宝享”，表示的只是传之子孙后代，永远私有之意。而“万岁”一词，是这些颂词、祝福语的发展和简化。

直到汉初，“万岁”在人们口中还常常出现，如《史记·廉颇蔺相如列传》记载，蔺相如奉和氏之璧入秦，“奏秦王，秦王大喜，传以示美人及左右，左右皆呼万岁”。可见此时的“万岁”还没有和君王联系起来。

“万岁”正式成为皇帝的专用名词，是汉武帝规定下来的。

汉武帝时，“罢黜百家，独尊儒术”“万岁”被儒家规定只能称呼皇帝一人。从此，“万岁”成了皇帝的代名词，只有对皇帝才能称“万岁”，表达极其赞赏、崇拜的感情。

另外，在电视剧中，常有“三呼万岁”，也有的是“山呼万岁”，那到底哪一个是正确的呢？

据《汉书·武帝纪》记载："翌日亲登嵩高，御史乘属、在庙旁吏卒咸闻呼万岁者三。"所以"山呼"又称"嵩呼"，在现代人看来，这不过是回声而已，可是后世的统治者却把这事看成是吉祥的兆头，于是把"山呼万岁"定为臣子朝见皇帝的礼仪，称作"山呼"。在《元史·礼乐志》里，对"山呼"的仪式有更详细的记载：凡朝见皇帝的臣子跪左膝，掌管朝见朝廷的司仪官高喊"山呼"，朝见的人叩头并应和说："万岁！"司仪官再喊"山呼"，朝见的人还是如此这般。最后司仪官高喊："再山呼！"朝见的人再叩头，应和说："万万岁！"

《诗经》是孔子删诗而成的吗

《诗经》是我国第一部诗歌总集，共收入自西周初期至春秋中叶约500年间的诗歌，共有305篇，所以又称《诗三百》。它开创了我国古代诗歌创作的现实主义的优秀传统。由于《诗经》年代已久，关于其内容历代有"孔子删诗"之说，又有人质疑和反对该说法。

"孔子删诗"这种说法最早起源于汉代。《史记·孔子世家》载："古者诗三千馀篇，及至孔子，去其重，取可施于礼义，……三百五篇孔子皆弦歌之，以求合韶武雅颂之音。"《汉书》载："孔子纯取周诗，上采殷，下取鲁，凡三百五篇。"这些文献都认为《诗经》是由孔子选定篇目的。

支持此论点的史学家认为：

（1）司马迁身处汉代，离春秋战国不远，其所依据的资料自然比后人多，也更加可靠。

（2）古时候大小国家近两千，即使一国献一诗，也有上千首。而现存的《国风》，有的经历10个、20个国君才采录一首，可见古诗本来很多。孔子从前人已收录的多篇诗中选取305篇编为集子，作为教科书是十分可信的。

（3）所谓删诗并不一定全篇都删掉，可能是删掉篇中的某些章节，或章节中的某些句子，或句中的某些字。我们对照书传中所引的，《诗经》中有全篇未录的，也有录而章句不用的，可见这种情况与删《诗经》相吻合。

但是，持异议者提出一些反驳的理由：

（1）周代各诸侯国之间邦交往来，常常赋《诗》言志。如《左传·定公四年》载，吴攻楚，楚败伤亡，楚将申包胥到秦国朝廷请求援兵，痛哭七日七夜，秦哀公深为感动，赋《诗经·无衣》，表示决心相救，恢复楚国。如果当时《诗经》没有统一的篇目，赋《诗》言志就无法进行。

（2）《论语》记孔子说："吾自卫反鲁，然后乐正，雅颂各得其所。"孔子在自卫国返回鲁国之后，时年近七十。在此之前，他均称《诗三百》，可见在孔子中青年时期，《诗经》已为300篇。

（3）《诗经》中有不少"淫诗"，这些不符合孔子礼乐仁政思想的诗，为什么没有被删掉？

《诗经》是否为孔子所删而成？或许，孔子只是对已经散乱的《诗经》进行整理，用它来教育学生。也许某一天，文学界会给出正确的答案。

孔子著《春秋》之谜

迄今为止，《春秋》是我国最早的一部编年史，记载了从鲁隐公元年（前722）到鲁哀公十四年（前481）的历史事件。几千年来它一直受到学者的重视，在中国史学史、经济史、文化史上占有重要的地位。但是，《春秋》的作者是谁？真是孔子所作吗？人们对此有不同的看法。

一种观点认为，孔子著《春秋》。

周游列国的孔子，晚年回到鲁国集中力量把古代相传下来的文献加以整理，参考了大量各国的史书，着手编写了历史著作《春秋》。支持此观点的孟子在《孟子·滕文公下》中直接指出孔子作《春秋》的目的："孔子惧，作《春秋》。……孔子成《春秋》而乱臣贼子惧。"春秋时期，诸侯割据争霸，礼法遭到践踏，例如臣弑其君、子弑其父。向来注重礼仪的孔子，希望靠《春秋》以正名分，给诸侯、大夫以严正的褒贬，从心理上来钳制他们，以安定天下的秩序，恢复周的政治权力。另外，孔子曾对自己作《春秋》一事说："知我者，其惟春秋乎！罪我者，其惟春秋乎！"（意思是说：后人知道我孔丘的，将因为这部《春秋》；后人责骂我孔丘的，也将因为这部《春秋》。）如果孔子没有写《春秋》，就不会有如此强烈的责任感。

另一种观点认为，《春秋》并非孔子所著。

支持此观点的人指出，《春秋》诸多地方笔调不一致，风格不统一，应是多人所作，极有可能是鲁国各个时期的史官撰写而成。此外，以《论语》为例，《论语》载孔子的生平言行甚详，其中论《诗经》的最多，但对《春秋》一字未提。

还有一种观点认为，孔子只是对《春秋》进行了整理。

《史记·孔子世家》记载："子曰：'弗乎弗乎，君子病没世而名不称焉。吾道不行矣，吾何以自见于后世哉？'乃因史记作春秋，上至隐公，下讫哀公十四年，十二公。"司马迁认为，孔子是根据鲁国和周王室以及其他诸侯国的史官的记载略加修改，编辑成《春秋》。

孔子是否著作《春秋》，《春秋》的作者到底是谁，至今仍是谜。但不管怎样，都不会削弱孔子作为文化伟人的地位和《春秋》作为古籍的不可估量的研究价值。

孔子墓墓名的由来

孔子曾被封为"大成至圣文宣王"，孔子葬地称陵完全是有资格的，但孔子墓为何称为"孔林"呢？这要追溯到原始的丧葬制度。

在原始社会初期并不存在丧葬事宜，人自然而然地生，自然而然地死，有的随意掩埋，有的只是听之自朽，既不封土，也不植树。直到春秋时代晚期才出现坟丘形式的墓葬。据《礼记·檀弓上》载，孔子的父亲叔梁纥、母亲颜徵在去世后，孔子将父母合葬在防（今山东曲阜县城东7.5千米防山之北）的时候，曾对弟子们说"古也墓而不坟"（无高土隆起）。由于孔子常年率弟子周游列国，为了回到故乡拜祭父母时能找到墓地，于是孔子"封之，崇四尺"（筑了四尺高的坟丘）。据现有文献来看，孔子是有明确记载封土为坟的第一人。

孔子死后，弟子们为他选择什么样的墓式煞费苦心。子夏回忆道：从前孔子讲过，看到几种不同式样的坟墓：有的四方而高，像建筑的高堂一样；有的狭长而高，像"坊"一样；还有的四方广阔而两旁向上尖削，如同斧的刃部一样，这种形式又像马鬣（马颈上的一排刚毛），叫作"马鬣封"。孔子赞成最后一种。于是，孔子墓的"马鬣封"的制式得以确立，成为封建社会一种特别尊贵的筑墓形式，影响很广。

也许弟子们出于对老师的尊敬，或是担心日后找不到老师的墓地，故不约而同地带着树苗来到孔子葬地，围绕着墓地种植下树木，作为老师墓地的标志。与此同时，不少弟子还为老师守墓。比如孔子的得意门生子贡——春秋时期了不起的外交家和富商——在老师墓前盖了一座茅草屋，为老师守墓6年。

东汉桓帝时，朝廷以官方名义修了孔子墓。此后历代帝王不断地对孔子墓进行重修和扩建，才形成了现在的古木参天、遮天蔽日的孔林规模。

皇后为什么被叫作“梓童”

在我国的戏曲、评述及通俗演义里，皇后常常自称或被皇帝称为“梓童”。“梓童”原作“子童”，最早出现在《全相平话五种》：

“妲己乃问天子曰，‘大王前者行文字天下人进宝，近日进得何宝，将来与子童随喜看之。’”（《武王伐纣书卷上》）

“吕后曰：‘子童领旨，九月二十一日未央宫下，斩讫韩信也’。”（《前汉书续集卷中》）

“高祖圣旨言：‘寡人去游云梦，交子童权为皇帝，把三人赚入宫中，害其性命’。”（《三国志平话》）

多年来，许多学者都在探究“子童”起源，研究其寓意。功夫不负有心人，如今这个谜题终于被解开了。

据有关专家考证，“子童”由“小童”衍化而来。“小童”原是春秋战国时期诸侯正配夫人的自称。虽然秦始皇统一六国，建立中国历史上第一个“国家”成为“皇帝”，其正室妻子虽然也称“皇后”，但有时仍沿用春秋战国时期的称呼——“小童”。直到宋元时期，这个称呼才有些许变化，“小童”演变为“子童”。

为什么“小童”在宋元时期变成“子童”呢？原来这与宋朝的程朱理学有关。宋元时期，程朱理学盛行，封建伦理纲常被奉为永恒不变的真理，与之相应，人们的一言一行都要“循规蹈矩”。

因此，作者在进行文学创作时，用“小”称呼皇后有不敬之意，由于“子”也有“小”的意思，遂用“子”代替“小”，“小童”就变成了“子童”。又因为

“子”与“梓”同音，且“梓”有以下诸训，《尚书大传》引商子曰：“梓者，子道也。”《诗经·鄘风·定之方中》：“树之榛栗、椅桐梓漆、爰伐琴瑟。”《正字通》：“梓，百木之长，一名木王，罗愿曰：室屋间有此木，余材不复震。”梓为木中之贵者，古人以梓为“有子”的象征，皇帝立皇后，不仅是为了母仪天下，更重要的是繁衍子嗣，承大统，以延续和维持王朝的长久统治。历代帝王十分重视子嗣的传承，把建储称作立国本。所以把皇后称“梓童”也迎合了封建统治者的这种心理。

《孙子兵法》的作者是谁

《孙子兵法》是中国历史上一部经典的、影响深远的军事著作，书中充满睿智的战略思想，在北宋朝廷作为官书颁行的兵法丛书《武经七书》中被列于首位。据说拿破仑滑铁卢失败后，曾拜读《孙子兵法》，只后悔没有早点阅读，否则或许还能免遭失败。然而《孙子兵法》的作者是谁，到底是不是吴国将军孙武，这个问题一直困扰着历史学家。

古籍《商君书》《韩非子》都提到“孙吴之书”是指《孙子兵法》和《吴子兵法》，但没有说明其作者就是孙武。直到《史记》问世，司马迁才明确提出《孙子兵法》为孙武所著。《史记》记载：“孙子武者，齐人也。以兵法见于吴王阖庐。阖庐曰：‘子之十三篇，吾尽观之矣。’”通过描述可知，《孙子兵法》成书于专诸刺吴王僚之后（前515）至阖闾（即上文的“阖庐”）三年（前512）孙武见吴王之间，全书为十三篇，是孙武初次见面赠送给吴王的见面礼。

由于司马迁写作严谨，后世对“《孙子兵法》为孙武所著”深信不疑。但是宋代学者陈振孙、叶适提出质疑：《孙子兵法》真是孙武所著的吗？历史上是否真有孙武这个人？清人姚际恒亦认为《孙子兵法》为伪书。然而《汉书·艺文志》载古兵法有《膑孙子》（孙膑）和《吴孙子》（孙武），区别清楚，为两人，实无可疑。明代宋濂的《诸子辨》、清代的《四库全书总目》等著作认为：太史公是严肃认真的史家，其记事立言翔实可靠，本传中所叙孙武、孙膑之事明明白白。

史学界还存有一种意见，认为《孙子兵法》是由孙武与其门徒们共同撰著的。这与《论语》的创作如出一辙，即孙武讲学授徒，传授军事学术，其门徒耳受笔录，世代相传，最后在春秋战国期间逐渐地形成了这部丰富的、有比较完整的体系的兵法著作。

《孙子兵法》的作者究竟是谁？这个谜题至今仍无人解答。

象棋的由来和发展

中国象棋具有悠久的历史。战国时期，已经有了关于象棋的正式记载，如：《楚辞·招魂》中有“菎蔽象棋，有六簙些。分曹并进，遒相迫些；成枭而牟，呼五白些”。

最早的象棋，棋制由棋、箸、局等三种器具组成。行棋两方，每方六子，分别为：枭、卢、雉、犊、塞，其中塞有二枚。棋子是用象牙雕刻的。下棋之前，双方先要投箸，以决定先后顺序。局，是一种方形的棋盘。比赛时，“投六箸，行六棋”，斗巧斗智，相互进攻逼迫，而制对方于死地。春秋战国时的兵制，以五人为伍，设伍长一人，共六人。由此可见，早期的象棋象征战斗，是模拟战争的一种游戏。

三国之后，象棋的形制不断地发生变化。唐代的象棋形制和早期的国际象棋有颇多相似之处。经过近百年的实践，象棋于北宋末定型成为近代的模式。这种模式下有棋子32枚，棋盘上有河界，将在九宫之中等。到了南宋时期，象棋已经家喻户晓，一时间成为流行极为广泛的棋艺活动。

象棋各子有其固定的走法，比如马走“日”字，相飞“田”型，“帅”和“士”只能在九宫走。“炮”隔子可以吃对方子，卒子过河不回头。当然还有其他规定，基于这些基本的走法，象棋才生出无数变化，把它益智的魅力全部展现出来。

象棋在元、明、清时期继续在民间流行，技术水平不断得以提高，出现了多部总结性的理论专著，其中最为重要的有《梦入神机》《金鹏十八变》《桔中秘》《适情雅趣》《梅花谱》《竹香斋象棋谱》等。杨慎、唐寅、郎英、罗颀、袁枚等文人学者都爱好下棋，大批著名棋手先后涌现，显示了象棋受到社会各阶层民众喜爱的状况。

1949年以后，象棋进入一个崭新的发展阶段。1956年，象棋成为国家体育项目，几乎每年都举行全国性的比赛。1962年成立中华全国体育总会的下属组织——

中国象棋协会，各地相应建立下属协会机构。40多年来，由于群众性棋类活动和比赛的推动，象棋手的棋艺水平提高得很快，优秀棋手不断地涌现，其中以杨官璘、胡荣华、柳大华、赵国荣、李来群、吕钦、许银川等最为著名。

小篆是什么时候出现的

春秋战国时期，陶文、帛书、简书等文字存在着差异，这种状况导致各地经济、文化交流困难，中央政府的政策、法令也难以有效地推行。

秦朝统一之后，秦始皇下令命李斯等人着手文字统一的工作，“罢其不与秦文合者”，这次改革史称“书同文”改革。李斯以战国时候秦人通用的大篆为基础，吸取齐鲁等地通行的蝌蚪文的优点，创造出一种新文字，称为“秦篆”，又称“小篆”，与“大篆”相区别。小篆一直流行到西汉末年才逐渐被隶书所取代。与大篆相比，小篆在用笔上变迟重收敛、粗细不匀的线条变化，讲究上密下疏、婉通圆转。小篆的笔画较细，所以也有“玉箸篆”之称；在字形上呈长方形，结构往往有左右对称的现象，给人挺拔、秀丽的感觉。

秦代小篆文字资料流传下来的有泰山刻石、琅琊刻石、峄山刻石、会稽刻石等，以及无数秦量、秦权、诏版等。其中，最被推崇的是秦代李斯的小篆碑，此碑历来被视为书法艺术的珍品，其遒劲若虬龙飞动，其清秀如出水芙蓉，举世瞩目，堪称瑰宝。据说，此碑是秦朝丞相李斯奉秦始皇之命所刻，为其歌功颂德，特立于岱顶玉女池上。

中国文字发展到小篆阶段，逐渐开始定型（轮廓、笔画、结构定型），象形意味削弱，使文字更加符号化，减少了书写和阅读时的混淆和困难。这也是我国历史上第一次运用行政手段大规模地规范文字的产物。

统一和简化文字是对我国古代文字发展、演变的一次总结，基本上消灭了各地文字异形的现象，也使古文字体众多的情况有了很大的改变，在中国文字发展史上有着重要的作用。

《史记》为何被称为“史家之绝唱，无韵之离骚”

著名学者季羡林老先生说，《史记》是中国第一部通史，但此书的真正意义不在史而在文。司马迁说：“诟莫大于宫刑。”他满腔孤愤，谱写出文字之歌，遂成《史记》。时至今日，那最不可一世的汉武帝，只留得“西风残照，汉家陵阙”，而《史记》则“光芒万丈长”。柏杨先生在《中国人史纲》中说，《史记》以简练的中国古文写出52万字巨书，成为中国史籍的珍宝。而且这种体裁，从此被史学家奉为圭臬，中国所谓“正史”，两千年来都跳不出司马迁创立下的范畴。

确实，《史记》被称为中国第一部“正史”。自此以后，历代的“正史”修葺从未断绝，汇成一条文字记载的历史长河，堪称世界史学史上的奇迹。但是，《史记》的情况同后代正史又有很大不同。《史记》以后的各朝各代正史，除极个别的例外，都是由朝廷主持、按照君主的意识形态修撰的，是名副其实的官史。而司马迁虽然是朝廷的史官，但《史记》独辟蹊径，并不体现最高统治者的意志。它是古代第一部由个人独立完成的、具有完整理论体系的著作。

我们注意到，在君主没有确立个人绝对权威前，最高统治者的权力在某种程度上受到整个社会集团的制约。在这种大背景下，史官不仅享有较高的社会地位，而且有“秉笔直书”的权利与义务。司马迁的祖上世代为史官，他是知道这一点的，但汉武帝加强个人权力，在司马迁的时代，史官已经跌落到“主上所戏弄，倡优蓄之”的地位，司马迁有意识地继承了古老的史官传统，不想把自己的笔变成为君主唱赞歌的工具。

另外有一点也很重要，那就是司马迁对孔子有一种特殊的崇拜。他并不完全听从孔子的学说，反而对当代的儒士鄙视有加，跳出了腐朽儒家的怪圈。但他依旧钦佩孔子的人格，尤其钦佩孔子以普通士人的身份，而有为天下确立文化准则的宏大理想。司马迁把自己编写《史记》的工作视为对孔子修《春秋》事业的继承，这就在精神上自居于很高的地位。夸张地说，这也是继承了先秦诸子的理性态度和批判精神。

汉朝时代赋予司马迁以宏大的视野与全面总结历史形态的重大任务，随父亲到处游历的经历使他对社会有前所未有的了解，残酷的命运又促使他更深刻地思索人生，继承先秦史官优秀的传统和诸子百家广泛的文化，司马迁又确立了不屈服于君主淫威的相对独立和批判精神的写作立场。正是在这个特殊的历史阶段和特殊的个人遭遇中，诞生出不同凡响的《史记》。

东汉班固指责司马迁“是非颇缪于圣人，论大道则先黄老而后六经，序游侠则退处士而进奸雄，述货殖则崇势利而羞贱贫”（《汉书·司马迁传》）。然而，这些恰恰是让后人觉得司马迁远比班固高明的地方。正是由于司马迁对历史和社会具有独特的、极其深刻的理解，对各种人物的生存活动具有巨大的包容性，不受正在建立起来的儒家统治思想的束缚，敢于蔑视世俗道德教条，也不从某种单一的学说出发来理解人性和描写人格，《史记》方能丰富和博大，产生一种独特的魅力，以区别于任何一本史书。

作为史书，同样的，司马迁想为封建统治者和后人提供历史的借鉴作用，反映出真实的历史。本着实录的精神，司马迁在选取人物时，并不是根据其官职或社会地位，而是以其实际行为表现出的影响力为标准。比如，他写了许多诸如游侠、商人、医生、倡优等下层人物的传记，使得后人见识了前人生活的方方面面。

正因如此，《史记》才有“史家之绝唱，无韵之离骚”的美誉。

《胡笳十八拍》的作者究竟是谁

琴歌《胡笳十八拍》是由18首歌曲组合的声乐套曲，由琴伴唱，描写主人公饱受战乱之苦，抒发爱国思乡之情、骨肉分离之亲。千百年来成为我国传统音乐作品中的珍品，深受人们的喜爱。据传其作者是东汉著名文学家蔡文姬。

蔡文姬，名琰，是东汉末年大名士蔡邕的女儿。她自幼就聪颖过人、博学多才，尤其在文学和音律方面更是出众，是个出了名的才女。父亲死于狱中后，文姬孤苦无依，只好跟着难民到处逃亡。有一天文姬在逃难途中正好碰上匈奴兵，被其掠去。从此，她流落匈奴成了左贤王的夫人。

左贤王很宠爱文姬，夫妻感情很好。蔡文姬在南匈奴一住就是12年，生了两个孩子，但是仍然十分思念故乡。她靠着自己的音乐天赋创作了《胡笳十八拍》。《胡笳十八拍》歌词分为18章，一章为一拍。第一拍点“乱离”的背景；第二拍到第十一拍的主要内容便是写她的思乡之情；第十二拍中是这种矛盾心理的坦率剖白；第十三拍起，转入不忍与儿子分别的描写，结尾一段“胡与汉兮异域殊风，天与地隔兮子西母东。苦我怨气兮浩于长空，六合虽广兮受之应不容”。全诗即在此感情如狂潮般涌动。蔡文姬经常演奏《胡笳十八拍》，借以抒发自己的思乡之情。后来，曹操派朝臣周近出使南匈奴并赎迎文姬。文姬经过激烈的思想斗争，挥泪与左贤王和两个孩子告别后踏上归乡之路。经过长途跋涉，数月之后，她终于回到曹操的大本营邺城。

胡笳就是胡地的笳，在汉时流行于塞北和西域游牧民族中。“笳”形似筚篥，是汉代鼓乐中的主要乐器。胡笳善于表现凄怆、哀怨的情感，富有悠远的穿透力，很符合边远游牧民族英勇强悍的个性及牧马吹奏的特色。

在汉魏历史上流传不少运用笳声作战的故事。历史上也有不少有关笳的文章，蔡文姬的《胡笳十八拍》更为笳添加了一种感伤而诱人的神韵。

《胡笳十八拍》的艺术价值很高，明朝人陆时雍在《诗镜总论》中说：“东京气格颓下，蔡文姬才气英英。读胡笳吟，可令惊蓬坐振，沙砾自飞，直是激烈人怀抱。”现代学者郭沫若对《胡笳十八拍》中歌词加以考证也断言非蔡琰莫属，并称赞说：“这实是一首自屈原《离骚》以来最值得欣赏的长篇抒情诗。”

然而，自唐代以来，有学者对蔡文姬创作《胡笳十八拍》提出了质疑，认为这部作品的作者是唐代著名琴师董庭兰。唐代进士刘商《胡笳曲序》（《乐府诗集》卷五十九转引）序文曰：

蔡文姬善琴，能为离鸾别鹤之操。胡虏犯中原，为胡人所掠，入番为王后，王甚重之。武帝与邕有旧，敕大将军赎以归汉。胡人思慕文姬，乃卷芦叶为吹笳，奏哀怨之音。后董生以琴写胡笳声为十八拍，今之《胡笳弄》是也。

序文中有“后董生以琴写胡笳声为十八拍，今之《胡笳弄》是也”，以是推断：《胡笳十八拍》乃唐代琴家董庭兰（即董生）所作。

琴歌《胡笳十八拍》作者是谁，这一问题的讨论自唐代至今文学界见仁见智，音乐学界也未有定论。但无论作者是蔡文姬还是董庭兰，抑或其他人，都不影响我们对作品的喜爱和推崇。

三国人名多单字非巧合

回看东汉三国长达300多年的历史，会发现一个惊人的“巧合”：这一时期的人物绝大部分取的都是单名，除了一些有个性的隐士如庞德公，和一些乳名如刘盆子外，要想在有身份、地位的人中找到名为双字的可能性微乎其微。

这是巧合，还是另有原因？这还得从王莽改制说起。

西汉末年，王莽篡夺政权。为了保证统治地位和强调政权的合法性，他利用董仲舒的“神学目的论”，搞迷信、搞复古，还推行了一系列所谓的“新政”，从土地制度到用人制度，从货币到地名，还有人名，几乎无孔不入。

在这一系列“托古改制”的改革中，王莽对“名”特别重视，他一上台，就大刀阔斧对事物的名称进行改革。首先把中央各级官名改了，以表示新朝代的“新”，然后是大改地名。今天改了，明天又改回来，弄得人不知所措。后来，甚至将“匈奴”改成“降奴”，“单于”改成“服于”，还由此引发了民族战争。王莽对姓名更是特别在意。他对自家的“王”看得十分重要，对许多刘姓皇族和有功部下赐姓“王”，以示恩宠。

在这期间发生的一件事，可以看出当时王莽对姓名的改革。

《汉书·王莽传》中有这样的记载：王莽的长孙叫王宗，他对皇帝的宝座向来有野心，如果他有耐心，是有机会当皇帝的，可他性子实在太急了，就“自画容貌，被服天子衣冠，刻印三……又宗舅吕宽家前徒合浦，私与宗通，发觉按验，宗自杀”。即使人死了，“政治权力”也要剥夺，王莽做出这样的处理：“宗本名会宗，以制作去二名，今复名会宗。”“制作”就是法令，这道命令的意思是王宗本来名是两个字，叫“王会宗”，是依法令后改成的“王宗”，现在犯了法，得再改回去，还叫原来的“王会宗”。从王莽这道命令可以看出三个问题：第一，王莽之前的人名字数不受限制；第二，王莽上台后，曾经下过“去二名”的“制作”，也就是以法律形式规定不准用双字名；第三，只有良民才有资格用单字，用双字是一种惩罚。

王莽对姓名的改革影响了后世，人们为了显示自己是良民、有地位的人，纷纷取单字，这也就是东汉三国时期人名单字居多的原因。

诸葛亮写过《后出师表》吗

在中国人心目中，诸葛亮能够呼风唤雨、扭转乾坤，简直是神仙的化身。尤其是舌战群儒、草船借箭、巧借东风、大摆“空城计”的故事更是被世代传颂，诸葛亮在民间被奉为古今第一智慧人物。古往今来，有关诸葛亮的谜题数不胜数，其中诸葛亮是否著《后出师表》的争论最为激烈。

经过多年的辩论，现在绝大多数学者都相信《后出师表》是他人所作，且理由相当充分。

首先，作品中最大的矛盾是“赵云之死”。《三国志·赵云传》和注引《云别传》中明确记载赵云死于建兴七年（229），《后出师表》却说赵云死在建兴六年。赵云身为蜀国大将军，具体死于哪年，蜀国宰相应比他人更了解。何况诸葛亮一向谨慎行事，他怎么会犯如此低级的错误呢？

其次，通过分析《前出师表》和《后出师表》的内容可以看出，作者判若两人。在《前出师表》里，“先主崩殂，益州疲弊，正值危急存亡之秋”，但他仍相信，只要后主“亲贤臣，远小人”“汉室之隆，可计日而待”。“原陛下托臣以讨贼兴复之效，不效则治臣之罪以告先帝之灵”表现出诸葛亮壮志雄心、敢于承担责任的品格；而《后出师表》里却记载：“然不伐贼，王业亦亡。惟坐而待亡，孰与伐之？”“凡事如是，难可逆见。”“至于成败利钝，非臣之明所能逆睹也。”仿佛北伐之事实属无奈之举，对此一战诸葛亮充满担忧，丝毫看不见胜利的曙光。两篇作品时间间隔仅有一年，难道说，原先充满自信、雄心勃勃的诸葛亮在一年里就变得意志消沉、逃避责任了吗？再说此时的蜀国仍有一定实力，并非像文章所描写的那么悲观。

再者，刘备死后，虽有刘禅继位，但事实上诸葛亮独揽大权，管理一切国家大事。当他提出再次北伐时，没有人会质疑北伐的前景。而文中却说“议者所谓非计”，不符合蜀国当时的情况。另外，据《三国志·吴书·诸葛滕二孙濮阳传》记载：“恪遂有轻敌之心，以十二月战克，明年春，复欲出军。诸大臣以为数出罢劳，同辞谏恪，恪不听。中散大夫蒋延或以固争，扶出。恪乃著论谕众意。”这段描述与“议者所谓非计”所写相吻合。因此，一些学者认为《后出师表》为诸葛亮的侄子诸葛恪所著。只不过他假托诸葛亮之口，希望说服众人。而且，诸葛亮已死，“死无对证”，不能不令他人信服。

时隔千年，《后出师表》的作者是谁，是诸葛亮还是诸葛恪，或者其他人，现在没有统一定论。或许某一天的考古挖掘能带来新的论据，揭开这一千古之谜。

《兰亭集序》真伪之谜

《兰亭集序》也称《兰亭宴集序》《兰亭序》《临河序》等，是王羲之在东晋永和九年为朋友的诗作所写的序文手稿，全文共28行324个字，有“天下第一行书”之称。

1700多年前的春天，三月三日，绍兴西南兰渚山下，一座充满兰花幽雅香气的古典园林中，一群文人墨客聚在一起正在玩一个“曲水流觞”的游戏。这是一个属于文人的游戏，他们围坐在曲水之畔，将酒杯放在水中，任其顺水漂游，酒杯到了谁的面前，谁就要饮酒作诗。没多久的时间，已经有了37首诗，有人提议将这些诗出版成集，以作纪念，这个想法得到大家的一致赞同，并推举王羲之写序。王羲之也正处于酒酣兴浓之时，遂提笔写下了流传千古的《兰亭序》。因是乘兴挥笔，一气呵成。所以，《兰亭序》可以说是反映王羲之书法最高境界的代表作品。

王羲之酒醒以后，对于自己的这幅作品也倍感惊奇，他又尝试了很多次，最终也没有再达到那个高度。他知道，《兰亭序》把自己的艺术潜力发挥到极致，再也无法超越了。因此，王羲之对这幅作品非常珍爱，把它当成世代相承的传家宝。

然而，《兰亭序》是否为王羲之所写，历来颇有争议。20世纪60年代，曾经发生过一场关于《兰亭序》真伪的大讨论，争论双方代表为郭沫若和高二适。1965年6月，时任中国科学院院长的郭沫若在《文物》杂志上，发表了《从王谢墓志出土论〈兰亭序〉的真伪》一文。该文列举诸理由，推断《兰亭序》并非王羲之的原作。

这篇文章发表后，被江苏省文史研究馆馆员高二适看到，不以为然，于是写了一篇《〈兰亭序〉的真伪驳议》的文章，坚持《兰亭序》仍为晋代王羲之手笔，并非后人之伪作，其论点与郭沫若针锋相对。

高二适的文章写好后，寄到报社投稿却都被退回，没有哪家报刊敢登载。后来，高二适只好求助于中央文史馆馆长章士钊。章士钊看了高二适的文章，表示愿意帮忙，并在高二适将文章改好之后写信给中央领导，向其推荐该文，信中还介绍了高二适的情况，希望能够将此文发表。

在看过章士钊的来信和所附高二适的文章后，中央领导次日复函给章士钊说："高先生评郭文已读过，他的论点是地下不可能发掘出真、行、草墓石。草书不会书碑，可以断言。至于真、行是否曾经书碑，尚待地下发掘。但争论是应该有的。我当劝说郭老、康生、伯达诸同志赞成高二适一文公之于世。"于是，在中央领导的支持下，《光明日报》和《文物》杂志先后刊载了高二适《〈兰亭序〉的真伪驳议》一文和影印的手稿。而郭沫若即针对高文发表了《驳议的商讨》和《〈兰亭序〉与老庄思想》两文，与之辩论。尔后，高二适也再次写了《〈兰亭序〉真伪之再驳议》一文，回敬郭沫若。

一时间，学术界呈现出"百家争鸣"的繁荣景象，从中央到地方的报刊也都刊登有关《兰亭序》真伪的论文。以郭沫若、高二适为首的两派展开了一场持续半年之久的争论，但因双方都没有充足的证据，这场争论最终未分结果。另外，有人根据史书记载推断，《兰亭序》真迹应该在唐太宗的昭陵或者武则天的乾陵。然而，不论《兰亭序》的作者是不是王羲之，这篇序文在书法上的成就和地位都是无可取代的。

"青楼"原指帝王居

现在人们说起"青楼"一词，大多都会想到妓院。其实，"青楼"被当作妓院的代名词是唐宋以后的事了。

在我国许多古典文学作品中，都将妓院称为青楼、将沦落风尘的妓女称为青楼女子。其实，这是一种误传。近来有学者研究发现，原来"青楼"最早是指帝王的住所。

据《南齐书·东昏侯》载："世祖（齐武帝）兴光楼上施青漆，世谓之'青楼'。"清代袁枚根据这段记载，在《随园诗话》中说："齐武帝于兴光楼上施青漆，谓之'青楼'，"并指出："今以妓为青楼，误矣。"可见，青楼原先是帝王之居。

在汉魏时期，青楼一词应是褒义，原意应为"青漆粉饰之楼"，仅仅是比较华丽的屋舍，有时甚至作为豪门之家的代称。正因为此，三国时曹植有诗曰："青楼临大路，高门结重关"，唐代骆宾王也曾有"大道青楼十二重"的诗句，原来都是称誉帝王所住宫廷楼阁的富丽华贵。

或许是华丽的屋舍与艳丽奢华的生活有些关系，所以不知不觉间，青楼的意思发生了偏指，开始与娼妓发生关联。最早称妓院为青楼则出自南梁刘邈的《万山采桑人》一诗，其中有"倡妾不胜愁，结束下青楼"的句子。此后的文人墨客们便以讹传讹，皆称妓院为"青楼"了。唐代以后，青楼的偏指之意则成了专指，专指烟花寻柳之地。元代有一本记载妓女生平事迹的书，便叫《青楼集》。明代有一本《青楼韵语》，清代有一本《青楼梦》。

实际上现代所认为的青楼风光，有详细记载的可从唐朝算起。唐代都城长安最著名的"红灯区"位于平康里，因为靠近北门，也称为北里，后世因而把平康、北里作为青楼的代称。比之长安，扬州的青楼风光更加旖旎多情，杜牧等许多诗人都曾为此做过诗句。那时青楼的规模都不大，多数是一个老鸨领着两个妓女和丫鬟。青楼中的妓女一般是艺妓，也有色艺双绝。但无论如何，吟诗诵词、弹琴唱曲仍是最主要的节目。

到了宋朝，青楼规模有所扩展。孟元老在《东京梦华录》中记载，汴梁城里的娱乐场——瓦子，共有8座。周密的《武林旧事》记载临安城里达33座。青楼的设施也开始竞相奢华。意大利旅行家马可·波罗也记载了元朝时杭州的青楼风光。

明代最有名的妓院就是秦淮河畔的"十六楼"。然而此时，青楼风光已经颇有一些不雅的景象，出现了不少赤裸裸肉体交易的"私窠子""窑子"。

到了清朝，青楼已完全成了私妓的天下，妓女们不再努力提高自己的艺术修养，北京的"八大胡同"就代表着传统青楼的日渐没落。而南方的上海和广州，则开始出现西方式的或中西混血的青楼现象。

"八仙"的真实原型

虽然"八仙过海，各显神通"的故事流传了几百年，但人们心中始终充满疑惑：八仙究竟是凭空杜撰出来的人物，还是确有其人？经过学者多年来的研究发现，"八仙"其实是将历史上的某些人物模拟化，他们是有真实原型的。

铁拐李：铁拐李的原型名字叫李颜二，是唐代惠安县的一位道士。传说他在当道士前，有一天，他的母亲染上重病，他在给母亲煎药时发现柴火烧到一半就没有干柴了，恰好这几天阴雨连绵，无处拾取干柴。孝顺的李颜二为了给母亲治病，情急之下就将腿伸入灶中，代替柴火。等到药煎好，他的右腿却跛了。站起来时，他顺手从灶中抽出火热的铁棍当成拐杖。

吕洞宾：众学者一致认为，吕洞宾出生于唐朝末年，姓吕名岩。宋代罗大经的《鹤林玉露》、洪迈的《夷坚志》及《集仙传》等书对其身世均有记载，只是说法不同。一说他是京兆人（今陕西、西安一带），唐咸通中及第，曾当过两任县令。一说他是九江人，原为唐宗室，姓李，因避武后之祸，易姓为吕。

张果老：原名“张果”，由于他在八仙中年纪最大，遂被人们尊称为“张果老”。从文史资料来看，历史上确有张果其人，但并非真的神仙道士。张果不过是一位老朽的江湖术士，最多也只是会些幻术而已。

钟离权：有关钟离权的记载约出现在五代、宋初之际。《宣和年谱》《夷坚志》《宋史》等书均有他事迹的记述。他留世的诗题为《题长安酒肆避三绝句》，其中有“坐卧常携酒一壶，不教双眼识皇都”“得道真仙不易逢，几时归去愿相从”等句，著作有《还丹歌》《破迷正道歌》等。

韩湘子：普遍的说法是，韩湘子是唐代著名文学家韩愈的侄子，《唐书·宰相世系表》《酉阳杂俎》《太平广记》《仙传拾遗》等书都有关于他的介绍。又有人称韩湘子是韩愈侄孙，历史上韩愈确有一个叫韩湘的侄孙曾官至大理丞。

蓝采和：其原型本是一江湖流浪汉，仅由于他的行为癫狂又好周济穷人，因此深得人们喜爱而被神化成仙。

何仙姑：关于何仙姑的真实原型，历来说法不一。但主流观点认为，何仙姑又称何二娘，唐朝人。据《太平广记》记载，何二娘是位以织鞋为业的农妇，后因嫌家居太闷，游于罗浮山，在山寺中住下，经常采集山果供众寺僧充斋。一次，远在400里外的循州山寺僧来罗浮山寺，称某日曾有仙女去彼山采摘杨梅果子。经查实那天正好是二娘采果的日子，大家又不知二娘从何处采来这众多山果，便认为二娘即为循州山寺采果之仙女，从此二娘远近闻名，她也借此不再寄居山寺了。

曹国舅：《宋史》中有关于曹国舅原型的文字记载：曹佾，字公伯，曹彬之孙，曹皇后的弟弟。他性情和易，通晓音律，喜爱作诗，封济阳郡王，身历数朝而一帆风顺，年七十二而寿终。曹国舅和宋仁宗的曹皇后有关。因系皇室外戚，故有

“国舅”之称。

八仙是真实的历史人物，只不过在流传过程中，人们根据各自的理解，展开想象，赋予他们神的身份，塑造出这些个性鲜明、性格突出的艺术形象。

唐朝已有“老公”“老婆”之称

老公、老婆是人们对丈夫、妻子的叫法。很多人以为，老公、老婆最初是我国港台地区的叫法，是随着港台片的热播而流行起来的。实际上，老公、老婆这个称呼在唐朝时就已经有了。

据说，唐朝时有一个叫麦爱新的读书人，考中功名后就开始嫌弃妻子年老色衰，想再纳新欢。于是，写了一副上联放在案头：“荷败莲残，落叶归根成老藕。”妻子看到后，从联意中觉察到丈夫有弃老纳新的念头，便提笔续写下联：“禾黄稻熟，吹糠见米现新粮。”以“禾稻”对“荷莲”，以“新粮”对“老藕”，不仅对得十分工整、贴切、新颖、通俗，而且，“新粮”与“新娘”谐音，饶有风趣。麦爱新读了妻子写的下联，被妻子的才思敏捷所打动，便放弃了弃旧纳新的念头。妻子见丈夫回心转意，不忘旧情，乃挥笔写道：“老公十分公道。”麦爱新也挥笔续写了下联：“老婆一片婆心。”

于是，这个故事很快流传开来，并传为佳话。从此，汉语中就有了“老公”和“老婆”这两个词，民间也有了夫妻间互称“老公”“老婆”的说法。

那么，除此“老公”与“老婆”外，夫妻之间还常有哪些称呼呢？

1. 妻子与丈夫

母系氏族时期，女尊男卑。男女结为夫妻后，男人怕女人被其他男人抢走，就天天跟在女人后面一丈之远。故男人被人称之为“丈夫”。

另外，中国古代有些部落有抢婚的习俗。女子选择夫婿，主要看这个男子是否够高度，一般以身高一丈为标准。当时的一丈约等于七尺（大约2.3米），有了这个身高一丈的夫婿，才可以抵御强人的抢婚。根据这种情况，女子都称她所嫁的男子为“丈夫”。

而“妻子”一词的来历最早见于《易经系辞》：“人于其官，不见其妻。”但在古代，妻子一词并不是男子配偶的通称。后来，随着社会的发展，“妻子”才渐渐成为男子配偶的通称。

2. 爱人

现代人常用爱人来称呼自己的配偶，这一称呼源于英国。位于苏格兰达姆弗利的斯威特哈特寺院使英语单词“sweetheart”含有“爱人”之意。

斯威特哈特寺院是由1296年去世的巴纳德城堡领主约翰·巴里奥尔之妻德鲍吉拉夫人修建的。德鲍吉拉夫人与丈夫二人一生恩爱，丈夫死后，她将丈夫的尸体安葬，将丈夫的心脏熏香后装在象牙盒里随身携带，常常谓之：“我最可爱的心，不会说话的伙伴。”

《清明上河图》五次入宫，四次被盗

北宋画家张择端创作的长卷《清明上河图》是公认的稀世神作。千年来，它曾五次进入宫廷，四次被人从宫中盗走，可谓历尽劫难。

首先收藏此画的是北宋宫廷，被宋徽宗赵佶视为神作。据考证，该图前面应当还有一段，描写的是远郊的山，并且还有赵佶瘦金体的“清明上河图”五字签题和他收藏用的双龙小印。

靖康之乱时，该画流落民间，为金朝监御府书画官张著所得。元灭金后，此画第二次进入皇宫。元顺帝至正年间，宫中有个姓裴的装裱匠挖空心思，用临摹赝品将真本换出，暗中高价卖给某真定太守。

后来，此画到了明朝奸相严嵩手中。严嵩谋反失败后，在官府查抄他家财产登记的账目中确有此画，在明朝隆庆时收入宫廷。明穆宗不喜欢字画，成国公朱希忠趁机奏请将《清明上河图》赏赐给他，皇帝便让人估成高价，抵其俸禄，这时名画却不翼而飞。当时，宫中传说一个小太监得知《清明上河图》值钱，便将画盗走。出宫时遇见管画人，仓皇之中将画藏到阴沟里，正值阴雨连绵，三天后来取，画已腐烂。最终此事不了了之。

后来，人们才知此画落入秉笔太监、东厂首领冯保之手。名画“毁尸灭迹”的传说只是他一手策划的。

清兵入关后，此画相继为陆费墀、毕沅所得。清廷早就对它垂涎欲滴，据说毕家因此家破人亡，《清明上河图》第四次进入皇宫。1911年，清王朝灭亡，但溥仪仍留住宫中。溥仪以赏赐其弟溥杰为名，将重要文物偷运出宫，《清明上河图》即在其中。

1945年东北新中国成立前夕，溥仪携大量珍宝到通化，准备乘机亡命日本。但飞机还未起飞就被苏联军队俘获，国宝交还了中国政府。《清明上河图》先存放在东北博物馆，后被故宫博物院收藏。

三寸金莲为何能流行

缠足是中国古代的一种陋习，即把女子的双脚用布帛缠裹起来，使其变成为又小又尖的“三寸金莲”。“三寸金莲”也一度成为中国古代女子审美的一个重要条件。但是，古代妇女缠足始于何时，裹足小脚为什么被称为“金莲”，“三寸金莲”为什么能够流行起来，却始终是一个谜。

关于缠足的起源，说法不一。有说始于隋朝，有说始于唐朝，还有说始于五代。有人甚至称夏、商时期的禹妻、妲己便是小脚。可谓是众说纷纭、莫衷一是。

缠足成为一种习俗还是始于宋代，五代以前中国女子是不缠足的。北宋时期已经有了关于缠足的记载。诗人苏轼曾专门写词咏叹缠足。宋室南迁之时，缠足的风俗也由北方传到南方。南宋时，妇女缠足已较多见，甚至南宋末年时，“小脚”已成为妇女的通称。但是妇女缠足还并不十分普遍，仅限于上层社会。可以说在社会观念上，缠足尚未被所有人接受。宋代的缠足与后世的三寸金莲也是有区别的，宋代的缠足是把脚裹得“纤直”但不弓弯。

元朝时，蒙古人本来不缠足，但并不反对汉人的缠足习惯，并且还持赞赏的态度。

到了明代，妇女缠足之风进入兴盛时期并在各地迅速发展。这时对裹足的形状也有了一定的要求，女子小脚不但要小，要缩至三寸，而且还要弓，要裹成角黍形状等种种讲究。脚的形状、大小成了评判女子美与丑的重要标准。在当时，社会各阶层的人娶妻，都以女子大脚为耻、小脚为荣。“三寸金莲”之说深入人心，甚至还有裹至不到三寸的。

清朝统治者入主中原后，起初极力反对汉人的缠足风俗，但后来并未达到禁止的目的，故而有“男降女不降”之说。由此可见缠足之风的根深蒂固。

那么，妇女缠的小脚为什么被称为“金莲”？长期以来，人们对这个问题也是备感兴趣，却没有一个令人满意的答案。

有学者认为，这与佛教文化中的莲花有关。莲花在佛门中被视为清净、高洁的象征，在中国吉祥话语和吉祥图案中占有相当的地位，故而以莲花来美称妇女小脚。为什么要在“莲”前加一个“金”字？学者认为这可能与中国人传统的语言习惯有关。中国人喜欢以“金”修饰贵重或美好事物，如“金口”“金睛”“金銮殿”等。在以小脚为贵的缠足时代，在“莲”字旁加一“金”字而成为“金莲”，当也属一种表示珍贵的美称。

俗话有“小脚一双，眼泪一缸”，如此看来，缠足给妇女带来的痛苦是巨大的。那么，这么痛苦缠足为什么能够流行起来？

有学者认为，裹足之所以能在宋元明清流行不衰，是由于传统农业到了后期孕育出大量的城市、商镇，原先在农村下田劳动的妇女进入城市、商镇以后，家庭经济来源由丈夫经商、入仕等途径解决，妇女在家里专心伺养子女和从事家务，尤其是有钱有势的家庭，妇女过着衣来伸手、饭来张口的生活。妇女丧失了经济独立的生活能力，只能随男子的好恶而好恶。商业社会又滋生专门为男子服务的茶楼酒馆及娱乐、消遣的歌伎、娼女，小足的女子步行起来婀娜多姿，成为男性畸形欣赏的玩物，一旦形成风气，就很难扭转了。

为什么《百家姓》以“赵”姓开头

《百家姓》本是北宋初年钱塘（杭州）的一个书生所编撰的蒙学读物，将常见的姓氏编成四字一句的韵文，像一首四言诗，便于诵读和记忆。因此，流传至今，影响极深。《百家姓》的次序不是各姓氏人口实际排列，是因为读来顺口，易学好记。

为什么《百家姓》以“赵”姓打头呢？经考证，主要有两个原因：

第一，“赵”姓由来已久，且是大姓。根据《姓纂》记载，最初以赵为姓的人，是颛顼帝的子孙造父。他善于驾驭，周穆王执政时，就到赵城这个地方为封地，就以封地的名称作为自己家族之姓而世代相传下来。当时的赵城，现在的位置大致是在山西省赵城县西南。后来，这个家族曾繁衍到今甘肃、河南、江苏一带，这是赵姓的由来。而这个家族，从一开始便十分显赫，在春秋时代，自从赵衰辅佐晋文公称霸，赵氏子孙就世代为晋国的大夫，权倾当朝。

到了春秋末期，也就是周威烈王的时候，赵家的权势更大。历史上有名的“三家分晋”，就是赵家与同为大夫的韩家和魏家瓜分了晋国，分别自立为诸侯。

后来，赵国的国势越来越强，成为战国七雄之一，其都城设在晋阳，是现在山西省太原市的北面。可见，现在所有姓赵的人，最早都是山西人，后来才逐渐移居他处，“五百年前是一家”，以赵姓人来说，如果认真推溯，又岂止是500年而已？

第二，赵匡胤建立宋朝，《百家姓》的撰写者是宋朝人，所以“赵”自然成为“天下第一姓”。作者将“赵”姓列在首位，不免有拍皇帝马屁之嫌。但实际上，作者不把“赵”姓排在首位，就会招致杀身之祸。

《百家姓》以“百家”为名，原收集姓氏411个，后增补到504个，其中单姓444个，复姓60个。不过，在中华民族这个大家庭中，姓氏何止百家，就仅是汉族也不止这个数。据说，有记载或有据可查的姓氏，可达5600个之多。这其中有单姓、复姓、三字姓、四字姓和五字姓。此外，有的民族有名无姓，比如傣族。

《满江红》作者之谜

长期以来，人们普遍认为《满江红》的作者是宋代爱国将领岳飞，他在写这首词时，正值中原遭受女真铁骑蹂躏的岁月，岳飞怀着一腔热血，矢志抗金，而这首词真实、充分地反映出岳飞精忠报国的英雄气概。对此，没有人怀疑它的真实性。

但是，近些年来，有人对这首词的作者产生了疑问。

有人认为它并非岳飞所作，例如专家余嘉锡根据对《四库提要辨证》的考证提出了两点疑问。首先，岳飞的孙子岳珂在收集岳飞文章时不遗余力，从编排到重刊，历经31年，所编《金佗粹编·家集》却没有收录这首比岳飞其他诗词都著名的词。其次，《满江红》这首词最早见于明代嘉靖年间徐阶所编的《岳武穆遗文》，是根据弘治十五年（1502）浙江提学副使赵宽所书岳坟词碑收入的。赵宽亦未说明这首词的来龙去脉，而且赵宽碑记中提及的岳飞另一首诗《送紫岩张先生北伐》经历史学家考证是伪作。在此之前，宋、元时期的相关记载和题咏中并未发现它的踪影。

此外，跟岳飞有交往的其他同时代人的作品中，也从来没有提到过这首词。直到400多年后，并且又是到了跟宋朝有些相似的明朝中后期，这首词才被发现，这是否有可能是明朝人为了鼓舞士气，才假借岳飞之名而伪造的呢？并且这首词的慷慨、雄壮的风格与岳飞其他诗词作品中的委婉、曲折有所不同。

另外，词中有一句“驾长车，踏破贺兰山缺”，这与当时的历史情况有出入。贺兰山在今内蒙古河套之西，南宋时属西夏，并非金国土地，而金国黄龙府，在今吉林省境内。岳飞不可能以在西夏境内的“贺兰山”来比喻攻打金国黄龙府的志愿。岳飞曾与将士们相约“痛饮黄龙府”，所以他进攻的方向应是今天的吉林省农安县。实际上是明代北方鞑靼族常取道贺兰山，入侵甘、凉一带，明代弘治十一年（1498），明将王越曾在贺兰山抗击鞑靼，打了一场胜仗。

因此，从“求真”的角度来说，《满江红》可能并非出自岳飞之手。

《西厢记》究竟为何人所作

元代戏剧《西厢记》是我国古典戏曲史上的一株奇葩，作者以现实主义的创作手法，为我们描绘了书生张生与相国女儿崔莺莺的爱情故事。这为后来以爱情题材为主的文学创作提供了直接借鉴，如汤显祖的《牡丹亭》、曹雪芹的《红楼梦》都从它那里吸取反封建的民主精神，激励青年男女要不畏强权，勇于追求美好的爱情。但是，谁创作了这部影响千年的戏曲，历来有不同的说法。

普遍认为《西厢记》为元代杂剧作家王实甫所著。元末钟嗣成的《录鬼簿》、明初朱权的《太和正音谱》都支持此种观点。也有人认为作者是关汉卿，更有人提议《西厢记》为王实甫和关汉卿合写，只不过存在“王作关续”和“关作王续”的问题。

近年来，研究者经过大量地翻阅文献资料又得出新的结论：《西厢记》前四折为王实甫所作，第五折由元朝的民间艺人加工而成。

其理论依据是：一般说来，元杂剧是一本四折，每人负责唱一折，而现存的《西厢记》却有五折，打破原有的规则。如果说这是王实甫力求创新的结果，但是前四折和第五折的创作风格、语言运用，甚至主题思想也大不相同。第五折所用的曲调完全打破了前四折用北曲联套的习惯，唱法也发生改变，自由运用声腔。之所以出现这种情况，是因为元曲创作阵地南移杭州，受南戏的影响，由元代后期作曲家加工整理。就前四折来说，如果《西厢记》至此结束，不仅符合中国传统戏剧的结构特点，而且以悲剧结尾，改变当时戏曲作品以大团圆结局的老套戏路。无论其思想性还是艺术手法，在同期作品中都要高出一等。

探究《西厢记》的作者是谁，这对正确分析《西厢记》的思想性和艺术性有重要意义，也可以帮助我们认识中国古典戏剧在元代的发展状况。

谁发明的“永字八法”

中国的书法包括笔法、字法和章法，其中以笔法为基础。所谓笔法，就是笔画之法。而“永自练书法”中的“永”字恰好有八画，而且每一画不同，集中了汉字楷书中几乎所有的点画形式。“永”字八画，即“侧（点）、勒（横）、努（直）、趯（钩）、策（向上斜书）、掠（撇）、啄（短撇）、磔（捺）”，由于“永”字包括了书法中八种最基本的笔画，既称“永字八法”，又称“永字练书法”，所以初学书法的人都会把“永”字作为学习书法笔画的基础法则。

那么，“永字练书法”产生于何时？是谁发明的？对此，书法界有五种说法：

1. 作者是蔡邕

见于元李溥光所撰《雪庵八法·八法解》：“历代以下，书者工于笔法之妙。其名世者，如魏晋之钟繇、王羲之，唐之欧（阳询）、虞（世南）、柳（公权）、颜（真卿）之辈，亦各家有书，所传之，惜乎沦没日久，真迹不存，惟羲之‘永’字八法，共《三昧歌》，流传在世。”李溥光认为“永字练书法”起源于东汉蔡邕，晋王羲之加以发扬。

2. 作者是智永禅师

见于宋代陈思所辑《书苑菁华》：“隋僧智永，发其指趋，授于虞秘监世南，自兹传授彰厥存焉。”

3. 作者是王羲之

唐代书法家李阳冰于《法书考》中言：“昔王逸少攻书多载，十五年偏攻永字，以其备八法之势，能通一切字也。”

4. 作者是张旭

见于宋朱长文所编《墨池编》《张旭传永字八法》，同《柳八法颂》及《颜鲁八法颂》。清代冯武《书法正传》云：“凡学必有要，若网在纲，有条而不紊。‘永’字者，衆字之纲领也，识乎此，则千万字在是矣。”

5. 作者是崔子玉

见于宋代朱长文《墨池编》：“八法起于隶字之始，后汉崔子玉歷锺王以下，传授所用八体该于万字。”

谁发明了“永字练书法”并不重要，只要初学者认真揣摩名家写“永”字的方法，然后进行笔画练习，以此提高自己在书法方面的认识和领会、夯实基本功就足够了。

故宫为何被称为紫禁城

故宫是在明成祖时期开始修建的，先后有明清两代24个皇帝在此执政。众所周知，故宫又叫紫禁城，但是很少有人了解金碧辉煌的故宫为什么被称为“紫禁城”。其中隐藏着什么玄机呢?

中国古代天文学家通过对太空天体的长期观察，认为紫微星垣居于中天，位置永恒不变，是天帝所居。因而，把天帝所居的天宫谓之紫宫，有“紫微正中”之说。

封建皇帝自称是天帝的儿子，是真龙天子。而他们所居住的皇宫，被比喻为天上的紫宫。他们更希望自己身居紫宫，可以施政以德，四方归化，八面来朝，达到江山永固、维护长期统治的目的。

明清两代的皇帝，出于维护自己的权威和尊严以及自身安全的考虑，修建的皇宫既富丽堂皇，又壁垒森严。这座城池不仅宫殿重重、楼阁栉比，并围以10米多高的城墙和52米宽的护城河，而且哨岗林立、戒备森严。平民百姓不用说观赏一下楼台殿阁，就是看一看门额殿角，也是绝对不允许的。

明清皇帝及其眷属居住的皇宫，除了为他们服务的宫女、太监、侍卫之外，只有被召见的官员以及被特许的人员才能进入。这里是外人不能越雷池一步的禁区。因此，明清两代的皇宫，既喻为紫宫，又是禁地，故旧称紫禁城。

但有些史学家认为，这与“紫气东来”的典故有关。传说老子过函谷关之前，关尹喜见紫气从东而来，知道将有圣人过关。果然老子骑着青牛而来。因此紫气便被认为具有吉祥含义。作为“天子”，皇帝当然希望天下出现祥瑞天象，在给宫殿命名时冠以“紫”字也就顺理成章。又因皇帝居住的地方防备森严，寻常百姓难以接近，所以合称为紫禁城。

虽然不知道以上两种说法哪种比较准确，但皇宫作为“吉祥之物”“禁地”却不可否认，也许只有这样才能衬托出帝王的高贵与不凡。

朱元璋为何要把孟子清理出孔庙

明太祖洪武五年（1372）的一天，朱元璋在翻看《孟子》时，突然大发雷霆。紧接着，他便命人将孟子逐出孔庙，不得配享。并狠狠地说：“（诸大臣）有谏者以不敬论，且命金吾射之。”这个圣旨下达以后，满朝文武百官皆惊恐无措。

朱元璋对《论语》爱不释手，十分敬佩孔子。而孟子是发挥孔子仁义思想的“亚圣”，为什么他如此讨厌孟子呢？归结起来，主要有两方面原因：

1. 朱元璋的个人经历致使他对文人十分反感

朱元璋出身贫寒，放过羊，做过和尚，当小军官，成大将领，一步一步，终于一朝国家在手，走向权力的巅峰。他深知自己是武夫，没有学识，若要统一文人的思想，巩固统治地位，就需从文化下手。但他天生对文人、文化有一种抵触情绪，从骨子里看不起儒生。如他命令“有司造成均，凡士人肄习案座，皆以独木为之”，人问其故，朱元璋回答说：“秀才顽，使之坚厚，毋败吾案。”从中可以看出，文人在朱元璋眼中没地位可言。

2. 孟子的“民本”思想使朱元璋感到如芒刺在背

众所周知，孟子有句名言“名为贵，社稷次之，君为轻”。意思是人民的地位、国家的利益高过君王。君王作为国家的统治者理应为人民服务，为江山社稷着想。

与孔子提倡的“仁”相比，孟子所说的“仁”，主要是对“民”来说的。孟子阐述，如果天子想得到天下，保有四海，就必须施行仁政，爱护人民。不要把人民厌恶的东西强加给他们。正所谓“得其民有道，得其心，斯得民矣。得其心有道，所欲与之聚之，所恶勿施尔也”。

孟子在《孟子・离娄下》中阐述：“君之视臣如手足，则臣视君如腹心；君之视臣如犬马，则臣视君如国人；君之视臣如土芥，则臣视君如寇仇。”也就是说，在孟子心中，君臣关系是相对的，天子不具有绝对的权威，他认为谁能保护人民，谁就一定能称王。如果谁残害百姓，谁就是孤家寡人，这种人不配得到天下，即使得到天下，也应该被推翻。推翻这样的天子，不是犯上作乱的弑君行为，正如周武王“诛一夫纣”推翻殷纣王的统治一样，是为民除害。可见，孟子不主张天下百姓效忠于一人。

孟子的“民本”思想是从平民的角度告诉国君应该做什么，不应该做什么。这大大触怒了本是一个流氓无赖而得到了江山的朱元璋，加上他的文化劣势对知识分子所形成的先天嫉恨，自然要把孟子的牌位撤出文庙了。

但是孟子毕竟是“亚圣”，是儒生们心中的圣人，岂容他人玷污，即使是皇帝也不可以，于是他们使了一个心眼，第二天就对朱元璋说，他们夜观天象，发现文星暗淡、天象有异。皇帝都是迷信天命的，得罪了上天可是一件了不得的大事，朱元璋马上想到大概是因为孟子，无可奈何之下恢复了他的牌位，但是他还是使用了另一种手段：删书。把孟子的书删掉三分之一左右，可视为“思想的腰斩”，其手段不可谓凶狠。

刘伯温写《烧饼歌》的目的是什么

刘基，世称刘伯温，是明朝开国宰相。相传中国三大民间预言之一《烧饼歌》的作者就是刘伯温。

明太祖朱元璋建政后，最关心的当然是自己可否永保江山。他知道辅佐自己打下天下的刘伯温是深明数理的道中之人，便向刘伯温询问有关将来的事情。这个问题可难住了刘基。回答不是，不回答也不是。

最后刘基含蓄而隐晦地答道：“我皇万子万孙，何须问哉！”

历史的发展已经告诉我们，明朝的江山是传到明思宗（朱由检）为止的，此后便是清王朝的天下。崇祯十七年，李自成领导的农民起义军攻陷北京，明思宗自缢而死，明王朝宣告灭亡。而这个明思宗便是明神宗万历皇帝的孙子。很明显，刘基回答朱元璋的问话，是一句双关语，表面上是一句恭维话，说明朝江山将会传至千秋万代，实际上是明确预言：明朝的江山将会传到万历皇帝的孙子崇祯皇帝为止。这里可以看到刘基的智慧，既不冒犯天子，又回答了天子的问题，准确预言了未来。

太祖说道："虽然是这样，但自古兴亡原有定数，况且天下不是一人的天下，只有有德的人才能享用。你但说无妨。"刘基说："泄漏天机，我的罪会很重。请陛下恕臣不死之罪，我才敢冒奏。"太祖随即赐给了刘基免死金牌。

这样刘基才对未来的几百年作了预言，既全面地演绎了此后大明王朝的几乎所有大事件，连同清朝甚至清后的历史也进行了推演，其中包括"土木之变""宦官乱政""清军入关""汉人剃发""康乾盛世"，形成了至今仍然在市井中流传的《烧饼歌》。

据称刘伯温面君之时正赶上太祖吃烧饼，所以称之为《烧饼歌》。《烧饼歌》中的隐语歌谣，词句饶有兴趣，朗朗上口，易于记忆。

例如：

此城御驾尽亲征，一院山河永乐平；
秃顶人来文墨苑，英雄一半尽还乡。
北方胡虏残生命，御驾亲征得太平；
失算功臣不敢谏，旧灵遮掩主惊魂。
国压瑞云七载长，胡人不敢害贤良；
相送金龙复故旧，灵明日月振边疆。

意思是，燕王得宦官之助，篡夺王位成功，并自立为帝，称明成祖，改年号为"永乐"元年，并迁首都到北京。明成祖在位之时，北方蒙古等人亦常兴兵侵犯，明成祖五次亲自领兵作战皆大胜，故当时天下得以太平。明英宗正统十四年，北方胡人瓦剌大举南侵，明英宗也效仿先帝御驾亲征，却被敌军掳走。英宗之弟随之继位，胡人见要挟不成，于是七年后将英宗送回北京，这就是历史上的"土木之变"。

《永乐大典》流失何方

自《永乐大典》编成后，就被收藏在南京的文渊阁。至今，600多年过去了，在全世界范围内，所有的《永乐大典》也不过只有800余卷、400册左右。这个数字还不到原书的4%，那么其余的96%是怎么遗失的呢?

由于《永乐大典》藏于深宫禁地，所以很少能在明朝历代史书上见到关于它的记载，《永乐大典》的下落也就成了一个谜案。但是在罕见的史籍介绍中，大概可以梳理出这样的一个过程：永乐十九年（1421），北京紫禁城落成，永乐帝迁都至此。这时，《永乐大典》的原稿仍藏于南京文渊阁，并在明代中期毁于一场宫中火灾。而正本则被永乐帝带到北京，藏在宫中的文昭阁。弘治帝时，《永乐大典》曾被查阅。嘉靖三十六年（1557）时，宫中大火，紫禁城三大殿被焚毁，《永乐大典》也险遭厄运。据史书记载《永乐大典》是嘉靖帝“殊宝爱之”的珍品。登基以来，他一直将其作为必备的参考经典，并时常在朝廷上引用。这次大火中，嘉靖急命左右登文楼，抢运《永乐大典》，一夜中下谕三四次，足见《永乐大典》在他心中的分量。当时嘉靖帝即有意“重录一部，贮之他所，以备不虞”。嘉靖十一年（1532）秋，副本抄写工作开始，持续六年时间，直至隆庆元年（1567）才完成。于是，《永乐大典》就有了正、副两部。但明朝灭亡以后，《永乐大典》正本却神秘消失了。

清朝康熙年间，为编著《四库全书》，朝廷下大力寻找《永乐大典》，终于发现了踪迹，但此时已经遗失了1000多册。道光之后，《永乐大典》被视为无用之物，一些官员便趁机偷窃，被清朝官员盗走的书又被其后人出售，卖给洋人或者古董商。就这样，《永乐大典》大量流到民间。

光绪二十六年（1900），八国联军入侵北京，在北京城烧杀抢掠、无恶不作，翰林院也沦为战场，兵火肆虐。这场灾难过后，《永乐大典》丧失殆尽，仅存的数百册也散落世界各地，国内只余60多册。

近代战争中，为躲避战火，这60多册《永乐大典》被多次转移。曾由美国国会图书馆代为保管的一部分于1965年转运中国台湾，现存于中国台北故宫博物院，没有运到美国的部分《永乐大典》则在抗战胜利后运回北京。

新中国成立后，一些藏有《永乐大典》残本的人纷纷捐献，加上苏联国立图书馆归还的52册和德意志民主共和国归还的3册，目前中国国家图书馆馆藏《永乐大典》已达221册，是世界各收藏地中数量最多的图书馆。

直至今天，正本的《永乐大典》依然没有下落，但人们还是怀着最好的希望，期望《永乐大典》正本没有焚于火中，而是深藏在某个秘密的地方，等待着后人前去发现。

为什么《金瓶梅》不是淫秽小说

提到淫秽小说，不少人就会想起《金瓶梅》。因为《金瓶梅》自古以来就是被当作“淫书之首”的禁书。

《金瓶梅》以《水浒传》中武松杀嫂的那段故事为引子，通过对封建市侩势力的典型代表西门庆及其家庭罪恶生活的描述，暴露了北宋时期社会的黑暗和腐败，具有较深刻的历史价值。书中描绘了一个上至朝廷内擅权专政的太师，下至地方官僚恶霸乃至市井间的地痞、流氓、帮闲所构成的鬼蜮世界。西门庆原本是一个破落财主、生药铺老板，但是他善于钻营，巴结权贵，特别是他攀结上当朝宰相蔡京并拜其为义父，左右逢源，他不仅没有遭到应有的惩罚，反而还步步高升。这些描写都反映了明代中叶以后，朝廷权贵与地方豪绅官商相勾结，压榨人民、聚敛钱财的种种黑幕。

《金瓶梅》里的确有很多关于淫荡生活的描写，但是《金瓶梅》并非专门的淫秽小说，而是一部百科全书式的作品，是一部“人间喜剧”式的作品。作者淋漓尽致地描写西门庆的淫荡之事（变态性心理与性行为），正是从人类生活的一个本质方面揭示封建末世官僚阶级万劫不复的没落和腐败。

《金瓶梅》的作者把那个时代的所有丑恶一股脑儿掀倒在光天化日之下，揭露了一个时代的失败，把那些男男女女的内心丑恶来一个彻头彻尾的大曝光。在《金瓶梅》的世界里，没有对道德人格的孜孜追求，没有对政治理想的英勇献身，只有对财富和享乐无休止的欲望和歇斯底里的奋斗。《金瓶梅》没有写到美，没有写到光明与希望。或许不是因为作者没有一双发现美的眼睛，而是他所处的那个时代现状。

另外，《金瓶梅》是中国文学史上第一部由文人独立创作的长篇小说。《金瓶梅》之前的长篇小说，莫不取材于历史故事或神话、传说。《金瓶梅》摆脱了这一传统，关注市井人物的平凡生活，以现实社会中的人物和家庭日常生活为题材，使中国小说现实主义创作方法日臻成熟，为其后《红楼梦》的出现做了必不可少的探索和准备。

乾隆帝编修《四库全书》的真正原因

《四库全书》是中国古代最大的一部官修书，也是中国古代最大的一部丛书，分经、史、子、集四部，故名四库。经部，主要是孔子、孟子讲授的学问和后人研究这些学问的书籍；史部，主要是历史、地理著作；子部，主要是诸子百家的一些哲学著作和百科知识著作；集部，主要是一些文学著作和作家的文集。

编修《四库全书》的起因是什么呢？1772年，安徽学政朱筠提出《永乐大典》的辑佚问题，得到乾隆皇帝的认可。但是乾隆帝认为范围太小，应当把全国的藏书都搜集汇总起来，编制《四库全书》。这样，由《永乐大典》的辑佚便引出编纂《四库全书》的浩大工程，成为编纂《四库全书》的直接原因。

《四库全书》从1773年开始编纂至1887年完成。全书四部共收书3460多种、79000多卷、36000多册。除经史子集之外，另有存目6766种，共缮写7部，分别藏于文渊阁、文源阁、文溯阁、文津阁、文汇阁、文宗阁、文澜阁。此外还有一部副本存于北京翰林院。据《四库全书》卷首开列编纂的人，前后共有360多人。这些都是当时有学问、有专长的文人。其中出力最多的是总纂官纪昀，他把《四库全书》中每一部书的渊源、版本、内容都做了详细的考证，编写了200卷的《四库全书总目提要》。

全书内容丰富，包罗宏大，中国文、史、哲、理、工、医，几乎所有的学科都能够从中找到它的源头和血脉，几乎所有关于中国的新兴学科也都能从这里找到生存和发展的泥土和营养，不愧为中国古代思想文化遗产的总汇，中国人乃至东方读书人，安身立命梦寐以求的圭臬和后代王朝维系统治弘扬大业的“传国之宝”。

事实上，编纂《四库全书》的过程也是大兴文字狱的过程。据记载，有个浙江举人徐述夔，被老鼠咬坏了衣服，心里很是气愤，写下了“毁我衣冠真恨事，捣除巢穴在明朝”的诗句。不巧的是他写的诗集中又有“明朝期振翮（翅膀），一举去（到）清都”的句子，乾隆帝就说“明朝”（明天）暗指明王朝，“大逆不道”，结果连徐述夔的孙子都被处死。

乾隆帝修《四库全书》的目的，固然是为了夸耀大清文治盛世，用以巩固清王朝的历史正统地位。但出于政治考虑，乾隆是想借此机会对历代汉族作者写的书籍做一次全面审查，清除反抗清朝的民族思想，也就是采用编写的办法掩盖和达到他销毁图书的目的。据统计，在乾隆编纂《四库全书》时销毁的书籍数量约为13600卷，焚书总数共计15万册，销毁版片总数170余种、8万余块。即便被收录到《四库全书》中的很多古籍也经过了篡改，连一些涉及契丹、女真、蒙古的文字也被修改得失去了原貌。

即便如此，《四库全书》的编纂无疑是中国文化事业的一大巨献。它保存了我国相当多的古代典籍，在国际上被称为“中国人修造的文化长城”。

为什么京剧脸谱五颜六色

京剧，也称“皮黄”，由“西皮”和“二黄”两种基本腔调组成它的音乐素材，也兼唱一些地方小曲调和昆曲曲牌。在1840年前后，京剧形成于北京，盛行于20世纪三四十年代，时有“国剧”之称。现在它仍是具有全国影响的大剧种，它的行当全面、表演成熟、气势宏美，是近代中国戏曲的代表。2006年5月20日，京剧经国务院批准列入第一批国家级非物质文化遗产名录。

京剧中最有特色的当属脸谱，它是具有民族特色的一种特殊的化妆方法。由于每个历史人物或某一种类型的人物都有一个大概的谱式，就像唱歌要按照乐谱一样，所以称为“脸谱”。

京剧脸谱一般来源于生活。每个人面部器官的形状、轮廓相似，生理布局也都有一定的规律，面部肌肉的纹理与人物的年龄、经历、生活的自然条件也都有密切的关系，所以京剧脸谱的勾绘是以生活为依据，也是生活的概括和浓缩。如生活中常说的人脸颜色，晒得漆黑、吓得煞白、臊得通红等，既是剧中人物的心理活动、精神状态的揭示和生理特征的表现，又是确定脸谱色彩、线条、纹样与图案的基础。脸谱虽然源于生活，但又是实际生活的夸大。演义小说和说唱艺术对历史人物的夸张、形象的描写，也是京剧脸谱的来源。如关羽的丹凤眼、卧蚕眉，张飞的豹头环眼，赵匡胤的面如重枣等，所有这些描写都被戏曲化妆吸取下来，在京剧舞台上的表现尤为明显、突出。

而说到京剧脸谱的颜色，应该是根据某种性格、习性或某种特殊类型的人物而做色彩调制的。红色的脸谱表示忠勇义烈，如关羽、常遇春；黑色的脸谱表示刚烈、正直、勇猛甚至鲁莽，如包拯、张飞等；黄色的脸谱表示凶狠残暴，如宇文成都、典韦。蓝色或绿色的脸谱表示一些粗豪、暴躁的人物，如窦尔敦、马武等；白色的脸谱一般表示奸臣、坏人，如曹操、赵高等。

误解篇　此物常常非彼物

古代“皇袍”不都是“黄袍”

黄袍往往被看作古代帝王服色的象征，黄色也是皇帝专用的颜色，皇帝下的诏书称“黄敕”，宫内一切装饰和外出乘坐的车辇也是“黄辇”“黄屋”。

后周禁卫军总领赵匡胤发动“陈桥兵变”时，众将士以黄袍加其身，拥其为帝，其实此刻的黄袍仅仅是绣龙锦缎黄袍而已，并非官方的皇袍。但事实上，黄袍俨然已经成为皇权的象征，披上它的那一刻，就要有称王的觉悟。那么，是不是自古以来黄袍就是皇帝专用的呢？答案当然是否定的。

在古代，帝王所穿的服饰都是有特殊标记的，有一套正规的服饰制度来加以规范，连衣裳佩饰也有规定，一串珠玉、一个图纹、一种颜色，以及丝线长度和衣料等，都有相应的标准。标准的专用帝王服饰出现于周代。

据《周易》记载：“天玄（天青色，非黑色）地黄（土地色）。”周天子在祭天的时候所着服装为玄衣纁裳，玄为黑，纁是指兼有赤黄色，玄衣是黑色的上衣，纁裳是赤黄色的下裳。

到了春秋战国时期，各诸侯国纷争，国君的袍服无法统一。《韩非子》当中有记载：“齐桓公好服紫，一国尽服紫。”指出齐国齐桓公好穿紫色华服。至于其他国家不甚统一，没有固定的颜色标准。汉代时期，玄色为皇服更胜，哪里轮到黄袍占据天下。

事实上，帝王着黄袍的规度始于唐朝，在唐朝以前，君王要穿什么颜色的袍服，多是皇廷自家决定，规定不严。黄色更是通用颜色，并没有尊贵的含义。只是唐高祖以赤黄袍巾带为常服之后，有人提出赤黄色近似太阳的颜色，“天无二日”，日是帝王尊位的象征。

至此，赤黄色（赭黄）为帝王所专用，黄袍也被视作封建帝王的御用服饰，百官以及百姓不允许穿黄色衣服，并以品级定袍衫的颜色，即所谓“品色服”。这种规定一直延续到清朝。在清朝，官服除以蟒数区分官位以外，对于黄色亦有禁例。如皇太子用杏黄色，皇子用金黄色，而下属各王等官职不经赏赐绝不能穿黄色服装。

“坐怀不乱”：千年的美丽谎言

古人以“坐怀不乱”一词，形容男子在两性关系方面作风正直。所谓的“坐怀不乱”者，指的便是春秋时期鲁孝公之子公子展的后裔柳下惠。事实上，“柳下”是他的食邑，“惠”则是他的谥号，所以后人称他“柳下惠”。

柳下惠曾被孟子尊称为“和圣”，因其道德学问深厚，名满天下，在当时受到很多名门贵族的推崇。有一段时间，柳下惠任鲁国大夫，后来遭人排挤，仕途蹭蹬，遂隐遁成为“逸民”。有许多贵族招揽他，但都被他拒绝。《孟子注疏》曾记载过他不再出仕的理由：“直道而事人，焉往而不三黜，枉道而事人，何必去父母之邦？”言下之意是说，自己在鲁国之所以屡被黜免，是因为坚持了做人的原则，如果不改原则，不管在哪个地方做官都会遭到黜免。倘若真的可以委曲求全，何必舍近求远，在鲁国就能够得到荣华富贵。

柳下惠如此德行，自然深受诸子推崇，也正因为其品德谦厚，对礼学深有研究，于是在《诗经·小雅·巷伯》的西汉毛亨传本里，记载了这样一段与柳下惠有关的故事：

鲁国有一位男子，名为颜叔子，自己一人独自生活，邻居是一位寡妇。一天夜里，暴风雨大作，寡妇的房子被摧毁，遂来到颜叔子这里请求庇护。颜叔子不让妇人进门，妇人问何故，颜叔子说：“我听说男女不到60岁不能同居一室。如今我年纪轻轻，你亦如此，我怎可放你进来。”妇人说：“你为何不像柳下惠那样，用身体温暖来不及入门避寒的女子，而别人也不认为他有非礼行为。”男子说：“柳下惠可以开门，我不能开门。所以我要以‘不开门’来效仿柳下惠的‘开门’。”

因此，人们应当发现，柳下惠“坐怀不乱”是从西汉学者毛亨传《诗经》的本子中提及的，且“坐怀不乱”典故出于颜叔子之口，而真正的春秋时期并没有关于柳下惠“坐怀不乱”的实际记载。直到元时的胡炳文（1250—1333）在《纯正蒙求·卷上》记录道：“鲁有独处室者，邻有嫠妇。夜暴风雨，室坏，趋而托之……妇人曰：‘柳下惠煦妪不逮门之女，国人不称其乱。’”

从春秋到元代，时隔一千五六百年的时光，纵观整个春秋史，根本没有柳下惠“坐怀不乱”之说，及至西汉始有提及，元代方才形成真正的故事。原来人们认为柳下惠在男女关系上正派，是一个天大的误会。

那么，究竟是谁杜撰了柳下惠“坐怀不乱”的故事呢？有人认为，元人应当是受了宋代程朱理学“存天理，灭人欲”的影响，为了彰显儒家传统道德，教育世人洁身自好，所以借古人作话题。而柳下惠是古代著名的道德学者，素有“以礼治邦”“执法以平”“治国以德”的美名，再加上西汉毛亨传《诗经》本中提到柳下惠的有关内容，自然就被元人拿来大大地夸大一番。不过，西汉的毛亨作为著名的训诂学者，为何也会讲柳下惠“坐怀不乱”呢？

或许，是柳夫子高贵的品行给世人留下过多美好的想象，才造成后世的诸多误解，不过这个误解尚算理想，也算是评价男子品性的标准之一。

太监并非宦官

“太监”“宦官”是我们熟悉的字眼，是我国封建社会的阴暗产物。在很多时候，我们认为太监就等同于宦官，二者都是受阉后的男人。《辞源》把“太监”解释为“在宫内侍奉皇帝及其家族的官”，又有“自此，太监遂成为宦官的专称”一句，这里显然也把太监同宦官认作是一回事，由此便形成这样一个认识：宦官等于太监。

把太监和宦官等同起来，这是一个较大的误解。

从《明史・宦官一》“郑和，……初事燕王于籓邸，从起兵有功。累擢太监”的记载看，太监显然与宦官、阉人不是一个概念。郑和12岁受阉割，侍燕王朱棣，因“靖难”有功，成祖时被提拔为太监，“太监”显然是超于宦官之上的一类。

太监与宦官的差别主要体现在两个方面：

首先，在时间上，“宦官”一词早在战国时期就出现了，而“太监”一词直到辽代才出现。《周礼》《礼记》中都有关于宦官的记载。宦官制度起源比太监早，周王朝及各诸侯国大都设置了宦官。当时的宦官一般由身份卑贱的人充当，其来源或由处以宫刑的罪人充任，或从民间百姓的年幼子弟中挑选。秦汉以后，宦官制度更加详备，宦官作为一种特殊政治势力，对许多朝代的政局产生了重大影响。如秦国宦官嫪毐受太后宠幸，权势显赫，封为长信侯。

其次，战国时期的“宦官”并非都是阉人，宦官“悉用阉人”是东汉以后的事情。直到明代，宦官才和太监联系起来，那时的太监一定是宦官，而宦官不一定是太监。明代在宫廷中设置了由宦官所领的二十四衙门，各设掌印太监，显然，太监是宫廷中的上层宦官。在明朝，太监是高级宦官，他们直接管理普通宦官。由于太监是宦官的顶头上司，因此，如果一个普通宦官能被别人称为“太监”无疑是件很高兴的事情，正如现在的一些人喜欢被别人称作“领导”一样。慢慢地，太监就成了对宫中阉人带有尊敬意味的一个称谓。

到了清朝，二者有了更紧密的联系，侍奉皇帝和皇族的宦官都被冠以太监之称，宦官制度也被取消了。

“千金”不是女子的专称

“千金”一直是对宝贝女儿的爱称，如果某人的妻子生下一个女儿，我们便要恭喜他们“喜得千金”。一个美丽、乖巧的女儿，在父母的眼里是掌上明珠，价值千金。

在中国古代“金”不是指金子，而是黄铜，当时黄铜十分稀有，“物以稀为贵”，同时“金”又作为当时重要的货币单位，所以“千金”实为“铜千金”，这并非实指，只是极言其珍贵。

只不过，令我们意想不到的是，“千金”最初是用来称呼男子的。

据《史记·越王勾践世家》记载：范蠡之子因杀人而犯死罪。范说：“吾闻千金之子不死于市。”意思是说富贵人家的子弟，不能让他在闹市受戮，因而以重金为之赎命。可以看出，在春秋时期，“千金”是作为富家子弟之称的。

到南北朝时，“千金”也仍指男子，并未发生改变，如《南史·谢朏传》中记载了一个小故事：

南朝梁司徒谢朏幼时聪慧，10岁就能赋诗，受父亲谢庄喜爱，常把他带在身边。他也非常有才华，人们都称呼他为“神童”。有一次随父亲游山，受命作游记，提笔便成，文不加点。宰相王景文对谢庄夸他：“贤子足称神童，复为后来特达。”谢庄也手扶儿子的背说：“吾家有千金。”

这个“千金”的称呼一直延续2000多年，直到元代才发生改变。在元代曲作家张国宾的杂剧《薛仁贵荣归故里》里有这样一句话：“你乃是官宦人家的千金小姐，请自便。”后来在明清时期的一些拟话本和小说中，称女孩儿为“千金”的情况就更普遍了。如《红楼梦》第五十七回，薛姨妈笑说史湘云：“真是个侯门千金。”渐渐地，人们都用“千金”来称呼女孩了，“千金”体现了父母对女儿的爱，也彰显出女孩的高洁与尊贵。

“鸳鸯”非夫妻

人们对鸳鸯并不陌生，它在人们心目中一直是夫妻和睦相处，爱情永恒的美好象征。传说中认为鸳鸯一旦结为配偶，便游则并肩、飞则比翼、睡则交颈，即使一方不幸死亡，另一方也不再觅新的配偶，而是孤独凄凉地度过余生。

于是，鸳鸯常被诗人引用，从而留下“鸳鸯相对浴红衣，短棹弄长笛”“梧桐半死清霜后，头白鸳鸯失伴飞”等无数动人的佳句。

其实，“鸳鸯”最初并非喻指夫妻，而是用来比喻兄弟之间的友好、亲密。

《文选》中有一篇《苏子卿诗四首》，其中第一首有诗云：“昔为鸳和鸯，今为参与辰（指天空中的两个星名）。”而从“骨肉缘枝叶”“况为连理树”等诗句来看，这显然是一首兄弟之间的赠别诗。

另外，晋朝的郑丰有《答陆士龙诗四首》，其中第一首《鸳鸯》的序文中说：“鸳鸯，美贤也。有贤者二人，双飞东岳，扬辉上京。”很明显，这里的鸳鸯是比喻陆机、陆云兄弟二人。三国时代魏国人嵇康曾经写过《赠兄秀才入军》，也是用鸳鸯来比喻兄弟和睦相处、友好无比的。而再上溯到《诗经·小雅》其中“鸳鸯于飞”的句子，也不是比喻夫妻的。

那么，是从何时起，鸳鸯成为美丽忠贞爱情的化身呢？

据考证，以鸳鸯比作夫妻，最早出自唐代诗人卢照邻《长安古意》一诗，诗中有“愿做鸳鸯不羡仙”一句，赞夫妻之间美好的爱情，当时的文人觉得十分形象有趣，便纷纷效仿。渐渐地，鸳鸯便成为夫妻的代名词。

然而，鸳鸯真的是情笃楷模、一生不离不弃的“爱情鸟”吗？

科学家观察到，鸳鸯只是在繁殖期建立固定的配偶关系，的确，从表面上是亲密相处、形影不离，而实际上，产卵、孵化、育雏都是雌鸟单独承担。雄鸟自“交配”以后，恰似“花花公子”一样，逍遥自在，各处游玩，把繁育后代的事情一股脑儿地都推给雌鸟。另外，一旦有一方死去，另一方也不会“守节”，而会再行婚配。

一只身强力壮、繁殖力强的雄鸳鸯，往往同时占有几只雌鸳鸯，而体弱的雄鸳鸯常常被排斥，因得不到配偶而被淘汰。

原来，鸳鸯并非人们想象中那般美好。

狗从不曾咬过吕洞宾

“狗咬吕洞宾，不识好人心”形容人们做了好事后不仅没有得到对方的感谢，还被对方责怪。但是，其实“狗咬吕洞宾”原本是“苟杳吕洞宾”，与狗无关。

传说吕洞宾在成仙前是个读书人，因为参加两次考试都未中举，所以从此以后再也不愿意读书，就依靠祖辈留下的家产，会客访友、游山玩水，过着逍遥自在的日子。

当时，吕洞宾有个同乡好友叫苟杳，家境十分贫寒。吕洞宾很同情他，与他结为金兰，并请他到家中居住，希望他能刻苦读书，以后有个出头之日。

后来，有位姓林的朋友来吕洞宾家里做客，见苟杳一表人才、读书用功，便想把妹妹许配给苟杳。

吕洞宾怕耽误苟杳的前程，连忙推托，但苟杳得知后便动心了，就跟吕洞宾表示同意这门亲事。

没想到吕洞宾却说：“林家小姐貌美、贤惠，贤弟同意我也不好阻拦，但是成亲之后，得让新娘子先陪我睡三宿。”苟杳听后很不能接受，但是思前想后，还是咬牙答应了。

苟杳成亲这天，吕洞宾喜气洋洋，而苟杳却觉无脸面见人，干脆躲到一边去了。

晚上，新娘子头盖红纱，倚床而坐。吕洞宾进了洞房，也不说话，只管坐到桌前灯下，埋头读书。林小姐等到半夜，丈夫还是不上床，只好自己和衣睡下。天明醒来，丈夫早已不见，一连三夜都是这样。

苟杳好不容易挨过了三天，刚进洞房，就见娘子正伤心落泪，连忙上前赔礼。林小姐只管低头哭着说：“郎君，为何三夜竟不上床同眠，只对灯读书，天黑而来，天明而去？”

这一问，让苟杳目瞪口呆。半天，他才醒悟过来，仰天大笑，原来是哥哥怕我贪欢，忘了读书，用此法来激励我。哥哥用心良苦啊！

几年后，苟杳金榜题名，与吕洞宾一家洒泪而别，赴任去了。

一晃八年过去了，这年夏天，吕洞宾家不慎失火，所有家产都化成灰烬。

吕洞宾只好用残留的破瓦烂砖搭了一间茅草屋，和家小在里面躲风避雨，日子过得十分艰难，于是决定去找苟杳帮忙。

吕洞宾一路上历尽千辛万苦，终于到达苟杳府上。苟杳对吕洞宾家遭大火的事非常同情，并热情地招待他，可就是不提帮忙的事。住了一个多月，一分钱也没有给吕洞宾。吕洞宾以为他忘恩负义，一气之下走了。

回到家里，吕洞宾发现家里已经盖了新房，很是奇怪。刚要迈进家门，突见大门两旁贴着白纸，知道家中死了人，大吃一惊，慌忙走进屋内，见屋内放着一口棺材，妻子披麻戴孝，正在号啕大哭。吕洞宾愣了半天，才轻轻叫了一声“娘子”。

妻子回头一看，惊恐万状，颤颤抖抖地叫道：“你，你是人还是鬼？”

吕洞宾更觉诧异，问：“娘子，何出此言？我好好地回来了，如何是鬼呢？”

娘子端详好久，才认出真是吕洞宾，说：“吓死我了！”

原来，吕洞宾走后不久，就有一帮人来帮他盖房子，盖完房子就走了。前天中午，又有一大帮人抬着一口棺材进来了，他们说吕洞宾在苟杳家病死了。

吕洞宾一听，便知道是苟杳玩的把戏。他很生气，操起一把大斧把棺材劈成两半，却见里面全是金银珠宝，上面还有一封信，写道：“苟杳不是负心郎，路送金银家盖房；你让我妻守空房，我让你妻哭断肠。”

吕洞宾看完信如梦初醒，他苦笑了一声：“贤弟，你这个帮忙，可帮得我好苦啊！”

从此，吕苟两家来往更加密切，这就是俗话常说的“苟杳吕洞宾，不识好人心”。

后来，因为“苟杳”和“狗咬”同音，传来传去便成了“狗咬吕洞宾，不识好人心”了。

“衣冠禽兽”是夸人

提起“衣冠禽兽”一词，想必很难有人对这四个字产生好感，通常这个成语都是用来指道德败坏的人，说某些人徒有人的外表，穿着人的衣服，却干着禽兽不如的坏事。

其实，在最初，这个成语原意并非如此。“衣冠禽兽”源于明代官员的服饰，在当时，“衣冠”作为权力的象征，受到统治阶级的重视，在官服上绣以飞禽走兽，来显示文武官员的等级。据明、清两代的《舆服志》记载，文官官服绣禽，武官官服绘兽，而且等级森严，不得逾越。“衣冠”上的“禽兽”与文武官员的品级一一对应。具体规定是：文官一品绣仙鹤，二品绣锦鸡，三品绣孔雀，四品绣云雁，五品绣白鹇，六品绣鹭鸶，七品绣鸳鸯，八品绣黄鹂，九品绣鹌鹑。武官一品、二品绘狮子，三品绘虎，四品绘豹，五品绘熊，六品、七品绘彪，八品绘犀牛，九品绘海马。

文武官员一品至四品穿红袍，五品至七品穿青袍，八品和九品穿绿袍。

只有官员才能穿上描禽画兽的官服，享受一定的待遇，自然与平民百姓不同，所以，“衣冠禽兽”是一个褒义词，引来老百姓的羡慕眼光。

衣冠禽兽作为贬义词，最早是出现在明末陈汝元写的《金莲记》一书。因为在明朝中晚期，宦官专权，官场腐败，文官爱钱，武将怕死，欺压百姓，无恶不作，声名狼藉，老百姓民不聊生，将穿着官服的人视为匪盗瘟神。于是，“衣冠禽兽”一语开始有了贬义，老百姓将为非作歹、道德败坏的文武官员称为“衣冠禽兽”。

皇帝的女儿不全叫“格格”

自从一些清代古装戏搬上荧幕后，“格格”一词再度深入人心。人们深刻地确认，满人的公主、郡主均以“格格”为称呼，这其实是一个美丽的误会，是许许多多关于清朝的电影、电视剧误导了人们对“格格”一词的认知。在真实的历史当中，清皇帝的女儿并不叫格格。

“格格”原为满语的译音，译成汉语就是小姐、姐姐之意。清朝的前身——后金初年，大汗（当时的皇帝还叫大汗）的女儿、贝勒的女儿或者是一些未出嫁的女子被呼为“格格”。例如，清太祖努尔哈赤的长女称“东果格格”，次女称“嫩哲格格”。清太宗皇太极继位后，于崇德元年（1636），开始仿效明朝制度，皇帝的女儿开始称为“公主”，并规定皇后（即中宫）所生之女称“固伦公主”，妃子所生之女及皇后的养女称“和硕公主”。

《清史稿》中有明确的规定：“公主之等二：曰固伦公主，曰和硕公主。”满语“固伦”为天下的意思，皇帝为九五之尊，所生的女儿自然得配“固伦”二字，也并非所有的公主都能有“固伦”的名号，只有皇后所生的女儿才能受封为固伦公主，其余的嫔妃们所生的女儿自然应该列入第二等，受封为“和硕公主”。固伦公主和和硕公主分别代表地位的高低。

而在《还珠格格》电视剧里提到的小燕子和紫薇，前者与皇帝没有血亲关系，因为有功于国家，所以被视作养女；后者是皇帝在民间的私生女，而紫薇的母亲夏雨荷也没有正式嫔妃的封号，可视为庶出。二女可得的是“和硕公主”的封号，享受和硕公主的待遇，不应降级为格格。

事实上，“格格”是专门用来称呼王公贵胄的女儿。顺治十七年，始把“格格”分为五等：

（1）亲王之女，称为“和硕格格”，汉名为“郡主”。

（2）世子及郡王之女，称为“多罗格格”，汉名为“县主”。

（3）多罗贝勒之女，亦称为“多罗格格”，汉名为“郡君”。

（4）贝子之女，称为“固山格格”，汉名“县君”。

（5）镇国公、辅国公之女，称“格格”，汉名“乡君”。

（6）镇国公、辅国公以下的女儿，都称之为宗女。

“格格”之称一直沿用至清末民初才废除。由此可见，在一些影视剧中把皇帝之女称为“格格”是不准确的。

“三教九流”并无贬义

“……有卖狗皮膏药的，有卖跌打药的，摆地摊的，算命的，等等，纯粹是个三教九流、五花八门的自由市场。”这是从某篇文章中截取的一段话，但也从一定程度上表明当时老百姓对“三教九流”的看法。

提到“三教九流”，人们都联想到旧社会闯荡江湖，从事一些不是很正当的行业的人。其实，这是受明清白话小说的影响，把一个中性词误解成了贬义词。

实际上，“三教九流”是对人的地位和职业的划分标准，最早始于商周时期。

其中，“三教”指的是儒教、佛教、道教。“三教”排列顺序的先后，始于北周建德二年（573）。《北史》记载：“帝（武帝宇文邕）升高座，辨释三教先后。以儒教为先，道教次之，佛教为后。”

“九流”的说法最早见于《汉书·艺文志》，这九个学派是指儒家、道家、阴阳家、法家、名家、墨家、纵横家、杂家、农家。其实书中收录了诸子189家，但最重要的还数这九家。后来，“九流”被用来代表社会上的各行各业，在“九流”中，又分为“上九流”“中九流”“下九流”。

值得一提的是，因为国家在不断地改朝换代，各行业、阶层的地位也在不断地发生变化。就是说，除了三教没争议外，九流的标准一直在发生改变，如以下两个不同时代的版本。

版本一：

“上九流”：帝王、圣贤、隐士、童仙、文人、武士、农、工、商。

“中九流”：举子、医生、相命、丹青（卖画人）、书生、琴棋、僧、道、尼。

“下九流”：师爷、衙差、升秤（秤手）、媒婆、走卒、时妖（拐骗及巫婆）、盗、窃、娼。

版本二：

上九流：一流佛祖二流天，三流皇上四流官，五流阁老六宰相，七进八举九解元。

中九流：一流秀才二流医，三流丹青四流皮（皮影），五流弹唱六流卜（卜卦），七僧八道九棋琴。

下九流：一流高台（唱戏）二流吹，三流马戏四流推（剃头），五流池子（北方的澡堂子）六搓背，七修八配（给家畜配种）九娼妓。

这种变更的情况就如同“演员”和“教师”这两个职业一样。在旧社会，“演员”被人称“戏子”，“教师”则更有“臭老九”之称。如今，他们的社会地位发生了改变，成了时下热门职业。

了解了“三教九流”的来龙去脉，我们就会明白这个词只是一个对人群的划分标准，没有什么贬义。

自称“奴才”地位却高

细心的观众在看《铁齿铜牙纪晓岚》时可能会发现，和珅在皇帝面前自称“奴才”，而纪晓岚却自称“臣”，为什么会有不同呢？会不会是编导按剧情的需要故意丑化和珅呢？

按现代人的眼光，“奴才”的地位肯定要比“臣”的地位低，但是，和珅是满族人，纪晓岚是汉族人，在当时的历史情况下，汉人应比满族人地位低，这是怎么回事，难道编导弄错了？

很久以前，“奴才”一词，本是古代北方游牧民族的一句骂人话，意为无用之人，只配为奴，故又写作“驽才”，当时中原并没有这种说法。

“奴才”一词，虽含鄙意，却在清朝典章制度上有着特殊的位置。清朝规定，给皇帝上奏章，如果是满臣，便要自称“奴才”；如果是汉臣，则要自称“臣”。汉臣如果自称为“奴才”就算是“冒称”，也就是说，汉人称自己为“奴才”是不够资格的。

在乾隆三十八年（1773），满臣天保和汉臣马人龙共同上了一道关于科场舞弊案的奏折，因为天保的名字在前，便一起称为“奴才天保、马人龙”。乾隆皇帝看到奏折后，大为恼火，斥责马人龙是冒称“奴才”。于是，乾隆帝规定：“凡内外满汉诸臣会奏公事，均一体称‘臣’。”这个规定，目的就是不让汉臣称“奴才”，为此，宁肯让满臣迁就汉臣也称“臣”。

满洲人入关前，大体处于奴隶制向封建制过渡的社会，虽然占据中原，但奴隶制的胎记并未完全褪去。即使到了晚清，满洲人内部仍保持着很浓厚的奴隶制习气，主奴之间等级森严。这个习惯反映到典章制度上，便是满臣奏事时要自称“奴才”。满臣自称“奴才”，不仅表示自己是皇帝的臣子，更表示自己是皇帝的家奴；而汉臣则没有满洲人传统的主奴关系，所以也就只有臣子的身份，也就不能称“奴才”。正因为这个原因，马人龙奏事时自称“奴才”，便被认为是冒称。

原来，在满人的眼里，“奴才”要比“臣”金贵得多。“奴才”实际是一种满洲人主奴之间的“自家称呼”，非“自家人”的汉人是没有资格这样称呼的。

鲁迅先生的杂文《隔膜》里的一段话，也印证了这个问题，他说：“满洲人自己，就严分着主奴，大臣奏事，必称‘奴才’，而汉人却称‘臣’就好。这并非因为是‘炎黄之胄’特地优待，赐以嘉名的，其实是所以别于满人的‘奴才’，其地位还下于‘奴才’数等。”

理解了两者之间的差别，才能更深刻地理解那段历史。现在，“奴才”之类的词，已经退出历史舞台。

“王八乌龟”怎么得罪了人

“戊戌变法”时期，志士王照就汉语拼音化问题与当时有名的快嘴先生吴敬恒发生争执。王照虽然并不口拙，但与吴敬恒的嬉笑怒骂尖酸刻薄比起来，只有听从的份儿，于是心中一着急，就骂了句“王八蛋”。谁知吴敬恒眉开眼笑，眼珠一转，笑嘻嘻地道：“鄙人不姓王！”一句话就叫王照哑口无言，自己给自己亏吃。从此以后，“王八蛋”的骂语就传遍大江南北。

其实，用“王八”作为骂语古已有之。最早用“王八”骂人的，始于五代十国的前蜀国。相传前蜀国有一人叫王建，年轻时是个无赖之徒，专门从事偷驴、宰牛、贩卖私盐的勾当。由于王建在兄弟姊妹中排行第八，所以同乡人都叫他“贼王八”。后来人们就以“王八”来骂人。

另有一种说法认为，王八应作“亡八”或“忘八”。“八”指代“孝、悌、忠、信、礼、义、廉、耻”，忘此八者，无耻之徒，谐音也就是“王八”了。

不管“王八”一词的出自哪里，可以见得的是其不是好话，是用来折损别人颜面的词汇，但与乌龟这种动物并没有关系，不过“王八蛋”作为骂人话却与乌龟有关，与“王八”无关了。

乌龟究竟怎么得罪了人？这要从乌龟为什么被称为“王八”开始说起。古人在画龟时，由于乌龟壳的纹比较复杂，不易勾勒，所以采用画横竖来表示，这些线条刚好形成一个“王”字。加之画者描绘龟脚呈“八”字形状，于是人们便以“王八”作为乌龟的别称。

在中国传统图腾当中，四方北图腾为玄武，乃乌龟与蛇的结合体，因而乌龟与蛇生下的蛋便被称为“王八蛋”。俚俗认为，男女双方是为夫妻，女方如果偷情有孕，就像乌龟不与乌龟生蛋，而与蛇结合一样，女子生下来的孩子就被叫作“小王八蛋”，戴绿帽子的男子就被戏谑地称为“王八”。

其实图腾为图腾、王八是王八、乌龟是乌龟，与俚俗的骂语本来无关，只是人们牵强附会，才硬是将三者拉到一块儿，把乌龟连累一番，不得不作为骂人的动物存在下去。

“无毒不丈夫”实为“无度不丈夫”

在看影视剧时，有这样一个镜头会给观众留下深刻的印象：一个阴险恶毒的男子在说完“无毒不丈夫”这句话后，就“光明正大”地去做坏事了。你可能挺纳闷：大丈夫就必须心狠手辣吗？难道“敢笑黄巢不丈夫”这句话，是在笑话黄巢还不够“毒”吗？

其实，这句话是被以讹传讹，事实并非如此。

原来，这句话的原形是“量小非君子，无度不丈夫”。度，是儒家很重视的思想，讲究掌握做事的分寸，在过和不及之间，要求君子善于审时度势。不能做到“审时度势”的人不能称为“丈夫”，这里的“丈夫”，是有远见卓识、胸怀宽广的“大丈夫”之意。“无度不丈夫”中的“度”和“量小非君子”中的“量”合起来恰成“度量”一词，其本意有如“宰相肚里可撑船”一词的意思。

这本是一句寓意深刻，旨在培养人们度量的好格言，怎么会转变那么大呢？

这要从古时候文人的习性说起。在这副对联式的谚语里，“度”为仄声字，犯了孤平，念着别扭，很容易读为平声字“毒”。在格律至上的年代，“出”律是不能被容忍的，便把这句改为“无毒不丈夫”了。于是这句话，终于成了典型的

“信言不美，美言不信”的例句，成了迂腐文人笔下的又一个牺牲品。“量小非君子，无度不丈夫”，原话里一个君子对一个丈夫，一个度对一个量，本来是很完美的，可经过上千年的以讹传讹，竟成了“无毒不丈夫”这句人们挂在嘴边的口头禅。

对子很工整，意思却已大变，文人们削足适履的做法让人们误会它千百年。

古俗篇　凡尘俗世乃生活

过年为什么要贴春联

春联也称门对、春贴、对联、对子、桃符等，它以工整、对偶、简洁、精巧的文字描绘时代背景或是抒发美好愿望。

春联源于“桃符”，桃符即在桃木板上刻字，古时的人们挂在门上用来辟邪驱鬼。《荆楚岁时记》中记载：“造桃板著户，谓之仙木。绘二神贴户左右。左神荼。右郁垒。……插桃符于旁，百鬼畏之。”清代《燕京岁时记》上写着：“春联者，即桃符也。”

直到五代时期，书写神名的桃符才有了春联的雏形。史书中记载，964年的除夕之夜，后蜀的君主孟昶在桃木板上题写“新年纳余庆，佳节号长春”，这被认为是中国最早的一副春联。宋朝时春联仍然叫作桃符，著名诗人王安石就有诗作“千门万户曈曈日，总把新桃换旧符”。此后春联渐渐地被人们看作文雅之事，逐渐在文人中流传开来，春联甚至被当作一种礼品来相赠，而此时人们也开始从桃木板上写春联演变为在纸上书写，即“春联纸”。因为桃木是红色的，红色是一种吉祥的象征，能够避邪，因此过年时的春联大多写在红色的纸上。

春联真正在民间盛行起来是在明朝，桃符在此时才被称为“春联”。《簪云楼杂话》中：“春联之设，自明太祖始。帝都金陵，除夕前忽传旨：公卿士庶家门上，须加春联一幅。帝微行出观。”朱元璋十分喜爱春联，他在位时，大力提倡春联，使得贴春联逐渐成为一种习俗。

到了清朝，春联的发展有了很大的提高，人们更加注重其所寄寓的思想和表达的艺术，于是留下很多回味无穷的名对佳联。当时，春联已经成为一种文学艺术的形式，其种类逐渐增多，如不同行业题写不同的春联。春联还随着对外文化的交流逐渐流传到国外，一些国家也像中国一样，至今还有贴对联的习俗。

中国春节放爆竹之谜

中国民间素有“开门爆竹”一说，即在新的一年到来之际，家家户户开门的第一件事就是燃放爆竹，以噼啪作响的爆竹声除旧迎新。爆竹亦称“爆仗”“炮仗”“鞭炮”。关于春节放爆竹的缘由，人们有不同的说法。

1. 驱逐鬼怪

相传，古时的人们曾被一种叫“年”的凶猛野兽袭击，每到除夕这天，“年”便会闯入村庄，伤害人们，吞食牲畜，使得老百姓们整日惊慌失措。在一次躲避“年”的出逃过程中，村寨里来了一位鹤发童颜的老人，因为受到村中老妇的帮助，他许诺为人们驱走“年”。老人在房门上贴了大红纸，点了许多火光，使得屋内通亮，还在院内燃烧竹子，发出“噼里啪啦”的响声。“年”一到村庄，看到这个场景，吓得浑身发抖，狼狈逃离。村民们欣喜若狂，纷纷换上新衣服，张灯结彩，互相道贺。从此人们一到除夕这天便仿照着老人的方法，家家户户贴红对联，烛火通明，燃放爆竹，在敲锣打鼓中通宵守夜，迎接新春的到来。第二天一早，人们还要走亲串友，互相祝贺道喜。从此这一风俗越传越广，随着代代的相传也就成了今天的过年。

延至今日，除夕放鞭炮的习俗在中国已经有2000多年的历史。南朝梁代宗懔《荆楚岁时记》中记载：“正月一日，是三元之日也。春秋谓之端月……先于庭前爆竹，以辟山臊恶鬼。”

2. 庭燎礼仪

庭燎又称庭照，即人们在祭祀的时候，在院子里把一些芦苇、松树、竹子等竖起来，再用麻布缠裹着束成一个草把，再用油来浸润，最后点燃，照亮整个庭院。人们认为这样可以照亮食物，防止意外，保太平。民间认为春节放鞭炮的习俗就是起源于这种古代的礼仪，宋代袁文《瓮牖闲评》中记载：“岁旦燎竹于庭。所谓燎竹者，爆竹也。”宋代的《事物纪原》也有推断：“爆竹然草，起于庭燎。”然而这种说法却终究没有“驱逐鬼怪”来得有吸引力，因此人们也更愿意相信除夕之夜放鞭炮是为了辟邪驱鬼。

不管是这千年流传的迷信说法，还是文献记载的“庭燎礼仪”，里面都寄寓了人们对于平安、吉祥的愿景。作为中国的一项传统习俗，春节放鞭炮是一种热闹、一种喜庆、一种对新生活的向往。

“福”字为何要倒贴

春节贴“福”字是我国由来已久的风俗。每逢新春佳节，家家户户都要在门上、墙壁上、门楣上、窗上、车上等各处贴上大大小小的“福”字，寄托人们对幸福生活的向往，对美好未来的祝愿。一个“福”字，传达了多少福：幸福、福气、福运……

康熙皇帝为祖母孝庄太后“请福续寿”，写下震古烁今的“长寿之福”，此福暗含“多子、多才、多田、多寿、多福”，是古今唯一的“五福合一”“福寿合一”之福。孝庄“请福聚福”，康熙则“送福得福”，所以此福被称为“天下第一灵验之福”。福中有“康熙御笔之宝”印玺加顶，喻“红运当头、福星高照”之意。

“福”的彩头诸多，含义深广，不过也有人对一个现象感到奇怪，为什么大多数人都喜欢把“福”字倒贴呢？

有人说，倒贴“福”字意味着“福到”，是谐音的祝福法。这个说法得到大多数人的认同，而该说法也有一个有趣的来源。

有一次朱元璋在京城街头微服私访，正逢过节，他来到城南一处集市上，见不少人在围观一幅年画，年画上画着一个赤着大脚的女子，怀抱着西瓜。该图本来是表示农民丰收的喜悦，但朱元璋却暗道这不是百姓耻笑皇后的脚大吗？因为马皇后是淮西人，淮西、“怀西”，这不很明显吗？

朱元璋暗暗不快，回宫之后叫人打听是谁画的这幅年画，并将围观的人一一纠察。而至于那些没去围观的民众，朱元璋命人在他们的门上贴一个“福”字。然后命令军士到没贴“福”字的人家去抓人。马皇后听闻此事，为了挽救黎民百姓，偷偷下令叫全城家家户户都贴上“福”字，这样士兵就无从着手了。不过虽然家家门上都贴了“福”字，但是其中有户人家不识字，把“福”字贴倒了。皇帝大怒，下令要把这家人满门抄斩。马皇后急中生智，说：“这家人知道您今日来访，故意把福字贴倒了，这不是‘福到’的意思吗？”朱元璋一听乐了，知道马皇后是在为那家人开脱，不过取意不错，有好彩头，便免了那家人的死罪。

门神的由来

门神是中国民间广泛流传的信仰，每逢过年过节，人们便会在门上贴门神像，认为这样可以辟邪除灾，保佑平安。

门神的信仰源自古代的庶物崇拜，也就是我们常说的原始自然崇拜。古时的人们对于大自然缺乏科学认识，常常无法解释出现的诸多现象，便归咎于鬼神所为，鬼怪存在的说法十分盛行。人们在对鬼怪心存畏惧的同时，也开始通过祭祀神来祈福，保安康。门在人们的日常生活中是必不可少的，它不仅是人们常出入的地方，也是关乎房屋和人身安全的重要之物。人们害怕鬼怪打破房门，进入房内，殃及自身，于是便产生了对门的崇拜。《礼记》中关于祭祀大典“五祀”的记载，门便是其中之一。

于是，门的保护神——门神，也被人们逐渐地形象化和人格化。相传，在上古的时候，度朔山上住着名叫神荼和郁垒两兄弟，山上有一棵绿荫如盖的大桃树，每天鸡叫时分，他们便在桃树下检阅夜出游荡的百鬼，一旦发现有鬼作恶人间，便会用芦苇做的绳索将其捆绑起来，扔下山去喂老虎，因此鬼怪都惧怕神荼、郁垒。于是人们把二人的形象刻在有“五木之精，能制百鬼”之称的桃木板上，放在自家宅门前来驱邪避祸。

在班固的《汉书》中记载的门神却不是神荼和郁垒，而是一个叫成庆的勇士，书中写道广川王（去疾）的殿门上“有成庆画，短衣大绔长剑”。

到了唐朝，门神的形象被换成了秦叔宝和尉迟恭。《西游记》中记载：东海龙王为了和一个算命先生打赌，触犯天条，被玉帝处以斩首之罪，唐朝大臣魏徵是监斩官，龙王托梦向唐太宗求情，太宗答应他在处斩的时候想办法不让魏徵前去。第二天，太宗叫魏徵陪他下棋，在下棋期间，魏徵打了一个盹儿，竟然在梦中将龙王斩了。龙王痛恨唐太宗失言，从此鬼魂不散，日夜在宫外游荡，向太宗索命。群臣们知道后，武将秦叔宝和尉迟恭便全副武装，手拿兵器彻夜守候在唐太宗的房门外，那夜相安无事，太宗大喜，但两人守门又不是长久之计，于是命人把二人的像画下来，贴在门上。这个做法逐渐地在民间流传开来，秦叔宝和尉迟恭便成了家家户户祭祀的门神。

之后门神的形象越来越多，但多为武将，如关公、岳飞、庞涓等，人们认为武将经历过生死战场，立下过赫赫战功，更能够镇住宅门、驱逐鬼怪。

今天的门神不仅仅是驱魔、辟邪的意思，更是一种节日的点缀，洋溢着喜庆的气息。

十二生肖产生之谜

十二生肖，就是指人们的所生年份对应的十二生相，它由十二种动物同十二地支相互搭配，包括：子鼠、丑牛、寅虎、卯兔、辰龙、巳蛇、午马、未羊、申猴、酉鸡、戌狗、亥猪。哪年出生的人，哪种动物即是他的属相。我国关于生肖的文字记载最早见于东汉王充的《论衡》。《论衡·物势》载："寅，木也，其禽虎也。戌，土也，其禽犬也。丑、未，亦土也，丑禽牛，未禽羊也。……亥，水也，其禽豕也……"

早在远古时代，我们的祖先就根据自身的需要和对动物的认知程度，选择马、牛、羊、鸡、狗和猪这六种动物进行驯化，经过长时间的演变，逐渐把它们变成家畜，被统称为"六畜"。在中国人的传统观念中，"六畜兴旺"代表着五谷丰登，因此"六畜"被选入十二生肖也就顺理成章了。除了被驯化的"六畜"，还有一些野生动物与人们的生活有着紧密的联系，这些野生动物里既有人们喜爱的兔、猴，也有人们所厌恶的虎、蛇、鼠。在中国古代，龙、凤凰、麒麟、乌龟被称为"四灵"，而龙则被古人视作最吉祥的动物，象征着富贵吉祥，因此十二生肖中自然也不能缺少龙。

作为一种纪年方法，十二生肖是如何产生的，又是从何时开始的呢？为什么用十二生肖与地支配合呢？……种种问题令历史学家感到费解。纵观古籍文献与考古发现，就生肖起源问题，历史学家持有三种说法。

第一种说法认为，华夏民族在原始社会图腾崇拜的影响下，以部分动物名称配合抽象的十二地支，创造出十二属相。某些动物还可能来源于古代天文学中对黄道（古人认为太阳围绕地球运行一周年所行进的轨道）附近天空的划分，在分成的十二等分（十二辰）中，就有巨蛇、蝎虎、飞马等星座名称。

第二种说法认为，汉代以前我国中原地区的华夏族仅有十二地支纪年法，而北部、西部从事游牧的少数民族则长期使用动物纪年。到了匈奴单于呼韩邪（即昭君出塞时的匈奴首领）归汉后，民族文化融合，产生了十二属相。

第三种说法认为，中国的十二属相是从印度传来的。在现行属相中，只有第三个和第十个两者有所不同：第三个属相，印度是狮，中国是虎；第十个属相，印度是金翅鸟，中国是鸡。其余的都相同，而且排序也一样。

究竟哪种说法正确，至今没有形成统一的定论。虽然我们一直使用这种纪年方法，但是十二生肖之谜还未被破译。

重阳簪菊花的由来

重阳节，即每年的农历九月初九，两阳相重之时，又叫老人节，因“九九”同“久久”重音，重阳节便含有对健康长寿、生命持久的寄寓。重阳节时，人们便会登高、赏菊、插茱萸等，而簪菊花也是其重要的习俗之一。

相传，中国汉族女子自古就有簪花的习俗，只是在不同的季节会佩戴不同的花朵。生机盎然的春天人们多簪富贵而艳丽的牡丹、芍药；骄阳似火的夏季多戴清新的石榴花、茉莉花和栀子花；萧瑟凋敝的秋天人们更偏好素雅挺立的菊花、葵花。到了宋代，不同的节令也会插戴不同的花卉，正月十五元宵之时戴梅花，端午节佩茉莉，立秋戴楸叶，重阳簪菊花。

菊花又名“延寿客”，重阳簪菊，是人们对长生和延寿的一种希冀。唐朝杜牧有一首诗《九日齐山登高》中写道：“江涵秋影雁初飞，与客携壶上翠微。尘世难逢开口笑，菊花须插满头归。”可见簪菊花这一风俗的盛行。

重阳节簪菊花在唐朝时就有，其后每代相传，实为普及。到宋朝时，人们甚至将彩缯剪成茱萸和菊花的形状相互赠送并戴在头上。此时，不仅仅是女子簪花，男子也可以戴花，而重阳时分，男女老少都可以簪菊。每到重阳之时，人们携伴登高，在山间采一朵菊花插于头上，俏皮的点缀体现出人们对生活的热爱。

人们认为菊花不仅可以增寿，还能够辟邪除灾，同重阳插茱萸这一习俗有异曲同工之妙。据传到了清代，在京城的重阳节，人们常常把菊花的枝叶贴在门窗上，这意味着消灾招祥，而它便是簪菊花这一习俗的演变。

山西为什么大院多

一部电影《大红灯笼高高挂》和一部电视连续剧《乔家大院》，把我们的视线引入了深邃、富丽的山西大院。除了我们熟知的乔家大院之外，在山西还有许多类似的深宅大院：有被誉为“渠半城”的渠家大院，有号称晋中民居奇葩的王家古宅，有北方近代民居建筑的珍品曹家宅院，等等。为什么山西会有这么多的大院呢？

山西大院指的是山西境内从明清时期遗存下来的深宅院落，它们各具特色、布局规则，是古代民俗、伦理和建筑的精华。它在总体的布局上是一个对外独立、相对隔绝，对内自给自足、亲近自然与家人的大院环境。由于地处大陆的内部，干燥的气候，较为不便的交通，使得山西大院能够被较好地保存下来。

大院的诞生同兴盛一时的晋商有着必然的联系。山西处于中原与北方游牧民族地区物资交换的要塞，加之地多人少，外出经商成为山西人谋生致富的一种选择。山西人经商的传统由来已久，及至明清时期，晋商已成为名副其实的中国富商，达到巅峰。随着山西商人走南闯北，财富越积越多，而人们对故乡的眷念似乎也越来越浓。那种植根于人心的儒家文化使得这群足迹遍布天下的商贾们在腰缠万贯后仍然回到故土，大兴土木，建造家园。他们认为只有在故乡，成功才能得以诠释；只有发财之后，返回家乡，置地养家才是一种成功。自古以来，住宅是一种身份、财富和权力的象征，而坐拥巨资的晋商们便对修建大院情有独钟。

除了山西商人实力强大这一直接原因外，朝廷的政策支持也为山西大院的产生奠定了基础。明清时期，封建王朝为了筹集军饷，制定一系列有利于商人发展的政策，对商人扩充财富和走向仕途创造了条件。人们考取功名，捐纳为官，打破了传统观念中商人不得为官的习惯。得到官衔后的富商们，宅第的建造也不会受到限制，于是阔大气派的豪宅也如雨后春笋般冒起。而朝廷对于住宅的规定本身随着社会经济的发展也逐渐松懈，如到了明正统十二年的时候，朝廷规定住宅可以无限地加深，也就有了今天我们看到的院里套院的深宅布局。

豪华气派的大院在经历过历史的洗涤后，犹如一位沧桑的老者，见证了朝代的更迭变化，它本身也是一本值得品读的史书。

昆仑奴之谜

时光倒退回1000多年前的盛唐，走在繁华的长安大街上，享受着市井的喧闹，瞻仰着远古来往人群的面容与举止。迎面走来一个身材矮小、头发卷曲、面庞扁平、鼻宽嘴厚的黑人，这便是“昆仑奴”。

“昆仑奴”的称呼怎么来的?

作为中国历史上最繁荣开放的唐朝，它同很多国家在外交、文化、人员等方面都有往来和交流。“昆仑”是人们对东南亚及南亚群岛的一种泛称，那些被传是作为年贡送往京城长安，或是作为奴仆被掠卖到中国，或跟随东南亚、南亚使节入华被遗留的黑人大多是从那里乘船来到大陆的，而黑人又多被唐人买为奴隶，所以人们便称他们为“昆仑奴”。“昆仑”在中国便逐渐成为一个形容黑人的专有名词。

也有说法认为是由于古人的发音不准确，误将别的词发音成“昆仑”，才有了“昆仑奴”的称呼。但这种看法遭到很多学者的质疑。

“昆仑奴”究竟从何而来?

虽然从古就有写昆仑奴的传奇小说《昆仑奴》、京剧传闻《盗红绡》，可是直至今天，人们还是惊异当时肤色黝黑的“昆仑奴”突兀地站成在一群黑头发、黑眼睛的黄人当中。我们不禁要问，他们究竟来自何方？前面已提到“昆仑”是对东南亚及南亚地区岛屿的一种称呼，这种说法已经越来越普遍，只是有“昆仑”来自马来西亚、“昆仑”来自越南、“昆仑”来自缅甸等不同说法。

还有人认为“昆仑奴”来自非洲但遭到后世学者的否定，认为同是肤色黝黑的“昆仑奴”与非洲的尼罗格人在体型上是有区别的，他们是尼格里托人，又叫“矮黑人”。一直到现在，马来半岛以南的诸多岛屿上仍旧散居着类似非洲黑人的部落和种族。

生活在非洲大陆的黑人们不善水性和攀爬山岩，而文学史料中记载的昆仑奴却通晓这些技巧，于是越来越多的学者认为唐朝时期的黑人不可能来自遥远的非洲，而应该是从东南亚群岛而来。

“昆仑奴”的疑惑在我们津津乐道的同时也不断地纠缠着我们，甚至有人怀疑“昆仑奴”的真实存在，却终究没有头绪。

古代地理疑窦篇　不畏迷雾遮望眼

《山海经》为何称长白山为“有神之山”

长白山脉绵延上千公里，横亘于东北三省的东部，与黑龙江水形成白山、黑水掩映之势。长白山以其雄伟、壮观、神奇、原始而闻名天下，因其主峰白头山多白色浮石与积雪而得名，为中国东北最高的山地。山顶有火山口湖——长白山天池，终年青烟缭绕，很少揭开羞涩的面纱，但其风景绝伦，美不胜收，如同仙山瑶池，叫人神往。

在中华民族，特别是北方民族的心目中，长白山不仅是给人们提供衣食之源的自然之山，还是一个神圣之地。中国最古的地理书籍《山海经》中，长白山就以“不咸山”之名而载入史册，其意思为“有神之山”。据史书记载，2000多年前东北的“勿吉人”把长白山称为“太皇山”，对它怀有深深的敬畏之心。从古代的少数民族肃慎族、女真族到近代的满族、朝鲜族，一直视长白山为不可侵犯的圣地和宗源龙脉。

金代视长白山为发祥地。南宋乾道八年（1172），金朝统治者正式封长白山为“兴国灵应王”，后又册为“开天宏圣帝”。明永历三十一年（1677），清王朝康熙皇帝东巡至松花江边，在此遥拜长白山，并封其为神，规定每年要像祭祀“五岳”那样祭祀长白山。雍正时期，在其东游吉林省吉林市的小白山时建造了祭祀长白山用的“望祭殿”。可见，长白山深受喜爱的程度。

长白山之所以受到喜爱，不仅因为其具有神圣的意义，更因为它的确是一座宝山。它被誉为“天然博物馆”“物种贮存库”。在绵延的山脉中，生长着上千种植物，其中药材居多，特别盛产补品中的极品人参。这里的飞禽走兽，许多都是国家珍稀动物。一位国际著名的生态学家来到长白山后，感慨地说：“长白山是世界上原始生态最完整的一个，这样好的保护区，不仅是中国，也是世界人民的财富。”在长白山茂密的森林植被的滋润下，东北三江平原保存着良好的生产粮食的环境，为人类提供了优秀的生存环境。《山海经》中之所以将长白山称为“有神之山”，大概就是因为它如神明和母亲一般，护佑和滋养着生存在东北的生灵。

杭州西湖是怎样形成的

“山外青山楼外楼，西湖歌舞几时休？暖风熏得游人醉，直把杭州作汴州。”宋代的杭州西湖在世人心中就是盛世繁华的代表。有人说，西湖是一首诗、一幅天然图画、一个美丽动人的故事。阳春三月，莺飞草长，苏白两堤，桃柳夹岸；秋霜月下，掩映三潭；冬雨浩渺，细水楼台。水波潋滟，游船点点，远处山色空蒙，青黛含翠，偶见高塔，如临仙境。西湖有十景，包括苏堤春晓、曲苑风荷、平湖秋月、断桥残雪、柳浪闻莺、花港观鱼、雷峰夕照、双峰插云、南屏晚钟、三潭印月。十景各擅其胜，组合在一起如诗如画、美不胜收。

这就是杭州的西湖，位于杭州城西侧，又叫“钱塘湖”。西湖的面积约4.37平方千米（包括湖中岛屿约为6.3平方千米），湖岸周长约15千米。苏堤和白堤将湖面分成里湖、外湖、岳湖、西里湖和小南湖等五部分。千年以来，西湖一直被誉为“人间天堂”，在古人的心中相当有魅力，在今人的眼中一样目眩。如此美丽的西湖，究竟是大自然塑造的，还是人工合成的呢？学术界众说纷纭。

关于西湖的成因，筑塘成湖是最早且论据最多的说法。根据《史记·秦始皇本纪》载，公元前210年秦始皇东巡会稽，“至钱唐。临浙江，水波恶，乃西百二十里从狭中渡”。可见，当时钱塘江水一望无际，水波泛滥，杭州城根本不存在。而《汉书·地理志》中记载，钱塘海湾多，根本没有西湖，更妄论杭州。刘宋文帝时钱塘县令刘道真在《钱塘记》中写道，东汉时期钱塘江泛滥，钱唐郡议曹华信为防止海水侵入内陆，就招募城里的百姓和民兵，修筑一个大塘，一旦潮水上涨，就将海水掩入塘中，这个塘就是西湖的前身。为了治理钱塘湖水，钱唐县也迁往塘边，这就是杭州城的前身。

当代大多数学者经过考证，都认为刘道真所说的“筑塘成湖”是符合史实的，西湖和杭州确实出自东汉。

另有一些人通过对西湖湖底沉积层的考证，认为西湖早在春秋时代就已经成型，本为一处大的海湾，但已经沼泽化，尽是淤泥，经过千年石泥的堆积，逐渐与大海隔绝，后来经过人工修葺，才形成湖泊。更有人认为，西湖为火山爆发的岩浆阻塞海湾而成，这种说法颇有些玄奥。因此，关于西湖究竟是如何形成的，说法虽多，仍值得探讨，然而这些并不阻碍今人欣赏西湖美景的盛情。

泰山无字碑是谁而立

在雾海弥漫的泰山玉皇庙门外耸立着一块无字石碑，碑式样独特，由石柱、顶盖石和顶柱石三部分组成，高约6米，如同一根擎天石柱耸入云端，亭亭巍峨。这块石碑就是泰山的风景线之一——“泰山无字碑”。

自古天下处处皆有无字碑，武则天墓无字碑、谢安墓无字碑、秦桧墓无字碑等，立碑的目的是表示“任后人评说”之意。但若论碑龄，以泰山无字碑最为久远。此碑看似质朴，实则大有来头，只是碑上无一字迹，叫人不禁心生疑窦。究竟泰山无字碑是谁人所立？

第一种说法，认为该石碑是秦始皇祭祀时所立。在古代，泰山被视为代表天子的神山，为中华万山之首，诸多帝王都曾登临泰山举行祭祀大典。根据《史记·秦始皇本纪》记载，始皇二十八年，秦始皇第二次出巡，曾与原鲁国的儒生讨论过泰山封禅祭祀，于是“上泰山，立石，封，祠祀……刻所立石，其辞曰：皇帝临位，作制明法，臣下修饬。二十有六年，初并天下，罔不宾服。亲巡远方黎民，登兹泰山，周览东极”。根据上述说法，秦始皇所立石碑应该有颂德的文字，而无字碑上并没有文字，由此推测不是始皇帝立的碑文。明清两代，有人考证说泰山无字碑是秦始皇焚书坑儒时所立，不过根据历史记载，焚书坑儒早于秦始皇第一次到泰山封禅整整6年，也就是说，焚书坑儒时，秦始皇根本就没到过泰山，又怎么会在上面立碑文呢？在秦始皇之后，我国古代曾有12位帝王前来泰山封禅和祭祀，那么究竟是哪一位皇帝立的碑文呢？

第二种说法，认为泰山无字碑是汉武帝所立。据《史记·封禅书》记载，元封元年，汉武帝前往泰山封禅，“东上泰山，泰山之草木叶未生，乃令人上石立之泰山巅。上遂东巡海上，……四月，还至奉高。……天子独与侍中奉车子侯上泰山，亦有封”。史料证明，汉武帝的确在泰山顶上立过石碑，并且史书没有注明汉武帝是否命人在碑上刻文字。清代顾炎武和现代学者郭沫若都曾考证过，认为此碑确实是汉武帝所立。

可是，人们熟知汉武帝天性疏狂、好大喜功，为何竟甘愿立个巨大的石碑，却不在上面刻任何歌颂自己的文字呢？后人推测，想必是当年汉武帝听闻秦始皇泰山封禅，对山神傲慢无礼，结果山神一怒之下骤降暴雨，阻碍封禅。几年之后，秦始皇身染重病，正逢天外飞石落于泰山之前，石头上写着“始皇帝死而地分”几个字。其实这句话人为的成分居多，但始皇帝却不知，胆战心惊而死。始皇帝一死，秦二世胡亥就将天下葬送了。汉武帝怕重蹈秦始皇的覆辙，不敢过于狂妄地在石碑上大谈特谈自己的功勋，索性什么都不写，叫后人自己去揣摩，岂不是更有乐趣？

汉武帝的用心果然巧妙，难怪明代人邹德溥在《无字碑》诗里这样写道：“不著一字，尽得风流。”当真是不置一语，道尽千万。

然而，人们仍是不能肯定无字碑为汉武帝所立。毕竟一切都是根据史书所言进行推测，关于无字碑的身世仍旧是千古谜题，有待人们进一步考证。

“桃花源”身在何处

“桃花源”一词成了诗人们理想的世界，如同世外仙境，不可企及。而给天下人“桃源”梦想的，正是东晋大诗人陶渊明，他的一篇千古名文《桃花源记》（为其诗《桃花源》之序），叫世人对“桃花源”念念不忘。

陶渊明的笔下，桃花源在武陵（今湖南常德）山的另一边，穿过石缝，世外桃源映入眼帘。这里土地平旷，房屋整齐，黄发垂髫皆怡然自乐，好不快活。居住在此处的人不知道秦以后有过汉朝，汉朝以后又有晋朝，误闯入的渔人在这里住了几天，不得不回家。等到再想找桃花源时却再也找不到了。

根据陶渊明所说，桃花源应是在武陵的某处，并且不止他一人这样说。南朝萧齐武陵人黄闵、萧梁时的武陵人伍安贫都曾写过文章讲述武陵的确曾出现过一个渔人，发现了一处桃花源。那么，依照以上说法，桃花源就坐落在武陵，并且晋代就有。可是，根据北朝地理学家郦道元的《水经注》记载，沅水流经沅南县没有桃花源这样的流经地，所以桃花源在晋代并不存在，因而黄闵和伍安贫讲述的武陵桃花源，并非陶渊明口中的桃花源。

那么，陶渊明的“桃花源”究竟在哪里呢？有人认为，陶渊明家乡庐山有一处山谷，地势平坦，风景宜人，颇像《桃花源记》里的桃花源。此处还有姓陶的人家，其祖先确实是陶渊明，或许是陶渊明借此处的风光杜撰了武陵的桃源仙境。该说法虽然有实据，却没有史料能证实，所以只能作为一种推测。

桃花源是否真的就在武陵呢？以前从未有人怀疑，历朝的著名文人都曾慕名到武陵游访，留下很多著名的诗篇。可是，近代学者陈寅恪先生却提出质疑。他说，较早记载入史册的“桃花源”是古桃林，在古代北方的弘农或洛水上游一带，《山海经·中山经》也有类似记载，相传此处是周武王攻打殷商时养牛的地方。

西晋末年，“戎狄”“盗贼”等“恐怖组织”到处流窜，烧杀抢掠，为躲避前秦苻坚戎狄之患，人们不是依靠各路军阀，就是躲避到山林中，建造坞堡来据险自守。据典籍上所记载，当时的坞堡多由“堆石布土”依险而筑，古已有之。建立坞堡的条件是必须有山顶平原和溪谷水源。

陈寅恪认为，陶渊明描述的世外桃源，生活环境与坞堡的建筑环境非常相似，其描述内容很像“檀山坞”。“檀山坞”为宋武帝刘裕的大将戴延之的占据之地，位于洛水附近的檀山，此处有一个地方叫皇天原，皇天原附近有“桃林”，此处就是桃花源的原型。

陈先生说，东晋陶渊明的《桃花源记》是虚构的，其描述内容的原型应当是指洛水桃花坞，而桃园里生存的人躲避的该是前秦之患，而非秦朝暴政。

苏东坡也对桃花源在武陵一事表示质疑。他认为，如果桃花源真在武陵，早成了人们生死争夺的场地，也便不会这么多年来都一直有人探寻而不得结果。

还有人认为，陶渊明笔下的“桃花源”在湖北十堰市竹山县。竹山县地处鄂西北山区，境内森林茂盛，地势险峻。根据古书记载，只有竹山县在千年以前名为武陵，在晋代时有过桃源村。从官渡镇桃园村波渔沟乘小木船沿堵河（古称武陵河）逆流而上，可见一座孤山，山背就是不足2米宽的武陵峡口，两边是数百米高的绝壁，有一线之天，如同陶渊明所描写的“山有小口，仿佛若有光”。顺水而行，可到小武陵峡，这里风景奇幽，有一个自然村落，即为桃源村。若按照景色的相似性，竹山县的确像“桃花源”。那么，竹山县就是桃源的所在之处了吗？也不尽然。

如今在全国各地，有30多处景点都自诩为桃源，各有各的说法，但没有一处能拿出真凭实据来证明其就是陶渊明笔下的“桃花源”。

事实上，无论桃源身在何处，又或者根本不存在，它的意义已经不只停留在物质层面上，而是早已深入人心。也许陶渊明真正塑造的是人们心中的一块清净之地，也未可知。

“天涯海角”在什么地方

中唐文学家韩愈少年丧父，先后经历兄长、嫂子去世的悲痛，与自己的侄子十二郎相依为命，没想到在自己而立之年失去了这最后一个亲人，悲痛之余写下了《祭十二郎文》这一千古名篇。篇中“一在天之涯，一在地之角”，写出了天人永隔、遥遥不可相见的悲痛，从此，天涯海角成了人们心中“最遥远的距离”。其实在韩愈之前已经有一些文学家将“天涯海角”形容成遥远的地方，却都不及韩愈笔下的“天之涯”“海之角”听起来让人心酸。

那么，在这世界上真的有天之涯、海之角吗？根据中国地理知识书籍的介绍，中国确有“天涯海角”这个地方，就在海南岛南端、马岭附近的一个美丽的海湾处，现已辟为“天涯海角”游览区。这里东距三亚26千米，西距崖城22千米。在一片怪石中，有两块嶙峋的巨石，一块上凿“天涯”，另一块上刻“海角”，取意天之边缘，海之尽头。二石遥相呼应，与其他奇石、椰树形成了一幅奇景，如诗如画。

“天涯”“海角”的字迹是哪里来的呢？据说，清代雍正年间，崖州（也就是今天的三亚）知府程哲在此镌刻“天涯”二字。1938年，琼崖守备司令王毅在另一块巨石上题刻“海角”二字。

由于海南地处偏远，四周是茫茫大海，地域如同天边的一角，对于生活在广大中原地区的人来说，这里就像是天边的尽头，海洋的一角，无人问津。如此边陲之地，是很多官员被流放的地方，所以“天涯海角”看似充满浪漫情怀，其实寄托了古人受贬谪的哀思。

不过，人们也为“天涯”和“海角”二石杜撰了一个爱情故事。传说一对热恋的男女来自有世仇的两个家族，因为不能在一起，所以只能携手跳海自尽，化为巨石永远相对、相守。此后，人们常以“天涯海角永远相随”来表明自己的对爱情的忠贞。

如今的“天涯海角”早已成为旅游胜地，这里的“南天一柱”“海判南天”等地更是风景名胜区，吸引了大量的游客前来观览。

鸣沙山的沙子因何会鸣叫

在甘肃省敦煌市南6千米的地方有一座鸣沙山，在北宋时期它被称作“神沙山”“沙角山”。宋代百科全书《太平御览》和《大正藏》中均记载过这座山丘。根据史书的记载，鸣沙山在天朗气清、惠风习习中，会发出丝竹弦乐的声音，因而得名“沙岭晴鸣”。

鸣沙山东西大约有40千米长，南北大约有20千米宽，有数十米高，山峰陡峭。站在鸣沙山顶俯望，只见沙丘如林，蔚为壮观。

相传鸣沙山是古老的战场。古时有一个大将军及其军队在这里驻扎，没想到遇上沙尘来袭，黄沙铺天盖地，一夜之间将整个军队全部吞噬。从此以后，人们每每经过鸣沙山，都好像听到号角、鼓乐声，如同军队正在作战一样。

传说毕竟是传说，并没有确切的历史根据。那么为什么鸣沙山会发出各种各样的声音呢？这其实是沙漠里独有的一种自然现象——鸣沙，又叫作响沙。

关于响沙的记载，最初出现于中国8世纪的古书中。此后，马可·波罗、达尔文和许多探险家对此也多有描述。目前，全世界范围内的大漠中，已发现31处可听到“鸣沙”的景点，其中尤以美国加利福尼亚莫哈韦沙漠中死亡之谷的几处景点最为著名。

中国除了甘肃敦煌市南郊的鸣沙山，还有内蒙古鄂尔多斯市库布齐沙漠的响沙湾比较有名。人们发现，鸣沙一般都在海滩或者沙漠里边。鸣沙发出声响，一般都是在风和日丽或者刮大风的时候，要不就得有人在沙子上滑动。

关于响沙的成因，至今仍是个谜。响沙产生的原因不是风，也不是与沙丘本身有关的一种回声现象。有研究者认为，沙子之所以会响，是因为干燥性气候导致沙丘侧面崩塌产生的沙砾共振，发响条件是所有的发声沙砾必须体积一样或接近，其频率为100赫兹，声音强度为100分贝。

还有人认为，由于风蚀作用，使沙粒变得大小均匀，非常洁净，具备了蜂窝一样的孔洞。这样的沙粒结构使得沙子在摩擦中发生共振效应。因此当有人滑动沙子时，“响沙”现象便会出现。以上的说法都具有科学依据。

由于响沙成因复杂，一旦响沙区的气候环境发生改变，沙子就失去了发声的功能，所以响沙的成因和必须条件究竟是什么，科学家们还没有系统地研究出来。

明朝风动石为何悬立千年

在福建省东山岛旧城铜陵镇东门海滨石崖上，有一块著名的风动石，又名兔石，在明朝时期就已经名动天下。东山风动石以奇、险、悬而居“全国60多块风动石之最”，被誉为“天下第一奇石”。在明朝时期，这块风动石有一个雅号为“东壁文星”。

1918年2月13日，东山岛发生7.5级地震，山石滚落，屋倒人亡，风动石却安然无恙。日本侵略军曾打算将风动石用钢索拖拉，风动石却只晃动，并没有挪动位置，如同长在磐石之上。古今中外，不知道有多少人企图动摇这块风动石，皆败兴而归。

这块风动石高4.73米，宽4.57米，长4.69米。上小下大，形如桃子，斜立在盘形巨石的边缘，衔接处仅几寸。每逢海风吹过，风动石只是左右微微晃动，到了一定的倾斜程度时就不再摇摆。就算有人登上石头躺在上面，或用脚踩踏，巨石也只是摇晃，绝不会滚落，玄之又玄。风动石何以竟能保持千年不倒呢？究竟是谁将这块石头放在磐石上面导致它不倒呢？

有人猜测风动石是陨石坠落到地上的残骸，滚落到磐石边缘。可能由于风动石的内质结构受到地心的吸引，恰恰可以在磐石边缘保持平衡，不管人们如何摇动，它都不会掉下去。不过，若是风动石为陨石堕落，附近应有陨石坑洞。于是，关于陨石堕落的猜测被推翻了。还有人认为，风动石的原理是不倒翁原理。巨石上小下大，内部质量重心非常低，所以无论怎么摇晃，风动石都会恢复原状，这种说法颇为可信。

风动石历经沧桑依然屹立，吸引了大量的中外游客前来观赏，于是有人留下了“不观风动石，枉到东山岛”的赞语，而风动石也作为谜一样的存在受到世人的称赞。

清初北京为何突现大爆炸

明朝天启六年（1626）五月初六清晨，明朝北京紫禁城内外尚处于静谧当中，人们一天的生活才刚刚开始。就在此时，天地间传来一声巨响，王恭厂（今象来街、光彩胡同一带）附近忽然发生巨大的爆炸，白光乍现，尘烟四起，蘑菇状的云朵升上天空，一时间天昏地暗，飞沙走石，人畜、房屋被震到天空，四分五裂，死伤无数。据悉，在这场浩劫中死伤人数过万，甚至有人被爆炸卷起的大风吹到距京城数千米的蓟县。

此次惊天浩劫，是天谴，还是天外飞石来袭呢？一时间朝野哗然，议论纷纷。究竟大爆炸是什么引起的呢？后人几经查访和研究，根据各种各样的资料得出四种考证结果：

第一种也是最为可信的是王恭厂火药库爆炸。据说王恭厂有一个非常大的火药库，库存数百吨炸药，明末时期就曾发生多起爆炸事件。而天启六年的大爆炸地点就在火药库附近，人们有理由相信，是数百吨炸药引发了这次惊天爆炸案，造成惨烈的后果。

第二种说法是地震。北京城时有地震发生，而地裂会引发热气喷发，或者地核内发生原子反应造成爆炸，令楼房倒塌，人畜飞升。但地震无法解释人为什么会在飞到天空时衣服被尽数剥去。

第三种说法是陨石堕落。当时的史料记载，“天外有声如吼”“但见飓风一道，内有火光”，这些都很像陨石堕落的现象，但不足以引发狂风、火灾等。再说当时北京城根本没有巨坑，也没有陨石的痕迹。

第四种说法是飓风作用。不过飓风仅仅会卷起人畜、房屋，撕裂人的衣服，却无法解释地震和火灾现象。

无论是哪一种说法用来解释清初大爆炸似乎都有牵强之处，除了第一种推测最符合真实情况外，其他说法都略有些无稽。清初大爆炸的制造者究竟是谁，就只能留给对此好奇的人去探究。

神农架古代野人真的存在吗

《山海经·海内经》中有记载：熊山（今鄂西北神农架）中有一种身高一丈左右，浑身长毛、长发、健走、善笑的“赣巨人”或称为“枭阳”“狒狒”的动物。西汉时期成书的《尔雅》中记载：“狒狒”人形长丈，面黑色，身有毛，若反踵，见人而笑。这是历史上关于神农架“野人”的传说。然而，现实中的神农架真的有野人吗?

1915年，神农架边缘地带的房县，有个叫王老中的人，他以打猎为生。一天，王老中进山打猎，中午吃过干粮，抱着猎枪在一棵大树下休息。不一会儿，他就迷迷糊糊地睡着了。朦胧中，他听到一声怪叫，睁眼一看，有一个2米多高、遍身红毛的怪物已近在咫尺。他的那只心爱的猎犬早已被撕成血淋淋的碎片。王老中惊恐地举起猎枪，没想到红毛怪物的速度更快，瞬间跨前一大步，夺过猎枪，在岩石上摔得粉碎。

然后，笑眯眯地把吓得抖成一团的王老中抱进怀中，王老中迷迷糊糊中，只感到耳边生风，估计红毛怪物正抱着自己在飞跑。不知翻过多少座大山，最后他们爬进一个悬崖峭壁上的深邃山洞。王老中渐渐地清醒过来，这才看清红毛怪物的胸前有两个像葫芦一样大的乳房。他立刻明白了，这个怪物原来是个女“野人”。

白天，女“野人”外出寻食。临走的时候，她便搬来一块巨石堵在洞口。晚上，女“野人”便抱着王老中睡觉。

一年后，女“野人”生下一个小“野人”。这个小“野人”与一般小孩相似，只是浑身也长有红毛。小“野人”长得很快，身材高大，力大无穷，已能搬得动堵洞口的巨石了。由于王老中思念家乡的父母和妻儿，总想偷跑回家，无奈巨石堵死了他的出路。因此，当小“野人”有了力气后，他就有意识地训练小“野人”搬石爬山。一天，女“野人”又出去寻找食物，王老中便用手势让小“野人”把堵在洞口的巨石搬开，并且试着自己爬下山崖，蹚过一条湍急的河流，往家乡飞跑。就在这时，女“野人”回洞发现王老中不在洞里，迅速攀到崖顶嚎叫。小“野人”听到叫声，野性大发，边嚎边往回跑。由于小“野人”不知河水的深浅，一下子被急流卷走。女“野人”凄惨地大叫一声，从崖顶一头栽到水中，也随急流而去。

已不成人形的王老中逃回家中，家人惊恐万状，竟不敢相认。原来他已失踪十几年了，家人都认为他早已死了。

这个离奇的传说，似乎说明野人真的存在，而且能与人类婚配，二者应该有一定的血缘关系。

在湖北省委和中国科学院的领导下，1977年组织了新中国成立以来最大的“野人”考察队。考察队员来自北京、上海、陕西、四川、湖北等省市的科研机构、大专院校、博物馆、动物园的专业人员，武汉某部队派出了侦察支队，房县和神农架林区派出了熟悉情况的干部和向导。这次考察历时140天，足迹遍布神农架及其周围方圆1500多平方千米的深山峡谷，获得了大量的资料。

1977年6月19日晚，“野考”一队李健（时任湖北省郧阳地委宣传部副部长）接到一个紧急电话，报告了房县桥上公社群力大队女社员龚玉兰和她4岁的儿子杨明安在水池垭路遇“野人”。在龚玉兰的带领下，找到“野人”蹭痒的那棵大松树，并在那棵树上取下几十根棕褐色的毛。毛是从1.3米到1.8米高处的树干上找到的。从形状、粗细来看，与人的头发十分相似。后经武汉、北京等科研部门用显微镜观察，并与灵长目的动物——猕猴、金丝猴、白眉长臂猿、大猩猩、黑猩猩以及现代人的毛发做了比较。结果证明：“野人”毛主要形态结构特征明显不同于上述灵长目动物。以后又从7个地方找到7份“野人”毛发，均是如此。

另一个有力的证据，就是“野人”的粪便。1976年11月间，在靠近神农架的房县蔡子洼东侧，曾有多人多次在这个地方发现过“野人”。考察队对这里进行了现场搜索，在山梁半坡一个陡崖顶部发现了“野人”的6堆粪便，都已干燥。经观察，粪便中含有较多未消化的果皮、野栗皮等残渣。在萧兴扬发现“野人”的地方找到的粪便中，还发现大量的昆虫蛹皮，粪便直径2.5厘米，这些粪便与熊、猴、猩猩的均不相同，且又与人的粪便有差异。人是不会吃昆虫与野果皮的。1980年考察队又多次找到“野人”的粪便，经分析粪便内有未消化的竹笋、橡子和小动物的毛骨，粪便呈盘状，在两个呈八字形的脚印之间，这明显和其他动物大便方式不同，而与人相似。

大量的证据似乎证明神农架的野人确实存在，但是他们到底藏身何处，令考察者们感到费解。

宗教圣地峨眉山三霄洞为何被遗弃

峨眉山位于我国四川省峨眉市的西南部，因山峰相对如峨眉而得名。它是我国的宗教圣地，佛教称之为光明山，道教称之为“虚灵洞天”“灵陵太妙天”。秦汉时期，峨眉山就有方士隐居，东汉末年，道教就立足于山上进行宗教活动。南北朝时期，这里成了佛教的聚居地。

千年来，峨眉山香火鼎盛，往来之人数以百万计，但是到了当代，游人们却从来不去舍身崖的三霄洞，因为这里已经被称之为“死亡之洞”。

三霄洞相传是《封神榜》中三位女仙——云霄、琼霄、碧霄的修炼之地，因而被称为“三霄”。洞口高5米，宽6米，有岔洞，洞道总长为214米。就是这样一个奇洞，却在20世纪20年代发生一起惨案，至此三霄洞无人敢问津。

1929年农历五月上旬（另有说法是1927年秋季），富顺县自流井（当时自流井属富顺县管辖）朝山会一行70多个香客，在领队刘安邦的带领下赴峨眉山三霄洞上香，并捐赠一座大铜钟。此时三霄洞由富顺籍的演空和尚担任住持。众人来到洞内，酒酣饭饱之后，于下午3点朝贺三霄娘娘，唱起了《三霄计摆黄河阵》。演空和尚曾制止众人不要发出太大的声音，但香客不以为然，还在洞中点燃蜡烛又唱又跳，不断鸣钟。

就在这时，突然洞内一声巨响，霎时间漆黑一片，一股巨龙般的黄色火焰从洞底喷出，登时浓烟四起，令洞内香客窒息而亡，有几人由于外出上厕所而幸免于难。

此事一经发生，震动了峨眉、富顺两县。县长派人到三霄洞调查，一无所获，只得下令封闭洞穴，拆毁洞外的三霄娘娘庙，并禁止游人进入。新闻界也报道了此桩奇案，从此三霄洞鲜有人问津。几十年过去了，三霄洞成了杂草丛生的荒洞，“三霄洞”字迹依稀可辨，洞口两尊菩萨面目全非，旁边崖下则是一口废弃的大铜钟。据说洞内约300米深处还有两具尸骨，没有人敢轻易踏足。

当地迷信的说法认为，是香客的喧闹惊扰了神明，因此受到了惩罚。而地质学家来到三霄洞勘察，也未得出确切结论。有人认为，是钟鼓、喧闹声引发了瘴气运动，导致瘴气爆炸，这种观点后来被否认，因为瘴气不会爆炸；还有人认为是瓦斯爆炸，是由洞底的沼泽所释放的沼气和香烛发生反应。但真相到底是什么，已经无从考证了。

香格里拉究竟在哪里

1933年，英国作家詹姆斯·希尔顿在自己的纪实小说《消失的地平线》中写了这样一段话：“地球上最高、最冷清的尚未开发的地方，一条宽阔的河谷被一些圆形的红山包围着，这里有地球上最为壮观的山峰。在‘地平线尽头’，有一处与世隔绝的冰雪世界，那里有‘白色的金字塔般的雪峰，充满阳刚之气’，有‘蓝色的高原湖泊’‘幽深险峻的大峡谷’‘三条大江奔腾向前’，有令人称绝的‘雄伟、壮观的喇嘛寺群’‘心灵纯朴的藏族人民和底蕴深厚的宗教文化’……”

在希尔顿的笔下，这美丽如斯、仿佛仙境一般的地方，就是“香格里拉”。据说，希尔顿是以西藏古典传记中的世外桃源“香巴拉”为依据写成的。该书一经问世，顿时掀起人们对“香格里拉”的讨论热潮。随着好莱坞将《消失的地平线》拍成电影，“香格里拉”更是闻名全世界，成为人们心目中的圣地。

那么真正的香格里拉在哪里呢？探险家、民俗家、旅行者沿着喜马拉雅山脉、喀喇昆仑山脉藏区去寻找书中的“香格里拉”，可是经过整整半个世纪的探寻，“香格里拉”的确切地点仍然是个谜。

根据《消失的地平线》描述，在印度、尼泊尔、中国的西藏和云南境内都有这样的地方存在，景色皆是迷人不已，但哪一个才是希尔顿所描述的地方呢？1997年9月，云南省政府郑重宣布“香格里拉”就在中国云南的德钦藏族自治州境内，位于中甸县境内的吉迪、郎格拉一带。中外主流传媒立刻对这一宣告做了报道，世人为之震惊。

为什么说中甸最符合“香格里拉”的描述呢？首先，德钦藏族自治州是古藏民的聚居地之一。“香格里拉”在中甸的藏语方言中为“香格尼拉”，意为“心中的日月”。由于英文中没有“ni”之音，所以被译为“Shangri la”，标准藏语读音为（Sem—tsi—ni—da）。发音过于相似的原因，令人们相信“香格里拉”一词很可能源于这里。

再者，中甸境内的风景与《消失的地平线》如出一辙，并且书中描述的“红山”，只有云南北部的红土高原才有，其他地方均没有红色的山峰。金沙江和澜沧江、怒江三江并流的世界奇景，更是中甸独有的景色。

基于以上几点，云南省政府更加肯定书籍里的“香格里拉”就是云南的中甸。

经过多番的考察，尽管中甸的香格里拉最贴近书中描述的“香格里拉”，可是关于“香格里拉”位置的争论一直都没有休止。不过，不管“香格里拉”在哪，它的圣洁与美丽都会永远留在人们的心中。

民国时期黑竹沟恐怖案之谜

1950年，国民党胡宗南残部30余人手握精良的武器穿越黑竹沟一带，没想到却无一人生还。从此，黑竹沟有了“恐怖死亡谷”“中国百慕大”的称号。如此神秘的地方，究竟隐藏着什么样的惊天秘密呢？

黑竹沟位于我国峨眉山西南方向100多千米的峨边彝族自治县，地跨斯合镇、勒乌乡和金岩乡，面积约180多平方千米。它是四川盆地与川西高原，山地的过渡地带，境内重峦叠嶂，溪涧幽深，迷雾缭绕，给人一种阴沉沉的感觉。这里地理位置特殊，自然条件复杂，生态原始，彝族古老的传说和彝族同胞对这块神奇的土地非常崇拜，并曾出现过数次人、畜神秘失踪的现象。

由于黑竹沟不安全，到这里的游客并不多。人们只是通过新闻的报道才对其有所耳闻，了解到它以新、奇、险为特点。黑竹沟山势险要，地质构造复杂，地貌类型多样，既保留有角峰、冰斗、刃脊、V形谷等第四纪冰川遗迹，又具有复合漏斗、暗河、深谷峭壁等喀斯特地貌特征。地形之复杂，的确不利于旅游开发。虽然游客不多，但黑竹沟却吸引着众多的摄影家和考察队深入其中探险、揭秘。不过，黑竹沟却一次又一次为考察队带来恐怖的阴云。

据不完全统计，自1951年至今，川南林业局、四川省林业厅勘探队、部队测绘队和彝族同胞曾多次在黑竹沟遇险，其中三死三伤，两人失踪。

1997年7月，中国四川省林业厅森林勘探设计一大队来到黑竹沟勘测，宿营于关门石附近。身强力壮的高个子技术员老陈和助手小李主动承担了闯关门石的任务。第二天，他俩背起测绘包，每人用纸包上两个馒头便朝关门石内走去。可是到了深夜，依然不见他俩回归的踪影。从次日开始，寻找失踪者的队伍逐渐扩大。川南林业局与邻近县组成了百余人的寻找失踪者的队伍也赶来了。他们踏遍青山，找遍幽谷，除两张包馒头用过的纸外，再也没有发现任何蛛丝马迹。

9年后，川南林业局和邻近县再次组队进入黑竹沟。因有前车之鉴，调查队做了充分的物资准备，除必需品之外还装备了武器和通信联络设备。由于森林面积大，调查队进入黑竹沟后只能分组定点作业。副队长任怀带领的小组一行人一直推进到关门石前约2000米处。这次，他们请来两名彝族猎手做向导。当关门石出现在眼前时，两位猎手不愿再往前走。队员郭盛富自告奋勇打头阵，他俩才勉强继续前行。

及至峡口，两名彝族猎手不肯再向前迈一步。副队长任怀不忍心再勉强他们。经过耐心、细致地说服，好容易才与他们达成一个折中的协议：将他俩带来的两只猎犬放进沟去试探试探。第一只猎犬灵活得像猴一样，一纵身就消失在峡谷深处。可半个小时过去了，猎犬还没有回来。于是第二只猎犬前往寻找伙伴，结果也神秘地消失在茫茫峡谷中。两位彝族同胞着急了，违背了不能在黑竹沟高声吆喝的祖训，大声呼唤他们的爱犬。顿时，遮天盖地的茫茫大雾不知从何处神奇般地涌出，几个人尽管近在咫尺，彼此却无法看见。惊慌和恐惧使他们冷汗淋漓，大气不敢出。副队长任怀只好一再传话："切勿乱走！"五六分钟过后，浓雾又奇迹般消退了。顿时玉宇澄清，眼前依然古木参天，箭竹婆娑。队员们如同做了一场噩梦。面对可怕的险象，为了确保安全，队员们只好返回。

不管探险队如何深入，险象环生的境遇都将他们一次次击退，黑竹沟究竟隐藏着什么呢？据当地的彝民说，走入黑竹沟就不能高声喧哗，否则将惊动山神，山神发怒会吐出青雾，将人畜卷走。面对探险难题，无奈的探险者们编出一段顺口溜形容这里："石门关，石门关，迷雾暗沟伴保潭；猿猴至此愁攀缘，英雄难过这一关。"从顺口溜中，就能看出黑竹沟难以攻克的事实。

考察队在勘探了黑竹沟的地形后，认为人畜入沟死亡失踪原因很可能是迷雾造成的，由于进入者对此地的地形不熟悉，所以里面一旦有地坑或生物陷阱，就难以逃脱，结局便是葬身在这幽谷之中。然而，黑竹沟迷雾里隐藏了什么，恐怕只有在以后的科考中才能知道。

长存1600年的罗布泊为何数年间消失

1980年6月17日，著名科学家彭加木率考察队在罗布泊地区考察时，不幸遇难失踪。国家出动飞机、军队、警犬，花费大量人力和财力大规模寻找，仍没有结果。

1990年，哈密有7人乘一辆客货小汽车去罗布泊找水晶矿，一去不返。两年后，人们在一陡坡下发现3具卧干尸。汽车距离死者30千米，其他人下落不明。

1996年6月，中国探险家余纯顺在罗布泊徒步孤身探险中失踪。当直升机发现他的尸体时，法医鉴定已死亡5天。既不是自杀，也非他杀，身强力壮的余纯顺离奇死亡，原因还是个谜。

神秘莫测的戈壁地带，古楼兰王国的遗址之一——罗布泊，在不断吞噬生灵的过程中，留给世人太多的疑窦。

罗布泊最早并不叫这个名字，不同时代罗布泊的称谓是不一样的，《山海经》中将其称之为"幼泽"，元代以后它被称为罗布淖尔，现代才称为罗布泊。

早在汉代时，罗布泊还不是一片耳状干涸的戈壁沙地，而是“广袤三百里，其水亭居，冬夏不增减”的福泽水域。有人甚至认为它是黄河的起源。不过4世纪时，当地就有法令限制罗布泊用水，可见此时罗布泊的气候发生了变化。东晋高僧法显西行取经路过敦煌时，在《大唐西域记》中曾写到罗布泊中多有恶鬼热风，遇者则死，无一生者……从古时起，罗布泊就流传着惊人的恐怖事件。

1921年，塔里木河改道东流，经注罗布泊，在几十年的滋润下，罗布泊湖面又达到2000多平方千米。遗憾的是，20世纪60年代因塔里木河下游断流，罗布泊渐渐干涸，于12年后彻底成为枯地。这里曾经是楼兰古国的圣地，孕育了楼兰文明，又是丝绸之路的必经之地，所以探险者们不遗余力地冒险去挖掘和探寻，但是为什么经历了1600多年的罗布泊却在短短几年内就彻底干涸了呢？

根据地质学家的勘测，罗布泊位于塔里木盆地东部，曾经是塔里木盆地的积水中心，罗布泊发源于天山、昆仑山和阿尔金山的河流源源不断地注入罗布洼地，由此形成了湖泊。这些河流包括塔里木河、孔雀河、车尔臣河和米兰河等，同时也有部分湖水是祁连山冰川融水的疏勒河提供的。但随着塔里木河周围人口的增加和耕地面积的扩大，令周围的沙漠面积扩大，几条为罗布泊供水的河流纷纷因为被抽取灌溉田地而干涸或断流，使得罗布泊水源断绝，最终罗布泊一年比一年缩小，在湖水周围形成了一道道蒸发盐壳线。这些线状盐壳勾勒出耳朵形状，在卫星上看去就像人的耳朵，而罗布泊也因此完全成为一个死湖。

那么，为什么在罗布泊会发生各种各样的离奇死亡案件呢？据说因地质关系，罗布泊干涸面厚厚的沉积物时有断裂，经常会将人吸进去。还有人说，罗布泊在夏季正午时会升温至70℃左右，足以令人在短短几小时内死亡。但其中发生神秘死亡事件的原因究竟是什么，科学家也解释不了。

内蒙古恐怖小湖为何能吞噬人畜

在我国内蒙古自治区浑善达克沙地的北部边缘有这样一个令人恐惧的湖泊，名叫“扎汉宫”，在蒙古语里“扎汉宫”就是边缘直上直下的深湖。这个湖泊曾多次发生人畜神秘失踪和死亡事件，成了当地人口中的“恐怖湖”。20世纪70年代，有一个女知青掉进扎汉宫淹死了，但是她的尸体一直没有浮出水面。当时的军管组织

8个士兵坐船来到湖面，用长竹竿打捞了整整3天，都没有找到女知青的尸体。

3天后的下午，一件奇异的事情发生了。当地的一个老农看到一望无际的查干诺尔湖上空突然乌云滚滚、电闪雷鸣，一团团像梨子一样的云朵吊在云底，紧接着一个云团旋转着垂向湖面，哗哗地从湖里吸走了水，形成一个水龙卷向查干诺尔湖南方移动。第二天，女知青的尸体从被搅和混了的扎汉宫里浮了上来。

之后，发生在扎汉宫的神秘事件越来越多，一些牲畜过于靠近湖水，万一不小心踩进去一步，就再也出不来了。人们不明白其中的道理，又不敢接近扎汉宫，于是就用围栏将湖圈起来，禁止人畜接近。

扎汉宫形成的原因是什么呢？为什么它会产生各种各样奇怪的现象呢？据科学家推测，很可能与周围的特殊地质环境有关。扎汉宫所在的浑善达克沙地生长着茂密的沙地植被，植被的营养来自丰富的地下水。地下水的形成原因是降雨迅速渗入地下，而粗沙割断了毛细现象，令水分无法蒸发，于是水就储存在沙地下部的隔水层上。地下水在地势较低的地方冒出沙层，就会形成河流和内陆湖。查干诺尔湖和附近的高格斯太河形成原因都在于此，而扎汉宫的形成原因也很可能是如此。

但扎汉宫为什么会有吞噬活物的现象呢？研究人员认为，通常人畜失去踪影，一般都是遇到泥潭或沼泽，但扎汉宫显然不是；还有可能是湖底有旋涡，将生物吸附进湖底，无法翻上来；此外，湖底有地下暗河，生物掉下去之后随着暗河水流飘走，在其他的地方浮出水面，又或者腐烂在地下河道中。

无论是哪种原因，扎汉宫制造的事件都足以耸人听闻，它能够吞噬人畜的能力一直都没有确切的科学解释。

石钟山是否因“钟”得名

江西湖口县的石钟山，自古至今皆是享誉天下的风景名胜，苏轼所写的《石钟山记》里的“石钟山”就是指湖口的石钟山。在石钟山各处都留有古人的足迹和手迹，包括陶渊明、郦道元、李白、颜真卿、李渤、苏轼、黄庭坚、陆游等。文人们在石钟山大量题词或做文章，有的是考证石钟山的得名，有的是赞美石钟山的特性。石钟山名字的由来是什么？有人说是因为其形状像石钟，有的说是因石钟山会发出钟鸣而得名。苏轼就是依照《水经注》中“彭蠡之口有石钟山焉”的线索，又听闻唐代江州刺史李渤的描述，遂到石钟山一探究竟，于是写下了《石钟山记》。

根据苏轼所写，李渤来到石钟山曾找过山体发声原理，在山下深潭附近找到两块山石，敲打它们，听它们的声音。南边石头声音重浊、模糊，北边石头清脆、响亮，余音不绝。李渤认为自己找到了石钟山命名的原因。但苏轼却表示质疑，于是自己亲自去了一趟石钟山，看到小孩子敲打石头，深感可笑。当天晚上，苏轼乘舟来到深潭边、绝壁下，看着两侧怪石林立，耳边听到的是鹳鹤诡异的叫声。苏轼本想回去，就在这时，巨大的声音从水上发出，噌地响着，像钟鼓的声音连续不断。船夫深感害怕，但苏轼却叫船夫靠近山脚，发现山脚下到处都是石头的洞穴和裂缝，水波涌进洞穴和裂缝，激荡撞击便产生巨大的声洞。

苏轼顿感好奇，令船夫将船绕到两山之间，在进入港口时发现一块大石拦在水中，上面可坐百人，中间是空的，有许多窟窿，把风浪吞进去又吐出来，发出铿铿锵锵的声音，如同钟鼓之乐。苏轼大乐，原来钟鼓声就是从这里传出来。

在苏轼看来，石钟山就是因这石头的钟鼓声而得名。这种说法得到了后世大部分人的肯定。不过，清代的官员彭雪琴提出不同的看法。彭雪琴在江西为官多年，曾多次去石钟山考察，认为湖口钟山有二处：一在城西，濒临鄱阳湖，称上钟山；一在城东，面临长江，称下钟山。下钟山是苏东坡作《石钟山记》处，而上钟山非也。彭雪琴说，天下水中之山有很多，都能发出铿锵声，但是石钟山偏偏以“钟”闻名，一定有一番道理。每逢冬天水位下降，隐藏在水中的石钟山山脚会露出一个洞府，这洞府应是钟乳石溶洞，里面可容纳千人，如同钟的内堂一般。根据彭雪琴的描述，石钟山是中空的山体，因而得“钟”之名。

这一说法颇有些玄妙，但也不一定是假的，只不过未有人进入过洞府，也不敢确定山体是否为中空。而石钟山为何有“钟”名在外，仍无定论。